법철학연구 총서 2

권리와 인권의 법철학

한국법철학회
양 천 수 엮음

세창출판사

국립중앙도서관 출판시도서목록(CIP)

권리와 인권의 법철학 / 양천수 엮음. -- 서울 : 세창출판사, 2013
p. ; cm. -- (법철학연구 총서 ; 2)

ISBN 978-89-8411-419-7 93360 : ₩27000

법철학[法哲學]

360.1-KDC5
340.1-DDC21 CIP2013010292

도 입 글

Ⅰ. 머리말

이 책은 그동안 한국법철학회의 학술지인 「법철학연구」에 게재되었던 논문 중에서 권리와 인권에 관한 것을 선별해 네 개의 주제로 엮은 것이다. 권리 개념은 기본적으로 근대법에 기반을 두고 있는 우리 법체계에서 가장 근본적인 역할을 수행하는 개념 가운데 한 가지이다. 권리 개념은 각기 헌법에서는 기본권으로서, 민법에서는 채권과 물권 그리고 청구권과 형성권 등으로, 행정법에서는 주관적 공권으로서 중요한 역할을 하고 있다. 바로 이 때문에 권리의 본질이 무엇인지, 권리가 구체적으로 무엇을 뜻하는지, 권리에는 어떤 유형이 있는지에 관해 그동안 실정법학뿐만 아니라 실정법학의 기초가 되는 법철학 영역에서도 심도 깊은 논의가 이루어졌다. 이를 반영하듯, 「법철학연구」에도 권리의 법철학적 문제를 깊이 있게 다룬 수준 높은 논문들이 다수 게재되었다. 이들 논문들은 권리에 대한 실정법학적 지평을 넘어서, 권리의 본질이 무엇인지, 권리에는 어떤 유형이 있는지, 어떻게 권리가 새롭게 형성되어 정착되는지, 권리는 어떻게 정당화되고 제도화될 수 있는지에 관해 다루고 있다.

다른 한편 근대적 권리 개념과 함께 성장하기 시작한 인권 역시 오늘날 사회 각 영역에서 관심의 초점이 되고 있다. 인권에 대한 관심은 단지 우리나라 안에서만 머물고 있는 것이 아니라, 이를 넘어서 국제적 차원, 초국가적 차원에서도 첨예한 관심과 이슈를 불러일으키고 있다. 이를 반영하듯, 학문체계 안에서도 인권은 다양한 학문영역에서 학문적 관심을 이끌고 있다. 인권은 여타의 법적 문제처럼 법학만의 고유한 문제로 취급되는 것이 아니라 철학, 정치학, 사회학, 교육학, 사회복지학 등과 같은 다른 인문사회과학에서도 중요하고 현실적인 문제로서 연구되고 있다. 이는 인권이 그만큼 근본적이고 중층적이며 복합적인 개념이라는 점을 시사한다. 이는 우리 법철학에서도 예외가 아니었다. 그동안 우리 법철학자 역시 인권 문제를 법철학의 측면에서 치밀하고 입체적으로 다루었다. 「법철학연구」를 통해 공간된 논문들은 우리 법철학자들이 인권에 대해 보여준 관심과 연구성과를 예시적으로 보여준다.

이 책은 이렇게 우리 법학뿐만 아니라, 전 학문분야에서 중요한 역할을 수행하는 권리와 인권을 다룬 연구성과 중에서 「법철학연구」를 통해 공간된 논문을 묶은 것이다. 물론 이들 논문이 그동안 권리와 인권에 관해 축적된 법철학적 연구성과를 모두 보여주는 것은 아니다. 여러 가지 제약으로 권리와 인권에 관해 이루어진 모든 연구성과를 묶어내지 못하는 것을 아쉽게 생각한다. 이 점 독자들의 양해를 구한다. 이 책은 이렇게 권리와 인권에 관해 그동안 「법철학연구」를 통해 축적된 연구성과를 주제별로 한데 모으고 있다는 점에서, 이 분야에 대한 법철학적 관심과 이해를 심화시키고 이에 관한 계속적인 연구가 이루어지도록 하는 데 기여할 수 있다. 더 나아가 권리와 인권이 실정법학에서 중요한 비중을 차지하고 있다는 점을 고려할 때, 이 책은 법과대학과 법학전문대학원의 교재로도 활용될 수 있을 것이다. 이뿐만 아니라, 이 책은 권리와 인권에 관심을 갖고 있는 인접 인문사회과학 영역에 대해서도 훌륭한 지적 자극을 제공할 수 있을 것이다.

II. 이 책의 전체구성

이 책은 크게 네 개의 주제로 권리와 인권에 관한 논문을 체계화하였다. 첫 번째는 '권리의 일반이론'이고, 두 번째는 '권리의 법사상'이며, 세 번째는 '인권의 법철학'이고, 마지막으로 네 번째는 '권리와 인권의 구체적 적용'이다.

1. 권리의 일반이론

먼저 '권리의 일반이론'에서는 권리의 개념 및 본질, 권리의 정당화, 권리의 형성 메커니즘과 같은 권리의 일반이론을 다루었다. 여기에서는 모두 네 편의 논문을 수록하였다.

첫 번째 논문인 "권리의 개념에 관한 연구: 의사설과 이익설의 비교"에서 최봉철 교수는 의사설과 이익설의 관점을 비교하면서 권리의 개념과 본질을 깊이 있게 다룬다.[1)2)] 이 논문에서 최봉철 교수는 의사설과 이익설이 무엇이고 이들 대립의 성격이 무엇인지 밝히면서, '기준제시의 측면', '본질적인 면의 조명', '정치적인 측면'에서 의사설과 이익설이 어떻게 권리의 개념과 본질을 파악하는지 보여준다.

두 번째 논문인 "형식적 권리론: 권리의 개념구조에 대하여"에서 김현철 교수는 언어철학의 지평 위에서 권리의 개념구조를 치밀하게 분석한다.[3)] 이 논문에서 김현철 교수는 권리 개념을 의사소통적 의미틀로 이해하면서, 일정한 권리주장이 권리로 정착되기 위해서는 '합당성의 관문'과 '제도적 사실의 관문'을 통과해야 한다고 말한다. 여기서 '합당성의 관문'이란 특정한 권리주장이 의사소통과정에서 의미틀로서 가능하기 위해 준수해야 하는 의사소통의 제반 규칙을 말한다. 김현철 교수는 이러한 의사소통의 규칙으로서 성실성, 합리성, 이해가능성 등을 제시한다. 나아가 '제도적 사실의 관문'이란 특정한 권리가 승인되고 실현되며 관철되는 데 필요한 규범적-제도적 사실을 말한다. 김현철 교수는 이러한 제도적 사실의 예로서 기존에 존재하는 권리의 목록, 권리에 대한 제도적 승인 메커니즘, 권리의 제도적 관철수단 등을 언급한다. 이 논문은 권리의 개념구조를 치밀하게 분석하고 있을 뿐 아니라, 권리에 대한 법철학적 연구를 본격적으로 촉발시키는 데 기여했다는 점에서 주목할 만하다.

세 번째 논문인 "권리담론의 세 차원: 개념분석, 정당화, 제도화"에서 김도균 교수는 권리담론의 세 가지 차원으로서 권리의 개념분석, 권리의 정당화, 권리의 제도화를 제시한다.[4)] 우선 권리의 개념분석에서는 미국의 법철학자 호펠드의 권리분석을 원용하여 권리의 개념 및 유형을 분석한다. 나아가 권리의 정당화 문제에서는 도덕적 권리의 근거가 무엇이고, 이를 어떻게 정당화할 수 있는지를 다룬다. 마지막으로 권리의 제도화 문제에서는 도덕적 권리를 제도화할 때 나타나는 문제들, 이를테면 권리의 우선성 문제나 권리충돌, 권리의 비용 문제 등을 설득력 있게 검토한다.

---

1) 「법철학연구」 제6권 제1호(2003).

2) 이 '도입글'에서는 각 교수님들의 존칭을 생략하여 거명하였습니다. 이 점 양해를 부탁드립니다.

3) 「법철학연구」 제5권 제1호(2002).

4) 「법철학연구」 제7권 제1호(2004).

네 번째 논문인 “권리의 형성 메커니즘”에서 양천수 교수는 구성주의의 바탕 위에서 권리를 구성적 개념으로 이해하면서, 새로운 권리가 어떤 과정과 기준을 통해 생성되고 정당화되며 제도화되는지를 보여준다.[5)]

2. 권리의 법사상

두 번째 주제인 “권리의 법사상”에서는 현행 권리 개념이 제도적으로 정착되는 데 중요한 사상적 기초를 제공한 철학자들의 권리사상을 다룬다. 여기에서는 모두 세 편의 논문을 수록하였다.

첫 번째 논문인 “토마스 아퀴나스의 소유권 사상”에서 윤철홍 교수는 스콜라 철학자로 유명한 토마스 아퀴나스의 소유권 사상을 집중 조명한다.[6)] 여기서 윤철홍 교수는 토마스 아퀴나스가 제시한 소유권 사상의 기초를 살펴보고, 토마스 아퀴나스에 따르면 소유권은 어떻게 행사할 수 있고 또 어떻게 제한될 수 있는지를 분석한다.

두 번째 논문인 “근대 소유권사상의 형성: 영국의 경우를 중심으로”에서 정태욱 교수는 영국에서 근대적 소유권 개념이 어떻게 형성되었는지를 밝힌다.[7)] 이 논문에서 정태욱 교수는 근대적 소유권 개념이 무엇인지 설명한 후, 이러한 근대적 소유권이 영국에서 어떻게 형성되어 왔는지, 특히 ‘사회연대적 사소유권’에서 출발한 근대적 소유권이 어떻게 ‘사소유권과 복지권의 분화과정’을 거쳐 ‘배타적 사소유권이 절대화’되는 과정으로 나아가게 되었는지 설득력 있게 보여준다.

세 번째 논문인 “칸트의 사적 소유와 국가”에서 이재승 교수는 우리에게 잘 알려진 철학자 칸트가 사적 사유권을 어떻게 이해했는지를 명확하게 보여준다.[8)] 여기서 이재승 교수는 자유와 평등에 바탕을 둔 칸트의 자연법 개념을 분석하고, 칸트가 사적 소유권을 어떻게 파악했는지, 국가와 사적 소유권은 어떤 관계를 맺는지를 설득력 있게 그려낸다.

---

5) 「법철학연구」 제16권 제1호(2013).
6) 「법철학연구」 제10권 제2호(2007).
7) 「법철학연구」 제3권 제1호(2000).
8) 「법철학연구」 제3권 제2호(2000).

3. 인권의 법철학

세 번째 주제인 '인권의 법철학'에서는 오늘날 사회 각 영역에서 중요한 역할을 수행하는 인권의 법철학적 기초, 인권사상, 인권의 정당화 등을 다룬다. 여기에서는 모두 다섯 편의 논문을 수록하였다.

첫 번째 논문인 "도덕적 권리와 정치적 권리: 칸트와 하버마스의 인권관념을 중심으로"에서 임미원 교수는 칸트와 하버마스가 도덕적 권리와 정치적 권리를 어떻게 파악했는지를 심도 깊게 분석한다.[9] 이 논문에서 임미원 교수는 칸트와 하버마스의 인권사상과 도덕적 권리 및 정치적 권리의 연관관계를 조명하면서 결론으로서 '공개성의 원리'를 강조한다.

두 번째 논문인 "현대인권론과 공리주의"에서 이동희 교수는 인권의 정당화라는 관점에서 현대인권론과 공리주의 문제를 깊이 있게 다룬다.[10] 여기서 이동희 교수는 인권을 도덕적 권리로 규정한다. 이어서 인권과 공리주의 사이의 이론적 긴장관계를 풍부하게 조명하면서, 공리주의를 비판하고 현대인권론에서 인권을 어떻게 정당화하는지를 보여준다.

세 번째 논문인 "현대 인권론에서 '정체성'의 의미"에서 고봉진 교수는 '정체성' 개념이 현대 인권론에서 어떤 의미와 지위를 차지할 수 있는지를 밝힌다.[11] 이 논문에서 고봉진 교수는 정체성의 형성 과정을 분석하고, 독일의 사회철학자 악셀 호네트에게서 비롯하는 '인정투쟁' 구상을 수용하여 인권이 소수자의 규범적 정체성 투쟁을 위해 어떤 역할을 할 수 있는지를 설득력 있게 보여준다.

네 번째 논문인 "인간이 없는 인권이론? 루만의 체계이론과 인권"에서 홍성수 교수는 인간이 아닌 체계가 전면에 등장하는 루만의 체계이론에서 인권이 어떻게 이해되는지를 치밀하게 분석한다.[12] 여기에서 홍성수 교수는 '인간이 없는 사회이론'인 루만의 체계이론을 소개하면서, 이러한 체계이론에서 인권은 어떻게 파악되고 또 어떤 기능을 수행하는지, 루만의 체계이론을 독자적으로 수용한 독일의 법사회학자 토이브너는 인권이론을 어떻게 재구성하는지를 명료하게 보

---

9) 「법철학연구」 제7권 제2호(2004).
10) 「법철학연구」 제12권 제1호(2009).
11) 「법철학연구」 제14권 제1호(2011).
12) 「법철학연구」 제13권 제3호(2010).

여준다.

다섯 번째 논문인 “자유지상주의의 인권과 정의에 대한 시론”에서 김대근 박사는 자유지상주의에서는 인권과 정의를 어떻게 이해하는지를 분석한다.13) 이 논문에서 김대근 박사는 자유지상주의에서는 국가와 개인의 관계를 어떻게 설정하는지, 자유지상주의에서는 인권과 정의를 어떻게 파악하는지, 인권과 정의 사이에서는 어떻게 변증법적 관계가 형성되는지를 설득력 있게 보여준다.

4. 권리와 인권의 구체적 적용

마지막 네 번째 주제에서는 권리와 인권이 각 구체적인 실정법 영역에서 어떻게 적용되고 있는지, 여기서 어떻게 실정법적 권리가 법철학적 사유와 만나는지를 다룬다. 여기에서는 모두 네 편의 논문을 수록하였다.

첫 번째 논문인 “뇌사와 인권: 죽음 개념의 의사소통이론적 재구성”에서 이상돈 교수는 죽음 개념과 직결되는 뇌사문제에 인권이 어떻게 접근해야 하는지를 독창적으로 보여준다.14) 이 논문에서 이상돈 교수는 근대적 인권 개념의 한계를 지적하면서 의사소통적 참여를 강조하는 인권구상에 따라 뇌사문제를 해결하고자 한다. 이상돈 교수에 따르면, 오늘날 죽음 개념은 독점화 · 전문화 · 기능화의 경향을 보이고 있는데, 이로 인해 죽음 개념이 생활세계를 살아가는 일상인의 관념에서 멀어지는 문제가 등장한다. 이상돈 교수는 이 문제를 해결하려면 죽음 개념에 대한 의사소통적 참여가 보장되어야 한다고 말한다. 죽음 개념은 현실적으로 뇌사의 합법화나 장기이식의 합법화 영역에서 문제되고 있는데, 이를 해결하기 위해 이상돈 교수는 절차주의적 법제화와 이에 기반을 둔 인권구상을 제안한다.

두 번째 논문인 “이성, 민주주의, 기본권”에서 이준일 교수는 이성과 민주주의 그리고 기본권이 어떻게 서로 유기적으로 연결되는지를 명료하게 보여준다.15) 이 논문에서 이준일 교수는 특히 하버마스와 알렉시의 대화이론에 기반을 두어 민주주의를 대화이론으로 재해석하고, 기본권이 이렇게 대화이론으로써 재

13) 「법철학연구」 제14권 제3호(2011).

14) 「법철학연구」 제2권(1999).

15) 「법철학연구」 제2권(1999).

해석된 민주주의를 실현하는 데 어떤 역할을 할 수 있는지를 보여준다. 요컨대, 이준일 교수는 민주적 헌법국가의 의미를 대화이론으로써 새롭게 조명한다.

세 번째 논문인 "기본권 조항과 사법심사제도의 법적 의미 재론"에서 안준홍 교수는 헌법상 권리인 기본권 조항과 사법심사제도의 법적 의미를 새롭게 조명한다.[16] 여기서 안준홍 교수는 '법규칙과 법원리를 질적으로 구별할 수 있는 주장'을 비판적으로 분석함으로써 '기본권 조항'의 규범적 속성을 새롭게 밝힌다. 이에 연결하여 위헌법률심판제도의 의미 및 법의 개념 역시 새로운 시각에서 바라본다.

네 번째 논문인 "자유주의적 저작권 담론의 성과와 한계에 대한 고찰"에서 신동룡 교수는 철학적 지평 위에서 저작권을 새롭게 바라본다.[17] 이 논문에서 신동룡 교수는 기존의 자유주의적 저작권 담론의 성과와 한계를 명확하게 분석한 후, 바흐친의 대화주의를 원용하여 문화적 의사소통의 구조를 해명하고, 저작권법 원리, 특히 실질적 유사성론과 공정사용 원리를 대화주의적 시각에서 새롭게 읽어낸다.

Ⅲ. 글을 맺으며

이 책을 정독하면 금방 알 수 있는 것처럼, 이 책에 수록된 논문들은 모두 권리와 인권을 법철학의 관점에서 명료하고 수준 높게 조명하고 있다. 이 점에서 이 책은, 다시 한 번 강조하지만, 권리와 인권에 깊은 관심을 갖고 있는 법과대학생이나 법학전문대학원생들에게 훌륭한 교재가 될 수 있다. 더 나아가 권리와 인권에 대해 근원적인 관심과 의문을 갖고 있는 실정법학자나 인문사회과학자들에게도 유익한 지적 자극을 제공할 수 있으리라 믿어 의심치 않는다.

마지막으로 이 책이 출판될 수 있도록 도움을 주신 분들에게 감사인사를 드리는 것으로 부족한 이 글을 마치고자 한다. 먼저 여러모로 부족한 엮은이에게 이 책을 엮어볼 것을 허락하고 격려해주신 이상돈 회장님 이하 한국법철학회 집

16) 「법철학연구」 제12권 제1호(2009).
17) 「법철학연구」 제8권 제1호(2005).

행부 교수님들께 감사를 드린다. 아울러 귀중한 옥고가 이 책으로 편집되어 출간될 수 있도록 허락해 주신 저자 교수님들께 감사를 드린다. 끝으로 어려운 출판 환경 속에서도 이러한 연구서가 출판될 수 있도록 해주신 세창출판사 관계자 여러분, 특히 이방원 대표님과 임길남 상무님 그리고 김명희 실장님에게도 진심으로 감사의 인사를 드린다.

2013년 6월

한국법철학회를 대신하여

양 천 수 배상

차 례

제1부 | 권리의 일반이론

제2부 | 권리의 법사상

제3부 | 인권의 법철학

제4부 | 권리와 인권의 구체적 적용

제1부 | 권리의 일반이론

_최봉철

권리의 개념에 관한 연구

-의사설과 이익설의 비교-

_김현철

형식적 권리론

-권리의 개념구조에 대하여-

_김도균

권리담론의 세 차원: 개념분석, 정당화, 제도화

_양천수

권리의 형성 메커니즘

권리의 개념에 관한 연구

— 의사설과 이익설의 비교 —

최 봉 철*

Ⅰ. 서 론

권리의 개념에 관한 의사설과 이익설의 대립은, 근대의 시조 격인 칸트와 벤담을 떠올릴 때 이미 200년이 넘었다. 최근에 들어서도 제3의 가능성은 없어 보이며, 그 대립은 완화될 것 같지도 않다. 제3의 가능성이 없는 한, 통상적으로 법학자들이 취할 수 있는 태도는 양자 중 하나를 선택하는 것이다.[1)]

제3의 가능성이 없다는 인식에 반하여 우리 학계는 달리 인식하고 있다. 대부분의 법학개론 및 민법총칙 교과서들은 의사설과 이익설의 절충설로서 권리법력설을 거론한다. 즉 두 학설은 대립적이지 않으며, 화해 가능하다는 것이다. 그러나 화해가능성을 제시할 뿐 그렇게 보는 이유에 관해서는 우리에게 궁금증만을 남길 뿐이다. 이 두 학설에 대한 논의는 최근 법철학계에서 다루어지기 시작했지만, 학계 전반에서는 본격적으로 다루어지지 않고 있다.[2)]

---

* 성균관대학교 법학전문대학원 교수.

1) Steiner는 제3의 가능성이 존재하지 않는다고 보며, 결함이 덜한 학설을 구매하는 방식으로 선택이 이루어져야 한다고 주장한다. Steiner, "Working Rights," Kramer 등, *A Debate Over Rights* (Oxford: Clarendon, 1998), 298면.

2) 김현철, 「권리에 관한 연구 – 권리개념의 재구성을 중심으로」, 서울대학교 박사학위논문 (2000. 2). 김도균, "법적 권리에 관한 연구," 서울대학교 법학 43권 4호 (2002). 김연미, "권리의 구조와 근거에 관한 법철학적 연구," 이화여자대학교 박사학위논문 (2003. 2).

왜 논의의 대상으로 부상하지 않을까? 별반 논의가 없다는 사실은 두 학설의 대립이 실익이 없는 대립일 수 있기 때문이다. 만약 그러하다면, 법철학계를 주름잡아 온 하트, 라즈, 맥코믹과 같은 학자들은 무익한 논쟁에 정열을 소모했다는 것인가? 이들은 분명 의사설과 이익설 중 한 입장을 취하며, 자신의 주장이 타방의 주장보다 더 타당하며, 더 나은 결과를 가져온다고 말해 왔다.

이러한 문제의식에서 의사설과 이익설을 비교·검토하기로 하였다. 이 글에서는 비교의 준거점을 세워 의사설과 이익설을 검토해 볼 것이며, 결론적으로 의사설을 지지할 것이다.[3)]

II. 비교의 준거점

1. 개념설명에 대한 비교의 준거점

법학은 개념의 학문이다. 법에 대한 철학적·역사적·사회학적 연구도 결국 개념구성의 배경지식이 되는 한 법학에서 개념은 매우 중요하다. 또한 법학자가 하는 바의 대부분은 법에 등장하는 혹은 법의 이해에 필요한 개념에 대해 설명하는 것이다. 개념에 관한 학설이 대립될 때, 우리는 비교의 준거점을 필요로 한다. 어떤 기준에 의거하여 대립되는 개념설명 중 어느 것이 더 낫다고 말할 수 있을까? 그 기준 내지 준거점에 대해 살펴본다.

① 청중의 관심에 부응할 것: 청중이 듣고 싶어하는 것에 대해 답변을 해야 할 것이다. 이미 다들 알고 있는 것 혹은 들을 필요가 없는 것에 대해 설명한들 청중은 들으려고 하지 않을 것이다.

② 쉽고 경제적일 것: 청중이나 독자가 수준이 너무 떨어져 반드시 알아야 할 것에 대해 설명하는 데 문제가 있다면 그 설명은 그들에게 어려울 수 있을 것이며, 어쩔 수 없다고 해야 할 것이다. 즉 어려울 수밖에 없는 설명이 있다는 것이다. 그러나 쉽게 설명할 수 있는 것을 어렵게 설명하는 것은 결코 좋은 설명일

3) 김도균 교수는 논의이론적으로 변형·보완된 이익설을 주장하며, 김현철 교수와 김연미 박사는 새로운 권리론을 모색한다.

수가 없다. 또한 간단히 설명할 수 있는 것을 복잡하게 설명하는 것은 잘못이다. 후자를 설명의 경제성이라고 부를 수 있을 것이다.

③ 상식과 부합할 것: 개념설명이 상식 혹은 일상적인 용례(common usage)에서 벗어날 때 청중을 납득시키기 어려울 것이다.

④ 올바른 기준을 제시할 것[4]: 예를 들어 "법이란 무엇인가?"에 대해 설명할 때, 법과 법이 아닌 것(Law/Non-Law)에 대한 명확하고 용인할 수 있는 구별을 제시해 준다면 그 설명은 좋다고 말할 수 있을 것이다.

⑤ 본질적인 면을 해명할 것: 어떤 개념을 설명할 때 그 개념이 가진 본질적인 면을 드러내 주는 것이 중요하다. 덜 본질적인 면 혹은 사소한 면을 부각시켜 그 개념의 본질을 흐리는 설명은 타당하다고 할 수 없다.

⑥ 시대정신, 정치적 이상, 법체계의 이상과 부합할 것: 예를 들어 법은 주권자의 명령이라는 설명은 수범자인 국민을 명령에 복종해야 할 자로 보게 된다. 따라서 이러한 설명은 민주주의의 이상에 부합하지 않는다고 말할 수 있을 것이다.

4) '기준'에 대한 논의에 관하여는, 김영배, "비트겐슈타인의 criterion 개념," 철학논구 (1986). 최근의 법철학의 논의에 관하여는, Dworkin, *Law's Empire* (Cambridge, MA: HUP, 1986); 오병선 역, 「법의 개념」 (아카넷, 2001), 후기; Joseph Raz, "Two Views on the Nature of the Theory of Law," Timothy Endicott, "Herbert Hart and the Semantic Sting," Nicos Starvropoulos, "Hart's Semantics," Jules Coleman 편, *Hart's Postscript* (Oxford: OUP, 2001). 이 논의의 경과는 다음과 같다. 드워킨은 하트류의 법철학에 대해 의미론적 함정(semantic sting)에 빠져 있다고 주장했고, 하트는 후기에서 자신의 이론을 의미론으로 보는 것은 오해라고 주장하였다. 그 후 라즈를 위시한 학자들은 드워킨의 주장에 대해 반격을 가하였다. 이 논쟁에는 두 가지 주장이 대립하고 있다. 한 가지 주장은 개념범주는 언어사용의 규칙에 따라 주어져 있고, 그 주어진 개념범주를 적절히 묘사하는 기준을 제시하는 것이 개념 설명에서 중요하다는 입장이다. 이에 반대되는 주장은 드워킨의 주장으로 개념범주는 언어사용의 규칙에 따라 미리 주어져 있지 아니하며, 특정한 법문화 속에 내재하고 있다는 것이다. 따라서 법문화에 대한 올바른 해석을 바탕으로 그와 같은 개념범주가 정해져야 한다고 주장한다. 두 주장간의 차이점은 개념범주 확정의 성격규정의 문제이다. 전자는 언어사용의 규칙에 대한 사실확인의 문제로 보는 데 반해 후자는 정치문화와 법문화에 대한 해석의 정당성의 문제로 본다. 다만 권리론에 있어서 권리범주의 확정에 대해서는 약간의 이견만이 있을 뿐이며, 위의 논쟁이 재현되지는 않는다. 그 이유는 아마도 대부분의 권리론자들이 '기준' 개념을 문제시하지 않기 때문일 것이다.

2. 두 학설의 대립과 비교의 준거점

의사설과 이익설은 서로간에 권리개념에 대한 자신의 설명이 더 낫다는 주장을 편다. 두 학설은 자신의 설명이 ③에서 ⑥에 더 잘 부합한다고 주장한다. 자신의 설명이 상식에 부합하며(③), 우리가 권리라고 여기는 것들을 더 잘 포섭할 수 있으며(④), 권리가 가지는 본질적인 면을 조명하며(⑤), 정치도덕적으로도 바람직하다고(⑥) 주장한다. 물론 학자에 따라 강조하는 바가 다르며, 동일 학자라도 논문에 따라 다르다. 맥코믹을 예로 든다면, 그는 대략 ④와 ⑤에서 이익설이 장점을 가진다고 한다. 그러나 그는 "Children's Right"에서는 아동의 권리와 같은 핵심적 권리를 설명하는 데 이익설이 더 낫다는 주장을 함으로써 ④를 강조하지만, "Rights in Legislation"에서는 ⑤의 관점에서 바라볼 때 이익설이 낫다고 주장한다. 또한 ⑥의 관점이 두 학설을 비교하는 데 중요한 준거점이 될 수 있는가에 대해서는 의견이 갈린다. 예를 들어 시몬즈는 ⑥을 강한 준거점으로 보아 의사설을 지지하는 데 반해 대부분의 학자들은 정치도덕적인 함의가 비교의 강한 준거점은 아니라고 본다.

하트를 비롯하여 대부분의 학자들은 ④와 ⑤를 비교의 준거점으로 삼아 자신의 주장의 우월성을 주장한다. 필자가 검토한 바에 따르면 권리론에서의 논의는 어느 학설이 사회통념에 따른 권리범주에 관한 적합한 기준을 더 잘 제시하는가에 초점을 맞춘다. 필자는 권리범주에 관한 기준제시의 논의가 너무 조명받고 있으며, 소모적이라고 생각한다. 우선적으로 권리범주는 유동적이며, 둘째로 제시된 기준이 모든 형태의 권리를 포섭할 필요는 없으며, 전형적인 경우들을 포섭하는 것으로 충분하다고 할 것이며, 셋째로 기준제시에서의 문제점은 두 학설간에 별반 차이가 없으며, 나름대로 해결책을 제시하고 있다고 생각한다. 그러므로 이제 권리론에서의 논의는 기준제시의 적정성보다는 다른 차원의 문제로 넘어가야 한다고 생각한다.

아래에서는 의사설과 이익설에 대해 간단히 정리한 후 ④, ⑤, ⑥을 준거점으로 삼아 두 학설을 비교하기로 한다. 기준제시의 적정성의 문제를 다루는 이유는 기존의 논의를 정리하고자 함이지 결코 이 논의가 중요하다고 생각하여 다루는 것은 아니다. 필자는 현 시점에서 ⑤와 ⑥이 비교의 중요한 준거점이라고 본다. 그리고 ①, ②, ③은 논외로 하겠다.

Ⅲ. 의사설과 이익설의 대립 및 그 성격

1. 의사설과 이익설의 대립

(1) 역사적 전개 상황

의사설은 의사라는 단어를 중심으로 하여 권리를 풀이하자는 입장이며, 이익설은 이익이라는 단어를 중심으로 하여 권리를 풀이하자는 입장이다. 독일에서 의사설과 이익설의 대립은 칸트로부터 시작된다고 말할 수 있을 것이다. 의사설은 칸트로부터 사비니[5]로 이어지며, 이익설은 예링에 의해 시작되었다고 일반적으로 말할 수 있을 것이다. 이에 반해 영국에서의 대립의 핵심에는 벤담, 하트, 맥코믹, 라즈가 자리잡고 있다. 즉 벤담이 이익설을 주장한 이래, 하트가 벤담을 비판하며 의사설을 펼쳤고, 그 후 맥코믹과 라즈가 하트를 비판하며 벤담과는 다른 형태의 이익설을 주장하였다.

영미의 권리론 전개에 있어 호펠드의 영향은 압도적이라고 할 수 있지만, 그의 권리론이 의사설과 이익설의 대립에 있어 중립적이기 때문에 이 논문에서는 다루지 않는다.[6] 아래에서는 고전적 형태의 의사설로 칸트의 권리론을, 현대적 형태로는 하트의 권리론을, 고전적 형태의 이익설로 벤담의 권리론을, 현대적 형태로는 라즈의 권리론을 일별할 것이다.

우선 의사설과 이익설에 대해 설명하기 전에 간단히 요약하자면, 의사설은 권리란 권리주체의 의사를 보호하기 위해 존재한다는 것이며, 이익설은 권리란 권리주체의 이익을 보호하기 위해 존재한다는 것이다. 두 학설은 이처럼 간단한 직관에 근거해 있지만, 양자의 비교는 쉬운 문제는 아니다.

(2) 의사설의 의미

1) 칸트는 권리를 "한 사람의 선택이 다른 사람의 선택과 자유의 보편법칙에

---

5) 사비니의 의사설에 따른 권리에 대한 개념정의에 대하여는, 김도균, 위의 논문(주 2), 197면. 권리주체의 의사의 우월성을 권리개념을 정의하는 데 징표로 삼는다.

6) Finnis는 Hohfeld가 의사설과 이익설의 논쟁에 가담하지 않았지만, 만약 가담하였더라면 의사설을 취하였을 것이라고 주장하지만, Kramer는 Hohfeld의 입장은 전적으로 중립이라고 평한다. Kramer, "Rights Without Trimmings," Kramer 등, 위의 책(주 1), 61면 주 23.

따라 결합할 수 있기 위한 조건의 총체"라고 정의하였다.[7] 자신의 행위가 타인의 자유와 공존가능(compossible)하다면 그러한 행위를 할 수 있는 권리를 가진다는 것이다.[8] 다시 말해 누구든지 다른 사람과 마찬가지로 큰 자유를 누릴 권리가 있고, 그 자유는 타인의 자유와 양립 가능해야 한다는 주장이다.[9]

칸트의 권리론은 일견 롤즈의 권리론과 유사하며,[10] 개인주의적, 자유주의적 권리론이라고 부를 수 있을 것이다. 파운드는 이러한 면을 강조하여, 칸트의 권리론을 "16세기부터 19세기까지 통용되었던 이상적 사회질서의 마지막 형태" 이자, "개인적 주장을 극대화하는 이념"에 입각해 있다고 평가하였다.[11]

칸트는 권리자의 선택권 혹은 통제권의 존재를 권리의 본질적인 징표로 여길 뿐만 아니라 더 나아가서 권리의 근거를 자율성의 보호에서 찾는다. 즉 권리가 보호되어야 하는 이유는 자율적인 선택의 토대를 마련하는 것이 필요하기 때문이며, 그러한 취지에서 자율의 사회적 공간을 권리라는 이름으로 보호하고자 한다.[12] 이러한 의미에서 권리는 자율성의 확보를 위한 수단으로 여겨진다.

2) 하트는 칸트와 마찬가지로 권리가 있다는 것은 타인의 행위에 대해 통제권 혹은 선택권을 가지는 것을 의미한다고 주장하였다. 그는 권리자가 가지는 선택으로 세 가지를 열거한다. ① 권리의 포기여부 ② 의무위반시 수인여부 ③ 배상청구권의 행사여부에 관해 선택권을 가진다고 한다. 그러나 그는 모든 권리에 완벽한 선택권이 부착되는 것은 아니라고 첨언한다.[13] 이처럼 하트는 권리구제

---

7) Willkür를 '자의' 대신에 '선택'이라고 번역하였다. 선택으로 번역하는 것이 최근의 경향인 것 같다. Mary J. Gregor 편역, *Practical Philosophy: The Cambridge Edition of the Works of Immanuel Kant* (Cambridge: CUP, 1996), 387면.

8) 이충진, 칸트의 권리론: 내적 권리와 외적 권리, 철학연구 73 (2000. 2), 171면.

9) Wolfgang Kersting, "Politics, Freedom, and Order: Kant's Political Philosophy," Paul Guyer 편, *The Cambridge Companion to Kant* (Cambridge, CUP, 1992), 348면.

10) 필자는 칸트의 권리론의 성격에 대해서는 보다 신중한 규명이 필요하다고 생각한다. 대부분의 학자들은 칸트가 자유주의적 권리론을 주장한다고 여기는 듯하지만 달리 해석될 여지에 대해 연구가 필요하다고 생각한다.

11) Roscoe Pound, *Interpretations of Legal History* (New York: Macmillan, 1923), 29면.

12) J. B. Schneewind, "Autonomy, Obligation, and Virtue: An Overview of Kant's Moral Philosophy," Paul Guyer 편, 위의 책(주 9), 310면.

13) Hart, "Bentham on Legal Rights," A. W. B. Simpson 편, *Oxford Essays in Jurisprudence*, 2nd Series (Oxford: Clarendon, 1973), 192면.

수단의 행사여부에 대한 선택을 중심으로 권리를 정의한다. 필자는 하트의 이른바 선택설(choice theory)은 권리의 존속여부 및 법적 구제수단의 행사여부의 선택에 초점을 맞추기 때문에, 일상생활에서 권리가 행하는 역할을 잘 설명한다고는 생각하지 않는다.

하트는 권리의 필요성 및 근거에 대해 크게 다루지는 않으나, 자유로울 동등한 권리를 자연권이라고 말할 수도 있다고 하여 자유주의적 입장을 취한다.[14] 다시 말해 그는 모든 사람은 타인에게 해를 끼치지 않는 한, 자신이 원하는 삶을 살 수 있어야 한다는 것이다. 칸트나 하트에게 권리란 수단적 개념이며, 자율이나 자유의 보호를 그 목적으로 삼는다.

(3) 이익설의 의미

1) 벤담은 일반적으로 법규정에 의해 법적 의무가 생겨나고, 이에 대응하여 법적 권리가 생겨난다고 보았다. 즉 벤담은 권리란 의무의 반영 혹은 반사라고 보았다.[15] 그는 법적 의무가 존재함에도 불구하고, 법적 권리가 발생하지 않는 예외적인 경우로 ① 자살 혹은 도박 금지 의무와 같은 자기에 관한 의무, ② 입법자의 효용성에 대한 무시로 말미암아 아무도 혜택을 보는 자가 없는 의무를 열거하였다.[16] 따라서 이 입장에 따르면 "권리자란 의무의 이행으로 인해 혜택을 보기로 의도된 자"가 되며,[17] 의무가 존재하면 일반적으로 권리가 존재하게 되므로, 하트의 지적처럼 권리개념에 의거하여 설명하든 의무개념에 의거하여 설명하든 여하튼 설명은 동일한 내용을 가지게 된다.

---

14) Hart, "Are There Any Natural Rights?" *Philosophical Review* 64 (1955), 175면. 그는 이 권리를 다음과 같이 풀이한다. 선택능력을 갖춘 모든 성인은 타인에게 강제나 제약을 가하려 하지 않는다면 타인의 강제나 제약으로부터 자유로울 권리(right)를 가지며, 타인을 강제하거나 제약하지 않는 한 그리고 타인을 해하려 하지 않는 한 어떤 행동이라도 할 자유(liberty)를 향유한다는 것이다.

15) 벤담의 의무선재론에 의거한 권리개념에 대해, 학자들은 이 이론에서의 권리란 논리적으로 선행하는 의무의 반사(reflex of logically prior duties), 의무의 반사(reflexes of duties)라고 묘사될 수 있다고 주장한다. MacCormick, "Rights in Legislation," *Law, Morality and Society: Essays in Honour of H.L.A. Hart* (Oxford, Clarendon: 1977), 199면. Peter Jones, *Rights* (New York: St. Martin's, 1994), 30면.

16) Hart, 위의 논문(주 13), 177면.

17) Hart, 위의 논문(주 13), 178면.

2) 라즈는 의무로부터 권리가 발생한다는 벤담의 주장에 대해 반대하며, 역으로 권리가 논리적·개념적으로 의무보다 선행한다고 주장한다. 권리가 있다는 것은 중요한 이익이 있다는 주장이며, 권리나 그러한 이익의 존재는 의무부과의 충분조건이라는 것이다.[18] 이와 같은 정의는 기본적으로 이익론이나 법익론을 전제로 한다. 즉 "어떤 이익들이 권리로 보호되어야 하는가에 대한 이론이 필요하게 되며,"[19] 이익들간에 위계질서가 필요하게 된다.

라즈의 이익설은 그의 완전주의와 잘 결합된다. 완전주의란 간단히 말해 인생의 목표는 완전한 삶(perfect life)을 영위하는 데 있다고 보는 입장이다. 이 입장에서 권리의 역할은 그러한 삶에 부합되는 가치 혹은 이익을 촉진하는 데 있는 것이다. 물론 라즈의 정확한 입장은 자율성의 가치를 중시하는 자유주의적 완전주의를 취하므로 자율성도 중요한 가치가 된다.

2. 대립의 성격

이미 말했듯이 두 학설은 일면 권리의 본질적인 면을 설명하는 데 있어 의사와 이익 중 어느 것이 더 적합한가에 대한 대립으로 볼 수 있다. 또한 이 대립의 배경에는 정치이론간의 차이가 자리잡고 있다. 권리개념을 풀이하는 핵심용어의 선택에 차이가 있고, 배경을 이루는 정치이론간에도 차이가 있다면, 결국 두 학설은 화해하기 어려울 것이다.

그러나 한 가지 유념해야 할 것은 의사설이 이익개념을 배제하는 것도 아니며, 이익설이 의사나 선택이란 개념을 배제하는 것도 아니다. 의사설은 권리의 창설과정에서 이익이 고려된다는 점을 부인하기는 어려울 것이며, 권리의 충돌을 해결할 때 누구의 의사가 더 존중되어야 할 것인가에 대해 이익교량을 해야 할 것이다. 또한 이익설도 권리개념이 청구개념을 내포하는 한, 의사설과 배타적인 관계에 선다고 할 수는 없다. 권리는 침해될 수 있는 것이며, 침해시 청구권행사의 여부 및 행사할 청구권의 선정 및 행사방식에 관해 선택 혹은 결정의 여지를 가진다는 점에 대해 이익설도 긍정하지 않을 수 없을 것이다.

---

18) J. Raz, "Legal Rights," *Oxford Journal of Legal Studies 4* (1984), 5면 주 10.
19) Raz, 위의 논문(주 18), 10면.

스톨저는 다음과 같이 의사설과 이익설 공히 의사와 이익개념에 의존하고 있다는 점을 강조한다.[20)]

> 권리와 이익의 연관성을 상기한다면, 우리는 당연히 이익설을 필요로 할 것이며, 권리를 가진다는 것이 직접 혹은 간접적으로 청구, 즉 도덕적으로 혹은 법적으로 응답될 수 있는 청구를 할 수 있어야 한다는 사실에 주목할 때 의사설은 진리를 가지기 때문에 우리는 의사설로부터 어떤 점을 필요로 한다. 응답가능성이란 권리의 궁극적인 것이다. 두 이론은 종종 생각되는 것과 달리, 상호간에 그리 배타적이지 않다. 양자간의 관계를 첨예한 대립으로 파악하는 것은 잘못된 이분법으로 이끈다.

의사설도 이익이라는 개념을 수용하며, 이익설도 마찬가지로 의사란 개념을 수용하고 있다는 것은 사실이나, 그 대립은 여전히 이분법적이라고 할 수 있다. 스톨저는 잘못 이해하여 마치 화해 가능한 것처럼 말하고 있다. 두 학설은 다음의 두 질문에 대해 상반된 답변을 한다. 첫째, 권리의 본질적인 면을 묘사하는 궁극적인 핵심단어는 무엇인가, 둘째, 권리는 무엇을 위해 존재하는가이다.

첫 번째 질문에 대해서 의사설은 의사라고 답변할 것이며, 이익설은 이익이라고 답변할 것이다. 선택설을 주장하는 하트도 이익개념이 필요하다는 점은 인정하지만, 권리를 설명하는 핵심개념은 의사라고 보아, "권리의 적절한 설명을 위해 법적으로 보장된 개인적 이익이란 관념은 도입되어야 하겠지만, [벤담의] 이익설이 이익관념을 도입하는 바와 같이 도입하지는 말아야 할 것"이라고 한다.[21)] 이익설을 주장하는 라즈도 권리개념에서 선택 혹은 통제가 담당하는 기능을 무시하지는 않는다. "통제 혹은 선택 권한은 권리의 한 단면 혹은 권리에 따른 결과이다… 그러나 나는 권한의 근거로서의 권리에 대해 특별히 의존하지는 않겠다"고 주장한다.[22)] 다시 말해 이들은 권리의 본질에 대한 설명에서 입장 차이를 극명히 드러낸다.

두 번째 질문에 있어서 의사설은 권리가 있다면 권리주체의 의사가 존중받아야 한다고 할 것이며, 이익설은 이익이 존중되어야 한다고 할 것이다. 의사설

---

20) Samuel Stoljar, *An Analysis of Rights* (New York: St. Martin's, 1984) 35면.

21) Hart, 위의 논문(주 13), 200면.

22) Raz, "On the Nature of Rights," *Mind XCIII* (1984), 197면.

은 궁극적인 이익이 존재한다고 하더라도, 그의 의사가 존중되어야 한다는 입장을 펼 것이며, 이익설은 그의 의사에 반한다 할지라도 기본적으로는 그의 이익이 존중되어야 한다는 입장을 펼 수 있을 것이다.

결론적으로 권리론에서의 의사설과 이익설의 대립은 세계관에 대한 대립으로 화해가능성을 찾아내기란 쉽지 않다고 말할 수 있을 것이다. 이런 의미에서 절충설이라는 것은 유사한 맥락에서 하트가 지적했듯이 "무의미한 조합이나 병렬적 설명"에 해당할 것이다.[23] 만약 권리론에서 이들과는 다른 차원에서 접근하면 모를까, 동일한 차원에서 접근한다면, 가질 수 있는 선택은 가담일 뿐이며, 선택의 여지란 수정·보완일 뿐이다.

IV. 기준제시의 측면

1. 기준제시의 문제

의사설과 이익설은 상대방의 권리론이 언어용례상 혹은 사회통념상 권리라고 여기는 것을 권리의 범주에 포섭하는 데 난점이 있다고 주장하여 왔다. 즉 권리범주에 관한 올바른 기준을 제시하지 못한다는 것이다. 이 논쟁은 이미 충분히 행하여져 왔고, 그에 따라 여러 차례의 자체 수정도 있었고 하여 권리개념론에서 더 이상 논쟁거리로 주목될 필요는 없다고 생각한다. 또한 이미 말했듯이 기준제시란 무엇인가에 대해 생각해 보았을 때, 반드시 필요충분조건을 제시할 필요는 없으며, 두 학설 모두 흠이 없다고 말하기는 어려우나 그로 인해 곤란을 겪지는 않을 것이라고 생각한다. 아래에서는 두 학설간에 있었던 공방에 대해 검토하기로 한다.

2. 의사설의 문제점

(1) 맥코믹의 비판

1) 아동의 권리

맥코믹은 아동의 권리를 핵심적인 권리라고 보아 이 권리를 권리범주에 포

23) Hart, 위의 논문(주 13), 201면.

섭하는 데 문제가 있다면 그러한 권리론은 폐기되어야 한다는 주장을 폈다.[24] 권리론이라면 아동의 권리를 반드시 포섭할 수 있어야 하는가의 문제는 논외로 하고, 아동의 권리가 권리범주에 반드시 포함되어야 한다고 하자. 그가 말하는 아동이란 우리 식으로는 나이 어린 미성년자이며, 아동의 권리는 제3자에 대한 권리뿐만 아니라 친권자에 대한 부양청구권도 포함함은 물론이다. 맥코믹의 미성년자의 권리에 대한 논의는 의사무능력자의 권리에 대한 논의에도 확장 적용될 수 있음은 물론이다.

의사설은 권리란 의사를 보호하는 것이라고 보는데 의사무능력자의 의사를 보호한다는 것은 모순이므로 이에 대해 준비된 답변을 가지고 있다. 즉 권리주체 본인이 직접 의사결정을 하든, 혹은 본인에 갈음하여 대리인이 의사결정을 하든 간에, 이들은 권리주체측이 되며, 결국 권리주체측이 의사결정력을 가진다면, 의사설은 권리주체 본인에 권리가 있다는 것을 충분히 설명한다는 것이다.[25] 예를 들어 금치산자는 그의 후견인이 그에 갈음하여 의사를 결정할 수 있기 때문에 권리자라고 부를 수 있다고 설명할 수 있다. 맥코믹도 의사무능력자의 권리에 대한 의사설의 준비된 답변에 대해서는 문제삼지 않는다.

맥코믹은 준비된 설명의 문제점을 드러내어 의사설을 무력화하고자 한다. 그가 공격을 위해 예로 삼은 것은 아동의 부양청구권이다.[26] 그는 의사능력이 없는 아동은 친권자의 부양의무에 대해 통제권을 갖지 못하기 때문에, 부양의무는 친권자가 스스로 통제하든지, 친권자가 아동의 대리인의 자격으로 자신의 부양의무를 통제할 수밖에 없다는 우스꽝스러운 결론에 도달한다는 것이다. 맥코믹은 수정된 의사설일지라도 아동의 부양청구권을 설명할 수 없다고 주장하며 이로 인해 의사설은 결정적인 하자가 있다고 한다.

필자는 맥코믹의 공격이 결정적이었다고 평가하지는 않는다. 친권자의 부양청구권에 관한 한 권리주체측은 일반적인 경우와는 다르다. 이 경우 적어도 권리자측에는 친족과 친족회가 포함될 것이다. 그의 스코틀랜드와 우리나라간에 부양청구권에 관한 규정이 다를 수 있을 것이며, 적어도 우리나라에 관한 한 친

24) MacCormick, "Children's Rights: A Test-Case for Theories of Rights," *ARSP 62* (1976), 309면.

25) MacCormick, 위의 논문(주 24), 307면; Hart, 위의 논문(주 13), 192면 주 86.

26) MacCormick, 위의 논문(주 24), 307-308면.

족과 친족회가 권리주체측에 속한다고 말할 수 있을 것이다. 맥코믹은 법원이 권리주체측에 속할 수 있는가에 대해서는 논한다. 그는 법원은 아동에 갈음하여 부양청구권을 행사한다고 볼 수는 없고, 부양의무를 수행하지 않은 친권자에 대해 친권상실처분이라는 부정적 처분을 내릴 뿐이라고 한다. 그와 같은 맥코믹의 주장을 인정한다 하더라도, 아동은 그에 대한 친권자의 부양의무에 대해 통제할 수 있다. 왜냐하면 권리주체측이 부양의무에 대해 통제할 수 있으며, 또한 친권상실제도가 있어 권리주체측이 부양의무를 보다 잘 통제할 수 있게 된다.

2) 포기 및 양도할 수 없는 권리

맥코믹은 권리주체의 자발적인 의사가 존중되지 않는 권리에 대해 의사설은 제대로 설명하지 못한다고 주장한다.

> 우리는 어떤 권리들은 양도할 수 없다고 말하며 생각한다. 그러나 의사설이 옳다면, 양도할 수 없는 권리일수록, 권리성은 점차 부인된다.[27]

예를 들어 민사상의 인지청구권에 있어 포기는 인정되지 않으며, 강제인지의 경우 소송제기기한에 제약도 있다. 그러나 여전히 인지청구권자는 인지청구권을 행사할 수도 있고 행사하지 않을 수도 있으며, 권리의 행사를 방해할 경우 손해배상청구 등을 할 수 있다. 따라서 권리자는 권리를 포기할 수 없을 뿐, 그는 권리자의 지위를 향유하며, 인지청구에 관련하여 원하는 대로 행동할 수 있다.

신체에 대한 권리를 예로 들자. 이 권리는 누구도 박탈하지 못할 것이며, 권리주체 자신도 돈을 받고 자신의 신체의 권리를 양도 내지 포기할 수 없을 것이다. 그러나 맥코믹의 판단과는 달리, 필자는 권리를 포기하지 못한다고 하여, 신체적 권리의 권리성이 상실되거나 제한되었다고 생각하지는 않는다. 특정한 권리에 한하여 인정되는 권리의 불포기성이 자율적인 선택을 강조하는 의사설의 입장과 배치된다고는 말할 수 없다. 자율적인 선택에는 외적 조건이 필요할 것이고 불포기성은 그러한 외적 조건을 확보하기 위한 것이다. 그리고 권리의 포기를 제외하면, 여전히 권리주체는 자신의 신체와 관련하여 적극적·소극적 통제를 할 수 있을 것이다.

---

27) MacCormick, 위의 논문(주 15), 198-199면.

이를 떠나 과연 포기할 수 없는 권리라는 것이 있을까라는 질문을 제기할 수 있다.[28] 인간은 자신에게 이로운 것을 선택할 것이라는 명제는 극빈층에는 적용되지 않으며, 빈곤한 나라에서는 이에 반하는 사실들이 발생하고 있다. 이를 볼 때 자율적인 삶을 위한 외적 통제의 필요성이 인정되며, 포기할 수 없는 권리란 외적 통제의 한 방편이며, 적극적 자유를 신장하기 위한 것이라고 할 수 있다. 따라서 의사설이 포기할 수 없는 권리에 대해 설명할 수 없다는 맥코믹의 공격은 성공적이라고 볼 수 없다.

3) 사회보호입법에 따른 권리

맥코믹은 자유방임체제를 수정하기 위해 도입된 사회보호입법에 따른 보호계층의 권리를 설명하는 데 의사설은 적합하지 않다고 지적한다. 역사적 추이를 살필 때, 예를 들어 New York vs. Lochner 사건과 같이 보호입법을 계약으로 무력화하는 방식이 허용되었고, 이에 대한 보호책으로 보호규정을 강행규정화하여 보호계층이 포기권을 행사할 자유를 제한하였을 뿐만 아니라 보호계층의 상대방이 강행규정에 반하여 계약을 체결할 자유도 박탈하였다. 맥코믹은 이와 같은 사회보호입법에 따른 권리에 대해 의사설은 설명력을 가지지 못한다고 본다. "이럴 경우 의사설에 따르면, 피용자의 권리는 소멸되는 셈이다. 보호는 강화되는데 권리는 소멸된다니 이상하다."[29]고 주장한다. 그러나 앞에서 논한 바와 동일한 이유로 필자는 맥코믹의 그러한 지적이 오히려 이상하다고 생각한다.

(2) 하트의 기본권에 대한 해명

하트는 자신의 선택설이 단점을 가지기는 하지만, 장점이 단점을 능가한다고 주장한다. 그가 지적하는 자신의 선택설의 단점은 기본권을 설명하기에는 적합하지 않다는 것이다.[30] 그는 기본권을 면제권(immunity-rights)으로 해석한다.[31] 만약 갑이 면제권을 갖는다면 면제권의 상대방은 갑의 법적 지위를 함부로

---

28) 포기할 수 없는 권리란 없다는 주장의 대표자로 Thompson을 들 수 있다. Judith Jarvis Thompson, *The Realm of Rights* (Cambridge, MA: HUP, 1990), 283-284면.

29) MacCormick, 위의 논문(주 15), 197-198면.

30) 하트는 기본권의 예로 "표현의 자유, 집회의 자유, 자의적 체포로부터의 자유, 생명과 신체(person)의 안정, 교육, 평등권"을 예로 든다. Hart, 위의 논문(주 13), 198면.

31) Simmonds는 Hart가 후기에 헌법적 면제권을 선택이라는 용어로 설명하는 데 무리가 있다고 양보한 것에 대해 반대하며, 그가 초기에 주장했듯이 선택을 핵심용어로 하여 설명될 수

변경하지 못한다. 예를 들어 국민은 기본권이라는 면제권을 가지기 때문에, 국회는 기본권을 박탈하거나 침해하는 입법을 할 권한을 갖지 못한다. 하트는 이와 같은 면제권은 선택이란 관념을 통해 설명하는 것보다, 개인의 필요라는 관념을 통해 설명하는 것이 낫다고 주장한다.[32)]

그러나 하트처럼 기본권을 면제권으로 보는 견해가 우리 법체계에서도 타당할까에 대해서는 의문이 있다. 국가기관이 기본권을 침해하였을 경우 헌법소원을 제기할 수 있고, 사인간에도 일정한 경우 기본권규정이 적용된다는 점을 볼 때, 이를 면제권으로만 보기는 힘들 것 같다. 또한 입법부작위에 의한 기본권 침해가 상당 정도 인정된다면, 더욱더 기본권을 면제권이라고 볼 수만은 없을 것이다. 다시 말해 기본권에 상응하는 의무가 있다고 말해야 할 것이며, 이런 의미에서 기본권도 진정한 권리라고 해야 할 것이다. 이런 맥락에서, 맥코믹도 하트의 면제권으로서의 기본권론이 자민족중심적이라고 비판한 바 있다.[33)] 다시 말해 의회주권의 원칙에 기초한 잉글랜드적인 발상이라는 것이다.

우리 법에서는 기본권이 영국보다는 중요한 역할을 담당하며, 기본권의 주체가 그의 기본권에 상응하는 의무에 대해 여러 가지 방식으로 통제할 수 있다고 생각된다. 만약 그가 기본권의 본성에 대해 필자와 같은 입장을 취한다고 하더라도 선택설보다는 다른 이론이 필요하다고 보았을까? 그는 법규칙을 통일적으로 설명하려는 시도를 비판하면서 제1차적 규칙과 제2차적 규칙으로 분류하여 2원적으로 설명할 때, 그 이유로 사회적 기능의 차이를 지적하였다.[34)] 필자는 기본권과 다른 권리들이 기능적 차원에서 차이가 없다고 보며, 굳이 나누어 설명할 이유도 없다고 생각한다. 한 가지 첨언한다면, 맥코믹은 하트의 권리에 대한 2원적 설명에는 기본권에 대한 경시태도가 나타나 있다고 지적하지만,[35)] 잉글랜드

있다고 주장한다. 그는 "Definition and Theory in Jurisprudence"에서의 "자유를 방해하지 않음으로써 소극적인 의미에서 선택을 보호"한다는 면제권에 대한 파악이 더 타당하다고 주장한다. 또한 면제권을 포기할 권한의 여부가 면제권의 존부에 영향을 주지 않는다고 주장한다. N. E. Simmonds, "Rights at the Cutting Edge," Kramer 등, 위의 책(주 1), 218-219, 228면.

32) Hart, 위의 논문(주 13), 200면.

33) MacCormick, 위의 논문(주 15), 196면.

34) 오병선 역, 위의 책(주 4), 38-39면. 하트의 이원적 설명에 대한 비판으로는, Richard Tur의 2001학년도 강의안 "Hart's Concept of Law" (Tur의 인터넷사이트), 제3강.

35) MacCormick, 위의 논문(주 15), 196면.

의 법체계상 타당할 수도 있으며, 기능의 차이로 분리하여 설명하는 것이 반드시 한쪽을 경시하는 것이라고 여길 수는 없을 것이다.

(3) 비판에 대한 검토

필자의 결론은 의사설이 아동의 권리, 포기할 수 없는 권리, 기본권을 설명하지 못한다는 비판은 타당하지 않다고 주장하였다. 일반적으로 의사능력에 하자가 있는 자의 권리를 권리주체측이라는 개념을 도입하여 권리를 설명하듯이 부양청구권에 대해서도 권리주체측이라는 개념에 의존하여 설명하는 것이 가능하다고 본다. 다시 말해 권리주체측의 내용이 변할 뿐이라고 보면 된다. 아동의 제3자에 대해 가지는 권리에 있어서 권리주체측은 아동과 친권자이지만, 부양청구권에 있어서 권리주체측은 아동, 친족 및 친족회라고 보면 될 것이다.

포기할 수 없는 권리에 있어서는 궁극적으로 자율성을 보장하는 방편으로 포기불가능성을 도입했다고 보면 될 것이다. 또한 포기불가능성으로 인해 권리자가 의무에 대한 통제력을 상실하며, 따라서 포기할 수 없는 권리에 대해 설명할 수 없다고 말하는 것은 과장이라고 생각한다. 마지막으로 기본권에 대해서는 적어도 우리의 법제도를 대상으로 할 때 하트처럼 면제권이라고 볼 수 없으며, 일반적인 권리와 다를 것이 없다고 생각된다. 구조상 동일하다고 하더라도 여전히 하트처럼 기본권을 특수 취급해야 하는가의 문제에 대해서는 동일한 법체계는 통일적인 법이념하에 있다는 명제를 취하여 굳이 분리하여 설명할 필요가 없다고 본다. 결론적으로 의사설에 대한 자타의 비판은 설득력이 없다.

3. 이익설의 문제점

이익설의 문제점으로 다른 것들도 거론될 수 있지만,[36] 대개 제3자를 위한

---

36) Hart는 동물과 아기(baby)가 권리주체일 수 있는가의 문제를 들어 의사설은 동물과 아기가 권리주체가 될 수 없다는 점을 명백히 해주는 반면, 이익설은 그렇지 못하다고 하며 이익설을 비판한다. Hart, 위의 논문(주 14), 180-181면; 앤터니 퀸턴 편/장을병 역, 「정치철학」(종로서적, 1984), 83-85면; 아기에 관해서는 Hart, 위의 논문 (주 13), 주86, 192면; 동물에 관해서는 Hart, 위의 논문(주 13), 193면. Hart는 동물이나 아기가 적절히 대우받을 이익이 있다고 하지만 이들을 권리주체로 여기지 않는 것이 사회적 통념이라고 본다. 이러한 사회적 통념에 부합하는 적절한 묘사는 "우리는 그들을 함부로 다루어서는 안된다" "우리는 그것

계약을 거론한다.[37] 하트는 다음과 같은 예를 들어 이익설의 난점을 지적한다. 갑은 자신의 부재중에 자신의 노모를 돌보아 주기로 을과 계약을 맺었다. 이러한 계약으로 이익을 얻는 자는 갑의 노모이지만, 계약으로 인해 권리를 가지는 자는 갑이다. "권리가 있다는 것은 이익이 있다는 것"이라는 이익설의 공식에 따를 때 이 계약으로부터 아무런 이익을 얻지 못하는 갑이 권리자인 이유를 설명하지 못한다는 것이다.[38]

그러나 계약당사자인 갑이 권리를 가지는 이유를 설명하지 못한다고 하여, 그 점으로 인해 이익설이 큰 문제를 가진다고 할 수 없다. 왜냐하면 하나의 학설이 제시한 구별의 기준이 모든 경우에 남김없이 적용되어야 하는 것은 아니며, 이미 말한 바와 같이 표준적인 경우에 적용되기만 하면 별 문제가 없다고 말할 수 있을 것이다.[39] 또한 갑에게 전혀 이익이 없다고는 말할 수 없다는 지적도 성

들을 함부로 다루어서는 안될 의무를 진다" 등으로 표현되어야 하며, 동물이나 아이들에게까지 적절히 대우받을 어떤 권리의 관념을 확대시켜서는 안된다고 주장한다. 다시 말해 우리의 의무로 말미암아 동물이나 아기는 반사적 이익을 향유한다는 것이다.[Hart, 위의 논문(주 13), 189면] Hart는 동물이나 아기가 권리주체일 수는 없다고 보았으나, 의사설의 준비된 답변에 따라 '권리주체측'이라는 용어를 사용하여 권리주체라고 설명할 수 있음은 물론이다. 동물이 권리주체가 될 수 있는가에 대해서는 다투어지지만, Hart와 동일한 주장으로는 다음과 같은 호스피스의 견해가 있다. "예컨대 당신의 개일지라도 개를 학대하는 행위를 경범죄로 법이 규정한다면, 이것은 학대받지 않을 개의 수동적 권리를 규정한 것인가? 그러나 법이 정말로 동물의 권리를 보호하는 것은 아니다. 그것은 인간에게 어떤 의무를 부과한다는 뜻이다. 인간이 동물에 대해서 어떤 의무를 가짐을 우리가 인정할 때 더 이상의 어떤 언급이 필요한가? 동물이 권리를 가진다고 말할 때, 동물의 권리에 대한 언급은 그저 인간의 의무를 우회적으로 말하는 것에 불과하지 않은가? 동물들이 어떤 권리를 가진다고 말하는 경우 사실 우리는 우리 자신이 동물들에 대해 여러 가지 의무를 가진다는 것 이상의 어떤 말도 하는 것이 아니다… 부당하게 취급되어서는 안될 동물의 수동적 권리에 대해서 말하는 것은 우리가 동물을 부당하게 취급해서는 안될 의무를 가진다는 것에 대한 다른 표현이다." 호스피스 저/최용철 역, 「도덕행위론」(지성의 샘, 1994), 422-423면.

37) Steiner도 이익설의 약점 5가지를 제시하면서도 기준제시와 관련된 문제점으로는 단 한가지 제3자를 위한 계약만을 거론한다. Steiner, 위의 논문(주 1), 298-299면.

38) Hart, 위의 논문(주 14), 180면; 앤터니 퀸턴 편/장을병 역, 위의 논문 (주 36), 83-84면; Hart, 위의 논문(주 13), 195-196면.

39) 이와 같은 문제점을 지적한 Hart도 표준적인 사례와 경계선상의 사례를 구분하며, 표준적인 사례를 중심으로 법의 개념에 대해 해명하려 한다. 오병선 역, 위의 책(주 4), 특히 5-8면. Hart의 이런 입장을 고려한다면, 그 자신도 제3자를 위한 계약에서 계약의 일방당사자가 권리자인 이유를 설명하지 못한다고 하여, 그러한 학설이 문제 있다고는 말할 수 없을 것이다.

립할 수 있다. 갑으로서는 자신이 해야 할 일을 을이 대신해 줌으로써 이익을 누린다고 말할 수 있을 것이다.[40)]

4. 검토의 결론

의사설과 이익설은 서로간에 상대방의 이론은 우리가 일상적으로 권리라고 보는 것을 설명하는 데 문제가 있다고 지적한다. 그러나 실질을 따져 보면 어떤 식으로든지 상대방이 제기한 문제에 대해 답변을 제시하고 있다. 오히려 권리론에서 기준제시의 문제점을 지적하는 학자들도 기준제시형의 개념설명(criterial explanation of a concept)의 본질 및 한계에 대해 인식하고 있으면서도 과도하게 상대방의 이론을 폄하하려는 의도를 보이기도 한다는 점이 지적되어야 할 것이다. 필자는 어떤 학설이 올바른 기준을 제시하는가를 살폈고, 그 결론은 두 학설 모두 별 문제가 없다는 것이다.[41)] 따라서 비교의 다른 준거점을 통해 두 학설을 살피기로 한다.

V. 본질적인 면의 조명

1. 본질적인 면과 핵심용어

이는 권리를 어떻게 개념정의하였을 때, 권리의 본질적인 측면을 우리에게 더 잘 부각하는가에 관한 논의이다. 즉 권리라는 개념어를 풀이하는 데 있어서 의사·통제라는 용어를 중심으로 풀이했을 때 권리의 본질적인 측면이 더 잘 드러나는가, 혹은 이익이라는 용어를 중심으로 풀이했을 때 그러한가의 문제이다.

---

40) Lyons는 소망의 만족도 이익이라고 보아 제3자를 위한 계약의 당사자가 권리자임을 이익설의 입장에서 설명할 수 있다고 한다. David Lyons, "Rights, Claimants and Beneficiaries," *Am. Phil. Q. 6* (1969), 183-184면.

41) 형사상의 권리에 대해서는, 사회의 통념이나 형법학자들의 견해에 대해 좀더 알아본 후에 다루겠다는 생각에서 이 논문에서 논의하지 않았다. 즉 일반국민이 형사상의 권리를 가진다고 보는지 혹은 일반국민은 형사상의 권리를 갖지 아니하며, 반사적 이익만을 누린다고 보는지에 대해 충분히 검토한 연후에 이 문제를 논하기로 한다.

이 점에 있어 두 이론은 자신의 이론이 장점을 가진다고 다툰다. 이를 살펴보고 과연 어떤 학설이 권리의 본질을 더 잘 드러내 주는지 결론을 내려보겠다.

2. 의사설의 주장

(1) 하트의 주장과 비판

하트는 자신의 학설의 장점을 네 가지로 나누어 제시한다.[42] 첫째, 권리라는 용어의 용례와 부합한다. 둘째, 개인의 선택이란 용어가 도덕적으로 중요하다고 강조한다. 셋째, 법률가들에게 도움이 되는 개념이다.[43] 넷째, 하트는 자신의 검토대상이었던 벤담의 이익설에 대해서만 적용될 수 있는 비판을 제기하였다. 이 비판은 권리와 의무의 상응성을 부인하며, 권리선재론을 펴는 맥코믹과 라즈의 이익설에 대해서 적용되지는 않는다. 하트는 벤담의 이익설은 이미 말한 바와 같이 권리를 의무의 반사적 개념으로 보기 때문에 의무란 개념에 근거하여 설명될 수 있는 것을 권리라는 개념에 의거하여 설명할 뿐이라고 지적한다.[44] 예를 들어 "갑은 계약을 이행할 의무가 있다"는 문장과 "갑의 계약상 의무로 인해 을은 이익을 향유한다"는 문장간에는 별 차이가 없다. 즉 말만 바꾼 셈이지 내용에는 차이가 없다. 하트는 을의 권리에 대한 표현으로 "을은 갑의 계약상 의무에 대해 여러 가지의 선택권을 가진다"라고 사용하자는 것이다.

하트가 장점으로 제시한 것에 대해 검토해 보기로 한다. 용례와 부합된다는 첫 번째 주장에 대해서는 용례가 존재하지 않을 수도, 복수로 존재할 수도, 단일한 용례가 존재한다 하더라도 하트가 잘못 파악했을 수도 있다는 반론이 가능하다. '용례는 단일한가'의 논의를 생략한다고 하더라도, 이익설은 자신의 주장이 용례에 더욱 부합된다고 주장할 수도 있다. 법률가에게 도움이 된다는 세 번째 주장에 대해서도 일률적으로 말하기는 힘들다고 말할 수 있을 것이다. 입법과정에서 일하는 법률가에게는 이익설이 더 도움이 될 수도 있다. 또한 벤담의 이익설을 대상으로 한 의무와의 동어반복적 설명이라는 네 번째 주장도 근자에 등장한 이익설에는 적용될 수 없다는 점을 들어 반박할 수 있을 것이다. 필자는 하트

42) Hart, 위의 논문(주 13), 197면.

43) 이 점에 관하여는 Hart, 위의 논문(주 13), 192면도 참조.

44) Hart, 위의 논문(주 13), 190면.

의 세 번째 지적은 매우 중요하다고 생각한다. 왜 그런지는 확연하지 않지만 여하튼 하트 자신은 이 점에 대해 별반 논의를 전개하지 않았다. 아래에서는 이 점에 대해 다루기로 한다.

(2) 의사설의 장점

의사설은 "권리는 권리주체의 의사를 보호하기 위한 것"이라고 말한다. 다시 말해 권리가 있다는 말은 권리주체가 자신이 결정하는 바에 따라 행동할 수 있는 영역 혹은 울타리를 가진다는 뜻이다. 그와 같은 울타리는 노직의 표현처럼 간접적으로 타인의 행위를 제약하며,[45] 하트의 표현처럼 그러한 울타리 내에서는 영주와 같다고 할 수 있으며,[46] 드워킨의 표현처럼 울타리 내에서의 활동은 정책적 판단이 무엇이든 간에 보호된다는 것이다.[47] 필자는 이와 같은 표현이 권리의 본질적인 면을 드러내 준다고 생각한다. 권리주체가 어떤 결정을 내리든 간에 권리는 그 결정이 우선적으로 존중되어야 할 것을 요구한다는 것이다. 이 요구는 절대적으로 존중되어야 한다는 것은 아니며, 우선적으로 존중되어야 한다는 것이다. 의사설을 취하는 시몬즈도 의사설이란 "선택과 종국적인 힘(peremptory force)[48]이라는 한 쌍의 관념"[49]에 근거하고 있다고 한다.

---

45) Nozick의 side-constraint는 간접적 행위제한장치 등으로 번역함이 타당할 것이다. 그는 권리를 이와 같이 보는바, side는 침해하지 못하게 직접적 혹은 힘으로 막는 것이 아니라 간접적 혹은 심리적으로 막기 때문에 사용한 말이며, constraint는 행위를 못하도록 막는 장치(device)를 뜻한다.

46) Hart의 small-scale sovereign을 의역한 것이다. Hart, 위의 논문(주 13), 192면.

47) Dworkin은 권리를 으뜸패(trump)로서 규정하여, 정책보다는 족보상으로 훨씬 높다고 본다. *Taking Rights Seriously* (Cambridge, MA: HUP, 1977), 85면. Donnelly는 Dworkin의 법이론상 집단의 목적에 근거한 정책과 권리와의 관계를 다음과 같이 설명한다. "드워킨은 아마도 강한 권리와 약한 정책이 충돌할 때 강한 권리가 우선해야 한다고 보듯이 약한 권리와 강한 정책이 충돌할 때 강한 정책이 우선한다고 보는 듯하며, 마땅히 그래야 할 것"이나, 강한 권리와 강한 정책이 충돌할 경우 전자가 앞선다는 주장이라고 설명한다. Samuel Donnelly, *The Language and Uses of Rights* (Lanham, MA: America U. P., 1994), 19면. Raz는 Dworkin의 으뜸패로서의 권리론이 자신의 이익설과 친화성이 없다고 인정한다. Raz, 위의 논문 (주 22), 195면 주 3.

48) 필자는 이 용어는 의미가 너무 강해 수사적인 표현으로 받아들이고자 한다. peremptory란 "putting an end to all debates and actions, final" 등의 의미를 가진다. 이 용어는 사실상 Dworkin의 용어를 따른다면 trump로 환원될 수 있을 것이다. 그러나 trump도 수사적인 용

3. 이익설의 주장

맥코믹과 라즈는 권리선재론의 입장에서 이익설을 주장한다. 권리와 의무의 상호관계에 대해 벤담은 의무로 인해 권리가 발생한다고 주장한 반면에, 이들은 권리로 인해 의무가 생겨난다고 본다. 맥코믹은 다음과 같은 예를 들어 설명한다. 피상속인이 유언을 남기지 않고 사망한 경우 상속인은 적절한 절차에 따라 상속받을 권리를 가지게 되지만, 법원에 의해 법정관리인이 선임될 때까지 의무자는 존재하지 않는다는 것이다.[50] 그러나 법정관리인이 선임된 후 절차에 따라 상속받을 권리, 특수한 권리인 기대권을 가지게 된다고 설명할 수도 있다.[51]

맥코믹이 주장하듯이 현실적으로 권리가 의무보다 선행하는가에 대해서는 의문의 여지가 있지만, 권리가 의무에 논리적·개념적으로 선행한다고 보는 것은 타당하다고 생각한다. 입법과정을 설명할 때 이들의 주장은 잘 이해될 수 있다. 새로운 입법을 함에 있어 어떠한 이익을 법적으로 보호할 것인가가 문제될 것이다. 이 과정은 두 가지 질문에 대한 답변으로 이루어져 있다. 어떠한 이익이 중요한가? 그 중요한 이익을 법적으로 보호할 것인가? 법적으로 보호하기로 결정한다면, 법적 권리가 생겨난다. 그 후 입법자들은 그와 같은 중요한 이익 혹은 법적 권리를 보호하기 위해 어떤 보호책이 필요한가에 대해 고려할 것이며, 이로 인해 의무가 발생하게 된다.[52] 이익설은 입법과정을 설명하는 데 장점을 가진다.[53]

어이며, 일응(prima facie)이라는 말을 첨가하는 것이 타당할 것이라고 생각된다. 이러한 표현이 없을 경우 권리란 어떤 경우에도 우선해야 한다는 오해를 가져올 수 있다. 권리는 제한될 수 있으므로 상대적이며, 일응을 첨가함으로써 상대성의 의미가 전달된다고 생각한다.

49) Simmonds, 위의 논문(주 31), 225면.

50) MacCormick, 위의 논문(주 15), 200면.

51) J. E. Penner, "The Analysis of Rights," *Ratio Juris 10* (1997), 309면.

52) MacCormick이나 Raz가 이익, 권리, 의무의 상호관계를 설명할 때, Pound의 이익론을 명시적으로 거명하고 있지는 않지만, Pound의 이익론은 이들의 논의에 선행하는 이론이라고 할 수 있을 것이다. Pound의 이익론에 관하여는 최봉철, "19세기 말 20세기 초 자연법론과 사회학적 법사상에서 사회의 의미,"「법철학연구」제4권 1호 (2001), 38-40면.

53) 필자는 권리창설과정을 이익조절과정으로 설명하였으나, 필자의 논문을 논평한 이정훈 군은 의사의 수렴 및 결집과정으로 설명하는 것이 옳다는 주장을 했다. 만약 권리창설과정을 후자에 따라 설명한다면, 이익설은 더욱더 입지가 좁아질 것이다. 또한 이러한 입장이 옳다면 앞서 말한 Stoljar의 권리의 이익관련성 주장은 용인되기 어려울 것이다.

권리선재설은 입법과정, 권리창설과정을 설명할 때는 장점을 가지지만, 사법과정, 권리확정과정을 설명할 때는 오히려 부담으로 작용한다. 그 이유는 다음과 같다. 라즈는 권리를 매개자 혹은 매개적 결론이라는 표현으로 설명한다.[54] 권리란 중요한 이익과 그의 보호에 필요한 의무를 매개해 주는 것이다. 그러나 매개자는 중개업자가 하는 일과 다름이 없을 것이다. 구체적인 사안에서 권리의 역할은 권리주체의 중요한 이익이 보호되어야 한다는 요구만을 할 뿐이며, 그 이익이 확정적으로 정하여져 있지 않은 경우, 과연 그 이익이 의무를 발생시키기에 적합한가를 묻지 않을 수 없을 것이다. 또한 이익의 확정과정에서 가치관의 대립에 따른 해석상의 차이가 발생한다면, 결국 그 해결은 판사의 선택에 맡겨질 것이다. 이러한 측면은 단점이라고 할 수밖에 없을 것이다. 또한 권리론은 권리창설과정을 설명하고자 하는 이론이라기보다는 "권리가 존재한다면 무엇이 보호되는가"에 대한 이론이다. 라즈는 권리의 역동성과[55] 모든 권리에 대한 통합된 설명의 중요성을[56] 이익설의 장점으로 제시하나 생략하기로 한다.

4. 검 토

의사설은 권리가 있다는 말을 권리주체의 결정이 보호된다는 말로 해석하며, 이익설은 그 말을 권리주체의 이익이 보호된다는 말로 해석한다. 이는 사안

---

54) Raz, 위의 논문(주 22), 213면; 위의 논문(주 18), 5면. 라즈는 권리를 전자의 논문에서는 매개자(intermediate), 후자의 논문에서는 매개적 결론(intermediate conclusion) 이라고 지칭한다. 필자는 중간적이라는 표현보다는 매개적 혹은 중개적이라는 표현이 더 낫다고 생각한다. 왜냐하면 이익과 의무를 "이어주는"의 뜻이 담길 수 있기 때문이다.

55) Raz, 위의 논문(주 22), 200, 213면; 위의 논문(주 18), 14-15면. Raz는 사회적 사정이 변화함에 따라 기존의 권리가 새로운 의무를 창설해내는 과정을 권리의 역동적 측면이라고 부른다. 그의 권리의 역동성에 관한 설명은 권리와 의무의 상응성을 부인하기 위해 제시된 개념이다. 그러나 그는 권리의 역동성을 설명할 때, 중간단계를 건너뛴 것으로 사회의 변천에 따라 권리의 구체적인 범위나 내용이 변하며, 그에 따라 의무의 내용도 변한다고 설명해야 할 것이다.

56) Raz는 이외에 자신의 이익설은 법적 권리와 같은 제도적 권리뿐만 아니라 도덕적 권리와 같은 비제도적 권리 모두를 잘 설명할 수 있는 장점을 가진다고 주장한다. 그러나 법적 권리와 도덕적 권리간에 본질적인 차이가 존재한다면, 통일적 설명보다는 각각 나누어 설명하는 것이 더 나은 설명일 수 있다. 이 점에 관하여는 추후에 살피기로 한다. Raz, 위의 논문(주 18), 1-5면.

의 해결에 큰 차이를 가져 올 수 있다. 하나의 예를 들어보자. 한 전화회사가 새로운 요금체계를 도입하여 가입자에게 새로운 체계의 요금지불방식으로 변경하라고 권유하였던 일이 있었다. 뉴스에 따르면 어떤 가입자는 거부의사를 밝혔지만 후에 알아보니 그의 요금체계가 새로 도입된 것으로 변경되었다는 것이다. 이에 대해 전화회사측은 새로운 요금체계는 가입자에게 이익이 된다는 항변을 하였다. 일단 모든 면에서 새로운 요금체계가 가입자에게 이익이 된다고 가정하자. 이를 볼 때, 가입자는 의사설의 입장에 서 있다고 말할 수 있을 것이며, 전화회사는 이익설의 입장에 서 있다고 할 수 있다. 요금체계에 대한 변경권이 가입자에게 명문으로 보장되어 있다고 하더라도 그와 같은 권리가 가입자의 이익을 보호하는 데 있다고 보면, 모든 면에서 가입자에게 이익이 되는 요금체계로의 변경은 이익설의 입장에서는 동의를 필요로 하지 않는다고 주장할 수도 있다. 물론 현실적으로는 어떠한 이익설도 자율성의 이익을 경시하지는 않을 것이다.

또 다른 예를 들자면, 치료거부권의 경우, 의사설은 자율적인 결정을 앞세워 회복을 앞당기는 약물의 복용을 거부할 권리가 있다고 하겠지만, 이익설은 권리자의 이익, 진정한 이익 혹은 객관적 이익을 앞세워 그러한 약물의 복용을 거부할 권리가 없다고 할 수도 있다. 이러한 맥락에서 필자는 권리란 자율적인 결정을 보장하는 데 그 목적이 있으며, 그것이 권리의 가장 큰 특징이라고 본다. 다시 말해 요금체계선택권이 있다면 그 권리의 핵심은 요금체계를 자유로이 결정할 권리, 치료거부권이 있다면 그 권리의 핵심은 치료에 관해 자유로이 결정할 권리에 있다고 해야 할 것이다. 즉 X에 대한 권리가 있다면 그것은 X에 대해 권리주체가 자유로이 결정할 권리 혹은 자유로이 통제할 권리를 의미한다고 보아야 할 것이다.

VI. 정치적인 측면

1. 권리분석과 정치적 판단의 관계

"권리란 무엇인가"의 질문이 정치적 판단과 관련을 가질까? 이에 대해 권리에 대해 논하는 학자들의 입장이 나뉜다. 일부의 학자들은 권리분석에 내재된 정치적인 측면이 비교의 약한 준거점이 될 수 있다고 본다. 예를 들어 맥코믹은 의사설에 반대하는 이유로 "선택의 자유는 선이지만, 유일한 선은 아니다"라고 주장하며, 19세기 자유방임주의의 폐해를 상기시킨다. 이러한 이유로 더욱더 "선택의 자유라는 자유주의 원칙을 분석적 진리의 수준으로 격상시켜서는 안된다"라고 주장한다.[57] 그러나 그는 이것이 비교의 약한 준거점임을 분명히 하여, 자유주의에 대한 비판은 분석적 차원과는 다른 도덕적·정치적 논점일 뿐이라고 첨언한다.[58] 또한 스티너는 도덕적으로 바람직한가, 적절한 설명력을 갖추었는가가 권리론 검토의 준거점이 될 수 있다고 제시하면서 후자를 중시해야 한다고 주장한다.[59]

이에 반해 시몬즈와 같은 학자는 권리분석에 내재한 정치적인 측면을 비교의 강한 준거점으로 본다. 그는 이익설을 반대하는 이유로 이익설은 이익론을 전제로 하며, 이익론의 전개는 선에 관한 이론을 전제로 하며, 자신의 입장에서는 선에 관한 이론을 전제로 하는 이론을 반대하기 때문에 이익설을 수용할 수 없다고 한다.[60] 필자는 이미 제시했듯이 의사를 중심으로 권리를 풀어나갈 것인지 이익을 중심으로 풀어나갈 것인지의 선택은 정치이론과 밀접한 관계를 맺는다고 본다.

2. 의사설의 정치적 중요성

의사설에 반대하는 이유 중 하나는 자유주의의 어두운 면을 권리라는 미명으로 조장할 수 있다는 것이다. 이른바 권리폐해론이다. 무책임한 권리행사를 조장할 수 있다는 것이다. 그러나 지나치게 도덕적인 사회에서는 권리폐해론은 개인을 인습적인 도덕에 얽어매자는 주장으로 풀이될 수도 있다. 간통죄규정 위헌여부에 대한 헌법재판소의 결정을 이의 상징적인 사건으로 들기로 한다.[61] 헌법

57) MacCormick, 위의 논문(주 15), 208면.
58) MacCormick, 위의 논문(주 15), 208면.
59) Steiner, 위의 논문(주 1), 300면.
60) Simmonds, 위의 논문(주 31), 217면. 시몬즈의 논의에 관해서는, 김현철, 위의 논문(주 2), 97-98면.
61) 형법 제241조의 위헌여부에 관한 헌법소원, 헌법재판소 전원재판부 1990. 9. 10. 89헌마82 [합헌].

재판소는 결정문의 冒頭에 성적 자기결정권을 인정하였다. 의사설에 따르면 이 권리는 성적인 문제에 있어 권리주체가 자유로이 결정하거나 통제할 권리이며, 이는 일웅 종국적인(peremptory) 성격을 가진다. 따라서 간통죄규정은 당연히 위헌이 되어야 한다. 이익설에 따르면 성적 자기결정권은 성적인 문제에 대해 권리주체의 이익을 보호하는 데 그 목적이 있다. 물론 자기결정의 이익도 중요한 이익임이 분명하다. 필자의 생각으로 헌법재판소는 권리주체의 진정한 이익, 객관적인 이익은 어디에 있는가를 탐구했을 것이다. 그 결과 헌법재판소는 권리주체의 객관적 이익은 간통을 하지 않는 데 있다고 결론 내렸을 것이다. 이것이 이익설의 문제라고 생각한다.

필자의 우리사회에 대한 진단은 개인이 원하는 삶을 사는 데 제약이 적지 않다고 생각한다. 인습적 도덕의 무게 때문이다. 인습적·도덕적 무게가 강하면 강할수록 개인의 자유라는 공간은 축소된다. 또한 절대적 가치에 대한 믿음이 상실되며, 새로운 가치에 대한 모색이 이루어지는 사회에서 이익설은 권리해석과정에서 이익 및 가치에 대한 평가를 행하기 때문에, 사회적 영역에서의 가치모색작업을 저해할 수 있다.

VII. 결론 및 여론

필자는 이 논문에서 X에 대해 권리가 있다는 말을 X에 대해 권리주체의 통제 혹은 결정이 우선되어야 한다는 말로 풀이하였다. 이러한 설명은 권리의 본질적인 측면과 부합할 뿐만 아니라 우리의 정치·사회적인 상황을 타개하는 데도 도움이 된다고 본다. 의사설에 관하여 첨언할 것은 권리보유여부 및 권리구제수단의 행사여부에 대한 선택 중심으로 구성한 하트의 개념구성은 일상생활에서 권리가 행하는 역할에 대해 잘 설명하지는 못한다는 것이다.

이익설은 권리를 중요한 이익과 의무간의 매개자라고 칭함으로써, 재판과정에서 그 권리가 보장하려 하는 중요한 이익이 무엇인가 되묻지 않을 수 없다. 즉 일웅의 의무자는 중대한 이익을 보호하기 위해 의무를 지는 자이므로 과연 그 이익의 실체가 무엇인가에 대해 다툴 것이다. 이렇게 되면 법적 권리의 경우 판사가 그 실체를 규명해야 할 임무를 떠맡게 될 것이며, 판사가 사회의 감시자, 개인의 도덕적인 생활에 대한 감시자로 등장하게 될 것이다. 이익설의 가장 큰 문제점은 이 점이다. 따라서 필자는 의사설을 취한다.

마지막으로 필자의 이러한 권리개념이 사회권에 대해 설명할 수 있는가에 대해 살피자. 만약 학생에게 수업권이 인정된다고 하자. 필자의 권리개념에 따르면 수업권이란 수업에 관해 권리주체가 통제 혹은 결정권을 가진다는 표현이다. 이에는 소극적으로는 흥미롭지 않은 수업을 듣지 않을 권리를 들 수 있을 것이며, 적극적으로는 수업내용 및 교과과정편성에 참여할 권리도 포함될 것이다. 물론 교수의 교수권, 재단의 운영권의 존재도 인정되므로 권리의 충돌이 발생할 것이다. 일응 필자의 권리개념은 사회권에 대해서도 무리없이 설명할 수 있는 것같이 보인다. 뜻을 분명하게 하기 위해, “X에 대해 권리를 가진다는 말은 권리주체가 X에 대해 적극적·소극적 통제권을 가진다는 말이다”라고 한다면 사회권도 설명해 낼 수 있다. 그러나 필자의 권리개념이 사회권을 포함하여 권리범주에 속하는 모든 권리들을 소화할 수 있는가의 문제에 대해서는 검토가 필요할 것이라고 생각하여 개방된 질문으로 남기기로 한다.

형식적 권리론

— 권리의 개념구조에 대하여 —

김 현 철*

Ⅰ. 권리와 개념

권리는 물리적인 감각경험의 대상이 아니다. 권리는 이 세계에서 공간을 점유하고 있지 않은 그래서 흔히 연장성이라는 속성을 가지고 있지 않은 그 무엇이다. 예컨대 권리는 코끼리와 같이 각종 감각으로 데이터를 수집할 수 있는 대상이 아니다. 우리는 권리를 볼 수도, 만질 수도, 냄새 맡을 수도 없기 때문이다.[1)]

권리는 무엇보다도 하나의 언어이며 특히 하나의 단어이다. 언어는 의미를 가진다. 따라서 권리라는 단어도 언어의 일종인 이상 의미를 가진다. 즉 권리는 연장성을 가진 물리적인 대상을 지칭하는 것은 아니지만, 적어도 무엇인가를 의미하고 있는 단어이다.

이런 의미라는 차원에서 볼 때 권리라는 단어가 지칭하는 것은 코끼리라는 단어가 지칭하는 것과 그 속성에서 차이를 가지지만, 그럼에도 불구하고 그 의미대상은 상당히 수렴될 수 있다. 즉 단어가 물리적 사물을 직접 지칭하는 것이 아

* 이화여자대학교 법학전문대학원 교수

1) 벤담(J. Bentham)은 이런 관점에서 권리가 가리키는 실체(entity)는 의제적인 실체(fictitious entity)라고 설명한다. 그는 실체를 'real entity'와 'fictitious entity'로 구분한다. 그 중 'fictitious entity'에 해당하는 것은 성질(qualities), 관계(relations), 집합(classes) 등으로 문법형식상 'real entity'처럼 보이나 실제로는 'real entity'처럼 존재하지 않는 것이다. J. Bentham, *Of Laws in General*, H.L.A. Hart(ed.), (London, 1970), 251-252면.

니라는 전제에 선다면, 권리이든 코끼리이든 그 가리키는 것은 심적인 무엇인가가 될 것이다. 예를 들어, 우리는 실제로 코끼리를 잘 알고 있으며 그 코끼리가 가리키는 것이 무엇인지를 잘 안다고 생각한다. 그러나 실제로 코끼리를 본 적이 없는 사람도 코끼리에 대해 잘 알고 있다거나, 아니면 코끼리를 본 사람들 중에도 코끼리의 종에 따라 다른 관념을 가지고 있을 수 있다. 즉 코끼리라는 단어가 가리키는 것은 실제로 내 눈앞에 있는 바로 저 코끼리가 아니라 코끼리라는 단어를 일상생활 속에서 사용할 때 내가 심적으로 떠올리는 그 무엇들인 것이며, 이것은 비록 실제로 코끼리를 지각가능한지 여부와 상관없이 가질 수 있는 것들인 것이다.

그런 점에서 권리라는 단어도 동일한 차원을 가진다. 권리가 가리키는 대상은 흔히 코끼리라는 단어가 가리키는 대상과는 달리 연장성이라는 속성을 가지고 있지는 않지만, 그것은 심적인 무엇으로서 사람들 사이에 알려지고 지칭될 수 있는 것들이다. 적어도 권리라는 단어 그 자체가 의미하는 것이 애매할 지는 모르지만, 권리와 관계된 다양한 사태에 대해 진술하는 문장들 속에서 권리라는 단어가 지칭하는 것은 분명히 드러날 수 있다.

이렇게 단어가 가리키는 심적 대상을 우리는 일반적으로 개념이라고 부를 수 있다. 따라서 권리라는 단어가 가리키는 심적인 그 무엇은 권리개념이 된다. 개념은 의미의 코어이며[2] 일정한 그러나 고정되지는 않은 믿음으로 구성되어 있다. 그 믿음에 터 잡아 개념은 의미를 생성하고, 이 의미들은 이른바 개별 관념의 차원으로 분화될 수 있다.[3] 개념이 관념으로 분화 가능한 것은 무엇보다 개념의 비정형성 때문이며, 믿

2) 개념이 의미의 코어라는 것은 전통적으로 개념이 보편자 논쟁과 관련되어 논해졌다는 것으로도 알 수 있다. 아리스토텔레스는 범주의 하나로 실체를 언급하면서, 이 실체를 제1실체와 제2실체로 구분하고 있다. 제1실체는 "이것은 붉다"라는 문장에서 '이것'에 해당하는 것으로서 다르게 표현할 수 없는 개체 그 자체를 말하며, 제2실체는 "이것은 사람이다"와 같이 술어의 위치에 올 수도 있고, "사람은 이성적 동물이다"라고 할 때처럼 주어의 위치에도 올 수 있는 일반적인 단어들이 가리키는 대상을 뜻한다. 예를 들어 사람이라는 제2실체는 개별적인 갑이라는 사람, 을이라는 사람의 개별성을 넘어선 존재자가 되며, 나중에 보편자(universals)로 설명되었다. 현대에서도 보편자 문제는 사실 개념 문제와 따로 떨어져서 다루어지지 않는다. 개념이 그 개념을 이루는 개체들보다는 그 개체들을 표현하는 언어에 중점을 두는 표현이라면 보편자는 그 언어의 기반이 되는 개체들 자체를 다룬다는 점에 차이가 있을 뿐이다. 보편자에 대한 논의는 Loux(ed.) *Universals and Particulars*, (Univ. of Notre Dame Press, 1976) 참조.

음과 의미를 해석하는 맥락의 차이 때문이다.

II. 개념과 정의(definition)

권리는 개념이므로 의미의 차원에서 논의할 수 있다.[4] 그리고 권리가 의미의 차원에서 논의될 수 있다는 것은 그것이 의사소통의 언어적 수단이 될 수 있다는 것이다. 이렇게 권리가 의사소통의 언어적 수단이 된다는 것은 이른바 의사소통이 가능한 여러 가지 규칙들의 맥락 속에서 권리가 이해되어야 한다는 것을 의미한다.

이렇게 개념이며 의사소통의 언어적 수단인 권리를 이해하기 위해서 역사적으로 다양한 방식이 제기되었다. 가장 일반적인 방식이 바로 개념을 이해하기 위한 전통적인 방식인 최근류와 종차를 통한 정의 방식이었다. 서구의 철학자들은 개념은 정의될 수 있다고 믿어 왔다. 왜냐하면 그들에게 개념은 일반적인 관념이었고 관념은 사물의 속성과 대응하는 심적 실체였기 때문에, 속성들을 통해 개념을 이해하는 것이 가능하다고 생각했던 까닭이다. 따라서 권리도 그 본질적인 속성들을 보여줌으로써 정의가능하고, 이런 정의를 통해 개념의 이해가 가능하다고 생각하는 것은 자연스러운 것일 수 있다.

예를 들어 가장 전통적인 권리에 대한 정의이며 이후 권리 개념을 이해하는데 결정적인 역할을 한 제르송의 정의는 다음과 같다.

---

3) 전통적인 시각에서는 반대로 말하는 것도 가능하다. 즉 관념은 외계의 실체를 정신에 도달시켜주기 위한 내적 도구이며, 개념은 이런 관념이 일반화된 것으로써 설명할 수 있다. 히스는 X라는 개념을 갖는다는 것은 다음 3가지를 뜻한다고 구별하여 설명하고 있다. 첫째 X라는 단어의 일반적인 의미(meaning)를 아는 것, 둘째 X가 제시되었을 때 그것을 다른 것과 구별할 수 있고 제시되지 않았다면 X에 대한 관념(idea)을 사고할 수 있는 것, 셋째 X의 본질을 아는 것 즉 X를 특징짓는 속성을 파악하는 것 등이 그것이다. 이런 3가지의 의미 모두 개념을 사물이나 사태에 대한 일반적인 관념이 되도록 한다. P.L. Heath, "Concept," *The Encyclopedia of Philosophy*, (Vol.2, Macmillan, 1975), 177-180면.

4) 일단 권리라는 단어는 권리라는 개념을 지칭하는 것으로 전제하자. 이에 따라 이하에서는 권리라는 단어를 권리개념이라는 단어와 동일하게 사용한다.

권리(ius)는 누군가에게 고유하게 속하고 정당한 이성의 지시에 합치하는 권능(facultas), 즉 권한(potestas)이다.[5)]

이런 권리에 대한 정의는 흔히 최근류와 종차로 나뉘어지는 전통적인 방식이다.[6)] 즉 권리에 대한 최근류를 '권능 또는 권한'으로 놓고, 다른 권능 또는 권한과의 차이점을 "누군가에게 고유하게 속하고 정당한 이성의 지시에 합치한다"는 것으로 구별한 것이다. 이 제르송의 권리에 대한 정의는 19세기에 이르기까지 권리라는 개념의 최근류를 권능 즉 일정한 힘(특히 의사력)으로 파악한 독일 법률실증주의자들의 권리 이해에까지 계속해서 영향을 미쳐왔던 것이다.[7)]

그러나 최근류와 종차로써 정의하는 것이 개념을 파악하는 데 항상 도움을 주는 것은 아니다. 예를 들어 어떤 개념을 정의할 때 전문가의 정의는 일반인의 정의와 다를 수 있다. 그러나 그렇다고 전문가만 개념을 알고 있고 일반인은 개념을 모르고 있다고 말할 수는 없을 것이다. 정의할 수 없거나 잘못된 정의를 하더라도 그것이 개념을 파악하는 데 하등 문제가 되지 않는 경우도 생길 수 있는 것이다.[8)9)]

---

5) Richard Tuck, *Natural rights theories*, (Cambridge Univ. Press, 1979), 26면에서 재인용.

6) 개념에 대한 정의가 모두 최근류와 종차로 구성되는 것은 아니다. 예를 들어 로크는 태양을 밝음, 뜨거움, 둥금, 지속적인 운동 등과 같은 단순관념의 집합체로 정의했는데, 이는 최근류와 종차라기보다는 속성들의 열거 내지 나열을 통한 정의인 것이다.

7) 그렇다면 예링의 유명한 권리에 대한 정의 즉 '권리란 법적으로 보호받는 이익'이라는 것은 권리라는 개념을 정의하는 데 있어 최근류를 '이익'으로 보고 종차를 '법적으로 보호받는' 것으로 본 것으로 해석하는 것도 가능하다. 그러나 예링은 이익을 권리개념의 최근류로 본 것이 아니라 권리의 '목적'으로 파악하고 있다(Jhering, *Geist des Römischen Rechts*, Dritter Theil, Leipzig, 1871, 327면). 즉 엄밀히 말한다면 권리의 목적은 권리의 개념과 동일할 수 없다. 왜냐하면 권리의 목적은 권리를 정당화하는 근거가 되는 것이지 개념 그 자체라고 할 수는 없기 때문이다. 예링이 영향받은 영국의 공리주의 법학자들도 권리의 정당화 근거와 권리의 정의를 구별하고 있다. 예를 들어 영국의 오스틴은 권리의 근거는 이익에 있다고 설명하지만 권리를 정의할 때는 권리를 '타인에게 행위나 금지를 강요하는 능력 혹은 권한'이라고 한다(John Austin, Lectures on Jurisprudence, London, 1880, 160-162면). 즉 권리를 이익으로 보는 학자들은 이익을 최근류로 파악하고 있는 것이 아니다.

8) 이 부분을 'the Problem of Ignorance and Error'라고 하며 크립케와 퍼트남 등에 의해 주장되었다. P. Kripke, *Naming and Necessity*, (Cambridge, 1972); H. Putnam, "Is Semantics Possible?" In H. Kiefer and M. Munitz(eds.), *Language, Belief and Metaphysics*, (1970), 50-63면.

권리에 대한 개념정의도 이런 개념 일반이 갖는 문제점을 동시에 가지고 있을 수밖에 없다. 그래서 현대에 와서 권리를 최근류와 종차로 정의하지 않고 다르게 파악하려는 시도들이 등장하게 된 것은 이런 정의가 갖는 문제점 즉 감각경험으로 환원 가능한 어떤 속성만이 개념의 본질적 요소가 된다는 생각을 전제하지 않은 것으로 충분히 이유 있는 시도라 할 것이다.

예를 들어 알프 로스(Alf Ross)는 권리를 감각경험으로 환원하려는 시도를 포기해 버렸다.[10] 그에 따르면 권리와 같은 언어는 그 자체로 아무런 것을 가리키지 않는다. 그렇다고 그 언어가 아무런 의미가 없는 것은 아니다. 마치 '그리고'나 '그러나' 등이 앞 문장과 뒤 문장을 논리적으로 연결해 주는 것처럼, 권리도 어떤 사실을 규범적 결과와 연결해 주며 그에 따른 화용론적 기능을 부여하는 일종의 論理的 構造物(logical constructs)로 생각할 수 있다. 즉, 권리를 수여할 만한 구성요건상의 사실이 존재하면 권리가 부여된 것이고 권리가 부여되었다는 것은 그에 따른 어떤 규범적인 결과가 발생한다는 것을 의미한다.[11]

---

9) 나아가 정의로써 개념을 파악하는 고전적인 관점은 몇 가지 전제를 가지고 있다. 그것들은 1) 개념은 감각경험으로 환원 가능하다는 전제와 2) 개념은 내적인 것 즉 심적 대상으로서 공통의 단일한 것이라는 전제가 그것이다. 첫 번째 전제 즉 개념의 환원가능성은 개념의 분석성(analyticity)을 의미한다. 분석성이란 주어 속에 이미 문장의 술어에 해당하는 속성들을 모두 가지고 있는 것을 말하며 따라서 더 이상 주어에 대한 지식이 추가적으로 제공되지 않아도 그 문장의 참·거짓이 판별될 수 있다. 즉 개념에 대한 정의는 이미 개념에 내포되어 있는 것을 끄집어내는 것에 불과하다는 믿음이 개념을 정의(definition)로서 파악하는 학자들에게 공유되어 있던 것이다. 그러나 이미 콰인에 의해서 제기되었듯이 분석성이라는 믿음은 그 자체 명료한 개념이 못되는 것이다. 두 번째 전제는 이미 단어의 의미를 관념으로 새기고 그 관념을 개념으로 파악하였던 17세기 이후의 일반적인 경향이다. 그러나 즉 개념은 내적인 즉 심적 대상이라는 것은 개념을 관념과 연관지었을 때에만 타당하다. 즉 관념이 더 이상 단어의 의미가 되지 못하고 프레게에 의해 뜻과 지시체가 구분되었을 때 개념이 단일한 심적 대상이라는 파악은 이미 설득력을 잃게 된다. 특히 비트겐슈타인은 단어의 의미는 바로 언어사용의 용법에 의해 결정되며 개념도 모든 인간에게 동일한 독립적인 심적 대상이라기보다는 '가족유사성'을 가지는 데 불과하다고 지적한다. 따라서 단일한 표지로서 개념을 정의하는 것은 개념을 이해하는 데 쓸모 있는 것이 아니다. 개념은 말놀이 속에서 그 개념의 역할을 학습하는 과정을 통해 획득되는 것이기 때문이다. 그런 의미에서 개념을 파악하고 이해하는 것은 개념을 정의하는 문제로 다 해결될 수 있는 것이 아니고 그 개념이 사용되는 말놀이 과정에 대한 이해가 있어야만 제대로 개념을 이해할 수 있다. Wittgenstein, Philosophical Investigation, (3rd, Oxford, 1958).

10) Alf Ross, *On Law and Justice*, (1959), 170-188면.

또 하트(H.L.A. Hart)는 권리를 최근류와 종차로 정의하는 것이 잘못되었다고 주장한다. 그에 따르면 권리라는 단어는 독립적으로 파악되어서는 안 되며, 그 단어가 사용되는 전형적인 문맥 속에서 파악되어야 한다. 즉, "A는 B에게 10 파운드를 받을 권리가 있다"라는 진술은 그 진술이 일정한 기능을 수행할 수 있는 어떤 특별하고도 복잡한 배경이 깔려 있다는 것이다. 하트에 따르면 이 배경이 법체계(legal system)라는 것이다. 하트는 이 법체계하에서 권리와 같은 법적 개념이 참이 되게 하는 일정한 조건들을 제시함으로써 가장 만족스러운 정의에 도달할 수 있다고 주장한다.[12)]

이러한 움직임은 현대의 법철학자들의 권리에 대한 논의에 영향을 주게 된다. 예컨대 맥코믹(MacComick)은 다음과 같이 권리를 정의하고 있다.

> 계층 C의 모든 구성원들에게 처우 T에 대한 권리를 귀속시킨다는 것은 T가 모든 정상적인 상황에서 C의 모든 구성원들을 위한 가치(a good)이며 또 C의 어떤 구성원에게 그 처우를 하지 않는 것이 잘못이 되는 가치라는 것을 전제하고 있다.[13)]

---

11) 그러나 권리에 대한 이런 파악은 여전히 일정한 구성요건상의 사실과 규범적 결과사실 등과 같은 사실들에 의존하고 있으며 그것이 갖는 정당화적인 요소는 간과되고 있다. 즉 규범적 결과사실이 정당화되는 것은 구성요건상의 사실이 존재한다는 것 그 자체만으로 가능한 것이 아니고 구성요건상의 사실이 존재함으로써 권리가 발생했기 때문이다. 예를 들어 앞의 예에서 갑은 그가 을에게 갖는 권리를 병에게 양도할 수 있다. 그러나 단순히 구성요건상의 사실과 그에 따른 규범적 결과만을 논리적으로 연결하는 것이라는 로스의 파악은 권리가 양도의 대상이 될 수 있다는 권리의 특성을 설명할 수 없다. 그것이 이전된다는 것은 그것이 단순한 논리사 이상의 어떤 실체를 가진다는 것을 의미하는 것이기 때문이다.

12) H.L.A. Hart, "Definition and Theory in Jurisprudence," *The Law Quarterly Review* (Vol.70, 1954), 37-70면.; 하트는 이에 따라 다음과 같이 권리에 대한 정의를 제안한다. (1) "X는 권리를 가진다"라는 형태의 진술은 다음의 조건이 충족될 경우에 참이다. (a) 법체계가 존재한다. (b) 그 체계의 규칙 아래서 Y는 어떤 사건에서 어떤 행위를 하도록 혹은 하지 말도록 강제된다. (c) 이 책무는 X나 그를 대리할 권한 있는 다른 사람의 선택에 의존해서 법에 의해 생겨나며 그러므로 Y는 오로지 X나 그를 대리할 권한 있는 사람이 이렇게 저렇게 선택한다면 어떤 행위를 하거나 하지 말아야 한다. (2) "X는 권리를 가지고 있다"라는 진술형식은 그 룰에 해당하는 구체적인 사건에서 법적 결론으로 사용되어진다.

13) Niel MacCormick, "Children's Rights: A Test-Case for Theories of Rights"(*Archiv für Rechts und Sozialphilosophie*, 62, 1976) 314면.

라즈(Raz)도 맥코믹과 마찬가지로 권리라는 개념의 본질을 직접 정의하지 않는다. 그는 법적, 정치적, 도덕적 저술과 담론에서 권리라는 개념이 쓰이는 역할을 가장 잘 설명할 수 있는 특징적인 요소를 보일 뿐이다. 라즈의 권리에 대한 정의는 다음과 같다.

> X가 권리를 가질 수 있고(즉 권리능력이 있고) 또 다른 사정이 동일하다면 X의 복지(well-being) 즉 그의 이익이라는 측면이 어떤 다른 사람에게 의무를 지도록 할 충분한 근거가 될 경우 바로 그 때에만(if and only if) "X는 권리를 가진다."[14]

이와 같은 일련의 흐름에서도 잘 드러나듯이 권리라는 개념은 최근류와 종차로 정의되기보다는 오히려 권리라는 개념을 더 잘 이해하고 해명할 수 있는 방법으로 파악되어야 할 것이다. 그러나 그것이 꼭 정의(definition)일 필요는 없을 것이다. 최근류나 종차를 쓰지 않은 채 정의의 방식을 여전히 고수할 것이냐 아니면 아예 정의라는 방식으로부터 자유로운 개념이해를 할 것이냐 하는 것이 필연적인 선택사항은 아니지만 여전히 가능한 선택사항으로는 남아 있는 것이다. 그렇다면 정의(definition)라는 방법이 아니라면 권리라는 개념을 해명할 수 있는 방식은 무엇인가?

Ⅲ. 의미와 의사소통

다시 개념으로 돌아와 보자. 개념은 왜 필요하고 어떤 기능을 하는가? 이 물음에 대해서는 다양한 대답이 가능하겠지만 적어도 최소한의 합의를 이룰 수 있는 요소는 있다. 그것은 개념은 적어도 사고를 하기 위해서 꼭 필요하다는 것이다. 나아가 개념은 사고를 타인과 나누기 위해서 즉 의사소통을 하기 위해서도 꼭 필요하다는 것이다. 그것은 서두에서 언급했듯이 개념은 언어와 뗄 수 없는

---

14) Raz, *Practical Reason and Norm*, (1975), 166면; 같은 면에서 라즈는 권리능력(Capacity for possessing rights)에 대해서도 정의를 내리고 있는데 그것은 다음과 같다. "한 개인은 그의 복지가 궁극적인 가치이거나 혹은 그가 인위적 인간(artificial person, 예를 들어 회사)일 경우 바로 그 때에만(if and only if) 권리를 보유할 수 있다."

밀접한 관계를 가지고 있기 때문이다. 즉 개념은 의미의 코어이다.

개념이 의사소통에 필요한 의미의 코어라면, 권리도 하나의 개념이므로 의사소통에 필요한 의미의 코어가 될 수 있다. 그런데 의사소통이라고 하여도 그것이 가능하기 위해서는 또 다른 제약조건이 있다. 즉 의사소통은 그것이 가능할 수 있도록 하는 규칙을 전제로 한다. 나아가 그것이 권리에 관한 의사소통이라면 또한 권리에 특유한 의사소통의 성질들을 갖게 될 것이다.

의사소통이 가능하도록 하는 조건이란 의사소통의 양 당사자가 갖추어야 할 태도나 자세에 대한 규칙이다. 의사소통은 서로 간의 언어를 주고받음으로써 의미를 공유하고 나아가 상대방을 이해하는 일련의 과정이다. 따라서 적어도 상대방을 이해하려는 자세 그리고 자신의 생각을 합리적으로 전달하려는 자세가 기본적으로 필요하며, 이러한 자세나 태도가 의사소통을 성공적으로 이끌기 위해서는 현재 의사소통이 이루어지는 환경적인 맥락에 대한 학습과 이해가 동시에 전제되어야 할 것이다.[15)]

이런 의사소통을 하기 위한 기본적인 단위는 의사소통을 하는 당사자들의 언어행위이다. 즉 당사자들은 진술을 하든지 주장을 하든지 또는 권유를 하든지 언어를 통해 일정한 결과를 의도하고 있으며, 이런 점에서 의사소통은 상호 주관적인 하나의 행위라고 할 수 있다. 그렇다면 이런 행위를 통해서 얻을 수 있는 것들은 무엇인가?

오스틴은 언어행위에는 언표적(locutionary) 측면과 비언표적(illocutionary) 측면 그리고 수행적(perlocutionary) 측면이라는 3가지의 측면을 가지고 있다고 설명한다. 예를 들어 "이 커피는 뜨겁다"라는 문장을 발화한다면 이것은 커피의

15) 설은 명제내용, 예비적 규칙, 본질적 규칙, 성실성의 규칙이라는 네 가지 조건을 말하고 있고(J. Searle, *Speech Acts*, Cambridge, 1969, 57-71면), 하버마스는 이해가능성, 진리성, 성실성, 정당성의 네 가지 효력주장을 말하고 있다(Habermas, "What is Universal Pragmatics?" in *Communication and the Evolution of Society*, Boston, 1979, 59면). 데이비슨은 이를 아량의 원리(the principle of charity)라고 부르고 있는데, 이 원리는 우리가 화자의 발언을 해석해 나감에 있어서 우리와 화자 사이의 일치가 최대화되도록 또는 '최적화'되도록 해석해 나가기를 요구한다. 이는 두 가지 요구를 핵심적으로 포함한다. 첫째 화자의 믿음들은 전반적으로 서로 정합적이어야 한다는 점과, 둘째 화자의 믿음들은 해석자의 생각에 비추어 전반적으로 올바른 것이 되도록 부여되어야 한다는 점이다(D. Davidson, "A Nice Derangement of Epitaphs," in *Truth and Interpretation*(ed. LePore), Blackwell, 1986, 433-446면; 이영철, 『진리와 해석』, 서광사, 1991, 60-120면).

현재 상태가 뜨겁다고 하는 단순한 진술을 하는 측면이 있고(언표적 측면), 또 커피가 뜨거우니 조심하라고 하는 경고의 측면이 있으며(비언표적 측면) 나아가 실제로 상대방이 뜨거운 커피를 조심해서 먹는다면 의사소통의 성공이라는 결과를 가져오는 측면이 존재하게 된다(수행적 측면).[16]

그렇다면 권리라는 개념을 사용하는 의사소통도 위에서 논해지는 것과 같은 측면들을 가지고 있을 것이다. 예를 들어 "갑은 을로부터 빌려준 돈 100만원을 받을 권리가 있다"라는 문장을 생각해 보자. 이 문장에서 언표적 측면은 갑이 을에 대한 권리자라고 하는 현재의 지위를 진술하는 측면이 될 것이다. 그리고 비언표적 측면은 을은 갑에게 100만원을 갚아야 한다는 어떤 심적인 부담감을 주는 측면일 것이다. 마지막으로 수행적 측면은 실제로 을이 100만 원을 갑에게 돌려줌으로써 갑이 얻는 만족스런 결과를 의미하게 된다.

어떻게 보면 이는 권리라는 개념이 사용되는 의사소통 과정을 충분히 설명하고 있는 듯이 보인다. 그러나 이 점만으로 권리라는 개념이 해명되는 것은 아니다. 적어도 "커피가 뜨겁다"라는 발화는 "갑이 을에 대한 권리를 가지고 있다"는 발화와 다른 점이 있다. 그것은 그 언어행위의 다중적인 의미의 측면에서 볼 때 그 결과는 당위적인 즉 규범적인 것이라는 점이다. 즉 권리에 관한 발화도 그 진술의 명제내용이라는 측면에서 볼 때 어떤 사실의 측면을 보유하고 있는 것이 사실이다. 예를 들어 "갑이 권리자로서 을로부터 100만원을 수령한다"라든지 "을이 의무자로서 갑에게 100만원을 변제한다"라는 것들은 실제로 물리적인 돈의 오감을 수반하는 것이기 때문에 하나의 사실일 수 있다. 그러나 이 사실은 단순한 사실(brute fact)이라기보다는 규범적인 의도와 결과를 수반하는 사실이다. 즉 설에 따르면 하나의 제도적 사실(institutional fact)이다.[17] 이는 설이 말하는 본질적 규칙에서 볼 때 규범적 지위 혹은 규범적 결과를 얻는 것이 된다. 즉 권리에 관한 언어행위의 본질적 규칙은 일정한 규범성과 밀접하게 관련되어 있다.

그렇다면 이 규범성은 오스틴이 말하는 3가지의 언어행위의 측면 중에서 어디에 표현되어 있을까? 적어도 이 규범성이 상대방에 대한 명령과 그 명령의 이행에만 관계한다면 그것은 비언표적 측면과 수행적 측면에 표현되어 있을 것이

16) John Austin, *How to do things with words?*, (Oxford Univ. Press, 1962), 94-108면.
17) J. Searle, 위의 책, 54-55면.

다. 그러나 권리 개념의 규범성은 단순한 명령과 그 이행으로 환원할 수 없는 어떤 측면이 분명히 존재한다. 그것은 바로 그 명령의 정당성이라는 측면이다. 즉 그 명령과 그 명령의 이행은 정당해야 한다. 그래야만 적어도 규범문장이라고 볼 수 있을 것이다. 즉 "갑은 을에게 100만원을 받을 권리가 있다"라는 문장은 적어도 "갑의 을에 대한 요구는(제도적 사실에 근거하여) 정당하다"라는 측면이 존재한다는 것이다. 이는 적어도 권리, 의무, 정의, 책무 등과 같은 규범개념에는 공통적으로 적용될 수 있는 또 하나의 측면이 될 것이다. 권리를 가진다는 것은 단순히 사실로만 환원할 수 없는 어떤 측면이 있다.

따라서 권리 개념과 이를 이용한 의사소통의 문제를 정리하자면 다음과 같을 것이다. 첫째, 권리 개념을 사용하는 의사소통도 의사소통이기 위해서는 그 가능조건들을 충족시켜야 한다. 즉, 양 당사자는 성실하고 합리적이며 이해할 준비가 되어 있어야 한다. 둘째, 권리 개념을 사용하는 의사소통은 이를 통해 일정한 결과를 의도하는 언어행위이며 그 결과는 규범적인 결과로써 규범성으로서의 본질적인 규칙을 준수하고 있을 뿐 아니라 정당성의 표현이라는 또 다른 측면을 표현하고 있는 것이다. 셋째, 권리에 대한 일정한 의사소통이 성공하기 위해서는 그 의사소통이 존재하는 맥락에 대한 사전적인 이해가 공유되어 있어야 한다. 만일 이런 맥락에 대한 사전적인 이해가 어느 정도 갖추어져 있지 않다면 당사자의 합리적이고 성실한 자세에도 불구하고 의사소통은 성공하지 못할 것이다.

Ⅳ. 권리와 규범적 정당성

그렇다면 권리 개념은 의사소통의 일정한 수단으로서 언어행위가 의도하는 다양한 결과를 도출할 수 있는 규범적인 개념이 된다. 그렇다면 그 규범성 즉 정당성은 어디에서 비롯하는 것인가? 예를 들어 "갑이 을에게 100만원을 받을 권리가 있다"는 진술이 규범적 정당성이라는 또 하나의 효과를 내는 것은 진술 그 자체의 힘에 의한 것인가?

여기서 하나의 규범적 정당성은 단순히 진술 그 자체의 힘에 의해 주어지는 것은 아니다. 앞에서도 언급했듯이 하나의 의사소통이 성립하기 위해서는 그 의사소통이 놓여 있는 맥락에 대한 사전적인 이해가 필요하다. 그리고 일정한 권리에 대한 발화가 그 규범적 정당성을 갖는 것은 그 맥락에서 주어지는 일정한 가치원리들과 그 발화가 일치하기 때문이다. 그리고 그 경우에만 권리에 관한 의사소통은 성공할 수 있는 것이다. 그렇다면 다시 권리라는 개념을 이해하기 위해서 권리라는 개념이 의사소통에 사용되기 위한 전제에 해당하는 그 공간과 시간적 맥락 속에 있는 일정한 가치원리에 대한 논의가 필요하게 된다.

적어도 역사적으로는 권리가 일정한 가치원리와 밀접한 관계를 맺어 왔다는 것은 명백해 보인다. 제르송이 권리(ius)를 자유(libertas)와 동일하게 파악하고,[18] 홉스가 법(Lex)과 권리(Ius)를 구별하여 법을 의무에 권리를 자유에 대응시키기 전까지,[19] 권리(ius)가 자유주의 가치관과 일정한 연관을 맺고 있다고 생각하기는 힘들었다. 그러나 그 이후 서구의 근대사회에 들어와서 권리는 개인주의, 자유주의 가치원리와 밀월관계를 형성하였고 권리의 이름으로 자유로운 의사에 의한 평등한 거래라는 자본주의의 이상이 정당화되어 왔다. 하지만 누군가가 권리가 오로지 개인주의 혹은 자유주의 가치원리에만 관계한다는 신념을 가지고 있다면 그 신념은 적어도 역사적으로는 틀릴 수 있을 것이다.

더구나 현대 서구 내부에서도 과연 권리 중심의 사고가 변화하는 시대의 규범현실과 적응할 수 있겠는가 라는 회의가 제기되고 있고 그 회의는 권리의 개인주의적 기초 대신에 공동체주의적 기초를 규범론의 핵심으로 삼음으로써 해결될 수 있다는 주장으로 이어지고 있다. 또 권리 개념이 서구 근대에서 유래하였고 그 개념의 전파 경로나 속도는 서구 이외의 지역에서 서구화의 진행 속도와 비례하였지만, 그럼에도 불구하고 비(非)서구 국가들은 근대 서구의 가치원리에 기초한 권리의 보편성에 대해 강력한 회의와 도전을 하고 있는 것도 사실이다. 이런 회의는 권리 담론을 의무 혹은 책임이라는 담론으로 전화하고자 하는 계기로 작용하고 있다. 더구나 지구의 권리, 다음 세대의 권리, 잘못할 수 있는 권리 등 기

18) 이런 제르송의 설명은 당시에 전폭적인 지지를 받았을 뿐만 아니라 두 가지 점에서 이론적인 의의가 있다고 할 것이다. 첫째는 로마법상의 ius가 주로 의무를 부과하는 규범적인 의미로 쓰여졌기 때문에 자유(libertas)와는 대립되는 개념이었던 반면 제르송에 의하면 양자는 가장 밀접한 개념이 되었다는 점에서 개념의 의미가 전환되었다는 것이다. 둘째는 이런 개념의 의미전환은 바로 근대인들이 이해했던 권리 개념의 특징을 정확히 포착하는 것이었다는 것이다. 왜냐하면 근대인들은 권리를 일종의 도덕적인 권능으로 보았으며 구속이 아니라 자유의 의미를 지닌 것으로 보았기 때문이다.

19) Thomas Hobbes, *Leviathan*, (Penguin Books, 1651/1985), 189면.

존의 권리를 정당화하던 가치원리 아래서는 생각하기 힘든 새로운 권리 주장도 나타나고 있다.

그렇다면 권리라는 개념이 존재한다 하더라도 그 개념의 의미를 이루는 것들은 역사적으로 혹은 공간적으로 달라질 수 있다는 점을 승인해야 할 것이다. 그리고 그 의미가 일정한 가치원리를 축으로 형성되는 것이라면 권리라는 단어 혹은 권리라는 개념은 그것이 근거하는 가치원리가 달라짐에 따라 그 함축하는 바도 달라질 수 있다는 것이 된다. 그런데 만일 권리라는 개념이 함축하고 있는 의미가 역사적으로 상대적일 수 있다면 현대 일각에서 논의하듯이 왜 굳이 권리라는 단어 혹은 개념을 유지해야만 하는가? 동일한 효과를 낼 수 있다면 의무나 책무 심지어 덕이라는 개념으로 권리를 대체해도 되는 것은 아닌가?

여기에서 권리라는 규범적 언어의 독자성 내지 차별성이라는 문제가 제기된다. 왜 하필 권리인가? 파인버그(Feinberg)는 만일 권리가 없는 사회가 있다면 어떤 모습일까 라는 사고실험을 한 적이 있다.[20] 그는 'Nowheresvilles'라고 하는 도대체 권리라고는 존재하지 않고 모든 유용하고 존중받는 행위의 동기가 모두 의무에 기반하고 있는 가상적 공간을 상정한다. 권리와 의무의 상관관계를 공리로 믿는 전통적인 견해에 의하면 이런 공간은 불가능하다고 생각될 수도 있다. 그러나 2가지 점에서 이런 가정은 가능할 수 있다. 첫째, 어느 누구도 그 의무이행을 요구할 수 없는 도덕적으로 부과된 의무가 있을 수 있다. 예를 들면 자선의 의무와 같은 것이다.[21] 둘째, 그 의무가 도덕이 아니라 실정법에 의해 부과된 것이라 할지라도 의무자는 타인에게 그 의무를 지는 것이 아니라 실정법 혹은 법적

20) Feinberg, "The Nature and Value of Rights," *Journal of Inquiry*, 4, 1970, 19-44면.

21) 파인버그는 그 이론적 근거를 개인적 공과(personnal desert)에서 찾는다. 예를 들면 주인은 시종의 훌륭한 서비스에 대해 보상해야 할 아무런 책무도 없기 때문에 시종은 서비스의 의무는 있지만 서비스에 대해 보상해 줄 것을 요구할 권리를 가지지는 않는다. Tip이나 선생님의 성적부과, 상벌부과에 있어서도 마찬가지 경우가 생긴다. 그러나 이는 약간의 문제점이 있는 견해로 보인다. 왜냐하면 주인은 시종에게 서비스를 요구할 수 있기 때문이다. 그렇다면 주인은 일종의 권리를 가진 것이고 'Nowheresvilles'에는 권리가 없다는 전제와 모순된다. 또 선생님의 성적부과나 상벌부과에 대해서도 학생은 선생님에게 일정한 내용을 요구할 수는 없으므로 권리를 가지지는 못하지만 선생님은 학생에게 성적을 부과할 수 있는 혹은 상벌을 부과할 수 있는 권한(Power)을 가지고 있다. 호펠드에 의하면 권한은 권리의 일종으로 분류된다. 따라서 이 견해에 의하면 선생님의 예에 있어서도 선생님은 일종의 권리를 가지고 있는 것이 되므로 'Nowheresvilles'에는 권리가 없다는 전제와 모순된다.

권위에만 의무를 진다면, 의무자의 행위로부터 사실상의 이익을 얻는 자가 있다고 할지라도 그 이익을 주장하지 못한다.[22] 따라서 의무자만 있고 권리자가 없는 사회라는 가정은 가능해진다.

파인버그는 이런 사고실험적인 'Nowheresvilles'와 현실세계의 가장 큰 차이점은 현실세계의 사람들은 권리주장활동(activity of claiming)을 하지만 'Nowheresvilles'에서는 아무도 타인에게 정당한 요구를 하지 않고 정당한 그들의 것을 갖는다는 인식조차 없다는 점에 있다고 한다. 즉 'Nowheresvilles'의 사람들은 결코 권리주장(claim)을 하지 않는다. 그렇다면 권리주장이란 무엇인가? 그는 권리주장에 관련된 3가지 의미를 분석한다. 첫번째는 '…에 대해 권리를 주장하는 것(making claim to…)'이다. 이는 수행적인 권리주장(performative claiming)으로 권리나 자격이 있는 자만이 가능하고 직접적인 법률적 결과를 가져올 수 있다. 두번째는 '…라고 주장하는 것(claiming that)'이다. 이는 명제적 권리주장(propositional claiming)으로서 법률적으로 결과발생을 요하지 않고 그 사람이 권리를 가졌다거나 그 권리가 인식되기를 단언(assertion)하는 것이다. 이는 타인이 자기의 주장에 경청할 것을 요구한다는 점에서 단순한 단언과는 다르다.[23]

---

22) 파인버그는 이 경우의 이론적 근거를 주권적인 권리독점(souvereign monopoly of right)이라는 개념에서 찾는다. 이는 주권자는 신민들을 잘 다스려야 할 의무를 지지만 그 의무는 신민들에게 지는 것이 아니라 하느님에게 지는 것이라는 사고이다. 따라서 신민들은 주권자가 자신들을 잘 다스려 주도록 요구할 권리는 갖지 않는다. 주권자를 인격체로 보지 않고 하나의 권위(이 경우 실정법과 같은)로 본다면, 이 개념 하에서 외부의 권위를 제외한 모든 사람들은 서로에 대해 의무만을 질 뿐 권리는 갖지 않게 된다. 그러나 이 경우에도 의문은 있다. 왜냐하면 이 경우는 권리가 없는 경우가 아니라 권리가 독점된 경우이기 때문이다. 따라서 이 경우 권리의 독점자가 없다면 서로의 서로에 대한 의무라는 개념도 그 근거를 잃고 말 것이기 때문에, 'Nowheresvilles'에는 권리가 없다는 전제에 모순된다. 또 권리를 독점하는 권위를 그 세계에 권리가 있느냐 없느냐의 논의에서 제외한다 할지라도 문제점은 남는다. 왜냐하면 이 경우 의무를 지는 사람들은 타인에게 이러저러한 행위를 할 혹은 하지 않을 의무를 지지만, 그 의무를 타인에게 지는 것이 아니라 바로 권리를 독점하고 있는 권위에게 지는 것이기 때문이다. 즉 의무의 내용은 타인에 대한 것이지만, 의무이행을 요구할 수 있는 것은 권리자인 권위일 뿐이며 타인은 권리자가 아니므로 의무이행을 요구할 수 없는 것이다. 그렇다면 의무자는 의무이행을 요구하는 권리자에게 의무를 지는 것이지 타인에게 의무를 지는 것은 아니다.

23) 그러나 이 명제적 권리주장이 말 그대로 명제적인 데에 머물고 수행적인 측면은 갖지 않는가 하는 점에는 의문이 있다. 수행적 의미는 잘 알려져 있듯이 오스틴(J.L. Austin)의 개념이며, 이는 단순히 명제의 의미를 인식하는 것에 머물지 않고 일정한 행위를 요구 혹은 수반한

파인버그는 이 두 번째 의미가 권리에 도덕적 중요성을 제공하는 것이라고 생각한다. 즉 우리는 권리를 갖고 있기에 '인간으로서 서 있을(stand up like men)' 수 있고 다른 사람과 동등함을 느낄 수 있다. 자기 스스로를 권리소지자로 느낄 때 최소한의 자존심을 가질 수 있고 이러한 자존심은 타인을 사랑하고 동경하는 데 필수적이다. 사람을 존중하는 것은 바로 타인의 권리를 존중함을 의미하고 인간을 존엄성을 갖는 존재로 파악하는 것은 인간을 권리주장의 잠재적인 주체로 인정함을 의미한다. 파인버그의 이런 지적은 권리라는 개념이 우리의 삶에서 갖는 의의를 잘 드러내 준다고 할 수 있다. 즉 우리는 권리를 가짐으로써 단순한 개인이 아니라 존엄성을 가진 인격체로서 존중되며 또 타인을 그런 인격체로 존중하게 된다는 것이다. 따라서 타인에 의해 베풀어진 구호물자를 배불리 먹는 포만감이 권리의 핵심이 아니라 스스로 정당한 대우를 요청하고 요청받는 도덕적인 자존감이 권리의 핵심이라는 것이다.

이는 권리 문장이 발화되었을 때 가질 수 있는 또 하나의 측면인 규범적 효과를 설명해 줄 수 있는 도구가 된다. 즉 권리 문장이 갖는 규범적 효과는 다른 규범 언어 즉 정의(justice)나 책무, 덕 등이 갖는 규범적 효과와는 달라야 하는데, 그 효과는 바로 권리 담지자의 도덕적인 자존감이 될 수 있다는 설명이 가능한 것이다. 따라서 권리라는 단어 혹은 권리라는 개념은 다른 규범 언어로 대체될 수 없는 중요한 의사소통의 의미 툴(tool)로 작용한다고 할 것이다. 다만 권리가 정당화되는 척도가 되는 가치원리는 고정적인 그 무엇이 되는 것은 아니다. 그러므로 권리는 어떤 가치를 담고 그 가치를 정당화하는 독특한 형식과 메커니즘을 가진 의사소통의 의미 툴일 뿐이다. 즉 권리라는 그릇에 담기는 가치라는 음식은 얼마든지 다양할 수 있다. 다만 음식이 가치 있는 것과 마찬가지로 그 음식을 담는 그릇도 나름의 가치를 가지고 있다는 것이 비유컨대 권리라는 개념이 가지는 의의가 될 것이다.

다는 뜻을 함축하고 있다. 그 행위가 비록 제도적으로 정착된 것이라면 제도에 의해 그 효력을 발하겠지만, 제도적인 뒷받침이 없다 해도 그 행위를 요구 혹은 수반하는 의미를 갖는 발화를 하는 것은 가능하다. 예를 들어 "내 앞에는 사과가 놓여 있다"라는 명제 혹은 발화는 명제적인 의미로서 파악할 수 있다. 그런데 "나는 그 사과를 먹을 권리가 있다"라고 말한다면 그것은 명제적인 것인가 아니면 수행적인 것인가? 파인버그에 의하면 내가 그 사과의 소유자이면 그 발화는 수행적 의미이고, 만일 내가 그 사과의 소유자가 아니라면 그 발화는 명제적 의미이다라고 말하는 셈이 된다. 그러나 이런 결론은 승복할 수 없다.

V. 권리 개념의 구조

이제 남은 것은 권리라는 그릇이 어떻게 생겼는가를 알아보아야 한다. 왜냐하면 권리라는 개념은 가치를 담는 그릇이지만 문제는 이 그릇의 메커니즘이 권리를 다른 그릇과 다르게 구별하는 중요한 열쇠가 될 것이기 때문이다. 권리 개념에 대한 이러한 해명은 앞에서 설명한 개념에 대한 최근류와 종차를 통한 정의(definition)와는 상당히 다른 것이 될 것이다. 오히려 이 해명은 개념의 일정한 구조나 메커니즘을 전제하고 권리 개념의 구조나 메커니즘을 해명하는 형식을 취하고 있다. 이는 최근류와 종차가 권리의 본질을 파악할 수 있고 그것들을 경험감각으로 환원할 수 있다는 전제에 선 것에 비하면, 본질이 아니라 구조이며 실질이 아니라 형식을 탐구하는 방식으로 이해할 수 있다.

권리 개념의 구조 혹은 메커니즘은 어떻게 구성되어 있을까? 앞서 본대로 권리 개념의 메커니즘은 크게 2가지 점으로 나누어 살펴볼 수 있다. 그 첫번째는 정당화의 메커니즘이다. 즉 권리 개념은 일정한 가치원리를 전제로 하고 그 가치원리를 매개로 하여 일정한 정당화의 과정을 밟게 된다. 둘째는 실현의 메커니즘이다. 단순히 정당화 과정으로 권리 메커니즘이 끝나는 것은 아니다. 적어도 권리 개념은 전통적으로 이해되듯이 그 정당화 주장이 실현될 수 있는 현실적인 맥락 속의 힘을 전제로 한다. 그 힘이 국가의 법적 힘이라면 그 권리는 법적 권리로 승인되었다는 것을 뜻하는 것이고, 만일 그 힘이 어떤 사회의 도덕적 힘에 머무른다면 그 권리는 그 사회에서 도덕적 권리로 승인되었음을 의미하게 된다. 이하에서는 이 2가지 측면에서 권리 개념의 구조를 어떻게 파악하는 것이 타당한지에 대해 살펴보기로 한다.

1. 합당성(reasonableness)의 관문

합당성의 관문은 적어도 권리에 대한 주장으로 성립하기 위한 최소한의 조건을 말하는 것이다. 권리 개념이 의사소통의 과정에서 하나의 의미 틀로서 기능하기 위해서는 의사소통이 가능할 수 있는 제반 규칙에 어긋나서는 안 된다. 이런 의사소통이 가능할 수 있는 제반 규칙들에는 성실성, 합리성, 이해가능성 등이 있는데 이런 규칙과 모순되지 않는 개념 구조를 가져야 한다는 것이 바로 이 합당성의 관문이다.

문제는 다른 진술들과는 달리 규범문장 혹은 규범진술들은 일정한 사실에 관한 진술을 하는 것이 아니라 그 진술에 정당성을 부여하는 가치 원리로부터 일정한 근거를 끌어오는 형식을 취한다는 것이다. 즉 가치 원리로부터 권리 주장에 이르는 일련의 정당화 과정은 적어도 수긍 가능한(reasonable) 어떤 논변에 따라 의사소통의 규칙에 위배되지 않을 것이다. 이런 일련의 정당화 과정은 실천적 근거지음(practical reasoning)의 일반 형식에 의해 이해하는 것이 가능할 것이다.

실천적 근거지음은 일련의 근거대기를 통해 일정한 정당화 과정을 이루는 논증형식을 취한다.[24] 권리 개념을 설명하기 위해서 이런 근거 이론으로 설명하는 것은 대단히 유용하다고 생각된다. 왜냐하면 앞에서 보았듯이 권리도 일정한 행위를 정당화하는 역할을 수행하고 있으며, 그런 의미에서 권리는 일정한 행위에 대한 정당화 근거로서의 역할을 수행한다고 볼 수 있기 때문이다. 즉 누군가가 권리를 가지고 있다는 것은 그가 그 권리에 근거하여 어떤 행위를 하는 것을 정당화한다.

예를 들어 갑이 을에게 돈을 빌렸다고 하자(사례1). 이 경우 을은 갑에게 돈을 돌려받을 권리를 가진다. 그리고 을이 갑에게 돈을 돌려달라고 요구했을 때 이 행위의 정당화 근거는 을이 가지고 있는 변제청구권이다. 이 때 변제청구권은 변제라는 행위를 수행하는 근거가 될 것이고 돈을 빌릴 때 정했던 기일의 도래 등은 이러한 행위를 정당화할 수 있는 보조적인 근거가 될 것이다. 그러나 정당화 근거를 대는 문제는 이 정도 차원에서 종결되는 것이 아니다.

만일 갑이 을에게 친구가 된 기념으로 선물을 하려고 예쁜 인형을 샀다고 하자(사례2). 이 때 지나가던 병이 갑을 보고는 웬 인형이라고 물었을 때 갑은 을에게 줄 인형이라고 대답하였다. 병이 왜 을에게 선물하느냐고 물었고 갑은 을과 친구가 된 기념으로 그렇게 한다고 대답하였다. 이 말을 들은 병이 "어 그러면 안 되는데" 라고 말하는 순간 을이 나타났고 갑은 미처 병의 나머지 말을 듣지 못한 채 을에게 인형을 선물하였다. 나중에 갑과 병이 따로 만났을 때 갑이 병에게 전

24) 이에 대해서는 Grice, "Motive and Reason," in *Practical Reasoning*(ed. Raz), (1978); Raz, "introduction," in *Practical Reasoning*(ed. Raz), (1978); Raz, *Practical Reason and Norm*, (1975) 등을 참조.

에 한 말에 대해 물었다. 이에 대해 병은 갑이 을에게 선물을 해서는 안 되는 이유(근거)는 을이 인형 선물을 싫어하기 때문이라고 대답했다.

이 사례에서 갑이 친구가 된 기념으로 을에게 무엇인가를 선물하려는 의도는 일정한 사태를 이해하는 데 도움을 주는 해명적 근거라고 할 수 있을 것이다. 그리고 병이 선물해서는 안 된다는 이유로 을이 선물을 싫어하기 때문이라고 말한 것은 갑의 행위에 대한 평가라는 측면에서 제공하는 정당화 근거가 된다. 여기까지는 일반적인 설명이다. 그런데 만일 갑이 "을이 왜 인형 선물을 싫어하지"라고 물음으로써 병이 제기한 정당화 근거에 의문을 제기한다면, 그때 병은 자신의 근거에 대해 다시 근거를 대야 할 것이다. 즉, 자신의 정당화 근거가 합리적인 토대를 가지고 있다는 것을 입증할 만한 이유를 대야 할 것이다. 만일 병이 "을은 예전에 인형을 즐겨 선물하던 친구에게 배신당한 경험이 있다"라고 부연하였다면, 이 부연 설명은 병이 "을은 선물을 싫어한다"라는 것을 하나의 정당화 근거로 믿었던 자신의 신념에 대한 또 하나의 정당화 근거가 되는 것이다. 이와 같이 정당화 근거는 최종적으로 근거지어질 때까지 계속 근거를 대어나가는 연쇄적인 관계에 있다고 할 수 있다. 왜냐하면 정당화 근거는 그것 자체가 하나의 신념일 수 있기 때문이다.

따라서 사례1에서 을이 가지는 권리에 대해 다시 그 근거를 물을 수 있다. 그렇다면 권리에 대한 정당화 근거는 무엇이겠는가? 그것은 바로 권리를 수여하는 규범이라고 생각된다. 즉 을이 가지는 권리는 채권에 관한 법적 규칙이 다시 정당화 근거가 되는 셈이다. 그러나 그 규칙이 정당화 근거가 된다는 믿음도 또한 정당화되어야 한다. 그리고 다시 그 규칙의 근거를 물을 수 있고 그 정당화 근거의 연쇄는 계속될 것이다. 그렇다면 그 연쇄는 어디까지 이어질 것인가? 일정한 신념을 정당화하는 문제는 앞서 말한 대로 일정한 가치체계를 전제하는 것이다. 따라서 궁극적으로는 그 가치체계를 구성하기 위한 기본적 입장에 대한 명제에까지 소급될 것이다. 이 이상의 소급은 불가능하다. 왜냐하면 기본적 입장은 그 자체로 일정한 가치체계에 전제되고 있기 때문이다. 그리고 그 기본적 입장은 다양할 수 있으며 그 입장에 따라 다양한 가치체계가 공존할 수 있는 것이다. 그러나 가치체계들은 그 다양성에도 불구하고 전혀 통약불가능(incommensurable)하지는 않다(내재적 실재론). 권리 개념에 있어서는 그 다양한 정당한 근거가 병립 가능함에도 불구하고 그것이 '권리'를 정당화하려는 공동의 목적을 가진다.

이런 점에서 권리의 의의나 기능은 다양한 근거들이 존재함에도 불구하고 통약 가능한(commensurable) 그 무엇으로 남게 된다.

이상의 논의를 바탕으로 권리 주장에 대한 합당성의 관문을 설명하면 다음과 같다. 첫째, 권리 주장에 대한 합당성은 그 권리 주장을 정당화할 수 있는 근거를 대어나가는 과정이 얼마나 설득력 있고 일관성 있으며 정합적인가에 달려 있다. 둘째, 권리에 대한 가장 근접한 근거는 규범이다. 왜냐하면 앞서 본 것처럼 규범도 하나의 근거가 될 수 있기 때문이다. 그 규범은 원리나 규칙의 형태로 나타난다. 셋째, 권리에 대한 최종적인 근거는 일정한 가치관이나 세계관으로 소급한다. 그리고 그 가치관이나 세계관들이 모순 없이 권리를 주장하는 근거가 된다면 일단 권리 주장으로서 받아들여질 수 있다. 그리고 이런 가치관이나 세계관들은 다원적으로 인정될 수 있으며, 합리성의 관문이라는 단계에서는 이 가치들 사이의 서열은 인정될 수 없다. 넷째, 나아가 권리는 일정한 행위에 대한 정당화 근거가 된다. 따라서 보통의 경우 권리자는 다른 사항을 고려하지 않고 권리의 내용이 되는 행위를 하거나 요구할 수 있다.

2. 제도적 사실의 관문

그러나 이런 실천적 근거지음에는 주의해야 할 점이 있다. 그것은 이 근거지음은 논리적으로 推論되는 과정이 아니라는 것이다. 이는 다음과 같은 점을 지적함으로써 알 수 있다. 즉 합당성의 관문이라는 관점에서 볼 때, 권리를 수여하는 원리나 규칙이 존재하면 권리는 정당화된다. 그런데 그 원리나 규칙이 허용규범의 형식을 갖고 있다면, 그 규범에서 권리는 논리적으로 도출될 수 있다. 즉 허용은 권리자의 측면에서 일정한 권한을 부여하는 것이기 때문이다. 그러나 그 규범이 명령이나 금지의 형식을 갖고 있다면, 과연 그 규범이 권리를 부여하는 규범인지를 판단하기 힘들다. 예를 들어, "약속을 준수하라"라는 도덕규범이 존재할 경우, 그 도덕규범이 약속을 한 당사자의 권리와 의무를 부여하는 것이라고 바로 얘기할 수 있는가? 논리적으로 이런 도덕규범이 존재한다는 것에서 당사자가 권리와 의무를 갖는다는 것이 도출되지는 않는다. 따라서 실천적 근거지음의 체계는 논리적인 연역추론의 체계가 아니다.

그렇다면 이런 실천적 근거지음이 가지고 있는 間隙은 메워질 수 없는 것일까? 이에 대해 위에서 언급한 “약속을 준수하라”라는 도덕규범의 존재와 권리/의무의 존재 사이에는 권리나 의무를 근거짓는 또 하나의 메커니즘이 있다고 설명함으로써 이 부분의 간극을 메울 수 있을 것이다. 즉 규범은 권리에 대한 근거는 되지만, 권리를 논리적으로 도출하는 것은 아니다. 그것은 권리에 대한 실천적 근거지음의 합리성 관문과는 또 다른 메커니즘을 설정함으로써 해결할 수 있는 것이다. 이런 문제는 실천적 근거지음이 수행하는 역할의 한계를 지적함으로써 나오는 것만은 아니다. 왜냐하면 다음과 같은 문제가 또 존재하기 때문이다. 즉 일단 이런 합리성의 요건을 갖추면 권리의 주장으로서 고려할 수 있는 자격을 갖추는 것이지만, 그 권리의 주장이 궁극적으로 승인되는가 하는 점은 이 요건에 의해 해결될 수 없다. 따라서 권리의 주장이 승인되는 요건이 필요한 것이다. 권리의 주장은 실천적 근거지음으로 그 합리성을 검토할 수 있지만 그 합리성 검토만으로 모든 권리 주장을 승인할 수는 없다. 세상에는 수많은 다양한 가치관과 세계관이 있는데, 그런 가치관과 세계관에 근거하는 한 어떠한 권리 주장이라도 인정할 수 있다고 한다면 너무나 많은 권리의 홍수 속에 권리는 제 역할을 제대로 하지 못할 것이기 때문이다. 따라서 어떻게 권리 주장이 그 사회에서 법적, 도덕적으로 승인되는가 하는 점은 실천적 근거지음으로는 해결하지 못하는 또 하나의 관문을 기다려야 하는 것이다.

나아가 권리의 승인은 승인된 권리가 실현될 것을 예정하고 있다. 그리고 그 권리가 승인되지 않았을 경우 어떻게 대처할 것인가 하는 점도 권리 승인에 따르는 부수적인 부분이 된다. 이런 메커니즘을 권리의 본질로 지나치게 강조하는 것은 문제가 있지만, 권리의 중요한 부분이라는 점은 인정하지 않을 수 없다. 이런 권리를 실현하고 구제하는 부분도 실천적 근거지음의 합리성 판단만으로는 설명할 수 없는 부분이다. 그런 부분에 대한 메커니즘도 또한 설명되어야 한다. 이러한 합리성 판단에 한계를 제공하는 이유 중 가장 핵심적인 것은 바로 무한한 권리 주장을 인정해서는 안 된다는 이유라고 할 것이다. 즉 권리 주장은 합리성의 관문을 통과했다고 하더라도, 권리가 승인되고 실현되고 구제되는 어떤 메커니즘에 의해 정당화될 것이 또한 요구된다. 이런 메커니즘은 근거지음의 메커니즘처럼 이론 내부적인 형식으로 설명한다면 역시 상대주의적인 오류에서 벗어날 수가 없다. 따라서 결국 권리 주장을 이해하고 해석하는 데 필요한 최선의 일치에 해당하는 조건이라는 면에서 아량의 원칙을, 그리고 그 권리 주장의 상대주의를 제한하는 일정한 사실이 존재한다는 면에서 내재적 실재론의 관점을 받아들인다면, 이런 실천적 근거지음과는 다른 메커니즘은, 이론이라기보다는 일정한 사실이라고 할 수 있을 것이다.

그러나 이러한 사실은 있는 그대로의 事實(brute fact)은 아니다. 왜냐하면 이 사실은 그 사회의 규범체계와 일정한 관련을 맺는 사실이기 때문이다. 즉 이 사실은 그 자체로 하나의 사실이지만, 일정한 규범적 결론들에 대한 근거가 될 수 있는 사실이기 때문에 그 자체 규범적인 속성을 지니고 있지 않으면 안 된다. 따라서 이런 사실은 규범적인 사실, 다른 말로 制度的 事實(institutional fact)이라고 할 수 있다.[25][26]

이에 따라 권리에 관한 제도적 사실의 내용을 들어보면 다음과 같다. 첫째, 그 사회에서 기존에 권리로서 승인되어 왔던 것들의 목록을 제공한다. 즉 도덕적 권리 혹은 법적 권리로서 그 사회에 존재하는 전형들이 무엇인지를 알려주며, 이에 따라 어떤 권리 주장이 행해졌을 경우 그것이 그 전형들에 포섭되는지를 알려

---

25) 제도적 사실의 이론은 설에 의해 제기되었다. J. Searle, 앞의 책, 57-58, 218면 등. 그리고 설의 이러한 이론은 바인베르거와 맥코믹에 의해 법철학분야에 도입되었다. Neil MacCormick/ Ota Weinberger, *An Institutional Theory of Law, New Approaches to Legal Positivism, Dordrecht*, (1986); O. Weinberger, *Recht, Institution und Rechtspolitik*, (Stuttgart, 1987); O. Weinberger, *Norm und Institution*, (Wien, 1988); Peter Morton, *An Institutional Theory of Law*, (Clarendon Press, Oxford, 1998); 심헌섭, "바인베르거의 제도적 법실증주의," 『현대법철학의 흐름』, (법문사, 1996).

26) 이런 제도적 사실의 이론은 다음과 같은 특징을 가지고 있다. 첫째, 제도적 사실은 일종의 사실이다. 따라서 논증에 의해 그 내용이 바뀌거나 하는 것이 아니라, 제도적 사실은 규범과 제도, 문화와 언어 등과 같은 관련된 사실들이 변화함으로써 그 내용이 바뀐다. 이런 특징은 논증의 무한한 상대주의를 규제할 수 있는 틀이 된다는 것을 의미한다. 둘째, 제도적 사실은 규범체계와 관련된 사실이다. 따라서 어떤 권리의 주장을 승인할 수 있는 규범체계의 존재는 권리 승인과 관련된 제도적 사실에서 필수적인 부분이다. 나아가 권리를 실현하고 구제하는 것에 관련된 규범체계의 존재로 역시 제도적 사실의 필수적인 부분이다. 또 일정한 권리의 전형들을 미리 규정해 놓은 규범이 존재한다는 것도 제도적 사실의 필수적인 부분이 된다. 셋째, 제도적 사실은 그 자체로 권리에 대한 중요한 근거가 된다. 그것은 일정한 규범이 권리에 대한 근거가 된다는 것과는 다른 의미를 가진다. 실천적 근거지음의 체계 내에서 규범이 권리의 근거가 된다는 것은 그 규범의 내용이 문제가 되는 것이지만, 제도적 사실이 권리의 근거가 된다는 것은 "그 규범이 하나의 사실로서 현재 존재한다는 바로 그 사실"이 문제가 되는 것이다. 따라서 제도적 사실은 실천적 근거지음과는 다른 차원에서 권리에 대한 근거로 사용될 수 있다. 즉 그 사회에 사실상 존재하는 제도적 사실들이 권리를 실천적으로 근거지음에 있어 규칙이 하는 역할의 나머지 부분을 담당한다.

준다. 나아가 명령이나 금지 규범이 권리의 정당화 근거가 될 경우에도, 그 사회의 권리목록을 제공하는 제도적 사실이 있다면 이 제도적 사실이 명령이나 금지 규범과 함께 권리를 정당화하는 근거가 될 수 있다. 즉 앞서 든 "약속을 준수하라"라는 규범은 그 자체로 권리와 의무를 부여하지 못하지만, 권리에 대한 제도적 사실이 약속을 한 사람들이 권리자와 의무자가 된다는 것을 포함하고 있을 때에는, 이런 제도적 사실은 "약속을 준수하라"라는 규범과 함께 권리를 근거짓는 역할을 수행하는 것이다.

둘째, 이런 권리의 전형적인 목록을 제공하는 제도적 사실의 내용에 포함되지 않는 새로운 권리 주장이 제기되었을 경우에는, 이 권리 주장을 승인할 것인가 아닌가를 결정하는 규범들의 체계가 제도적 사실로 존재한다. 이런 권리의 승인은 그 사회의 의사 결정의 메커니즘에 의거한다. 기본적으로 법적인 의사 결정이라면 그 의사 결정의 절차를 구성하는 제도상의 규칙에 의거할 것이고 도덕적인 의사 결정이라면 주장의 합리성이 설득력을 가지도록 하는 도덕적 메커니즘에 의할 것이다.

실정법적 권리로 승인되기 위해서는 민주주의 원리에 의해 구성된 의회에서 법률을 제정하게 하는 법규범들이 존재하여 실정법적 권리를 산출해 내거나, 재판절차를 통해 실정법적 권리를 확인하고 부여하는 메커니즘이 필요하고 이는 넓은 의미에서 법체계의 존재가 필요하다는 것을 의미한다. 하트는 『법의 개념』에서 실정법적 규칙을 1차적 규칙과 2차적 규칙으로 구분하였는데,[27] 이를 현 논의에 대입시켜 보면 권리의 전형을 제공하는 규범은 1차적 규칙에 해당할 것이며, 새로운 권리를 승인하거나 확인하는 규범은 2차적 규칙인 재판율과 변경률에 해당할 것이다. 즉 이런 점에서 볼 수 있듯이 권리의 전형을 부여하는 규범의 존재라는 제도적 사실은 새로운 권리의 승인과 관련된 제도적 사실과는 구별되는 독자적인 기능을 수행한다.

그러나 도덕적 권리의 경우에는 그런 실정법적 제도가 구비되어 있지 않다. 따라서 결국 그 도덕적 권리가 의존하는 도덕의 성질에 의해 결정될 것이다. 즉 실증도덕에 기반한 도덕적 권리를 주장한다면 그 도덕은 그 사회의 성원들에게 사실상 승인되어 있는 것이므로 그 도덕적 권리의 승인은 저절로 해결된다. 그러

27) H.L.A. Hart, *The Concept of Law*, (Oxford Univ. Press, London, 1961), 77-96면.

나 비판도덕에 기반한 도덕적 권리를 주장한다면 그것은 현재 승인되어 있지 않은 도덕적인 문제를 비판적으로 제기함으로써 설득하려는 것이므로 현재의 승인 자체가 주된 관심사가 아니다. 즉 비판도덕은 그 자체 설득을 통해 실증도덕 혹은 그에 가까운 지위를 얻으려고 하는 것이 목적이므로 결국 그 설득력이 잠재적으로 승인여부에 대한 중요한 핵심이 될 것이다.

셋째, 제도적 사실의 내용은 권리의 승인에 관계된 것을 넘어서 권리를 실현하고 구제하는 것에 관계한다. 이는 권리의 승인과 권리의 실현과 구제는 구별된다는 것을 의미한다. 따라서 권리를 승인하는 제도적 사실 이외에 권리를 실현하고 구제하는 제도적 사실이 존재해야 한다. 이런 제도적 사실은 실정법적 권리의 경우 행정심판절차, 소송절차, 헌법소원 제도 등으로 구성되며, 도덕적 권리의 경우에는 역시 그 사회의 도덕적 반응이 제기되는 방식으로 나타난다. 예를 들어 항의시위나 단식투쟁, 혹은 삭발 등과 같은 그런 방식으로 도덕적 권리의 좌절에 대해 항의하고 도덕적 권리의 실현을 주장할 수 있다. 그러나 이런 도덕적 메커니즘은 법적 메커니즘과는 달리 확정적이지는 못하다.

이런 제도적 사실의 내용들은 결국 하나의 존재하는 규범이 됨으로써, 권리 주장의 상대주의적 측면을 보완하고 제한하는 역할을 수행한다. 이와 같이 합당성의 관문과 제도적 사실의 관문을 통과한 권리 주장은 권리로서 승인된다.

VI. 결 어

결국 권리 개념의 구조는 권리의 궁극적인 근거를 정점으로 하여 계속되는 근거로 이어지는 근거지음의 체계와 제도적 사실의 한계로 구성되어 있다. 즉 궁극적인 가치관 ⇒ 그 가치관이 투영된 규범 ⇒ 그 규범의 요건이 존재(보조적 근거) ⇒ 권리 ⇒ 행위양상으로 이어지는 실천적 근거지음의 체계가 존재하고 그 근거가 설득력 있는 일관성과 정합성을 가지고 있다면 권리 주장으로서의 자격이 주어진다. 나아가 1) 권리의 전형적 목록을 제공하는 제도적 사실, 2) 권리 승인의 메커니즘을 구성하는 제도적 사실, 3) 권리의 실현과 구제에 관한 제도적 사실이 존재하고, 그 제도적 사실에 의해 권리로서 승인된다면 이는 완전히 권리로서 현실적인 권능을 행사할 수 있음을 의미한다.

이런 개념 구조에 대한 해명은 개념에 대한 일종의 합리적 재구성이라고 할 수 있다.[28)] 이런 개념의 합리적 재구성이 필요한 이유는 개념의 해명(conceptual elucidation)과 그 개념을 틀로 사용하는 이론의 구성(construction of a theory)은 상호 조정(mutual adjustment)의 과정이기 때문이다.[29)] 따라서 개념에 대한 직관적인 정의는 그 개념을 사용하는 이론들에 도움을 주지 못하며 합리적 재구성을 통한 해명이 있어야만 개념도 이론도 모두 만족스러운 결과를 얻어낼 수 있다.

이런 개념의 구조에 대한 합리적 재구성을 통해 우리가 얻을 수 있는 것은 무엇인가? 그것은 다음의 몇 가지 명제로 정리할 수 있을 것이다.

첫째, 권리는 서구의 자유주의 가치원리를 전제로 한 개념이 아니다. 권리가 그 정당화의 가치원리로 자유주의 가치관을 선택한 것은 역사적인 우연일 뿐이다. 이와 같은 권리의 개념 구조를 해명함으로써 이제 자유주의 가치원리 외의 다른 가치원리도 그 정당화의 과정의 정점에 설 수 있게 된다. 따라서 민주주의, 공화주의 가치 원리뿐만 아니라 공동체주의, 사회주의, 나아가 동아시적인 가치원리들도 권리의 최종적인 근거가 될 수 있다.

둘째, 권리 개념은 그 자체로 독자적인 의의가 있는 개념이다. 즉 권리는 그 담지자에게 도덕적인 자존감과 주체성을 부여하는 다른 규범 언어와는 다른 독자성을 가지고 있다. 따라서 권리는 그 가치 원리의 변화에도 불구하고 독자적인 의사소통의 의미 틀로서 여전히 유효한 개념이다.

셋째, 권리 개념이 그 가치원리를 결정하는 것은 권리 개념 자체의 메커니즘과 상관없이 이루어진다. 오히려 권리 개념은 그 개념이 놓여 있는 시간적 공간적 맥락 속에서 사상의 자유로운 경쟁을 통해 일정한 가치 원리가 합의되기를 희구한다. 이렇게 합의된 가치 원리는 다양한 규범언어를 통해 의사소통 할 수 있게 되며, 그 중 권리는 다양한 규범언어 중의 하나로서 독자적인 규범적 기능을 수행한다.

넷째, 따라서 적어도 합당성의 관문을 통과하는 한 권리 개념의 가치 원리를 결정하는 사상의 자유시장에 진입하는 것을 막아서는 안 된다. 즉 의사소통을 위

---

28) 알추론, 불리긴은 합리적 재구성을 해명(explication)과 같은 의미로 사용한다. 즉 재구성이라는 말에도 불구하고 그것은 재창조를 의미하는 것이라기보다는 보다 나은 이해를 의미하는 것이다. Alchulron & Bulygin, *Normative Systems*, (New York, 1971), 7면.

29) Nino, *The Ethics of Human Rights*, (Clarendon Press, Oxford, 1991). 9면.

한 제반 규칙을 준수한다는 전제하에서 그 주장이 나름대로 합당한 근거를 가지고 있다면 그 권리 주장이 그 사회에서 기존에 승인되어 있지 않다는 이유로 담론으로 형성될 기회를 강압적으로 제거하는 것은 타당하지 않다. 어떤 권리 주장이든 의사소통의 제반 규칙에 합당하다면 그 주장을 일단 경청하는 것이 필요하다.

다섯째, 이렇게 사상의 자유시장에 나온 각 권리 주장을 승인하는 제도적 사실의 메커니즘이 안정적으로 정비되어 있는 것이 필요하다. 이렇게 권리 주장을 승인할 수 있는 메커니즘은 크게 법적 메커니즘과 도덕적 메커니즘, 정치적 메커니즘으로 나뉘어질 수 있다. 이 메커니즘이 어떻게 형성되고 작용하는지 그 구조가 어떠한지에 대해서는 여기서 논할 바가 아니지만 적어도 그 메커니즘은 권리 주장자들이 예측할 수 있을 정도로는 안정되어 있어야 한다는 것이다.

여섯째, 이럼으로써 결국 우리는 권리 개념이 갖는 동적인 측면을 포착할 수 있게 되고 권리 개념을 현실의 실천적 문제에 의미 있는 역동적인 의사소통의 도구로 사용할 수 있는 기회를 갖게 될 것이다.

권리담론의 세 차원: 개념분석, 정당화, 제도화

김 도 균*

Ⅰ. 머리말

자유주의 사상의 전통에서 인간의 권리는 정치적 공동체의 출발점이자 목표이며, 법질서의 근간을 이루는 이상이었다. 한국사회의 근대화 과정에서 권리론 역시 많건 적건 그러한 역할을 수행해왔다 그런데 권리의 부재로 말미암아 고통을 받아 '권리보장'을 기치로 하던 우리사회에서 언제부터인가 '권리담론의 폐해'가 공론화되고 있다. 유교적 틀에서 권리담론을 순화하겠다는 입장도 나오고, 보다 일반적으로는 공동체주의적 입장에서 또는 여성주의의 입장에서 (개인주의적) 권리담론의 해악을 지적하는 입장도 제시되고 있다. 이제 한국사회에서 권리이론은 법학의 영역에서 도덕철학의 영역으로, 나아가 정치철학의 영역으로 진입하였고 그 결과물은 다시 법학의 영역으로 되돌아오고 있는 셈이다.

이전에도 권리에 대한 논의는 있어 왔지만 20세기 중반 이후 전개되는 권리담론은 대개 다음과 같은 특징을 보여주고 있다고 평가된다.[1] 첫째, 권리 개념에 대한 상세한 분석 작업이 이루어지면서 권리와 의무 사이의 논리적 관계에 대한 세밀한 지도가 그려지고 있다는 것이다.[2] 둘째, 권리의 근거에 대한 철학적 논의

---

* 서울대학교 법학전문대학원 교수.

1) J. Waldron, "Introduction," in: J. Waldron (ed.), *Theories of Rights*, Oxford, 1984, 2면.

2) Judith J. Thompson, *The Realm of Rights*, Cambridge/Mass./London, 1990.

가 활발하게 이루어지고 있다는 점이다. 근세 이후 '자연권' 및 인권사상에 기반을 둔 도덕철학 및 정치철학이 확산되고, 이를 편입한 입헌민주적 법질서가 확립되면서 자연권과 인권의 기초에 대한 논의가 심도 있게 이루어져 왔다. 그러나 도덕적 상대주의 및 회의주의 편에서의 반론 또한 만만치 않아서 최근에는 인권의 보편성과 상대성을 둘러싼 도덕철학적 논쟁이 활발하게 진행되고 있다.[3] 셋째, 권리의 가치가 여러 규범적 가치들 중에서 우선적 지위를 가지는가 아니면 권리를 이루는 배경가치에 따라서 권리의 지위나 역할이 정해지는가 하는 논쟁이 진행되고 있다. 권리의 근원가치(가령 개인의자유인가, 평등인가, 공동선인가 등등)에 대한 논쟁은 자유주의, 공동체주의, 완전주의(perfectionism)의 정치철학적 지형 위에서 새로운 모습을 보이고 있는 것이다. 여기에는 기존의 정치질서와 법질서를 평가하는 비판적 도덕으로서 권리의 가치를 인정하는 측과 권리 그 자체가 이미 개인주의적, 자유주의적 틀 내에서 생성되고 우선적 지위를 부여받는 것에 불과하다고 보는 측 사이의 대립이 한 축을 이룬다. 다른 축에서는 개인이 가지는 권리들에 절대적 우선성을 두어서 평등지향적인 정책적 결정들이 개인이 가지는 권리들을 제약하게 되면 권리침해로서 판단하는 입장(이른바 '보수우파')과 그렇지 않은 입장(이른바 '개혁좌파') 사이의 대립이다. 이는 정치 이데올로기적 차원에서의 권리논쟁이라고 말할 수 있을 것이다. 권리보장을 위하여 구체적으로 어떤 제도들을 구상하고 실현할 것(institutional design)인가를 둘러싸고 이론적인 또는 정치적인 대립이 일어나는 것이다.[4]

이렇게 보면 각각의 권리이론에서 다루어지는 문제들은 세 가지 단계 또는 차원으로 나타난다. 첫째는 분석적 차원의 질문으로서 권리를 가진다는 것이 무엇을 의미하는가 하는 물음(권리의 개념적 구조)이다. 두 번째는 규범적 차원의 질문으로서 권리의 규범적 근거와 역할은 무엇이며 어떤 권리들을 우리가 가져야 하는가 하는 질문(권리의 규범적 근거와 정당성)이다. 세 번째는 권리를 실현하는

---

3) 최근의 논쟁으로 s. Shute/S. Hurley(ed.), *On Human Right: The Oxford amnesty Lectures*, 1993, New York, 1993; S. Gosepath/G. Lohmann(Hg.), *Philosophie der Menschenrechte*, Frankfurt/M., 1998. 권리에 관하여 고금동서의 다양한 사상가들의 입장을 편집해 놓은 문헌으로는 P. Hayden(ed.), *The Philosophy of Human Rights*, St. Paul, 2001 참조.

4) H. Shue, *Basic Rights: Subsistence, A.ffluence and U.S. Foreign Policy*, Princeton, 1996, 169면 이하 참조.

제도들과 실천들은 무엇인가 하는 질문(권리의 제도적 실현)이다. 이 차원에서는 권리충돌의 문제도 포함되어 있다.[5] 이 글에서는 (i) 우선 의사설과 이익설 사이의 논쟁이 권리이론의 다양한 차원에 어떤 방식으로 스며들어 있는지, (ii) 도덕적 권리가 제도화되는 근거가 무엇인지, (iii) 권리의 제도화 과정에서 등장하게 될 권리 실현의 비용문제를 중심으로 하여 살펴보고자 한다. 권리문제의 세 차원을 복합적으로 고찰하려는 권리이론을 '3단계 권리이론'이라고 부를 수 있을 것인데, 이는 '법적 권리이론의 3단계 모델'을 위한 기초를 이룰 것이다.

II. 권리이론의 제1단계: 권리의 개념적 구조

이 단계에서는 "개인 a는 G에 대한 권리를 가지고 있다"는 진술은 무엇을 의미하는지를 고찰한다. 권리의 개념적 구조에 대해서는 일반적으로 미국의 법학자 호펠드의 연구가 고전으로 꼽히는데 그에 따르면 "권리를 가지고 있다"는 진술은 다음과 같은 네 가지 종류의 지위들 중의 하나이거나 조합을 의미하는 것으로 사용되고 있다: 청구권, 자유권, 권능권, 면제권.[6]

1. 호펠드의 권리분석

(1) 청구권으로서의 권리(claim-rights)

a가 G에 대한 권리를 가진다는 진술은, 종종 이 진술이 향해진 상대방 b(또는 모든 사람)가 G를 하게 할 의무를 가지고 있다는 점을 함축하고 있는 것으로 받아들여진다. 이와 같은 의무의 존재는 a가 b에 대하여 일정한 종류의 청구를 할 수 있는 지위를 나타낸다. 바로 이 권리담지자의 청구권에 대응하여 상대방이 처하게 되는 지위(correlative)는 상대 측의 의무(duty)이다. 이처럼 상대방에게 일

---

5) 이에 대해서는 R. Alexy, *Theorie der Grundrechte*, Frankfurt/M., 1986, 164면 이하 참조; F. Kamm, "Conflicts of Rights: Typology, Methodology, and Nonconsequentialism," *Legal Theory* 7(2001), 239-255면.

6) W. N. Hohfeld, *Fundamental Legal Conceptions as Applied in Judicial Reasoning*, New Haven, 1919.

정한 의무를 부과할 수 있는 지위가 '청구권'(claim-rights)으로서 명명되는 권리의 특징을 표현한다. 따라서 권리의 원래적 의미로서 또는 가장 좁은 의미로서 파악되는 청구권은 다음과 같은 구조를 가지는 것으로 표현할 수 있다: 청구의 주체 a는 어떤 대상 G가 청구상대방인 b에 의해서 실현될 것을 요구할 수 있는 (법적인) 지위를 가진다. 상대방인 b가 G와 관련하여 a에 대하여 가지는 의무의 내용은 부작위 또는 행위금지(non-interference)일 수도 있고, 작위 또는 적극적 급부행위일 수도 있다. 앞의 것은 '소극적 자유에 대한 권리'로서, 뒤의 것은 '타인이나 국가의 급부제공에 대한 청구권'으로서 나타날 것이다.

(2) 자유권(privilege)으로서의 지위

a가 b에 대하여 G와 관련한 권리를 가진다는 진술은 때로는 "권리담지자 a가 상대방 b에 대하여 G와 관련하여 특정한 행위를 하거나 하지 않을 의무관계에 놓여 있지 않다"는 의미를 뜻하기도 한다. 호펠드는 '특권'으로 명명하고, 일반적으로는 '자유-권'(libery-rights)으로서 불리는 이 지위는 청구권과 비교하면 다음과 같은 특징을 보여준다. 자유권의 대응관계는 상대방이 권리담지자를 향하여 어떤 행위를 하라거나 하지 말라거나 요구할 청구권의 없음(no claim-rights)이다. 즉 상대방은 권리주체에게 어떠한 행위를 할 것을 또는 하지 말 것을 청구할 수 없다.

(3) 권능(power) 또는 형성권(形成權)으로서의 지위

"a가 b에 대하여 G와 관련하여 권리를 가진다"는 진술은 어떤 경우에는 일방적인 법률행위를 통해서 자신 또는 타인의 법률관계를 직접적으로 변동시키는 힘 또는 지위를 나타내는 것으로서 이해할 수 있다. 이를 호펠드는 power-rights로 명명하였다.[7] 법률관계를 형성할 수 있는 법적인 능력(legal ability)으로서의

---

7) 이 개념은 몇몇의 법학자들에 의해서 '권능-권'으로 번역되었다. 그런데 우리 민법학에서 독일 민법학의 용례를 본 따서 통상 '형성권'(Gestaltungsrecht)으로 부르고, '일방적인 법률행위(단독행위) 또는 소송을 통해 자신 또는 타인의 구체적인 법률관계를 직접적으로 변동시키는 힘을 내용으로 하는 권리'로서 형성권을 풀이하고 있다는 점을 감안하면 독일 민법학상 형성권과 호펠드의 권능-권은 일치하는 개념으로 볼 수 있을 것이다. 따라서 앞으로는 power-right를 형성권으로 불러도 좋을 것이라고 생각한다. 독일 민법학에서 형성권이 어떻게 발전되어 왔으며 그 기본요소들 및 유형이 어떠한지에 대하여 김영희, 독일 민법학상 형

형성권(입법권능, 증여 등)에 대응하는 관계는 상대방이 권리당지자의 '처분 아래 놓여 있음'(liability)이다.

(4) 면제권(immumty-rights)으로서의 지위

"권리담지자 a가 상대방 b에 대하여 G와 관련하여 권리를 가진다"는 진술은 때로는 a가 b의 형성적 처분행위에 의해서 자기의 법률관계가 좌우되지 않는 지위로 보호받고 있음을 나타내기도 한다. 즉 b는 a에 대하여 G와 관련하여 형성권을 행사할 지위에 있지 않음을 나타낸다. '타인의 형성적 행위로부터 보호되는/면제된 지위'로서의 권리가 면제권이다. 헌법상 보장된 여러 기본권들은 입법부의 권능으로부터 좌우되지 않는 면제권으로서의 지위를 가진다. 면제권의 대응관계는 상대방이 권리담지자를 법률관계를 좌지우지할 수 있는 '형성권능의 없음'(legal disability; the absence of legal power)이다.

2. 호펠드 권리분석의 의의: 복합적 구조를 가진 권리

일반적으로 호펠드의 권리분석은 법적 권리의 영역에서뿐만 아니라 도덕적 권리의 영역에서도 유용하다고 평가되고 있다. 특히 도덕적 자유권과 도덕적 청구권 사이의 구분은 인권이론의 발달에 그리고 인권론과 도덕철학을 연계하는 데 매우 중요한 역할을 하였다.[8] 그렇다면 호펠드의 구분은 실제로 어떤 의미를

성권(Gestaltungsrecht)에 관한 연구, 서울대학교 대학원 법학과 박사학위논문, 2003 참조. 김영희 박사의 훌륭한 논문을 통해서 필자는 호펠드의 권능 개념을 '형성권'으로 대체해도 좋을 것이라고 판단하였다. 굳이 권능-권이라는 이상한 용어를 쓰기보다는 형성권이라는 개념이 간결하며 전달하는 바도 명확하기 때문이다. 김영희 박사의 연구에 따르면, '형성권'이라는 용어는 최초로 1903년 Emil Seckel, "Die Gestaltungsrechte des bürgerlichen Rechts"(*FG f. Richard Koch*, 1903, 205-253, 특히 211면)에서 제시되었다고 한다. '법학적 발견'(juristische Entdeckung)이라고까지 평가되는 젝켈(Seckel)의 '형성권' 개념 이전에는 '(법적) 가능권'(Recht des rechtlichen Könnens) 또는 '권능'(Befugnis), '변동권'(Recht auf Rechtsänderung) 등의 개념들이 사용되었다고 한다. 자세한 내용은 김영희, 위의 논문, 29면 이하. 형성권에 해당하는 권리들로서는 해지권이나 해제권, 취소권, 소비자철회권, 형성적 신분행위를 할 수 있는 권리 등이 있다. 최근에 쟁점으로 떠오른 '국회의 탄핵소추권'도 권능의 성격을 가진다고 할 것이다.

8) 현대 권리이론의 발전에 호펠드 권리이론의 기여도에 대하여는 C. Wellman, *A Theory of*

가지는가?

여러 가지 답이 내려질 수 있겠지만 가장 중요한 의미라면, 권리를 호펠드 권리요소들의 결합체로서 파악할 수 있게 한다는 점이다 즉, 권리는 호펠드의 권리요소들 중 어느 하나로만 이루어진 단일원자구조의 성격(atomic character)을 가진다기보다 다원자 분자구조의 성격(molecular character)을 가진다는 것이다. 법적 권리는 호펠드의 권리의 네 가지 요소들이 일정한 방식으로 결합되어 있는 구조로 이루어진다는 것이다.[9] 다원자적 구조를 가지는 권리라는 관점은 권리충돌의 차원에서 생겨나는 문제들을 해명할 때에도 유용하다. 가령 어떤 물건에 대한 소유권은 타인에 대한 방해배제청구권, 물건을 사용할 자유권, 증여할 수 있는 형성권, 나의 동의 없이 그 물건을 타인이 팔거나 처분할 수 있는 권능으로부터의 면제권이 결합되어 구성된다.

이처럼 권리를 복합적 권리요소들의 결합체로 파악하게 되면 권리와 의무의 상응관계 테제에 따라서 한 권리에는 단지 하나의 의무관계만이 대응하는 것이 아니라, 그 권리를 이루는 호펠드 권리요소들 각각에 대응하는 관계(의무, 청구권 없음, 처분 아래 놓임, 권능 없음)들로 구성된 복합적 의무관계들이 상응짝을 이루고 있음을 알게 될 것이다.[10] 또한 한 권리에는 호펠드 권리요소들이 보조적으로 결합될 것이고, 이는 곧 그 보조적 권리요소들에 대응하는 '일련의 의무사슬'(successive waves of duty)이 동반된다는 것을 뜻한다.[11] 이 점은 법적 권리의 분석에서 중요한 의미를 가진다고 생각한다.[12]

Rights: Persons under Laws, Institutions, and Morals, Totowa, 1985 참조.

9) 이에 대한 지적으로는 L.W. Sumner, *The Moral Foundations of Rights*, Oxford, 1987, 18면 이하 참조.

10) W. N. Hohfeld, *Fundamental Legal Conceptions*, 36면.

11) J. Waldron, *Liberal Rights*, Cambridge, 1993, 25면.

12) 가령 근로자의 단결권 및 단체교섭권이나 단체행동권(헌법제33조)은 우선 면제권의 성격(국가나 사용자의 허용이나 금지와 같은 처분권에 놓여 있지 않음)을 가지며 형성권의 성격 또한 가진다. 동시에 자유권으로서의 성격을 가지고 있어서 사용자에 대하여 단체행동(쟁의행위)을 하지 않아야 할 의무에 놓여 있지 않다. 그리고 청구권의 요소 또한 포함하고 있다. 이처럼 복합적인 호펠드 권리요소들의 통일체로서의 근로3권은 어떤 요소들을 지배적인 것으로 볼 것인가에 따라서 권리의 실현방식이나 제한과 관련하여 여러 입장이 나올 수 있지 않을까 생각한다. 물론 권리충돌(사용자의 권리와의 충돌, 국방 및 공공복리와 충돌)의 경우에 무엇보다도 각자가 가지고 있는 가치관에 따라서 결정되기도 하겠지만, 호펠드

3. 의사설과 이익설 사이의 논쟁

(1) 고전적 의사설과 이익설

사비니와 예링 이후로 법학자들과 철학자들은 법적 권리의 성격을 '법적으로 보호되는 이익'[13]의 관점에서 볼 것인가 '법적으로 존중되는 선택'[14]의 관점에서 볼것이냐를 놓고 다투어 왔다. 양 이론은 우선 "어떤 근거 때문에 권리가 타인의 의무를 창출하는가?"라는 물음에 각각 다르게 답한다. 그리고 이 대답들은 이상적으로 생각하는 사회 및 정치질서가 상이하기 때문에 다르게 내려진다.[15] 일단 논의의 편의를 위하여 고전적인 의사설과 이익설을 다음과 같이 간략하게 풀이하도록 하자.

(ⅰ) 의사설: 한 개인 X가 무엇 K에 대하여 권리를 가지고 있다는 것은 그 K와 관련하여 일정한 법률관계 속에서 X의 의사가 다른 사람들의 의사보다 우월한 지위에 있음을 법적으로 인정하는 것이다.[16]

(ⅱ) 이익설: 권리는 '이익'(benefits)이며 법이 부과하는 의무로부터 이익을 얻는 자는 누구나 권리를 가지는 것으로 파악된다. 권리의 본질은 바로 "개인의 이익을 보호하거나 증진하는 데 있다"는 것이다.

권리요소들의 관점에서 본다면 보다 나은 분석과 논증의 도구를 가지는 것이 아닐까하고 짐작해 본다. 가령 단체행동권을 '자유권'의 일종으로 보자는 일부 노동법학자들의 주장은 아마도 단체행동권이 면제권의 성격을 가지는 것으로 논증하려는 태도에서 나온 것이 아닌가 싶다.

13) R. v. Jhering, *Geist des römischen Rechts auf den verschiedenen Stufen seiner Entwicklung, Teil* 3, 5. Aufl., Leipzig, 1906, 339면: "법적으로 보호되는 이익(rechtlich geschüzte Interessen)".

14) B. Windscheid, *Lehrbuch des Pandektenrechts*, 9. Aufl., Bd. 1, Frankfurt./M., 1906, 339: "법질서에 의해서 권능이 부여된 의사(eine von der Rechtsordnung verliehene Willensmacht oder Willensherrschaft)."

15) 최봉철, "권리의 개념에 대한 연구—의사설과 이익설," 『법철학연구』 제6권 1호(2003), 58, 74면.

16) F. C. Savigny, *System des heutigen Römischen Rechts*, Bd. I, Berlin, 1840, 7, 331면 이하 참조.

일단 이렇게 잠정적으로 정의된 의사설과 이익설로부터 논의를 진행해가도록 하겠다.[17] 최봉철 교수는 의사설과 이익설 사이를 비교하여 보다 나은 이론을 판가름할 수 있는 비교의 준거기준들을 들면서, 그 중에서도 어느 이론이 (i) 권리의 본질적인 측면을 더 잘 해명하는가, 그리고 (ii) 시대정신, 정치적 이상, 입헌민주주의의 가치에 더 잘 부합하는가라는 측면에서 검토할 것을 제안하고 있다.[18] 필자는 이 제안이 설득력이 있다고 생각한다. 다만 필자의 입장에서 또 다른 기준을 덧붙인다면 (iii) 권리들 사이의 충돌문제, 그리고 권리와 기타 규범적 가치들 사이의 충돌 문제를 해결하는 데, 또한 권리의 제도화 문제에 어느 이론이 보다 나은 관점을 제시하는가 하는 것이다.

(2) 현대의 의사설: 권리의 핵심요소로서의 '권능'

현대 의사설을 본격적으로 제시한 하트는 권리의 본질적인 요소를 '선택'이라는 개인의 재량영역에서 찾았고, 이행을 요구할 수 있는 의무의 존재가 권리의 조건이기 때문에 타인의 의무가 있다는 조건에 타인의 의무를 처분할 수 있는 권능을 결합하여 권리를 특징지었다.[19] 이를 이어받아 현대의 의사설은 권리를 권리보유자가 상대방이 가지는 의무에 대해서 가지는 권능(power)의 관점에서 해명하려고 한다. 의사설의 입장은 다음과 같이 요약할 수 있겠다.

> [권능테제] 어떤 주장 또는 법적 지위 K를 권리로 만드는 것은 그것에 대응하는 의무들의 존재뿐만 아니라 그 의무의 이행 및 소멸과 관련된 권능들이 존재한다는 사실이다.[20]

17) 현대 권리이론에 대한 심도 깊은 논쟁을 살펴보려면 M.H. Kramer/N.E. Simmond/H. Steiner, *A Debate Over Rights. Philosophical Enquiries*, Oxford, 1998. 그리고 최봉철, 위의 논문(주 15), 51-78면; 김현철, "권리에 관한 연구—권리개념의 재구성을 중심으로," 서울대학교 박사학위논문, 2000; 김연미, 권리의 구조와 근거에 관한 법철학적 연구, 이화여자대학교 박사학위논문, 2003; 권리, 인권, 기본권의 상관관계에 대해서는 정종섭, "基本權의 槪念에 관한 硏究," 「法學」(서울대) 제44권 2호(2003), 1-80면.

18) 최봉철, 앞의 논문, 53-55면.

19) Hart, *Essays on Bentham*, Oxford, 1982, 183-4면.

20) H. Steiner, "Working Rights," 244면 이하.

의사설의 권능테제가 강조하는 바는 모든 종류의 (법적) 권리에는 반드시 '권리실현의 권능'이라는 요소가 포함되어 있다는 것이다. 의사설에서 보면 권리란, 어떤 종류의 것이든, 언제나 호펠드 도식에서의 권능(의무이행요구 및 의무면제의 권능: powers of duty enforcement/waiver)을 함유하고 있다. 이렇게 보면 의사설은 근대적 권리의 핵심을 이루는 '개인의 자율성의 보호'라는 근대 이성법의 규범적 가치를 분명하게 포착한다는 장점이 있다.[21]

(3) 이익설: 권리의 핵심요소로서의 이익

이익설의 근본사상을 한마디로 말하자면 "모든 권리의 목적은 개인에게 중요한 이익(interests) 또는 행복(well-being)을 보호하는 데 있다"는 것이다. '중요한 이익' 또는 '행복' 개념을 어떻게 파악하는가에 따라서 보호하고자 하는 이익이 무엇인지 그리고 그에 따른 권리가 무엇인지가 확정될 것이다. 현대 이익설의 핵심주장은 다음과 같다.

> [이익테채] X의 어떤 이익이 타인에게 의무를 부과할 만큼 중요성을 가지는 것일 때 비로소 그 이익은 권리로서 인정된다.[22]

이 주장을 호펠드 권리요소들과 결합하여 정식화하자면 다음과 같이 될 것이다.

> 어떤 개인 X의 이익이 권리가 되는 것은, 그 이익이 타인에게 의무(duty: 청구권의 대응관계)를 부과하거나 또는/그리고 타인을 X 자신의 처분 아래(liability)에 둘 만큼 충분히 중요한 경우에, 또는/그리고 X 자신에 대한 '청구권 없음'(no claim-right) 또는 '처분권능 없음'(disability)의 지위를 타인에게 부과할 만큼 충분히 중요한 경우이다.[23]

---

21) 최봉철, 위의 논문(주 15), 70면; H. Steiner, "Working Rights," 262면 이하. 의사설의 특징과 난점에 대하여는 김도균, "법적 권리에 관한 연구(I), "『법학』(서울대) 제43권 4호 (2002), 198-202면 참조.

22) J. Raz, *The Morality of Freedom*, Oxford, 1986, 166면.

23) C. Fabre, *Social Rights under the Constitution*, Oxford, 2000, 89면.

고전적 이익설과는 달리 현대이익설은, 의무이행을 통해서 얻게 될 당사자의 이익이 곧 그 개인의 권리를 이루는 것이 아니라, 보호될 관련이익이 타인을 의무에 둘 만큼의 중요성을 가진 경우라는 점을 강조하고 있다.[24] 즉 의무부과를 정당화할 만큼의 중요성을 가지는 이익만이 권리로서 승인된다는 것이다. 법은 개인들에게 이익이 되는 바를, 그 내용이나 중요도나 특성에 따라서, 어떤 경우에는 청구권의 형식으로, 자유권의 형식으로, 권능 또는 면제권의 형식으로 보호하게 될 것이다.

이러한 이익설의 입장은 의사설이 처하게 될 곤경(의사설의 역설)을 벗어날 수 있는 가능성을 제시한다. 의사설을 일관되게 밀고 나가면, 개인에게 중대한 의미를 가지는 이익들은 '처분권이 없다'는 이유로 권리가 아니게되고, 그보다는 못한 중요성을 가지는 이익들은 권능이 결부된다는 이유로 권리로 인정되게 된다는 곤경에 처하게 된다.[25] 왜냐하면 의사설에서는 권리란 '청구+시행/면제의 권능'이지 단순한 청구만은 아니기 때문이다. 그런데 시민으로서의 개인에게 중요한 이익들은 당사자가 좌지우지할 수 없는 성격을 가지므로 권리로서 인정을 받지 못하게 된다.[26]

이러한 관점에서 보면 의사설은 헌법상 면제권(=불가침의 기본적 인권)을 제대로 분석할 수 없다. 면제권의 성격을 가지는 불가침의 기본권은 개인이 처분할 수 없는 종류의 법적 지위이다. 즉 각 개인들에게 권리들이 부여됨으로써 얻는 이익이 매우 중요하기 때문에 면제에 해당되는 법적 지위는 권리로써 인정되는 것인데, 의사설적 입장에서는 권능이 결여되어 있기 때문에 권리일 수가 없다는 것이다.[27] 이른바 '양도할 수 없는 권리'(불가침의 기본적 인권)는 의사설에서는

---

24) 만일 자유가 개인에게 부과됨으로써 당사자에게 이익을 가져다주지 않는다면, 그 자유를 권리로 파악하는 것은 적절하지 않게 될 것이다. 예를 들어서 각 개인은 굶어죽을 자유를 가지지만, 자신의 선택이라는 특별한 상황을 제외하고는, 굶어서 죽는 것을 개인에게 '이익'이라고 볼 수는 없다. 따라서 각 개인이 굶어죽지 않아야 할 의무를 지지 않는다고 해서 굶어죽을 자유를 권리(굶어죽을 자유권)로 부르는 것은 적절하지 않을 것이다. 이 예는 P. Johnes, *Rights*, 29면.

25) 가령 N. MacCormick, "Rights in Legislation," in: P. Hacker/J. Raz(ed.), *Law, Morality, and Society*, Oxford, 1997, 195-197면.

26) M.H. Kramer, "Rights Without Trimmings," 74면 이하. 이에 대한 반대의견으로는 최봉철, 위의 논문(주 15), 62면 이하.

27) 이러한 의사설의 약점은 하트 스스로가 지적하였다. H.L.A. Hart, *Essays on Bentham*,

권리의 성격을 갖지 못한다. 의무면제 및 시행의 권능이 결여되었기 때문이다. 그런데 만일 의사설이 옳다면, 다음과 같은 역설이 발생한다[28]:

> [의사설의 역설] 어떤 권리 R이 양도할 수 없을 정도로 중대한 것이면 것일수록, 그 만큼 권리로서의 성격은 약화된다.

이로부터 이익설을 주장하 는학자들은 다음과 같은 결론을 이끌어낸다:

> '선택' 또는 개인적 자율성(=사적 자치성)이 권리의 중요한 요소임은 의심할 나위가 없지만, 그렇다고 해서 타인의 의무를 집행하거나 면제시키는 권능을 권리의 필요(충분)조건으로 보는 것은 타당하지 않다.[29]

(4) 중간결론

이익설이 대답하고자 하는 근본적인 질문은 "도대체 어떤 주장이나 지위 또는 이익이 권리로 인정될 수 있는가?"라는 차원의 물음이다. 이와 비교하여 의사설은 "어떤 방식으로든 인정된 권리를 가진다는 것이 도대체 무엇을 뜻하는가?"라는 물음을 다루고자 하는 것이 아닐까 생각한다. 가령 복지권이 어떻게 해서 발생하는지에 대해서 이익설은 설명하지만 의사설은 도저히 설명할 수 없다. 의사설이 설명할 수 있는 것이라고는 '복지권이 존재한다면 그 권리를 가진다는 것이, 좀 더 엄밀하게 표현하자면 복지권을 행사한다는 것이 무엇을 뜻하는지'를 설명할 수 있을 뿐이다. 이러한 점에서 이익설이 의사설보다는 권리의 전체측면들을 조망하고 해명하는 데 더 적절하며 분석적인 차원에서도 규범적인 차원에서도 의사설보다는 권리의 다양하고 역동적인 측면들을 포착하고 설명하며 정당화하는 데 더 유용하다고 생각한다.[30]

190-2면.

28) D.N. MacCormick, "Rights in Legislation," 196면 참조. 이에 대해서 설득력이 없는 비판이라는 최봉철, 위의논문(주 15), 63면 참조.

29) J. Waldron, "Introduction," in: J. Waldron(ed.), *Theories of Rights*, 7면 이하.

30) 최봉철 교수는 2003년 12월에 개최된 한국법철학회 추계학술대회에서 종전의 의사설적 입장을 수정하면서, 권리일반론 또는 도덕적 권리의 이론으로서는 이익설이 타당한 것 같고, 법적 권리의 이론으로서는 의사설이 더 적합할 것 같다는 견해를 피력하였다. 이는 권리일

III. 권리의 제2단계: 도덕적 권리의 근거와 정당화 문제

20세기 후반 이후 증대되어 온 인권에 대한 관심사는 21세기에 와서는 가히 '인권의 세기'라고 불릴 정도로 전 세계적으로 인권에 대한 관심이 높아졌다.[31] 인권에 대한 문제는 많은 도덕철학자, 정치철학자, 법학자들이 몰두하는 주제가 되었다. '탈형이상학의 시대'에 보편적인 도덕적 권리로서 인권의 근거를 어디에서 구할 것인가라는 물음을 필두로 하여 인권의 국제적 실현 가능성에 이르는 다양한 문제영역들이 다루어지고 있다.[32]

1. 도덕적 권리로서의 인권

(1) 인권의 근거에 대한 논의들

인권의 근거지음은 매우 다양한 측면에서 이루어지고 있다. 몇 가지 흐름들을 꼽아 본다면 (i) 인간의 자기목적성(인간존엄성의 가치)에 근거하는 이론들,[33] (ii) 인간의 행동 그 자체가 가능하기 위한 전제조건들(선험적 조건들: transzendentale Bedingungen)을 구성하는 이익들이나 재화들(이른바 선험적 재화: transzendentale Güter)에서 찾는 입장들,[34] (iii) 문화적으로 조건지어지는 이상들에서 찾는 이론들,[35] (iv) 마땅히 충족되어야 할 인간의 기본적 필요(basic needs)나 기본적 능력

반론으로서 의사설의 약점을 받아들인 결과라고 생각한다.

31) 가령 World Conference on Human Rights, Vienna, June 1993; The Contribution of NGOs Report and Documents, Wien, 1994.

32) S. Shute/S. Hurley(ed.) *On Human Rights: The Oxford Amnesty Lectures*, 1993, New York; S. Gosepath/G. Lohmann (Hg.), *Philosophie der Menschenrechte*, 9면 이하.

33) 가령 G. Vlastos, "Justice and Equality," in: J. Waldron, *Theories of Rights*, 41-76면.

34) O. Höffe, "Transzendentaler Tausch-eine Legitimationsfigur für Menschenrechte," in: *Philosophie der Menschenrechte*, 29-47; A Gewirth, *Human Rights*, Chicago, 1982.

35) 가령 R. Rorty, "Human Rights, Rationality, and Sentimentality," in: S. Shute/S. Hurley (ed.), on Human Rights, 116면 이하: "[T]he most philosophy can hope to do is to summarise our culturally influenced intuitions about the right to do in various situations." 인권은 해석학적으로 탐구되어야 하며, 그 보편적 내용이라는 것은 실은 다양한 문화공동체들 사이의 우연적 일치일 뿐이라고 주장하는 M. Walzer, *Thick and Thin: Moral*

(basic capabilities)에서 찾는 이론들,[36] (v) 추상적이고 보편적으로 모델링된 인간관 및 도덕관(평등적 보편주의: 동등한 관심과 존중의 권리)에서 찾으려는 입장들,[37] (vi) 논의이론적 권리론[38]을 들 수 있을 것이다.

필자는 이익설의 입장을 취하므로 아무래도 (ii), (iv), (v), (vi)의 입장들에서 이론적 자원들을 구하려고 한다. 다시 말하면 자율성(autonomy), 행복(well-being), 필요(basic needs)와 같은 규범적 가치들에서 인권의 내용을 찾고자 하는 것이다. 이러한 개념들을 이해하는 방식에 따라서 인권의 내용도 다르게 구성될 것이다. 더군다나 평등주의적 정치철학의 입장에서서 위의 세 가지 개념들을 파악하게 되면 위에서 약술하였던 인권의 근거들이 일정한 방향으로 편제되어 체계를 이룰 것이라고 생각한다.[39] 지면상 자세한 내용은 생략하고 대강의 발상만을 그려보고자 한다.

(2) 기본적인 도덕적 권리

기본적인 도덕적 권리는 '도덕적인 관점에서 보았을 때 승인하지 않을 수 없는 인간의 근본적인 필요들'을 대상으로 하는 도덕적 권리이다. 앞에서 잠시 살펴보았듯이 기본적인 도덕적 권리는 보편적으로 공통된 인간의 특징, 권리 상대방의 포괄성(인류), 권리의 내용을 이루는 이익 및 필요의 긴급성과 우위성 때문에 기타의 도덕적 권리들과 차별성을 보인다.[40] 도덕적 권리가 존재한다는 전제

---

argument at home and abroad, Notre Dame, 1994 참조.

36) A. Sen, *Poverty and Famine. An Essay on Entitlement and Deprivation*, Oxford, 1981; M. Nussbaum, "Menschliches Tun and Soziale Gerechtigkeit," in: M. Brumlik/H. Brunkhorst (Hg.), *Gemeinschaft und Gerechtigkeit*, Frankfurt/M., 1993, 323-361면.

37) J. Rawls, "The Law of Peoples," in: S. Shute/S, Hurley (ed.), *on Human Rights*, 41-82면; R. Dworkin, *Taking Rights Seriously*.

38) J. Habermas, *Fakzitität und Geltung*, Frankfurt/M., 1992; R. Alexy, "Diskurstheorie und Menschenrechte," in: Alexy, *Recht, Vernunft, Diskurs*, 127-164면; A. Cortina, "Diskursethik und Menschenrechte," *ARSP* 76(1990), 40면 이하 참조.

39) 그러한 발상과 방향으로 나아가는 입장으로는 S. Gosepath, "Zur Begründung sozialer Menschenrechte," in: *Philosophie der Menschenrechte*, 146-187면 참조; A. Gewirth, *The Community of Rights*, Chicago, 1996.

40) R. Alexy, "Die Institutionalisierung der Menschenrechte," in: *Philosophie der Menschenrechte*, 246면; J. Raz, *The Morality of Freedom*, 192면.

위에서 보면, 인권은 '기본적인 도덕적 권리'의 특수한 종류를 뜻한다.[41] 그리고 '기본적인 도덕적 권리'로서의 인권은 한 법체계나 실정법을 평가할 수 있는 기준이 될 것이다. 도덕적 권리가 존재한다는 입장에서 보자면 기본적 도덕적 권리(basic mora1 rights)로서의 인권 개념은 일단 다음과 같이 풀이해 볼 수 있다.

> "기본적인 도덕적 권리는 기타의 권리들을 향유하고 행사하기 위해서 필수불가결한 전제조건이 되는 권리들로서, 그것들을 부정하는 경우 자기 자신을 존중하는 개인이라면 합리적으로는 도저히 납득할 수 없을, 인류전체에 대한 각 개인의 최소한의 합당한 요구들을 지칭한다."[42]

이러한 종류의 권리의 대상들로서 '신체안전', '최저생존', 그리고 이 두 범주의 대상에 대한 기본적인 도덕적 권리들 및 기타 모든 권리들을 향유하고 행사하는 데 필수적인 기능을 하는 특정한 자유들—가령 정치적 의사결정에 참여할 자유, 제도와 결사체를 조직할 자유, 신체이동의 자유 등—을 언급할 수 있겠다.[43] 개인이 가지는 '불가침'의 기본적인 도덕적 권리의 대상을 害惡(harm)의 관점에서 풀이하자면 인권은 다음과 같이 명확하게 정식화될 수 있다.

> "어떤 이익이나 필요가 불가침의 기본적인 도덕적 권리의 대상이 되는 것은, 그것을 보장하지 않거나 침해하는 경우 죽음에 이르거나 아니면 엄청난 고통을 받거나 또는 인간의 자주성의 핵심영역을 심각하게 손상하는 때이다."[44]

따라서 '불가침의 기본적 인권'은 이러한 대상에 대한 기본적인 도덕적 권리를 지칭한다고 하겠다. 이러한 기본적인 도덕적 권리들은 헌법이 반드시 보장해야 할 종류로서, 만일 어떤 법체계가 이들을 의도적으로 보장하지 않는 경우 법체계 자체의 법적 효력이 의문시되는 '극도로 부정의한 법체계'(이른바 '라드브루

---

41) 도덕적 권리의 논증에 대하여는 A. Gewirth, *Human Rights*, Chicago, 1982; E. Tugendhat, *Vorlesungen über Ethik*, 363면.

42) H. Shue, *Basic Rights*, 19면.

43) H. Shue, *Basic Rights*, 20면 이하.

44) R. Alexy, "Die Institutionalisierung der Menschenrechte," 251면.

흐의 공식')에 해당될 것이다. 우리 헌법 제10조에서 불가침의 기본적 인권을 '확인'하고 '보장할 의무'를 가진다고 단호하게 규정하고 있는 것도 이러한 관점에서 해석할 수 있을 것이다.[45]

2. '메타 권리'(metaright)를 포함하는 도덕적 권리들

(1) 도덕적 권리와 인권의 성격: 약한 의미의 권리

인권이 실정법 및 국가 이전에 존재하는 도덕적 권리로서 법적인 기본권과 구분되는 종류의 권리인지 아니면 법적인 권리의 일종인지에 대한 근본적인 질문에 대해서 대체로 많은 사람들은 실정법 이전의 도덕적 권리라는 데 이견이 없다. 그렇지만 권리의 특징을 만일 '의무의 이행, 재판 및 실현청구권, 강제가능성' 등과 같은 데서 찾는다면 도덕적 권리가 실제로 권리로서 인정될 수 있겠는가 하는 반론을 제기할 수 있을 것이다. 일반적으로 현대 영미 철학계에서는 "인권은 도덕적 권리의 특수한 종류이다"라는 명제가 널리 인정되고 있지만,[46] 독일 철학계에서는 이 명제를 그처럼 당연하게 받아들이지 않는다. 가령 하버마스는 인권을 '애초부터 법적인 의미에서의 권리'(von vornherein als Rechte im juridischen Sinne)로 받아들이고 있다.[47] 이러한 견해들에 놓여 있는 문제의식은 인권이 실

45) 인권의 내용에 대한 자세한 논의들은 A. Gewirth, *The Community of Rights*, Ch. 4, 5, 6, 7, 8; C. Wellman (ed.), *Rights and duties Vol. 5: Welfare Rights and Duties of Charity*, New York/London, 2002 참조.

46) 관련 영미권 문헌에 대한 소개와 더불어 영미권에서의 '도덕적 권리'(moral rights)의 개념이 독일철학계와는 차이점을 보인다는 지적을 하는 A. Wildt, "Menschenrechte und moralische Rechte," in: *Philosophie der Menschenrechte*, 125면 참조. 물론 '실정법 이전에 존재하는 도덕적 권리'(antecedent moral rights)의 개념에 대해서는 '反법률적 권리'(anti-legal rights)를 인정하는 '무정부주의적 오류'(anarchical fallacies)를 범하고 있다는 벤덤(J. Bentham)류의 비판도 만만치 않다. 이에 대한 소개로 W. Twining, "The Contemporary Significance of Bentham's Anarchical Fallacies," *ARSP* LXI(1975), 325-356면 참조. 벤덤의 논리에 대한 비판으로 H.L.A. Hart, *Essays on Bentham*, 79-104면.

47) J. Habermas, *Fakzitität und Geltung*, 136면; J. Habermas, "Kants Idee des Ewigen Friedens — aus dem historischen Abstand von 200 Jahren," Kritische Justiz 28(1995), 310면: "인권의 개념은 도덕적 기원에서 비롯된 것이라기보다는, 본래부터 실저업적 성격을 가진다." ("Der Begriff des Menschenrechts ist nicht moralischer Herkunft, sondern (…) von Haus juridischer Natur.")

현될 수 있으려면 단순히 도덕적 권리라는 것만으로는 부족하고 제도화되고 강제가능한 권리, 국가에 대하여 청구할 수 있는 권리이어야 한다는 것인 듯하다.[48)]

이러한 비판에 대하여 인권을 도덕적 권리의 특수한 종류로 보려는 측은 '약한 의미의 도덕적 권리들'(schwache moralische Rechte)과 '강한 의미의 도덕적 권리들'(starke moralische Rechte)을 구분하고, 인권을 후자의 맥락에 위치짓는다.[49)] 만일 도덕적 권리를 "제정입법 또는 재판규범이나 사회적 관행에서 독립된 공평무사성의 관점에서 보아 바람직하다고 판단되는 근거들 위에서 각 개인에게 부여된, 타인에게 상응하는 의무를 이행할 것을 요구할 수 있는 지위"[50)]로 풀이한다고 하자. 약한 의미에서의 도덕적 권리는 "자기에게 할당된 것으로서 당당히 요구할 수 있으며 그 요구가 타인의 자비심에 종속되지 않는 지위이기는 하지만, 국가에 대하여 보호 및 이행을 위한 訴를 제기할 수는 없는(nicht einklagbar) 일반적 주관적 권리"[51)]이다.

(2) 메타 권리: 강한 의미의 권리

반면 강한 의미의 도덕적 권리는 "모든 개인들에게 대응하는 의무들을 이행할 것을 요구할 수 있으며, 국가에 대하여 그 보호와 실현을 담당하는 법적 기관을 제도화해 줄 것을 요구할 수 있는 도덕적 권리"라고 풀이할 수 있을 것이다.[52)] 즉 '도덕적 권리들을 제도화할 것을 요구할 수 있는 [도덕적] 권리'를 포함하고 있는 권리인 것이다. 이 권리를 일종의 '메타권리'(a metaright)라고 부를 수 있는데, 센(A. Sen)에 따르면

> "어떤 것 X에 대한 메타 권리는, X에 대한 권리의 실현을 진정한 목표로 하는 정책들 p(X)를 가질(요구할) 권리이다."[53)]

---

48) 이런 점에서 R. Alexy, "Die Institutionalisierung der Menschenrechte im demokratischen Verfassungsstaat," in: *Philosophie der Menschenrechte*, 254면 이하 참조.

49) E. Tugendhat, *Vorlesungen über Ethik*, 3. Aufl., Frankfurt/M., 1995, 348면 이하 참조.

50) E. Tugendhat, *Vorlesungen über Ethik*, 346면 이하; D. Lyons, "Utility and Rights," J. Waldron (ed.), *Theories of Rights*, 111면 이하.

51) E. Tugendhat, *Vorlesungen über Ethik*, 348면.

52) E. Tugendhat, *Vorlesungen über Ethik*, 349면.

다시 말하면:

> [메타 권리] 메타 권리란 국가에 대하여 도덕적 권리들을 실정법적으로 제도화하여 보호해줄 것을 요구할 수 있는 도덕적 권리(권리들에 대한 권리)이다.[54]

메타 권리의 관점을 택하면 국가는 일정한 도덕적 권리들을 실정화해야 할 '강한' 도덕적 의무 아래에 놓이게 될 것이다. 실상 많은 권리 이론가들이 이와 같은 '메타권리'를 전제한 상태에서 인권의 제도화를 역설하고 있다. 가령 알렉시(R. Alexy)는 자신의 인권 개념을 풀이하면서 다음과 같이 말하고 있는데, 이는 메타 권리의 관점을 채택하고 있는 듯이 보인다.

> "만일 모든 개인에 대하여 정당화할 수 있는 도덕적 권리(가령 생명권)가 있다면, 이 보편적 권리를 실현할 제도의 설립을 요구할 수 있는 권리 역시 존재해야만 할 것이다. 그리고 이 권리 역시 모든 개인에 대하여 정당화될 수 있다. 만일 이러한 권리가 없다면 도덕적 권리의 승인이란 것이 전혀 진지한 승인이 아니게 될 것이다. 이는 인권의 근본적이고 우선적 성격에 배치되는 결과가 되고 만다."[55]

메타 권리란 결국 '인권들을 실현하고 보호할 국가를 요구할 인권'(ein Menschemecht auf den Staat)이라고도 말할 수 있을 것이다.[56] 이렇게 인권의 개

53) A. Sen, "The Right Not To Be Hungry," in: P. Alston/K. Tomasevski (ed.), *The Right to Food*, Utrecht, 1984, 69면: "A *metaright* to something *x* can be defined as the right to have policies p(*x*) that genuinely pursue the objective of making the right to x realizable."

54) 이 권리는 '도덕적 권리들을 실정법적 권리로 전환할 것을 요구할 수 있는 도덕적 권리'('ein moralisches Recht auf die legale Institutionalisierung moralischer Rechte')라고도 할 수 있을 것이다. A. Wildt, "Menschenrechte und moralische Rechte," 130면 참조. 이러한 권리의 다양한 차원에 대하여는 H. Brunkhorst/W. Köhler/M. Lutz-Bachmann (Hg.), *Recht auf Menschenrechte*, Frankfurt/M., 1999 참조. 가령 국가인권위원회를 설치하여 개인의 인권을 보장해줄 것을 요구할 수 있는 권리는 이 메타권리에 속할 것이다.

55) R. Alexy, "Die Institutionalisierung der Menschenrechte," 255면.(번역시 약간 변경하였음)

56) 가령 R. Alexy, "Die Institutionalisierung der Menschenrechte," 255면; 사회적 인권과 헌

념과 성격을 둘러싼 논의는 실정법적인 실현의 차원에까지 이르고 있다.

IV. 권리 이론의 제3단계: 권리 충돌의 차원

일반적으로 권리는 규범적 논의에서 특별한 지위를 가지고 있다고 인정되고 있다. 이는 권리들이 기타의 규범적 가치들(가령 공공복리, 효율성)과 충돌할 때 항상 우위에 선다는 것을 의미하는가? 절대적 우위성을 가지는 권리란 존재하는가? 권리의 한계는 어디에서 그어지는가? 권리들끼리 충돌할 때 어떤 방식으로 해결될 수 있는가? 이 물음들 역시 의사설과 이익설 사이의 논쟁에 비추어서 검토되어야 할 것이다.

1. 권리의 지위: 권리의 우선성 문제

권리는 규범적 담론에서 매우 독특한 지위를 가진다. 권리의 언어들에는 '정당한 자기몫'이라는 요소가 '매우 강한 도덕적 힘'[57]의 요소와 결부되어 있어서, 그 정당한 몫을 빼앗기거나 보장받지 못하는 당사자들은 분노를 느끼고, 여러 가지 사회적 불이익을 감수하면서까지 이에 항의하거나 저항하고, 어느 정도 공정한 제3자는 이에 대해 공감을 가지게 되는 도덕적 정당성을 가지게 된다.[58] 이처럼 공공선에 기반을 둔 정책적 논변에 대하여 일단 우선성(prima facie priority)을 가지는 권리의 규범적 힘[59]은 '권리의 논증적 문턱'(an argumentative threshold) 기능, '으뜸패'(trump) 기능으로 특징지어진다.[60] 이러한 권리 언어의 특징은 무

법화의 문제에 대해서는 C. Fabre, *Social Rights under the Constitution*, 67면 이하 참조.

57) R.B. Brandt, "The Concept of a Moral Right and its Function," *The Journal of Philosophy* 80 (1983), 44면.

58) R.B. Brandt, "The Concept of a Moral Right," 38면 이하.

59) R. Alexy, "Individuelle Rechte und Kollektive Güter," in; Alexy, *Recht, Vernunft, Diskurs*, frankfurt/M., 1995, 260면.

60) D. Lyons, "Utility and Rights," 114면; R. Dworkin, *Taking Rights Seriously*, 85면. 사회적 복지를 증진하는 정책들이 보통의 경우에는 시민들의 행위를 제약하는 정당화 근거로서 인정되겠지만, 개인의 권리보호 및 침해라는 근거가 제시되면 정책의 정당성이 물러나야 한다

엇보다도 권리가 '모든 인간은 동등하게 존중받아야 한다'는 인간존엄성의 규범적 명제와 긴밀한 관련성을 가지는 데서 생겨난다고 하겠다. 이러한 권리의 특징은 의사설이 보다 낫게 설명하는 것처럼 보인다. 인간의 존엄이 개인의 자주성에 있다면 의사설은 이러한 특징을 잘 포착하고 있기 때문이다. 그런데 권리충돌의 단계에 들어서면 양상이 달라지는 것이 아닐까?

2. 권리의 충돌 문제와 권리의 한계

앞에서 설명한 권리의 우위성은, 정치철학의 지형에서 보자면 보수주의적 진영과 개혁적 자유주의적 진영 양측에서 모두 옹호 된다.[61] '개인의 존엄성' 또는 '각 개인이 가지는 고유한 도덕적 가치'[62]를 기반으로 하여 공공복리나 국가안전보장의 논리에 대한 논증적 방벽을 설치하려는 입장들은 권리가 기타의 가치들보다 통상 우선적인 지위를 가진다는 점을 강조하기 위하여 '으뜸패' 또는 '간접적 행위제한'(rights as side constraints－R. Nozick)으로서의 기능을 하는 권리로 표현하기도 한다. 이와같은 권리의 지위에 대해서는 누구도 부인할 수 없겠지만 문제는 권리의 절대성과 관련하여 권리가 기타의 규범적 가치들과 충돌할 때 권리가 언제나 우위성을 가지는가 하는 것이다. 이 문제에 대하여 의사설과 이익설은 서로 다른 관점과 해결방식을 제공한다.

(1) 권리충돌의 문제

보통 권리충돌이라고 말할때, 우리는 어떤 경우에는 권리 사이의 충돌을, 또 다른 경우에는 권리들과 기타의 규범적 가치들과의 충돌을 염두에 둔다. 그렇다면 권리에서의 충돌문제를 다루기 위해서는 우선 (i) 권리들 사이의 충돌, (ii) 권리들과 기타 규범적 가치들의 충돌(표현의 자유와 공공복리, 양심의 자유와 국가안전보장, 조세정책과 재산권 등)을 구분하는 것이 도움이 될 것이다. 그리고 권리들의 충돌 차원은 다시 (i-1) 여러 당사자들이 가지는 동일한 권리들이 충돌하는 경우(*intra-right* conflict: 가령 표현의 자유들 사이의 충돌)와 (i-2) 상이한 종류의 권리

는 발상들은 모두 이러한 권리의 기능을 표현하고 있다.

61) H. L. A. Hart, *Essays in Jurisprudence and philosophy*, Oxford, 1983, 198면.

62) J. Rawls, *A Theory of Justice*, 187면.

들이 충돌하는 경우(*inter-right* conflict: 가령 환경권과 영업의 자유 사이의 충돌; 인격권과 표현의 자유 사이의 충돌)로 구분할 수 있다.[63]

또한 권리충돌 문제는 의무의 관점에서 볼 필요가 있다. 권리들이 서로 충돌하는 것은 문제의 권리들이 함축하는 의무들이 동시에 이행될 수 없을 경우이기 때문이다.[64] 권리들의 충돌을 문제의 권리들에 상응하는 의무들의 충돌이라는 관점에서 본다면 권리들의 성격을 오로지 소극적인 것으로 보느냐 적극적인 것도 포함하는 것으로 보느냐에 따라서 상응하는 의무들의 성격도 정해질 것이다.[65] 호펠드 권리요소들의 분석은 권리충돌의 문제를 보다 정확하게 측정할 수 있는 가능성을 제시할 것이다.

(2) 권리충돌의 문제를 바라보는 관점들

권리들의 충돌과 권리의 한계에 대해서는 대략 세 가지 입장을 취할 수 있다: 절대주의적 견해, 권리형량 제한의 견해, 권리형량 긍정의 견해.

1) 절대주의적 권리관과 의사설: 권리형량금지의 입장

이 견해는 개인의 권리는 절대적인 힘을 소유하며 애국주의, 공공복리, 사회적 약자를 위한 정책 등을 명분으로 하는 방식으로 권리를 침해하거나 제약하는 것은 결코 허용될 수 없다는 입장을 취한다. 어떤 종류의 권리들(생명, 신체의 안전, 재산권, 일반적 행위의 자유)은 절대적 성격을 가지는 것으로서 이를 제약하는 것은 가장 근원적인 도덕적 가치(개인의 자주성과 존엄성)를 침해하는 것이 된다는 것이다. 공공선이라든가 공공복리라든가 하는 것은 존재하지 않으며 존재하는 것은 다만 개인들의 소망과 선택이다. 이를 우리는 '절대주의적 권리관'이라고 부르기로 하자.[66] 아마도 노직의 입장이 절대주의적 권리관을 대표한다고 말할 수 있을 것이다.[67]

---

63) 권리충돌의 다양한 양상들에 대해서는 R. Alexy, "Individuelle Rechte und Kollektive Güter," 243면 이하 참조; F. Kamm, "Rights," in: J. Coleman/S. Shapiro (ed.), *The Oxford Handbook of Jurisprudence and Philosophy of Law*, Oxford, 2002, 488면 이하.

64) J. Waldron, *Liberal Rights*, 206면.

65) 권리의 유형을 상세하게 구분하고 이에 따른 의무들의 유형들이 어떻게 충돌하여 그 해결책이 무엇인지를 제시하려는 연구로는 F. A. Kamm, "Conflicts of Rights," 특히 240면.

66) A. Marmor, "On the Limits of Rights," *Law and Philosophy* 16(1997), 7면.

67) R. Nozick, *Anarchy, State and Utopia*, Oxford, 1974, 196면 이하 참조; H. L. A. Hart,

이 절대주의적 권리관에 따르면, 절대적 권리들은 소극적 자유들에 대한 권리와 재산소유의 권리 및 영업의 자유를 핵심으로 한다. 이처럼 권리는 소극적인 성격을 가지며 개인에게 어떤 행위를 수행할 것을 요구하지 않기 때문에 거의 충돌하지 않게 될 것이다. 복지권(교육에 대한 권리, 인간다운 삶을 영위할 권리, 직장을 얻을 권리, 국가에 대하여 육아문제를 배려할 것을 청구할 권리 등등)이라든가 생존권이라든가 하는 적극적 권리들은 존재하지 않게 된다. 권리가 국가나 타인에게 부과하는 제약은 오로지 부작위일 뿐이어서 권리는 결코 제약되지 않는다는 것이다. 절대주의적 권리관에 따르면 권리가 요구하는 의무들은 소극적이고 소극적 행위들의 숫자나 범위는 제약될 수 없는 것이기 때문이다.[68] 이러한 절대주의적 권리관에는, 논리적으로 반드시 필연적인 것은 아니지만 실천적인 관점에서 보면, 의사설의 입장이 가로놓여 있는 것이 아닐까 생각한다.

2) 권리형량 제한의 입장

이 입장에 따르면, 우리가 권리를 제약할 수는 있지만, 오로지 보다 긴급한 또는 보다 중요한 다른 권리들을 보호하기 위한 경우에 한해서 또는 타인들이 가지는 동일한 종류의 권리들과의 충돌이 있을 때뿐이다. 아마도 롤즈가 두 가지 정의원리를 제시하면서 첫 번째 정의원리에서 권리의 제한 사유로써 드는 경우들이 이러한 입장을 대표할 것이다.[69] 권리는 타인의 권리와 충돌할 뿐이며, 다른 규범적 가치들보다는 일단 우선적 지위를 가진다는 것이다. 특히 정치적 자유들에 대한 권리들, 인권 등은 애국주의나 테러방지 정책등과 같은 목표에 의해서 제약될 수 없다는 입장으로 나타날 것이다. 드워킨의 입장 역시 여기에 속할 것이다. 인권을 중시하는 입장을 취하는 사람들이 대체로 취하는 입장으로 보인다.

첫 번째와 두 번째 권리관은 무엇보다도 공리주의적, 유기론적 권리관에 대한 반작용으로 제시되었다. 잘 알려져 있다시피, 공리주의적 권리관에 따르면 권리들은 총 효용의 증가에 견주어서 보호되거나 제약될 수 있다. 이른바 '권리의 공리주의'(utilitarianism of rights)[70]에서는 권리들의 충족 자체가 극대화될 것이 요청되는 일종의 '목표'(효용)가 된다. 한 사회의 권리총량이 극대화될 수만 있다

Essays in Jurisprudence and philosophy, 202면 이하.

68) R. Nozick, *Anarchy, State and Utopia*, 28-29면.

69) J. Rawls, *A Theory of Justice*, 60-65면.

70) R. Nozick, *Anarchy, State and Utopia*, 28-30면.

면 일정 집단의 개인들이 가지는 권리들은 타인의 권리보장을 위해서 제한될 수 있다는 것이다.[71] 권리의 공리주의적 계산법에 대한 반대는 적절하지만 그렇다고 해서 권리와 기타의 규범적 가치들과의 충돌시 언제나 권리에 우선성을 부여하는 것은 납득할 수 없지 않을까? 문제는 어떤 권리들이 우선성을 가지는지에 대한 기준일 것이다. 바로 이 지점에서 도덕철학적, 정치철학적 고려들이 이익설과 의사설의 통로를 거쳐서 실질적 권리론의 영역에서 등장하게 된다

3) 권리형량 긍정의 입장과 이익설

세 번째 입장은 인간 개개인의 존엄을 중시하되 개인의 자주성을 협소하게 해석하지 않음으로써 권리충돌시 적절한 해결방법을 제시하고자 하는 입장이다. 권리들 사이의 충돌뿐만 아니라 권리와 기타의 규범적 가치들 사이의 충돌을 인정하며 기꺼이 이들 사이의 較量(balancing; trade-off)도 인정한다. 공리주의에 대한 비판이 이익교량 그 자체까지 반대할 것은 아니라는 것이다. 문제는 권리들 사이의 중요도 문제(가령 환경권과 영업의 자유권), 공공선과 권리 사이의 충돌시 어떤 이익이 우선시되느냐라는 점이다. 그리고 권리의 제약이 반드시 권리의 침해는 아니기 때문에 중요한 쟁점은 권리제약의 범위라는 것이다. 권리들 사이의 충돌이, 그리고 권리와 기타 규범적 가치들 사이의 충돌이 피할 수 없는 것이라면 권리를 근거짓는 이익들의 중요도를 질적으로 비교하는 방법이 가장 합리적인 방법이 아닐까하는 것이다.[72] 이 입장에서 보면 공리주의가 제시하는 '양적較量'(quantitative balancing)과는 다른 '질적較量'의 방법을 구성하는 것이 절실한 과제라 할 것이다.[73]

---

71) P. Jones, *Rights*, 202면; 공리주의적 권리관의 약점들에 대해서는 A. Gewirth, "Are Utilitarianism Justify Any Moral Rights?," in: C. Wellman (ed.), *Rights and Duties* Vol. 2, New York/London, 2002, 92-128면.

72) 권리의 근거로서의 이익들(goods)을 추상적인 차원에서나마 질서화하려는 시도로서 가령 A. Gewirth, *Reason and Morality*, Ch. 3-4; O. Höffe, "Transzendetaler Tausch, Eine Legitimationsfigur für Menschenrechte," 29-47면. 특히 회페의 '선험적 이익'(trasnzendentale Interesse)의 개념에 대해서는 앞의 책, 32면 이하 참조, 좀더 구체적인 차원에서 A. Gewirth, *The Community of Rights*, Chicago, 1996. 그리고 롤즈의 최근 저작에서 보이는 권리관도 민주적 시민의 '합리적이고 이성적인 자율성'(the rational and reasonable autonomy)에 비추어서 권리의 중요도를 판단하려고 하는 것처럼 보인다. J. Rawls, *Political Liberalism*, New York, 1992, 315면 이하.

73) J. Waldron, *Liberal Rights*, 215-224면; A. Marmor, "On the Limit of Rights," 9면 이하.

이 세 번째 입장은 권리들의 비중을 어떻게 부여하느냐에 따라서[74] 위 두 번째 입장(개혁 자유주의적 입장)에 가까워질 수도 있고, 좀더 완전주의적 입장(perfectionism)으로 다가갈 수도 있을 것이다. 또한 개인의 선택과 책임을 강조하는 자유지향적 권리들을 중시할 것인가, 개인의 기본적 능력을 계발할 기회와 자원들을 보장할 것을 강조하는 평등지향적 권리들을 중시할 것인가, 개인의 도덕적 완성에 도움이 되는 가치들을 더 중시할 것인가에 따라서 권리형량의 내용이 다르게 나타날 것이다.

권리충돌의 문제해결에 '질적인 교량'의 방법이 필요하다는 주장에 대해서는 각각의 권리에 들어 있는 가치들이나 기타 규범적 가치들이나 서로 비교불가능 하다는 비판이 가해질 수 있을 것이다.[75] 이러한 입장에서 본다면 권리들 사이의 충돌은 비교불가능한 가치들 사이의 충돌이어서 질적인 해결이 불가능할 것이다. 이 점에 대한 고찰은 현재 필자의 능력을 넘어서기 때문에 다음 기회로 미루고자 한다.

3. 권리의 비용: 권리실현의 현실적 차원

법적 권리이든 도덕적 권리이든 현실에서 의미가 있으려면 실현되어야 한다. 아마도 이런 점을 고려하여 의사설은 권리의 핵심을 권능(의무실행의 강제권)에서 찾았을 것으로 생각한다. 그렇다면 권리가 실현된다는 것은 현실적으로 어떻게 나타나는가?

(1) 의무의 관점에서 바라본 권리의 실현

앞에서 지적하였듯이 하나의 권리에는 복합적인 의무관계들이 대응한다.[76] 사인간의 계약에서 생겨난 권리관계 역시 우선 호펠드 권리요소들의 복합체

---

74) 즉 어떤 권리들은 다른 권리들에 비교하여 더 중요한 권리들이라고 측정하거나 어떤 권리들은 기타의 규범적 가치들(공공복리, 국가안정보장, 사회정책적 목표들)보다 더 중요하다거나 하는 판정을 일컫는다.

75) 가치들 간의 비교불가능성(incommensurability)에 관하여는 J. Raz, *The Morality of Freedom*, 321면 이하 참조.

76) J. Waldron, *Liberal Rights*, 29면.

로서 나타나고, 문제가 되는 권리와 관련하여 여러 다른 주체들(상대방, 제3자, 국가)이 상이한 의무들(호펠드적 대응의무관계)을 부담한다는 점에서 권리의 실현은 그에 대응하는 복합적인 의무들의 실현문제이다. 즉 대응하는 의무들이 또는 핵심을 이루는 의무요소들이 상당한 정도로 실현되었을 때 한 권리는 보호되고 실현되었다고 말할 수 있을 것이다.

실천적인 차원에서 보면, 좀더 구체적으로 '개인-국가'의 측면에서 보면(가령 헌법적 차원에서의 기본권들), 하나의 권리에 대하여 하나의 의무만이 대응하는 것이 아니라 적어도 삼중의 의무관계가 대응한다는 것을 관찰할 수 있다. 즉 국가는 (i) 권리주체자에게서 그의 권리를 박탈하지 않을 의무, (ii) 다른 사람들이 권리주체자의 권리를 박탈하는 것으로부터 권리주체자를 보호할 의무, (iii) 자신의 권리를 박탈당한 권리주체자를 구조할 의무를 가진다.[77] 만일 국가가 이 세 가지 의무들을 온전히 수행하고 있지 않다면, 권리는 보장되고 있지 않다고 할 것이다.

(2) 권리실현(의무이행)의 비용문제[78]: 권리실현의 비용-수익의 관점

권리의 실현이, (다원자구조로 이루어지는 복합적 단위체로서의) 권리에 대응하는 다원적 의무들을 이행하게 하는 것이라면, 권리의 실현비용은 곧 의무이행의 비용이다. 의무이행을 강제하려면 여러 단계의 국가기구들이 작동되어야 하며 공공재정이 지출되어야 한다면, "권리를 진지하게 생각한다"는 것은 "권리실현의 비용을 진지하게 고려한다"는 것을 뜻한다. 이는 곧 호펠드적 권리요소들의 실현에 드는 비용 또는 호펠드적 대응의무관계의 이행에 든 비용을 정확하게 고찰한다는 것이다.

권리실현의 비용은 '경제적인비용'(budgetary costs)과 '비경제적인 비용'(nonmonetary costs: 어떤 권리를 실현하기 위하여 기타의 규범적 가치들이 희생되는 것)으로 구분할 수 있을 것이다.[79] 가령 "인권/법적 권리를 가진다."는 진술은 논리적인 차원에서는 (i) "그 권리에 대응하는 의무관계들이 이행되어야 한다"는 점

77) H. Shue, *Basic Rights*, 52면.

78) 이 부분은 S. Holmes/C. Sunstein, *The Costs of Rights: Why Liberty Depends on Taxes*, New York/London, 1999에서 제시된 발상에 크게 힘입었다.

79) S. Holmes/C. Sunstein, *The Costs of Rights*, 20면 이하.

을, 현실적으로는 (ii) "권리실현에는 돈이 든다."는 점을 함축한다. 후자를 우리는 **'권리-돈의 현실적 상응관계의 명제'**라고 부를 수 있을 것이다. 이는 복지권, 소유권, 계약의 자유, 일반적 행위의 자유에도 타당하다. 모든 종류의 (법적) 권리는 결국 공공재정의 지출에 대한 요구를 포함하는 것이다. 경찰기구, 검찰, 법원, 감옥, 국가인권위원회, 국회 등등의 다양한 차원에서 이루어지는 권리형성, 해석, 집행, 방어에는 공공재정이 지출되기 마련인 것이다.

이익설과 권리비용의 문제를 결합해본다면 다음과 같다. 어떤 이익이나 지위가 법적인 권리로 인정된다는 것은 '비경제적 비용' 뿐만 아니라 '경제적 비용'까지 지출될 것을 요구할 정도로 중요한 비중을 가져야 한다는 것을 뜻한다. 권리를 실현하기 위하여 재정지출(경제적 비용)을 요구할 수 있는 지위를 **'권리실현의 경제적 비용에 대한 권리'**라고 부를 수 있을 것이다. 이 권리 역시 앞에서 설명했던 일종의 '메타권리'(metaright)로 볼 수 있지 않을까 생각한다. 권리실현의 비용문제를 고려하지 못하는 권리론은 적절한 권리론이라고 할 수 없을 것이기 때문이다.[80)]

그렇다면 권리실현의 비용문제는 권리이론의 발전에 어떤 의미를 가지는가? 첫째, 모든 권리의 실현에는 국가의 적극적 활동이 필요하다는 것이다 '국가의 간섭 또는 침해로부터의 보호'라는 관점에서 권리를 바라보는 자유지상주의적 권리관에서도 한 국가기관에 의한 권리침해는 결국 다른 국가기관(들)에 의해서 구제받아야 한다는 점을 인정할 것이다 그렇다면 "권리실현은 공고의 협동에 의존한다"거나 "권리는—소극적 방어권조차도—국가의 적극적인 활동에 의존한다"고 말할 수 있을 것이다 이렇게 보면 모든 권리는 결국 '적극적 권리'의 요소를 포함하고 있다. 소극적 방어권이라고 할지라도 국가의 보호를 청구할 수 있는 권리(최소한: 방해배제청구권)로서 보호울타리를 삼을 것이다. 자유권이 증대되고,

80) S. Holmes/C. Sunstein, *The Costs of Rights*, 35-36면에서 *Roe v, Wade* 판결(1973)의 예를 들면서 낙태의 권리를 인정한다는 것이 국가가 그 권리가 실현되도록 공공재정을 통해서 지원할 것을 요구하는 권리까지도 포함하는가라는 물음에 대하여 다루고 있다. 저자들은 *Maher v. Roe* 판결(1977)에서 연방대법원의 부정적 입장(즉 여성이 낙태를 선택할 자유권은 낙태의 선택이 법적으로 보호받는 지위에 있음을 함축하지만 낙태의 시행을 위한 재정적인 지원까지 요구할 권리까지 포함하는 것은 아니다)에는 "국가의 간섭으로부터의 면제권 또는 자유권에는 재정적 지원을 요구할 권리는 포함되지 낳는다"는 전제가 이미 숨겨져 있다고 주장하고 있다.

권리인정의 범위가 확대되는 자유주의 사회가 되어 가면 갈수록 국가기관에 의한 권리침해, 사인 및 조직에 의한 권리침해는 국가의 적극적인 조치를 더욱 필요로 한다는 점에서 자유권의 실현 역시 공공재정의 지출을 요구하는 권리라고 하겠다.[81)]

둘째, 권리비용의 관점을 감안하게 되면 법적 권리를 일종의 '사회적 협상'(social bargaining)의 산물로서, 또는 '사회적 구성'(social construction)의 산물로서 바라보게 될 것이다. 어떤 이익을 법적인 권리로 할 것인가의 문제는 이제 공공적 협상의 문제로, 공공적 논의의 한 과정으로서 '법적인 논의과정'(juristische Diskursprozesse)에서 정해진다고 보게 되는 것이다. 이 과정의 참여자들은 어떤 이익을 법적인 권리로 지정함으로써 정치적 공동체의 구성원 각자에게 이득을 가져다 줄 것이라는 도덕적/정치적/경제적 계산을 한다. 이 계산과정에서는, 권리의 개인귀속적인 특성(distributive character)에 비추어보아 각자에게 부여됨으로써 모두에게 균등하게 이득이 될 것이라고 추정되는 이익/가치들[82)]을 권리의 내용으로 삼게 될 것이다. 이는 중요한 이익이 권리로 인정될 것이라는 이익설적 입장을 전제로 하게 된다.

셋째, 권리실현의 비용을 진지하게 고려한다는 것은 곧 '자원의 부족'을 진지하게 고려 한다는 것이다. 이는, 어떤 지점을 넘어서면 권리의 문제가 서로 충돌하는 요구들에 대하여 부족한 재화를 적절하게 배분해야 한다는 정의의 문제로 된다는 것을 뜻한다. 권리비용의 관점에서 보면, 권리의 문제를 다룬다는 것은 결국 "누구를 위해서, 어떤 권리들을 또는 어떤 호펠드의 권리요소들을 어느 정도로, 어느 수준에서 인정해야만 적절한 자원배분이 이루어질 것인가? 그리고 이는 누가 결정할 것인가"라는 배분적 정의의 문제와 민주적 책임이라는 문제로까지 올라간다는 것을 뜻한다.[83)] 가령 기본권의 충돌시 해결책은 (i) 문제가 되는 기본권들이 요구하는 힘(보호이익의 강도)과 (ii) 현실적인 여건들(=경제적 비용),

---

81) S. Holmes/C. Sunstein, *The Costs of Rights*, 49면 이하 참조.

82) '모두에게 이익이 될 것이라고 추정되는 이익/가치'(presumptive goods)의 개념은 G. Klosko, "Presumptive Benefit, Fairness, and Political Obligation," in : W. A. Edmunson (ed.), *The duty to obey the law*, Oxford, 1999, 197면: "(B)y 'presumptively beneficial goods' (or presumptive goods) I mean (…) things that every man is presumed to want," 롤즈의 '기본적 재화'(primary goods) 역시 이러한 이익의 한 종류이다.

83) S. Holmes/C. Sunstein, *The Costs of Rights*, 113면 이하 참조.

(iii) 기타의 가치들이 제약하는 힘과 포기되어야 할 필요성(=비경제적 비용) 사이의 함수로 나타날 것이다.[84)]

V. 맺음말

필자는 이익설의 입장(또는 보완된 이익설의 입장)에 설 때 보다 낫게, 위에서 기술된 권리의 여러 측면들을 해명하고 해결하는 기준들을 찾을 수 있다고 본다. 특히 이익설의 입장에 설 때 비로소 실제의 권리담론에서도, 법학적 권리담론에서도 중요한 권리충돌의 문제들을 제대로 파악하고 해결책의 실마리를 찾을 수 있다고 생각한다. 권리담론의 공동체에서 권리를 근거짓는 이익들의 비중을 어떻게 측정하느냐에 따라서 또는 권리들에 대응하는 (호펠드적) 대응 의무관계들의 비중을 어떻게 판단하는가에 따라서 권리형량의 한 방법이 제시될 수 있을 것이다. 물론 이익설을 취한다고 해서 모두 단일한 입장으로 통일되지는 않을 것이다. 최봉철 교수가 적절하게 지적하였듯이, 각자는 자신이 지향하는 정치철학적 · 정치이데올로기적 가치들에 따라서, 권리를 근거짓는 이익들을 상이한 방식으로 구성할 수 있을 것이고 이를 권리의 내용과 중요도를 확정하는 데 활용 할 것이다. 또한 권리충돌의 문제 역시 자신이 가지고 있는 가치관에 따라서 해결하려고 모색할 것이다. 법적 권리에 대한 분석은 3단계 권리이론을 밑바탕으로 할 때 비로소 제대로 이루어질 것으로 보인다.

84) 알렉시가 지적하는 법원리로서의 기본권들이 실현되는 방식은 바로 이러한 점을 겨냥하고 있는 듯이 보인다. 물론 알렉시는 권리의 비용문제를 생각한 것은 아니지만 알렉시의 최적화원칙(Optimierungsgebote)을 일관되게 추구하게 되면 이 문제를 고려하지 않을 수 없을 것이라고 생각한다. 가령 R.Alexy, *Theorie der Grundrechte*, 101면 이하.

권리의 형성 메커니즘

양 천 수*

Ⅰ. 서 론

이 글은 법철학의 견지에서 '권리의 형성 메커니즘'을 분석하는 것을 목표로 한다. 다시 말해, 근대법체계의 근간을 이루는 권리 개념이 과연 어떤 메커니즘에 의해, 어떤 과정을 거쳐 새롭게 형성되고 정착되는지를 법철학의 시각에서 조명하는 것이 이 글이 다루려는 대상이다. 여기서 알 수 있듯이, 이 글은 크게 세 가지 측면을 담고 있다. 첫째는 권리 개념을 분석하는 것이고,[1] 둘째는 이러한 권리가 과연 어떻게 형성되는가 하는 권리형성 메커니즘을 추적하는 것이며, 셋째는 이러한 전 과정을 법철학의 토대 위에서 수행한다는 점이다. 물론 이러한 작업을 제대로 수행할 수 있으려면, 당연히 권리 개념은 고정된 것이 아니라, 지속적으로 형성되는 것이라는 관점을 전제로 해야 한다. 바꿔 말해, '구성주의'의 관점에서 권리를 바라볼 수 있어야 한다.[2] 다른 한편 권리 개념은 법철학의 영역

* 영남대학교 법학전문대학원 교수.

1) 권리에 대한 법철학적 소개로는 우선 김정오 외, 『법철학: 이론과 쟁점』(박영사, 2012), 157면 아래; 권리 개념에 대한 고전적인 문헌으로는 W. N. Hohfeld, "Some Fundamental Legal Conceptions as Applied in Judicial Reasoning," *23 Yale Law Journal* (1913), 163-173면; 권리에 대한 체계적 분석으로는 R. Martin, *A System of Rights* (Oxford: Oxford University Press, 1993); P. Koller, *Theorie des Rechts*, Wien 1997 등 참고.

2) 이 점은 아래 II.에서 상세하게 다루도록 한다.

에서만 문제되는 것이 아니라, 모든 실정법체계에서 근본적인 지위를 차지하고 있으므로, 이렇게 논의대상을 법철학의 관점에서 한정하지 않으면 자칫 그 범위가 무한정 확장될 수 있다. 그 때문에 필자는 법철학의 견지에서 '권리의 형성 메커니즘'을 다루고자 하는 것이다. 물론 여기서 가장 핵심이 되는 부분은 두 번째 측면인 권리의 '형성 메커니즘'을 규명하는 것이다.

그러면 이러한 논의가 필요한 것은 무엇 때문인가? 이에 대해 크게 세 가지 이유를 제시할 수 있다. 첫째, 권리 개념이 갖는 중요성을 그 이유로 언급할 수 있다. 오늘날 우리가 갖고 있는 법체계는, 대부분의 학자들이 긍정하는 것처럼, 서구의 근대법체계에 기반을 둔다. 이 근대법체계는 달리 '자유주의적 법모델'이라고 불릴 만큼 자유주의에 기반을 두고 있고,[3] 바로 이 때문에 개인적 주체가 갖는 권리 및 이에 대응하는 의무가 중심축을 이룬다. 여기서 권리와 의무는 서로 일대일로 대응하는 상관관계를 형성한다.[4] 이러한 권리-의무 관계에서는 당연히 권리가 주인공의 역할을 수행한다. 특히 근대법의 정수라 할 수 있는 민법은 권리를 중심으로 하여 체계화된 법이라고 말해도 과언이 아니다. 이러한 까닭에서 가령 독일의 민법학자인 메디쿠스(D. Medicus)는 권리, 특히 청구권(Anspruch)을 중심으로 하여 민법학을 체계화하기도 하였다.[5] 이처럼 권리 개념은 근대법에서, 더 나아가 근대법에 기반을 둔 오늘날의 법체계에서도 여전히 중요한 비중을 차지하고 있으므로, 이러한 권리 개념을 법철학의 시각에서 분석하는 것은 의미가 있다.[6]

---

3) '자유주의 법모델'에 관해서는 이상돈, 『기초법학』(법문사, 2008), 단락번호 [13] "법과 역사"; 양천수, "책임과 정의의 상호연관성: 법철학적 시론," 『원광법학』 제24권 제2호(2008.6), 81-107면 등 참고; 한편 자유주의적 인권 개념에 관해서는 김대근, "자유지상주의의 인권과 정의에 대한 시론," 『법철학연구』 제14권 제3호(2011.12) 참고.

4) 이를 지적하는 K. Günther, 임철희 역, "권리침해에서 의무위반으로. 형법의 패러다임 변화?" 이상돈 엮음, 『대화이론과 법』(법문사, 2002) 참고.

5) 디터 메디쿠스, 정진명 역, 『독일민법의 기초』(법원사, 1999) 참고.

6) 그동안 권리를 본격적으로 다룬 국내연구로는 김현철, 『권리에 관한 연구: 권리개념의 재구성을 중심으로』(서울대 법학박사 학위논문, 2000); 김연미, 『권리의 구조와 근거에 관한 법철학적 연구』(이화여대 법학박사 학위논문, 2003); 이상돈, 『인권법』(세창출판사, 2005); 김도균, 『권리의 문법』(박영사, 2008)을 거론할 수 있다. 이 중에서 김현철 교수의 연구는 구성주의적 관점과 언어이론의 견지에서 권리 개념을 새롭게 재구성하고 있다는 점에서, 김연미 교수의 연구는 도덕적 권리 개념을 상세하게 분석하고 있다는 점에서, 이상돈 교수의

둘째, 사회가 각기 다양하게 전문화된 영역으로 분화되고 점점 더 복잡해지면서, 과거에는 존재하지 않았던 새로운 권리들이 계속해서 출현하고 있다는 점을 생각할 수 있다. 위에서 언급한 것처럼, 현대 법체계는 기본적으로 근대법에 기반을 두고 있다. 현대 법체계가 실정화하고 있는 권리들 역시 대부분 근대법에서 유래한다. 그렇지만 이와 달리 근대법에서 마련하지 않았던 권리들이 새롭게 현대 법체계에 편입된 경우도 상당수 존재한다. 사회국가 또는 복지국가와 관련을 맺는 권리들이 대부분 이에 해당한다. 이러한 경향은 사회국가가 국가의 구성원리로 정착되어 모든 법체계에 효력을 미치고 있는 지금 시점에서도 여전히 찾아볼 수 있다. 이는 특히 인권법이나 환경법 또는 정보법 영역에서 두드러진다. 예를 들어, 인권법 영역에서는 계속해서 새로운 인권 또는 인권주장이 등장하고 있고,[7] [8] 환경법 영역에서도 일조권이나 경관권 등이 새로운 권리로서 주장되고 있다.[9] 심지어는 인간이 아닌 동물, 이를테면 도롱뇽의 권리가 주장되기도 한다.[10] 나아가 정보법 영역에서는 최근 '잊혀질 권리'가 새로운 권리로서 논의되

연구는 대화이론의 토대 위에서 인권 개념과 보편성 개념을 새롭게 정립하고 있다는 점에서, 김도균 교수의 연구는 권리에 대한 이익형량을 치밀하게 규명하고 있다는 점에서 그 의미가 있다.

7) 이 글에서는 '인권주장'과 '인권'을 각기 개념적으로 구별하고자 한다. 인권주장은 인권에 관한 규범적 주장을 담고 있기는 하지만 아직은 인권으로 승인되지 못한 것을 말한다. 이와 달리 인권은 독자적인 권리로서 승인된 것을 말한다. 필자는 이러한 인권을 다시 도덕적인 인권과 법적인 인권으로 구분할 수 있다고 생각한다. 전자는 실정화되지 않은 인권을, 후자는 인권법이라는 실정화된 법체계 안에 편입된 인권을 말한다. 이에 관해서는 양천수, "인권 개념을 둘러싼 몇 가지 문제,"『사회과학연구』(영남대) 제31집 제1호(2011.6), 179-198면; 이와 마찬가지로 권리주장과 권리를 개념적으로 구별하는 경우로서 김현철, "형식적 권리론: 권리의 개념구조에 대하여,"『법철학연구』 제5권 제1호(2002), 125면 아래.

8) 새로운 인권주장의 예로서는 양천수, "동아시아적 인권구상의 가능성,"『고려법학』제67호(2012.12), 163-210면 참고.

9) 경관권 문제에 관해서는 이상욱·배성호, "경관이익의 법적 보호에 관한 연구: 일본에서의 학설과 판례를 참조하여,"『비교사법』 제13권 제4호(2006.12), 403-426면; 민법의 관점에서 바라본 환경권 전반에 관해서는 김재형, "소유권과 환경보호,"『현대 민법이론의 발전』(이영준 교수 화갑기념논문집)(박영사, 1999) 등 참고.

10) 도롱뇽의 권리문제에 대해서는 김정오 외,『법철학: 이론과 쟁점』(박영사, 2012), 319면 아래; 동물의 권리 일반에 관해서는 민윤영, "법의 새로운 기초로서 동물권 담론,"『법과 사회』 제41호(2011), 307-336면; J. Feinberg, "The Rights of Animals and Unborn Generations," C. Wellmann (ed.), *Rights and Duties, vol. 3: Possible Bearers of Rights and Duties*

고 있는 상황이다.[11] 이렇게 과거에는 찾아볼 수 없었던 권리주장들이 오늘날 새롭게 제기되고 있고, 그 가운데서 일부는 권리로서 정착되고 있다는 점에 비추어 볼 때, 우리는 권리 개념이 고정된 것이 아니라 가변적인 것, 즉 당해 시대에 적합하게 끊임없이 형성되는 것이라는 점을 추측할 수 있다. 바로 이와 같은 이유에서 필자는 권리의 정적인 측면이 아닌, 동적인 측면, 즉 권리의 형성구조 자체에 관심을 기울일 필요가 있다고 생각한다.

셋째, 이렇게 새로운 권리가 지속적으로 생성되고 있는 오늘날의 상황 앞에서 우리는 다음과 같은 질문을 던질 수 있다. 과연 어떤 과정을 거쳐, 어떤 메커니즘을 통해 권리는 새롭게 형성되고 정착될 수 있는가? 이러한 질문이 의미를 가질 수 있는 이유는 다음과 같다. 오늘날 이른바 '권리주장의 인플레이션 현상'이 등장하면서, 거의 모든 이익들이 권리 또는 인권이라는 이름으로 주장되고 있는 실정이다. 그러나 현실적으로 이러한 권리주장을 모두 권리로 인정할 수는 없다. 다양한 권리주장 중에서 일정 부분만을 합리적으로 권리체계에 포함시킬 수 있어야 한다. 이를 위해서는 과연 무엇을 근거로 하여 특정한 권리주장만을 권리로 인정할 수 있는지를 해명해야 한다.[12] 그런데 이 문제를 풀기 위해서는 결국 권리가 어떤 과정과 기준에 의해 형성되고 제도화되는지를 밝혀야 한다. 바로 이 같은 까닭에서 권리의 형성 메커니즘을 규명하려는 이 글의 시도가 필요하고 또한 의미가 있다.

이러한 맥락에서 이 글은 다음과 같이 논의를 전개하고자 한다. 먼저 논의의 출발점으로서 권리에 대한 기본관점을 살펴본다(II). 이어서 권리의 형성 메커니즘을 규명하는 데 필요한 이론적 기초를 검토한다(III). 여기서는 특히 독일의 형법학자 하쎄머(W. Hassemer)의 의사소통적 법익론(kommunikative Rechtsgutslehre)이 주된 고찰대상이 될 것이다. 나아가 권리의 형성 메커니즘을 세 단계로 나누어 규명한 후(IV), 글을 맺도록 한다(V).

(New York/London, 2002); H. L. A. Hart, "Are There Any Natural Rights?" J. Waldron (ed.), *Theories of Rights* (Oxford, 1984) 등 참고.

11) '잊혀질 권리'에 관해서는 민윤영, "인터넷 상에서 잊혀질 권리와 「개인정보보호법」에 대한 비교법적 고찰," 『고려법학』 제63호(2011), 287-316면 참고.

12) 이러한 문제제기로는 김현철, 앞의 논문(주7), 133면 아래; 이 논문에서 김현철 교수는 '제도적 사실의 관문'이라는 기준으로써 다양한 권리주장을 일정한 범위로 제한하려 한다.

II. 권리에 대한 기본관점

본격적인 논의를 하기에 앞서, 권리의 형성 메커니즘을 다루는 데 필요한 몇 가지 기본적인 관점을 간략하게 살펴보도록 한다.

1. 이익설의 관점

(1) 권리의 본질에 대한 관점으로서 이익설

주지하다시피 권리의 본질이 무엇인가에 관해서는 크게 의사설과 이익설이 대립한다.[13] 의사설은 권리주체가 갖는 자율적인 의지에서, 이익설은 권리가 보호하고자 하는 이익에서 권리의 본질 또는 근거를 찾는다. 전자가 칸트(I. Kant)의 자율성 철학으로 거슬러 올라가는 견해라면, 후자는 벤담(J. Bentham)의 공리주의에 기반을 둔다.[14] 그러므로 의사설의 견지에서 권리를 바라보면 권리는 개인적 자유주의와 연결될 수밖에 없는 반면,[15] 이익설의 시각에서 권리를 파악하면 권리가 반드시 자유주의와 관련을 맺어야 하는 것은 아니다.[16] 이러한 의사설과 이익설이 구체적으로 무엇이고, 어느 학설이 타당한지에 관해서는 그동안 상당한 연구가 축적되었으므로, 이 글에서는 이를 상세하게 다루지 않기로 한다. 다만 이 글의 논의맥락과 관련해 결론만을 언급하면, 필자는 기본적으로 이익설의 관점에서 권리의 본질을 파악하는 것이 타당하다고 생각한다. 왜냐하면 의사설의 관점에서 권리를 파악하게 되면, 아직 의사가 충분히 성숙하지 못한 아동이나 태아 혹은 합리적 의사가 있다고 인정하기 어려운 비인간적 존재에게는 권리

---

13) 의사설과 이익설에 관해서는 먼저 최봉철, 『현대법철학』(법문사, 2007), 291-316면; 김도균, 앞의 책(주6), 45-61면 등 참고.

14) 김정오 외, 앞의 책(주10), 162-163면.

15) 자유주의 법모델의 원형이라 할 수 있는 현행 민법 역시 기본적으로 의사설의 시각에서 민법상 권리를 체계화하고 있다. 이는 '권리행위'라고도 번역되는 '법률행위'(Rechtsgeschäft)가 '의사표시'(Willenserklärung)를 본질적인 법률요건으로 설정하고 있다는 점에서 확인할 수 있다.

16) 권리와 자유주의가 필연적으로 연관되는 것은 아니라는 견해로는 김현철, 앞의 논문(주7), 125면 아래.

를 인정할 수 없기 때문이다.[17][18] 반대로 권리의 본질을 전적으로 의사 또는 의지에서만 찾게 되면, 자살할 수 있는 권리나 인간의 존엄에 반하는 행위를 내용으로 하는 계약을 체결할 수 있는 권리 등을 인정해야 하는 문제가 등장한다.[19] 이 같은 근거에서 필자는 권리의 본질을 우선적으로 의사가 아닌 이익에서 찾는 것이 타당하다고 생각한다.[20]

다만 이렇게 이익설의 견지에서 권리의 본질을 파악할 때 다음 두 가지 점에 주의해야 한다. 첫째, 이익설을 강조한다고 해서, 의사설의 취지 역시 간과해서는 안 된다는 점이다. 의사설이 지닌 장점, 즉 집단적이고 공리주의적인 논리에 대항하여 개인의 주체성을 보장하려는 의사설의 자유주의적 기획은 이익설에서도 여전히 강조해야 한다고 생각한다. 이는 권리주체의 자율적인 의사 역시 이익의 일종으로 파악함으로써 이론적으로 해결될 수 있다. 의사와 이익은 본질적으로 구별되는 것이 아니라, 의사가 넓은 의미의 이익 개념에 포함되는 것으로서 서로 포함관계를 이룬다고 보아야 한다.[21] 둘째, 권리의 본질을 이익으로 파악하

---

17) 이에 관한 예로는 N. MacCormick, "Children's Rights: A Test-Case for Theories of Rights," *ARSP* 62 (1976) 참고; 한편 민법은 의사설의 관점에서 권리 개념을 파악하면서도, 다른 한편으로는 의사능력이 아닌 행위능력을 제도화하고 있다. 이를테면 민법은 인간이 생존하는 동안에는 무조건적으로 권리능력을 부여하면서(제3조), 예외적으로 권리능력이 아닌 '행위능력'을 제한하는 방식을 취한다(제5조, 제9조 등).

18) 물론 인간이 아닌 비인간적인 존재에게 권리능력을 인정할 것인가 하는 문제는 별도로 판단해야 할 문제이다. 이에 관해서는 G. Teubner, "Elektronische Agenten und groβe Menschenaffen: Zur Ausweitung des Akteurstatus in Recht und Politik," in: *Zeitschrift für Rechtssoziologie* 27 (2006), 5-30면 참고.

19) 바로 이러한 근거에서 샌델(M. Sandel)은 합의(consent)에 절대성을 부여하는 자유주의의 문제점을 지적한다. 이를 알기 쉽게 보여주는 마이클 샌델, 이창신 옮김, 『정의란 무엇인가』(김영사, 2010), 제3강 및 제4강 참고.

20) 이렇게 이익설의 관점에서 권리의 본질을 파악하는 경우로는 김도균, 앞의 책(주6), 61면 아래.

21) 필자는 의사와 이익을 개념적·질적으로 구별하는 것은, '옳은 것'(the right)과 '좋은 것'(the good)을 구별하려는 자유주의의 철학적 전제와 맞닿아 있다고 생각한다. 왜냐하면 자유주의에 따르면, '옳은 것'은 '좋은 것' 이전에 존재하는 것으로서, '좋은 것'을 선택할 수 있는 중립적인 힘 또는 능력이기 때문이다. 이러한 논리에 따르면, 의사는 이익을 선택할 수 있는 능력으로서, 이익 이전에 존재하는 것이라고 볼 수 있다. 이를 소개하는 Michael J. Sandel, *Liberalism and the Limits of Justice*, second edition (Cambridge: Cambridge University Press, 1998), 184면 아래; Michael J. Sandel, *Public Philosophy: Essays on*

면 권리가 지닌 우선적 지위가 약화될 뿐만 아니라, 권리 역시 이익형량의 대상이 될 수 있다는 비판이 제기되는데, 이는 이익설을 취할 때도 충분히 방어할 수 있다는 점이다. 왜냐하면 권리를 일종의 본질적인 이익으로 인정하고, 더 나아가 이익형량 과정에서도 올바른 답을 찾을 수 있다는 견해를 수용하면,[22] 이익설을 향해 제기되는 이러한 비판도 설득력 있게 논박할 수 있기 때문이다.

(2) 이익과 권리의 구별문제

이렇게 이익설의 관점에서 권리 개념을 파악하면, 다시 다음과 같은 의문이 제기될 수 있다. 이익과 권리를 개념적으로 어떻게 구분할 수 있는가 하는 문제가 그것이다. 만약 권리가 본질적으로 이익과 같은 것이라면, 왜 우리는 이익과 권리를 각각 구별해야 하는가? 대부분의 경우 권리 대신 이익이라는 개념을 써도 무방하지 않은가? 그러나 지배적인 견해는 이익과 권리를 개념적으로 구분한다. 이는 권리를 이익으로 이해하는 견해에서도 마찬가지이다. 필자 역시 양자를 구별할 수 있고, 또한 구별해야 한다고 생각한다. 그러면 양자를 어떻게 구별할 수 있을까?

이에 관해서는 우선 '공익과 사익의 구별'이라는 측면에서 양자를 구별해 볼 수 있다. 일반적으로 이익 개념은 공익과 사익으로 구분할 수 있다.[23] 일단 전자는 집단적이면서 공적인 이익으로, 후자는 개인적이면서 사적인 이익으로 파악할 수 있다. 이러한 구분을 이익과 권리의 구별문제에 적용하면, 이익은 공익과 사익을 모두 포함하는 개념인 반면, 권리는 개인적이면서 사적인 이익만을 보호대상으로 한다는 점에서 양자를 구별할 수 있을지 모른다. 공익을 포괄하는 이익 개념과는 달리, 권리는 사적인 이익만을 포함하는 개념이라는 것이다. 근대 자유

Morality in Politics (Cambridge, Mass.: Harvard University Press, 2005), 147면 아래 등 참고; 그러나 필자는 이러한 의사 역시 이익의 일종이라고 생각한다. 샌델이 강조하는 것처럼, 권리주체의 의사 역시 해당 공동체가 '좋은 것', 달리 말해 '이익'으로 파악했기 때문에 권리에서 핵심적인 지위를 차지하는 것이라고 말할 수 있다.

22) 이에 관해서는 우선 김도균, 앞의 책(주6), 195면 아래 참고.

23) 공익과 사익에 관해서는 최송화, 『공익론』(서울대학교출판부, 2002); 김도균, "법원리로서의 공익: 자유공화주의 공익관," 『서울대 법학』 제47권 제3호(2006.9); 양천수, "공익과 사익의 혼융현상을 통해 본 공익 개념 — 공익 개념에 대한 법사회학적 분석 —," 『공익과 인권』 제5권 제1호(2008.2), 3-29면 등 참고.

주의의 지평에서 권리 개념을 이해하면, 이 같은 구분법이 타당해 보인다. 그러나 오늘날 권리 개념이 사회에서 차지하는 비중이나 지위에 비추어볼 때, 권리 개념을 전적으로 개인적이면서 사적인 것으로만 이해하는 것은 타당하지 않다. 권리 중에는 그 중요성 때문에 공적인 성격을 갖는 것도 다수 존재한다. 인권이나 헌법상 기본권, 행정법상 공권 등이 대표적인 예라고 할 수 있다. 이 점에서 공적인 것과 사적인 것을 기준으로 하여 이익과 권리를 구별하는 것은 완전한 기준이 될 수 없다.

나아가 '개인적 귀속가능성'이라는 기준으로써 이익과 권리를 구별해 볼 수 있을지 모른다. 위에서 살펴본 것처럼, 이익은 사익뿐만 아니라, 공익 역시 개념적으로 포괄한다. 이때 공익이 무엇인지를 밝히는 것은 아주 어려운 문제인데, 일반적으로 공익은 개인적으로 명확하게 귀속되지 않는 집단적인 이익이라는 점은 인정된다. 이렇게 보면, 이익은 개인적으로 귀속되는 사익과 개인적으로 귀속되지 않는 공익을 모두 아우르는 개념인 셈이다. 이와 달리 권리는 전통적으로 개인에게 명확하게 귀속되는 개념으로 이해된다. 이는 법과 권리를 동시에 뜻하는 독일어 'Recht'가 'objektives Recht'로 사용될 때는 '객관적 법'을, 'subjektive Rechte'로 사용될 때는 '주관적 권리'를 지칭한다는 점에서도 확인할 수 있다. 이 점에서 이익과 권리는 각기 구별할 수 있어 보인다. 그러나 이러한 기준 역시 완전한 것은 아니다. 왜냐하면 최근 들어 개인적 권리와는 구별되는 집단적 권리가 등장하고 있고, 이는 다문화주의와 관련된 영역에서 정당성을 인정받고 있기 때문이다.[24] 이익 가운데 집단적인 공익이 존재하는 것처럼, 이제는 권리 중에도 집단적인 권리가 존재한다.[25]

---

24) 집단적 권리에 관해서는 James Crawford, "The Rights of Peoples: 'Peoples' or 'Government'?" James Crawford (ed.), *The Rights of Peoples* (Oxford: Clarendon Press, 1988), 55-67면; Will, Kymlicka, "The Good, the Bad, and the Intolerable: Minority Group Rights," *Dissent* (Summer, 1996), 22-30면 등 참고.

25) 이 외에도 '관철가능성'을 기준으로 하여 이익과 권리를 구별할 수 있을지 모른다. 이익의 경우에는 이익주체가 이를 관철할 수 있는 수단을 갖고 있지 않은 반면, 권리의 경우에는 권리주체가 이를 관철할 수 있다는 것이다. 그러나 권리 중에도 도덕적 권리의 경우에는 이를 제도적으로 관철할 수 없다. 이와 달리 이익의 경우에도 이익주체가 이를 법적으로 관철할 수 있는 수단이 존재하기도 한다. 예를 들어, 위법한 행정처분으로 자신의 이익이 침해된 경우에는 이익주체는 당해 행정처분에 대해 행정심판이나 행정소송을 제기할 수 있다. 가령 행정소송법은 권리가 아닌, '법률상 이익'이 존재하는 경우에도 행정소송의 일종인 취소소송

그러면 이익과 권리를 어떻게 구별할 수 있는가? '공적인 것과 사적인 것' 그리고 '개인적 귀속가능성'이라는 기준은 양자를 어느 정도 구별해줄 수는 있지만, 완전한 기준이 될 수는 없다. 이러한 근거에서 필자는 이익과 권리는 결국 '규범적 중요성'을 통해서만 완전하게 구별할 수 있다고 생각한다.[26] 일정한 이익을 이익이 아닌 권리로 지칭하는 이유는, 이 이익을 규범적으로 더욱 강하게 존중하고 보호해야 할 필요가 있기 때문이다. 규범적으로 더욱 중요하고, 이로 인해 다른 이익들보다 우선적인 지위, 즉 다른 이익들을 배제할 수 있는 지위를 누려야 하기 때문에,[27] 우리는 이러한 이익을 권리로 부를 수 있는 것이다. 그렇다면 이제 남는 문제는 과연 어떤 이익들이 규범적으로 중요하여 권리라고 부를 수 있는가 하는 점이다. 이는 권리의 형성 메커니즘을 규명함으로써 분명해질 것이다.

2. 구성주의의 관점

나아가 이 글에서 필자는 구성주의의 관점에서 권리 개념을 바라보고자 한다.[28] 여기서 필자는 구성주의를 실체주의에 대한 대립 개념으로 파악한다.[29]

을 제기할 수 있다고 규정한다(제12조). 물론 행정소송법이 규정한 '법률상 이익'은 주관적 공권을 지칭하는 것이라고 이해하는 경우도 있다. 예를 들어 김남진, "공권과 반사적 이익: 주요 쟁점을 중심으로," 『월간고시』 제217호(1992.2), 16-26면; 그러나 필자는 권리는 본질적으로 법률상 이익과 동일하기는 하지만, 그렇다고 모든 법률상 이익이 권리가 되는 것은 아니라고 생각한다. 요컨대, 법률상 이익이 권리보다 더욱 넓은 외연을 지니고 있다고 생각한다.

26) 이를 보여주는 예로서 김도균, 앞의 책(주6), 85면 아래.

27) 이에 관해서는 김현철, "권리의 우선성에 대한 고찰," 『법철학연구』 제7권 제1호(2004) 참고.

28) 필자가 이해하는 한에서 이렇게 권리를 구성주의의 관점에서 바라보는 경우로는 김현철, 앞의 논문(주7), 129면 아래 참고; 인권을 구성주의의 시각에서 접근하는 경우로는 R. Forst, "Das grundlegende Recht auf Rechtfertigung —Zu einer konstruktivistischen Konzeption von Menschenrechten," in: H. Brunkhorst u.a. (Hrsg.), *Recht auf Menschenrechte*, Frankfurt/M. 1999, 66면 아래; 이 논문은 포르스트의 다른 논문들과 함께 묶여 지난 2007년 단행본으로 출간되었다. R. Forst, *Das Recht auf Rechtfertigung: Elemente einer konstruktivistischen Theorie der Gerechtigkeit*, Frankfurt/M. 2007.

29) 구성주의에 관해서는 S. J. Schmidt (편), 박여성 (역), 『구성주의』(까치, 1995); Kye Il Lee, *Die Struktur der juristischen Entscheidung aus konstruktivistischer Sicht*, Tübingen 2010, 20면 아래 등 참고.

단순화해서 말하면, 권리의 존재방식을 바라보는 시각은 크게 실체주의와 구성주의로 구분할 수 있다. 구성주의의 의미는 실체주의를 분석함으로써 자연스럽게 획득할 수 있다. 필자는 실체주의가 크게 두 가지 의미를 지닌다고 생각한다. 첫째는 권리 개념에 대응하는 의미가 사회적 현실 속에서 실재한다는 것이고, 둘째는 이러한 권리의 의미가 고정되어 변하지 않는 실체(Substanz)로서, 권리주체로부터 독립하여 권리주체 이전에 존재한다는 것이다. 이 글과 관련하여 중요한 것은 바로 두 번째 의미이다. 권리가 실체로서 존재한다는 것은 권리가 변하지 않는 그 무엇이라는 점을 뜻한다. 이에 따르면, 권리는 형성되는 것이 아니라, 인식되는 대상이다. 권리를 인식하고 보유하는 권리주체와 권리는 각기 주체와 객체로서 서로 독립해서 존재한다. 이러한 실체주의의 지평에 선다면, 권리의 형성 메커니즘을 탐구한다는 것은 그 자체 성립할 수 없는 시도이다. 권리는 변하지 않는 고정된 실체이기 때문이다.

이와 달리 필자가 전제로 하는 구성주의는 권리 개념을 사회적으로 구성 또는 형성된 산물로 이해한다. 물론 실체주의와 마찬가지로 권리가 지칭하는 규범적 의미내용은 사회적으로 실재한다고 파악한다. 하지만 그렇다고 해서 권리가 규범적 실체로서 고정되어 있는 것은 아니다. 오히려 권리의 규범적 의미내용은 유동적이고 동시에 새롭게 형성될 수 있다. 마찬가지 맥락에서 권리는 권리주체와 무관한 것이 아니라, 서로 인식론적·규범적으로 연결된다. 권리주체는 권리를 행사함으로써 권리의 의미내용을 유지하며, 새로운 권리주장을 함으로써 권리가 사회적으로 형성되는 데 기여한다. 19세기 독일의 법학자 예링(R.v. Jhering)이 강조했던 '권리를 위한 투쟁'은 이러한 측면을 시사한 것이라도 볼 수 있다.[30] 바로 이렇게 구성주의의 관점에서 권리 개념을 파악할 수 있기 때문에, 권리의 형성 메커니즘도 말할 수 있는 것이다.

3. 대화이론의 관점

다음으로 필자는 독일의 사회철학자 하버마스(J. Habermas)가 정립한 대화이론(Diskurstheorie)의 관점에서 권리 개념을 파악하고자 한다.[31] 대화이론의 관

30) R. v. 예링, 심재우 역, 『권리를 위한 투쟁』(박영사, 1977).

점에서 권리 개념에 접근한다는 것은 크게 세 가지 의미를 지닌다. 첫째는 권리 개념이 사회 속에서 진행되는 의사소통의 수단이자 산물이라는 점이다.[32] 이는 권리 자체가 언어를 매개로 할 수밖에 없다는 점에서도 확인할 수 있다. 둘째는 권리 개념이 사회 속에서 이루어지는 규범적 의사소통, 무엇보다도 사회 각 영역에서 펼쳐지는 합리적-규범적 대화과정을 통해 형성될 수 있고, 또 그렇게 되어야 한다는 점이다. 물론 하버마스가 이상적으로 상정한 합리적 대화를 현실 속에서 그대로 실현하는 것은 쉽지 않다.[33] 그렇지만 이를 기준점으로 하여 권리 개념을 만들어가지 않으면, 자칫 비이성적이고 이기적인 이익들이 권리라는 이름으로 등장할 수도 있다는 점에 주목할 필요가 있다. 셋째는 권리, 그 중에서도 가장 근본이 되는 인권이나 기본권 자체가 이렇게 합리적 대화로써 권리 개념을 사회 속에서 형성하는 데 기여한다는 점이다. 이는 하버마스가 헌법이 규정한 기본권을 법적 대화를 가능하게 하는 대화적 조건으로 이해한다는 점에서도 확인할 수 있다.[34] 마찬가지 맥락에서 독일의 법철학자 클라우스 귄터(K. Günther) 역시 기존의 주관적 권리와는 대별되는 의사소통적 권리를 강조한다.[35]

4. 약한 자유주의의 관점

마지막으로 약한 자유주의의 관점에서 권리 개념을 바라보고자 한다. 필자는 권리 개념은 기본적으로 자유주의와 이념적으로 연결될 수밖에 없다고 생각

---

31) 독일어 'Diskurstheorie'는 달리 '논증대화이론', '논의이론', '담론이론' 등으로 번역되는데, 이 글에서는 '대화이론'이라는 용어를 사용하고자 한다.

32) 이 점을 지적하는 김현철, 앞의 논문(주7), 125면.

33) '이상적 대화상황'에 관해서는 J. Habermas, "Wahrheitstheorien," in: ders., *Vorstudien und Ergänzungen zur Theorie des kommunikativen Handelns*, Frankfurt/M. 1984, 177-178면.

34) J. Habermas, *Faktizität und Geltung*, 2. Aufl., Frankfurt/M. 1994, Kap. III; 또한 O. Gerstenberg, *Bürgerrechte und deliberative Demokratie. Elemente einer pluralistischen Verfassungstheorie*, Frankfurt/M. 1997도 참고.

35) K. Günther, "Die Freiheit der Stellungnahme als politisches Grundrecht," in: P. Koller/G. Varga/O. Weinberger (Hrsg.), *Theoretische Grundlage der Rechtspolitik*, Stuttgart 1992; 여기서 일종의 '순환구조'를 발견할 수 있다. 왜냐하면 권리 자체가 권리를 생산하기 때문이다.

한다. 물론 권리와 자유주의 사이의 논리적·이념적 필연성을 부정하는 견해도 분명 존재한다.[36] 오늘날 개인적 권리와 구별되는 집단적 권리가 독자적인 권리로 승인되고 있다는 점을 고려할 때, 이 같은 주장이 설득력을 갖지 않는 것은 아니다. 필자 역시 자유주의가 지닌 이론적·현실적 난점에 비추어볼 때, 자유주의적 시각에서만 권리 개념을 파악하는 것은 문제가 있다고 생각한다. 미국의 정치철학자 샌델(M. Sandel)처럼 '자유주의적 공동체주의'를 지지하는 필자로서는 공동체로부터 독립적인 '무연고적 자아' 또는 '중립적인 자아'를 상정하면서 공동체에 대해 권리의 무조건적 우위를 주장하는 순수 자유주의적 관점에는 분명 문제가 있다고 생각한다.[37] 오늘날 우리가 마주하는 문제는 대부분 '공동체로부터 자유'가 아닌 '공동체를 향한 자유'에 의해서만 효과적으로 해결할 수 있다.

하지만 그렇다고 하더라도 권리 개념은 '원칙적으로' 자유주의와 연결될 수 밖에 없다. 그 이유를 다음과 같이 말할 수 있다. 첫째, 권리 개념에서는 각 개인적 권리주체에게 개별적으로 귀속되는 개인적 권리가 여전히 중심적인 지위를 차지한다는 점을 고려해야 한다. 둘째, 더욱 중요한 논거로서, 권리 개념이 다른 이익보다 더욱 우선적인 규범적 지위를 누리는 이유는 바로 권리주체가 지닌 존엄성을 권리가 징표하기 때문이라는 점에 주목해야 한다.[38] 필자는 권리주체인 인간이 존엄할 수 있는 이유는, 칸트가 정확하게 지적한 것처럼, 인간이 실천이성을 지닌 자율적인 존재이기 때문이라고 생각한다.[39] 인간은 스스로 판단하고 결정을 내릴 수 있는 존재여서 존엄한 존재이고, 그 때문에 우리는 타인을 수단이 아닌 목적으로 대우해야 한다. 이는 타인의 자율성을 보장해야 한다는 의미로 달리 새길 수 있다. 이는 개인적 권리에 상응하는 사적 자율성(Privatautonomie) 뿐만 아니라, 공적·집단적 권리에서 중요한 공적 자율성(öffentliche Autonomie)에 대해서도 마찬가지이다. 우리가 소수민족의 자결권과 같은 집단적 권리를 존중해야 하는 이유는, 이 권리의 배후에 집단적 자율성이 깔려 있기 때문이다. 물

36) 대표적으로 김현철, 앞의 논문(주7), 137-138면.

37) 샌델의 자유주의적 공동체주의에 관해서는 Michael J. Sandel, *Public Philosophy: Essays on Morality in Politics* (Cambridge, Mass.: Harvard University Press, 2005), 252면 아래.

38) 김현철, 앞의 논문(주7), 128면.

39) 이를 치밀하게 분석하는 심재우, "인간의 존엄과 법질서,"『법률행정논집』(고려대) 제12집 (1974) 참고.

론 이러한 자율성은 전통적인 자유주의가 아닌 공화주의의 맥락에서 이해할 수도 있지만, 필자는 그 출발점은 바로 자유주의에 있다고 생각한다. 우리가 타인의 권리를 인정한다는 것은 그 타인이 자율적인 존재로서 나 또는 다른 제3자와는 구별되는 자신만의 고유한 세계를 스스로 만들어 간다는 점을 인정하는 것이다. 물론 이렇게 나 혹은 타인이 권리에 힘입어 만들어 가는 세계가, 자신이 속한 공동체와 전적으로 무관한 것은 아니다. '나'라는 주체는 내가 속한 공동체 속에서 다른 공동체 구성원들과 상호적으로 소통하는 가운데서 상호주관적으로 형성될 수밖에 없다. 이때 주의해야 할 점은, 내가 공동체에 전적으로 종속되는 것도, 그렇다고 내가 공동체와 무관하게 존재하는 것도 아니라는 점이다. 나는 한편으로는 '고유한 나'를, 다른 한편으로는 '공동체 속의 나'를 갖고 있다.[40] 바로 이 같은 이유에서 필자는 '약한' 자유주의라는 개념을 사용하는 것이다.

III. 권리의 형성 메커니즘에 대한 이론적 기초

지금까지 권리 개념을 바라보는 기본관점으로서 이익설, 구성주의, 대화이론, 약한 자유주의에 관해 간략하게 살펴보았다. 이제 아래에서는 특정한 권리가 구체적으로 어떤 과정을 거쳐 새롭게 형성되는지에 관해 분석해 보도록 한다. 먼저 아래 III.에서는 권리의 형성 메커니즘에 대한 이론적 기초를 검토하고, 다음 IV.에서는 권리의 형성 메커니즘 자체를 규명해 보도록 한다.

1. 기존의 논의

필자처럼 구성주의의 지평 위에서 어떻게 새로운 권리가 형성되는지에 관해 다룬 연구가 기존에 전혀 없었던 것은 아니다. 필자가 확인한 바에 따르면, 김현

---

40) 이러한 구상은 자아를 '자기존재'(Selbstsein)와 '로서의 존재'(Alssein)로 이원화하는 마이호퍼(W. Maihofer)의 구상에 상응한다. 마이호퍼의 존재론에 관해서는 베르너 마이호퍼, 심재우 역, 『법과 존재』(삼영사, 1996); 베르너 마이호퍼, 윤재왕 옮김, 『인간질서의 의미에 관하여』(지산, 2003); 양천수, "법존재론과 형법상 행위론 ―베르너 마이호퍼를 통해 본 형법철학의 가능성―," 『법철학연구』 제9권 제1호(2006.5), 145-174면 등 참고.

철, 김도균, 이상돈 교수가 이 같은 문제에 관심을 기울였다.

먼저 김현철 교수는 2000년에 공간한 박사학위논문 『권리에 관한 연구: 권리개념의 재구성을 중심으로』와 2002년에 발표한 논문 "형식적 권리론: 권리의 개념구조에 대하여"에서 필자와 마찬가지로 권리 개념을 의사소통적 의미틀로 이해하면서, 일정한 권리주장이 권리로 정착되기 위해서는 "합당성의 관문"과 "제도적 사실의 관문"을 통과해야 한다고 말한다. 여기서 "합당성의 관문"이란 특정한 권리주장이 의사소통과정에서 의미틀로서 가능하기 위해 준수해야 하는 의사소통의 제반 규칙을 말한다. 김현철 교수는 이러한 의사소통의 규칙으로서 성실성, 합리성, 이해가능성 등을 제시한다.[41] 나아가 "제도적 사실의 관문"이란 특정한 권리가 승인되고 실현되며 관철되는 데 필요한 규범적-제도적 사실을 말한다.[42] 김현철 교수는 이러한 제도적 사실의 예로서 기존에 존재하는 권리의 목록, 권리에 대한 제도적 승인 메커니즘, 권리의 제도적 관철수단 등을 언급한다.[43]

다음으로 김도균 교수는 2008년에 공간한 연구서 『권리의 문법』에서 이익설의 관점에서 권리 개념을 파악하면서, 이익 가운데 어떤 이익을 권리로서 보호해야 하는지를 다룬다. 여기서 김도균 교수는 "개인의 자주성"과 "행복"이라는 기준에 합치하는 이익을 권리로 보호해야 한다고 말한다.[44]

> "이처럼 권리는 이익에 바탕을 두고 있다. 권리로서 마땅히 보호될 만한 이익인지 여부는 문제의 이익이 권리로서 보장되지 않을 경우 권리주체에게 발생할 부정적 결과에 비추어서, 그리고 장래 어떤 일을 할 것인지를 결정할 수 있는 [권리주체의] 선택 및 행위능력과 관련된 부정적인 결과에 비추어서 판단된다. 그렇다면 어떤 이익들이 권리로서 보호될 만큼 중요성을 갖는 이익인지 여부를 판단하는 근본적인 기준들은 무엇일까? 그것은 개인의 자주성(自主性: autonomy)과 행복(福利: well-being)이라는 기준이다. 이 양대기준의 내용인 가치들 자체는 각 개인에게 커다란 중요성을 갖는 이익(근본적 이익: fundamental interests)이기도 하다."

41) 김현철, 앞의 논문(주7), 130면.
42) 김현철, 앞의 논문(주7), 134면.
43) 김현철, 앞의 논문(주7), 135면 아래.
44) 김도균, 앞의 책(주6), 85-86면.

필자는 이러한 김도균 교수의 주장을 다음과 같이 이해할 수 있다고 생각한다. 일정한 이익이 권리로 승인되기 위해서는 그 이익이 개인의 자주성이나 행복을 증진시키는 데 기여해야 한다는 것이다. 이러한 이익만이 근본적 이익으로서 권리로 자리매김할 수 있다.

나아가 이상돈 교수는, 비록 권리를 정면에서 다룬 것은 아니지만, 2005년에 출간한 연구서 『인권법』에서 인권 자체가 구성적인 개념이라는 점을 밝힌다.[45] 여기서 이상돈 교수는 하버마스의 대화이론을 수용하여 인권이 각 관련자 사이의 의사소통과정을 통해 새롭게 형성된다고 말한다. 각 인권주체가 새로운 인권주장을 하는 과정을 통해 새로운 인권이 자리매김 한다는 것이다. 이러한 맥락에서 이상돈 교수는 인권의 보편성 역시 '다투어지는 보편성'이라는 가변적이면서 개방적인 보편성 개념으로 새롭게 근거 짓는다.

이러한 논의들은 권리 개념이 고정된 것이 아니라 구성되는 것이라는 점 그리고 권리가 어떤 기준에 의해 새롭게 형성될 수 있는지를 보여주었다는 점에서 그 가치가 크다. 다만 필자가 볼 때 기존의 논의에는 몇 가지 아쉬운 점이 있다. 첫째, 권리형성의 기준으로 제시한 기준들이 다소 모호하다는 점이다.[46] 둘째, 기존 논의들은 원래 경험적 영역에 속하는 이익이 어떻게 규범적 영역에 속하는 권리로 전환하는지를 더욱 섬세하게 분석하지는 못하고 있다는 점이다. 예를 들어, 경험적 이익 중에서 어떤 이익이 규범적 이익인지, 더 나아가 권리에 해당할 만한 이익이라고 볼 수 있는가? 이에 대해 가령 '자주성'이나 '행복'과 같은 기준은 사실 그 외연이 너무 넓어 이익을 적절하게 거르는 데는 효과적이지 못하다고 생각한다. 아울러 '합당성의 관문'이라는 기준은 규범적 성격이 강해, 특정한 권리주장을 규범적으로 정당화하는 데는 유용하지만, 왜 특정한 경험적 이익이 중요하게 고려되어야 하는지를 경험적으로 판단하는 데는 미흡하다고 생각한다. 물론 이러한 역할을 '제도적 사실의 관문'이 어느 정도 수행할 수 있지만, 이 기준은 종전에 없던 새로운 이익이 권리로 주장되는 경우나 권리에 대한 제도적 승인 메커니즘을 갖추고 있지 않은 경우에는 제대로 작동하기 어렵다.[47] 그렇다고 이

---

45) 이상돈, 앞의 책(주6), 111면 아래.

46) 물론 김현철 교수는 '합당성의 관문'과 '제도적 사실의 관문'을 상당 부분 구체화한다.

47) 기존에 없던 새로운 이익이 권리로 주장되는 경우에는 '기존의 권리목록'이라는 제도적 사실이 큰 힘을 발휘하기 어렵다. 물론 이 경우에도 유추라는 방법으로 기존의 권리목록을 활

러한 기준들이 무의미한 것은 아니다. 필자는 이 기준들이 갖는 장점들을 수용하면서도 이를 더욱 보완할 수 있는 기준들이 필요하다고 생각한다.

2. 이론적 기초

(1) 출발점

필자는 이익들이 대략 다음과 같은 과정을 거쳐 법적 권리로 정착된다고 생각한다. 우선 경험적 세계에 속하는 이익이 규범적 세계에 속하는 근본적인 이익으로 전환되어야 한다. 나아가 이러한 근본적 이익이 도덕적인 성격을 갖는 도덕적 권리로 승인되어야 한다. 마지막으로 이러한 도덕적 권리가 법체계에 편입되어 법적 권리로 제도화되어야 한다.[48] 이와 같은 과정을 거쳐야만 비로소 특정한 이익은 법적 권리로 정착될 수 있다. 이를 도식화하면 아래와 같다.[49]

<도식-1> 이익의 권리화 과정

경험적 이익 ⇨ 규범적·근본적 이익 ⇨ 도덕적 권리 ⇨ 법적 권리

우리가 권리형성에 대한 기준을 찾고자 한다면, 위에서 언급한 '이익의 권리화' 과정에 합치할 수 있는 기준을 확보해야 한다. 무엇보다도 어떤 과정과 기준을 통해 경험적 이익이 규범적 이익으로 전환될 수 있는지를 고려해야 한다. 그렇지 않으면, 우리는 자칫 '자연주의의 오류'(naturalistic fallacy)에 빠질 수 있

용할 수는 있다.

48) 필자는 다수 학자들이 인정하는 것처럼, 도덕적 권리와 법적 권리를 구별할 수 있다고 생각한다. 도덕적 권리에 관해서는 김도균, 앞의 책(주6), 103면 아래; 김연미, "법적 권리범주의 확장," 『법철학연구』 제7권 제1호(2004); J. Feinberg, "In Defence of Moral Rights," *12 Oxford Journal of Legal Studies*(1992) 등 참고.

49) 이와 유사하게 김도균 교수는 이익설에 따를 때 어떤 이익이 권리로 인정되는 과정은 "① 어떤 사태 또는 사물에 대한 개인들의 이익이 형성되는 단계, ② 그 이익이 보호될 만한 (도덕적·법적) 가치가 있다는 인식이 광범위하게 형성되고 '권한을 부여해야 한다는 규범적 의식이 태동'(inchoate entitlements)하는 단계, ③ 실제로 도덕적 권한이나 법적인 권한이 부여되어 청구권·자유권·형성권·면제권의 형식으로 구체화되는 세 가지 단계를 거친다"고 한다. 김도균, 앞의 책(주6), 59면.

다.[50] 존재(Sein)에서 곧바로 당위(Sollen)를 이끌어내는 것은 위험한 비약이 될 수 있기 때문이다.

이에 대해 필자는 관습법이론이 한 출발점이 될 수 있다고 생각한다. 푸흐타(G. F. Puchta)로 거슬러 올라가는 관습법이론에 따르면,[51] 특정한 관습법이 생성되기 위해서는 크게 두 가지 요건을 충족해야 한다. 우선 사회적으로 특정한 관행이 존재해야 하고, 다음으로 이 관행이 사회적·법적으로 승인되어야 한다. 전자가 경험적인 측면이라면, 후자는 규범적인 측면이다.[52] 이를 참고하면, 특정한 이익이 권리로 승인되고 제도화되기 위해서는 경험적인 요건과 규범적인 요건을 모두 충족해야 한다는 주장을 이끌어낼 수 있다.

(2) 하쎄머의 의사소통적 법익론

이러한 맥락에서 볼 때, 독일의 형법학자이자 법이론가인 하쎄머(W. Hassemer)가 교수자격취득논문에서 제안한 '의사소통적 법익론'(kommunikative Rechtsgutslehre)은 권리의 형성 메커니즘을 규명하는 데 훌륭한 참고가 될 수 있다. 독일 형법학의 고유한 개념인 법익(Rechtsgut)은 실질적 범죄가 무엇인가에 대한 기준으로 논의된다.[53] 지배적인 독일 형법학의 학설에 따르면, 범죄란 법익을 침해하는 일탈행위를 말한다.[54] 그런데 이때 말하는 법익이 구체적으로 무엇을 뜻하는지에 관해 독일 형법학에서는 많은 논란이 있었다. 이에 관해 하쎄머는 기존의 논의지평과는 다른 지평에서 새로운 법익구상을 제안한다. 의사소통적 법익구상이 바로 그것이다.[55] 1973년에 공간한 교수자격취득논문에서 하쎄머는

---

50) 이에 관해서는 G. E. Moore, *Principia Ethica* (Cambridge: Cambridge University Press, 1903) 참고.

51) F. G. Puchta, *Das Gewohnheitsrecht: erster und zweiter Teil* (Unveränd. reprograf. achdr. [der Ausg.] Erlangen 1828 und 1837), Darmstadt 1965.

52) 물론 엄격하게 말하면 특정한 관행을 관습법으로서 사회적으로 승인하는 행위는 경험적인 차원과 규범적인 차원을 모두 갖추고 있다.

53) 독일의 법익론에 관해서는 임웅, 『형법상 법익개념에 관한 연구』(서울대학교 법학박사 학위논문, 1982); 김창군, 『비범죄화정책에 관한 이론적 연구』(고려대학교 법학박사 학위논문, 1992); 양천수, "19세기 독일 형법학에서 전개된 법익 개념 —이념사를 중심으로 하여—," 『법사학연구』 제38호(2008.10), 77-106면 등 참고.

54) 이와 달리 형식적 범죄 개념에 따르면, 범죄란 형법상 구성요건에 해당하고 위법하며 유책한 행위를 말한다.

해석학적 사고와 사회과학 방법론에 바탕을 두어 의사소통적 법익론을 전개한다. 아래에서는 이를 간략하게 소개하도록 한다.[56]

먼저 하쎄머는, 마르크스(M. Marx)와 마찬가지로, 스위스의 형법학자 지나(P. Sina)의 연구에 힘입어 종래의 법익론을 분석한다. 하쎄머의 관점에서 보면, 종래의 법익론은 크게 '체계내재적 법익론'(systemimmanente Rechtsgutslehre)과 '체계초월적 법익론'(systemtranszendente Rechtsgutslehre)으로 구별할 수 있다. 체계내재적 법익론은 기존의 실정형법체계로부터 법익을 이끌어 내려는 논의를 말한다. 하쎄머는 19세기 독일의 형법학자 빈딩(K. Binding)을 체계내재적 법익론의 선구자로 본다.[57] 이에 대해 체계초월적 법익론은 실정형법체계를 떠나 체계초월적으로 존재하는 법익을 밝히려는 시도를 뜻한다. 하쎄머의 평가에 의하면, 권리침해이론을 주장한 포이어바흐(J. A. v. Feuerbach)가 체계초월적 법익론의 선구자가 된다.[58] 하쎄머에 따를 때, 체계내재적 법익론이 '체계적'이라면, 체계초월적 법익론은 '비판적'이다.[59] 이 가운데서 하쎄머는 체계초월적 법익론이 보편적인 법익론을 구상하는 데 적합하다고 보면서 자신 역시 이러한 법익론을 구축하려 한다.

아울러 하쎄머는 종래의 법익론이 규범주의적인 관점에서 벗어나지 않았다고 진단한다.[60] 즉 상당수의 법익론이 존재와 당위를 구별하는 방법이원론에 기초를 두면서 당위인 규범으로부터만 법익을 추론하려 했다는 것이다. 그러면서 하쎄머는 이러한 방법이원론을 극복하기 위해 현실적인 요소를 법익 개념에 끌어들이고자 시도한다. 이를 위해 하쎄머는 해석학적 사고와 사회과학 방법론을

---

55) 의사소통적 법익론은 이후 '인격적 법익론'(personale Rechtsgutslehre)으로 귀결된다. W. Hassemer, "Grundlinien einer personalen Rechtsgutslehre," in: Philipps/ Scholler (Hrsg.), *Jenseits des Funktionalismus*, Heidelberg 1989 참고.

56) W. Hassemer, *Theorie und Soziologie des Verbrechens*, Frankfurt/M. 1973.

57) W. Hassemer, 위의 책(주56), 42면 아래.

58) W. Hassemer, *Einführung in die Grundlagen des Strafrechts,* München 1990, 24면.

59) W. Hassemer, 위의 책(주56), 20면.

60) 그러나 이 같은 지적이 적절한 것인지는 더욱 음미해야 할 필요가 있다. 왜냐하면 빈딩과 경쟁관계에 있었던 독일의 형법학자 리스트(F. v. Liszt)가 제시한 법익론은 경험적인 성격을 갖는 '목적'(Zweck)을 기반으로 하고 있다는 점에서, 규범주의적인 지평에서 어느 정도 벗어났다고 평가할 수 있기 때문이다. 이에 관해서는 F. v. Liszt, *Der Zweckgedanke im Strafrecht* (mit Einführung von M. Köhler), Baden-Baden 2000.

원용한다. 무엇보다도 사회과학적 방법론의 시각에서 하쎄머는 형법상 법익 개념이 어떤 과정을 통해 형성되는지에 주목한다. 하쎄머는 법익이 순전히 체계내재적인 것도, 그렇다고 체계초월적 법익론이 주장하는 것처럼, 초실정법적으로 고정불변하게 존재하는 것도 아니라고 한다. 그 대신 하쎄머는 법익은 사회적 의사소통을 통해 구성되는 것이라고 말한다. 따라서 하쎄머에 따를 때, 법익은 시간과 공간을 초월하여 고정적으로 존재하는 실체가 아니고, 특정한 시대의 사회적 의사소통에 의존하는 사회적 구성물이다.

그러면 하쎄머에 의할 때, 법익은 어떻게 사회적 의사소통을 통해 새롭게 형성되는가? 어떤 이익이 사회적 의사소통 속에서 법익으로 승인되는 것일까? 이에 대해 하쎄머는 세 가지 기준을 제안한다. '필요정도'(Bedarfsintensität), '위협요소'(Bedrohungsmoment) 그리고 '빈도'(Häufigkeit)가 그것이다.[61] 필자는 첫 번째 기준은 법익형성의 객관적 측면, 두 번째 기준은 법익형성의 주관적 측면 그리고 세 번째 기준은 법익형성의 시간적 측면을 보여준다고 생각한다. 이에 따르면, 사회적으로 그 중요성이 강하게 요청되는 특정한 이익이 사회 속에서 자주 침해되고, 이러한 침해가 사회적 의사소통에 참여하는 구성원들에게 강한 위협감정을 불러일으키는 경우에는 이를 형법이 보호해야 할 법익으로 볼 수 있게 된다. 하쎄머는 이러한 기준을 범죄화의 기준이라고 말한다.[62] 이 같은 범죄화의 기준에 힘입어 비로소 특정한 이익이 사회적 의사소통을 거쳐 형법상 법익으로 구성되는 것이다.

그러나 이러한 기준에 의해서만 형법상 법익을 이해하면, 다음과 같은 문제가 등장할 수 있다. 특정한 이익이 필요정도, 위협요소, 빈도라는 세 가지 요건을 충족하기만 하면, 논리적으로 모두 형법상 법익이 될 수 있다는 문제가 그것이다. 그렇게 되면, 자칫 형법이 보호해야 하는 법익의 외연이 너무 넓어질 수 있다. 이로 인해 법익이라는 기준에 의해 범죄화의 범위가 비판적으로 축소되는 것이 아니라, 오히려 자의적으로 확장될 수 있다. 더군다나 법익 개념이 사회적 의사소통에 의존하는 변화가능한 것이라면, 법익은 비판의 준거점을 확보하기도 어렵다. 왜냐하면 그 준거점 자체가 사회적 의사소통에 의해 변화될 것이기 때문

61) W. Hassemer, 위의 책(주56), 146면 아래.
62) W. Hassemer, 위의 책(주56), 130면 아래.

이다.

이러한 난점을 해결하기 위해 하쎄머는 '정형화원칙'(Formalisierungsprinzip)이라는 규범적 기준을 끌어들인다.[63] 여기서 정형화원칙이란 근대형법이 정립한 규범원칙을 말한다. 예를 들어, 책임원칙이나 비례성원칙 등을 정형화원칙의 예로 언급할 수 있다. 결국 하쎄머는 이러한 정형화원칙을 통해 경험적인 성격이 강한 의사소통적 법익 개념을 규범적으로 제한함으로써, 법익의 체계비판기능을 확보하려 하는 것이다. 요컨대, 하쎄머는 한편으로는 의사소통적 법익구상을 통해 어떻게 경험적인 이익이 규범적인 이익으로 전환되는지를 보여주면서도, 다른 한편으로는 의사소통적 법익이 남용되는 것을 막기 위해 정형화원칙이라는 규범적 기준을 끌어들이고 있는 것이다.

(3) 경관이익에 대한 일본 판례

이러한 하쎄머의 의사소통적 법익론은 권리의 형성 메커니즘을 규명하는 데 유용하다고 생각한다. 위에서 볼 수 있는 것처럼, 하쎄머의 구상은 경험적 기준과 규범적 기준을 모두 활용하여 새로운 법익이 어떻게 사회적 의사소통을 통해 형성되는지 논증한다. 이렇게 경험적 기준과 규범적 기준을 모두 활용한다는 점은, 앞에서 필자가 권리의 형성 메커니즘의 출발점으로 삼았던 기준, 즉 경험적 단계와 규범적 단계 그리고 법적 단계에 대한 전환기준을 밝히는 데 설득력 있게 응용할 수 있다.

하쎄머가 제안한 '필요정도', '위협요소', '빈도'라는 기준이 유용할 수 있다는 점은, 환경영역에서 새롭게 등장하고 있는 경관이익에 대해 일본 하급심 법원이 내린 판례를 통해서도 확인할 수 있다.[64] 여기서 경관이익이란 말 그대로 경관에 대한 이익을 말한다. 이 경관에는 자연경관과 인공적으로 조성된 경관이 모두 포함된다. 그러므로 경관이익은 원칙적으로 자연환경만을 포섭하는 환경이익과는 구별된다.[65] 또한 경관이익은, 물론 견해가 대립하기는 하지만, 일조권을 포함하는 조망권 또는 조망이익과는 구별된다.[66] 조망이익이 개인적으로 귀속될 수 있

63) W. Hassemer, 위의 책(주56), 194면 아래.

64) 상세한 내용은 이상욱·배성호, 앞의 논문(주9), 404-415면 참고.

65) 물론 환경 개념을 가장 넓게 파악하면, 경관이익 역시 환경이익에 포섭할 수 있다. 환경 개념에 관한 논의로는 김정오 외, 앞의 책(주1), 306-307면.

는 개인적-사적 이익이라면, 경관이익은 환경이익처럼 개인적으로 귀속되기 어려운 집단적-공적인 이익이기 때문이다. 그러므로 만약 경관권이라는 개념을 인정할 수 있다면, 이는 개인적 권리가 아닌 집단적 권리가 될 것이다.

이 글에서 검토할 판례는 2002년 12월 18일 도쿄지방법원이 내린 판결이다.[67] 이 판결에서는 도쿄도 국립시가 조성한 이른바 '대학로'에 위법하게 고층건물을 건축하는 행위가 문제가 되었다. 여기서 '대학로'란 JR 국립역 앞의 로터리로부터 남쪽으로 곧게 뻗은 거리로서 길이는 약 1.2km, 폭은 약 44m에 달하는 아름다운 거리를 말한다. 이 대학로 양측에는 약 20m 높이의 벚꽃나무와 은행나무가 나란히 들어서 있고, 나무 뒤쪽에는 저층의 상가와 주택들이 자리 잡고 있어 전체적으로 아름다운 경관을 조성하고 있었다. 이 경관은 전국적으로도 이름나 있었다. 국립시는 이 경관을 유지하고자 대학로 인근의 건축높이를 20m로 제한하고 있었다. 그런데 이 사건의 피고는 위 규제를 무시하고, 높이 16m의 건물이 있는 토지를 매수하여 해당 토지에 그 높이가 20m를 초과하는 고층복합맨션을 신축하였다. 이에 해당 주민들은 이 건물신축행위를 막고자 다양한 법적 소송을 제기하였는데, 그 가운데 한 소송이 바로 위 도쿄지방법원이 다룬 소송이다.

이 소송에서 도쿄지방법원은 피고의 건물신축행위가 대학로의 경관이익을 침해한다는 이유로 불법행위가 성립한다는 점을 인정하고, 이에 높이 20m를 초과하는 부분에 대한 건물철거와 손해배상을 인용하는 판결을 내렸다. 이 글과 관련하여 이 판결에서 주목할 만한 부분은 바로 어떤 근거에서 법원이 해당 사건에서 경관이익이 성립한다고 보았는가에 관한 것이다. 이 판결에서 도쿄지방법원은 다음과 같은 경우 경관이익이 성립한다고 말한다.[68]

> "이상과 같은 지역주민들의 자기통제에 기인하는 도시경관의 유래와 특수성을 감안한다면 소위 추상적인 환경권과 경관권이라고 하는 것이 직접적인 법률상의 권리로서 인정되지는 않는다 할지라도, 앞에서 말한 것처럼 특정의 지역 내에서 당해 지역 주민들의 계속적인 자기통제에 의한 토지이용을 통하여 **상당기간, 어느 특정**

---

66) 이상욱·배성호, 앞의 논문(주9), 416-417면.

67) 東京地判 平成14(2002). 12.18,『判例時報』1829号, 36면;『判例タイムズ』1129号, 100면 등; 이 판례의 소개는 이상욱·배성호, 앞의 논문(주9), 405면 아래에 전적으로 의존하였다.

68) 인용은 이상욱·배성호, 앞의 논문(주9), 408면에 의하되, 부분적으로 수정을 하였다.

> **한 인공적인 경관이 보존되고, 사회관념상으로도 그 특정한 경관이 양호한 것이라고 인정되며, 주민들이 소유하는 토지에 부가가치를 창출하는 경우에는** 주민들은 그 토지소유권으로부터 파생하는 것으로서 형성된 양호한 경관을 스스로 유지할 의무를 부담함과 동시에 그 유지를 상호구할 수 있는 이익(이하 이를 "경관이익"이라고 한다)을 가진다고 볼 수밖에 없고, 이 경관이익은 법적으로 보호할 가치가 있고, 이를 침해하는 행위는 일정한 경우에는 불법행위에 해당한다고 볼 수밖에 없다." (강조는 인용자)

위 인용문에서 볼 수 있듯이, 도쿄지방법원은 일정한 경관이 상당기간 보존되고, 이 경관이 사회관념에 의해 양호한 것으로 승인되며, 이 경관이 해당 주민들에게 부가가치, 즉 별도의 이익을 창출하는 경우에는 이를 법으로써 보호할 만한 이익으로 보아야 한다고 말한다. 이러한 기준은, 물론 완전히 일치하는 것은 아니지만, 하쎄머가 제안한 기준들과 상당 부분 합치한다. 이를테면 '상당기간'이라는 기준은 시간적 기준으로서 '빈도'에, '사회관념에 의한 승인'이라는 기준은 주관적 기준으로서 '위협요소'에 그리고 '별도의 이익창출'이라는 기준은 객관적 기준으로서 '필요정도'에 상응한다. 물론 이 판례는 경관권이 아닌 경관이익을 다루고 있다. 그러므로 권리에 관한 판결이라고는 할 수 없다. 그렇지만 이 판례에서 말하는 경관이익은 '법적으로 보호할 만한 이익'이라는 점에서 권리와 거의 맞닿아 있다고 생각한다. 아직 권리로 정착한 것은 아니지만, 권리에 근접하게 중요성을 획득한 이익인 셈이다. 그 점에서 이 판례가 권리의 형성 메커니즘에 대해 시사하는 바는 적지 않다.

Ⅳ. 권리의 형성 메커니즘

1. 기본방향

위에서 살펴본 하쎄머의 의사소통적 법익론 그리고 경관이익에 대한 일본 판례에 힘입어 필자는 권리의 형성 메커니즘에 대한 기본방향을 그려볼 수 있다고 생각한다. 크게 두 가지 측면을 고려해야 한다. 첫째는 권리가 경험적인 이익에서 출발하여 도덕적 권리 그리고 법적 권리로 정착된다는 점을 고려할 때, 권리의 형성 기준을 고찰할 때는 경험적인 기준과 규범적인 기준을 모두 끌고 와야 한다는 점이고, 둘째는 하쎄머가 제안한 '빈도', '필요정도', '위협요소'처럼 시간적 기준, 객관적 기준, 주관적 기준을 고려해야 한다는 점이다. 이에 따라 다음과 같이 권리의 형성 메커니즘을 설계할 수 있다.

2. 제1단계로서 경험적 이익의 선별

새로운 권리가 형성되려면, 경험적으로 존재하는 이익 중에서 권리로 보호할 만한 중요한 이익이 선별되어야 한다. 그렇게 해야만 모든 이익이 권리가 되는 권리의 남용현상을 막을 수 있다. 이때 주의해야 할 점은, 경험적 이익을 선별하는 과정은 기본적으로 경험적 판단에 의존하지만, 그렇다고 전적으로 경험적 판단에 의해서만 이루어지는 것은 아니라는 점이다. '존재와 당위의 상응'(Entsprechung von Sein und Sollen)이라는 해석학적 명제가 시사하는 것처럼,[69] 이익의 중요성을 판단하는 과정에는 가치관련적이면서 규범적인 판단이 일정 부분 개입할 수밖에 없다. '중요성' 자체가 가치관련적인 개념이기 때문이다. 더 나아가서는 이익 자체가 가치관련적인 개념이라는 점도 고려해야 한다. 그 때문에 이익에 관한 판단은 규범적 판단에서 자유로울 수 없다. 특정한 이익이 한 사회 안에서 중요한 비중을 차지하고 있다는 사실은 한편으로는 경험적 사실이면서도, 다른 한편으로는 가치와 관련된 사실이기도 하다. 이러한 근거에서 경험적으로 존재하는 이익의 중요성을 판단하는 과정에서는 경험적 판단과 규범적 판단이 완전히 분리되는 것은 아니라는 점을 명심할 필요가 있다.

(1) 시간적 기준으로서 '빈도'

먼저 시간적 기준으로서 '빈도'를 언급할 수 있다. 특정한 이익에 대한 침해빈도가 사회적으로 높으면 높을수록 그 이익을 법으로써 보호해야 할 필요성 역시 증대한다. 예를 들어, 최근 인터넷 등에 의해 개인정보에 대한 침해 빈도가 높

69) 이에 관해서는 Arth. Kaufmann, *Analogie und „Natur der Sache"*, 2.Aufl., Heidelberg 1982.

아지면서, 법으로써 개인정보를 보호하려는 논의가 다양하게 이루어지고 있는 점을 언급할 수 있다. 프라이버시권에서 시작하여 정보적 자기결정권 그리고 잊혀질 권리 등에 이르는 일련의 법적 노력은 개인정보라는 이익에 대한 침해 빈도가 기하급수적으로 높아진 것과 무관하지 않다. 그러나 '빈도'라는 기준이 이익의 중요성을 전적으로 결정하는 것은 아니다. 침해 빈도가 낮은 경우라도, 침해되는 이익 자체가 중대한 것이라면 법으로 보호해야 할 이익이라고 말할 수 있다. 이를테면 생명과 같은 이익은 오늘날 개인정보에 비해 그 침해 빈도가 낮기는 하지만, 그렇다고 그 중요성이 낮아지는 것은 아니다.

(2) 객관적 기준으로서 '객관적 중요성'

다음으로 객관적 기준으로서 이익의 '객관적 중요성'을 들 수 있다. 이는 하쎄머가 제안한 '필요정도'에 상응하는 기준이다. 특정한 이익의 필요성이 사회 안에서 강도 높게 요청된다는 것은, 그 이익이 그 만큼 중요한 것이라고 볼 수 있기 때문이다. 특정한 이익이 객관적으로 중요하면, 당연히 권리로 전환될 개연성은 높아진다. 문제는 어떤 이익이 객관적으로 중요한지를 판단하는 것이다.

이에 대해 필자는 크게 세 가지 기준을 내놓을 수 있다고 생각한다. 첫째는 해당 이익이 개인의 자주성 또는 행복을 실현하는 데 얼마만큼 기여하는가 하는 것이고, 둘째는 사회 속에서 해당 이익이 어떤 형태로 그리고 어느 정도로 침해되는 하는 것이며, 셋째는 해당 이익이 침해됨으로써 사회적으로 파급되는 효과가 어느 정도인가 하는 것이다.

첫째, 일정한 이익이 개인의 자주성 또는 행복을 실현하는 데 기여하면 기여할수록 권리로 선별될 가능성은 높아진다. 이 기준은 김도균 교수가 제안한 기준을 활용한 것이다.[70] 그러나 현실적으로 주장되는 이익 중에서 개인의 자주성 또는 행복과 무관한 이익은 거의 없다는 점에서, 이 기준이 제대로 작동할 수 있는가에 대해서는 의문이 없지 않다.

둘째, 일정한 이익이 사회 속에서 침해되는 형태 및 강도가 어느 정도인지를 확인함으로써 해당 이익을 권리로 보호해야 하는지를 판단할 수 있다. 가령 특정한 이익이 사회 속에서 심각하게 침해된다면, 그 이익은 권리로서 보호해야 할

70) 김도균, 앞의 책(주6), 95-96면.

것이다. 전통적인 권리, 즉 생명, 신체, 자유에 대한 권리가 보호라는 이익이 바로 이러한 이익에 해당한다.

셋째, 일정한 이익이 침해됨으로써 전체 사회에 어떤 파급효과를 미치는지를 포착함으로써 해당 이익의 객관적 중요성을 판단할 수 있다. 이를테면 현재 이슈가 되는 잊혀질 권리는, 이 권리가 보호하고자 하는 개인정보를 인터넷 공간에서 적절하게 지우지 않음으로써 전체 인터넷 공간, 더 나아가 전체 사회에 큰 파급효과를 불러일으키고 있다는 점에서, 그 인정여부가 문제되고 있는 것이다.[71)]

(3) 주관적 기준으로서 '위협감정'

나아가 주관적 기준으로서 '위협감정'을 제시할 수 있다. 특정한 이익에 대한 침해가 사회구성원들에게 강한 위협감정을 야기한다면, 그 이익은 그만큼 권리로서 보호해야 할 필요가 있다. 이때 말하는 위협감정은 도덕적 감정이 아니라, 심리적 감정을 뜻한다. 실천이성으로써 정돈된 감정이 아니라, 즉각적으로 발현하는 감정을 말한다.

이러한 위협감정 기준에 대해서는 두 가지 점을 지적해야 할 필요가 있다. 첫째, 위협감정은 주관적이고 감정적인 기준으로서 첫 번째 기준인 빈도 그리고 두 번째 기준인 이익의 객관적 중요성과 밀접하게 연관된다는 점이다. 예를 들어, 특정한 이익에 대한 침해 빈도가 높아지면 높아질수록, 위협감정 역시 이에 비례하여 높아질 수 있다. 또한 특정한 이익이 중대하게 침해되거나 그 침해의 파급효과가 사회 전체적으로 강하게 미치게 되면, 이를 통해 위협감정 역시 높아진다. 그 반대로 순전히 주관적인 위협감정으로 인해 그 이익에 대한 객관적 중요성 판단이 영향을 받을 수도 있다. 오늘날 우리를 위협하는 AIDS, 신종플루, 광우병 등은 그 빈도가 높지 않고, 침해의 중대성 역시 높지 않을 수 있는데, 위협감정 때문에 이들 질병이 우리에게 매우 심각하게 수용되는 측면이 있다.

71) 이 세 가지 기준 역시 각기 별개로 작동하는 것이 아니라, 서로 유기적으로 연관되어 작동한다는 점에 주목해야 한다. 가령 일반적으로 이익에 대한 침해가 중대하면, 그만큼 사회 전체에 미치는 파급효과도 클 것이다. 다만 잊혀질 권리의 경우에는 개별 이익에 대한 침해는 중대하지 않은 반면, 전체적으로는 큰 파급효과를 낳는다는 점에서 두 기준이 별개로 작동한다.

둘째, 바로 이러한 까닭에서 위협감정이라는 기준은 각종 매스미디어에 의해 왜곡될 수 있다는 점에 주의해야 한다. 이 기준은 특정한 목적을 추구하는 세력에 의해 집단적으로 왜곡될 수 있다. 그러므로 위협감정이라는 기준은 다른 기준에 비해 다소 신중하고 보충적으로 적용해야 할 필요가 있다.

3. 제2단계로서 도덕적 권리화

제2단계는 제1단계를 통해 선별된 경험적 이익을 규범적 세계로 진입시키는 단계, 즉 경험적 이익을 도덕적 권리로 전환시키는 과정이다. 이 과정을 거침으로써 경험적 이익은 규범적인 권리로 탈바꿈한다. 이 단계에서는 다음과 같은 기준이 중요하다.

(1) 도덕적 정당성

제1단계를 통해 선별된 경험적 이익이 도덕적인 권리로 전환되기 위해서는, 이 이익을 권리로 전환하는 과정이 도덕적 정당성을 갖추고 있어야 한다. 이익을 권리화하는 과정이 도덕적 정당성을 획득해야만 비로소 그 이익은 도덕적으로 정당한 힘을 발휘할 수 있는 권리로 거듭날 수 있다. 이때 도덕적 정당성이 무엇인지 문제될 수 있는데, 이는 김현철 교수가 제안한 '합당성의 관문'으로 이해해도 무방하다고 생각한다.[72] 다만 무엇이 도덕적으로 정당한 이익인지 여부는 확정적으로 답할 수 있는 것이 아니라, 구체적이고 개별적인 논증과 대화 속에서 그때그때 판단할 수밖에 없다.

(2) 합리적 대화

바로 이러한 근거에서 경험적 이익을 도덕적으로 전환하는 과정은 합리적 대화과정에 가깝게 이루어져야 한다. 물론 합리적 대화는 이상적인 대화상황을 염두에 둔 것이므로, 이를 현실에서 온전하게 구현하는 것은 어렵다. 그러나 이를 준거점을 삼지 않으면, 일정한 이익을 권리로 주장하는 행위가 도덕적 정당성을 획득하는지 여부를 설득력 있게 판단할 수 없다. 도덕적 정당성 자체는 미리

---

72) 김현철, 앞의 논문(주7), 130면.

주어진 기준에 따라 부여되는 것이 아니라, 합리적·도덕적 대화에 각 관련자들이 자유롭고 평등하게 참여하여, 근거를 제시하면서 토론하고 논증하며 합의함으로써 획득된다는 점을 고려하면,[73] 이익을 권리화하는 과정에서 합리적 대화가 갖는 중요성은 결코 과소평가할 수 없다.

(3) 정치화 지양

이러한 맥락에서 볼 때, 경험적 이익을 권리화하는 과정에서 이를 정치화하는 것은 피해야 한다. 바꿔 말해, 정치논리에 따라 권리주장을 하는 것은 자칫 권리 개념을 왜곡하거나 남용할 수 있다. 정치논리에 따라 진행되는 정치적 논증에서는 그 속성상 도덕적 정당성보다는 '힘의 논리' 또는 '적과 동지의 투쟁논리'가 전면에 부각할 수 있다.[74] 그렇게 되면, 해당 권리주장이 도덕적으로 정당한지 여부를 온전하게 판단할 수 없다. 물론 필자는 권리에 대한 정치적 논증이 무의미하다고 보는 것은 아니다. 아래에서 살펴볼 것이지만, 필자는 권리에 대한 정치화 역시 일정 부분 필요하다고 생각한다. 하지만 필자가 여기서 강조하는 것은, 경험적 이익을 도덕적 권리로 바꾸는 과정에서는 정치적 논리보다는 도덕적 논리가 우선해야 한다는 점이다. 그래야만 생활세계를 공유하는 사회구성원 모두가 승인할 수 있는 도덕적 권리가 형성될 수 있기 때문이다. 권리에 대한 정치화는 도덕적 권리를 법적으로 제도화하는 과정에서 비로소 요청된다.

4. 제3단계로서 권리의 법적 제도화

(1) 두 가지 제도화 방법

세 번째 단계는 제2단계를 통해 정당성을 획득한 도덕적 권리를 법적 권리로 제도화하는 단계이다. 도덕적 권리와 법적 권리는 여러 면에서 구별할 수 있

---

73) 이는 하버마스의 대화윤리(Diskursethik)에 기반을 둔 것이다. 대화윤리에 관해서는 J. Habermas, *Moralbewußtsein und kommunikatives Handeln*, Frankfurt/M 1983; J. Habermas, *Erläuterungen zur Diskursethik*, Frankfurt/M. 1991 등 참고.

74) 칼 슈미트(C. Schmitt)가 강조한 것처럼, 정치과정에서는 '적과 동지의 투쟁'이 전면에 등장한다. 슈미트의 정치 개념에 관해서는 칼 슈미트, 김효전 역, 『정치적인 것의 개념』(법문사, 1992) 참고.

는데, 가장 중요한 구별점으로서는 도덕적 권리와는 달리 법적 권리는 법적 제도를 이용하여 관철할 수 있다는 점을 들 수 있다. 권리가 현실적으로 해당 권리가 목표로 하는 이익을 실현할 수 있으려면, 법체계 안에서 법적 권리로서 제도화될 수 있어야 한다.

도덕적 권리를 법적 권리로 제도화하는 방법에는 크게 두 가지 방법이 있다. 첫째는 입법을 통해 도덕적 권리를 법적 권리로 제도화하는 것이고, 둘째는 사법을 통해 제도화하는 것이다. 이 중에서 첫 번째 방법이 원칙적인 방법이고, 두 번째 방법은 법관에 의한 법형성을 활용하는 것이므로 예외적인 방법이라고 말할 수 있다.

(2) 법적 대화

그런데 이렇게 입법에 의해서든, 아니면 사법에 의해서든 도덕적 권리를 법적 권리로 제도화하는 과정 역시 법적 대화에 의해 이루어져야 한다. 여기서 '법적 대화'(juristischer Diskurs)란 도덕적 성격을 갖는 합리적 대화를 법영역에서 구현한 것을 말한다. 도덕적 대화와 마찬가지로 법적 대화에서도 모든 관련자들이 자유롭고 평등하게 참여해 근거를 제시하며 토론하고 합의할 수 있어야 한다. 김현철 교수가 제안한 '제도적 사실의 관문'은 이러한 법적 대화에서 중요한 역할을 수행할 수 있다.[75)]

(3) 입법을 통한 제도화

위에서 언급한 것처럼, 도덕적 권리를 제도화하는 방법으로는 우선 입법절차를 통해 제도화하는 것을 생각할 수 있다. 도덕적 권리를 제도화하는 원칙적인 방법에 해당한다. 그런데 이 방법은 다시 두 단계로 구분할 수 있다. 체계이론의 견지에서 보면, 입법을 하는 과정은 정치체계와 법체계가 구조적으로 결합하는 과정이다. 이러한 시각에서 보면, 도덕적 권리를 법적 권리로 제도화하는 과정은 두 단계, 즉 먼저 도덕적 권리를 정치체계에서 논의한 후(정치화), 다음으로 이를 법체계 안으로 편입시키는 단계를 거친다(법제화). 그러므로 입법으로써 도덕적 권리를 법적 권리로 제도화하려면, 먼저 정치체계 혹은 정치적 공론장 안에서 이

75) 김현철, 앞의 논문(주7), 134면.

를 정치화할 수 있어야 한다. 바로 이러한 한에서 권리를 정치화하는 것이 필요하다. 그러나 이 경우에도 권리를 전통적인 정치논리, 즉 적과 동지의 투쟁논리에 따라서만 판단하면, 권리가 지닌 도덕적 정당성이 퇴색할 수 있다. 따라서 이 경우에도 합리적 대화에 가깝게 정치적 대화를 가동시킬 필요가 있다.

이렇게 정치적 대화를 통해 정치적 정당성을 획득한 도덕적 권리는 다시 법적 대화를 거쳐 법적 권리로 제도화된다.[76] 이 경우에는 무엇보다도 해당 도덕적 권리가 법적 정당성을 지니고 있는지, 기존 법질서에 합치하는지, 특히 헌법이 규정한 각종 법원리에 합치하는지를 판단해야 한다.[77] 이를 도식화하면 아래와 같다.

<도식-2> 입법에 의한 도덕적 권리의 법적 제도화

도덕적 권리 ⇨ 도덕적 권리에 대한 정치적 대화 + 법적 대화 ⇨ 법적 권리화

(4) 사법을 통한 제도화

나아가 도덕적 권리는 사법절차를 통해, 즉 법관에 의한 법형성에 의해 법적 권리로 제도화될 수 있다. 물론 이는 예외적인 방법이다. 왜냐하면 법관은 원칙적으로 입법부가 제도화한 법적 권리를 확인하는, 바꿔 말해 '권리를 말하는' 역할을 수행해야 하기 때문이다. 그러나 지배적인 견해가 인정하는 것처럼, 법관은 법 또는 권리를 확인하는 역할만 하는 것이 아니라, 새로운 법 또는 권리를 형성하는 역할도 한다.[78] 기존의 법체계로는 해결하기 어려운 '하드 케이스'(hard

76) 현실적으로는 입법과정에서 정치적 대화와 법적 대화가 혼융되어 이루어진다. 다만 입법과정의 속성상 법적 대화보다는 정치적 대화가 전면에 설 것으로 추측한다. 이와 달리 사법절차에 의한 법적 제도화 과정에서는 법적 대화가 전면에 선다.

77) 새로운 법적 권리가 형성될 수 있으려면, 이에 대한 법규범적 기반이 필요하다. 즉 새로운 법적 권리의 법적 원천(법원)을 모색해야 한다. 필자는 이러한 법적 원천을 법적 원리에서 찾을 수 있다고 생각한다. 그런데 알렉시(R. Alexy)에 따르면, 법적 원리는 헌법상 기본권으로 제도화되고 있으므로, 헌법상 기본권이 새로운 법적 권리가 형성되는 데 필요한 법적 원천으로 작동할 수 있다. 법적 원리와 기본권의 관계에 관해서는 로버트 알렉시, 이준일 옮김, 『기본권이론』(한길사, 2007), 150면 아래; M. Borowski, *Grundrechte als Prinzipien*, Baden-Baden 1998 등 참고.

78) 이에 관해서는 우선 이상돈, 『새로 쓴 법이론』(세창출판사, 2005); 김정오 외, 앞의 책(주

case)에 직면했을 때, 법관은 새로운 법과 권리를 형성해 이를 해결해야 한다. 바로 이때 아직 제도화되지 않은 도덕적 권리가 법적으로 제도화된다.

이는 다음과 같이 이루어진다. 기존의 권리체계로는 해당 분쟁을 해결할 수 없는 경우, 법관은 이를 해결하는 데 적합한 새로운 권리를 모색해야 한다. 분쟁을 해결하는 데 적합한 도덕적 권리를 발견하거나 형성한 법관은, 헌법이 일반조항 형식으로 규정한 각종 원리규정을 통해 이를 법체계 안으로 끌어들인다.[79] 이 경우 법원리를 구체화하고 있는 기본권규정이나 각종 법률이 규정한 일반조항이 중요한 역할을 수행한다.[80] 이러한 원리규정에 힘입어 도덕적 권리는 법적 권리로 전환되고, 법관은 이렇게 전환된 법적 권리를 원용해 해당 분쟁을 해결한다. 이렇게 해서 도덕적 권리는 사법절차를 통해서도 법적 권리로 제도화된다. 이를 도식화하면 아래와 같다.

<도식-3> 법관에 의한 도덕적 권리의 법적 제도화

하드 케이스 등장 ➪ 새로운 법적 권리 모색 ➪ 하드 케이스를 해결할 수 있는 도덕적 권리 발견 또는 형성 ➪ 법원리(헌법상 기본권규정 또는 각 법률의 일반조항)를 통해 법체계로 편입 ➪ 법적 권리화 ➪ 제도화된 법적 권리로 하드 케이스 해결

V. 글을 맺으며

지금까지 크게 세 단계로 나누어 권리가 어떻게 형성되는지 살펴보았다. 이를 정리하면 아래와 같다.

1), 136면 아래 등 참고.

79) 이 과정은 법적 대화에 걸맞게 논증적으로 이루어져야 한다.

80) '일반조항'을 법체계와 법체계를 둘러싸고 있는 환경(Umwelt)이 구조적으로 결합되도록 하는 통로로 이해하는 경우로서 G. Teubner, in: *Alternativkommentar zum Bürgerlichen Gesetzbuch, Bd. 2: Allgemeines Schuldrecht*, Frankfurt/M. 1980, 84면(§242).

<표> 권리의 형성 메커니즘

<table>
<tr><th>단 계</th><th>내 용</th><th colspan="2">기 준</th></tr>
<tr><td>제1단계</td><td>경험적 이익 선별</td><td colspan="2">빈도
이익의 객관적 중요성
위협감정</td></tr>
<tr><td>제2단계</td><td>도덕적 권리화</td><td colspan="2">도덕적 정당성
합리적 대화
정치화 지양</td></tr>
<tr><td rowspan="2">제3단계</td><td rowspan="2">법적 권리화</td><td>입법에 의한 법적 권리화</td><td>정치적 대화
법적 대화</td></tr>
<tr><td>사법에 의한 법적 권리화</td><td>법원리를 통한 법적 권리화
법적 대화</td></tr>
</table>

물론 필자가 정리한 권리의 형성 메커니즘은 아직 여러 측면에서 불완전한 부분을 보인다. 이는 앞으로 지속적인 연구를 통해 보완해가도록 한다.

마지막으로 이러한 권리의 형성 메커니즘이 권리에 관한 담론에서 어떤 의미를 지닐 수 있는지에 관해 다시 한 번 간략하게 강조해 보도록 한다.[81] 필자는 여기서 두 가지 의미를 강조하고자 한다. 첫째, 권리의 형성 메커니즘은 특정한 이익을 추구하는 권리주장이 어떤 과정을 통해 법적 권리로 정착되는지를 보여준다는 점에서, 아직 주장에 불과한 권리'주장'과 제도적으로 안착된 권리를 개념적으로 구별하는 데 도움을 준다. 우리 현실에서는 권리주장과 권리가 명확하게 구별되지 않은 채 모두 권리라는 이름으로 뭉뚱그려져 주장되는 경우를 종종 만난다. 이는 아직 권리화되지 않은 이익들을 권리로 전환시키는 데 기여를 하기도 했지만, 반대로 권리 개념이 왜곡되고 남용되는 데, 또 이로 인해 권리에 대한 혐오감이 확산되는 데 악영향을 미쳤다. 필자는 이러한 경향을 특히 인권영역에서 발견할 수 있다고 생각한다. 모든 이익이 인권이라는 이름으로 주장됨으로써, 오히려 인권에 대한 반감을 불러일으키고 있는 것이다. 그 점에서 권리의 형성 메커니즘을 냉철하게 숙지하여 권리주장과 권리를 개념적으로 구별하는 것은, 권리가 우리 사회 각 영역에서 온전하게 제 역할을 수행하도록 하는 데 기여할 수 있다.

81) 이에 관해서는 앞의 I.도 참고.

둘째, 권리의 형성 메커니즘이 시사하는 것처럼, 새로운 권리를 형성하는 과정에서 결정적인 역할을 하는 것은 바로 합리적이고 논증적인 대화와 소통이라는 점이다. 무엇이 권리인지를 논의하기 위해, 우리는 경험과 문화를 공유하는 생활세계 또는 공적인 관심사를 공유하는 공론장에서 권리가 무엇인지에 관해 적극적으로 토론하고 소통해야 한다. 그렇지 않으면, 권리라는 이름으로 등장하는 이익들은 우리 모두를 위한 이익이 아니라, 어느 한쪽만을 위한 이익으로 전락할 수 있다. 권리가 이기주의의 방패로 전락하는 것을 막기 위해, 우리는 권리담론이나 인권담론에 적극 참여해야 한다.

제2부 | 권리의 법사상

_윤철홍

토마스 아퀴나스의 소유권 사상

_정태욱

근대 소유권사상의 형성

—영국의 경우를 중심으로—

_이재승

칸트의 사적 소유와 국가

토마스 아퀴나스의 소유권 사상

윤 철 홍*

Ⅰ. 서 설

1. 소유권은 역사적인 범주에 속한 개념으로,[1] 시대와 함께 변천해 왔기 때문에 시대의 산물이라고도 한다.[2] 따라서 오늘날 우리가 향유하고 있는 소유권도 우리 시대의 필요에 따라 얼마든지 변할 수 있다. 그러므로 우리는 우리 시대와 상황에 부합하는 새로운 소유권의 모델을 끊임없이 모색해야 한다. 오늘날 소유권은 '소유의 종말'이라는[3] 말이 나올 정도로 그 모습과 행사방법이 근대의 전형적인 것과는 판이하게 달라지고 있다. 특히 특정분야에서는 소유보다도 점유나 접속권이 강조되기도 한다. 그러나 아무리 이러한 모습으로 소유권이 변화되고 있다고 하더라도, 인간다운 삶을 영위하기 위해서나 국가 및 지역공동체가 유지되기 위해서는 필수적으로 소유권을 확보해야만 하는 토지 등과 같은 물건들도 존재한다. 이러한 토지 등의 경우는 국가나 지방자치 단체에 보다 많은 소유를 귀속시키거나 공유케 함으로써 그 존재 가치를 보존해야 할 필요성이 제고되고 있다. 이러한 경향이 반영된 이론으로서 가장 대표적인 것이 바로 미국의 공

* 숭실대학교 법과대학 교수.

1) O. v. Gierke, Deutsches Privatrecht(II), 1905, S.308 Anm.2.

2) W. Merk, Das Eigentum im Wandel der Zeit, in: Paedagogisches Magazin, 1388(1934), S.7.

3) J. Rifkin(이희재 역), 「소유의 종말」(민음사, 2001) 참조.

공신탁이론(The Public Trust Doctrine)이라 할 수 있다. 지역공동체가 존립하기 위해서는 최소한 공공l용지, 예컨대 공원이나 도로 등 기본적인 인프라를 확보해야만 하기 때문에, 이러한 공용에 필요한 토지는 사소유권의 대상으로 인정하지 않고 접근권 만을 인정하고 있는 것이 이 이론의 핵심이다.[4] 이러한 관점에서 '천민자본주의'라는 비판을 받을 만큼 고도로 왜곡된 자본주의의 길을 걷고 있는 우리나라의 경우에는 현재 소유권, 특히 토지소유권과 관련한 새로운 개념의 모색이 필요하다고 여겨진다. 그러한 모델의 구축을 위한 선례들은 앞서 말한 공공신탁이론 등에서 찾을 수 있으나, 그 원류는 토마스 아퀴나스(Thomas von Aquinas)의 소유권 사상에서 기원한다고 볼 수 있다.

2. 원래 중세의 소유권을 바로 이해하기 위해서는 세속법과 관련해서는 바르톨루스(Bartolus)를 중심으로 주석학파와 후기 주석학파들의 사상을 이해해야 하고, 종교법 혹은 신학상으로는 카톨릭 신학자인 토마스 아퀴나스의 사상을 이해해야만 한다. 바르톨루스와 그 제자인 발두스(Baldus)의 소유권의 사상은 이미 서구에서는 잘 정리되어 있다.[5] 그래서 일반 법학도들도 쉽게 그 문헌들을 접할 수 있다. 토마스 아퀴나스의 법사상이나 소유권 사상 역시 카톨릭 신학이나 종교철학에서는 언급할 필요가 없을 정도로 많은 연구가 행해졌다. 다만 세속법적 차원에서는 바르톨루스의 연구에 비견할 정도는 이르지 못한 것으로 여겨진다. 그러나 소유권의 발달사를 인물 중심으로 고찰할 때, 바르톨루스뿐만 아니라 토마스 아퀴나스도 구체적으로 살펴보아야 할 중요한 인물 중의 한 사람이다. 본 연구에서는 토마스 아퀴나스의 사상을 집대성한 「신학대전」을 중심으로 그의 소유

4) 이러한 공공신탁이론에 대한 국내 문헌으로서는 조홍식, "공공신탁이론과 한국에서의 적용가능성," 「법조」 1997.5, 5-43면; 김춘환, "환경법원리로서의 공공신탁이론의 역할," 「토지공법연구」 제12권(2001. 5), 465-499면 참조하라. 이러한 이론과 같은 관점에서 1970년대에 독일 사민당에서는 토지소유권을 처분소유권과 이용소유권으로 분리하여, 처분소유권은 국가나 지방자치단체가 갖고, 이용소유권은 농민 등 토지소유자가 보유하는 형태의 소유권의 기능적 분할을 시도한 바 있었다. 이에 대한 초기 문헌으로서는 H-J. Vogel, Bodenrecht und Stadtentwicklung, in: NJW 1972, S.1544-1547 참조할 것.

5) Vgl. H. Coing, Zur Eigentumslehre des Bartolus, in: Savigny Zeitschrift der Rechtsgeschichte(RA), 70(1943), S.349ff.; 윤철홍, 「소유권의 역사」(법원사, 1995), 33면 이하 참조.

권사상을 논구하여 우리 시대에 요구되는 새로운 소유권의 모습을 모색하는 데, 시사점을 얻고자 한다. 우선 제2장에서는 토마스 아퀴나스의 소유권 사상의 전거(典據)를 원전을 중심으로 개관해 보고자 한다. 그의 소유권 사상은 「신학대전」 제2부 제2편 66번 문제에서 잘 나타나고 있는데, 이 문제를 구체적으로 분석하기 앞서 개괄적으로 살펴본다. 제3장에서는 토마스 아퀴나스의 소유권 사상의 기초와 소유권의 주체 및 사용권을 분석적으로 고찰한다. 이어서 제4장에서는 토마스 아퀴나스의 소유권의 행사와 제한에 관한 법리들을 논구한 다음, 제5장에서 토마스 아퀴나스의 소유권론에 대한 평가와 논의를 요약하면서 결론을 맺고자 한다.

II. 토마스 아퀴나스의 소유권사상의 전거(典據)

토마스 아퀴나스의 대표적인 저서 「신학대전(Summa Theologica)」 제2부 제2편(II-II) 66번 문제(Queastio)는 '절도와 강도(furtum et rapina)'에 관하여 다루고 있다.[6] 9개의 소 질문으로 구성된 제66번 문제에 대한 답변에서 절도와 강도의 법적인 의미뿐만 아니라, 소유권과 점유권, 더 나아가 정의에 관한 토마스 아퀴나스의 사상을 고찰할 수 있다.

1. 제66번 문제 중 첫 번째 소 질문이 지상의 외적인 물건에 대한 소유의 주체에 관한 것이다. 즉 첫 번째 질문은, "외적인 물건에 대한 소유가 인간에게 본래부터 귀속된 것인가"(Utrum naturalis sit homini possessio exteriorum rerum)[7]이다. 이에 대한 토마스 아퀴나스의 답변은 다음과 같이 요약할 수 있다.[8] 소유권의 객체인 외적인 물건은 두 가지의 관점에서 고려될 수 있다. 첫 번째 관점은 물건들의 성질을 중심으로 파악한다. 이 물건의 소유권은 인간에게 귀속되지 아니

6) 토마스 아퀴나스의 신학대전은 라틴어-독일어 번역본을, 즉 Arthur- Fridolin Utz, Kommentar zu Thomas von Aquin, Recht und Gerechtigkeit(Deutsche Thomas Ausgabe 18 Bd.), 1953년도판을 참고하였다.

7) Thomas v. Aquinas, Summa Theologica, II-II, Q 66, 1.

8) Thomas v. Aquinas, Summa Theologica, II-II, Q 66, 1.

하고, 오직 하나님에게 속한다. 두 번째 관점은 물건의 사용권과 관련된다. 이러한 사용권의 관점에서는, 인간이 외적인 물건에 관한 자연적인 지배권(naturale dominium)을 보유한다. 왜냐하면 인간은 이성과 의지를 통해서 외적인 물건들을 자신을 위해 이용할 수 있기 때문이다. 즉 불완전한 것은 항상 완전한 것 때문에 존재한다(semper … imperfectora sunt propter perfectora). 하나님의 형상에(Imago Dei, Image of God) 따라 창조되어, 이성을 근거로 존재하고 있는 인간에게 그 밖의 피조물에 대한 이러한 자연적 지배권이 인정되었다. 예컨대 창세기 1장 26절에서 "하나님이 그들에게 이르시되 우리의 형상을 따라 우리의 모양대로 우리가 사람을 만들고 그들로 바다의 물고기와 하늘의 새와 가축과 온 땅과 땅에 기는 모든 것을 다스리게 하자 하시고" 라고 하여 이 점을 분명히 해주고 있다. 하나님은 모든 물건에 대한 최고의 지배권(principale dominium)을 가진다. 그리고 그는 스스로 자신의 섭리 속에 몇 가지 물건들을 인간들의 육신의 부양을 위해(ad corporalem hominis sustentationem) 정해 놓았다. 따라서 인간은 이렇게 정해진 물건에 대한 자연적인 지배권을 가진다.[9] 이러한 관점에서 모든 부자들은 비판을 받는다. 왜냐하면 그들은 외적인 재화들을 다른 사람으로부터, 즉 하나님으로부터 부여받지 않은 것임에도 불구하고 원래부터 자신의 소유에 속한 것으로 믿고 있기 때문이다.[10]

2. 제66번 문제 중 둘째 소 질문은, "인간은 소유권으로서 무엇인가를 점유할 수 있도록 허락받았는가"(Utrum licitum sit quod aliquis rem aliquam possideat quasi propriam)[11]이다. 이에 대한 토마스 아퀴나스의 답변은 다음과 요약할 수 있다.[12] 외적인 물건의 지배와 관련하여 인간은 두 가지 형태를 보유한다. 그 첫 번째 형태는 수급과 관리의 권능이다. 이러한 권능의 범위 내에서 인간에게 물건을 점유할 수 있도록 허용된다. 이것은 인간의 생존을 위해서도 필요하다. 이러한 권능을 인정하는 근거에는 세 가지가 있다. 첫째로, 개개인은 모든 혹은 많은 사람들에게 속한 물건보다 자신에게 단독으로 속하게 될 물건을 입수하는 경우

9) Thomas v. Aquinas, Summa Theologica, II-II, Q 66, 1, ad 1.
10) Thomas v. Aquinas, Summa Theologica, II-II, Q 66, 1, ad 2.
11) Thomas v. Aquinas, Summa Theologica, II-II, Q 66, 2.
12) Thomas v. Aquinas, Summa Theologica, II-II, Q 66, 2, ad 1.

에 신중하고 신속하게 행해지기 때문이다. 또한 개개인들은 공동체를 위하여 일하는 것을 망설이기 때문에, 공동체에 관한 일들을 타인들에게 양도하였다는 점이다. 둘째로는, 만약 개개인들이 그 자신의 고유한 관심에 따라 어떤 물건을 수급하는 경우에 그들의 기회들이 보다 유용하게 관리된다고 한다. 그러나 개개인들이 모든 가능성을 위해 아무런 구별도 없이 자신의 관심에 따를 때에는 혼란이 야기될 수 있다. 셋째로, 개개인들이 자신의 고유한 물건에 만족할 때에, 이러한 방식으로부터 인간의 평화스러운 제도가 보다 잘 보장된다고 한다. 그러나 우리들은 어떤 물건을 공동으로 전체가 점유하는 경우에 보다 많은 분쟁이 발생하였다는 사실을 알고 있다.

인간이 외적인 물건을 지배하는 두 번째 형태는 물건을 사용할 수 있는 사용권이다. 이러한 사용권과 관련하여, 인간은 외적인 물건의 지배를 소유권으로서 간주하는 것이 아니라, 공동점유(Gemeinbesitz)로서 간주하였다. 즉 그것은 인간이 그 물건을 어려움 없이 타인의 필요를 위해 분배하는 것이다. 이러한 모습의 전형적인 형태를 토마스 아퀴나스는 디모데전서 6장 17절에서 찾고 있다.[13]

토마스 아퀴나스에 의하면 물건의 공유성은 자연법으로부터 기원한다. 이러한 물건의 공유성은 자연법을 기초로 하기 때문에, 원칙적으로 점유에는 차이가 존재하지 않으며(secundum jus naturale non est distinctio possessionum), 인간의 처분을 근거로 한다는 것을 의미한다.[14] 그리고 그것은 성문법의 범위 내에 속한다.[15] 따라서 고유한 자주점유가 자연법에 반하는 것이 아니라, 인간의 이성을 통해 자연법에 부가되었다. 이와 관련하여 토마스 아퀴나스는 암브로시우스(Ambrosius)의 견해에 따라, 공유의 물건은 어떤 누구에게도 자기의 고유한 것으로 칭할 수 없지만, 그 물건의 사용과 관련하여 소유권을 예외적으로 인정하였다. 예컨대 생활용품들에 대해서는 예외적으로 소유권을 취득할 수 있는 것으로 해석하였다.[16]

---

13) 디모데전서 6장 17절에서는 "네가 이 세대에서 부한 자들을 명하여 마음을 높이지 말고 정함이 없는 재물에 소망을 두지 말고 오직 우리에게 모든 것을 후히 주사 누리게 하시는 하나님께 두며"라고 하여 하나님과 인간, 그리고 양자 간의 이용권의 조화를 이야기하고 있다.

14) Thomas v. Aquinas, Summa Theologica, II-II, Q 66, 2, 1, ad 1.

15) Thomas v. Aquinas, Summa Theologica, II-II, Q 57, 2, 3 참조.

16) Thomas v. Aquinas, Summa Theologica, II-II, Q 66, 2, ad 3.

3. 제66번 문제 중 셋째 소 질문은, "절도는 타인의 물건을 비밀스럽게 취득하는 것인가"(Utrum furtum sit occulta acceptio rei alienae)이다.[17] 원래 범죄성을 약화시키는 것은 죄의 본질에 속하지 않는다. 그러나 범죄의 정도를 확실히 나타내 주기 위하여, 죄를 범하기 쉬운 비밀스러운 경우에는 범죄의 약화를 의미하기도 한다.[18] 이러한 절도의 개념과 관련한 질문에 대한 토마스 아퀴나스의 답변은 다음과 같이 요약할 수 있다. 우선 절도의 개념을 위해 3가지 사항이 결합된다고 보았다.[19] 첫째로, 개인들에게 그 존재 의미를 부여해 주고 있는 정의에 반하는 행위의 경우에 절도가 성립한다. 이러한 관점에서 절도는 타인의 물건을 취득하는 것이다. 두 번째로, 절도가 인간들에게 행한 범죄, 즉 살인과 간통으로부터 구별되는 범위 내에서, 절도의 개념이 정해진다. 따라서 어떤 행위가 물건의 점유와 관련되어 있을 때에만 절도에 포함된다. 만약 타인이 완전히 점유하는 것이 아니라, 일부 지분만을 점유하고 있는 때에, 어떤 자가 그 지분을 취득하고, 이어서 그 지분을 계속 유지한 때에 혹은 친척으로서 그에게 속한 것을 딸 혹은 배우자에게 그것을 취득하게 한 때에는, 이러한 행위는 원래 의미에서 절도가 아니다. 세 번째로는 절도의 개념을 완전히 충족시키는 경우이다. 즉 어떤 사람이 비밀스럽게 타인의 물건을 취득한 때이다. 은닉은 때때로 범죄의 원인이 되기도 한다. 예컨대 어떤 사람이 범죄를 은닉하기 위하여 사기나 기만 같은 방법을 이용했을 때에 범죄의 원인이 된다. 그리고 이것이 범죄를 약화시키는 것이 아니라, 범죄의 한 유형을 형성한다. 이것이 바로 절도의 경우에 나타난다. 다른 관점에서 보면 은닉은 범죄의 단순한 한 현상일 뿐이다. 그리고 그것은 범죄의 정도를 약화시키기도 한다. 왜냐하면 그것은 수치심의 한 징표일 뿐만 아니라, 분노를 억제시키는 것이기 때문이다. 어떤 사람에게 유책사유가 인정되는 때에는, 소유권의 취득과 같이 손해배상의 근거가 된다. 그 때문에 부정한 소유권 취득 하에서 부정하게 유지하는 것이 이해된다.[20]

4. 제66번 문제 중 네 번째 소 질문에서부터 아홉 번째 소 질문까지는 절도

17) Thomas v. Aquinas, Summa Theologica, II-II, Q 66, 3.
18) Thomas v. Aquinas, Summa Theologica, II-II, Q 66, 3, 1.
19) Thomas v. Aquinas, Summa Theologica, II-II, Q 66, 3, 3.
20) Thomas v. Aquinas, Summa Theologica, II-II, Q 66, 3, 3 ad 2.

와 강도의 범죄성에 관하여 논하고 있다.[21] 강도는 형태상 절도와 다른 종류의 범죄인가(Utrum rapina sit peccatum specie differense a furto), 개개의 절도는 범죄인가(Utrum omne furtum sit peccatum), 절도는 중한 범죄인가(Utrum furtum sit peccatum mortale), 궁박한 경우에 절도가 허용될 수 있는가(Utrum liceat furari in necessitate), 개개의 강도행위는 중한 범죄인가(Utrum omnis rapina sit peccatum mortale), 강도는 절도보다 중한 범죄인가(Utrum rapina sit gravius peccatum quam furtum)라는 질문들이다. 이 질문들에 대한 답변에서 도품이나 유실물의 습득, 매장물의 발견 등 특수한 소유권 취득의 원인과 점유보호와 관련한 권리관계들이 언급되고 있다.

Ⅲ. 토마스 아퀴나스의 소유권론의 기초

1. 토마스 아퀴나스의 소유권 사상의 기초

토마스 아퀴나스의 소유권사상 내지 소유권이론의 출발점은 하나님의 형상에 따른 인간의 인격성과 공익, 그리고 공동사용 내지 공유라고 할 수 있다.

(1) 소유권자의 인격성

토마스 아퀴나스에 의하면 모든 물건에 대한 최상위 지배권(principale dominium), 즉 소유권은 하나님에게 속한다.[22] 그는 소유권의 정당성을 이러한 하나님의 절대적 지배권으로부터 기인한다고 보았다. 하나님은 창조자인 동시에 절대적인 소유권자이다. 그러나 하나님은 인간에게 육신적인 생활을 위하여 필요한 일정한 물건들에 대해 자연적인 지배권을 행사하도록 허용하였다. 이러한 물건에 대한 지배권의 근거는 인간의 인격성에 기초한다. 즉 인간은 하나님의 이성과 의지에 따라 창조된 피조물이지만, 하나님의 형상대로 지음을 받았다. 따라서 이러한 하나님의 형상에 따른 존재임이 증명되는 곳에서 인간은 외적인 물건

21) Thomas v. Aquinas, Summa Theologica, II-II, Q 66, 4-9.

22) Thomas v. Aquinas, Summa Theologica, II-II, Q 66, 1. 이에 대해 자세한 해설은 A. Horvath, Eigentumsrecht nach dem hl. Thomas von Aquin, 1929, 54-106면 참조.

들을 자신을 위해 이용할 수 있게 되었다. 항상 불완전 것은 완전한 것 때문에 존재한다는[23] 명제 하에, 이러한 인격성에 상응하는 완전성을 기준으로 하여 상하위의 질서가 토마스 아퀴나스 사상체계의 전형적인 형태이다. 여기에서는 가치의 위계질서가 존재한다. 이 위계질서에 따라 이성이 없는 피조물들은 인간의 다음 단계의 존재로서, 인간의 지배하에 종속된다. 창세기의 창조에 관한 설화 속에서는 생물학적인 주장이 수직적으로 주장되고 있다. 창세기 1장 26절에서 이것을 잘 보여주고 있다. 토마스 아퀴나스는 여기서 아주 철저하게 인간을 개인적인 존재가 아니라, 보편적인 존재로 해석하였다.

(2) 소유권의 공익성(bonum commune)

토마스 아퀴나스는 공익을 사회의 공동생활에서의 질서와 평화로서 광범하게 이해하였다.[24] 이러한 질서와 평화는 공동체 구성원들을 행복하게 인도해야 한다는 목적을 지니고 있다.[25] 따라서 토마스 아퀴나스에게서 공익은 다양한 관점의 개념이다.[26] 예컨대 사회와 관련하여 개개의 인간들의 활동이 서로 협력하고 그것을 통해 모든 행복을 실현시키고자 하는 하나의 질서로서 정의된다.[27] 토마스 아퀴나스는 공익 속에서 사회 조건들의 전체를 이해했다. 이 조건들을 통해 개개인들은 그들의 자연적인 공동체의 구속성에서 그들의 특수한 인간적인 규정에 따라 그들의 모든 방면의 인간성의 발전을 이룩할 수 있으며, 인간의 공동재산, 그들의 인간으로서 완성될 수 있다는 것이다.[28] 토마스 아퀴나스는 소유권의 행사문제에서도 가장 우선적으로 고려해야 할 사항을 공익으로 이해하였다. 하나님을 만물의 소유권자로 이해하는 그에게 물건에 대한 소유가 인간의 권한 밖

---

23) Thomas v. Aquinas, Summa Theologica, II-II, Q 66, 1.

24) Thomas v. Aquinas, Summa Theologica, I-II Q 95, 1; I-II Q 96, 3; I-II Q 98, 1; II-II, Q 42 usw.

25) A. P. Verpaalen, Der Begriff des Gemeinwohls bei Thomas von Aquin, 1954, S.77; F. Troxler, Die Lehre vom Eigentum bei Thomas von Aquin und Karl Marx, Freiburg Schweiz, 1973, S.31.

26) A. P. Verpaalen(주 25), S.47ff. insbe. 77; F. Troxler(주 25), S.31ff.

27) 자세한 것은, A. P. Verpaalen(주 25), S.67ff. insbe. 77.

28) F. Klueber, Eigentumstheorie und Eigentumspolitik, in: Begruendung und Gestaltung des Privateigentums nach katholischer Gesellschaftslehre, Osnarbrueck 1963, S.75; F. Troxler(주 25), S.31.

에 있다는 것은 당연하다. 하나님의 권한에 독점적으로 종속되어 있는 사물의 본성에 대해서는 인간의 소유라고 말할 수 없지만, 그것을 인간의 유익을 위해서 사용하는 것만큼은 인간에게 달려 있다고 보았다. 따라서 토마스 아퀴나스에 의하면 법질서 내에서 최고의 목적은 공익(bonum commune)이 될 수밖에 없다. 결국 이러한 관점에 대한 토마스 아퀴나스의 자연법사상은 목적론적인 것보다 역사적인 것으로 표현할 수 있다.[29] 그러나 소유권의 질서에 의해 많은 재산을 보유한 개개인들의 생활 자체가 침해되지는 않는다.[30]

토마스 아퀴나스는 외적인 물건의 사용을 관리권능과 이용권능으로 분류하였다. 이러한 소유권상의 이용권의 분리를 통하여 교부들의 비판을 반박하였다.[31] 토마스 아퀴나스는 자신의 점유를 지배할 수 있는, 소유권자의 무제한적인 이용권을 승인하였다. 이용권 그 자체는 공익을 침해하거나, 개인들의 생존권을 억압하는 것이 아니었다. 그러나 그는 공익을 위하여 이용권을 제한할 수 있도록 했다. 즉 토마스 아퀴나스는 공익을 위하여 국가를 통해서 소유권을 제한하도록 했다. 그는 소유권자의 무제한적인 지배권은 공동체에 위험스러울 뿐만 아니라, 개인들에게도 손해를 발생시킬 수 있다고 생각했다.[32] 결과적으로 법은 공익을 향한 그의 방향설정을 통해서만 그의 충만한 의미를 가지는 것이기 때문에, 하나의 구체적인 행위를 고려해 두고 있는 모든 규정들은 공익을 향한 그의 방향설정 아래에서만 법적인 타당성을 지닐 수 있다. 바로 이러한 이유 때문에 모든 법은 공익을 통해서 질서화되고[33] 체계화되었다. 따라서 법은 공동체를 책임지고 있는 자에 의해 공포된 것으로서 공익을 위한 이성의 질서라고 생각했다.[34] 더 나

29) Thomas v. Aquinas, Summa Theologica, II-II Q 98, 1, ad 3. 이러한 자연법의 목적론적인 전개 방식에 대한 국내 문헌으로는 이정일, "토마스 아퀴나스와 아우구스티누스의 자연법 비교," 「범한철학」 제45집 2007, 133면 이하 참조.

30) M. Kleckow, Die Rechtsfertigung des Eigentums und der Eigentumsbegriff nach christlich-mittelalterlicher Auffassung unter besonderer Beruecksichtigung der Rechts- und Soziallehre des heiligen Thomas von Aquin, Diss. Brelau 1939, S.42.

31) M. Kleckow(주 30), S.43.

32) M. Kleckow(주 30), S.44.

33) Thomas v. Aquinas, Summa Theologica, I-II, Q 90, 2, ad 2(Unde oportet quod, cum lex maxime dicatur secundum ordinem ad bonum commune, quodcumque aliud praeceptum de particulari opere non habeat rationem legis nisi secumdum ordienem ad bonum commune. et ideo omnis lex ad bonum commune ordinatur).

아가 정의는 공익의 실질적인 완성을 위해 필요하다. 공익의 완성은 행복의 실현에 이르는 계기가 된다. 따라서 인정법은 궁극적으로 추구하는 공익과 질서, 정의실현과 법규범의 정당성을 확보하여 사회 구성원의 실질적인 행복을 위해 봉사하는 계기가 된다.

(3) 물건에 대한 공동사용 혹은 공유

토마스 아퀴나스는 외적인 물건의 지배 형태를 관리권능과 물건을 사용할 수 있는 사용권으로 분류하였다. 전술한 바와 같이 인간은 외적인 물건의 지배를 소유권으로서 간주하는 것이 아니라, 공동점유(Gemeinbesitz)로서 간주하였다. 즉 그것은 인간이 그 물건을 어려움 없이 타인의 필요를 위해 분배하여 공동으로 점유하거나 소유하는 것이다. 토마스 아퀴나스에 의하면 물건의 공유성은 자연법으로부터 기원한다. 이러한 자연법에 기초한 물건의 공유성에 따른 점유에는 아무런 차이가 존재하지 않는다(secundum jus naturale non est distinctio possessionum).[35] 그리고 그것은 성문법의 범위 내에 속한다.[36] 따라서 고유한 자주점유가 자연법에 반하는 것이 아니라, 인간의 이성을 통해 자연법에 부가되었다. 토마스 아퀴나스는 암브로시우스(Ambrosius)의 견해에 따라, 공유의 물건은 어떤 누구에게도 자기의 고유한 것으로 칭할 수 없지만, 그 물건의 사용과 관련하여 소유권을 예외적으로 인정하였다. 예컨대 생활용품들에 대해서는 예외적으로 소유권을 취득하는 것으로 해석하고 있다.[37]

토마스 아퀴나스는 인격적인 본성에 부합하는 것인가의 여부와 물적 세계를 지배하고, 그리고 그것을 자신의 사역에 공헌하도록 하는지 여부를 중요하게 취급하였다. 이러한 관점에서 사람들이 인간의 물적 지배력의 정당한 모습에 대한 질문에 답하고자 하는 때에는, 아퀴나스에 의해 표현된 논리적 중간지체(Zwischengliede)에 삽입이 요구된다.[38] 여기에서 재화의 공동사용의 규범, 즉 공유(communis rerum)가 나타난다. 공동사용의 원칙은, 지상물의 공동사용이 모든

34) Thomas v. Aquinas, Summa Theologica, I-II, Q 90 참조.
35) Thomas v. Aquinas, Summa Theologica, II-II, Q 66, 2, 1, ad 1.
36) Thomas v. Aquinas, Summa Theologica, II-II, Q 57, 2, 3 참조.
37) Thomas v. Aquinas, Summa Theologica, II-II, Q 66, 2, ad 3.
38) F. Klueber, Katholische Eigetumslehre, Osnarbrueck 1968, S.29.

인간들의 이용에 공헌하도록 결정되어 있다는 것을 의미한다. 이것은 지상의 재화들은 모든 인간들에게 공동으로 귀속되고, 그리고 개개의 인간에게는 재화의 이용에 관한 특별한 생존규정에 따라 그에게 귀속되는 몫이 보장된다는 것을 가능케 한다. 재화에 대한 공동사용의 근본 원칙은 하나의 재화지배로서 절대적으로 통용되었는데, 개개의 역사적인 재화질서이며, 최고의 형성규범이기도 했다. 공동사용의 원칙은 물적 세계의 질서에 관한 이론의 범위 내에서 유일하고 절대적이며, 항구적으로 유용한 원칙이다. 또한 이 원칙은 연역적인 것이다. 따라서 이것은 창조질서의 본질로부터 연유한 것이며, 역사적인 특수성으로부터 독립된 것인 동시에, 역사적 기독교의 상태에 선험하는(a priori) 것으로 효력이 있다.[39]

공동사용은, 사람들이 물건의 이용을 필요로 하는 경우에 다른 사람들과 함께 쉽게 나눌 수 있다는 것을 의미하는 것으로 해석된다. 암브로시우스의 항변에 대한 답변에서, 토마스 아퀴나스는 암브로시우스의 견해를 이용권이 공동으로 이루어진 것으로 설명하였다.[40] 그런데 암브로시우스가 거기에 추가하기를, 만약 어떤 사람이 물건의 필요성을 취득하였다면, 그 사람은 그에 대한 권능을 가진 것으로 보았다.[41] 이러한 암브로시우스의 견해의 인용은 정당한 사용에 관한 토마스 아퀴나스의 개인적인 의견을 보여주는 것으로 여겨진다. 즉 이용은 공동으로 이루어져야만 한다는 표현을 수용한 것이다. 물건의 이용은 나누어 귀속되어야만 한다. 그리고 그것은 그들의 필요를 위해 충분히 가질 수 있도록 해야만 한다.[42] 토마스 아퀴나스는 소유공동체는 천사들의 관리 하에 지배되는 것으로 주장하였다. 즉 "천사들의 공동체 내에서 모든 것은 공동으로 점유되었다(in societate angelorum omnia possidentur communiter)".[43] 아퀴나스가 언급했던 점유가 천사들의 관리 하에 공동으로 이루어졌다는 것에 대한 근거는, 선한 인간들에게서와 마찬가지로 천국에서도 모든 것이 공동으로 이루어진다는 것과 같은 이유였다. 완전하고 선한 인간들은 그들의 각자 이익들을 침해하지 않으며, 그리고 누구에게 무엇이 속하느냐의 문제와 관련하여 소유권의 분배도 없으며 어떤

39) F. Klueber(주 38), S.30.
40) Thomas v. Aquinas, Summa Theologica, II-II, Q 66, 2.
41) Thomas v. Aquinas, Summa Theologica, II-II, Q 66, 2, ad 3.
42) G. Lantz, Eigentumsrecht - ein Recht oder ein Unrecht?, Stockholm 1977, S.59.
43) Thomas v. Aquinas, Summa Theologica, II-II Q 108, 2, ad 2.

규칙도 없다.[44] 즉 점유는 원칙적으로 공유이다. 그러나 구체적으로 규정되지는 않았다.[45]

공동사용 혹은 공동소유의 형태 속에서 물건의 이용이 행해지는 때에, 토마스 아퀴나스는 좁은 의미의 소유권이 어떻게 가능한 것인가에 대한 문제를 제기하였다. 여기에서 우선 공동으로 행사된 자연적 지배권과 공동으로 분화된 사소유권에 관한 것, 더 나아가 낙원에서 원죄를 범한 이후 자연 상태와 인간의 상태에 관한 관계들이 간략하게 언급되었다. 자연법이 물건의 공동점유와 공유를 확립하였다는 사실을 받아들이거나 그 범위 내에서, 여기에 내재되어 있는 문제들, 특히 사소유권의 근거는 스콜라철학 이후 자연법의 핵심문제가 되었다. 왜냐하면 자연법의 가변성에 관한 문제와 이러한 방법에 의해 확립된 사소유권과 자연법적인 재화공동체의 합일성의 문제가 제기되기 때문이다.[46] 토마스 아퀴나스의 견해에 의하면 이용권에 대한 공동점유는 사소유권에서 배제되지 아니한다. 오히려 그것이 허용된다(licitum est). 왜냐하면 그것이 자연법에 반하지 않기 때문이다. 그러나 그것은 오직 실정법 내지 성문법에 근거가 있는 경우에 한한다.

2. 소유권의 주체와 그 사용권

(1) 소유권에 관한 토마스 아퀴나스의 사상을 바로 이해하기 위해서는 제66번 문제에서 첫 번째와 두 번째 소질문의 해석에 유의하여야 한다. 특히 이 두 개의 질문에 대한 해석시에 고려해야만 하는 것은 다음 두 가지 점이다. 첫째로는, 첫 번째 질문이 원래 소유권을 다루는 것이 아니라는 점이다. 둘째로는 세 번째 소 질문부터 시작하여 아홉 번째 질문에 이르는 7개의 질문들 역시 소유권에 관한 토마스 아퀴나스의 사상을 이해하는 데 중요한 의미를 지니고 있기 때문에, 이것들을 함께 논구해야 한다는 점이다. 특히 특수한 소유권취득의 모습과 점유보호의 문제와 관련하여 중요한 의미를 지니고 있다. 물론 소유권에 관한 토마스 아퀴나스의 견해는 「신학대전」의 전체 컨텍스트와 관련하여 종합적으로 고찰되어야만 한다.[47]

---

44) Thomas v. Aquinas, Summa Theologica, II-I Q 98, 1, ad 3.

45) G. Lantz(주 42), S.52.

46) D. Hecker, Eigentum als Sachherrschaft, Paderborn u.a 1990, S.63.

(2) 첫 번째 질문에서는 다음과 같은 문제가 제기된다. 즉 권리의 주체라 할 수 있는 인간이 외적인 물건을 이용할 수 있고, 그리고 그것을 지배할 수 있는 권리를 가지는가(?)라는 점이다.[48] 이 질문에서는 외적인 물건의 점유에 관하여(possessio exteriorum rerum), 그리고 점유하는 것(besitzen; possidere)에 관하여 논의되었다. 그러나 아주 자주 'domonium'[49]이라는 표현이 나타나고 있다. 이 dominium이라는 용어가 첫 번째 질문의 핵심 개념이다. 그래서 여기서 재차 질문이 행해진다. 인간은 외적인 물건에 대한 자연적 지배권을 가지는가(naturale dominium exteriorum rerum)?

이 질문에 대한 부정적인 답변에 대한 논거들은 다음과 같다:[50]

1) 세상은 모두 하나님의 것이다(Domini est terra).[51] 즉 세상의 모든 것은 하나님에 속한다. 하나님은 소유자(dominus)로서 존재한다. Dominus(하나님)는 그의 이름이다. 그래서 그가 그 무엇인가에 대한 소유권 혹은 지배권을 가지고 있다는 것과 다르지 않다. 이것이 인간에게 소유권을 부정하는 확실한 논거라 할 수 있다.

2) 누가복음 제12장 16절 이하의 부자 농부에 관한 구절을 바실리우스(Basilius)는 다음과 같이 해석하고 있다:[52] "당신의 것이 어떤 것인지 나에게 말하라. 당신은 어디에서 그것을 당신의 삶 속으로 가져왔는가?" 인간은 본래 지상의 물건을 소유할 수 없다(naturalite possidere) – 그래서 토마스 아퀴나스는 바실리우스와 같은 의미로 답변하였다. 비록 인간이 살아가는 동안 아주 많은 소유권을 취득하였다고 하더라도, 인간이 태어날 때, 벌거벗고 아무 도움도 없이 아무것도 소유하지 않았다는 것을 그 사상의 배경으로 삼았다.

3) 오직 하나님만이 소유권을 가지고 있다. 왜냐하면 인간이 아닌 오직 하나님만이 사물의 성질을 변경시킬 수 있기 때문이다(earum naturam immutare). 이

47) G. Lantz(주 42), S.48; A. Horvath(주 22), 132ff.

48) Thomas v, Aquinas, Summa Theologica, II-II Q66, 1.

49) 이 dominium이라는 용어 해석은 다양하게 나타난다. 예컨대 지배(Herrschaft), 권능(Gewalt), 소유권(Eigentumsrecht) 등으로 해석된다.

50) Thomas v. Aquinas, Summa Theologica, II-II, Q 66, 1.

51) 시편 24편 1절에서는 "땅과 거기에 충만한 것과 세계와 그 가운데 사는 자들은 다 여호와의 것이로다"라고 노래하고 있다.

52) Thomas v. Aquinas, Summa Theologica, II-II, Q 66, 1.

와 반대로 인간에게 소유권을 인정하는 긍정적인 답변을 위한 논거는 다음과 같다.[53] "당신은 그의 발아래 있는 모든 것을 행할 수 있다"(omnia subjecisti sub pedibus ejus).[54] 하나님이 인간에게 전체 피조물을 지배하라고 명령하였다는 점을 언급하고 있는 많은 구약성서의 구절들과 시편에서 언급하고 있는 시가 그 배경을 이루고 있다. 즉 창조의 역사 속에서(창세기 1장 28절), 그리고 하나님이 행한 노아와의 약속에서(창세기 9장 2절) 그 근거를 찾을 수 있다. 결국 토마스 아퀴나스는 인간은 외적인 물건에 대한 자연적인 지배권을 가지는가의 여부의 문제에 대해 다음과 같이 답변하였다.[55] 즉 인간은 그들의 본성에 부합하는(quantum ad naturam) 어떤 외적인 물권들에 관하여 소유권(dominium)을 가지지 못한다. 그러나 인간은 그 물건들의 사용에 부합하는(quqntum ad usum) 외적인 물건들에 대한 지배권을 가진다.[56]

토마스 아퀴나스는 왜 인간들은 외적인 물건을 이용할 수 있는 권리를 가지는가(?)에 대한 두 가지 근거를 제시하였다. 첫째로 불완전한 것은 완전한 것 때문에 존재한다는 점이다. 물건은 인간보다 더 불완전하다. 따라서 물건은 인간 때문에 존재한다. 토마스 아퀴나스의 경우에, 이 논거는 다른 것과의 관련 속에서 사용된다. 인간은 식료품으로 사용하기 위해 동물들을 죽일 수 있는 권리를 가지고, 동물은 식물들을 '죽일' 수 있는 권리를 가졌다는 것을 토마스 아퀴나스는 증명하였다. 인간이 그 밖의 다른 피조물보다 완전한 존재라는 것에 대한 근거로서 토마스 아퀴나스는 인간 스스로 이성(ratio)에 따라 부여받았다는 것을 지적했다.[57] 둘째로는 모든 만물에 대한 최고의 지배권을 지니고 있는 하나님은 인간의 육신적인 부양을 위해 일정한 물건들을 특별히 정했다(ordinavit)는 점이다.[58] 인간의 이용과 관련된(quantum ad usum) 외적인 물건에 관한 소유권을 보유하였다고 말하는 토마스 아퀴나스의 견해를 어떻게 이해해야만 하는가? 'usus'라는 용어는 이용(Gebrauch)이라는 의미 이외에 "이용할 대로 다 이용하였

53) Thomas v. Aquinas, Summa Theologica, II-II, Q 66, 1 sed contra.
54) 시편 8장 7절.
55) Thomas v. Aquinas, Summa Theologica, II-II, Q 66, 1 corp.
56) Thomas v. Aquinas, Summa Theologica, II-II, Q 66, 1.
57) G. Lantz(주 42), S.49.
58) G. Lantz(주 42), S.49.

다(ausnutzen)"고 할 수 있으며, 스스로의 이용뿐만 아니라, 장점을 보유하는 것 등을 의미할 수 있다. 사람들이 이 말의 적용에 관하여 관찰할 때 토마스 아퀴나스의 관점은, 인간의 외적인 물건에 관한 지배권(dominium)을 가진다는 것과 그의 권능을 지니고 있다는 점, 그리고 사용할 수도 있고, 그것들로부터 연유한 그들의 필요성과 목적을 위하여 이러한 이용과 장점을 촉진시킬 수 있다는 것을 의미한다.[59]

제66번 문제 중 첫 번째 질문에서는 오직 모든 인간들에게 귀속시킬 수 있는, 외적인 물건을 사용할 수 있고, 그러한 사용에 공헌할 수 있는 하나의 권능이 확정되어 있을 뿐이다.[60] Utz의 주석에 의하면, 토마스 아퀴나스는 점유하는 것, 소유, 소유권을 위해 다양한 라틴어를 고유한 의미의 구별 없이 사용하였다.[61] 더 나아가 두 번째 질문에서는 사적인 점유권(Recht auf Privatbesitz)을 다루고 있는데, 이곳에서 유일하게 나오는 것은 아니다. 여기서는 모든 피조물들은 하나님의 소유(proprie Dei)라고 말하는 것과 연결되어 있다. 이것은 로마법에서 소유권의 표시를 위한 'dominium'이라는 말로서 사용하는 것보다 더 가치 있고 중요하며, 명확한 것이다.[62]

3. 소유권을 점유하는 개개인들의 권리들

(1) 제66번 문제의 두 번째 소 질문은 어떤 자가 어떤 물건을 자주점유하는 경우에, 어느 범위 내에서 권리로 인정할 것인가에 대한 문제를 다루고 있다. 다른 관점에서 보면 이 질문은 어떠한 물건의 이용을 권리로서 간주할 수 있는 것인가에 관하여 다루는 것으로 볼 수 있다. 토마스 아퀴나스가 이에 대해 스스로 문제를 제기하기 전에도, 그는 부정적인 답변을 위해 3가지 증거들을, 그리고 긍정적인 답변을 위해서는 하나의 증거를 제시하였다. 이러한 논거들은 다음과 같다.[63]

---

59) G. Lantz(주 42), S.49.

60) G. Lantz(주 42), S.49-50.

61) A. F. Utz, Kommentar zu Thomas von Aquin, Recht und Gerechtigkeit(Deutsche Thomas Ausgabe 18. Bd.), 1953, S.490.

62) G. Lantz(주 42), S.50.

1) 자연법(jus natuarale)에 반하는 것은 모두 불법이다(illicitum).

2) 자연법에 의하면 모든 물건은 공유이다(communia).

3) 점유는 모든 물건들을 공동점유라고 하는 점과 일치하지 않는다. 이와 반대 관점에서도 1) "사적인 점유는 불법이다"고 하였다. 이러한 논증은 익명으로 되어 있으며, 그 출처도 불분명하다.[64] 여기서는 2)번이 흥미로운 것이다. 자연법에 의하면 모든 물건은 공유이다. 이러한 전제에 의해서 표현되는 사상을 위해 논의된 근거들 하에서, 예컨대 부자농부에 관한 텍스트의 해석 속에서 바실리우스는 어떻게 언급하고 있는가를 논의할 수 있다.[65] 원래부터, 즉 태어날 때 인간은 아무 것도 소유하지 않았다. 이것은 물론 의구심이 많은 주장이다. 새롭게 태어난 인간은 아주 확실한 소유자로서, 그것도 엄청난 부를 가진 소유자로서 존재할 수 있다.[66] 만약 어떤 인간도 인간적인 법질서에 앞서서, 그리고 그것으로부터 독립적으로 소유할 수 없다는 것을 이 논거가 반대한다고 주장하는 때에는, 이러한 논거는 아주 평범한 통속적인 것으로 여겨진다. 어떤 장성한 인간이라 하더라도 실정법 질서로부터 독립적으로 무엇인가를 소유할 수 없다. 이러한 주장은 자연법적이며, 그리고 공유는 도덕적인 것으로 정당한 것임을 증명하려는 것이다.[67] 그 근거로서 인간의 생물학적인 특성들은 출생의 순간에 특정된다. 즉 모든 인간들이 그들의 출생의 순간에는 확실히 평등하며, 어떤 도움도 없으며, 벌거벗었다는 사실이다.

자연법적인 가설을 위한 또 하나의 다른 증거의 예는 Chrysostomos가 제공했다.[68] 그는 한 설교에서 설명하기를, 비록 실제적인 소유권관계에서 적법하게 취득할 수 있도록 행해지고, 그리고 이것이 다시 또 다른 적법한 취득에로 이전되었다고 하더라도, 그러나 이 첫 번째 사적인 취득은 이러한 오랜 구속관계에서는 부적당하다. 왜냐하면 하나님은 처음부터 하나의 부유한 사람과 또 다른 가난한 사람을 창조하지 않았으며, 그리고 이에 따라 어떠한 예외도 만들지 않았기

63) Thomas v. Aquinas, Summa Theologica, II-II, Q 66, 2.

64) 그러나 이러한 사상의 흐름은 공통적으로 나타났다. 예컨대 Basilius, Ambrosius, Cypronianus, Gregorianus von Nazianz 등에서도 발견된다.

65) Thomas v. Aquinas, Summa Theologica, II-II, Q 66 2, 1;G. Lantz(주), S.50-51.

66) G. Lantz(주 42), S.51.

67) G. Lantz(주 42), S.51.

68) J. Chrysostomos, Inad Tim 4; G. Lantz(주 42), S.51.

때문이다.[69)]

(2) 토마스 아퀴나스의 경험적 자연법이론은 두 가지 전제(Ananhmen)로부터 출발했다. 그 첫째는 하나님이 인간들에게 물건들을 주었으며, 둘째로는 하나님은 이 물건을 개개의 인간들에게 분배하지 않았다는 점이다. 그는 제66번 문제 중 첫 번째 소 질문에서 첫 번째 전제를 주장하였다. 그리고 제66번 문제 중 두 번째 소 질문에 대한 추가 답변(ad 1)에서는 두 번째를 주장하였다. 자연법에 의하면 점유하는 것에는 차이가 없다. 그는 점유가 어떠한 상태에 있는가를 원시상태를 통해 평가하였다. 토마스 아퀴나스 역시 점유가 어떤 형태로서 공유되고 있는가를 하나의 원시상태를 통해 설명하였다. 전혀 과오 없는 무책의 상태에서, 예컨대 원죄를 범하기 전에(in statu innocentiae) 인간의 의지는, 그가 지배권을 가졌고, 개개인의 필요에 따라 공동으로 사용하는 동안, 그가 유혹의 위험에 빠지지 않는다고 한다.[70)] 토마스 아퀴나스는 공유하는 것에서 자신의 고유한 것이라고 주장할 수 있는 것은 어떠한 것도 없다(nemo proprium dicat quod est commune)고 주장했다.[71)] 그리고 그는 이러한 견해를 물건의 이용과 사용으로서, 공유이며, 혹은 공유이어야만 한다고 해석하였다.[72)] 따라서 토마스 아퀴나스는 다른 교부들의 일시적인 자연법적인 전제와는 달리 해석하였다. 역사적인 상태로서 자연 상태는 Chrysostomos에게는 규범적인 것이었다.[73)] 토마스 아퀴나스에 의하면, 창조물에서 하나님에 의해서 세워진 하나의 확실한 목적, 즉 물건들은 모든 인간들에게 이용할 수 있도록 공헌해야만 하는 것은 규범적으로 확실한 것이다.

4. 특수한 소유권의 취득방식

(1) 토마스 아퀴나스는 당시 효력이 있던 법률들을 통해 다양한 형태의 소유

69) G. Lantz(주 42), S.51.
70) Thomas v. Aquinas, Summa Theologica, II-II, Q 98,1 ad 3.
71) Thomas v. Aquinas, Summa Theologica, II-II Q 66, 2, ad 3.
72) G. Lantz(주 42), S.52.
73) G. Lantz(주 42), S.52.

권취득의 방식을 모색하였다. 상속, 매매, 교환, 증여 등과 같은 방식에 의한 소유권취득의 법적인 형태는 도덕적으로 취소가 가능한 것으로 간주되지 않았다. 교회법 역시 이러한 법적인 제도상의 요건을 취득의 요건으로 삼았다. 특히 상속법에는 토마스 아퀴나스가 살아 있는 동안에도 다양한 형태가 나타났다. 따라서 토마스 아퀴나스는 어떤 취득의 형태들이 도덕적으로 정당한 것인가의 문제에 대해서는 크게 논의하지 않았다. 다시 말해 그는 소유권취득의 일반론에 대해서는 언급하지 않았다. 다만 절도나 강도 등과 직접 혹은 간접으로 비교될 수 있는 특수한 형태들을 부수적으로 언급하였는데, 이것들이 특수한 소유권취득의 한 유형을 형성하였다. 그는 절도가 어떤 범위 내에서 항상 범죄가 되며, 어떠한 범위 내에서 사형죄가 성립되는가의 문제를 제기한 제66번 문제의 3번과 5-6번의 소 질문에서 자력구제와 매장물발견, 유실물습득을 취급하고 있다. 이것들은 확실히 절도와 아주 많은 유사성을 지니고 있다.

(2) 먼저 제66번 문제 중 세 번째 소 질문에서 토마스 아퀴나스는 잃어버린 물건들은 누구에게 귀속되는가에 관한 문제를 다루었다. 원칙적으로 그것들은 그것을 잃어버린 사람에게 귀속된다. 그러나 보호가 행해진 것들은 그것을 보호했던 사람에게 귀속한다. 어떻게 다른 사람에게 귀속되었는가 하는 타인에게 귀속 방법은 전혀 방해받지 아니하였다. 따라서 사람들은 토마스 아퀴나스를 아주 철저하게 존재하거나 혹은 아주 완전히 존재하지 않는 한 가지 통일적인 내용을 지닌 단일 소유권으로서 간주하는 소유권을 고려하지는 않았다.[74]

(3) 두 번째로 문제되는 자력구제의 경우는, 어떤 사람이 다른 사람이 점유하고 있는 자신의 물건을 그 사람으로부터 탈취해 오는 것이다. 토마스 아퀴나스는 이러한 자력구제를 절도라고 설명하였다. 이 같은 해석은 사실상의 지배인 '점유'가 법질서 속으로 이전되었음을 의미한다(praetermisso juris ordine).[75]

(4) 세 번째로 매장물 발견의 경우에는 이전의 점유자가 그의 존재를 인식하지 못하고 있는 동안에 그 수중으로 가져오는 것이다. 토마스 아퀴나스에 의하면 매장물의 발견에 해당되는 것은 3가지 유형이 있다.[76] 1) 진주나 보석과 같이 처

---

74) G. Lantz(주 42), S.58.

75) Thomas v. Aquinas, Summa Theologica, II-II Q 66, 5, ad 3.

76) 한국 민법전이 규정하고 있는 무주물의 선점(제252조), 매장물의 발견(제254조), 유실물의 습득(제253조)에 의해 소유권을 취득하는 것도 같은 관점이다.

음부터 주인이 없는 물건을 사람들이 백사장에서 발견하는 것이다. 2) 오래 동안 땅속에 묻혀 있는 보석들이 길지 않은 기간 동안 점유자 없는 것이다. 3) 유실물을 취득하는 경우이다(derelictis). 이때에는 발견자가 선의이어야 한다. 이러한 세 가지 경우에는 절도로 취급하지 않는다. 이러한 점유의 취득은 도덕적으로 정당하다. 2)번 사례의 경우에 토지의 점유자는 매장물의 1/2의 지분을 취득한다.[77] 그는 매장물의 발견을 천연 포획물에 관하여는 배제하여 논하였다. 그러나 특별한 것은 아니다. 그렇기 때문에 앞서 언급한 절도와 매우 유사한 것이다.

Ⅳ. 토마스 아퀴나스의 소유권의 행사와 그 제한

1. 개　관

토마스 아퀴나스에 의하면 인간에게 물적 지배의 만족을 보장하고, 인간의 장점을 발전시키는 데 도움을 주는 소유권은 단순한 하나의 개인의 권리가 아니라, 공동체를 위한 의무부담을 포함하고 있다. 왜냐하면 물건의 지배에 소유권이 필수적으로 요구되는 것이 아니라, 하나님에 의해 인간에게 양도된 것으로서, 소유권자의 의무이행은 공익의 손해를 최소화하기 위한 것으로 이해하기 때문이다.[78] 토마스 아퀴나스의 소유권의 개념은 의무에 구속되어 있는 소유권의 제한을 통해만 정해지는 것은 아니다. 토마스 아퀴나스에 의하면 공동의 경영보다 공익을 통해 보다 확실하게 보장되는 특별한 관리권으로서, 소유권은 권리와 의무가 분리될 수 없는 종합체를 의미하는 것으로 인식하였다.[79] 또한 지상의 만물들에 대한 하나님의 절대적인 소유권으로부터, 인간은 오직 하나의 차용한, 소위 하급소유권을 보유한 것으로 해석할 수도 있다. 이러한 하급소유권의 개념은 중세의 토지 소유권론의 핵심적인 것인데, 토마스 아퀴나스는 이러한 분할소유권

77) Thomas v. Aquinas, Summa Theologica, I Q 108, 2n ad 2. 예컨대 한국 민법 제254조 단서에 의하면 "타인의 토지 기타 물건으로부터 발견한 매장물은 그 토지 기타 물건의 소유자와 발견자가 절반하여 취득한다"고 규정하고 있다.

78) M. Kleckow(주 30), S.45.

79) M. Kleckow(주 30), S.45.

에 관한 사상을 알고 있었던 것으로 추측된다. 이러한 분할소유권론에 의하면 봉건영주나 황제는 직접소유권(dominium directum)을 갖고 있는 데 반하여, 신민들은 그 아래 복속된 준소유권(dominium utile)을 보유하였다. 특히 전자는 처분권을 중심으로 하는 상급소유권, 후자는 이용권을 중심으로 하는 하급소유권이라고도 불렀다.[80] 토마스 아퀴나스는 이러한 분할소유권론의 관점에서, 물건의 지배가능성이 인간의 본성에서 기초하고 있으며, 이성적이고 자유롭게 스스로 결정할 수 있는 사람으로서 존재에 부합하는 고려 속에서 물건에 대한 지배권의 근거를 지니고 있다.[81] 따라서 이러한 인간의 소유권 내지 이용권은 앞서 언급한 공익의 관점과 제한된 이용 소유권의 한계 등으로 인하여 행사에 많은 제한이 따랐다.

2. 처분권능의 행사와 그 제한

소유권은 특정한 물건을 사용, 수익, 처분할 수 있는 권능을 주된 내용으로 하는 권리이기 때문에, 소유권자는 본래부터 물건에 대한 처분권능을 가진다. 비록 토마스 아퀴나스와 같이 하나님을 모든 만물의 소유권자로 인정한다고 하더라도, 예외적으로 인간들에게 소유권을 인정하였다면, 그 범위 내에서 인간 역시 처분권능을 가진다. 전술한 바와 같이, 사람들은 자신보다 하위질서 하에 있는 피조물들의 지배를 위해 정신적인 재능을 부여받고, 결정권능을 지니게 되었다. 따라서 물건에 대한 이러한 지배권능의 근거는 인간을 하나님의 형상에 따라 창조하였다는 점이다. 즉 인간이 하나님의 형상에 따라 창조됨에 따라 하나님의 지배권이 인간에게 인격적으로 위탁되었다. 그러나 이것을 통해서도 어떤 범위 내에서 어떻게 행사할 수 있을 것인가는 확정되지 않았다.[82] 토마스 아퀴나스 역시 소유권의 핵심을 처분권능으로 보았다.[83] 그러나 그는 이러한 처분권능을 공익을 위해 주어진 것으로서, 이것을 자유롭게 행사한다는 것은 거의 불가능한 것으

80) 자세한 것은 윤철홍(주 6), 33면 이하 참조.

81) Thomas v. Aquinas, Summa Theologica, II-II, Q 66, 1, c.

82) F. Klueber(주 38), S.28.

83) A. F. Utz, Summa Theologica II-II, Fragen 57-79 (Nachlegefassung von Bd. 18 d. Dt. Thomasausg), Kommentar von Arthur F. Utz, 1987, S.399.

로 이해하였다. 이러한 이유에서 공익이 요구되는 경우에, 처분권능의 제한이 필요하다는 토마스 아퀴나스 주장은 자연스러운 것이었다. 따라서 처분권능이 제한되는 경우에 소유권의 권능 중에서 관리권능이 오히려 중요시 되었다. 그러나 의무적 요소를 함께 지니고 있는 소유권을 구속하기 위하여, 그리고 공익의 의미에서 관리자로 간주하기 위해서는 법적인 규범이 필수적으로 요구되었다. 그러나 이것은 소유권자의 관리권을 제한하기보다는[84] 오히려 소유권질서의 보호로서 이해되었다.

처분권능의 자유를 인정하는 데 긍정적인 측면에서 토마스 아퀴나스는 사적인 점유의 경우에 처분의 자유를 적지 않게 언급하였다. 그는 외적인 물건에 대한 개개 소유권자에게 부가된 의무이행이 공익의 손해를 최소화하기 위한 것으로 보았기 때문이다. 이를 위하여 물건을 관리할 수 있도록 한 것이다(procurare et dispensare). 처분의 자유에 관하여 부정적인 관점에서는, 물건의 이용이 개개인들에게 귀속되지 않은 것이 아니라, 모든 인간에게 공동으로 귀속되었다는 점을 논거로 한다.

토마스 아퀴나스는 자신의 점유를 지배할 수 있는, 소유권자의 무제한적인 권리를 승인하였다.[85] 그러나 그는 이용권을 제한할 수 있도록 했다.[86] 이용권 자체는 공익을 침해하는 것도 아니고 개개인들의 생존권을 억압하는 것도 아니었다. 이러한 원칙에 따라 토마스 아퀴나스는 우선 국가에 의한 소유권의 제한 가능성을 인식하였다. 또한 이러한 인식하에서 자신이 생존하는 동안 요구되는 재화들이 궁핍한 경우에 개개인들이 행사할 수 있는 직접적인 권리를 알고 있었다. 왜냐하면 비록 그가 소유권이 넓은 의미의 자연법에서 근거하고 있다는 것을 인정하였다고 하더라도, 이것은 그가 소유권을 국가에 의해 제한할 수 없는 지배권으로서 이해하지 않았기 때문이다. 따라서 토마스 아퀴나스는 국가에게 소유권을 제한할 수 있는 권리를 명시적으로 부여하였다.[87]

소유권자의 무제한적인 지배권은 공동체에 위험스러울 뿐만 아니라, 개인들에게도 손해를 야기할 수도 있다. 토마스 아퀴나스는 그가 소유권자의 무제한적

---

84) A. F. Utz(주 83), S.399.
85) M. Kleckow(주 42), S.43; F. Troxler(주 25), S.39f.
86) M. Kleckow(주 42), S.43; F. Troxler(주 25), S.39.
87) M. Kleckow(주 30), 9, S.43; F. Troxler(주 25), S.40.

인 이용권을 소유권의 제한을 통해서 약화시켰다.[88] 처분의 자유를 제한하는 가장 강력한 예라 할 수 있는, 일곱 번째 소 질문에서는 한두 사람이 과도하게 소유하고 있는 물건들을 자연법에 의하면 가난한 사람들에게 그들을 부조해 주기 위해 나누어주어야 한다(res quas aliqui superabundanter habent, ex naturali jure debentur pauperum sustentationi)고 강제수용과 같이 해석하였다.[89] 많은 생활의 재화를 보유한 것들을 통해 이미 발생한 소유권의 질서에 의해 개개인들의 생활은 침해되지는 않는다. 이러한 과도한 소유는 가난한 자들에게 책임이 돌아간다.[90]

3. 점유보호청구권의 행사

(1) 토마스 아퀴나스는 제66번 문제 중 세 번째 질문으로부터 마지막 아홉 번째 질문에서 점유보호에 관해 설명하였다. 여기에서는 점유보호와 관련하여 사소유권과 공동소유권 사이의 아주 흥미로운 차이점이 나타났다. 토마스 아퀴나스는 절도가 통상적으로 사형에 의해 처벌되어야만 한다고 생각하지 않았다. 그러나 확실히 심각한 사유가 있을 때에는, 사형도 집행되어야만 한다. 이러한 심각한 사유는 다음 두 가지이다: 성스러운 물건에 대한 절도(furtum rei sacrae)와 공동소유권에 대한 절도(furtum rei communis)이다. 토마스 아퀴나스는 개인들의 사소유권보다 공동소유권에 더욱 강력한 점유보호청구권을 부여해야 한다고 주장했다. 모든 사람들에게 도움을 주어야 하는 외적인 물건의 이용에 대한 토마스 아퀴나스의 관점은 엄격한 제한으로, 예컨대 처분권의 제한뿐만 아니라 점유보호의 제한을 포함하는 것으로 간주될 수 있다.[91] 긴급한 필요에 관하여 취득한 때에는, 부적당한 취득이다. 그리고 과도하게 소유한 것은 가난한 사람들에게 귀속시킨다(debentur pauperum).

공동사용이 이러한 방법으로 표현되어야만 한다는 것과 사람들은 토마스 아퀴나스의 견해는 법적인 소유권의 제한에 관한 것보다 점유자의 도덕적으로 정

88) M. Kleckow(주 30), 9, S.44.

89) Thomas v. Aquinas, Summa Theologica, II-II, Q 66, 9.

90) M. Kleckow(주 42), S.42.

91) G. Lantz(주 42), S.60.

당한 사용이 무엇인가를 확립하고자 노력하고 있음을 말해 주고 있다.[92] 토마스 아퀴나스는 도덕적인 권리와 법적인 권리를 분명하게 구별하지 않았다는 점에 먼저 주의해야만 한다. 토마스 아퀴나스는 사람들이 쉽게 이해할 수 있고, 그 유효성을 가지기 위하여 자연법으로부터 직접 유도된 인정법이 존재해야만 한다는 것과 같은 자연법과 인정법과의 관계를 구체화하였다.[93] 사적인 소유권은 인정법의 대표적인 사례이다. 이것은 원칙적으로 인간의 결정에 의해서 귀속된다. 그러나 법규가 이러한 형태와 방법으로, 예컨대 사소유권과 같이 이루어졌다고 할 때에도, 그것이 불법은 아니다(injuristum). 두 번째로 유의해야 하는 것은, 자유롭게 주어지고 다른 사람에게 분배해야 한다는 것이 인정법에 부합한다는 점이다. 그러나 사소유권에 관한 법규들은 오직 인정법에만 적용되어야 한다.[94]

(2) 이용권의 문제에서 실제적인 점유보호의 제한에 관련하여 토마스 아퀴나스는 아주 분명한 두 가지 점유보호의 제한을 제시하였다. 첫 번째 제한은, 공익을 보장하기 위하여(propter commune bonum conservandum) 무엇이 필요한 것인가를 정의에 따라(secundum justitiam) 신민들에게 요구할 수 있는 권리가 제후들에게 있다는 점이다. 이러한 관계 하에서 제후는, 그 목적을 달성하기 위하여 권력을 필요로 할 때에는 불법이라고 하지 않는다. 따라서 토마스 아퀴나스는 오늘날 우리가 말할 수 있는 공용수용을 변호하였다.[95] 또 다른 제한은 아주 긴급하고 공개적인 경우에, 예컨대 인간의 생명이 위험에 처한 경우에 사람들이 곧바로 그 수중에 넣어야만 하는 곳에서도 인정된다. 왜냐하면 그곳에서는 그 자신의 긴급한 필요성이 다른 사람에게도 정당하게 여겨질 수 있기 때문이다.[96] 이러한 사례에서는 아주 위험에 처한 경우에 다른 개인에 대한 한 개인의 권리와도 관련된다. 이에 반해 첫 번째 사례에서는 공익을 위한 부조 속에서 그러한 동기를 보유하고 개개인들에 대한 제후들에게 귀속되어 있는 하나의 권리로서 취급하고 있다.[97]

---

92) 법과 도덕 간의 관계에 대해서는 박영도, "법과 도덕 - 토마스 아퀴나스의 법사상-," 부산대학교 「법학연구」 제34권 1호, 199면 이하 참조.

93) Thomas v. Aquinas, Summa Theologica, II-II, Q 134, 3 ad 2; G. Lantz(주 42), S.60.

94) Thomas v. Aquinas, Summa Theologica, II-II, Q 57, 2 ad 2; G. Lantz(주 42), S.60.

95) Thomas v. Aquinas, Summa Theologica, II-II, Q 66, 8, ad 3; G. Lantz(주 42), S.60.

96) Thomas v. Aquinas, Summa Theologica, II-II Q 66 a 7.

97) G. Lantz(주 42), S.61.

VI. 맺 음 말

1. 논의의 요약

(1) 토마스 아퀴나스에 의하면 하나님은 홀로 모든 물건의 주인이시며, 절대적인 소유권은 그에게 단독으로 귀속된다. 모든 물건의 창조자로서 하나님은 모든 피조물의 소유자이다. 그러나 이성을 지닌 인간은 의지의 자유와 함께 형성된 피조물로서, 무엇보다 하나님의 형상(Gottebenlichkeit)으로 창조되었다는 것을 나타내주고 있다. 따라서 그는 소유권을 비이성적인 창조물들 보다 상위질서에 있는 인간이 보유할 수 있는 하위질서의 재화에 대한 지배권능으로 이해하였다.

(2) 토마스 아퀴나스에 의하면 사소유권은 시원적인 것이 아니라, 부수적(2차적) 자연권에 속한다. 즉 소유권을 하나의 사회에 적용하는 것에는 아주 다양한 이성적인 근거들이 존재한다. 또한 소유권이 존재하는 경우에, 자연법은 개개인들에게 타인의 소유권을 존중해야 한다는 것을 천명하고 있다. 그러나 사소유권이 사실상 존재하는 것은 무조건적인 것이 아닌 자연법적인 명령이다.[98] 그러나 토마스 아퀴나스는 사소유권이 원시적인 자연권에 귀속될 수 있다는 사상을 가진 것은 명백하다. 왜냐하면 사소유권과 결합된 것을 개개인들에게 분리하여 보호하려는 동기를 의심할 바 없이, 그리스도의 사랑의 명령 속에 속하는 것으로 보이기 때문이다.

(3) 토마스 아퀴나스의 소유권론의 기초는 재화의 지배가능성을 위한 근거로서 인격성과 공익 및 공동이용 혹은 공유로 요약된다. 이러한 공익과 공유 혹은 공동이용이라는 사상 때문에 소유권은 제한이 없는 물적 지배권을 의미하는 것이 아니라, 공동체의 인간을 위해 선한 관리와 보호 의무를 지는 것으로 이해하였다. 이러한 형태의 소유권의 인정은 국가공동체를 위한 스콜라철학의 높은 가치 평가를 위한 하나의 증거로 여겨진다.[99]

98) K. Larenz, Die Rechtsphilosophische Problematik des Eigentums, in: Eigentum und Eigentumsverteilumg als theologisches, rechtsphilosophisches und oekonomisches Problem, Muenchen 1962, S.27.

99) M. Kleckow(주 30), S.50-51.

(4) 토마스 아퀴나스의 소유권의 특징은 처분권능과 사용권능을 분리하였다는 점이다. 원래 소유권은 사용, 수익, 처분권능을 본질로 한다. 처분권능은 개개인들에게 재화의 분리를 적용하는 것이며, 그것은 그 '본질'을 하나의 절대적 지배권으로 이해하는 것과 전혀 다르지 않다. 처분권능은 임의적인 의지의 의미에서 자의적인 것이 아니라 이성과 윤리법칙에 구속된 이용권이다. 소유권에 귀속되어 있는 그리고 인간의 자연적인 지배권으로부터 연유된 usus(사용), 즉 재화의 이용은 질서 내에서는 완전한 것이며, 하나님의 창조질서와 결합되고, 오직 그러한 한계 내에서 가능하고 대체되는 것이다. 하나님은 세상을 목적에 맞추어 창조하셨다. 피조물들은 서로 상하 계급적으로 귀속되어 있으며, 전체적으로 '최고의 선'으로서 하나님의 방향에 맞추어져 있다.

2. 결　론

(1) 토마스 아퀴나스가 소유권을 이용권능과 처분권능으로 분리한 것을, 소위 분할소유권론적인 관점에서 이해할 수도 있다. 특히 하급 소유권적인 소유질서는 공익을 강조한 그의 사상과 결합시켜 이해할 때 그 의미를 다시 새길 수 있다. 인간은 영원한 순례자로서 이 지구상에 사는 동안 하나님이 우리에게 사용토록 부여해 준 토지 등 물건을 소유권이나 이용권이라는 이름으로 이용하는 것이다. 어떤 의미로서는 인간은 생존하는 동안 신탁받은 것이라 할 수 있다. 따라서 이러한 이론을 판례로 구체화한 공공신탁이론은 탁견이라 할 수 있다. 이러한 공공신탁이론을 모든 토지에 전면적으로 도입할 수도 없고, 그럴 필요도 없다. 그러나 날로 협소해져 가고 있는 공공용지나 휴양림 등에는 이러한 이론을 도입하는 것이 바람직하다고 생각한다. 또한 같은 시각에서 1970년대 독일에서 시도했던 처분소유권과 이용소유권의 분리에 따른 토지문제의 해결방안도 좋은 대안이 될 수 있을 것으로 여겨진다. 특히 통일 후 북한지역의 토지는 아주 중요한 문제로 대두될 것이다. 현재 모두 국유로 되어 있는 것을 그대로 존속시킬 수 없고, 또 그럴 필요가 없다. 그러나 많은 산림이나 기타 공공용지로 사용될 수 있는 지역은 모두 이러한 공공신탁이론이나 소유권의 기능적 분리를 통해 존속시켜야만 할 것이다.

(2) 필자는 토마스 아퀴나스의 소유권사상의 기초를 인격성과 공유, 공익으

로 파악하였다. 이렇게 공익이 강조되어, "공익이 사익에 우선한다(Gemein vor Eigen)"고 하는 토마스 아퀴나스의 명제는 마치 나치스의 정강을 연상시킬 수도 있다. 그러나 토마스 아퀴나스의 주장은 하나님의 형상에 따른 인격성이 내재해 있는 것이지만, 후자는 합목적성에 따른 공익을 우선하는 개념으로 근본적으로 차이가 있다. 토마스 아퀴나스의 공익은 복합적인 개념으로 인간의 행복한 생활을 유도하는 모든 것을 포함하는 것으로, 그의 소유권론과 함께 인간에 대한 사랑과 인격을 전제로 하고 있다. 토마스 아퀴나스가 "인정법은 그 목적으로서 사람들을 덕으로 인도하는 것이며, 이것은 단번에 이루어지는 것이 아니라 점진적으로 이루어지는 것이다"라고[100] 강조한 것처럼 소유제도를 통해서 점진적으로 선(덕)을 이룩할 수 있도록 모색해야 할 것이다.

---

100) Thomas v. Aquinas, Summa Theologica, I-II Q 96, 2 ad 2(quod lex humana intendit homines inducere ad virtutem, non subito, sed gradatim).

근대 소유권사상의 형성

— 영국의 경우를 중심으로 —

정 태 욱*

Ⅰ. 서 언

이 글은 현재 우리 사회의 재화의 운용에 관한 핵심적인 원리인 소유권의 개념과 의의를 보다 잘 이해해 보고자 쓰여진 것이다. 근대 법체계의 핵심개념인 소유권은 소유자가 타인을 고려함이 없이 자신의 뜻대로 소유물을 사용·수익·처분할 수 있는 권리라고 할 수 있다. 이러한 근대의 소유권의 특징을 한 마디로 말하자면 '배타적 자유'라고 할 수 있다.

근대 소유권의 개념은 소유에 관한 다른 급진적인 개념, 특히 고드윈(Godwin)의 개념과 비교함으로써 잘 드러난다. 고드윈은 근대의 배타적인 사소유권을 사회악의 근원으로 치부하면서, 새로운 소유권체계 내지 물권(物權)체계를 주장한다. 즉 그는 소유자 개인의 절대적 처분권을 긍정하는 것을 거부하고, 그 물건으로부터 가장 큰 효용을 얻을 수 있는 이에게 우선적 물권을 부여하는 이상적인 법체계를 구상한다.[1] 근대의 소유권체계에서라면 비록 옆에서 굶어 죽는 이가 있더라도, 빵의 소유자의 소유권은 제약받지 않는다. 다른 쪽에서 보자면 아사(餓死) 직전의 사람이라도 옆 사람의 빵에 대해 어떤 물권적 권리를 주장할 수 없다. 빵의 사용과 처분은 전적으로 소유자의 자유의사에 맡겨져 있는 것

* 인하대학교 법학전문대학원 교수.

1) W. 고드윈(박한승 역), 『정치적 정의』(형설출판사, 1994), 479면 이하 참조.

이고, 소유자는 타인의 혹은 공동체의 간섭을 배제할 권능이 있다. 고드윈은 그러한 근대의 소유권체계는 부도덕하며 비정한 제도라고 하면서, 앞에서와 같은 새로운 물권체계의 도입을 역설한다. 그에 따르면 위의 경우, 빵의 형식적 소유자는 자신의 소유권을 허기에 빠진 이의 요구에 양보하여야 한다. 즉 소유권은 생존권적 요구를 배척할 수 없게 된다. 다른 쪽에서 보자면 굶주리고 있는 사람은 생존의 차원에서 옆 사람의 빵에 대한 우선적 물권을 주장할 수 있는 것이다.

위의 설명에서도 알 수 있듯이, 근대 소유권의 정신인 '배타적 자유'는 곧 공동체의 도덕적 요청에 구애받지 않으며, 공동체의 권위에 구속되지 않는 개인주의를 뜻한다. 소유자는 재화의 운용에 있어서 다른 어떤 고려나 권위에 구속받지 않는다. 소유자는 재화의 처분에 있어 배타적 재산법체계가 아닌 다른 사회적 고려에 의해 고권적(高權的)으로 강제받지 않고, 오로지 자신의 뜻에 따라 자율적으로 결정할 수 있는 것이다. 미리 말하자면, 근대적 소유권은 중세의 생존권적 공유권의 제약이나 그 후 사회보장적 요청의 부담을 떨쳐냄으로써 성립한다. 그리고 그러한 근대적 소유권체계에서 각 개인은 자신의 이기적 관점에서만 행위하면 될 뿐이지, 타인의 관점을 고려할 필요는 없다. 각 개인은 모두 별개의 인격으로 절연되어 있으며, 각자 자신의 삶에 대한 절대적 책임을 부여받는다. 이하 본론에서는 우선 위와 같은 근대의 개인주의적 소유권과 그 속성인 '배타적 자유'에 대하여 좀더 부연설명한 후, 영국의 경우를 통하여 그러한 소유권사상의 형성과정을 보다 구체적으로 살펴보고자 한다.

II. 근대적 소유권의 개념

근대 소유권 개념을 이해하기 위해서 유럽의 민법전들에 나오는 소유권의 규정들로부터 시작하는 것이 좋을 것이다. 독일 민법전에서 소유권은, "소유자는 법률과 제 3 자의 권리에 반하지 않는 한, 그 소유물을 임의로 처리할 수 있고, 그 작용에서 타인을 배제할 수 있다"(독일 민법 제903조)고 규정되어 있고, 오스트리아 민법전에는 "소유권은 물건 그 자체(Substanz)와 그 용익들(Nutzungen)을 자의적으로 처분하고, 그로부터 다른 이들을 배제할 수 있는 권리이다."(오스트리아 민법 제354조)라고 규정되어 있으며, 프랑스 민법 제544조에서 소유권은 "법령이

금지하는 사용을 하지 않는 한, 절대 · 무제약적으로 물건을 수익, 처분할 권리"로 규정되어 있다.[2)]

서언에서 언급한 대로 위와 같은 소유권은 보통 '자유'의 가치를 나타내는 것으로 이해되고 있다.[3)] 소유권은 소유자의 자유의사에 따른 사용 · 수익 · 처분을 보장한다. 앞의 근대 민법전의 소유권 규정에서의 '임의로'(nach Belieben) 혹은 '자의적으로'(nach Willkür)라는 구절이 바로 그 점을 보여준다. 소유권에서의 자유는 헤겔이 말한 바와 같이 자유의지를 외부로 실현시키는 의미를 지닌다.[4)] 이는 인간 존엄의 실현에 절대적으로 필요할 것이다.[5)] 하지만 소유권의 자유는

---

2) 근대 유럽의 소유권의 규정과 그 개념에 대하여는 윤철홍, 『소유권의 역사』(법원사, 1995), 85면 및 김상용, 『물권법』(개정판, 박영사, 1995), 331면 등을 참조. 이러한 소유권의 규정을 기존의 재산법의 체계 내에서 법률적으로만 이해할 수도 있을 것이다. 완고한 실증주의자들은 소유권의 의의를 다른 가치로 환원하는 것을 용인하지 않을지도 모른다. 즉 소유권을 다른 차원에서 검토하는 것을 무의미하다고 할지도 모른다. 하지만 무릇 사태의 본질이나 의미는 그 자체로 파악되기보다 다른 언어로 해석할 때, 혹은 다른 차원에 놓고 살펴볼 때 보다 잘 드러날지도 모른다. 이 글은 그런 관점에서 소유권의 의의를 사회철학적으로 혹은 윤리학적으로 고찰해 보고자 하는 것이다.

3) 대표적으로 W. Sellert(최병조 역), "독일법상 소유와 자유의 역사에 관하여," 『법사학연구』 제14호(1993년, 한국법사학회), 87-107면 참조.

4) 헤겔은 소유권을 자유의지의 실현으로 본다. 자유의지는 일차적으로 외적 사물을 통해서만 실현될 수 있다는 것이다. 헤겔에서 소유는 자유의지가 객관적인 물체에 자신의 혼을 투입한 결과이다[이에 관하여 헤겔(임석진 역), 『법철학』(지식산업사, 1989), §44 본문 및 보유(補遺) 참조]. 한편 헤겔에서 소유권은 인격권과 연결된다. 소유의 이성적 성격은 욕망의 충족에 있는 것이 아니라 인격의 단순한 주체성이 지양된다는 데에 있다고 한다. 즉 소유를 통하여 비로소 인격은 이성으로서 존재한다는 것이다. 헤겔에게 소유는 수단이 아니라 그 자체가 본질적 목적이 된다(헤겔, 위의 책, §45 참조). 헤겔의 소유권론은 개인주의적 소유권에 내재하는 자유의 정신에 대하여 잘 말해 주고 있다. 그러나 헤겔은 개인주의적이고 배타적인 소유권을 전적으로 지지하는 것은 아니다. 헤겔의 소유권론은 개인주의적 차원에서 출발하지만, 거기서 머무는 것이 아니라 변증법적 발전과정을 밟는다. 즉 소유권의 절대성은 단지 추상법(das abstrakte Recht)의 단계에서의 특성이며, 그것은 도덕(Moralität)과 인륜(Sittlichkeit)을 거치면서 타자 및 공동체의 관점에 의하여 순화된다.

5) 오늘날 신자유주의에서도 소유권에 내재하는 자유의 가치가 강조되고 있다. 예컨대 그 비조(鼻祖)로서 추앙받는 하이에크는 다음과 같이 말한다. "우리 세대가 망각하고 있던 것은, 사유재산제도가 재산을 소유하고 있는 사람들에 대해서 뿐만 아니라 이에 거의 못지않게 재산을 소유하고 있지 않은 사람에 대해서도 자유의 가장 중요한 보증수단이라는 점이다. 아무도 우리를 지배하는 완전한 권력을 가지고 있지 않다는 것, 그리고 개개인으로서 우리가 우리 자신과 관계되는 일을 결정할 수 있다는 것은, 오직 생산수단의 통제권이 각각 독립하

동시에 타인의 의지 혹은 사회의 요구를 물리치는 작용도 한다. 따라서 여기에는 타자의 인격에 담을 세우는 배타성의 요소도 포함되어 있다. 앞의 소유권의 규정에서 "타인을 배제한다" 및 "절대·무제약적"이라는 구절이 바로 그것을 표현해준다. 이리하여 근대 소유권의 자유의 개념은 '공생적 자유'라기보다 '배타적 자유'임을 알 수 있다.

그러나 재화의 운용에서 '배타적 자유'는 근대적 소유권만이 아니라 모든 재산법체계의 속성이라는 반론이 있을 수 있다. 사실 재산이라는 유체물과 희소한 재화가 생활에 소용되기 위해서는 즉 사회의 물적 체계가 존속하기 위해서는 어떤 식으로든 안정적이고 확정적인 처분의 체계를 갖추어야만 할 것이다. 하트가 자연법의 최소한의 조건의 하나로서 일정한 재산법체계의 존재를 말한 것도 바로 그와 같은 취지라고 할 수 있다.[6] 사실 그 주체를 고려하지 않는다면, '배타적 자유'라는 소유권의 속성은 어쩌면 단지 근대적 소유권의 특성만이 아니라 모든 재산법체계의 선험적 조건이 될 수도 있다.[7]

근대 소유권의 특징은 바로 '배타적 자유'의 주체가 '개인'이라는 데에 있다. 그 개인은 이제 사회의 기본적인 단위이자 궁극적인 단위가 된 개인을 말한다. 모든 인간들은 무차별적으로 개인성을 보장받는다. 모두 평등한 권리능력자이고, 또 원칙적으로 평등한 행위능력자이다. 또한 개인을 넘어서는 어떤 다른 조직도 원칙적으로 인정되지 않는다. 국가도 오직 개인들의 재산과 자유를 보장하기 위해서 존재하는 수단적 존재로서 인식된다. 어떤 정적(靜的)인 공동원리나 가치체계는 사라지고 오직 시장이라는 개인들의 상호거래관계라는 동적(動的) 체계

여 행동하는 다수인 사이에 분할되어 있기 때문이다." 하이에크(김영청 역), 『노예의 길』(동국대학교출판부, 1993), 129면.

6) H. L. A. Hart, *The Concept of Law* (New York/London, 1961), 192면. 그러나 하트도 말하였듯이 '배타적 자유'의 재산법체계가 반드시 근대적 소유권제도가 되리라는 법은 없다. 로마법적인 소유권제도일 수도 있고, 봉건적인 단체적 소유권제도일 수도 있고, 사회주의적인 국가소유제도일 수도 있다. 따라서 근대 소유권의 성격인 '배타적 자유'를 보다 명확히 하기 위해서는 다른 재산법체계와 구별되는 근대의 특성을 밝혀야 할 것이다. 후술하겠지만, 필자는 이를 개인주의에서 구하는 것이다.

7) 참고로 오노레는 모든 성숙한 법체계에는 리버럴(liberal)한 소유권의 존재가 공통하여 존재한다고 말하고, 그 리버럴한 소유권의 속성으로서 배타적인 점유, 사용, 관리, 수익, 자본화, 상속의 권리 등을 거론하고 있다. A. M. Honoré, "Ownership," in: A. G. Guest(ed.), *Oxford Essays in Jurisprudence(first series)* (Oxford, 1961), 113-124면 참조.

에 의존할 뿐이다.[8)] 근대의 소유권은 '개인주의적 소유권'이라고 부를 수 있다.[9)]

그와 같은 개인주의적 소유권의 배타성은 간섭의 배제라는 점에서 자유의 무기가 됨과 동시에 그 이면에 어떤 냉혹함을 띠고 있다. 근대의 개인주의는 중세의 인신적 구속으로부터 인간을 해방시키는 데에 기여하였지만 동시에 이제 개인은 어떤 공동체의 틀 속에 안주할 수 없는 처지가 되었다. 즉, 타인과의 연대가 끊어지게 되었다. 재화의 처분이 전적으로 소유자의 자유에 맡겨짐으로써 이제 소유권은 공동의 이익, 단체의 가치 혹은 사회통합적 목적에 의해 제약받지 않게 되었다. 개인들은 자신의 삶을 더 이상 공동체 혹은 단체적 질서에 기대어 꾸려나갈 수 없게 되었다. 사회는 이제 개인의 보호막이 되지 못한다. 근대적 소

8) 오늘날 자유주의의 대표자인 노직의 표현을 빌자면 '비정형적(not patterned)·역사적(historical) 원리'의 승리이다. 그 반대 개념은 '종국결과적(end-result) 원리' 그리고 '정형적 원리'(patterned principle)이다. 노직은 과거로부터의 지속이라는 시간의 흐름을 염두에 두지 않고, 일정한 시점을 기준으로 추상적으로 정의를 구하는 것을 '종국결과적 원리'라고 하고, 또 개인들의 자유로운 행위에 의한 결과가 아니라 어떤 선험적인 원리[예컨대 공적(功績) 등]에 의한 분배로서 정의를 생각하는 것을 '정형적 원리'라고 부른다. 노직은 자신의 권원이론(entitlement theory)적 정의론은 그러한 종국결과적·정형적 원리와 달리 개인들의 자유로운 행위와 그 결과에 기반을 둔 것이라고 한다. R. Nozick, *Anarchy, State and Utopia* (New York, 1974), 153-164면.

9) 이러한 개인주의적 소유권으로서의 근대 소유권체계가 봉건적 소유제도 및 사회주의 제도와 구분된다는 점에는 이견이 없을 것이다. 그러나 로마법은 어떤가? 일반적으로 근대의 개인주의적 소유권은 로마법에서 연유하는 것으로 이해되고 있다. 하지만 필자에게는 로마의 소유권이 개인주의적인 것이라고 하여도 근대의 그것과는 상당히 다를 것으로 생각된다. 로마도 어디까지나 신분사회였다. 인구의 대다수를 이루는 노예들은 결코 개인성을 인정받지 못했다. 개인 이전에 신분이라는 계급이 중요하였다. 그리고 개인성을 인정받는 시민의 경우에도 오늘날과 같이 개인이 궁극적인 단위가 되는 것은 아니었다. 가족 공동체(familia)를 비롯한 여러 단체와 조직이 항상 따라 다녔다. 우선 로마의 공화국(res publica)의 개념이 그렇다. 나아가 로마법에서는 공·사적으로 각종 단체가 발달하였으며, 심지어 기존의 단체는 구성원이 1인이 되어도 존속할 수 있을 정도로 단체적 사유가 강하였다. 로마법에서 개인주의가 발전하였다고 하여도, 여전히 공동체적 요소가 바탕에 깔려 있었다. 그들의 삶과 생활관계는 곧 로마라는 공동체 혹은 각 단체 그리고 가족 공동체에 의해 규정되었던 것이다. 메인은 『고대법』에서 다음과 같이 말한다. "참으로 초기의 제도는 오히려 분리된 소유가 아닌, 공동의 소유였으며, 우리가 시사받을 수 있는 소유의 형태란 가족이나 친족의 권리들과 결부되어 있는 소유들이다. 여기서 로마법학은 우리에게 도움을 주지 못한다. 왜냐하면 그 로마법학은 자연법이론에 의하여 변형된 것으로서 현대인들에게 개인적 소유권이 재산권의 자연스러운 형태이며, 집단에 의한 공동의 소유는 단지 예외적인 형태라고 하는 인상을 심어주기 때문이다." H. Main, *Ancient Law* (London, 1901), 259면.

유권 개념의 형성은 공동체의 해체와 인간의 개별화와 결부되어 있는 것이다.

그렇게 개인이 사회적 연대의 틀에서 분리되어 나오는 것에 대응하여 이제 소유권도 법질서 전체로부터 자립화·절대화된다. 즉 소유권은 다른 사회적 원리와 요청에 흔들리지 않는 가장 근본적인 범주로서 법질서의 신성불가침한 대전제가 된다.[10] 이는 폴라니(Polanyi)가 말하는 시장경제의 자립화에 대응한다. 이는 시장경제가 다른 사회문화적, 즉 종교적, 도덕적 혹은 인습적 가치와 질서에 구애받지 않고, 사회로부터 '빠져 나와' 이른바 경제논리 자체로 움직인다는 뜻이다.[11] 공동체의 질서 속에 묻혀 있던 시장경제가 자립화되었듯이, 소유권도 공동체의 법원리 속에 묻혀 있다가 자립화된 것이다. 이렇듯 근대의 개인주의적 소유권은 시장경제체제와 분리하여서는 온전하게 이해되기 어렵다. 라드브루흐가 근대법의 인간상을 상인이라고 말하는 것과도 연결될 수 있을 것이다. 각 개인은 소유권에 기해 다른 권위와 원리에 구애받음이 없이(물론 근대적 재산법의 체계는 엄격히 준수하면서) 순전히 이기적인 목적을 위해서 경제적 이익을 추구할 수 있는 것이다. 자유시장은 개인주의적 소유권체계를 요구하고, 또 개인주의적 소유권체계는 자유시장에서 역동적인 거래관계를 형성한다.

재화의 운용에서 배타적인 소유권체계가 절대적인 지위를 차지하면서 다른 사회·문화적인 혹은 도덕적인 차원의 부의 재분배는 부수적인 것으로 밀려나거

---

10) 프랑스 혁명기의 1789년의 인권선언 제17조에서 소유권은 "un droit inviolable et sacré"라고 명확하게 표현되어 있다.

11) 폴라니는 경제체계의 자립성 이른바 '자기조정적 시장'을 19세기의 특별한 산물로 본다. 그리고 그러한 변화를 '거대한 변환'으로 보고 여기서 우리 시대의 정치적·경제적 기원을 구한다. 폴라니는 다음과 같이 말한다. "사실 어떤 사회라도 재화의 생산과 분배의 질서를 보장하는 그 나름의 시스템을 갖지 않는다면 존속할 수 없다. 그러나 그것은 독립적인 경제제도가 존재한다는 것까지 의미하지는 않는다. 보통 경제적 질서는 그것을 포함하는 사회적 질서의 기능 중 하나에 불과하다. 이미 살펴 보았듯이 부족제의 기초에도, 봉건제의 기초에도 또 중상주의의 기초에 있어서도 사회 내에 독립된 경제 시스템은 존재하지 않았다. 경제활동이 분리되고, 특수한 경제적 동기에 의해 움직여지는 19세기 사회는 사실 다른 곳에서 유례를 볼 수 없는 새로운 발전이었다." 칼 폴라니(박현수 역), 『거대한 변환 — 우리시대의 정치적·경제적 기원 —』, 민음사, 1996, 95면. 요즈음 많이 쓰이는 경제논리라고 하는 것은 폴라니에 따르면 근대 시장사회에서만 가능하고, 또 그 사회를 특징짓는 상대적인 원리일 뿐이며, 인류의 경제의 역사는 보통 정치, 문화, 종교, 도덕 등 다른 사회질서와 원리 속에 묻혀서 기능해 왔을 뿐이다. 경제논리가 사회의 지배적인 원리로 되는 것은 결코 선험적이거나 절대적인 것은 아니라고 하는 것이다.

나 부정적인 것으로 경계된다. 각자의 삶에 대한 책임은 오직 시장경제 속에서 전적으로 그 자신의 몫인 것이다. 배타적인 재산법체계, 각자의 소유권의 자유로운 처분과 그러한 처분들의 상호거래, 요컨대 사적 자치를 제외한 다른 공동체적 원리는 모두 배척된다. 이전의 공동체적인 상호의존의 물적 체계와 그에 바탕을 둔 물권적 상호침투(즉 생존권적 물권의 우선성) 그리고 공동체적 관점에서의 생활부조는 거부된다. 나아가 그러한 경제 외적인 고려에 의한 재화의 이전 혹은 사회보장체제는 자연법칙에 어긋나는 것으로 이해되며, 오히려 부를 축소시키며, 개인들을 도덕적으로 퇴화시키는 것으로 평가된다. 즉 신의 섭리와 사회발전에 어긋난다고 본다. 이제 개인주의적 소유권체계는 스스로 자신의 삶을 철저하게 책임지는 개인들 간의 무한경쟁의 시대를 연 것이다.[12)]

Ⅲ. 영국에서의 근대적 소유권사상의 전개과정

이하에서는 위에서 그 개요가 설명된 근대의 개인주의적 소유권이 영국의

12) '배타적 자유'를 속성으로 하는 개인주의적인 소유권이 근대정신의 핵심이라는 주장은 이미 맥퍼슨의 소유적 개인주의(possessive individualism)에서도 나온 바 있다. C.B.맥퍼슨(이유동 역), 『소유적 개인주의의 정치이론』(인간사랑, 1991). 맥퍼슨은 이 책에서 홉스와 록크는 물론이고 수평파조차 소유적 개인주의로 규정하여 큰 반향을 일으켰다. 맥퍼슨은 소유적 개인주의의 기본명제로서 다음을 제시한다. "1. 한 사람이 인간답게 되는 것은 다른 사람의 의지에 대한 종속으로부터의 자유 때문이다. 2. 다른 사람에 대한 종속으로부터의 자유란 자기 자신의 이익을 위해 자발적으로 개입하는 관계 외에 다른 사람과의 어떤 관계로부터도 자유롭다는 것을 의미한다. 3. 개인은 본질적으로 그 자신의 신체와 재능에 대한 소유자이며 이에 대해 그는 어떤 사회적 부채도 지지 않는다. 4. 개인은 그 자신의 신체에 대한 소유권 전체를 양도할 수는 없지만 그 자신의 노동력은 양도할 수 있다. 5. 인간사회는 일련의 시장관계로 구성된다. 6. 다른 사람의 의지로부터의 자유란, 그것으로 인해 한 사람이 인간적으로 되는 그러한 것이기 때문에 각 개인의 자유는 다른 사람의 동일한 자유를 보장하는 데 필요한 의무와 규칙에 의해서만 정당하게 제한될 수 있다. 7. 정치사회는 신체와 재화에 대한 개인의 소유권의 보호를 위한, (따라서) 그들 자신에 대한 소유자로 간주되는 개인들 간의 질서 있는 교환관계의 유지를 위한 인간의 고안물이다." 필자는 소유적 개인주의가 근대정신의 기초라는 맥퍼슨의 주장에 동의한다. 하지만 그것이 이미 홉스와 로크 시대에 뚜렷한 시대정신으로 자리하였는가에 대하여는 의문이 있다. 필자는 그 소유적 개인주의는 중세 말 이후 19세기에 이르기까지 지속적으로 형상화되어갔다고 보며, 이 글도 그러한 과정을 추적하는 데에 목표를 두고 있다.

경우에 어떻게 성립하였는가에 관하여 알아보고자 한다. 먼저 그 역사적 과정을 살펴보고, 이어서 소유권론의 전개과정을 사회연대적 사소유권—사소유권과 복지권의 분화—개인주의적 사소유권의 안정화—배타적 사소유권의 절대화로 구분하여 논하고자 한다.

1. 역사적 과정

영국의 경우 이러한 개인주의적 소유권체계의 형성은 인클로저(Enclosure)라는 중대하고도 지속적인 역사적 사건과 결부되어 있다. 인클로저는 토지에 관한 중세의 공동체적 소유관계를 종식시키고, 단일소유권 즉 개인주의적 소유권체제를 창출해 내었다. 인클로저 이전에는 마을이 하나의 공동체(장원경제)를 구성하여 공동경작이 일반적인 경작형태였으며, 사람들은 마을의 토지와 농기구 등의 물건들에 대하여 어떤 공유적 물권을 주장할 수 있었다. 그러나 인클로저의 결과로 공유적인 물권체계는 붕괴하고 우월적 지위에 있는 원 소유자의 배타적 단일소유권이 확립되었다. 그리고 그 와중에 힘없는 영세민들은 삶의 공동체적 터전을 상실하고, 농업노동자로 전락하거나, 고향을 등지고 도시로 가서 산업노동자가 되거나, 아니면 유랑하는 걸인으로 영락하였던 것이다.[13)]

---

13) 인클로저 운동은 15세기에 시작하여 18세기까지 지속된 영국사회의 일대 사건이었다. 당시 농민층의 다수는 자유토지보유농이 아니라 관습소작농이었는데, 이들 대부분은 등본토지보유농(copyholder)으로서 장원 관습법에 의거하여 장원청 토지대장의 등본에 기재된 내용대로 토지를 보유한 자들이다. 이들은 중세 장원 농노의 후손들로서 이제 인신적으로는 자유이나 경제적으로는 여전히 종속적인 상태를 벗어나지 못하였다. 또한 날품팔이 일꾼들로 분류되는 영세농민이 적지 않았다. 이들은 겨우 5에이커 미만의 농지를 보유한 채 임노동으로 수입을 보충해야 하는 소작농들이거나, 오두막과 채전 등만을 지닌 자들이었다. 이들의 수는 16~17세기를 거치면서 점점 증가하였다. 이러한 영세소농에게 중요한 것은 장원의 공유지와 공동사용권이었다. 그로부터 자신의 양과 소와 돼지를 키울 수 있었고, 건축용 목재와 땔감과 토끼나 새 같은 먹을거리를 얻을 수 있었으며, 잠자리를 만들거나 지붕을 이는 갈대를 거두어 갈 권리를 향유할 수 있었다. 이러한 공동권은 빈민에 대한 마을의 자선(慈善)이 아니라 마을 전체의 경제의 한 부분이며 합법적인 권리인 것이다. 이렇듯 중세적인 소유권체계는 근대의 개인주의적 소유권체계와는 사뭇 다른 공동체적 성격을 띠고 있었다. 그러나 인클로저는 그것을 근본적으로 변화시켰다. 인클로저는 그러한 공동체적 소유관계를 이제 단일한 소유관계, 즉 근대적 소유권체계로 전환하는 과정이었으며, 이는 영세농민들에게 파멸적인 재앙을 뜻하는 것이었다. J. F. C. 해리슨(이영석 역), 『영국민중사』

이처럼 인클로저 등을 통하여 근대의 배타적인 소유권이 형성되어 가지만, 그것이 즉시 정착된 것은 아니었다. 즉, 인클로저가 유발한 빈곤을 공동체가 전적으로 외면한 것은 아니었다. 각 교구(敎區)를 단위로 하여 구빈세(救貧稅)에 기초한 일종의 사회보장제도가 시행되었던 것이다.[14] 엘리자베스 여왕 때의 구빈법[1552-1601, 이를 구(舊)구빈법이라고 한다]과 스피남랜드(Speenhamland)법(1795)에 의한 원외구제(outdoor relief, 즉 구빈원 밖에서의 생계보장)가 그것이다. 구빈법은 일할 능력이 있는 자와 그렇지 못한 자를 나누어 전자에게는 노동을 강제하고, 후자에게는 사회보장을 해 주는 것이었다.[15] 그리고 스피남랜드법은 실제로 취업하여 노동하고 있는 이들에게 최저생계를 보장해 주고자 한 제도였다.[16] 이러한 구빈제도는 중세의 공동체적 사회에서 마을 주민들이 공동체에 대하여 주

(소나무, 1989), 117-122면 참조. 한편 마르크스는 이러한 인클로저를 농촌주민으로부터의 토지수탈로 표현하고 있으며, 여기서 자본주의의 시초축적(혹은 원시축적)을 본다. 마르크스는 자본주의 경제에서 시초축적이 차지하는 비중은 "신학에서 원죄가 하는 역할과 거의 비슷하다"고 한다. 마르크스(김수행 역), 『자본론 I(하)』(비봉출판사, 1994), 897면.

14) 구빈제도가 바로 시행된 것은 아니고, 초기에는 단지 걸식을 허용하는 차원이었다. 물론 노동능력이 있는 자가 걸식을 하는 것은 금지되었다. 걸식금지법(헨리 8세, 1531년)에 따라 걸식하기 위해서는 일할 능력이 없다는 승인을 받아야 했다. 승인이 없는 걸식은 혹독하게 처벌되었다. 마차에 묶어 유혈이 낭자할 때까지 채찍질당하고 자신의 일자리로 돌려 보내졌다. 한편 에드워드 6세에 이르러(1547년) 그 처벌이 강화되었다. 첫번째 위법의 경우는 V자를 가슴에 새기고 2년간 노예로 지내게 하고, 두 번째로 위반하면, S자를 이마에 새기고 영원히 노예로 삼는다. 그리고 세 번째로 위반하면 처형한다. http://ia1.carleton.ca/52100/m2/m2contents.html 참조.

15) 엘리자베스 시대의 구빈법은 이전의 걸식의 승인이라는 소극적 차원에서 사회보장이라는 적극적 차원으로의 변화를 보여준다. 이는 오늘날 사회복지 개념의 맹아라고 할 수 있다. 각 교구는 교구내의 빈민을 구호하고 다스릴 책임을 부담한다. 노동능력자에게 일거리를 마련해 주고, "불구자, 무능력자, 노령자 등 빈곤하고 일할 수 없는 사람들"을 구호하며 아동을 일정한 가정에 맡겨 도제로 만드는 조치를 취하되, 일할 능력이 있는 이들이 걸식을 할 경우에는 처벌로써 강제노동을 시켰다. 그리고 그 자원은 자산가에게 구빈세를 할당함으로써 마련되었다. 그러나 주의할 것은 이 구빈법도 일할 능력이 있는 이들에게 노동을 강제하는 것에 역점을 두고 있다는 점이다. 즉 사회보장이라기보다 노동의 강제라는 점이 우세하였다는 것이다. 해리슨, 위의 책, 126-127면 참조.

16) 스피남랜드법은 1795년 불황이 심각하던 당시에 버크셔의 치안판사들이 뉴버리 근처 스피남랜드에 모여 생계보조 급부금을 지급하기로 한 결정을 말한다. 이 법령에 따르면 빈민 개개인의 수입과 관계없이 최저소득이 보장되어야 한다. 그 재원은 구빈세에 의하여 충당되었다. 폴라니, 위의 책, 102면.

장할 수 있었던 공유권적 물권이 이제 복지권의 형태로 바뀌었음을 말해준다. 즉 중세에 빈민들의 생계는 마을 공동체의 재화에 대한 직접적인 생존권적 물권으로 유지되었다면, 이제는 단지 간접적으로 국가 혹은 공동체의 복지혜택에 의해 유지되었던 것이다. 이러한 복지권도 역시 소유권에 대한 중요한 제약으로서 소유권의 사회적 구속성을 표현해 주고 있다. 따라서 아직 절대적인 배타적 소유권은 성립하지 않았다고 볼 수 있는 것이다.

폴라니가 근대적 시장경제는 진정한 의미에서 이러한 구빈제도의 폐기와 함께 완성되었다고 하였듯이, 근대적 소유권체계의 완성시점도 그렇게 볼 수 있다. 구빈세는 자산가들에게 커다란 부담을 안겨 주었고, 또한 빈민들의 도덕적 해이도 초래하였다. 소유권의 보장과 시장경제의 유지, 자연의 철칙 등의 명분으로 그 폐지의 요구가 거세졌다. 공공기금으로부터 생계의 보조를 받는 노동자들은 계속 증대되어, 세부담은 가중되었다. "일단 세금에 의존하게 되면, 항상 세금에 의존한다"는 말처럼, 대중은 임금보다도 구빈을 바라게 되었고, 경제는 파국에 이르렀다. 드디어 1834년 구구빈법이 폐지되고 대신 신구빈법이 제정된다. 아울러 스피남랜드 법도 철폐된다. 신(新)구빈법은 빈민구제에 보다 엄격한 기준을 부과한 것으로 구법의 사회보장적 성격 — 극빈 노동자들의 소득보장, 실업보장, 가족 수당 등이 제거된 것이다.[17)]

이와 같은 구빈제도의 철회 혹은 축소는 곧 소유권에 붙는 제약과 부담의 제거 혹은 약화를 뜻하며, 개인들의 배타적 자유와 고유한 책임을 강화한 것이다. 이제 소유권은 중세적 생존권적 물권이라는 직접적 제약으로부터는 물론이고 사회보장 내지 복지의 요청이라는 간접적 제약으로부터도 해방된다. 심지어 빈민에 대한 자선은 이제 도덕적으로도 평가절하된다. 반대로 가난과 불평등은 사람들에게 근로의 의욕을 촉진시키는 신의 섭리로 정당화된다. 사회는 배타적 소유권을 지닌 개인들 간의 무한한 경쟁을 통하여 진화해 간다고 보는 것이다. 그리하여 소유권과 그의 활용인 계약의 자유를 보장하는 것 이외의 모든 공적 규제와

---

17) 구빈원을 제외한 다른 시설의 구제를 폐지하고, 모든 빈민을 구빈원에 입소시켰다. 그리고 구빈원의 모든 조건은 사회의 최하소득의 노동자들의 조건보다 더욱 열악하게 하였다. 그리하여 그 실제목적은 빈민들을 구빈원에서 쫓아내어 다시 사회의 노동현장으로 돌려 보내는 것이었다고 한다. 이는 바로 값싼 노동력의 확보와 구빈세의 부담의 축소를 위한 것이었다. 사람들은 새로운 구빈원을 '바스띠유'라고 불렀다고 한다. 해리슨, 위의 책, 231-236면.

사회보장적 조치들은 사회의 발전에 저해되는 것으로 부정된다. 이렇게 하여 개인주의적 소유권은 그 배타적 자유와 철저한 자기책임이라는 절대적 형식을 얻게 된다.

2. 사회연대적 사소유권

이미 본 바와 같이 중세의 물권체계는 공동체주의적이라고 말할 수 있을 것이다. 그로부터 개인주의적이며 배타적인 사소유권의 체계로 이행하면서 근대사회가 성립한다. 근대의 개인주의적 소유권의 사상에 기초를 놓은 이들로서 그로티우스와 푸펜도르프를 꼽을 수 있다.[18] 이들은 근대 변혁의 이념인 자연권 사상과 선점이론 및 사회계약론을 무기로 하여 중세 공동체적 사회에서 개인적 소유권을 창출해 내었다.

이 단계에서는 원천적으로 공동소유였던 세상으로부터 사소유권체제를 창출하는 것이 중요한 과제였다. 그로티우스는 사회가 발전하면서 인간은 보다 이기적인 존재가 되고 따라서 사회의 존속을 위하여 사소유권이 필요하게 된다고 한다. 그런데 과연 특정의 개인에 사유의 권원을 부여해 줄 수 있는 근거는 무엇일까? 그로티우스와 푸펜도르프는 선점과 동의의 이론으로 사소유권을 정당화한다. 공동소유가 불가능하다면, 이제 개인적인 수취를 통한 분할의 과정이 남을 뿐이며, 먼저 자신의 것으로 수취하여 점유하고 있는 이들의 권리를 존중할 수밖에 없다는 것이다.[19]

---

18) 이들은 비록 영국인들은 아니었지만 영국의 소유권사상의 전통에 이들을 포함시키는 것이 무리는 아니다. 왜냐하면 근대 서구 자연법론 및 소유권론은 이들로부터 시작하였다고 말할 수 있고, 또 당시 유럽의 사상계에서 국적의 경계란 큰 의미가 없었으며, 나아가 후대 영국의 학자들은 바로 이들의 사상을 바탕으로 하여 자신들의 이론을 전개하였기 때문이다.

19) 그로티우스는 선점을 비중있게 다룬 반면 푸펜도르프는 동의의 중요성을 강조한다. Thomas A. Horne, *Property Rights and Poverty — Political Argument in Britain,* 1605-1834 (Chapel Hill/London, 1990), 13, 35면 참조. 그로티우스의 경우 *Mare Liberum*에서는 원초적 사용권에 기초한 선점이 강조되었지만, *De Jure Belli ac Pacis*에서는 동의의 원리의 일반성을 강조하는 것으로 이행하였다고 한다. Stephen Buckle, *Natural Law and the Theory of Property — from Grotius to Hume* (Oxford, 1991), 44면 참조. 푸펜도르프는 소유권 형성에서의 '계약'(pact)의 의의를 분명히 함으로써 그로티우스의 논의를 발전시키고자 하였다. 위의 책, 106면 참조.

여기서 소유권은 자연권이라는 점이 강조된다. 이는 모든 개인들이 원천적으로 소유에 대한 권한을 가지고 있음을 암시한다. 특히 그로티우스는 원천적 공동소유를 상정한다. 즉 세계는 신에 의하여 인류에 공유의 상태로 주어졌다고 상정하는 것이다. 여기에서 우리는 그로티우스의 소유권론의 기저에 흐르는 공동체적 관념 혹은 중세적 관념을 읽을 수 있다. 세계를 원래 공유의 상태로 가정하는 것은 다른 입장, 즉 푸펜도르프처럼 세계를 소극적 공동소유 즉 무주물의 상태로 보는 입장, 혹은 그러한 기본전제를 아예 상정하지 않는 이후의 다른 이론가들의 태도와는 큰 차이가 있는 것이다.[20)]

이 단계의 사소유권이론은 아직 근대의 전형적인 소유권 개념과는 거리가 있다. 사회적 연대성이 여전히 남아 있는 것이다. 우선 개인의 소유권은 타인에 의하여 직접적으로 제한되는 형태를 띤다. 그 가장 두드러진 것으로 필요권(the right of necessity)을 들 수 있다. 필요권이란 곤궁에 처한 이들이 타인의 재산을 취할 수 있는 권리이다. 이를테면 긴급피난의 차원에서 타인의 소유권의 침해를 합법적으로 인정하는 것이다. 물론 이는 보충적이고 부수적인 효력을 가질 뿐이다. 그리고 필요권의 행사 후에는 원칙적으로 사후보상이 필요한 것으로 이해된다.[21)] 그로티우스는 이러한 필요권 이외에 이른바 무해사용권을 긍정한다. 타인

---

20) 원천적 공동소유의 개념과 그로티우스와 푸펜도르프의 차이에 대한 일반적 설명으로는, Horne, 위의 책, 12, 34면 등 참조. 푸펜도르프는 그로티우스가 적극적(positive) 공동소유와 소극적(negative) 공동소유의 구분을 명확히 하지 않았다고 비판한다. 푸펜도르프는 모든 이들에 원천적 사용권을 허용하는 적극적(positive) 공동소유가 아니라 상호의 합의에 의하여 배타적 소유권이 창출될 수 있는 조건으로서의 소극적(negative) 공동소유가 더욱 자연에 부합하는 설명이며, 또 그로부터 사소유권의 기원을 찾는 것이 옳음을 역설한다. Buckle, 위의 책, 93면 이하, 특히 95면 참조.

21) 위의 책, 15면 및 36-37면 참조. 이러한 필요권의 근거로서 그로티우스는 원천적 공동소유의 권리를 들고 있다. 즉 필요권은 사소유권의 발생 이전에 모든 이들이 가지고 있는 원천적 소유권의 발로라는 것이다. 그러나 푸펜도르프는 그로티우스와 견해를 달리한다. 푸펜도르프는 그로티우스의 원천적 공동소유의 관념을 부정할뿐더러 필요권의 근거도 소유권의 근거와 같이 계약에서 구한다. 즉 무단히 굶어 죽는 것을 방치하는 제도에는 그 누구도 동의하지 않을 것이라는 관점이다. 이는 흡사 오늘날 롤즈가 말하는 원초적 입장에 놓인 당사자들의 최소극대화(맥시민)전략을 연상케 한다. 서로가 최악의 상황은 면하고자 하는 것이다. 그리고 푸펜도르프의 필요권은 그로티우스의 그것보다 제한적이다. 푸펜도르프는 필요권의 행사의 요건으로 청구자의 절박한 사정이 그 자신의 귀책사유로 발생하지 않았어야 함을 요구하고, 또 사후적으로 필요권 행사에 따른 피해를 반드시 보상해야 할 것을 요구한다. 푸

에게 해를 가하는 것이 아닌 한 그 소유물을 잠정적으로 이용할 수 있다는 것이다. 이는 바다나 삼림과 같은 공공재적 재화는 물론 개인의 사유물에 대하여도 긍정된다.[22]

나아가 이 단계에서는 개인의 소유권은 군주의 고권적 권리에 양보하여야 하는 것으로 인식된다. 그로티우스는 군주의 재산적 요청은 제 3 채권자의 권한에 앞선다고 하는 등 푸펜도르프도 군주의 고권적 소유권을 옹호하여, 사익에 대한 공익의 우월성을 긍정하고, 공공성을 위한 사적 재산권의 제한을 허용한다. 예컨대 상거래의 특허권 부여, 사치금지의 법령,[23] 임금과 가격 통제, 길드 그리고 상속과 혼인의 규제 및 근로에의 강제 등을 거론한다.[24] 이는 이들 사상가가 중세에서 벗어나기는 하였지만 아직 시민이 주체가 되는 근대사회로 넘어 오지 못한 절대주의 시대에 살고 있음을 단적으로 말해준다.

요컨대 이 단계에서의 사소유권의 개념은 아직 근대적 개인주의적 소유권과는 거리가 있는 것이었다. 대신 중세의 공동체적인 요소가 다분히 섞여 있었다. 즉 빈민들의 생존권적 물권과 공공재에 대한 보편적인 무해사용권이 보장되었고, 공동체의 권위에 의한 공공의 목적에 따른 소유권의 제한과 조정을 당연한 것으로 인식하고 있었다. 사소유권이론이 결코 공동체의 요구에 앞서는 개인의 배타적 소유권을 강조하는 데에 이용되지는 않았다. 비록 보충적인 것이긴 하지만, 필요권과 무해사용권이 인정되어, 개인주의적 사소유권에 대한 직접적 부담이 긍정되었다. 생존권적 물권이 소유자의 배타적 자유를 제한하였다.

펜도르프는 그로티우스에서처럼 필요에 의한 침해의 권리(필요권)가 공동소유의 원천적 사용권에서 연유한다면, 그 필요권은 잠정적이고 한시적인 권리라기보다 상시적인 일반적인 권리가 되어, 그 제한이 용이치 않게 된다고 비판한다. 그리고 필요권이 애초의 원초적인 소유권에서 나오는 것이라면, 사후 보상을 말할 근거가 별로 없게 된다고 지적한다. 나아가 필요권을 본래의 권리로 보면 이는 결국 악한들과 게으름뱅이들에게만 유익하게 쓰이게 될 것이라고 비판한다. 푸펜도르프는 그로티우스의 필요권의 개념에 놓인 난점을 비판함으로써 소유권 개념의 근대화를 촉진시킨 것이다. 푸펜도르프의 필요권에 대한 논의에 대한 자세한 설명은 Buckle, 위의 책, 108-118면 참조.

22) Horne, 위의 책, 15면 참조.

23) 참고로 사치의 일상화가 자본주의의 발전에 중요한 조건이며, 따라서 사치금지의 법령의 철폐가 자본주의의 발전에 큰 영향을 끼쳤다는 주장에 대해서는 W.좀바르트(이상률 역), 『사치와 자본주의』(문예출판사, 1997), 특히 193면 이하 참조.

24) Horne, 위의 책, 17, 38면 참조.

이 시대에 사소유권을 자연권으로 주장하는 것은 중세의 소유권의 봉건적 제약과 절대주의 시대의 왕의 우월적 권한으로부터 개인의 사적 소유권을 확립하는 데에 의의가 있다고 볼 수 있다. 이 단계에서 근대적 소유권의 속성인 '배타적 자유'는 비소유자에 대한 배척이라기보다 중세적 제약으로부터의 해방이라는 측면이 강한 것이다. 유산계급의 자기중심주의로 해석되기보다는 보편적인 소유권 주장 즉, 자연법상 모든 개인들은 자신의 자유의 실현을 위하여 온전한 소유권자가 될 수 있다는 것으로 이해되는 것이다. 여기서 사소유권은 아직 확립된 체제가 아니었고, 그것을 촉구하며, 그것으로 이행하는 것이 과제였다.

3. 사소유권과 복지권의 분화

근대의 개인주의적 소유권의 형성에서 로크의 노동이론은 중요한 전기를 마련하였다. 주지하듯이 로크는 선점이나 계약이론을 거부하고 새롭게 노동이론으로 사소유권을 정당화한다. 사실 선점과 동의의 이론으로 개인주의적 소유권을 확립하는 데에는 한계가 있다. 선점이라는 사실행위는 지배의 배타성을 주장하기에는 적합할지 모르나 소유의 규범적 근거로 기능하기에는 미약하며, 동의의 이론은 그 자체 공동체주의적 요소를 바탕에 깔고 있어 개인주의적 소유권을 위협할 소지가 다분한 것이다.

그러면 노동의 결과는 어째서 그에 고유한 것으로서 배타적으로 존중되어야 하는가? 로크는 노동의 의무는 신의 명령으로서 존중되어야 한다는 전제 하에 첫째, 노동에 의하여 그의 것이 된 것은 그 자신과 마찬가지로 그에 고유한 것으로서 존중되어야 하며(이른바 mixing의 비유), 둘째, 가치는 노동에 의하여 창조되는 것이며, 창조된 가치는 그 노동의 주체에 귀속되어야 한다는 논거를 내세운다.[25] 그런데 로크는 위의 첫번째와 두 번째의 논거 즉 노동은 신체활동의 결과이므로 그 결과가 그의 것으로 존중되어야 한다는 논변과 노동이 특별한 가치를 증대시키므로 그것은 가치 창조자에 속하여야 한다는 논변을 뚜렷이 구분하고 있지는 않다.

하여튼 이러한 노동이론은 소유권의 개인주의적 토대를 보다 굳건히 하였다

25) J. 로크(강정인/문지영 역), 『통치론』(까치, 1996), 제 5 장 27, 32, 40절 등.

고 볼 수 있다. 신체라고 하는 개인의 고유한 요소를 생각할 때, 노동을 사소유권의 규범적 원천으로 보는 것은 상당한 설득력이 있다. 소유권의 정당화 근거로서 노동이론은 오늘날까지 커다란 지지를 받고 있다. 이러한 노동이론을 통하여 근대의 소유권 개념은 결정적으로 절대주의적 간섭을 배제하고 시대이념으로 정착할 수 있었다.[26] 그리하여 바베이락(Babeyrac)이나 블랙스토운에 와서는 배타적 자유를 표방하는 근대적 소유권의 개념이 명확한 형식으로 표현되었던 것이다.[27]

이렇게 강화된 소유권 이론에서 이제 그로티우스와 푸펜도르프에서 강조되었던 필요권과 무해사용권 등이 들어설 여지는 없게 된다. 즉 사소유권에 붙어있던 중세 공유권적인 잔재가 청산된 것이다.[28] 하지만 아직 이 단계에서도 근대적인 의미에서 배타적이고 절대적인 소유권 개념이 확립되었다고 볼 수는 없다. 배타적인 사소유권의 요청과 병립하여 민중들의 생존권적 요구가 여전히 주장되었던 것이다. 물론 그것은 이제 더 이상 필요권과 같은 어떤 물권적 요구로 나타나는 것은 아니고, 새롭게 복지권의 형태로 대두하였다.

로크도 전적으로 사소유권의 배타성과 절대성을 주장하지는 않았다. 주지하듯이 로크는 사소유권의 정당화에서 이른바 사용과 부패의 제한이라는 단서를 붙이고 있다. 노동의 결과는 그 노동을 투여한 사람의 소유로 볼 수 있되, 첫째, 그것은 동시에 그 자신이 노동할 수 있는 한도 내에서, 즉 타인이 노동할 수 있는

---

26) 주지하듯이 로크의 소유권론이 자세하게 전개된 『통치론』은 바로 영국 명예혁명의 이론적 근거이자 그 정당화 작업이었다. 영국 시민혁명은 여러 측면을 담고 있지만, 그 핵심적인 것 가운데 하나는 바로 시민계급의 소유권에 대한 국왕의 고권적 간섭을 배제하는 것이었다. 이에 대하여는 송규범, "John Locke의 정치사상," 서울대학교 박사학위논문, 1991 참조.

27) 이는 특히 조금 후대의 사람이지만 블랙스토운의 소유권 규정에서 잘 나타난다. "소유권, 즉 외부의 물건에 대하여 세상의 다른 사람들의 권한을 완전히 배제하고 그 자신이 권리를 행사하고 사용할 수 있다는 배타적이고 절대적인 지배권으로서의 소유권보다도 더 인류의 감정과 상상력에 들어맞는 것은 없다." W. Blakstone, *Commentaries on the Laws of England* (4 vol., Oxford, 1765-1769, Chicago/London 1979 재출판), 제 2 권 2면.

28) 이는 바베이락의 논의에서 잘 드러난다. 그는 그로티우스가 주장하는 타인에게 해를 주지 않는 범위에서 타인의 혹은 공공의 물건을 사용할 수 있는 무해사용권, 자유통행권, 황무지의 선점권 등을 비판한다. 그는 그러한 것은 권리가 아니라 단지 소유권자의 도덕적 양해사항일 뿐이라고 한다. 설사 인정상으로는 궁핍한 이에게 그 물건을 사용하도록 허용하는 것이 맞다고 할지라도 소유권으로부터는 필연적으로 그것을 거부할 권한이 도출된다고 한다. Horne, 위의 책, 68면 참조.

여지를 남겨두는 한에서만 인정될 수 있으며, 둘째, 노동의 결과물이라고 하여도 다 사용할 수 없어 썩혀 버리게 되는 부분은 그 사람의 소유로 인정할 수 없다는 것이다.[29] 이는 중세 공동체의 공유권적 사유를 반영하고 있는 것으로 볼 수 있다.[30]

나아가 로크는 『통치론』의 제 1 론에서 부를 타인을 노예로 삼기 위한 수단으로 삼아서는 안 된다고 밝히고 있다. 그리고 부자들은 가난한 이들을 구호하여야 할 도덕적 의무가 있다고 말한다. 만약 부자들이 그것을 이행하지 않을 경우, 가난한 자들은 그 여유분을 취할 권리가 있다고 말한다.[31] 즉 가난한 이들에게 극도의 궁핍에서 해방될 정도에 있어서는 사회의 재화를 수취할 권리를 인정할 수 있다는 것이다. 이리하여 로크는 영국 구빈법의 지지자가 된 것이다.[32]

노동이론에 의하여 개인주의적 사소유권론은 보다 강화되긴 하였지만 그것은 아직 절대적으로 관철되지는 않는다. 즉 여전히 소유권의 사회적 부담을 승인한다. 하지만 그것은 이제 그로티우스 등에서 본 생존권적 물권의 형태가 아니라 복지권이라는 사회보장의 차원으로 나타난다. 노동이라는 일신전속적인 사실을 생각할 때, 노동이론에서 필요권과 같이 개인주의적 소유권 자체를 변형시키는 공동체적인 소유권을 수용하기는 어려울 것이다. 로크 등은 인클로저 운동으로 상징되는 개인주의적 소유권을 옹호하면서도, 동시에 빈민에 대한 사회적 구제의 의무와 빈민들의 복지에의 권리를 긍정하였다. 그리고 비록 절대군주에 의한

---

29) 로크, 위의 책, 31, 37, 38절 등.

30) 그러나 로크는 그에 머물지 않고, 곧 이어서 그러한 사소유권의 제한을 스스로 거부하고 나선다. 즉 초기 단계에서는 그와 같은 소유권의 한계가 있었지만, 사회가 발전하고, 생산과 거래가 확대되면서 사정은 달라진다는 것이다. 로크는 그것을 화폐의 사용으로 설명한다. 화폐는 위에서 언급한 사용의 제한과 부패의 제한을 넘어설 수 있게 해준다. 즉 부의 막대한 축적과 보존이 정당하게 되는 것이다. 로크는 이를 더 이상 노동이론으로 말하지 않는다. 오히려 화폐사용에 대한 동의라는 간접적인 논거로써 부의 불평등 분배와 그에 대한 배타적인 사유권을 긍정하는 것이다. 여기에 로크의 소유권론의 복잡성과 모호성이 자리한다. 위의 책, 45, 50절 등.

31) J. Locke, *Two Treatises of Government* (P. Laslett 편, Cambridge, 제 2 판, 1970), First Treatise, 42절.

32) R. Ashcraft, "Lockean ideas, poverty, and the development of liberal political theory," J. Brewer/S. Staves(ed.), *Early Modern Conceptions of Property* (London/ New York, 1996), 45면 참조.

자의적인 간섭은 당연히 배척되는 것이지만, 대표자들 즉 의회의 동의에 의한 그리고 공공 복리를 위한 소유권의 제한도 인정하였다.

4. 개인주의적 사소유권의 안정화

이 단계에 와서 개인주의적 소유권론은 이제 기득권의 유지라는 차원으로 접어든다. 우선 소유권의 성격을 더 이상 자연권으로 보지 않게 되었다. 소유권은 실정법상의 권리로 이해되고, 다만 공리적인 목적 혹은 도덕감정론에 의하여 그것이 필연적이고 자명한 제도라는 점이 강조되었던 것이다. 허치슨, 흄, 벤담 등 이 단계의 사상가들은 소유권을 전통적인 의미의 자연권으로 보지 않는다. 허치슨은 소유권을 자연권이 아니라 우연적(adventitious)인 권리로 보고,[33] 스코틀랜드 철학의 특유한 도덕감정(moral sense)이론에 기초하여 자명한 것으로 수용할 뿐이다. 흄도 소유권을 선험적으로 필연적인 규칙이 아니고 경험적으로 보편성을 확인할 수 있을 뿐인 인위적인(artificial) 규칙으로 이해한다.[34] 벤담의 자연권론에 대한 격렬한 비판, 특히 블랙스토운에 대한 비판은 주지의 사실이다.[35]

또한 부분적으로 로크의 이론의 영향이 남아 있다고 하여도, 다만 노동에 의하여 가치가 증대된다는 공리주의적 측면에 주목할 따름이다.[36] 노동의 인격적

---

33) F. Hutcheson, *A Short Introduction to Moral Philosophy* (Glasgow, 1747, Hildesheim/Zürich/New York, 1990, 재출판), 141-142면.

34) 그러나 다른 한편 흄은 다음과 같이 말한다. "정의(소유권을 포함하여 이해할 수 있음: 필자 주)의 규칙들이 인위적이라고는 하더라도 자의적이지는 않다. 우리가 어떤 종류에게 공통적인 것을 자연적이라고 이해한다면,…… 이와 같은 표현은 정의의 규칙을 자연법이라고 일컫는 데 결코 부적절하지 않다." 흄(이준호 역), 『도덕에 관하여 — 인간본성에 관한 논고 3』, 서광사, 1998, 55면.

35) 이처럼 주류적 사상에서 소유권이 더 이상 자연권으로 이해되지 않는다는 것은 역사적으로 어떤 뜻이 있을까? 다음과 같이 추론해 볼 수 있다. 시대는 어느덧 중세를 벗어나 시민계급이 주도권을 잡는 근대 자본주의로 접어들게 되었고, 개인주의적 소유권체계도 무르익어 가는 중이었다. 이러한 상황에서 계속하여 소유권의 자연권성을 주장하는 것은 불필요할뿐더러 심지어는 위험한 것일 수도 있다. 자연권으로서 소유권은 가난한 이들의 혁명의 이념으로 쓰일 수도 있는 것이다. 실제로 이후 페인이나 오웬 등 진보적인 사상가들은 다시 자연권 혹은 천부인권의 이름으로 가난한 이들을 위한 사회적 부의 재분배 혹은 복지권을 요구하였던 것이다.

36) 노동이론이 거부되는 것도 바로 앞의 각주와 같은 관점에서 이해할 수 있을 것이다. 시민

요소는 사라지고 단지 공리주의적 관점에서 사소유권을 정당화하는 것이다. 우선 오늘날까지 사소유권에 관한 공리주의적 논거로서 널리 주장되고 있는 생산과 근로에 대한 인센티브가 제시된다.[37] 사소유권이 근로를 촉진한다는 주장도 그런 맥락으로 볼 수 있다. 또한 오늘날 법경제학에서 주로 관심을 보이고 있는 거래비용의 감소, 예컨대 불필요한 분쟁의 방지와 관료기구의 비대화의 방지 등과 유사한 논의도 보인다.[38] 아울러 재산 보유의 안정성의 필요성도 비중있게 다루어진다.[39] 물론 여기서도 사소유권이 필연적인 제도라는 점에는 변함이 없다. 정의론에서 보통 '흄의 조건'이라고 불리우는 인간의 제한적 이타심과 자원의 희소성이 사소유권의 필연성의 논거로서 제시된다.[40]

이 단계에서 개인주의적 소유권의 '배타성'은 상당히 증대되었다. 허치슨은

계급이 절대군주와 봉건적 공동체주의에 맞서 개인주의적 소유권의 개념을 정초하는 데에는 노동이론이 유용할 수 있었겠지만, 원칙적으로 노동이론은 노동자들에게 가장 유리할 수밖에 없다. 마르크스의 이론이 노동가치설에 터잡고 있다는 사실이 그것을 예증한다. 노동자들의 노동의 산물을 자본가들이 취하는 것을 어떻게 설명할 것인가? 물론 경제학에서 흔히 말하는 바와 같이 자본가들의 자본투자라는 위험감수의 대가 혹은 우리의 재산법체계가 말하듯이 노동자들과의 계약으로 정당화할 수도 있지만, 소유권의 원천적 근거를 노동에서 구하는 한 노동자들의 인격권과 생존권에 기초한 사회적 부에의 참여의 요구를 무시하기는 어려운 것이다. 이는 단적으로 우리나라의 제헌헌법에 규정되었던 노동자들의 이익균점권을 보더라도 알 수 있다.

37) "누구도 자신의 노동의 열매를 자기가 가지리라는 보장이 없다면, 열심히 일을 하지 않을 것이다. 그렇게 되면 보다 활동적이고 부지런한 사람들은 게으르고 무가치한 이들의 영원한 희생과 노예가 될 것이다." Hutcheson, 위의 책, 150면.

38) 흄은 도덕적 덕목에 따른 분배 혹은 평등한 분배를 거부한다. 그 이유는 그것이 치명적인 결과를 초래할 것이기 때문이라고 한다. 도덕적 덕목에 따른 분배는 심각한 의견불일치를 낳고, 종국에는 내전으로 이어질 것이며, 평등한 분배는 근면과 보상에 대한 불합리한 평준화를 뜻하는 것으로 결국 전제주의와 빈곤을 초래할 것이라고 본다. Horne, 위의 책, 96면.

39) 벤담의 안정성에 관한 논의는 자유의 가치와 공리론을 결합한 것으로서 주목할 만한다. 그는 소유권을 단지 재산으로 파악하지 않고, 개인의 인격과 삶의 한 구성부분으로 파악한다. 소유권의 감성적 요소, 즉 소유권에 내포된 인간 존엄성의 요소를 긍정한다. 따라서 그 침해는 보다 심각해지는 것이다. 나아가 그 당사자만이 아니라 다른 일반 사람들에게도 커다란 위험 및 불안정성을 야기하여, 노동과 근면에의 의욕을 꺾는다고 본다. 즉 공리적으로 손해를 초래한다는 것이다. 위의 책, 154면 참조.

40) "여기에 내가 확실하다고 간주해도 될 것으로 생각하는 다음과 같은 명제가 있다. 즉 인간의 욕구에 비해 부족한 자연자원과, 아울러 인간의 자기중심성과 한정된 관대함 등 오직 이런 것들에 정의(소유권이라고 해도 좋음: 필자 주)의 기원이 있다." 흄, 위의 책, 65면.

인클로져를 옹호하여, 공유지를 사유화할 것을 주장하였다. 서로의 영역을 확실히 나누어 각자 더욱 열심히 일하지 않으면 생계를 유지하기 어렵게 하여야 한다는 것이다.[41] 또한 그는 부유한 수전노가 가난하지만 근면한 상인에 대하여 보유하고 있는 채권을 결코 무효로 할 수는 없다고 말한다. 그리고 허치슨은 심지어 부를 도덕적 우월성으로 가난을 도덕적 열등함으로 해석하기도 한다. 당연히 그에게서 필요권은 부정되고, 복지권마저 법적 권리로서의 자격을 상실한다. 가난한 이에 대한 부자들의 자선의 성격은 이제 법적 의무가 아니라 단지 도덕적 권고사항일 뿐이다. 이는 '완전의무'와 '불완전의무'의 구분에 관한 흄의 이론에서도 잘 나타난다. 그러한 구분은 단지 법(혹은 정의)과 도덕의 구분으로서만 의의가 있는 것이 아니라 복지권의 법적 성격의 부정 그리고 자산가들의 소유권에 붙는 부담의 경감이라는 측면에서도 의의가 있는 것이다. 그리고 벤담은 엘리자베스 시대의 구빈법에 대하여 강한 비판을 하며, 그 폐지와 근로의 강제를 역설하였다.[42]

이와 같은 사소유권에 관한 직관주의적 혹은 공리주의적 논의들은 대체로 현존의 소유권체계를 전제로 한다. 이전까지의 사소유권 옹호는 적극적이든, 소극적이든 원천적 공동소유에서 어떻게 사소유권이 발생하는가에 초점을 둔 데 반하여, 이제는 이미 존재하는 사소유권 제도가 왜 좋은 것인지, 그리고 그것을 침해할 때 어떤 나쁜 결과가 나올 것인지에 초점을 맞추게 되었다. 즉 소유권의 창출에 관한 정당성 혹은 보편성을 새롭게 제기하는 것이 아니라 기존의 소유권체계의 유지와 보존을 생각하는 것이다. 이 단계에서 소유권의 정신인 자유는 더 이상 보편적인 자연권으로서의 자유가 아니라 소유계급의 현상유지를 위한 실정적 권리로서의 자유이며, 사소유권의 '배타성'은 우월한 권력의 부당한 간섭에 대한 저항이 아니라 공동체의 요구에 대한 기득권의 옹호이다.

요컨대 이 단계의 소유권이론은 현상의 소유권체계의 안정화를 목적으로 한다. 이제 소유권에 붙는 사회적 연대의 부담은 단지 도덕적 권고사항에 지나지

41) Hutcheson, 위의 책, 163-164면.

42) 벤담은 모든 노동능력이 있는 이들에 대한 구호에 대해 원칙적으로 반대하였다. 근면한 노동자들이 가난한 것은 어쩔 수 없는 일로 치부하였으며, 나태한 노동자들은 그 유명한 판옵티콘의 감옥과 같은 형태의 근로작업장에서 강제로 일을 시켜야 한다고 하였다. Ashcraft, 위의 글, 55면 참조.

않게 된다. 근대적 소유권의 '배타성'은 한층 강화되었다. 그러나 아직 그 '배타성'은 공격적인 배타성은 아니라고 할 수 있다. 이 단계의 사소유권론의 관심사는 사소유권의 필연성과 그 현상의 유지 및 그 침해의 방지에 있지, 비소유 즉 가난과 불평등을 적극적으로 정당화하는 데에 있는 것은 아니었다. 그리고 현존하는 사소유권체계의 이면에 놓인 비참한 빈곤에 대하여 전적으로 외면하지 않는다. 이미 본 바와 같이 여기서 자선의 의무는 여전히 도덕적으로 효력이 있다. 빈곤은 구제되어야 하는 것이다. 구구빈법에 대한 강력한 비판자인 벤담도 원칙적으로 구빈의 필요성과 당위성을 주장하였다.[43)]

5. 배타적 사소유권의 절대화

이미 확고한 형태를 획득한 개인주의적 소유권은 이제 절대화의 경향으로 나아간다. 이것은 소유의 불평등에 대한 전적인 옹호로 나타난다. 개인주의적 소유권의 창출에 대한 문제의식은 아예 사라졌음은 물론, 사소유권제도 자체의 필요성이나 소유권의 안정화에 대한 관점도 넘어서 버렸다. 이제는 개인주의적 소유권의 부작용, 즉 사회의 빈곤과 불평등에 대한 합리화가 주된 과제가 되었다. 오직 기존의 소유체제의 재생산과 소유의 불평등체제를 정당화하는 데로 관심이 옮겨진 것이다.

그러한 논지는 구빈법의 철폐를 촉구하는 구빈법위원회(the Poor Law Commission)의 보고서에서 공식화된다. 여기서 가난은 바로 그 사람의 게으름과 부정 그리고 무사려(無思慮)에서 유래하는 것으로 규정된다. 그 위원회의 주도적인 인물이었던 낫소 시니어(N. Senior)는 가난한 이들에게 부여될 수 있는 복지권에 대하여 통박한다. 이는 계약적 관계인 고용주와 노동자와의 관계를 심각하게 위협하는 흉칙한 발상이라는 것이다. 그는 모든 정치제도 가운데 가장 중요하고 핵심적인 것은 바로 시장기구라고 말한다. 따라서 정부의 과제는 시장을 유지하는 것일 뿐, 그로부터 생겨나는 가난은 더 이상 사회적 문제가 아니라는 것이다.[44)]

---

43) 벤담은 빈자의 구호에 대한 요구는 부자의 여분의 재산에 대한 요구보다 우선하며, 삶에 대한 안정성이 재산에 대한 안정성에 앞선다고 보았다. 그리고 굶어 죽는 사람이 있다면 이는 일종의 살인이라고까지 말한다. Horne, 위의 책, 156-157면 참조.

이러한 불평등의 옹호와 가난의 자기책임의 이론은 나아가 신학적으로 뒷받침되었다. 당시 체스터의 주교와 켄터베리의 대주교를 역임한 섬너(John Bird Sumner)는 앞 단계의 공리주의자들이 희구하는 사회의 번영을 믿지 않을 뿐 아니라, 세상의 의미를 달리 구한다. 그에게 세상은 도덕적 시험의 장소인 것이다. 사람들은 희소한 자원을 둘러싼 경쟁을 통하여 도덕적 덕성을 배우게 된다는 것이다. 그는 가난과 불평등은 사람들로 하여금 분발과 근면을 독려하는 나름대로의 의미가 있다고 본다. 그리고 그 점에서 사유재산권이 필요하다고 본다. 배타적 소유권제도로 말미암아 사람들은 검약, 계획성, 자제, 정숙함을 배우게 된다고 한다. 나아가 가난한 이들을 부조하게 되면 오히려 그들을 도덕적으로 타락시키는 결과를 낳는다고 한다. 따라서 섬너는 복지권에 찬성할 수 없었다. 복지권은 자연스러운 불평등을 침해하여 결과적으로 신의 섭리를 오도한다는 것이다. 그리하여 그는 구빈법에 대한 강한 비판자가 된다. 구빈제도는 알콜중독, 성적 문란, 욕구불만 등의 원인이 되며, 가난한 자들의 자기책임을 일깨우기보다 부자들에 대한 비난의 마음을 키우게 한다고 본다.[45)]

한편 그 세속적 표현은 바로 맬서스와 스펜서 같은 사회진화론에서 발견된다. 인류는 생존경쟁이라는 자연적 철칙에 묶여 있으며, 적자생존이야말로 사회존속의 기본법칙이라는 것이다. 즉 개인들 간의 자유로운 경쟁에서 유능하고 근면한 이가 성공하고 살아남게 된다는 것이다. 그것은 자연법칙에 부합하는 것임과 동시에 사회발전을 뜻한다고 본다. 그 도달점은 스펜서가 말하는 것처럼, 개인의 자유를 완전히 행사하여 인간과 환경사이에 이루어진 자연적 균형이다. 그를 위해서는 국가는 국민의 신체와 재산 그리고 사적 계약의 이행만 보호하여야 하며, 다른 어떠한 사회적 조치로서 개인의 소유권과 자유를 제약하여서는 안 된다고 한다.[46)] 이는 사회진화의 자연스러운 과정 즉 적자생존을 방해하는 것이라고 보는 것이다.

---

44) Ashcraft, 위의 글, 56면 참조.

45) Horne, 위의 책, 169-172면 참조.

46) 스펜서는 음식물검사, 가스검사, 미취학 어린이 고용금지, 탄광의 환기갱도 설치의 요구 등의 정부조치들을 모두 자유주의에 반하는 것으로 비난하고 있다. H. Spencer, *The Man versus the State* (London/Edinburgh, 1884, D. Macgrae 편, Penguin Books, 1969 재출판), 71면 이하.

이리하여 근대의 개인주의적 사소유권의 '배타적 자유'는 소유계급에게는 재산권 행사에 무제약적인 자유를 안겨주고, 비소유계급에는 가혹하고도 철저한 자기책임의 부담을 지운다. 공동체주의적 물권이든, 아니면 보충적 차원의 생존권적 물권이든 복지권이든 혹은 도덕적 자선의무이든 혹은 재산에 대한 국가의 규제이든 부의 사회적 성격에 대한 인식, 인간들의 사회적 연대성은 모두 사라진다. 대신 그 자리에 개인들 간의 냉혹한 무한경쟁이 들어선 것이다.[47)]

IV. 결 어

소유권보장과 사회보장은 대립적인 것으로 그리고 별개의 뿌리를 가진 것으로 이해된다. 그러나 이상의 논의에서 보았듯이 그 양자는 같은 원천에서 나왔다. 일반적으로 말하여 서양 중세의 공동체주의적 물권체계에서 소유권은 결코 배타적인 자유가 아니었으며, 공동체의 원리와 구성원들의 생존권에 의해 제약되어 있었다. 그러한 소유권체계 속에는 사회보장의 의무와 공유적 물권이 내재되어 있었다.[48)]

그 후 시장경제의 형성과 맞물려 소유권은 개인주의적인 것으로 되고, 그 과

47) 물론 소유권의 개념이 이 단계에서 종결된 것은 아니다. 그리고 영국의 자본주의도 극단적인 자유방임주의에서 끝난 것은 아니다. 이후 소유권의 개인주의적·배타적 성격과 노동계급과 가난한 이들에 대한 자본주의의 냉혹함도 완화되어 갔다. 그러한 개혁적인 사상가의 대표로서 J. S. 밀을 들 수 있다. 밀은 특히 토지에 있어서는 사소유권을 원칙적으로 부정하는 공개념을 주창하였으며, 또 기업의 형태에 있어서도 노동자와 자본가의 구분이 없는 조합(association)식의 기업형태를 미래의 대안으로 제시하였다. 밀의 개혁사상에 대한 자세한 내용은 박세일, "존 스튜어트 밀의 사회개혁론," 조순 외, 『존 스튜어트 밀 연구』(민음사, 1992), 155-188면 참조.

48) 중세의 소유권은 결코 단순한 '자유'로 이해될 수는 없는 것이었다. 소유에는 항상 의무가 따랐다. 그것이 봉건제의 특성이다. 장원의 소유자는 장원농민들의 안전과 생계를 보장하여야 했던 것이다. 그 안전은 군사적인 차원에서 이해되는 것인 반면 생계는 이른바 하급소유권으로 보장되었다. 이에 대하여는 김상용, 『토지소유권 법사상』(민음사, 1995), 52면의 중세 레엔(Lehen)제에 대한 설명을 참조. 중세 상급소유권과 하급소유권의 분할소유권 제도에 대하여는 윤철홍, 앞의 책, 33면 이하 참조. 한편 시민적 자유주의 소유권이론과 대비되는 의무의 제한을 받는 게르만적 소유권론에 대하여는 K. Kroeschell(양창수 역), "게르만적 소유권개념의 이론에 대하여," 『법학』 제34권 1호(서울대, 1993), 205-240면 참조.

정에서 소유권에 내재한 사회적 제약, 사회 연대적 조건은 떨어져 나가게 되었다. 중세의 공유권적 요소는 필요권이라는 긴급피난적인 물권과 무해사용권이라는 좁은 범위로 제한되고, 이어서 물권적 성격을 완전히 상실하고, 사회보장적 요구 즉 사회 혹은 국가에 대한 복지권으로 바뀌게 된다. 그러다가 복지권이라는 법적 형식도 소유권에 대한 부당한 제약으로 인식되어, 단지 자선이라는 도덕적 의무만이 남게 되었고, 종국에는 그 도덕적 성격까지도 부정된다. 그리하여 개인주의적 소유권의 '배타적 자유'는 가난과 재산의 불평등을 정당화하고 심지어 미화하는 데에서 완성을 본다.

이렇게 생존권적 물권과 복지권이 부정되고 개인주의적 소유권의 배타적 자유가 승리를 구가하면서 자본주의는 커다란 발전을 하게 된다. 그러나 그 결과 다수 대중의 삶은 비참의 나락으로 떨어지고 결국, 개인주의적 소유권을 정면에서 부정하는 사회주의가 발흥하였다. 주지하듯이 사회주의는 개인주의적 소유권을 원칙적으로 부정하고 국가소유 혹은 사회적 소유를 기초로 하며, 또 소유권의 자유로운 행사를 의미하는 자유경제가 아니라 계획경제의 체계이다. 개인주의적 재산법체계인 자본주의는 새로운 공동체주의적 재산법체계의 도전을 받게 된 것이다. 그 결과로 극단적인 '배타적 자유'로서의 소유권체계는 완화되지 않을 수 없었고, 따라서 확고하고도 광범위한 사회보장제도가 도입된다. 수정자본주의 즉 복지국가의 개념이 들어선 것이다.

현대 복지국가의 소유권 개념 즉 소유권에 대한 사회적 구속성은 결코 새로운 것이 아니다. 바이마르 헌법에서 소유권에 공공복리 적합성의 의무를 부과한 것은 공동체적 소유라는 역사적 연원을 가지고 있는 것이고, 그러한 소유권 제도에 내재한 공동체주의적 본질을 되살린 것임을 새롭게 인식할 필요가 있다. 공동체의 원리를 완전히 무시하는 '배타적 자유'로서의 재산법체계는 인류 역사상 결코 오래 지속될 수 없다. 그로부터 오는 빈곤의 확대는 인류가 결코 감내할 수 없는 재앙인 것이다.

그러나 다시 사회주의는 몰락하고, 자본주의권에서도 복지의 축소와 시장경제의 존중이 강조되는 이른바 신자유주의가 득세하고 있다. 즉 근대의 개인주의적 소유권과 그 '배타적 자유'의 이념이 새롭게 강조되고 있는 것이다. 그리고 국내적으로나 세계적으로나 금융거래가 자유화되고 그 기법도 다양해져 이제 경제는 온통 투기적 금융거래의 도박판처럼 되었다. 이른바 '카지노 자본주의'의 시대가 도래한 것이다. 생산성 증대라는 투자의 원리가 부의 착복이라는 투기의 논리에 압도되어 버렸다.

경제적 자원의 부족과 도덕적 해이의 발생으로 사회보장이 재조정되지 않을 수 없다는 데에는 수긍할 수 있는 측면이 있다. 그리고 개인의 책임과 자율성의 보장이라는 개인주의적 소유권의 정신과 사소유권의 특정이 분쟁 및 거래비용을 줄일 수 있다는 공리주의적 주장은 음미할 만하다. 그러나 그 소유의 자유가 사회적 생산주체로서의 책임감과 연결되지 못하고, 오직 투기적 자산 운용에만 집중된다면 이는 찬성할 수 없다. 현대의 금융자본주의의 이기주의와 비생산성은 어느덧 한계에 다다른 듯이 보인다. 현재 지구상에 고도성장의 자기도취 속에 세계적 빈곤이 음습하게 자라나고 있음을 느낀다면 이는 지나친 비관일까?

칸트의 사적 소유와 국가

이 재 승*

Ⅰ. 머리말

자유가 현실 속에서조차 참으로 자유이고자 할 때 불가피하게 그 여건이 문제된다. 바로 그 고민에 연루된 누군가 일찍이 “바르게 이해된 사회주의와 진정한 개인주의는 대립물이 아니라 서로를 조건으로 삼고, 심지어 서로를 요청한다”[1]고 단언했는지 모르겠다. 그렇다면 자유주의자 칸트(1724-1804)는 과연 어디까지 해석될 수 있을까?[2]

칸트 연구사를 올라가 보면, 칸트를 사회주의이념에 우호적으로 연결시키려는 신칸트학파 사회주의자들의 시도가 눈에 띈다. 이러한 작업은 빈번히 '칸트의 마르크스화'라고 규정되었는데, 그렇다고 이들이 칸트로부터 공산주의를 끌어내는 기발함을 연출한 것은 아니며, 칸트의 윤리적 자율 이념을 사회주의의 확고한

---

* 건국대학교 법학전문대학원 교수

1) Karl Vorländer, “Kant und Marx(1926),” Zwi Batscha(편), *Materialien zu Kants Rechtsphilosophie*, Frankfurt/M., 1976, 448면.

2) 이하에서 칸트의 저작은 Akademie판(Walter de Gruyter)을 다음과 같은 약어로 인용한다. Metaphysik der Sitten(MdS); Religion innerhalb der Grenzen der bloßen Vernunft (Religion); Über den Gemeinspruch: Das mag in der Theorie richtig sein, taugt aber nicht für die Praxis(TP); Der Streit der Fakultäten(SF); Zum ewigen Frieden(ZeF); Reflexion zu Rechtsphilosophie(Refl.). 기타의 저작은 전집의 해당 면수를 인용하며, Refl.은 항목번호로 표시한다.

기초로 삼으려 하였다. 그래서 코엔은 칸트의 '목적으로서의 인간 원칙'(Mensch/Zweck-Formel)에서 사회주의의 참다운 이상을 발견하고 그를 '독일사회주의의 진정한 창시자'로 규정한 바 있다.[3] 한편 당시 사회경제적 여건을 주목하여 칸트를 '쁘띠부르주아' 사상가로, 칸트의 철학을 '프랑스혁명의 독일판'으로 규정하려는 견해도 제시되었다. 즉 칸트가 살았던 18세기 독일은 아직도 봉건적이고 중상주의적인 단계에 머물렀던 터라 진보적 사상가들조차 농노해방이나 봉건적 특권철폐를 개혁의 구호로 삼고, 태동하는 초기자본주의의 활력에 고무된 나머지 아담 스미스의 자유시장론을 추종하는 수준이었다는 것이다. 결국 칸트는 소유적 개인주의자임에 변함없다는 것이다.[4]

물론 위와 같은 견해들은 칸트 법철학에 내재된 다양한 계기들간에 우선순위를 매기는 관점 차이라기보다는 칸트 법철학의 역사적 제약성과 그 진보적 재구성에 대한 고민으로 이해된다. 사실상 어느 입장도 거부할 수 없는 진실을 담고 있어서 필자는 이를 염두에 두고 칸트의 사회사상을 현재의 맥락에서 진보적으로 재구성하려는 시도들에 주목한다. 엄밀한 유형화는 부적절하지만 이러한

3) Hermann Cohen, "Kant(1896)," H.J. Sandkühler/R. de la Vega(편), *Marxismus und Ethik*, Frankfurt/M., 1974, 61 및 71면; 포어랜더는 칸트를 '사회주의자'가 아니라 '급진민주주의자'(radikaler Demokrat)로 규정한 연후에 '유토피아 사회주의자'에 가깝다고 판단한다. K. Vorländer, *Kant und Marx. Ein Beitrag zur Philosophie des Sozialismus*, Tübingen, 1911. 또한 초기의 신칸트학파 사회주의에 대해서는 E. Ch. Thomas(역), F. A. Lange: *The History of Materialism*, London, 1877, Vol. 2, 153면 이하.

4) 물론 칸트를 로크와 같은 영국식의 소유적 개인주의자와 동일시하는 것은 아니지만 오늘날 이러한 방향은 기본적으로 Macpherson(The Political Theory of Possessive Individualism: Hobbes to Locke, Oxford U.P., 1962)의 분석틀에 의존하고 있다. 이에 따라 이루어진 칸트 연구로는 Richard Saage, *Eigentum, Staat und Gesellschaft bei Immanuel Kant*, 2. Aufl., Baden-Baden, 1994. 그리고 이 책의 발문을 쓴 Franco Zotta(Kant und der Besitzindividualismus)는 칸트를 사회국가나 급진민주주의의 선구자로 삼으려는 최근의 경향(Brandt, Luf, Kühl, Langer, Kersting, Maus)들에 대하여 거의 창작수준이라고 비꼰다(9-42면). 같은 취지에서 칸트를 최소국가주의자로 규정한 글로는 Peter Koslowski, *Staat und Gesellschaft bei Immanuel Kant*, Tübingen, 1985. 나아가 정통 마르크스주의자 클레너(H. Klenner)나 보르만(Borrmann)은 칸트의 철학은 유산자의 이데올로기이며 칸트의 인격원리와 인간의 상품화는 양립할 수 없다고 규정하고, 신칸트학파 사회주의자의 사회적 기능은 착취질서의 이데올로기적 안정화로 꼬집었다. 이에 관해서는 Kristian Kühl, *Eigen- tumsordnung als Freiheitsordnung. Zur Aktualität der Kantischen Rechts- und Eigentumslehre*, Freiburg/München, 1984, 23-37면.

시도들을 민주주의와 계약사상을 소유질서에까지 확장하려는 민주적 절차주의[5] 와 윤리적 자율을 사회경제적 의미로까지 고양시키려는 자유강화론[6]으로 구별해보려 한다.

II. 자유와 평등의 자연법

칸트 법철학의 특징은 랑거의 지적처럼 '원리에 입각한 개혁의 철학'[7]이다. 이러한 시각에서는 도달하고자 하는 바 이상국가와 그에 이르기 위한 도정의 현실국가는 구별된다. 이 경우 칸트 법철학은 대단히 점근주의적인 성격을 지닌다. 그래서 상당한 유보조항을 담고 있는 칸트 법철학이 오늘날 민주적 절차주의나 자유강화론의 기본구상과 얼마나 잘 어울리는지를 검토하려고 한다. 여기에서 특히 자연법이 문제된다.

1. 자연권과 국민주권의 결속

현대적인 의미에서 민주적 절차주의는 아마도 헬러가 제격일 것이다. 국민

---

5) 케어스팅은 홉스, 루소, 칸트 그리고 칸트적 영향권에 있는 최근의 신계약주의자들(롤즈, 하버마스)에 이르는 흐름을 '민주적 절차주의'로 표현하고 있다. Wolfgang Kersting, *Die politische Philosophie des Gesellschaftsvertrags*, Darmstadt, 1996, 208면 이하. 마우스는 하버마스의 담론이론에 의지하여 칸트를 민주적 절차주의로 해석하고, 거기에서 하버마스의 진리합의설을 발견한다. Ingeborg Maus, *Zur Aufklärung der Demokratietheorie. Rechts- und demokratietheoretische Überlegungen im Anschluß an Kant*, Frankfurt/M., 1994. 159면.

6) 도덕적 자율이 소유질서 속에서의 경제적 자율로까지 고양되어야 한다는 관점에서 코엔, 포어랜더, 슈타우딩거(Staudinger) 그리고 프랑스 사회주의자 조레스(J. Jaurès) 등 신칸트학파 사회주의들은 사회주의를 주장하였고, 오늘날에도 루프와 퀼은 이러한 입장을 대변하고 있다. 물론 이들은 사회주의를 주장하는 것이 아니라 '평등한 소유질서(루프)', '사적 소유권에 기초한 경제사회질서가 자유질서로 타당하기 위한 조건(퀼)'을 모색한다. Gerhard Luf, *Freiheit und Gleichheit. Die Aktualität im politischen Denken Kants*, Wien/New York, 1978; K. Kühl, 위의 책, 225면 이하.

7) Claudia Langer, *Reform nach Prinzipien. Untersuchungen zur politischen Theorie Immanuel Kants*. Stuttgart, 1986.

에게 균질적인 삶을 가능케 하는 사회경제질서를 국민대표기관의 입법을 통해 형성하려는 민주적인 헌법이론가이기 때문이다.[8] 칸트를 이러한 맥락에서 고려하자면 그의 자연법, 사회계약론, 국민주권의 연관성이 검토되어야 할 것이다. 칸트는 자연법을 '외적 입법이 없어도 이성을 통하여 구속성이 선천적으로(a priori) 인식될 수 있는 것'(MdS, 224, 237)으로 규정한다. 이러한 시각에서 칸트의 통찰들을 편의상 두 가지 방향으로 정리하면 하나는 인간에게 선천적으로 귀속되는 권리(자연권)에 대한 것이고, 다른 하나는 인간이 공동으로 도모해야 할 이상적 법질서에 대한 것이다. 권리로서 자연법은 무엇보다 개체로서의 자유권, 인권 나아가 소유권과 밀접하게 관련된 것이다. 칸트는 사적인 자유를 '인간이라는 이유로 누구에게나 귀속되는 유일하고 근원적인 권리'(MdS, 237) 또는 '권리능력 있는 존재인 한에서 인간으로서 각자에게 귀속되는 권리'(TP, 291)로 규정한다. 그리고 이러한 타고난 권리는 인권으로서 누구에게나 일반적으로 평등한 것이다. 칸트는 특히 『도덕형이상학』에서 인간의 권리를 '타고난 권리'(angeborenes Recht)와 '획득된 권리'(erworbenes Recht)로 구별하고, 자유권을 전자의 예로, 소유권을 바로 후자의 예로 거론한다(MdS, 238).[9] 이러한 자연권은 로크와 같은 자

---

8) 마우스는 민주적 절차주의를 사회적 평등사상과 결부시킴으로써 '칸트의 헬러화'를 시도하고 있다. 헤르만 헬러(Hermann Heller 1891-1933)는 국가와 사회의 분리도그마에 기초하여 기득권을 옹호하려는 부르주아적인 사회모델에 대항하여 사회적(실질적) 법치국가, 형식적이고 실증주의적인 법률개념, 민주주의적 주권개념을 통하여 민주적 입법부가 경제질서까지 당연히 조정할 수 있다는 견해를 일관되게 개진하였다. 특히 Heller, "Der Begriff des Gesetzes in der Reichverfassung," *Gesammelte Schriften* Bd. 2, Leiden, 1971, 203-247면; 같은 사람, "Rechtsstaat oder Diktatur?," 같은 책, 443-462면. 이에 관해서는 I. Maus, "Entwicklung und Funktionswandel der Theorie des bürgerlichen Rechtsstaats(1978)," *Rechtstheorie und politische Theorie im Industriekapitalismus*, München, 1986, 11-82면; 헬러의 법사상에 대해서는 Ilse Staff(편), *Der Soziale Rechtsstaat*, Baden-Baden, 1985 참조.

9) 칸트는 그에 앞서 『도덕형이상학예비논고』에서는 자유권과 재산권을 차별 없이 '타고난 권리'(angeborenes Recht)로 언급하였다(Bd. XXIII, 314, 318, 322). 자유권과 소유권을 로크가 똑같이 강력한 자연권으로 보았다면, 칸트는 자유권과 소유권을 국가에 논리적으로 선행하는 권리로 보았지만 타고난 권리와 획득된 권리로 차별함으로써 두 권리간의 효력 차이를 시사하고 있다는 점이 주목된다. 기타 칸트의 법철학에 나타난 여러 가지 자연권에 대한 각론적인 고찰은 Leslie White Mulholland, *Kant's System of Rights*, New York, 1990, 199면 이하.

유주의자들의 논법에 따르면 대국가적인 방어권으로서의 의미를 갖게 되는데, 칸트의 자연권에서는 그와 같이 강한 성격을 기대하기 어렵다. 칸트는 "자연법은…제정법에 의하여 중단되지 않는다"(MdS, 256)거나 "자연법 전체는 시민적 질서가 없는 경우에는 덕론에 불과하다"(Refl., 7084)거나 심지어 '자연상태의 사법'(자연법)뿐만 아니라 '시민상태의 공법'(실정법)도 자연법으로 총칭하거나(MdS, 350) 마침내 "모든 권리는 … (실정)법률에 의존한다"(TP, 294)고 발언한다. 권리가 입법자의 의사에 의존한다는 진술 속에서 칸트의 자연법이 실체적인 것에서 절차적인 것으로, 즉 자유주의적인 것에서 민주주의적인 것으로 이행하고 있다는 점을 알 수 있다.

칸트는 경험적인 인간의 본성이나 목적론에 입각하여 법의 원리나 개념을 추론하지 않고, 입법적 이성에 기하여 절차주의적이고 형식주의적인 이성법을 제시한다. "자유의 일반법칙에 따라 한 사람의 자의와 다른 사람의 자의가 양립할 수 있는 조건의 총체"(MdS, 230, 231; TP, 289)라는 칸트의 대표적인 법개념도 그 단적인 예이다. 물론 여기에서는 자유가 주로 사적인 맥락에서 사용되고 있지만, 칸트는 『영구평화론』에서 의식적으로 자유의 의미를 분별한다. 하나는 "타인에게 피해를 주지 않는 범위에서 임의로 행위할 수 있는 가능성"(ZeF, 350)이라는 앞서 말한 사적 자유의 맥락이고, 보다 중요한 다른 하나는 "자신이 동의하는 것 이외에는 복종하지 않을 권능"(ZeF, 350; MdS, 314)이라는 정치적·주권적 자율의 맥락이다.[10] 칸트는 바로 두 번째 의미에서의 자유를 국가의 구성원리로 파악하고 있다. "인간의 자연권과 일치하는 헌법의 이념, 즉 법률에 복종하는 자가 연합하여 동시에 입법자가 되어야 한다는 이념은 모든 국가형식의 근본이다"(SF, 91). 여기에서 자연권은 국가권력에 대항하는 자유주의적 방어권이 아니라 바로 참여를 통한 집단적이고 정치적인 자율, 간단히 국민주권을 의미한다.[11] 루소의 사회계약과 국민주권의 예에서 보듯이 칸트의 입장도 정의로운 규범체계를 어떤

10) 칸트는 『영구평화론』과 『법론』에서는 정치적이고 주권적인 의미에서의 자유를, 『이론과 실천』에서는 사적인 자유를 언급하고 있다.

11) 주권의 최고성, 무제약성에 대한 칸트의 입장은 확고하며, 이상적으로 주권은 국민주권과 연결되어 있다. 주권에 대한 칸트의 일반적인 정의는 Refl., 7713, 7719, 7725, 7744, 7901 그리고 국민주권에 대한 명시적인 주장은 Refl., 7742, 7952 참조. 칸트의 주권개념에 대해서는 이재승, 칸트의 국가론, 『민주법학』 17호, 2000, 관악사, 110면 이하.

초월적·실체적 원리에 의존하지 않고 만인이 평등하게 참여하는 절차 속에서 확정하고, 이를 최고의 규범으로 상정함으로써 민주적 절차주의를 이상적으로 함축한다. 따라서 참된 공화국에서 구체적으로 개인이 누릴 수 있는 제반 권리도 연합한 인민의사에 시원적으로 내재된 최고권력에 당연히 종속된다(MdS, 341; TP, 294). 이제 칸트의 자연법은 민주적 절차주의의 예에 따라 민주적 주권이론으로 당연히 부각될 수 있다.[12] 그러나 이러한 국민주권의 자연법은 국민으로 하여금 현존체제를 정의의 이름으로 거부할 권리(Volksrecht)를 부여하지는 않는다(TP, 303). 그것은 '시민헌법 일반에 대한 영원한 규범'(SF, 91)에 지나지 않으며, 현실적 지배자인 군주에게 '위에서 아래로의 개혁'이라는 도덕적인 부담을 부여할 뿐이다.[13] 정치적 맥락에서는 칸트의 자연법은 혁명적이기보다는 점근적인 성격을, 일회적이기보다는 영구적인 성격을 드러내고 있다(MdS, 340).[14] 그것은 현실의 지배질서(respublica phaenomen)와 이상적인 국가(respublica noumenon)의 격차를, 나아가 현실국가의 이상화를 반영하는 것이다.[15] 그리하여 인민의 저

---

12) Sandra Seubert, *Gerechtigkeit und Wohlwollen. Bürgerliches Tugendverständnis nach Kant*, Frankfurt/M., 1999, 81면 이하; W. Kersting, *Wohlgeordnete Freiheit. Kants Rechts- und Staatsphilosophie*. Frankfurt/M., 1993, 372면. 칸트의 자유와 관련하여 사적 자율과 공적 자율의 '동일근원성'을 끈질기게 입론한 하버마스는 '시민은 수범자일 뿐만 아니라 그가 수범자로서 복종해야 하는 바로 그 법률의 제정자로서 이해되어야 한다'는 점을 강조한다. Jürgen Habermas, *Faktizität und Geltung, Beiträge zur Diskurstheorie des Rechts und des demokratischen Rechtsstaats*, Frankfurt/M., 1998, 153면 이하.

13) 칸트 법철학의 복잡성은 바로 이상과 현실 사이에서의 촉매로부터 비롯된다. 칸트는 프랑스대혁명을 '자연법적 헌법의 진화현상'(SF, 87), 이상국가를 '이성의 이념 안에 현시된 바 자연법'(ZeF, 372)이라고 부르면서 그에 접근하는 것은 일차적으로 국가원수의 의무이나 국민은 이에 기하여 국가원수에 대한 '강제권'을 갖지 않는다고 지적한다(MdS, 322; TP, 303; SF, 92). 자연법과 혁명의 관계에 대해서는 Peter Burg, Kant und die Französische Revolution, Berlin, 1974, 126면 이하.

14) 칸트의 자연법은 현실의 실정법을 비판하고 지도하는 '본', '지침', '원칙'으로서의 의미를 갖지만 자연법에 반하는 실정법을 곧장 무효화시키는 '법적' 효력을 보유하지 않는다. 이러한 애매한 효력은 칸트의 용어에 따라 '규제적' 효력으로 불러야 할 듯하다. 규제적 효력(regulative Geltung) 대신에 둘카이트나 엠게가 말한 이상적 효력(ideale Geltung)으로 표현할 수 있겠다. Gerhard Dulckeit, *Naturrecht und positives Recht bei Kant*, Leipzig, 1932, 49면; Carl August Emge, *Einführung in die Rechtsphilosophie*, Frankfurt/M./Wien, 1955, 347면 이하.

15) "그에 대하여 단지 의혹을 제기하는 것, 더구나 그 효력을 한순간이라도 정지시키는 것이

항권은 법률적으로는 전혀 존재할 수 없게 되는 것이다(MdS, 321, 341; SF, 92). 여기에서도 칸트의 유토피아사상과 그 점진적인 개혁사상의 편차를 읽어낼 수 있다.

민주적 절차주의의 관점에서는 칸트의 자연법은 참여와 평등, 국민주권의 자연법으로 이상화될 수 있다. 한편 칸트의 민주주의가 현실적으로 유산자들의 민주주의에 지나지 않는다는 반론 또한 만만치 않다. 특히 칸트의 자립조항은 급진민주주의자들이 상정하듯이 공화국의 선행조건이 아니라 공민으로서 완전한 권리(참정권)를 획득하기 위한 자격요건이라는 점이다.[16] 칸트는 '뭔가 재산을 소유한 자' 또는 '생존을 위하여 자기 자신을 매각하지 않는 자'(TP, 295)를 참정권을 보유하는 공민, 즉 능동시민(Aktivbürger)으로, 하인이나 무산자, 임금생활자를 수동시민(Passivbürger)으로 분류한다(MdS, 314).[17] 선험적 원리로 규정된 도덕적 자립조항이 우연적인 재산자격 속에서 무산됨으로써 부르주아 사상가로서의 면모도 숨길 수 없다. 어떤 변론을 펴더라도 여기에서 칸트의 입장은 민주적 절차주의와 그림같이 부합하지 않는다는 점을 알 수 있다. 민주적 절차주의자

실천적으로 범죄라 할 만큼 성스러운(불가침의) 하나의 법칙이 있는데, 그 법칙은 인간으로부터 유래하지 않고, 마치 어떤 완벽한 최고입법자로부터 유래한 것처럼 표상된다. 이는 '모든 권세는 하느님으로부터 나온다'는 말이 의미하는 바이기도 하다. 그 문구는 시민헌법의 역사적 근거를 진술하는 것이 아니라, '그 기원이야 어찌되었든 간에, 현존하는 입법권력에 복종하라'는 실천적 이성원칙으로서 이념을 의미한다."(MdS, 319)

16) 칸트는 공민권의 문제에 있어서는 1793년 쟈코뱅헌법의 보통선거제가 아니라 1791년 지롱드헌법의 제한선거제를 모델로 취하고 있다. 가르버는 후기계몽주의시대의 독일헌법학을 1791년 지롱드헌법을 추종하는 자유주의적 헌법이론과 1793년 쟈코뱅헌법을 추종하는 혁명적 급진민주주의로 구분하고, 민주공화국의 헌법이상을 추구한 사람은 고작 베르크, 베르, 베데킨트, 청년 시절의 슐레겔 정도라고 지적한다(Jörn Garber, "Vom 'jus connatum' zum 'Menschenrecht'. Deutsche Menschen- rechtstheorien der Spätaufklärung," Reinhard Brandt(편), *Rechtsphilosophie der Aufklärung*, Berlin/New York, 1982, 129면 이하). 그럼에도 칸트의 일인일표주의는 1791년 헌법상의 재산규모에 따른 복잡한 차등선거제도보다는 평등주의적인 것이다.

17) 리델은 칸트의 공민개념이 낡은 시민사회의 봉건적인 전통을 보존하면서 동시에 새로운 시민사회의 경향을 수용하고 있다고 평가하고, 부르주아(Stadtbürger, bourgeios)를 공민(Staatsbürger, citoyen)으로 확장했다는 점, 유산자의 재산 차이를 주주권의 형식으로 반영하는 선거제도 대신에 유산자 모두에게 동일하게 일인일표주의를 채택했다는 점, 그러면서도 능동시민과 수동시민을 구별하고 있다는 점이 그 특색이라고 지적한다. Manfred Riedel, "Bürger, Staatsbürger, Bürgertum," *Geschichtliche Grundbegriffe* Bd. 1, 4. Aufl., Stuttgart, 1992, 691, 696면.

들은 봉건적 정치구조에서 새로운 부르주아 사회모델로의 이행을 반영하고 있는 칸트 철학의 과도기적 성격을 주목하여 참정권과 재산자격의 결부는 단지 허용법칙 아래에 있으며, 참된 공화국이 수립될 때까지 오로지 잠정적인 구속성만을 보유한다고 지적한다.[18] 어쨌든 칸트의 자립조항은 다음 항에서 논의하겠지만 부르주아적 소유질서를 방어하기 위한 배타적 원리라기보다는 봉건적인 정치구조에서 부르주아적 정치모델로의 이행을 촉구하는 거점으로 이해하는 것이 좀더 공정한 것 같다.

2. 자유강화적 평등

자유가 진정한 자유가 되기 위해서 사회경제적 평등이 중요하다. 즉 자유보장적 평등이 문제된다. 칸트는 시민상태(국가)의 선험적 원칙으로서 '인간으로서의 자유', '신민으로서의 평등', '공민으로서의 자립'을 거론한다(MdS, 314 이하; TP, 290 이하).[19] 자유는 인간이라는 이유로 시원적으로 귀속되는 권리(MdS, 238)이고, 이러한 권리는 평등한 것이다(TP, 293). 결국 인간에게 평등한 자유는 근원적인 자연권으로 이해된다. 한편 평등은 신민으로서의 평등, 즉 국가원수 이외에는 어느 누구에게도 법적으로 속박되지 않을 권리를 의미한다(MdS, 314). 따라서 봉건적인 특권이나 법적 장벽은 신민으로서의 권리평등과 모순된다(TP, 292). 칸트의 권리평등론은 이미 독일의 봉건제도를 무효화하는 것이다.

여기에서 문제되는 것은 칸트의 권리평등론이 사회경제적 평등문제와 얼마

---

18) I. Maus, 위의 책, 24면. 특히 칸트는 『영구평화론』에서 경제적 자립문제를 아예 언급조차 하지 않고, 급진적인 공화주의자들처럼 자유와 평등만을 강조하고 있다(ZeF, 350). 여기에서 만인이 자유롭고 평등하게 입법에 참여하는 이상국가와 이에 이르는 도정으로서 현실국가의 차이를 파악할 수 있다. 랑거는 칸트가 이상국가와 중간단계의 현실국가를, 즉 영구평화론에서 보듯이 공화주의 헌법(republikanische Ver- fassung)과 시민헌법(bürgerliche Verfassung)을 구별하고 있다는 점을 주목하고 경제적 자립에 기초한 참정권은 현실국가에서만 통용된다는 점을 시시한다. C. Langer, 위의 책, 137면.

19) 이는 프랑스 혁명의 구호인 자유(liberté), 평등(egalité), 박애(fraternité)의 변형으로 이해된다. 칸트는 『이론과 실천의 예비논고』에서는 자유, 평등 그리고 자립이 전제된 세계시민적 연대를 거론한다(Bd. XXIII, 139). 칸트는 같은 책에서 자립을 자유(자율)와 명료하게 구별하지 않으면서 참정권을 독립항으로 거론하고 있다. 칸트의 전저작에서 자유, 평등, 자립의 의미는 완전히 일관된 것으로 보이지 않는다.

나 밀접한 관계를 지니고 있는가이다. 칸트는 사회경제적 불평등이 권리평등과 모순되지는 않는다고 이해한다(TP, 291). 여기에서 칸트는 봉건적인 불평등구조를 완전히 거부하지만, 권리평등으로부터 소유의 평등을 직접 추론하지 않고 있다. 그리하여 칸트는 각자의 천품, 근면, 행운에 따라 신민은 어떠한 특권적인 제약을 받지 않고 국가 안에서 신분의 어느 단계든지 상승할 수 있어야 한다고 주장한다(TP, 292). 칸트는 이 점을 자유와 평등의 자연법으로 표현하고 있다.

> 국가동료들이 자연적인 자유와 평등의 법률에 따라 모든 사람에게 자신들을 국가의 수동시민으로 취급해주기를 요구할 수 있다는 것으로부터 자신들이 능동시민으로서 국가 자체를 운영하고, 조직할 권리를 갖는다거나 일정한 법률을 도입하는 데에 협력할 권리를 갖는다는 것은 추론되지 않는다. 추론될 수 있는 것은 다만, 능동시민들이 찬성한 실정법률이 어떤 종류의 것이든지 간에 그러한 법률이 인민 속의 만인의 자유와 자유에 어울리는 평등의 자연법, 즉 이러한 수동시민의 지위에서 누구든지 능동시민의 지위에로 상승해갈 수 있다는 자연법에 위배되어서는 안 된다는 점이다(MdS, 315).

이를 유산계급의 정치독점을 옹호하는 것이라고 해석할 수는 없지만 칸트의 자유와 평등은 본질적으로 기회균등이라는 점을 알 수 있다. 이제 단적으로 결과에서의 평등, 정확하게는 자유위협적 불평등을 제거하기 위하여 자유강화적 평등조치는 칸트 법철학에서 불가능한가? 칸트는 현실적으로 자본주의사회에서 부의 불평등이 자유를 불가능하게 한다는 점을 예견하거나 그에 대한 평등처방을 제시한 것도 아니다. 단지 평등한 상태로 전진하는 데에 방해가 되는 법적 장벽이 철폐되어야 한다고 주장한다. 여기에서 그는 근대이후에 등장한 유토피아사상에 우호적인 태도를 취하고 있다.

> 스스로 (특히 법적인 의도에서) 이성의 요청에 부합하는 국가헌법을 생각해 내는 것은 달콤한 일이다. 그러나 그것을 제안하는 것은 주제넘은 일이며, 현행헌법을 폐지하기 위하여 인민을 선동하는 것은 처벌받아 마땅한 일이다.
>
> 플라톤의 아틀란티카(Atlantica), 모어의 유토피아(Utopia), 해링턴의 오세아나(Oceana) 그리고 알레의 세베람비아(Severambia)는 점차 무대로 초대되기는 하였

> 지만 —크롬웰의 독재공화국의 불행한 출생을 제외한다면— 결코 시도조차 되지 못했다. …여기에서 생각한 국가창조물을 비록 늦어지더라도 언젠가는 완성되어야 한다고 희망하는 일은 달콤한 꿈이기는 하다. 또 그 국가에 접근해 가는 일은 고려해 봄직한 것일 뿐만 아니라 그 국가가 도덕법칙들과 양립하는 한에서는 의무이기도 하다. 그러나 그것은 국민의 의무가 아니라 국가원수의 의무이다(SF, 92).

비록 이론을 심정으로부터 읽어내는 것은 정확한 방법은 아니겠지만 위와 같은 유토피아 내지 이상국가에 대한 동경은 칸트 자신이 소유적 개인주의를 넘어 소유평등적인 사회로 개방되어 있다는 점을 알려 준다. 바로 여기에서 윤리적 사회주의자들은 칸트의 자율의 참된 종착점을 보았던 것이다.[20] 이러한 견지에서 불평등한 소유구조 속에서 추상적 기회균등에 입각한 사회적 불평등이 사회적 부자유를 낳는 데까지 이른다면 결국 자유와 평등이 폐지될 것이라는 자유강화론도 논리 그 자체로도 문제가 없을 뿐만 아니라 칸트철학과도 전체적으로 양립한다고 판단된다.[21] 결국 칸트의 자유와 평등의 원리는 추상적 가능성으로서 소유취득에만 관련된 것이 아니라 현실적 소유권 취득문제에까지도 연관되어 있다고 해석해야 한다는 것이다. 이는 소유권문제에서 본격적으로 검토되어야 할 것이다.

III. 사적 소유권

소유권문제는 칸트 법철학의 이데올로기적 성격과 관련하여 격론이 펼쳐지

---

20) 포어랜더는 전체적으로 칸트의 자율이상, 봉건적 억압에 대한 비판, 프랑스혁명에 대한 동조를 주목하고, 특히 이상국가, 즉 유토피아사상에 대한 칸트의 동조적 태도, 생시몽 류의 유기적 조직에 대한 칸트의 진술(Bd. V, 372면 이하)로부터 사회국가의 싹을 거론한다. K. Vorländer, 위의 글(주1), 420면 이하 및 같은 사람, *Von Machiavelli bis Lenin. Neuzeitliche Staats- und Gesellschaftstheorie*, Leipzig, 1926, 160면.

21) 이른바 자유강화론자들은 본질적으로 인간의 사회적 자유를 곤란하게 할 정도의 불평등한 소유질서는 칸트의 자유원리와 양립할 수 없다는 점을 지적하면서 자유와 평등의 공속성을 강조하고 있다. G. Luf, 위의 책, 90, 106면 이하. K. Kühl, 위의 책, 277면 또한 R. Brandt, *Eigentumstheorien von Grotius bis Kant, Stuttgart*, 1974, 200면.

는 대목이다. 여기에서도 칸트의 법철학을 소유적 개인주의로 규정하는 시각과 민주적 이론으로 발전시키려는 입장이 맞서고 있다. 논의의 핵심은 칸트의 이론이 로크의 소유권론에 대하여 과연 질적 차이를 제시하는가에 있다.

1. 계약설적 소유권론

소유권이론의 역사는 크게 선점소유권설과 노동소유권설로 나뉜다. 그로티우스와 푸펜도르프가 주장한 선점설은 시원적 취득의 정당성을 단순한 선점 사실이 아니라 이러한 선점을 법적 권원으로 승인하는 계약 속에서 찾았다. 따라서 소유권이 개인상호간의 관계 속에서 법공동체를 통하여 구성된다는 측면을 주목한다면 이 이론은 오히려 계약설이라고 해야 좋을 듯하다.[22] 이에 반해 로크는 자연법적 소유권이론을 주장하였다. 그에 따르면 인간은 누구나 자신의 생명, 신체에 대하여 자연적 권리로서 소유권을 보유하고, 신체활동의 결과에 대해서 소유권을 취득하며, 급기야 노동이 투여되는 대상인 토지 자체까지도 노동을 투여한 자가 타인의 관여를 배제한 채 일방적으로 소유권을 획득한다는 것이다(『통치론』 §27, §32). 이러한 노동소유권설은 업적주의적 요소로 인하여 호소하는 바 많아 일찍이 많은 추종자를 얻었다. 칸트 역시도 이 이론에 오랫동안 동조하다가 만년에 선점설로 전향하였다(MdS, 265, 268).[23] 그러나 이러한 전향은 그로티우

22) 소유권이론의 역사에 대한 고찰로는 R. Brandt, 위의 책 참조; Stephen Buckle, *Natural Law and the Theory of Property: Grotius to Hume*, Oxford, 1991; 칸트와 헤겔의 간단한 비교는 Ralf Dreier, “Eigentum in rechtsphilosophischer Sicht(1987),” *Recht-Staat-Vernunft*, Frankfurt/M., 1991, 168-198.

23) 이에 대해서는 W. Kersting, “Transzendentalphilosophische und naturrechtliche Eigentumsbegründung,” ARSP, 1981, 157면. 칸트는 『도덕형이상학예비논고』에서 시원적 소유권취득을 도처에서 로크의 자연권을 연상시키는 ‘타고난 권리’의 개념으로 해명하고 있으나 거기에서 또한 의미 있게 언급되고 있는 ‘시원적 토지공동체’나 ‘일반의사’의 관념과는 내적으로 긴밀성을 유지할 수 없는 것이었다. 어쨌든 『도덕형이상학』에서는 소유권과 관련해서 ‘타고난 권리’개념은 등장하지 않는다. 그로티우스와 푸펜도르프의 소유권이론뿐만 아니라 칸트의 소유권이론도 마찬가지로 선점, 시원적 토지공동체, 계약을 중시한다는 데에는 동일하다. 그러나 결정적인 차이는 시원적 토지공동체와 계약을 사실(Faktum)로 보는가 이념(Idee)으로 보는가이다. 사실로 본다면 그것은 소유권의 정당화이론이 아니라 소유권의 발생에 대한 역사적 억측일 것이며, 따라서 미래적인 전망은 전혀 존재할 수 없게 될 것이다. 주지하듯이 그로티우스와 푸펜도르프의 소유권론은 끊임없이 성서적, 이성적, 역사적,

스류의 선점설로의 단순한 복귀가 아니라 초월철학적 방법을 통한 극복이라 여겨진다.

칸트 소유권론의 기본틀은 시원적 토지공동체(communio fundi originaria),24) 선점(occupatio), 만인의 연합의사로 구성된다. 칸트에 따르면 우선 토지는 무주물(res nullius)이 아니라 만유물(res omnius)이다. 따라서 칸트는 로크의 노동소유권설에 대하여 원론적으로 비판하고 있다. "최초의 노동, 구획작업, 여타 토지에 대한 형태변경은 당해 토지에 대한 권한을 줄 수 없고, 달리 말하면 우연에 입각한 점유는 실체를 법적으로 점유할 근거를 줄 수 없고, 오히려 나의 것과 너의 것은 '종물은 주물을 따른다'는 원칙상 실체에 대한 소유권으로부터 추론되어야 한다는 것…은 자명(하다)"(MdS, 268). 결국 시원적 공동소유에 속하는 토지를 일방적으로 취득하는 것은 다른 모든 사람들의 동일한 권리와 충돌하게 된다는 것이다. 하지만 실천이성은 시민상태의 성립 전에는 시민상태의 수립을 위해서 개인으로 하여금 외적 대상을 나의 것으로 취득하는 것을 허용한다(MdS, 247, 267). 이를 '실천이성의 허용법칙'(Erlaubnisgesetz)25) 또는 '법률적 요청'이라고 한다.

자연적 계기들로 범벅이 되어 있다. 이에 칸트는 시원적 토지공동체는 원시공산사회(communio primaeva)와 같은 역사적·경험적 개념이 아니라 선험적 원리를 내포하는 실천적 이성개념(MdS, 251, 267)으로 해명하고, 초월철학적 정당화이론에 기초하여 소박한 선점설(계약설)을 극복하기에 이른 것이다.

24) 사회주의자들이 칸트의 토지공유사상에 결정적 의미를 부여하려고 하였으며[K. Vorländer, 위의 책(주 3), 31면 참조], 오늘날에도 '시원적 토지공동체'의 이념으로부터 평등소유라는 분배기준을 끌어내려고 시도하기도 한다. G. Luf, 88면 이하. 어쨌든 칸트는 사적 소유권을 정당화하는 것으로부터 법철학을 시작하고 있고, 또한 칸트가 말한 상급소유자로서 국가도 토지소유자가 아니라 분배자로 국한되기 때문에 그의 철학 내에서는 공산주의는 거부되고 있다고 해야 하겠다. W. Kersting, *Recht, Gerechtigkeit und demokratische Tugend*, Frankfurt/M., 1997, 48면 이하.

25) 칸트가 법질서를 기초하는 데에 소유권을 출발점으로 삼고 있으면서도 소유권을 허용법칙이라는 약한 논리로 시작하고 있다는 점도 주목해야 한다. 칸트는 실천이성의 허용법칙(lex permissiva)을 '법의 순수개념으로부터 끌어낼 수 없는 권한을 우리에게 부여하는 것'이라 정의하고, 만유물을 개인이 사적소유물로 취득하는 권한을 그렇게 부르고 있다(MdS, 247, 267). 그리고 허용법칙을 단적으로 '취득가능한 것의 불법적인 점유의 법칙'(Bd. XXIII, 158)으로 규정하고 있다. 또한 칸트는 법론의 부록에서 국가 자체의 발생과 정당화에 대해 흥미로운 발언을 남기고 있다. "(그 자체로 연합하지 않고 따라서 법이 없는) 인민의사를 주권적인 (즉 하나의 법칙을 통해 연합한 만인의) 의사 아래 무조건적으로 복종시키는 것은 최고권력의 선점을 통해서만 착수될 수 있는 행동이고, 이를 통해서 공법은 처음으로 기초지어진

물론 토지의 시원적 취득은 노동이 아니라 선점을 통해서 가능하다. 칸트는 이러한 토지취득이 무한정 확장될 수 있는가라는 문제에 대하여 '현실적으로 지배해야 한다'(In-der-Gewalt-haben)는 점을 강조한다. "문제는 토지에 대한 선점권이 얼마만큼 확장되는가이다. 토지를 자신의 힘 안에 보유할 능력의 범위 내에서, 즉 토지를 전유하려는 자가 토지를 방어할 수 있는 한도내에서이다. 마치 토지가 '너희들이 나를 보호할 수 없다면 너희들은 나에게 명령할 수도 없다'고 말하는 것처럼"(MdS, 265). 결국 여기에서 권력의 계기가 부각되고 있는데, 이는 당시에 유행하는 강점의 논리(식민주의)를 옹호하는 것이 아니라 무한정 토지취득가능성을 현실적인 지배가능성이라는 기준으로 봉쇄하려 한 것이다.[26] 그러나 선점을 통한 취득은 일방적인 의사에 불과한 것이므로 소유에 대한 규범적이고 필연적인 이성근거를 부여할 수 없으며, 한갓 우연적이고 경험적 근거만을 제공할 뿐이다(MdS, 264).

> 취득의 이성근거(Vernunfttitel)는 선천적으로 연합한(…) 만인의 의사라는 이념에 있다. 이러한 이념은 취득의 필요조건으로서 암묵적으로 전제되어 있다(MdS, 264).

칸트는 이와 같이 연합의사만이 토지취득의 법적 권한을 부여한다고 반복하

다"(MdS, 372). 최고권력의 선점은 허용법칙의 문제로 나타나며, 나아가 칸트는 부정의한 국가에 대한 저항금지도 허용법칙으로 해명한다(ZeF, 273).

26) 노동소유권설의 지지자인 쇼펜하우어가 칸트의 힘의 계기를 '강권의 원칙'이라고 악평하였는데, '물리적 지배가능성(In-der-Gewalt-haben)'이 토지취득의 규범적 제약사유라는 사정을 놓쳤기 때문이다(R. Saage, 62면 이하). 선점은 또한 강점이 아니라 어떤 개인에게도 속하지 않는 것을 전유하는 것이며, 여기서도 폭력이 아니라 취득의 시간적 우선성이 결정적이다. Otfried Höffe, *Immanuel Kant*, 3. Aufl., München, 1992, 224면. 전체적으로 로크는 화폐제도를 통해 토지취득가능성을 무제한적으로 열어놓았으나 칸트는 이러한 가능성을 차단하고 있다. 사실상 쁘띠부르주아-평등주의적 소유질서를 예상하고 있다고 할 수 있다(R. Saage, 위의 책, 61면 참조). 칸트가 『도덕형이상학예비논고』에서 시원적 토지취득의 기회는 만인에게 평등하게 부여되어야 한다는 점을 매우 강조하고 있었다는 부분도 이에 대한 방증이 될 수 있다(Bd. XXIII, 317 참조). 즉 만인이 시원적으로 동등하게 취득하려면 물리적 지배가능범위라는 척도는 매우 효과적인 제약사유가 될 것이다. 봉건적 토지소유제도를 국가가 개혁할 수 있다는 칸트의 입장(MdS, 325)도 바로 귀족과 기사단의 물리적 지배가능성을 부인하는 것으로 해명할 수 있을 것이다.

고 있다.[27] 여기에서 일반의사는 또한 토지취득의 규범적 제약사유이다. 자연상태에서의 토지취득은 일반의사의 법칙과 일치된다고 생각되는 한도 안에서만 가능하다는 점을 밝히고 있다(MdS, 269). 그러나 연합의사만이 취득의 이성근거를 제공한다면 선점을 통한 잠정적 취득은 왜 필요한가? 만약에 잠정적으로라도 자연상태에서 너의 것과 나의 것이 존재하지 않는다면, 또한 그것을 시민상태에서도 의미 있게 반영하는 법적 추정이 없다면, 시민상태로 진입해야 할 어떠한 의무도 존재할 수 없고, 시민상태도 불가능하기 때문이다(MdS, 313).[28] 결국 칸트에 따르면 '시민상태를 예감하고 준비하는 과정에서의' 취득은 '시민상태의 이념과 일치하는 경우에만' 그리고 '시민상태의 현실에 앞서서' 단지 잠정적일 뿐이고 '실현된 시민상태에서의' 소유만이 확정적인 것이 된다(MdS, 257, 264).

2. 국가와 사적 소유권

국가 또는 시민상태는 사적 소유권의 정당화과정에서 어떠한 역할을 하는가?[29] 먼저 로크의 노동소유권설에 따르면 자연상태에서 획득된 토지소유권은 전국가적 자연권이자 이미 확정적 권리이므로, 국가는 이를 교정할 수 없고 오로지 보호만 한다. 달리 말하면 소유권은 국가이전에 이미 확립된 것이지만, 이를 수호하는 데에 있어서는 상당한 불안정이 존재하므로, 이러한 불편을 확실하게 제거하는 방편으로서만 국가가 필요하다는 것이다. 즉 로크의 소유권에서 국가의 역할은 부차적인 것이다. 여기에서 시민상태의 이념과 일치하는 경우에만 점정적인 취득이 확정적인 소유가 된다는 칸트의 진술은 실제로 무엇을 의미하

27) 또한 칸트는 당시의 식민지 점령정책을 비난하면서 시원적 취득의 문제가 시원적 계약을 통하여 해소된다 하더라도 시원적 계약이 지상의 전인류에게까지 확장되지 않으면 취득은 여전히 잠정적인 것에 그친다고 진술한다(MdS, 266).

28) 여기에서 자연상태에서의 소유는 국가발생의 촉매일 뿐이라는 견해가 등장한다. 즉 자연상태에서의 소유자는 타인들로 하여금 국가상태로 진입할 것을 강제할 수는 있으나 자연상태의 불평등한 소유상황을 국가상태에서 그대로 인정하도록 강제할 수는 없다는 것이다. C. Langer, 위의 책, 157면.

29) 홉스는 소유권을 국가에 전적으로 의존시킨다면, 로크는 소유권을 국가와 무관하게 정당화시키고, 칸트는 상호의존적으로 만들었다. W. Kersting, "Politics, freedom, and order: Kant's political philosophy," Paul Guyer(편), *The Cambridge Companion to KANT*, Cambridge U.P., 1992, 352면 이하. 같은 견해로는 L.W. Mulholland, 위의 책, 295면.

는가?

칸트는 다음과 같이 말하고 있다. "공법의 상태는 사법의 상태에서 생각될 수 있는 의무 이상도, 그와는 다른 의무도 포함하지 않는다. 즉 사법의 질료(Materie)는 공법의 질료와 동일한 것이다"(MdS, 306; 비슷하게는 MdS, 313). 질료에 있어서 공법이 사법과 동일하다는 칸트의 발언은 극심한 논란을 불러일으킨다. 이 질료동일성(質料同一性)이 국가입법자가 자연상태의 사권(기득권)을 고스란히 추인해야 한다는 의미로 국한되는 한, 칸트의 이론은 노동소유권설의 아류에 그칠 것이다.[30] 특히 '소유권은 (공법에 의해서) 형성되거나 규정되는 것이 아니라 안전하게 된다'(MdS, 256)는 진술은 이러한 해석을 더욱 보강한다. 어쨌든 칸트와 로크를 가까이 두려는 것은 전통적인 견해이기도 하다. 하지만 이러한 해석도 이미 앞에서 논의한 바와 같이 물리적 지배가능성 내에서 그리고 연합의사의 법칙과 일치하는 한도 내에서 자연상태의 토지취득분 —물론 완전평등의 상태는 아닐지라도 어느 정도 평등한— 을 국가가 공인한다는 의미로 해석한다면 로크의 노동소유권설과는 이미 다른 결론에 이르게 될 것이다. 나아가 질료동일성을 '규율방향'의 동일성 문제가 아니라 '규율범위'의 동일성 문제로 해석하려는 강한 입장도 등장한다. 마치 홉스의 리바이어던과 같이 공법과 사법이 질료에 있어서는 동일하더라도 입법자는 자의적으로 형성된 사법에 대하여 언제나 새로운 형식을 부여할 수 있다는 것이다.[31] 이에 따르면 무엇을 얼마만큼 소유할 것인가는 국가가 결정한다는 것이다.[32]

---

30) Zotta, 위의 글, 17면 이하; Saage, 위의 책, 76면 이하; Dulckeit, 위의 책, 37면. 보다 일찍이 노이만은 칸트의 국가는 '사적 소유권의 정언명령'이라고 규정하고, 칸트가 루소의 사회계약론에 동조하기는 하였으나 사회경제적 평등에 관한 사상을 배제하였다고 지적한다. Franz L. Neumann, *The Rule of Law*, Leamington Spa/ Heidelberg/Dover, 1986, 143, 144면.

31) 질료동일성은 홉스의 진술 —자연법과 실정법은 서로를 포함하고 범위에 있어서 동일하다 [C.B.Macpherson(ed.), Thomas Hobbes: *Leviathan*, Penguin, 1985, 314면]—과 마찬가지로 입법권위의 절대성, 즉 민주적 절대주의 논변으로 해석되어야 한다는 시사는 I. Maus, 위의 책, 153면.

32) 이러한 견해는 무엇보다 허용법칙(lex permissiva)에 관한 브란트의 해석에 의존하고 있다. 브란트는 현재의 모든 소유권과 지배권은 그 발생에 있어서는 불법적 권력에 입각한 것이므로 그 자체로 무효이나 오로지 미래와의 연관성 속에서 의미를 지니며, 따라서 현상태는 일반의사의 이념에 따라 교정될 때까지 잠정적으로 수인해야 하는 것일 뿐이라고 지적한

쟁점은 국가가 오로지 소유권보호자에 그치는가 아니면 소유권교정자인가에 있다. 노동소유권은 권리형상에서 보자면 안정적인 반면에, 선점소유권은 이러한 안정성을 갖지 못하기 때문에 칸트에게 있어서 국가는 소유권보호자라는 단순한 역할을 넘어갈 수밖에 없다.[33] 만약 국가가 자연상태에서 제멋대로 전개된 무한량의 토지취득을 권리로 반영하는 장치에 불과한 것이라고 한다면, 횡재에 가까운 선점소유권보다는 상당한 수고를 동반한 노동소유권이 도덕적 품질에서는 본질적으로 우월하다는 점은 더 거론할 필요도 없다. 그러나 칸트가 선점과 노동간의 어떠한 본질적인 차이[34]도 인정하지 않았음을 고려할 때, '양과 질에 있어서 토지취득권리의 불확정성'이 시원적 계약을 통해서만 해소된다는 진술(MdS, 266)을 고려할 때, 그만큼 더 국가의 배분적이고 구성적인 역할이 전제되었다고 이해된다. 칸트 역시 국가의 소유권형성역할과 관련하여 "시민상태에서 각자에게 그의 것을 …법적으로 규정한다"(MdS, 312)거나 "…여타 모든 의무의 필요조건이 되는 목적은 각자에게 그의 것을 규정하고 타인의 침해로부터 안전하게 해주는 공적인 강제법률 아래에서의 인간의 권리"(TP, 289)[35]라고 진술한다. 따라서 국가의 소유권규정권력을 예정하고 있는 것이다.

나아가 명시적으로 칸트는 국가를 소유권의 형성권력으로 진술하고 있다.

> (토지)개혁에 의하여 영향을 받게 되는 자들은 그들이 소유권을 박탈당했다는 점

다. R. Brandt, "Erlaubnisgesetz, oder: Vernunft und Geschichte in Kants Rechtslehre," Brandt(편), *Rechtsphilosophie der Aufklärung*, Berlin/New York, 1982, 268면 이하.

33) Kersting, 위의 글(주 23), 172면.

34) "토지에 대한 노동(경작, 개간, 배수 등)이 그 토지를 취득하는 데에 필수적인가? 아니다! 이러한 특화의 형식들은 단지 우연에 불과하고, 직접적 점유의 객체를 창조하지 않으며, 실체가 본디 주체의 물건으로 승인된 경우에 한에서만 주체의 객체에 속할 수 있다. 시원적 취득과 관련해서 보자면 노동은 여타의 방식, 즉 노동보다 적은 노력으로도 대체가능한 점유의 외적 징표에 불과하다."(MdS, 265)

35) 칸트의 다음과 같은 진술도 그 방증이 되겠다. "법률이 없으면 권리나 소유권도 없다. … 달리 말하면 모든 소유권은 시민사회에서만 시작된다"(Refl., 7665). "잠정적인 권리는 시민상태의 본성(자유, 평등, 자립: 필자)에 모순되지 않는 한에서 시민상태에서도 유효하고, 시민상태의 권리로 수용된다"(Bd. XXIII, 293). "모든 공간의 공동점유에는 토지의 자유로운 사용과 관련하여 각 개인의 의사를 제약하는 공동의사가 결합되어 있다. 자연 또는 우연이 데려다 준 장소를 사용하려는 개인의 의사는 전체의사와 일치하는 한에서만 나는 (마치 내가 거기에 있었던 것처럼) 그 장소에 생존할 자연권을 누린다"(Bd. XXIII, 289).

을 항의할 수 없다. 왜냐하면 그들이 현재까지 소유할 수 있는 근거는 오로지 국민여론이며, 그리고 국민여론이 계속되는 동안에만 유효한 것이다. 국민여론이 소멸하자마자 … 소유권도 사라진다(MdS, 325).

이 발언은 당시 독일의 귀족이나 성직자단과 같은 봉건계급의 소유권에 겨냥된 것으로서 원칙적으로 불평등한 소유관계를 국가는 상급소유자(Ober-eigentumer)로서 국민여론에 따라 개혁할 수 있다는 것을 구체적으로 예시한 것이다.[36] 요컨대 칸트에게는 대국가적 절대적 방어권으로서 소유권 개념은 존재하지 않는다. 따라서 시원적 토지공동체나 연합의사로부터 평등소유권을 직접 끌어낼 수는 없다 하더라도 국가가 넓은 의미에서 자유와 평등의 원리에 부합하게 기존소유질서를 교정하는 권한을 확보한다고 해야 하겠다.[37] 이러한 점에서 칸트의 소유론은 민주적 소유권이론으로 형상화시킬 수 있을 것이다.

3. 사회국가

칸트는 국가를 '법법칙(Rechtsgesetzen)에 따른 인민의 결합체'(MdS, 313)로 파악하는데, 이는 바로 자유주의적인 법치국가론이다. 칸트의 이러한 경향은 법공동체와 윤리적 공동체의 근본적 대비를 통해서 더할 나위 없이 확연하게 드러난다. "윤리적인 목적을 지향한 헌법을 강제를 통하여 관철시키려는 입법자에게 화 있을지어다! 그렇게 함으로써 입법자는 윤리적 목적의 정반대를 관철시킬 뿐만 아니라 자신의 정치적 목적마저도 침해하고, 위태롭게 만들기 때문이다"(Religion, 96). 칸트에 따르면 실정입법자가 도덕적 상태를 강제로 확보하려는 것은 형용모순이라고 한다. 특정한 도덕적·종교적 신조를 처벌하고, '법적 강제에 기초하여 새로운 신앙을 형성하려는 국가'(MdS, 327)는 이미 이성적 법개념

36) 이에 관한 자세한 논증은 C. Langer, 위의 책, 173면 이하.

37) 특히 I. Maus, 위의 책, 169면. 또한 국가는 소유권의 보험기관이 아니라 교정자라는 논증은 W. Kersting, 위의 책(주 12), 332-343면. 내용적으로는 상당한 차이가 있지만 국가는 기존의 소유권을 보장하는 기관에 머무는 것이 아니라 교정하는 역할을 수행한다는 견해로는 G. Luf, 위의 책, 87면 이하; K. Kühl, 위의 책, 203면 이하; C. Langer, 위의 책, 157면 이하; R. Brandt, 위의 책(주 21), 193면.

에 내포된 한계를 벗어난 실로 자멸적인 체제가 된다.[38] 칸트는 윤리적 선의 문제는 어디까지나 개인에게 속한다는 점을 강조한다. 여기에서 오늘날 '선에 대한 정의의 우선성'이라는 자유주의의 핵심테제를 만날 수 있다. 이러한 자유주의는 반행복주의로 귀결된다.[39]

> 행복과 관련해서는 일반적으로 타당한 법률의 원칙들이란 전혀 존재할 수 없다. 왜냐하면 시대상황뿐만 아니라 자신의 행복을 어디에 설정할 것인가에 대하여 모순되고 변덕스러운 생각은 확고한 원칙들을 불가능하게 하고, 그 자체로 입법의 원칙이 되기에는 현실성이 없기 때문이다. 공공의 행복이 국가의 최고법이라는 언명은 가치와 품격에 있어서는 전혀 손상받을 수 없는 것이지만 우선적으로 고려해야 할 공공의 행복이란 각자에게 법률을 통하여 그의 자유를 보장하는 법률적 헌법 바로 그것이다(TP, 298).

칸트에 따르면 복지는 자의의 목적인 경험적인 질료(Materie)인 까닭에 실천적 법칙이 결코 될 수 없다는 것이다(Bd. V, 89 이하; SF, 87주). 또 행복이란 본디

---

38) 칸트는 종교적, 정치적 검열체제를 염두에 두고 있었다. 그가 여기에서 공론(Öffentlichkeit)의 자유를 강조한 것은 계몽주의자로서 당연하다. 칸트는 마키아벨리의 비밀주의에 대하여 언론의 자유(Federfreiheit), 법의 공포(Publizität), 출판의 자유(Publizitätsfreiheit) 문제를 일관되게 거론하고 있다(SF, 89, 92; TP, 304; ZeF, 381). 칸트의 정치적 공론에 대해서는 특히 Theo Stammen(편), *Kant als politischer Schriftsteller*, Würzburg, 1999; Klaus Blesenkemper, *Public Age —Studien zum Öffentlichkeitsbegriff bei Kant*, Frankfurt/M., 1987; 당시 독일에서의 비판적 공론의 형성과정에 대해서는 Hans-Ulrich Wehler, *Deutsche Gesellschaftsgeschichte 1700-1815*, München, 3. Aufl., 1996, 326면 이하 및 Lucian Hölscher, "Öffentlichkeit," *Geschichtliche Grundbegriffe* Bd. 4, Stuttgart, 1978, 특히 430면 이하.

39) 행복주의는 장래의 사회국가(Sozialstaat)의 이념적 기초라고도 할 수 있다. 행복주의 개념의 전개과정은 Herbert Uppendahl, "Eudämonismus und Wohlfahrtsstaat," *ARSP*, 1978, 205-223; 또한 당시 Johann H. G. v. Justi와 Joseph v. Sonnenfels의 행복주의에 기초한 관방정치(Kameralistik)와 그에 대항하는 부르주아적 정치모델의 성장에 대해서는 H.-U. Wehler, 위의 책, 233면 이하. 칸트를 통해서 복지와 경찰(Polizei)이 개념상 구별되기 시작했다는 지적은 Franz-Ludwig Knemeyer, "Polizei," *Geschichtliche Grundbegriffe* Bd. 4, Stuttgart, 1978, 889면. 18세기 중반까지는 행복주의와 복지국가론이 맹위를 떨쳤다면 그 이후로는 공민의 권리와 자유에 기초한 법치국가론이 힘을 얻기 시작하였다.

개인이 제 스스로 설정하고 추구하는 것인데, 통치자가 임의로 인민의 행복을 실현한다면 이는 인민의 모든 자유를 폐지하고 결국 인민을 무권리상태로 방치하는 '가부장적 국가'이자 '극도의 독재'(TP, 291, 302)라는 것이다. 이와 같이 칸트는 행복을 매개로 하여 국민을 보호와 간섭의 객체로 전락시키는 계몽적 절대주의를 명백하게 거부한 것이다.[40)]

문제는 칸트의 반행복주의가 사회국가에 대하여 적대적인가이다.[41)] 칸트의 저작에서 물론 볼프, 피히테, 슈타인처럼 사회국가를 적극적으로 옹호하는 대목은 찾을 수 없다. 칸트는 입법자가 복지를 우선적으로 고려하는 경우가 있더라도 그것은 시민헌법의 설립목적이 될 수 없고, 외부의 적으로부터 법적 상태를 보호하기 위한 '수단'에 불과하다고 지적하고(TP, 298), '지배자에게 복종해야 하는 인간들의 권리는 복지에 대한 모든 고려보다도 반드시 우선하여야 한다'(SF, 87주)고 주장한다. 따라서 칸트의 국가는 빈곤한 자들을 위한 '연대공동체'가 아니라 주체적인 인간들의 '자유와 권리의 공동체'라고 할 수 있다.[42)] 그러나 이러한 일반적인 판단을 넘어서 칸트를 사회국가의 동조자라고 해석할 수 있는가에 대한 논란은 계속되고 있다. 칸트 저작으로부터 직·간접적으로 사회국가원리를 도출

---

40) 칸트의 법치국가개념은 훔볼트의 그것과 흡사하다. "국가는 시민의 적극적인 복지를 배려하는 것에 있어서 자제한다. 내부의 그리고 외부의 적에 대항하여 시민의 안전을 보장하는 데에 필요한 것 그 이상의 조치를 취하지 않는다. 여타 종국목적을 위하여 국가는 시민의 자유를 제한하지 않는다." Wilhelm v. Humbolt(1972) I 90, 인용은 P. Koslowski, 위의 책, 6면. 오늘날 하버마스는 부르주아적 자유주의국가, 간섭적인 사회국가를 넘어서 민주적 절차주의를 말하고 있는데 특히 관료적으로 지배되는 사회국가에 대한 지적은 봉건적인 온정주의를 비판하는 칸트의 사고와 어느 정도 일치한다고 할 수 있다. J. Habermas, "Anhang zu 'Faktizität und Geltung'," *Die Einbeziehung des anderen*, Frankfurt/M., 1999, 378면 이하.

41) 볼프는 국가설립의 목적을 복지(vita sufficentia)와 안전(tranquillitas, securitas)에 두었다. 그에 따르면 자연법의 최고원칙은 '완전성'의 원리이다. 인간은 본성상 완전하게 되어야 할 의무를 지니고 있으며, 한 인간의 완전성은 타인의 완전성에 의존한다. "너와 너의 상태 또는 타인의 상태를 보다 완전하게 만드는 것을 행하고, 불완전하게 하는 것을 피하라." 이러한 최고원칙으로부터 정당방위권, 명예권, 의식주권리, 노동·양육·교육에 관한 권리가 추론된다. Fritz Loos/Hans-Ludwig Schreiber, "Recht, Gerechtigkeit," *Geschichtliche Grundbegriffe* Bd. 5, Stuttgart, 1984, 271면 이하.

42) O. Höffe, 위의 책, 213면. 회페는 또한 칸트의 의무론의 체계에 따라 인도성의 의무는 '완전한 의무'가 아니라 '불완전한 의무'이며, 따라서 원칙적으로 법적 의무가 아니라 '도덕적 의무'에 속하는 것으로 파악하고, 복지나 사회국가는 칸트에게 전혀 정치적 정의의 영역에 속하지 않는다고 결론짓는다.

할 수 있다는 입장[43]과 칸트를 간단히 야경국가의 동조자로 규정하는 입장[44]이 팽팽히 맞서고 있다. 물론 이 문제는 앞 절에서 칸트의 소유권이 비교적 평등한 소유질서를 겨냥했다고 해석함으로써 본질적으로 답변되었다고 보인다.[45] 원칙적으로 행복을 국가원리로 설정하여 국가가 시민의 생활영역에 전면적으로 개입하는 것은 이성의 월권이라 하겠지만, 다음 문장에서 보듯이 자유를 사회경제적 의미에서 국가가 보완하는 것은 당연한 것으로 보인다.

> 국가의 존립근거에서 보면 정부는 긴절한 자연욕구조차 해결하지 못하는 자들의 생존수단을 제공하기 위하여 유산자들을 강제할 권한이 있다. 왜냐하면 정부가 존재한다는 것은 동시에 국가에 의하여 제공되는 바 생존에 필요한 보호와 배려에 복종하는 것을 의미하며, 유산자들은 국가에 대하여 의무를 지기 때문이다. 이러한 의

---

43) 적극적으로 자유와 평등의 체계적 관철로서 사회국가원리를 추론하려는 학자는 G. Luf, 위의 책, 147면; L.W. Mulholland, 위의 책, 392면. 롤즈식의 보충적인 의미에서 사회국가의 원리는 칸트의 실천철학의 전체체계와 양립할 수도 있다는 견해로는 W. Kersting, 위의 책, 62, 376면 이하 참조.

44) Zotta, 위의 글, 35면; Saage, 위의 책, 189면; 일찍이 슈탈은 칸트의 법철학은 '아담 스미스의 교정이 아니라 평행선'(Fr.J. Stahl, *Die Philosophie des Rechts II*, 1878, 100)이라고 지적했고, 니체도 '칸트의 낡은 도덕은 … 자유통상의 이론과 같은 것'(Fr.G.W. Nietsche, *Menschliches, Allzumenschliches I*, 25)이라고 평가하였다. 슈탈과 니체의 인용은 Koslowgski, 위의 책, 20면. 특히 칸트를 사회주의의 지평으로 확장하려는 포어랜더도 칸트의 국가론을 원칙적으로 '자유주의적 법 및 경제국가'(liberaler Rechts- und Wirtschaftsstaat)로 규정하고, 이를 아담 스미스와 루소의 결합으로 이해하고 있다. K. Vorländer, 위의 글(주 1), 419면. 칸트가 아담 스미스의 경제이론에 얼마만큼 동조했는지는 확실치 않지만, 『영구평화론』과 『세계시민적 의도에서 본 보편사의 이념』에는 명백하게 아담 스미스의 기본적인 가정이 드러난다. 특히 '피조물의 자연적 소질', '인간의 이기심', '항쟁', '자연의 계획'(Bd. Ⅷ, 28, 29), '악마의 국가', '자연의 기제'(ZeF, 366)는 인간을 만개시키고, 공화국을 현실화시키리라는 예정조화설에 가까운 역사철학적 비전을 담고 있다. 이는 아담 스미스의 '보이지 않는 손'과 같은 의미로 이해된다.

45) 『도덕형이상학 예비논고』에서 사회적 권리로서 소유권문제도 시사되고 있다. "(나의 단순한 자의에 기해서가 아니라) 토지에 대한 타고난 소유권을 통하여 나는 나의 생존의 유지에 필요한 토지를 다른 사람이 사용하는 것을 배제한다"(Bd. XXIII, 286). "지상에 살고 있는 누구에게나 시원적으로 토지를 취득하는 것이 가능해야만 한다"(Bd. XXIII, 317). "모든 인간은 당연히 자연이나 우연이 그를 인도했던 바 지상의 장소를 취득하고, 타고난 권리에 따라 (온갖 법적 조치에 앞서서) … 토지…를 점유한다. 단 이러한 토지가 그의 생존유지에 단적으로 필수적인 경우에 한한다"(Bd. XXIII, 319).

무에 기초하여 국가는 유산자들로 하여금 자신들의 재산을 동료시민들이 생존하는 데에 기여하도록 하는 권리를 갖는다. 그리고 이 일은 공민의 재산이나 상거래에 대한 과세를 통해서, 기금과 그 이자를 통해서 이루어질 수 있다. 그것은 국가의 필요가 아니라 인민의 필요에 봉사해야 하며, 또 …자발적 기부에만 의지할 것이 아니라 강제적인 세금으로 조달되어야 한다(MdS, 326).

IV. 맺음말

칸트는 봉건적이고 중상주의적인 사회구조에서 이제 성장하기 시작한 자유자본주의에 희망을 건 이행기의 철학자로서 국가와 사회의 관계 문제에 대하여 나름대로 정치적 고견을 피력하지도 못했으며 대체로 아담 스미스의 시장모델에 의지하였다. 불과 한 세대도 못 가 헤겔이 부르주아사회의 양극화현상을 뚜렷하게 부각시켰던 것에 비하여 칸트의 사태인식은 어렴풋한 것이어서 불만스럽게 느껴질 수 있다. 이 점에 관한 한 칸트 법철학의 빈곤성을 탓할 수도 있겠으나 오히려 30년 전쟁(1618-1648)의 참화를 당시에도 온전하게 극복하지 못한 독일의 정치적·경제적 분열상과 낙후성을 지적하는 것이 좋겠다. 누군가의 말대로 칸트의 법철학을 설령 소유적 개인주의로 규정한들 그를 폄하하는 것은 아닐 것이며, 실상 그러한 정치모델조차도 당시에는 분명 전향적인 것이었다. 그럼에도 주목해야 할 점은 그가 정치와 민주주의의 영역을 유산자들의 계급이익에만 봉사하는 장치로 고정시키고, 그리하여 사회정의를 도외시하는 로크류의 자유주의와는 일정한 선을 긋고 있다는 대목이다. 언젠가 칸트는 루소의 진솔함에 한껏 반하여 그로부터 인간에 대한 사랑과 존중을 배웠고, 인간의 권리를 조금이라도 앙양시키지 못한다면 자신의 인생은 평범한 노동자들의 삶보다도 부질없는 것이 되리라고 고백하였다. 그리하여 클롭스톡, 빌란트, 헤르더 그리고 실러마저 프랑스혁명의 폭력양상에 질려 발을 뺐을 때에도 그는 프랑스혁명에 여전히 동조할 수 있었던 것이다. 실은 여기에 칸트를 민주주의자로 해석할 가능성이 존재하며, 민주적 절차주의도 그 단초를 마련하게 된다. 그러나 민주적 절차주의의 기원을 칸트에게 되돌리는 작업도 의미 있는 일이지만 오늘날 우리들의 당면문제들을 고려할 때 바이마르 공화국에서의 진보적인 헌법학자 헬러를 모범으로 삼아 논의하는 것이 더욱 경제적이라고 판단된다. 그 시대의 자력에 갇힌 채 제시된 칸트의 유보적인 처방들도 오히려 현대적인 의미를 간직하는 민주적 절차주의의 고로 속에서 철저히 재구성될 수 있을 것이다. 그리하여 자유는 사회정의를 발견하려는 참여로서 정치적 자율로 고양되고, 사회정의의 고려 속에서 실질적으로 강화될 때 마침내 참자유가 될 것이다.

제3부 | 인권의 법철학

도덕적 권리와 정치적 권리

— 칸트와 하버마스의 인권관념을 중심으로 —

임 미 원*

Ⅰ. 서 론

오늘날 근본적 가치들의 갈등 및 서열화 문제의 대부분은 법적 권리들의 갈등 및 서열화로 구체화된다. 이 법적 권리들은 보호되어야 할 의지 및 이익 갈등을 내포하며, 근본적 가치갈등이나 구체적 이익분쟁의 극단에서 권리관념이 수행하는 역할 및 그 규범적 권위로부터, 권리는 가장 보편타당하게 추구되는 목적 자체인 동시에 극도로 현실적인 수단이기도 하다는 인식이 생겨나게 된다. 이런 다면적인 권리관념을 특히 상징적으로 보여주는 것들 중 하나가 인권관념일 것이다. 인권의 불가침성에 대한 고전적 외경심 너머에서, 너무나 많은 것을 약속해주는, 남용된 인간존엄은 아닌가라는 회의적 반문이 등장하는 현실은, '인권'의 존엄성이 인간 자체의 존엄성을 더 이상 확보해주지 못하는 상황을 반영한다고도 할 수 있다. 이로부터 간접적으로 인권에 대한 이론화 시도의 필요성과 그 어려움 역시 짐작할 만하다.[1)]

---

* 한양대학교 법학전문대학원 교수.

1) 일반적으로 인권을 주체, 객체 및 수혜자의 차원으로 구별할 경우, 인권주체의 근본적 보편성(일반성)이 엄격히 견지될수록 그 수혜자는 더 불특정해진다는 문제가 있다. '인간이면 누구나', '전 인류'의 이름으로 제기되는 인권에 대한 요구는 때론 선언적 의미만을 가질 뿐이다. 반면 사실적인 실정법적 효력까지 보장되는 인권요구의 경우 인권의 주체 및 수혜자의 범위는 훨씬 특정화되는 한편 그 효력 범위는 훨씬 제한적이게 된다. 이런 인권은 실제로

인권의 논의가 주체, 객체 및 수혜자의 차원으로 세분화 가능하다고 할 때, 무엇보다 인권의 객체(대상)의 관점에서 제기되는 구체적 요구들을 칸트의 인권관념은 어떻게 어느만큼 해결해줄 수 있는지가 본 연구의 기본 관심이다. 칸트의 인권관념이 단지 자유주의적인 소극적 방어권으로만 해석되는 한, 그의 '유일한' 인권이 다른 대상 영역으로까지 확장될 수 있는 가능성은 희박해 보인다. 그럼에도 (혹은 그렇기에) 우선 참여권이라는 구체적 대상으로 제한, 칸트적인 참여적 권리의 의미, 그리고 그의 인권관념의 '정치적 참여권으로서의 해석 가능성'을 살펴볼 것이며, 이런 '칸트이해'의 목적에서 하버마스의 관점과 비교해보고자 한다. 탈전통의 시대에 이르러 규범적 구속력에 대한 객관적 근거지음이 불가능한 지점에서, 즉 사실적인 것(Faktizität)이 당위의 영역을 독점해가는 상황에서, 원리지향적 규범이론보다는 덜 완고한 방식으로 당위의 근거를 제시하고자 하는 하버마스는 무엇보다도 규범성에 앞서 요구되는 담화적 합리성, 즉 상호이해 지향적인 합리성에 기초한 이성의 절차화를 칸트적인 근대의 극복이자 완성으로 여긴다. 이런 맥락에서, 논의는 결국 칸트의 선험적 인권 대 하버마스의 민주적으로 산출된 기본권 간의 관계 혹은 보편적 법원리 대 민주주의 원리 간의 관계의 문제로 귀결될 것이다.[2]

특정한 법공동체 내의 구성원에게 허용되는 실정법상의 기본권 요구와 다르지 않다. 여기에 인권과 기본권의 연속성 및 단절의 문제가 존재한다.

인권의 대상(객체)과 관련해서는, 과연 오늘날의 인권관념이 고전적인 소극적 자유 외에 사회적 생존, 정치적 참여, 문화적 자율 등의 다양한 대상들에 대한 요구를 소화해낼 수 있는지가 문제된다.

인권의 구조에 대해서는: R. Alexy, Die Institutionalisierung der Menschenrechte im demokratischen Verfassungsstaat, S. Gosepath, G. Lohmann편, *Philosophie der Menschenrechte*, Frankfurt 1999, 246-254면. 알렉시는 보편성, 도덕적 효력, 근본성, 우선성 및 추상성을 인권의 다섯 징표로 파악한다;

법에서의 인간상 및 인권의 성격에 대한 상세한 논의로는: E.-W. Böckenförde, *Recht, Staat, Freiheit*, Frankfurt 1991, 58-66면;

인권의 보편원리에 대해서는: O. Höffe, *Kategorische Rechtsprinzipien*, Frankfurt 1994, 135-150면.

2) J. Habermas, *Faktizität und Geltung*, Frankfurt 1998; *Die Einbeziehung des Anderen*, Frankfurt 1997; R. Forst, Die Rechtfertigung der Gerechtigkeit. Rawls' Politischer Liberalismus und Habermas' Diskurstheorie in der Diskussion, H. Brunkhorst, P. Niesen 편, *Das Recht der Republik*, Frankfurt 1999, 105-168면.

II. 본 론

1. 칸트와 하버마스의 인권관념

인권에 대한 칸트의 설명은 두 차원으로 이루어진다. 우선 인권의 근거지음의 차원에서는 인간의지가 갖는 본래의 규범적인 속성이 출발점이 된다. 그에 따르면 인간은 경험적 제약에도 불구하고, 근본적으로 선험적인 자유의 이념과 예지성에 근거해 도덕적으로 자율적일 수 있으며 그로 인해 목적 자체로 간주되는 존재이다. 이는, 인간 스스로가 목적 자체이기 위해서는 도덕적으로 자율적일 수 있어야만 한다는 의미이기도 하다. 인간이 갖는 도덕적 자율의 능력과 그의 목적 자체성으로부터 인간의지의 자유에 대한 현실적 요구의 근거는 마련되는 것이다. 그렇게 보면 인권이란, 목적 자체인 인간이 모든 의지 및 목적실현 관계에서 근본적으로 가지는 자유에서 출발한다. 인권은 도덕적 자율이라는 선험적 보편원리가 모든 의지 및 목적실현 관계의 시발점에 작동함으로써 비롯된다고도 할 수 있다. 모든 의지 및 목적실현 관계에서, 즉 모든 실천적 관계에서 인간의 의지는 자기 인격 안의 인간성의 이념과 목적 자체성에 근거해서 무제약적으로 자유로울 수 있다. 다른 한편으로 이렇게 절대적으로 자유로운 의지에 놓여 있는 불가피한 한계가, 동일하게 목적 자체들인 타인의 의지 혹은 타인의 권리이다. 인권은 결국 선험도덕적으로 근거지어지면서 보편적으로 제약되는, 타고난 자유라고 규정될 수 있다.[3)]

칸트에게서는 인권이라는 이 타고난 자유에의 요구가 갖는 필연성이 시원계약(ursprünglicher Vertrag)의 필연성을 뒷받침한다. 자연상태로부터 법적 상태로의 이행을 가능케하는 시원계약은 보편적으로 합의된 만인의 의지라는 선험적 이념에 근거한다. 이 때 시원계약의 최고 목적은 바로 '공적인 법률하에서의 인간의 권리'이다. 그렇게 보면 칸트의 인권은 인간의 목적자체성에서 유래하는 타고난 자유의 필연성이라는 한 방향과 이 타고난 자유에 대한 만인의 합의로서의

3) I. Kant, *Die Metaphysik der Sitten*, Kant's gesammelte Schriften von der Königlich Preußischen Akademie der Wissenschaften, Band VI, 237면.

시원계약이 갖는 필연성이라는 또 다른 방향으로 구성된다고 할 수 있다. 우선 인권은 개인들의 타고난 자유에서 유래한다. 이 타고난 자유의 실현가능조건으로서, 자유를 둘러싼 무제약적 의지들 간의 모순을 해소시켜주는 것이 시원계약 관념이다. 이 관념을 통해 개인들의 타고난, 그러나 불안정한 자유는 질서지워진 자유의 관계로 변형될 수가 있다. 이 때 공적 법률하에서의 인권이라는 관념은 여전히 개인들의 사적인 자율성을 그 본질로 한다. 법적 상태(Rechtszustand)를 곧 개개인의 인격적 자유가 제도화된 안정적 상태라고 규정해본다면, 법이전 상태에서 개개인의 사적 자율이 갖는 근본적 의미는 법적 상태에 들어서서도 축소됨 없이 유지, 보장된다고 할 수 있다.

이에 비해 인권에 대한 하버마스의 관심은 방향을 달리한다. 그는 무엇보다 공적인 것(Öffentliches)에 관심을 갖되 이 공적인 것의 형성과정 자체는 개인의 근원적 자유 및 자율성으로부터 자립화된 심급으로 파악한다. 그에 따르면 칸트의 보편적 법원리와 이 법원리의 기준인 보편성의 형식을 통해 개인들의 주관적 자유 및 사적 자율성이 통일적으로 모순 없이 공존할 수 있게 되지만, 이 소극적 방어적 권리의 주체인 개개인이 공적인 것 내지는 공동의 것에 참여하거나 그것을 실현시키기란 쉽지 않다. 소극적 자유의 차원에 머문 개인에게 공적인 법상태란 적극적인 참여를 통해 자율적으로 제도화된 상태라기보다는 오히려 공적인 것과 실정적인 것(Positives)에 종속된, 개인들의 타율적 상태에 가깝다. 하버마스에 따르면 정치적 자율은 주관적인 행동의 자유가 보편적이고 동등하게 배분된다고 해서 이루어지는 것이 아니다. 정치적 자율은 무엇보다 개별 법주체를 능동적인 입법자로 형성시킬 것을 요구한다. 이런 자율적인 자기입법의 시도는 강제에 의한 법준수를 통찰 내지는 이해에 근거한 법준수로 대체시킴을 의미한다.[4] 이런 시도의 근본에는, 법효력은 도덕성과도, 합법성과도 다른 정당성에 근거해야만 한다는 인식이 자리잡고 있다. 이런 관점에서 하버마스는 개별 인격체의 도덕적인 자기입법에 우선은 구속되지 않는, 개인들간의 도덕중립적인 법고유의 논의를 출발점으로 삼는다. 이와는 달리 칸트에게서는 정언적인 도덕원리의 이념이 견지된 채, 이 원리가 보편적 법원리로 변용되어 법적인 보편성을 산출해내기에 이른다.[5] 하버마스의 관점에서 보면 형식적, 보편적으로 외적인 자유를 제

4) J. Habermas, *Faktizität und Geltung*, 19면, 111면.

한하는 조건들의 총체로서의 법은 개개인의 주관적이며 소극적인 자유를 확인해 줄 뿐이며, 그렇게 확인된 자유는 보편적으로 허용된 사적인 것으로의 자유 내지는 의사소통으로부터 이탈할 자유를 의미한다.[6] 실제로 개인들의 사적 자율이란 법을 통해 형식적, 보편적으로 자유를 '제한한 결과'로서 확보될 뿐이다.

이런 비판적 관점에서 하버마스는 법체계 자체를 적극적인 정치적 자율의 실현 결과로서 재구성하고자 한다. 그의 견해로는 보편성의 형식으로부터가 아니라 법적 주체의 참여과정으로부터 법체계의 정당성은 산출될 수 있으며, 공적인 자율의 실천으로서의 이 참여과정은 담화원리를 법적 매체에 적용시킴으로써 개시된다. 우선 법적인 소재들에 관한 담화를 통해 주관적 행동의 자유, 구성원의 지위 및 사법적 보장에 대한 기본권들이 도출된다.[7] 만일 어떤 사회가 법적인 형태로 구성되어야 할 경우, 이 사회의 구성원들은 서로간의 담화를 통해 자기들의 행동 및 관계를 어떻게든 규율할 수밖에 없을 것이며, 이런 상황으로부터 이미 주관적인 행동의 자유에 대한 각자의 권리가 도출될 수 있다. 이 권리들은 국가의 제도를 통해서는 아직 각인되지 않은 자유권에 해당되며, 주관적인 행동의 자유에 관한 이런 질서는 법적 제도의 차원과는 거리가 있다. 개개인의 자유권이 담화를 통해 산출된, 구체적인 법공동체로의 귀속 및 사법적 보장에 대한 권리를 통해 보장될 때라야 비로소 한 사회질서가 법적으로 존재할 수 있는 것이다. 이 세 기본권들은 그 밖의 개별적 기본권 및 이 기본권들을 보장하는 법제도들에 대한 필요조건이되, 충분조건은 아니다. 물론 칸트의 관점에서라면 보편적 법원리 및 동등한 행위의 자유로써만도 법체계 전체가 완벽하게 산출될 수 있지만, 하버마스의 관점에서는 정당한 법제도의 형성을 위해, 즉 법제도의 정당화를 위해 더 많은 것들이 요구된다. 이는 사적이고 자유로운 자의의 사용이라는 의미에서의 사적 자율이, 사회질서의 수범자로서의 개인들이 소극적 자유를 통해 사실상 도달할 수 있는 최대한이라는 데에 기인한다. 하버마스에 따르면 개인은 우선 이 세 기본권과 사적 자율로부터 스스로를 법적 주체로 표상하고 법질서의 형성자 역할까지 떠맡을 수 있어야 한다.

여기서 문제는 개인을 그런 적극적인 자율적 존재로 형성시킬 수 있는 권리

---

5) J. Habermas, 위의 책, 112-113면; I. Kant, *Die Metaphysik der Sitten* VI, 230-231면.

6) J. Habermas, 위의 책, 153면.

7) J. Habermas, 위의 책, 151-165면.

란 어떤 것인가로 집약되며, 이는 본래 권리란 어떻게 정당한 것일 수 있는가의 문제와도 맥을 같이한다. 하버마스의 설명으로는, '합리적인' 담화에 참여하는 모든 당사자가 동의할 수 있는 권리만이 정당한 것이다.[8] 이 때 자기의 '통찰'에 근거한 동의에 전제가 되는 것은 평등하게 보장된, 담화를 통한 결정과정에의 참여이다. 즉 참여에 관한 기본권들이, 담화적(의사소통적) 자유의 정치적 사용의 제도화라는 의미에서 결정적인 역할을 수행한다. 결국 권리 내지 법의 정당성은 모든 당사자의 자율적 입법 내지는 자발적 동의에 근거하는 것이며 이런 자율성은 제도적으로 보장된 의사소통형태 및 절차를 필요로 한다.

이러한 설명에서, 그러면 왜 법의 정당성이나 공적 자율의 실현에 유독 '담화적' 자유(diskursive Freiheit)가 전제되어야 하는가의 문제가 제기될 수 있다. 칸트의 관점에서 보면, 자기의 통찰에 근거한 동의를 도출하기 위해서는 그 전제로서 보편적 법원리에 따라 동등하게 배분된 주관적 자유권과 그에 따른 사적 자율로 충분하기 때문이다. 즉 법의 정당성은 개개인에게 보장된 사적 자율에서 이미 확보될 수가 있다. 하버마스의 관점에서 볼 때, 이 소극적 자유와 사적 자율은 주권적인 입법행위의 실현에 전제가 되긴 하지만 이 독백적 자기반성으로는 입법행위를 올바르게 규정할 수도, 적절하게 제한할 수도 없다.

그렇게 보면 개인의 자유권과 입법자의 주권 사이의 현실적 균열이 칸트와 하버마스에게 공통된 문제라고 할 수 있다. 법적 강제에서 오는, 혹은 입법자를 통한 타율성의 문제가 칸트에게서는 자발적 복종이라는 의미에서의 개인들의 자기입법의 관념을 통해 극복된다면, 하버마스에게서는 강제적이지 않은, 담화과정에의 사실적 참여를 통해 비로소 해결될 수 있다. 이런 점에서 칸트의 시원계약의 이념은 주권적인 입법행위에 자발적으로 복종하는 의지를 암시한다.[9] 반면

---

8) J. Habermas, 위의 책, 161면.

9) 잉게보르그 마우스는 법과 도덕의 분리의 입장에서는 근본적으로 칸트에 동의함에도 불구하고, 민주주의론적 관점에서 칸트의 정식, 즉 "마치 법률이 국민전체의 통일된 의지에서 생겨날 수 있는 듯이"라는 정식은 도덕 규범의 근거지음과 법규범의 민주주의적 정당화 간의 엄격한 구별을 약화시킨 것이라고 비판한다. 이 정식을 통해 '민주주의적 절차정향성을 희생시킨 대가로 결과정향성에 대한 도덕적 강조'가 관철되었다는 것이다. 그녀의 견해에 따르면 "법의 도덕적 근거지음과 법의 민주주의적 정당화 간의 현재의 탈세분화가 갖는 반민주주의적 결과는 칸트의 이런 관헌국가적 용인에서보다 더 명백하게는 드러날 수 없다.": I. Maus, Zum Verhältnis von Recht und Moral aus demokratietheoretischer Sicht, K.

하버마스의 참여과정이란 적극적으로 스스로를 주권적 입법자로 형태화하는 의지에 기초해 있다. 이런 의지에 있어서는 담화원리와 기본권의 체계 양쪽이 동일하게 결정적인 의미를 갖는다. 기본권의 체계는 담화를 통한 정치적 자율의 실현에 대한 제도화된 조건에 해당하며 이 기본권의 체계 자체는 담화원리를 법매체에 적용함으로써 비로소 형성되는 것이기 때문이다. 그렇게 보면 정치적 자율의 실현이란 근본적으로 개인의 기본권에 대한 해석 및 그 형성과정과 무관하지 않다. 즉 하버마스의 입장에서는 공적 자율의 실현과 개인들의 사적 자율의 법적 보장 간에 본질적 연관관계가 있다. 하버마스에게서 기본권은 결국 자유의 보편적 제한이라는 형식을 통해 소극적으로 방어된 주관적 자유권을 뜻하기보다는 담화적 자유를 통해 민주적으로 형성되고 나아가 공적인 자율을 가능케 하는 권리를 의미한다. 그런 점에서 담화적 참여에 대한 기본권이란 민주주의 원리에 근거한 인권이라고 할 수 있다. 즉 하버마스의 인권관념에는 담화적 자유, 민주주의 원리, 공적인 자율 간의 내적 연관관계가 반영되어 있다. 국민주권이란 민주주의적 의사형성에서, 즉 공적 자율의 행사를 통해 실현되는 것이며 이런 방식의 의사형성과 공적 자율은 실제로 기본권에 대한 포괄적인 의사소통적 해석 및 형성과정을 의미한다고 보면, 흔히 나타나는 국민주권 원리와 근본적 인권이념 간의 균열은 더 이상 존재하지 않게 된다.[10] 결국 하버마스의 인권은 담화를 통해 성립되는, 공적 자율로서의 국민주권에 대한 법적 요구라 할 수 있고, 이런 관점에서 보면 칸트의 인권 — 인권의 보편성이 인간성의 이념과 도덕적 자율의 이념에서, 즉 도덕적 보편성에서 도출되는 — 은 지나치게 도덕적이며 지나치게 소극적인 권리일 뿐이다. 이렇게 타고난 인격적 자유권과는 달리, 담화적 자유를 통해 민주적으로 형성된 법적 권리로서의 하버마스적 인권은 공적 자율을 지향하는, '참여'를 통한 정당화로의 요구와 '제도화'로의 요구라는 두 의미를 갖는다. 인권의 일반적 범주들 —소극적 자유권, 사회적 권리, 참여적 권리 — 중 하버마스의 인권구상은 특히 참여권의 실현에 중점을 두는 것이다. 반면 칸트적 인권은 한편으로는 타고난 자유와 그것의 불가침성에 대한 선험적, 도덕적 요구이면서 간접적으로는 그 밖의 법적 요구 일반에 대한 가능조건을 의미한다. 인권은 개인

Bayertz 편, *Politik und Ethik*, Stuttgart 1996, 194-227면.

10) H. Brunkhorst, Menschenrechte und Souveränität — ein Dilemma?, W. R. Köhler, H. Brunkhorst, M. L.-Bachmann 편, *Recht auf Menschenrechte*, Frankfurt 1999, 157-175면.

들의 경험적 차별성에도 불구하고 인간의 본성상 만인에게 동등하게 귀속되는 것이면서, 이 '유일한' 근본적 자유에서부터 개인들 간의 모든 법적 관계 및 행위 요구들이 비로소 도출될 수 있다. 인권에 대한 논리적 근거지음의 관점에서 볼 때, 이 근본적 권리가 자연상태의 거칠음과 불안정함을 더 이상 견딜 수 없게 되는 지점에서 (공적 법률하의 인간의 권리에 대한 가능조건으로서) 시원계약의 필연성이 등장하기에 이른다. 시원계약의 관념에서는 실정화 과정의 내재적 정당화 가능성보다는 안정화를 위한 다수의지의 합의라는 형식적, 추정적 측면이 핵심을 이룬다. 즉 다수의지의 합의를 위한 절차의 적절성이나 이런 절차로부터 시작된 법적 상태의 실질적 정당성 이전에, 자유의 보장에 대한 만인의 합의의 필연성에서 이미 제도화 과정 자체는 정당화되는 것이다.

하버마스는 여기서 타고난 인권의 근본성 대 정당화되지 않은 시원계약 및 법적 상태 간의 균열의 위험을 본다. 이로부터 다시금 제기되는 문제가 도덕적 권리와 실정적 권리 간의 관계에 대한 것이다. 이 문제에서 하버마스는 자연법이나 도덕적 권리의 요소를 우선 배제하고 실정성 자체에 대한 자기조절적 정당화에 초점을 맞춘다. 그럼으로써 도덕적으로 근거지어진 인권으로서의 타고난 자유의 근본성으로부터 기본권체계의 정당화의 문제로 이동해간다. 즉 개별적으로 방어되는 사적 자율보다는 의사소통적으로 행사되는 공적 자율의 가능성이 문제인 것이다.

2. 인권과 국민주권 혹은 사적 자율과 공적 자율의 관계

이런 맥락에서 칸트의 인권과 하버마스의 기본권 간의 비교가 가능하다. 칸트의 인권이 인간성의 이념과 도덕적 자율에서 출발한 권리로서, 보편적인 의지행위인 시원계약에 대한 최고 근거 내지 선험적 조건을 의미한다면, 하버마스의 인권구상은 이런 선험적 도덕성에서 한 단계 낮추어 의지행위 자체에서 시작된다. 법적 상태로의 의지행위란 의사소통적 자유를 통해 스스로 정당화되어야 하며, 이렇게 의사소통적으로 형성된 의지행위는 민주주의 원리에 따른 시민들의 주권적 행위나 공적 자율의 행사와 다르지 않다. 이런 맥락에서 인권은 사실상 의사소통적으로 스스로를 정당화하는 의지행위를 통해 제도화되는 기본권으로 귀결되는 것이다.[11]

그러나 칸트의 관점에서 볼 때 이런 법적 상태로의 의사소통적 의지행위에는 이미 그 이념상 만인의 보편적 자유권, 즉 인간성의 권리(Rechte der Menschheit)가 근거로 자리잡고 있다. 이 타고난 인간성의 권리로부터 모든 개인에게는 보편적 법원리에 따른 사적 자율이 인정될 수 있다. 하버마스의 관점으로는 이렇게 사적 자율로 제한된 소극적 자유로서의 인권은 국민주권의 원리나 공적 자율을 감당해낼 수 없다. 그런 도덕적인 성격의 인권과 공적이지 않은 자율이 물론 법체계로의 제도화를 가로막지는 않지만, 이 제도화과정에의 능동적 참여 자체를 스스로 산출해내지는 못하는 것이다. 인권을 이미 보편적으로 제한된, 사적인 자율에 대한 권리로 간주하는 칸트의 관점에서는 공적 자율이라는 의미에서의 제도화과정 자체에 대한 능동적 참여를 염두에 둘 필요(혹은 이유)가 거의 없다. 법적인 자율의 문제란 개인의 사적 자율의 법적 안정성의 문제이기 때문이다. 그런 점에서 사적 자율로부터 자립화된 공적 자율이라는 관념은 칸트체계에서 거의 의미가 없게 된다. 공적 자율 관념이 하버마스에게서는 의사소통적 자유의 공적 사용이라는 의미로서, 민주주의 원리로 소급되는 고유한 의미를 갖는다

---

11) 하버마스는 인권과 국민주권의 관계 및 사적 자율과 공적 자율의 관계에 대한 칸트의 입장을 다음과 같이 설명한다:

"칸트는 도덕원리를 '외적관계들'에 적용시킴으로써 '보편적 법원리'를 획득했으며, 그의 법론은 인간 누구에게나 '그의 인간성으로 인해' 귀속되는, 강제권능이 부여된 동등한 주관적인 자유에 대한 권리로 시작된다. …

인간 누구에게나 '상실될 수 없게' 귀속되며 '설령 그가 원한다 해도 포기할 수조차 없을' 이런 권리들(타고난 권리 및 주관적인 사적 권리들-필자)의 체계는 공적 법률의 형태로 세분화되기 이전에, 도덕적 근본원리들로부터 정당화되며, 따라서 사회계약과 더불어 비로소 구성되는 국가시민의 정치적 자율과는 독립적으로 정당화되는 것이다. 그런 한에서 사법의 근본원리들은 자연상태에서 이미 도덕적 권리로서의 효력을 누리게 되며; 인간의 사적자율을 보호하는 '자연적 권리들' 역시 주권적 입법자의 의지보다 앞서 있게 된다. 이런 점에서 시민들의 '일치하는 통일된 의지'의 주권성은 도덕적으로 근거지어진 인권을 통해 제한된다. 칸트는 이런 국민주권의 인권에의 구속을 물론 제한이라고 해석하지는 않았다. 왜냐하면 그는 국가시민적 자율을 실행하는 데 있어 그 누구도 자연법적으로 보장된 자기의 사적 자율에 반하는 법률에는 동의'할 수 없으리라는' 데에서 출발했기 때문이다. 그러나 그렇게 되면 정치적 자율은 국민주권과 인권과의 '내적' 연관관계로부터 해명되어야 하며, 바로 그것을 수행해내야 하는 것이 사회계약의 구조이다. 그러나 도덕에서부터 법으로 '진행해가는' 근거지음의 과정은 칸트법론의 구조 속에서 사회계약에 대해, 루소에게서는 (이 사회계약이) 실제로 차지했었던 그런 핵심적 지위의 부여를 가로막았다."

하버마스, 위의 책, 130-131면.

면, 칸트에게서는 공법의 영역에서 실현되는 자기입법 혹은 공법의 영역에 적용되는, 자유의 상호제한의 보편적 법원리를 의미한다. 그런 공적 자율은 담화적 자유같은 자기고유의 매체를 이용하는 것이 아니라 여전히 '만인의 자기입법'이라는 형식을 통해서 이루어지는 성질의 것이다. 칸트에게는 '자기'입법이라는 관념이 곧 '보편적' 입법을 산출하는 유일한 가능성이기 때문이다.12) 이 관념은 그의 시원계약 이념에 표현되어 있으며, 공화제 및 국민주권의 원리로 형태화된다. 무엇보다 칸트의 자기입법 이념은 그 기원상 도덕적 보편성의 원리로서의 정언명령 및 도덕적 자율의 원리로부터 유래하며 그렇기 때문에 칸트의 공적 자율은 공법 고유의 의사소통적 매체를 개입시키지 않고 공법의 영역에 보편적 법원리를 적용시킴으로써 실현된다.

그렇게 보면 도덕적 자율의 이념에서 출발하는 인권원리와 국민의 자기입법의 이념을 표현하는 주권원리 간의 연관관계는 하버마스보다 칸트에게서 더 내적이고 긴밀하다고도 할 수 있다. 달리 표현하면, 하버마스에 의해 국민주권에 전제가 되는 것으로 설정된 의사소통적 자유와 참여권은 칸트에게서는 다른 방식으로 해결이 된다. 즉, 의사소통적 자유와 기본권의 체계에 대한 요구는 시원계약의 이념을 통해 도입된 '공법하에서의 인간들의 권리의 상태', 즉 법적 상태로의 진입과 더불어 이미 충족된 것일 수 있다. 칸트가 도덕적으로 근거지어진 인권, 시원계약의 이념, 그리고 시민적 법상태 간의 밀접한 연관관계를 통해 주관적 자유권으로서의 인권과 정치적 참여원리로서의 국민주권 원리 사이의 균열을 메꿀 수 있었다면, 하버마스는 도덕적으로 근거지어진 인권으로 소급함 없이, 일정한 법공동체에서 실행가능한 의사소통적 자유를 기본권과 국민주권의 전제로 삼고 있다. 그렇게 보면 의사소통적 자유란 법체계나 법적 상태의 규범적 정당화로 정향된 인권이라고 할 수 있으며 이런 인권은 법공동체 내에서의 정당화에 관한 기본권 혹은 참여의 권리라는 의미에서 제도적, 법률적 권리(juridisches

---

12) 타율적인 입법은 이해관계의 작용으로 인해 보편타당한 의무내용을 이끌어낼 수 없으며 그 때문에 어떤 누군가에게는 불법적인 것이 될 수도 있다. 이 경우 그런 의사의 불일치나 불법을 제한하기 위해 다시금 입법이 요구된다. 아직 보편적이지 않은 타율적인 법칙, 그리고 이를 다시금 제한하는 법칙 간의 무한한 연쇄에 직면하여 칸트는 만인의 '자기'입법을 입법의 보편성을 위한 유일한 해결책으로 제시한다. I. Kant, *Über den Gemeinspruch* VIII, 294-295면.

Recht)의 성격을 갖는다.

칸트의 시각으로는 법적 상태 내에서의 정당화로의 권리와 의사소통적 자유에 대한 권리는 법 이전의 요구를 승인하지 않고는, 즉 자유권적 인권을 법적 상태로의 요구에 대한 최종적 근거로 전제하지 않고는, 적절하게 설명될 수 없다. 물론 아직 실정적인 법공동체를 전제하지 않는 개인의 소극적 방어적 자유권은 정당화로의 권리나 구성원들간의 의사소통의 자유에서 출발하는 법체계와는 거리가 있기 때문에, 하버마스의 입장에서는 칸트가 제시한, 법적 상태로의 이행에 대한 시원계약 자체의 정당화는 어떻게 가능한가라는 질문이 가능하다. 칸트식의 주관적 자유권으로서의 인권을 통해 시원계약 및 법적 상태의 이념이 갖는 필연성이 해명될 수는 있지만, 법적 상태로의 형식적 진입을 넘어 특정 법상태의 실질적 정당화나 자기검토는 더 이상 가능하지도 필요하지도 않기 때문이다. 이런 비판에 맞서, 칸트에게서는 의사소통적 자유 및 보편적 참여의 요소가 이미 법적 상태로 들어서는 시원계약의 이념에 포함되어 있다는 반론도 가능하다. 칸트는 인권의 근거지음의 문제와 특정한 법체계나 법적 상태의 정당화의 문제를 각각 인간성의 이념 및 시원계약의 이념을 통해 선험적인 방식으로 해결한 반면, 하버마스는 이 선험성을 절차화시킨 후 이 절차화된 선험을 비로소 민주주의 원리에 따라 구체적인 법률적 기본권 목록으로 형태화시켰다고도 볼 수 있는 것이다.

칸트의 입장에서는, 권리란 늘 타인들을 전제로 한다는 하버마스의 근본인식이, 권리는 늘 타인과의 적극적인 의사소통적 '관계'를 근본으로 한다는 인식으로 반드시 귀결되는 것은 아니라는 지적 또한 가능하다. 오히려 권리는 이미 그 조건상 늘 타인의 '존재'를 고려하게 되므로 방어적 자유, 즉 타인으로부터의 독립성을 자기핵심으로 하는 것일 수 있다. 이런 의미에서 타인의 존재를 고려함으로써 등장하는 소극적 방어적 자유가 타인과의 의사소통으로의 적극적 자유보다 더 근본적일 수 있는 것이다.

Ⅲ. 결 론 — 공개성의 원리

요약컨대, 하버마스는 우선 대립된 인권해석의 두 방향, 즉 인권을 도덕적으로 근거지어진 소극적 자유권으로 해석하는 경향과 실정적 입법에 의존하는 법률적 권리로 해석하려는 경향 모두로부터 거리를 두고자 한다. 이 두 해석 경향은, 법은 자기정당성에서 늘 도덕에 빚지고 있으며 도덕은 그 사실적 효력에서 늘 법에 미치지 못한다는 법과 도덕의 균열된 상황과도 연관되어 있다. 하버마스의 견해에 따르면 법, 특히 인권의 정당성은 실정입법에서도 도덕에서도 도출될 수 없다. 그보다는 제 스스로에 의한 법의 자기정당화가 시도되어야 하며 이를 위해 법에 고유한 방식으로 적용된 담화원리로서의 민주주의 원리가 요구되는 것이다.[13] 이 원리는 담화를 통해 형성되는 법률적 기본권으로서의 인권의 자기정당화뿐 아니라, 공적 자율의 실현을 가능케 한다.[14] 바로 그 지점에서 사적 자율과 공적 자율은 더 이상 단절되지 않고 동일한 기원을 갖는 것일 수 있다.[15]

주지하듯이, 칸트에서의 근본적 인권은 도덕적으로 근거지어진, 단지 타인에 맞서 소극적으로 방어하는 자유권을 의미한다. 국민주권 원리는 시원계약의 이념에 근거해 형식적 법적 상태로의 진입과 더불어 이미 완벽하게 실현된 것으로 간주되며, 거기서 법적 상태 자체의 정당화 또한 종결된다. 그렇게 보면 칸트의 인권 및 국민주권의 구상에서는 보편적 법원리의 정치적, 공적 적용을 의미하는 공개성의 원리(Prinzip der Publizität)가 민주주의 원리보다 더 큰 의미를 가지게 된다.[16] 선실정적으로(vorpositiv) 존재하는 인권 및 관념적으로 실현된 국민

---

13) J. Habermas, 위의 책, 162면.

14) 자율성의 원리와 관련하여 하버마스는 무엇보다 그의 담화적 법개념을 통해 주관적, 사적 자율과 국가시민적, 공적 자율간의 연관성을 해명하고자 한다.

그의 분석에 따르면, 지금껏 근본개념상 만족스럽게 일치되지 못한 사적 자율 대 공적 자율 간의 균열관계는 법도그마틱 내에서의 주관적 법 대 공법 간의 긴장관계나, 이성법 전통 내에서의 인권 대 국민주권 간의 경합관계와도 맥을 같이한다. 이런 여러 차원에서의 난제들은 실정법을 자연적 내지 도덕적 법에 종속시키는 형이상학적 자연법 전통에 기인한다. 그러나 실제로 (실정)법과 (탈관습적) 도덕은 근대이후 와해된 실질적 도덕성(substantielle Sittlichkeit)의 잔재에 공통의 기원을 두는, 각기 세분화된 영역일 뿐이다. 결국 법과 도덕의 관계라는 오랜 난제의 해명은 칸트법론의 구성처럼 도덕 원리에 민주주의 원리가 종속되는 방식이어선 안되며, 담화적 법개념을 통해 궁극적으로 인권과 국민 주권이 동일한 기원의 것임을 밝히는 것이어야 한다.

J. Habermas, 위의 책, 111-112면, 135-137면.

15) J. Habermas, 위의 책, 135면, 162면; *Die Einbeziehung des Anderen*, 87-94면, 126-127면, 242면, 296-303면.

16) 공개성의 원리에 대해서는 I. Kant, *Zum ewigen Frieden* VIII, 381-386면; J. Habermas, *Strukturwandel der Öffentlichkeit*, Frankfurt 1990, 178-195면.

주권의 구상에 기초해서는, 법적 상태 자체의 유지와 보장이 법공동체 내에서의 적극적 참여절차의 형성과 그 정당화보다 더 근본적이고 긴급한 것이기 때문이다. 같은 맥락에서, 법적 상태와 법적 요구의 정당화는 민주주의 원리에 따른 적극적 참여의 과정에 의존하기보다는 오히려 공개성의 원리에 따른 보편타당한 공적 이해의 과정에 의존하게 된다.

칸트의 구상으로는 이성존재자의 보편적 합의라는 이념과 법적 상태로의 진입이라는 관념을 통해 법 자체의 근거지음과 정당화에 관한 많은 문제들이 해결될 수 있지만, 다른 한편으로는 법적 상태 자체가 이미 또다른 차원의 문제들을 내포하고 있다. 무엇보다 법적 상태의 선험적 정당화 이후, 정치(Politik)의 문제, 즉 법원리의 실천적 적용의 문제가 등장한다. 이는 보편적 법원리에 합치하는 정치적 실천이 어떤 형태로 가능한가, 혹은 적대적으로 자기이익을 추구하는 경험적 개인들의 사적 자율의 영역과 법적 상태에서 공동의 목적을 고려하는 국가시민들의 공적 자율의 영역이 실제로 어떻게 통일될 수 있는가의 문제와도 상통한다. 칸트는 '당위'로서 부과된 법적 상태의 이념이 갖는 필연성에서 출발, 법의 최고목적은 궁극적으로 자연의 계시(Naturvorsehung) 혹은 자연의 강제(Naturzwang)를 통해 실현될 수 있음을 강조한다. 그에 따르면 법의무가 '경험적' 의욕 차원에서의 인간의지를 통해 실현되는 방식은 순수하게 도덕적이지도, 고도로 효율적인 것도 아니다. 개인들이 서로 대립되는 사적 이익이나 의도에도 불구하고 외적인 공적 행위에서 공동의 이익에 합치하는 성공을 거둘 수 있는 것은, 즉 법적 상태를 실제로 창설, 유지할 수 있는 것은 도덕적인 최선의 의지에 의해서도, 정확히 고려된 계획에 의해서도 아니다. 법적 상태에 관한 한 "인간은 도덕적으로 선한 인간은 아니더라도 그저 좋은 시민이 되도록 강제"되면 족한 것이다.[17] 이 때 법의 최고목적 실현에 대한 인간의 경험적 불확실성 내지 불충분성에 직면해 칸트는 인간실천 전체의 합목적성을 보장해주는 최후의 근거로서 자연의 계시를 언급하고 있다.[18] 이는 자연의 의지에 기대어 실천적 차원에서의 인간의 규범적 진보를 설명하려는 목적론적 정당화 내지 역사철학적 정당화 시도에 가깝다.

이런 칸트의 구상과 관련해 특히 호네트의 비판은 설득력이 있다.[19] 그의

17) I. Kant, *Zum ewigen Frieden* VIII, 366면.

18) I. Kant, *Über den Gemeinspruch* VIII, 307-313면; *Zum ewigen Frieden* VIII, 360-368면.

19) 칸트의 도덕적 목적론의 근본의도와 한계에 대해서는 A. Honneth, Universalismus als

분석에 따르면, 칸트의 도덕구상으로는 도덕적 의무와 외적 현실 사이에 거대한 균열이 존재하게 되고, 그럼으로써 현실세계 내에서 의무의식의 실현을 실제로 가능케 할 경험적 목적들은 시야에서 아예 사라져 버리고 만다. 칸트의 도덕구상 내부의 이런 어려움으로 인해 오히려 인간의 경험적 역사에 도덕적 진보라는 의미를 부여해야 할 필연성이 생겨나며, 칸트는 자연의 계시 내지 자연적 목적들이라는 가언적 구성을 통해 이러한 난제로부터 벗어나고자 한다. 그에 따르면 이성의 자기 스스로에 대한 관심으로 인해 인간은 자연에게서 일정한 법칙성과 유기적 기능성뿐 아니라 인류의 도덕적 진보에 대한 의도까지도 기대할 수 있게 된다. 그러나 호네트의 분석으로는, 그런 도덕적인 목적론은 이 세계 내에서 벌어지는 모든 잘못과 사악함에도 불구하고, '의무라서'(aus Pflicht) 동기부여되는 행위들이 궁극적으로 이 경험세계 속에서 도덕적 선의 실현에 기여하리라는 전망을 제공하려는 시도일 뿐이며, 결국 "이성은 실천적 이유에서 역사 세계 내에 일정한 버팀목을 필요로 한다"는 명제만을 확인시켜줄 뿐이다.[20)]

물론 칸트의 이런 목적론적 정당화 이면에는 그의 확신, 즉 자연의 계시는 인간들에 의해 무제약적으로 준수되어야 할 법의무를 대체할 수도, 평가절하시킬 수도 없다는 확신 또한 존재한다. 자연의 메커니즘을 통한 법목적의 실현가능성과는 전적으로 무관하게, 형식적 보편적 법원리는 인간이성에 의해 무제약적으로 필연적인 법의무로 승인되고 준수'되어야 하는' 것이다. 인간에게는 자기이성에 근거한 의무준수의 가능성만이 스스로를 자유롭고 도덕적인, 인격성을 지닌 존재로 여기게끔 하는 유일한 근거가 된다. 그런 맥락에서 실질적 이해관계에 따라 추구되는 불안정한 정치가 아니라 보편적 법원리에서 도출된 안정적인 공법체계의 실현이 도덕적 정치가의 최고 과제가 된다.[21)] 칸트에게 있어서 정치란 현실적, 인위적 목적과 이해관계에 좌우되는 불안정한 정략(Staatsklugheit)의 논리가 아니라, 의무개념 및 보편적 법원리에 대한 승인에서 출발, 안정적인 공법체계를 통해 궁극적으로 인간의 권리 및 영구평화를 이루어내는 공적 실천을 의미한다. 이런 점에서 정치는 '실행해가는 법론'(ausübende Rechtslehre)이라고 표

---

moralische Falle? Bedingungen und Grenzen einer Politik der Menschenrechte, M. L.-Bachmann, J. Bohman 편, *Frieden durch Recht*, Frankfurt 1996, 272-299면.

20) A. Honneth, 위의 논문, 279면.

21) I. Kant, *Zum ewigen Frieden* VIII, 377면.

현될 수 있다.[22]

이렇게 정치가 도덕의 문제로 파악되고 정치와 도덕의 일치가능성의 문제가 제기되는 지점에서 두 영역을 매개시켜주는 것이 바로 공개성의 원리이다. 공법의 차원에서 실현되어야 할 그 어떤 구체적, 실질적 목적규정 대신, '네 격률이 보편법칙이 되어야 한다고 네 스스로가 의욕할 수 있게끔 행위하라'는 보편성의 형식만을 기준으로 하여 공법질서의 정당성을 판단하게 될 때, 이는 결국 '선험적으로 주어진 보편적 의지'에 합치되는 공법질서만이 정당화됨을 의미한다. 이렇게 공법질서의 도덕적 실현 여부의 기준이 되는 것이 공개성의 원리이며, 그런 의미에서 공법차원에서 관철되는(되어야 하는) 보편성의 형식이라고 할 수 있다. 이 공개성의 원리에 부합하는 공법질서의 실현상태가 곧 (법론으로서의) 도덕과 정치가 일치된 상태이다. 결국 (공)법적 상태의 필연성이 선험적으로 정당화된 후, 여전히 사적 자율의 영역(시민사회의 영역)에 머물러 있는, 서로 대립하는 사적 개인들의 경험적 의식이 실제로 통일될 수 있는 것은, 공개성의 원리를 통해서이다. 이성의 공적 사용을 통해 도덕의 이름으로 정치를 합리화(rationalisieren)하는 비정치적 과정이라는 의미에서의 공개성의 원리를 통해서 시민사회와 국가, 사적 개인과 공적 시민 간의 대립은 비로소 해소될 수 있다.[23] 이런 관점에서 보면, 칸트에게서 '공적인 것'은 하버마스적인 참여를 통한 정당화에 비해 더 소극적이고 비정치적인 영역이며 바로 그런 만큼 반성적 자기이해와 실존적 결단에도 기대어야 하는, 계몽된 개인들 각자의 몫인 것이다.

---

22) I. Kant, *Zum ewigen Frieden* Ⅷ, 370면.

23) J. Habermas, *Strukurwandel der Öffentlichkeit*, 178-179면.

현대인권론과 공리주의

— 인권의 정당화 —

이 동 희*

Ⅰ. 머 리 말

인권을 포함하여 사회정의 또는 실질적 정의의 객관적 존재 및 그 인식가능성에 관해서는 몇 가지 곤란한 문제가 있다. 첫째는 사실과 가치, 존재와 당위를 준별하여, 전자로부터 후자를 도출하는 것은 자연주의의 오류(the naturalistic fallacy)[1]를 범하는 것이며, 당위규범의 객관성·진가치성을 존재사실로부터 논증할 수 없다고 하는 신칸트파나 분석철학이 채용하는 방법이원론이다. 둘째는 도덕적 권리의 기초부여로서 이용되는 기준은 분배적이고 평등주의적인 것이 아니라 총화적이고 공리주의적이라고 하는 주장, 즉 개인의 불가양의 인권보다도 사회 전체의 이익을 우선하는 공리주의의 입장이다. 셋째는 현실적으로 복수의 실질적 정의기준이 존재하고 나아가 이러한 정의기준이 서로 예리하게 대립하고 있다고 하는 실태이다.

첫 번째 문제에 대한 극복이 규범윤리학 내지는 규범적 정의론에 의해 시도되었다면, 두 번째 문제에 대한 극복은 인권 내지는 정의문제를 개인의 기본적인 자유·이익·필요를 모든 인간에게 똑같이 배분하려고 하는 배분적 원리를 중핵으로 하여 개인의 불가양의 인권을 중시하는 현대인권론[2]에 의해 이루어지고 있

---

* 단국대학교 법과대학 초빙교수.

1) G. E. Moore, *Principia Ethica*(Cambridge, 1960), pp.60ff.

2) 본 논문에서 사용하는 「현대인권론」이라는 용어는 최근 영미에서의 철학계의 동향, 특히

다. 이러한 현대인권론은 인권을 도덕적 권리로서 파악하는 것을 통해 전체의 효용을 최대화하려고 하는 최대화원리를 특징으로 하고 있는 공리주의를 비판하고 권리를 그 중심에 놓는 새로운 이론을 전개하고 있다.

이와 같이 인권을 도덕적 권리로 보는 경우, 도덕적 권리로서의 인권을 둘러싼 분석적 문제, 규범적 문제를 대상으로 하는 법철학적 검토와 이론의 정립이 필요하게 된다. 이러한 문제는 오늘날 폭넓은 합의(Konsensus)를 이루고 있는 인권이념을 철학적으로 기초지우고, 나아가 새로운 방향을 부여하는 법이념의 문제이며, 또한 입법 · 사법에 있어서의 법실천을 구체적으로 방향지우고 지침을 부여하는 법내재적 이념의 문제이다. 따라서 본 논문은 이러한 법철학적 작업을 위한 첫 걸음으로서 영미법리학, 법철학에 초점을 맞추어 인권론(또는 자연권론)과 공리주의의 대립의 문제를 검토하려고 한다. 물론 인권론의 최종 과제는 인권의 현실적 적용의 문제일 것이다. 그러나 여기에서는 구체적 인권의 적용의 문제가 아니라 인권 또는 인권론의 정당화에 논의의 중점을 두려 한다. 이를 위해 공리주의 이론과 이에 대하여 비판적인 태도를 보이는 현대인권론을 검토함으로써 인권의 객관적 정당성을 담보하기 위한 방법론을 모색하고자 한다.

II. 도덕적 권리로서의 인권

법실증주의적 사고방식에 의하면 「인권」이라고 하는 경우에 헌법 · 법률에 규정되어 있는 법적 권리로서의 인권을 의미하는 것으로 받아들이는 것이 일반적이다. 따라서 도덕적 권리로서의 인권에 대한 논의는 무의미한 것으로 될 수도 있다. 그러나 법적 권리로서의 인권도 그 원천을 보면 17 · 18세기의 자연권론(또는 자연법론)에 보이는 것과 같이 도덕적 권리로서의 중요성 때문에 18세기 인권문서에 구체화되고, 이후 법적 보호의 대상으로 되어왔던 것이다. 그리고 앞으로도 그러한 대상으로 되어야 한다고 생각하는 것이다. 그것은 법적 권리로서의 인권이 도덕이나 정치의 세계로부터 격리된 자립적 · 자율적인 법제도 속에서 그 자

공리주의를 비판하여 권리를 기축으로 한 이론을 구축하려고 하는 경향을 필자가 편의적으로 사용하는 것이다.

신의 논리에 의해 보호되고 운용되고 있기 때문이다. 그러나 헌법·법률의 개정 논의나 재판에서의 하드케이스(Hard case)의 의논의 경우에는 법의 세계의 인권은 정치·도덕의 세계의 가치원리로서의 인권과 교착되면서, 인권의 도덕적 권리성이 한층 더 분명하게 되는 것이다.

그렇다면 도덕적 권리란 무엇이고, 도덕적 권리로서의 인권은 존재하는가?

우선 첫 번째 문제에 있어서, 도덕적 권리의 확인은 법적 권리에 비하면 그다지 용이하지 않다. 파인버그는(J. Feinberger)는 도덕적 권리를 어떤 법적·제도적 규범(rule)에도 앞서며, 또는 그것으로부터 독립하여 존재하고 있다고 생각되고 있는 권리 전부에 적용될 수 있는 것이라고 본다. 그리고 도덕적 권리의 주요한 의미로서, 1) 관습적 권리(현존의 관습으로부터 생기는 권리), 2) 이념적 권리(법적, 제도적, 관습적 권리여야 하는 것), 3) 양심적 권리(개인의 양심의 원리가 그 승인을 구하고 있는 권리), 4) 실천적 권리(exercise right, 다른 종류의 권리의 행사를 정당화하는 것에 불과한 것)의 넷을 들고 있다.[3)]

이것에 비하여 법적 권리는 승인의 룰과 같은 식별기준에 의해 비교적 확인이 용이한 권리이다. 즉 권위적 법원에 의하여 규정되어 있는 권리이다. 호펠드(W. N. Hohfeld)는 법적 권리를, 1) 협의의 권리(의무와 상관적인 권리), 2) 자유권(소수자에게만 한정되어 있는 경우에는 특권), 3) 권능, 4) 면제권(Immunity)의 넷으로 분류하고 있다.[4)]

그러면 도덕적 권리로서의 인권이란 무엇인가? 파인버그는 인권이란「모든 인간이 평등하게 무조건적으로 불변적으로 가지고 있는 근본적으로 중요한 종류의 도덕적 권리」라고 하고,[5)] 크랜스톤(M. Cranston)은 인권을 "모든 사람들이 어떤 상황에 있어서든 모든 사람들에 대하여 가지고 있는 극히 중요한 도덕적 권리이며, 그것은 어떤 지위나 역할 때문이 아니라 인간으로서 가지고 있는 것"이라고 정의한다.[6)]

---

3) J. Feinberg, *Social Philosophy* (Prentice Hall, Inc., 1973), pp.84-85.

4) W. N. Hohfeld, *Fundamental Legal Conceptions* (4th printing, Yale Univ. Press, 1966), p.36. 법적 권리의 분석을 둘러싼 논의에 대해서는, "특집 권리에 대한 법철학적 담론,"『법철학연구』7권 1호(한국법철학회, 2004), 181-292면 참조.

5) W. N. Hohfeld, 위의 책(주 4), p.85.

6) M. Cranston, *What are human Rights?*(2nd ed., London, 1973), pp.6-7, 21, 67, 69.

모든 인간이 인권을 평등하게 가지고 있는 이유는 인간이 모두 동등한 인간으로서의 가치(human worth) —각 개인의 성격·특징·기능을 의미하는 공적(human merits)과는 다른 것— 를 가지고 있기 때문이다. 인간으로서의 가치는 아버지가 자식에 대하여 그 공적에 관계없이 평등하게 주는 애정과 유사한 것이다. 파인버그에 의하면, 인권 중에는 절대적인 인권(원칙적으로 충돌이 발생하지 않는 것)과 그렇지 않은 인권이 있다. 전자에는 1) 공정한 재판을 받을 권리, 법의 평등보호를 받을 권리, 2) 고문을 받지 않을 권리, 잔혹한 형벌 내지 취급을 받지 않을 권리, 3) 노예상태, 예속상태에 놓이지 않을 권리, 마약 등의 기술 등에 의한 비인도적 취급을 받지 않을 권리 등이다. 이것들은 오늘날 국제인권규약에 무조건적·절대적으로 보호되어야 할 것으로서 승인되어 있는 권리이기도 하다.[7)]

두 번째 문제에 있어서, 도덕적 권리로서의 인권은 존재하는 것인가? 그렇다면 그것은 어떠한 내용의 것이며, 어떻게 인식될 수 있는 것인가? 이 물음에 대하여 적극적으로 긍정적인 해답을 제시한 것이 근대자연권론이다. 자연권론은 근대자연법론, 사회계약론과 결합하여 근대 시민혁명기에 전개되었던 이론으로서 18세기 인권문서의 성립에 큰 영향을 미쳐, "우리들은 다음과 같은 것을 자명한 진리라고 믿는다. 즉 모든 사람은 평등하게 태어났으며, 조물주는 몇 개의 양도할 수 없는 권리를 부여했으며, 그 권리 중에는 생명과 자유와 행복의 추구가 있다. 이 권리를 확보하기 위하여 인류는 정부를 조직했으며, 이 정부의 정당한 권력은 인민의 동의로부터 유래하고 있는 것이다. 또 어떠한 형태의 정부이든 이러한 목적을 파괴할 때에는 언제든지 정부를 변혁 내지 폐지하여 인민의 안전과 행복을 가장 효과적으로 가져올 수 있는, 그러한 원칙에 기초를 두고 그러한 형태로 기구를 갖춘 새로운 정부를 조직하는 것은 인민의 권리인 것이다"(미국 독립선언 전문), "모든 정치적 결사의 목적은 인간의 자연적이며 시효에 의하여 소멸할 수 없는 권리들을 보전함에 있다. 이 권리들이란 자유, 재산, 안전 및 압제에 대한 저항이다"(프랑스 인권선언, 제2조)라는 형태로 인권문서 속에 구체화되었던 것이다. 이러한 인권문서는 근대 성문헌법의 출발점에 위치하고 있으며, 또한 오

7) J. Feinberg, 위의 책(주 3), pp.96-97. 국제인권규약에 관해서는 「시민적 및 정치적 권리에 관한 국제규약」 제 6, 7, 8, 11, 15, 16, 18조 참조. 영미에 있어서의 권리개념, 인권개념에 관한 철학적 의논에 대해서는, R. Martin and J. W. Nickel, "Recent Work on the Concept of Rights," *American Philosophical Quarterly*, vol.17 no.3(1980)을 참조.

늘날 국제인권규약 등의 인권문서의 원류에 있는 것이다.

그러나 자연권론은 인권문서가 구체화되고 그 후 역사적 역할을 마치면서 급속하게 쇠퇴한다. 그 이유는, 1) 자연권론이 대부분의 자유주의자들이 받아들이기 어려운 형이상학·신학적 이론과 결합하고 있었다는 것, 2) 자연권은 불가침·절대적·불변적이라고 주장되어 서로 충돌할 수밖에 없었다는 것, 3) 자연권은 주로 자유권·재산권 등의 소극적 권리에 한정되어 있었다는 것 등이다. 또한 이후 자연권론은 공리주의의 강력한 비판에 직면하면서, 자연권으로서의 권리의 관념으로부터 법적 권리로의 이행이 일어나게 된다.[8)]

Ⅲ. 공리주의와 도덕적 인권

1. 공리주의 —행위공리주의와 규칙공리주의

공리주의(utilitarianism)라는 용어는 엄밀하게 사용되고 있는 것이 아니기 때문에 그 의미내용을 확정하는 것은 그다지 용이한 것은 아니다. 프랑케나(W. K. Frankena)는 공리주의를 옳음·그름·의무의 유일한 궁극적 기준을 공리의 원리로 보는 태도로 규정한다. 그리고 공리의 원리를 "우리 모두의 행위가 추구해야 할 도덕적 목적은 세계 전체에 있어서의 악보다 우월한 가능한 한 최대의 선(혹은 선보다 우월한 가능한 한 최소한의 악)이라고 하는 것을 극히 엄밀하게 기술하는 것"으로서 이해한다.[9)]

윤리학은 규범적인 도덕원리·판단의 주장이나 정당화를 논하는 규범윤리학과 정의·선·가치·당위 등의 윤리적 개념의 의미 내지 정의의 규정, 그것들의 개념의 용법의 해명, 도덕원리·판단의 정당화나 타당성의 증명의 가능성 등의 방법론적 문제를 논하는 메타윤리학(분석적 윤리학·비판적 윤리학)의 두 부문으로 구별할 수 있다.

메타윤리학에는 여러 가지의 대립하는 입장이 있지만, 다음 세 가지 유형으

---

8) J. R. Pennock, "Rights, Natural Rights, and Human Rights: A General view," *Nomos XXIII, Human Rights*(New York Univ. Press, 1981), p.3.

9) 프랑케나(W. K. Frankena), 황경식 역, 『윤리학』(철학과 현실사, 2003), 58면 이하.

로 분류하는 것이 일반적이다. 첫째, 윤리적 판단에 관하여 사실판단과 같은 방법으로 그 진위를 가릴 수 있는가를 기준으로 하여, 그것을 긍정하는 인지주의(cognitivism)와 부정하는 비인지주의(non-cognitivism)의 구분이 있다. 둘째로, 인지주의는 윤리적 개념을 비윤리적인 자연적 개념에 의하여 정의할 수 있다는 자연주의(naturalism)와 윤리적 개념은 비윤리적인 개념에 의하여 정의할 수 없는 독특한 것이 있다고 하는 직각주의(intuitionism)로 구분된다. 마지막으로 사실로부터 가치를 도출하는 것이 가능한가의 여부에 관해서는, 그것을 긍정하는 일원주의의 입장을 취하는 자연주의와 그것을 부정하는 이원주의의 입장을 취하는 직각주의와 비인지주의의 구분이다.[10)]

공리주의는 정의·선 등의 윤리적 개념을 쾌락, 욕구 등의 경제적, 자연적 개념에 의하여 정의할 수 있다고 하는 입장을 취하는 경향이 있으며, 따라서 자연주의에 속한다.[11)] 그리고 규범적 윤리학의 영역에서 공리주의는 의무론적 이론이 아니라 목적론적 이론에 속한다. 그리고 목적론적 이론 중에서도 윤리적 이기주의가 아니라 사회 전체를 위해 최대의 선을 촉진한다고 생각되는 것을 이루어야 한다고 하는 점에서 윤리적 보편주의이다. 무엇이 선인가에 관해서는 벤담(J. Bentham), 밀(J. S. Mill)과 같은 쾌락주의와 무어와 같은 비쾌락주의(이상적 공리주의)가 있으며, 전자가 공리주의의 기본적 형태라고 생각된다.

현대공리주의에 있어서 가장 중요한 문제는 행위공리주의(Act-Utilitarianism)와 규칙공리주의(Rule-Utilitarianism) 사이의 논쟁이다. 행위공리주의는 무엇이 올바른가는 각각의 개별적 상황에 있어서 어떤 행위가 최선의 결과를 만드는가, 즉 공리의 원리에 직접 호소하여 판단하여야 한다고 하는 입장이다. 이것에 대하여 규칙공리주의는 개별적 상황에 있어서 공리의 원리에 직접 호소해야 하는 것이 아니라 규칙에 호소해야 하며, 다만 사회 전체를 위해 최대의 선을 촉진할 수 있는 규칙에 호소해야 한다고 하는 입장이다. 따라서 규칙공리주의에서는 규칙의 수준에서만 공리의 원리가 평가기준으로 되어 있다. 그리고 개개의 상황에서 규칙에 따르는 것이 반드시 최대의 일반적 선이 아니라고 하여도 그 규칙에 따라야

10) 메타윤리학의 주요유형의 특징이나 문제점 등에 대해서는, 위의 책, 218면 이하; 카울바하(F. Kaulbach), 하영석/이남원 역, 『윤리학과 메타윤리학』(서광사, 1995)을 참조.

11) 이것은 반드시 그러한 것은 아니며, 오히려 시지윅(H. Sidgwick)이나 무어(G. E. Moore)의 공리주의는 직각주의와 결합할 가능성이 크다.

하는 것이다.

규칙공리주의는 규칙의 파악방법에 따라 현실적 규칙공리주의(actual R-U)와 이상적 규칙공리주의(ideal R-U)로 나뉜다. 현실적 규칙공리주의는 현재의 도덕적 규칙에 일치하면 어떤 행위가 올바르다 —다만 이러한 규칙은 그것들을 수용하고 준수하는 것이 최대의 일반적 선에 도움이 되는 것이라고 상정되어있는 경우— 고 하는 입장이다. 이상적 규칙공리주의에서는 규칙은 반드시 현행의 도덕적 규칙일 필요는 없으며, 최적의 이상적 규칙이면 충분하다. 즉 이상적 규칙공리주의는 무엇인가가 그 규칙에 일치하면, 혹은 그 규칙을 수용하면 효용을 최대로 할 수 있다고 생각되는 규칙에 행위가 일치하면, 그 행위는 정당하다고 하는 입장이다.

공리주의가 같은 행위공리주의와 규칙공리주의로 구분하여 논의되어 온 것은 비교적 최근의 일이다.[12] 그것은 행위공리주의가 약속을 지켜야 하며, 진실을 말해야 한다고 하는 도덕적 의무를 적절하게 설명할 수 없는 것은 아닌가라는 의문을 둘러싼 논쟁의 결과로서 나타난 것이다.

현대공리주의의 내부에서는 이러한 형태를 둘러싼 논쟁이 계속되고 있지만,[13] 여기에서는 공리주의를 결과주의, 행복(쾌락, 효용)주의, 총량주의, 최대화주의를 특징으로 하는 것으로 보고 논의를 진행하고자 한다.

아래에서는 도덕적 권리가 공리주의에 의해 정합적으로 설명될 수 있는가, 또는 도덕적 권리가 궁극적 기준으로서의 공리의 원리로 일관되게 설명될 수 있는가의 문제를 벤담(J. Bentham)과 밀(J. S. Mill), 그리고 헤어(R. M. Hare)의 이론을 중심으로 논한다.

2. 벤담의 자연권 비판(도덕적 권리 부정론)

벤담은 법실증주의적 법관념과 권리관념, 그리고 공리주의적 법사고에 입각

---

12) J. Rawls, "Two Concepts of Rules," *The Philosophical Review* (Duke Univ. Press, 1955), pp.3-32 참조.

13) 이 외에도 공리주의의 형태로서 적극적 공리주의와 소극적 공리주의, 평균적 공리주의와 전체적 공리주의의 구분도 있다. 행위공리주의, 규칙공리주의에 대한 비판에 관해서는, D. Lyons, *Forns and Limits of Utilitarianism* (Oxford, 1965); D. H. Hodgson, *Consequences of Utilitarianism* (Oxford, 1967) 참조.

하여 자연권을 비판하고 도덕적 권리를 부정한다.

벤담의 법실증주의적 법관념에 의하면, 법은 사람이 준수하여야 하는 행위에 관하여 주권자의 의지를 선언한 기호의 집합체이다. 그리고 그것은 특히 명령적 법(obligative law)을 중심으로 한다. 명령적 법은 의무를 부과하고 제재를 가하는 것이며, 권리는 이 의무에 대응하는 것으로서 파악되고 있다.[14] 그리고 권리는 타인이 명령적 법을 준수하는 것, 따라서 의무를 수행하는 것으로부터 얻어지는 이익이다. 이와 같이 법은 실정법만이며, 마찬가지로 법적 권리만 권리이다. 따라서 그것 이외의 권리는 배제되어 있다.[15]

"권리는 법의 산물이다. 법이 없으면 권리도 없으며, 법에 대립하는 권리는 없다. 법 이전에 권리는 없다. 법률이 존재하기 이전에 권리가 존재하였으면 하고 바랄 만한 이유가 있을지도 모른다. … 그러나 권리가 존재하였으면 하고 바랄 만한 이유가 권리로 되는 것은 아니다. 법적 권리 이외의 것은 존재하지 않는다. 자연권은 존재하지 않는다. 법률에 의해 만들어진 것보다 이전의, 또한 그것보다 우월한 인간의 권리라는 것은 없다. 그러한 권리를 주장하는 것은 논리적으로 어리석은 것이며, 도덕에 있어서도 유해하다."[16]

이와 같이 벤담이 권리를 법적 권리에 한정하고 자연권을 배제하였던 것에는 두 가지의 이유가 있다. 하나는, 법적 권리가 주권자의 명령이라는 식별기준에 의하여 확인되기 쉬운 것에 대하여, 자연권에는 그러한 확인의 기준이 없어 직관·자의·원망에 좌우되어 끝내 혼란이나 무정부상태(anarchy)에 빠질 위험성을 포함하고 있다는 점이다.[17] 또 하나는 벤담이 의무의 관념을 강제의 관념과

---

14) 벤담의 법적 권리의 파악방법에 관해서는, H. L. A. Hart, "Bentham on Legal Rights," A. W. B. Simpson(ed.), *Oxford Essays in Jurisprudence* (Oxford, 1973)를 참조.

15) J. Bentham, "Pannomial Fragment," J. Bowring(ed.), *Bentham's Works*, vol.Ⅲ(1843), p.181.

16) 위의 글, p.221.

17) 벤담은 프랑스 1791년 헌법의 전문으로 된 「인간 및 시민의 권리선언」(프랑스 인권선언)에 대하여, 「인권선언은 불필요하고 무익하고 유해하다. 또한 인권선언에 규정되어있는 일반적 원리는 불가능, 무익, 위험하다. 그것은 그 원리들이 모든 정부에 있어서 불가능한 것을 요구하고 있기 때문이다. 또한 그 원리들은 정부의 법률에 의해서 바로 무의미한 것으로 되어버리기 때문에 이러한 것을 만들어도 무익하다. 한편, 그러한 원리 때문에 정부가 만든 법률은 언제라도 무효라고 선언되며, 정부에 대한 모반을 불러일으키는 원인으로 되어 위험하다」고 비판하고 있다(J. Bentham, "Anarchical Fallacies," J. Bowring(ed.),

결합하여 파악하고, 따라서 권리도 강제적인 의무와의 관계에서 이해하려고 하였던 점이다. 강제는 반드시 법적 강제에만 한정되지 않으며, 사회적·도덕적 강제도 상정되는 것이지만, 벤담은 후자에 관해서는 충분히 논의하지 않았다.[18]

다음으로 벤담의 공리주의적 사고에 의하면, 최대다수의 최대행복의 원리야말로 전능하고 무제약적인 최고원리이며, 입법부는 그 원리에 따라서 개개의 상황에 맞게 정책을 결정하고 법률을 제정하여야 한다. 즉 입법부는 공리의 원리에 따라서 법률을 제정하고 권리·의무를 배분하여야 하는 것이다. 여기에서는 행복·효용의 최대화가 가장 중요하며, 행복·효용을 증진하는 것이 정책이나 법률의 정당화를 담보하는 것으로 된다. 그리고 벤담은 입법부가 공리의 원리에 따라서 임기응변으로 정책을 결정하거나 법률을 제정하는 때에 자연권이 장애가 된다고 보았던 것이다. 여기에는 자연권의 요구와 공리의 원리의 요구가 반드시 합치하지 않으며 대립하는 경우가 있다는 명확한 인식이 있다. 역시 이것은 벤담의 법적 권리의 분석에 호펠드가 분류한 면제로서의 권리관념(무권능, 무능력에 대응하는 면제, 헌법상의 자유권·평등권 등의 분석을 위해 필요하다고 말해지는 권리관념)이 결여되어 있는 것에 관계가 있다.[19] 벤담은 오스틴(J. Austine)과 달리 입법부의 권한에 법적 제한을 가하는 것에 논리적 장애가 있다고는 생각하지 않았지만, 공리의 원리가 요구하는 법률을 입법부가 임기응변으로 제정하는 것을 저해할 수 있는 법적 제도, 즉 자연권에 법적 형식을 부여하는 인권론에 대해서는 회의적이었던 것이다.

이러한 벤담의 자연권비판의 전제로 되어 있었던 법실증주의적 법관념과 권리관념은 오스틴에 의해 승계되어 이후 법실증주의 이론으로 발전된다. 그러나 현재의 법실증주의 이론은, 그것이 자연권이든 도덕적 권리이든, 법적 권리 이외의 권리를 반드시 배제하는 것은 아니다.[20]

또한 벤담의 공리주의는 밀과 시지윅에 의하여 계승되고, 현대공리주의에

Bentham's Works, vol. II (1843).

18) 이 두 가지의 점에 관해서는, H. L. A. Hart, "Natural Rights: Bentham and John Stuart Mill," in Hart, *Essays on Bentham* (Oxford, 1982)를 참조.

19) H. L. A. Hart, 위의 글(주 14), pp.198-199.

20) 분석적 법실증주의자인 하트(H. L. A. Hart)는 자연권의 존재를 인정한다(H. L. A. Hart, "Are There Any Natural Rights?" *Philosophical Review* vol.64(Duke Univ. Press, 1955).

이르러서는 경제학, 정치학, 법률학 등의 사회과학 특히 정책과학에 도입되어 전개된다. 다음으로 밀과 현대공리주의이론을 대상으로 그것들이 도덕적 권리를 적절하게 설명할 수 있는가에 관하여 보기로 한다.

3. 밀의 공리주의

밀은 공리주의원리가 윤리적 문제의 궁극적 판정기준이며, 정의 등의 일체의 도덕적 원리는 그 아래에서 설명될 수 있는 제2차적 원리(보조적 원리)라고 주장한다. 한편 밀은 "문명사회의 구성원에 대하여, 그의 의지에 반하여 정당하게 권력을 행사할 수 있는 유일한 목적은 타인에 대한 위해의 방지"[21]라고 기술하고 있다. 이것은 법적 강제, 사회적 강제의 한계를 정하는 원리임과 동시에 모든 사람은 타인에게 대한 위해를 포함하지 않는 것은 무엇이든 행위할 수 있는 자유가 있다는 자유의 원리이기도 하다. 밀은 그것으로부터 양심의 자유, 사상의 자유, 언론·출판의 자유, 직업의 자유, 단결의 자유를 도출하고 있다.[22] 이러한 자유는 도덕적 권리로서도 위치지워질 수 있는 것이며, 만약 그렇다면 이것은 밀과 벤담을 구별하는 중요한 기준이 될 것이다. 그렇다면 이러한 도덕적 권리는 궁극적 기준으로서의 공리의 원리 아래에서 일관되게 설명될 수 있는 것인가.

밀은, 어떤 것이 「볼 수 있는」(visible) 것이라든가 「들을 수 있는」(audible) 것이라는 유일한 증명은 사람들이 실제로 그것을 듣고 보는 것에 존재하는 것과 마찬가지로, 어떤 것이 「바람직한」(desirable) 것인가의 증명은 사람들이 실제로 그것을 바라고 있다는 것밖에는 없다고 한다. 따라서 각 개인이 자기의 행복을 바라고 있다고 하는 것을 근거로 사회의 일반적 복지가 모든 사람들에게 있어서의 선이라고 하는 공리의 원리가 도출가능하다고 한다.[23]

이러한 의논은 「desirable」이라는 말의 특수성을 이용하여 사실언명으로부터 당위언명을 도출하는 자연주의의 오류를 범하고 있다는 비판이 있다.[24] 그러

---

21) J. S. Mill, "On liberty," in J. M. Robson(ed.), *Collected Works of J. S. Mill* vol. XVIII: Essays on Politics and Society Part I(Univ. of Toronto Press, 1969), p.228.

22) J. S. Mill, "Utilitarianism," in J. M. Robson(ed.), *Collected Works of J. S. Mill* vol.X: Essays on Ethics, Religion and Society(Univ. of Toronto Press, 1969), pp.73, 75.

23) 위의 책, p.234.

나 만약 모든 인류가 같은 것을 다른 것 이상으로 바라고 있다면, 이것은 그것이 인류에 있어서 특별한 이유가 없는 한 실현되어야 할 가치라는 것을 보여주는 하나의 이유가 되는 것이다. "모든 사람이 일치하여 가장 강렬하게 바라고 있는 것은 가능한 한 실현되어야 한다"는 규범이 여기에 전제되어 있는데, 이 규범의 수용을 거부하는 것은 불가능하다. 이것을 거부하는 사람은 다른 모든 사람이 바라고 있는 것을 자신은 진실로 바라지 않는다는 것으로 되지만, 가정에 의해 그러한 사람은 존재하지 않기 때문이다.

밀의 이론의 최대의 약점은 오히려 자신의 행복이 바람직하다는 것으로부터 「사람들의 총합」(the aggregate of all persons)에 있어서 사회 전체의 행복이 바람직하다는 결론을 도출한다는 점이다. 총합이 개인을 초월한 추상적 인격을 의미한다면, 이 의논은 사회를 의인화하는 것이라는 비판을 자초할 것이다. 한편, 총합이 단지 모든 개인을 의미하는 것이라면, 이 추론은 분명히 잘못이다. 전체의 행복을 바라지 않거나 그것을 희생해서라도 자기의 행복을 바라는 사람이 적지 않기 때문이다. 예를 들어 사회 전체의 행복의 증진을 계획하는 것이 장기적으로는 개인의 행복의 증진에 도움이 된다고 하더라도, 한정된 일생을 살아가는 특정한 개인에게는 그 자신의 행복과 사회 전체의 행복이 모순될 수 있기 때문이다.

이상과 같은 밀의 이론에 관해서는 행위공리주의인가 규칙공리주의인가에 관하여 논쟁이 있다.

우선 라이온스(D. Lyons)는 밀의 이론을 규칙공리주의, 더 나아가서는 현실적 규칙공리주의로 해석하여, 밀이 도덕적 권리를 모순 없이 설명하고 있다고 한다. 라이온스는, 밀의 이론을 행위공리주의로 해석하는 방법, 즉 자유의 원리를 일반적 복지를 촉진하는 행위의 지침 내지 경험칙이라고 이해하는 방법은 밀의 자유의 원리 및 도덕적 권리를 적절하게 설명할 수 없기 때문에 잘못된 해석이라고 한다. 그는 자유의 원리를 사람들이 그것에 따르는 것에 의해 장기적으로 일반적 복지가 가장 양호하게 촉진될 것이라는 고정된 원리로 이해한다. 그것은 밀의 자유의 원리를 규칙공리주의의 규칙으로서 이해하려는 것이다.

라이온스는 이 논증을 위해 밀이 행위를 부적절한 행위(inexpedient, undesirable, regretable act), 악하거나 부도덕한 행위(wrong or immoral act), 부정한 행위

---

24) G. E. Moore, 위의 책(주 1), pp.60f.

(unjust act)의 셋으로 구분하는 것에 주목한다.

부적절한 행위는 단순히 일반적 복지를 최대한으로 촉진할 수 없는 행위이다. 행위가 부적절하다는 소극적 판단은 아직 도덕적 함축성을 수반한 판단은 아니다. 악하거나 부도덕한 행위는 부적절한 행위 중에서 그것에 대한 제재가 정당화되는 행위이다. 따라서 그 판단은 도덕적 함축성을 수반한 판단이다. 따라서 제재로서 내적 제재(죄책감, 자책, 양심의 가책)와 외적 제재(처벌, 사회적 비난)가 고려된다. 제재에는 항상 비용이 따르기 때문에, 제재가 정당화되는가의 문제는 제재의 대상으로 되는 행위뿐만 아니라 제재의 비용에 의해서도 결정되어야 한다. 따라서 부적절한 행위는 제재가 정당화되지 않는다. 또한 밀은 내적 제재를 기본적인 것이라고 보고, 외적 제재가 정당화될 수 없는 때에도 내적 제재가 정당화되는 경우가 있다고 한다. 따라서 어떤 행위가 악하다고 하는 것은 기본적으로 그 행위에 대한 내적 제재가 정당화되는 경우인 것이다.[25] 내적 제재는 그것에 대응하는 가치가 내재화되어 완전하게 수용되어 있을 것, 다시 말하면 그 가치가 일정한 사회에서 광범위하게 공유되고 있을 것, 공동의 도덕규칙이 존재하고 있을 것을 요구한다. 따라서 밀에게 있어서 어떤 행위가 악하다는 것은 그 행위가 도덕적 규칙을 침해하고 있다는 것, 그 규칙이 과하는 도덕적 책무에 위반하고 있다는 것을 가리키는 것이다.[26]

부정한 행위는 악하거나 부도덕한 행위 중에서 타인의 권리를 침해하는 행위이다. 책무에는 권리가 반드시 대응하는 것은 아니지만, 권리에는 반드시 책무가 대응한다. 예를 들어 어떤 사람(A)이 도덕적 권리를 가지고 있는 경우, 다른 사람은 A에 대하여 이익공여적인 도덕적 책무를 부담하는 것이다.[27] 이 경우, 어떤 행위가 일반적 복지를 증진시킨다고 하여도 도덕적 권리를 침해하는 것은 도덕적 권리에 대응하는 책무를 다른 책무가 능가하는 경우가 아닌 한 허용되지 않는다. 또한 권리를 부여하는 규칙은 책무를 부과할 뿐인 규칙에 비해 인간의 안녕의 불가결한 요소와 더 깊은 관계를 가지고 있기 때문에 이러한 도덕적 권리를 부여하는 규칙은 책무를 부과할 뿐인 규칙보다 우위에 있는 것이다. 따라서 그러

25) D. Lyons, "Human Rights and the General Welfare," *Philosophy and Public Affairs*, no.6(Blackwell Publishing, 1977), p.121.

26) 위의 글, p.122.

27) 위의 글, p.124.

한 권리가 불가침은 아니지만, 그러한 권리의 침해는 쉽게 정당화되지는 않는다.

밀에 의하면, 우리의 가장 중요한 도덕적 권리는 행동의 자유와 인격의 안전에 대한 권리이다. 그러한 권리는 최소한 수용될 수 있는 생활조건이 가능하기 위해 존중되지 않으면 안 된다. 이러한 권리는 필요불가결한 권익에 관계되어 있기 때문에 보편적 권리로서의 인권의 특징을 가지는 것이다.[28]

그러나 하트는, 라이온스와는 달리, 밀의 자유의 원리에는 비공리주의적 경향이 있으며 그것은 무시할 수 없는 것이기 때문에 규칙공리주의의 규칙으로서 해석할 수 없다고 한다. 밀의 자유의 원리에는 타인에 대한 해악이라는 하나의 예외가 인정되어 있는데, 만약 이 원리가 공리의 원리로부터 발생한 원리라면 더 많은 예외가 부가되고 세부의 조건이 이루어지게 될 것이다. 그러나 밀은 그것들을 모두 명확하게 부정하고 있기 때문이다.

또한 하트는 공리의 원리로 도덕적 권리를 정합적으로 설명할 수 있기 위해서는, 1) 모든 인간에게 기본적인 자유·필요·이익을 평등하게 주는 것이 전체의 효용의 증대로 된다는 것과 2) 소수자에게 그러한 기본적인 자유·필요·이익을 거부하는 것이 항상 전체의 효용의 감소로 된다는 것의 증명이 필요하다고 한다. 밀은 개인의 자유, 개성, 권리를 반복하여 강조하고 있지만 이러한 증명에 성공하지 못했다. 더 나아가 소수자에게 그러한 기본적인 자유·필요·이익을 거부하는 것이 전체의 효용을 증진할 가능성이 항상 남아 있기 때문에 증명불가능하다.

하트는 밀에 있어서의 공리의 원리와 자유의 원리는 서로 모순된 요소이며, 후자는 전자에 포섭되는 것으로서 정합적으로 설명될 수 없다고 한다. 이것은 행위공리주의이든 규칙공리주의이든 공리주의는 기본적으로 도덕적 권리를 적절히 설명할 수 없는 것은 아닌가라는 문제제기이다.[29]

4. 헤어의 수용-효용(acceptance-utility)이론

헤어(R. M. Hare)는 칸트주의의 입장에서 정의나 권리의 문제에 대해여 공리주의에 향해져 왔던 비판에 반론을 전개한다.

---

28) 위의 글, pp.126-127.

29) H. L. A. Hart, 위의 글(주 18), pp.79-104.

헤어는 도덕적 사고를 직관적 사고와 비판적 사고의 둘로 나눈다. 직관적 사고는 일상생활에서 행위의 선악을 직관적으로 판단하는 경우의 사고이다. 이 때 이용되는 것이 일응의(prima facie) 도덕적 원리이다. 일상생활에서는 이러한 도덕적 원리에 의해 행위의 선악이 직관적으로 판단된다. 이러한 원리는 단순 내지 일반적이며, 각인이 각각의 환경 속에서 교육, 경험 등을 통하여 획득한다. 다만 이러한 원리는 행위공리주의자가 말하는 것과 같은 경험칙 내지 요소적 규칙과는 다른 것이다.

그런데 일상의 직관적 사고에서 이용되는 일응의 도덕적 원리는 서로 충돌하는 경우가 있으며, 과거의 케이스와는 다른 새로운 케이스에 직면하는 경우가 있다. 이러한 경우에는 종래의 원리를 수정·개선하거나 새로운 원리를 만들어 내지 않으면 안 되며, 그 때문에 직관적 사고와는 다른 사고가 필요하게 된다. 그것이 비판적 사고이다. 여기에서는 개개의 케이스의 정황에 관한 상세한 지식이 주어지며, 최선의 도덕적 원리가 도출되게 된다. 그러한 도덕적 원리는 일응의 도덕적 원리와 같이 단순 내지 일반적이 아니라 개별적 정황을 고려한 한정에 의해 보다 복잡 내지 특수적인 것으로 되어 있으며, 따라서 당분간은 능가될 수 없는 것이다.

이러한 도덕적 원리는, 직관적 사고에서 사용되는 도덕적 원리(권리에 관한 원리를 포함한다)를 그 원리의 수용-효용(acceptance-utility)의 근거에 의하여, 예를 들면 그러한 원리가 만약 사회에서 수용된 경우 공평하게 고려되었던 그 사회의 사람들의 이익 전체에 있어서 최선으로 될 수 있는 원리라는 근거에 의하여 도출된다.[30] 즉 도덕적 원리를 수용-효용의 관점으로부터 도출하는 것이다. 결국 일상의 직관적 사고에서 사용되는 일응의 도덕적 원리뿐만 아니라 법, 제도 등도 이 방법에 의하여 정당화되며, 수정·개선되어야 하는 것이다. 따라서 비판적 사고에서 이용되어야 하는 방법은 공리주의적 사고방법이다. 헤어는 도덕적 권리의 문제도 같은 이론적 체계 속에서 설명하고 있다. 따라서 비판적 사고에 있어서는 최고의 수용-효용을 가진 도덕적 원리에 의하여 도덕적 권리가 주어지는 것으로 된다.

---

30) R. M. Hare, *Moral Thinking, Its Levels, Method and point* (Clarendon Press, 1981), p.156.

그런데 헤어의 도덕적 원리는 실질적 정의의 원리이기도 하다. 헤어에 의하면, 형식적 정의는 도덕적 원리의 보편화가능성의 요청에 불과한 것이다. 이 정의는 논리적인 원리이며, 능가될 수 없는 것, 우연적 사실에 의거할 수 없는 것이다. 한편, 실질적 정의는 능가될 수 있는 것, 우연적 사실에 의거하는 것이다. 능가될 수 있다는 것은 실질적 정의의 원리가 일응의 원리이며, 서로 충돌할 수 있다는 것이다. 그것은 올바른 해결에 관하여 사람들 사이에 의견이 일치하지 않거나 완전히 올바른 해결이 존재하지 않을지도 모른다는 것을 의미한다. 이러한 경우에 최선의 해결을 구하여 무엇을 행하여야 하는가를 결정하는 것이 비판적 사고이다.

실질적 정의가 우연적 사실에 의거한다는 것은 어떤 실질적 정의의 원리를 채용하는 것이 최선인가가 상황에 따라 달라질 수 있다는 것이다. 그 상황에는 사회구성원의 선호(preference)가 포함된다.[31] 그리고 실질적 정의는 사법적 정의와 사회경제적 정의로 구별된다. 사법적 정의는 사법기관의 결정에 있어서의 정의이며, 그 대표적인 것이 응보적 정의이다. 사회경제적 정의는 여러 이익·불이익의 배분에 관한 분배적 정의이다. 즉 사회경제적 정의의 기초는 사람들이 법률의 존재나 집행으로부터 이익·불이익을 얻고 있는 경우에 이러한 이익·불이익의 공정한 배분이다. 이 경우 법률이 무엇이어야 하는가라는 입법자가 직면하는 문제가 있으며, 그 도덕적 문제에 답하기 위해 입법자가 취해야 할 사고가 비판적 사고인 것이다. 또한 법관이 직면하는 문제는 법률이 어떻게 운용되어야 하는가이며, 이것 또한 부분적으로는 도덕적 문제이다. 법관은 그 작업을 위한 일응의 도덕적 원리를 필요로 하는데, 그것도 비판적 사고에 의하여 선출되지 않으면 안 된다. 그리고 이것들의 정당화근거는 비판적 사고에 있어서 그 일반적 수용이 관계당사자 모두의 이익을 촉진할 것이라는 이유에 의하여 선출되기 때문에 공리주의적이다.[32]

이러한 실질적 정의의 원리에 관한 헤어의 설명은 도덕적 권리에 관한 도덕적 원리에도 적합한 것이다. 따라서 직관, 도덕적 원리, 법, 제도 등 모든 것이 비판적 사고에 의하여 그 수용-효용의 관점으로부터 정당화되며, 또한 수정·개선·

31) 위의 책, p.166.
32) 위의 책, pp.166-167.

정밀화되어야 한다. 그러므로 직관이나 도덕적 원리를 절대적으로 하거나 자명한 것으로 하는 태도는 거부되며, 비판적 사고에서 보이는 합리성이 중시된다.

헤어의 이론은 공리주의의 기본적 특징인 결과주의, 행복주의, 총량주의, 최대화주의에 수정을 가하고 있다. 행복주의에 관해서는 선호가 행복·쾌락을 대신하고, 개인 및 개인 상호간에 있어서의 선호의 강도는 비교가능하게 되어 보다 강한 선호를 만족시키는 것이 중시된다. 따라서 총량주의, 최대화주의에 관해서도 선호의 비교라는 것으로 중점이 옮겨져 있는 것처럼 생각된다.[33] 그러나 헤어의 규칙의 주요한 목적은 수용-효용에 있어서의 효용이기 때문에, 전체의 효용의 촉진을 위해 소수자의 기본적인 자유·이익을 희생하는 것을 허용하는 규칙을 선출할 가능성을 포함하고 있는 것이다.[34]

IV. 공리주의 비판과 현대인권론

1. 공리주의 비판

인권원리는 사회를 다양한 능력·목표·욕구를 가진 복수의 개인으로 구성되는 것으로 파악하여, 개인의 다양하고 자율적인 활동에 필요불가결한 기본적인 자유·이익·필요를 (사회의 목표에 대하여) 우위에 두고, 그것을 권리로서 모든 개인에게 평등하게 부여하려고 하는 배분적 원리이다. 그러한 권리에는 예외없는 절대적 권리도 포함되어 있다. 이것에 대하여 공리의 원리는 사회에 있어서의 효용(전체적 효용이든 평균적 효용이든)을 최대화하려고 하는 최대화원리이며, 배분적 정의와는 기본적으로는 상용되지 않는다. 공리의 원리로 배분적 정의의 원리를 포섭하려고 하는 시도가 공리주의자들에 의해 있었으나, 성공하였다고는 말할 수 없다.[35]

또한 공리주의는 권리에 대하여 적대적이라는 비판이 있다. 일반적으로 말하여 권리가 사회의 전체적 목표의 추구를 억제하는 것으로서 기능하고, 또한 권

33) 위의 책, p.123.
34) J. R. Pennock, 위의 글(주 8), p.8.
35) 프랑케나(황경식 역), 위의 책(주 9), 70-74면 참조.

리보유자에 대한 재화의 일관된 배분을 요구하는 것으로서 기능하고 있는 것이라고 한다면, 이러한 비판은 이해할 수 있을 것이다.

더 나아가 공리주의는 이 원리의 적합성에 관한 많은 문제점을 포함하고 있다.

첫째로 행복의 비교·평가의 문제가 있다. 즉 모든 개인의 행복을 양적으로 측정하여 그것으로부터 사회 전체의 행복을 산출하는 것이 가능한 것인가라는 문제이다. 벤담은 행복을 쾌락의 증대 또는 고통의 감소로서 규정하는 것에 의해 이 문제에 답하려고 하였다. 그러나 동일한 개인의 다른 상태 혹은 다른 개인 간에 공통의 심리학적 기질로서의 쾌락이 존재한다고 하는 전제는 경험적으로 의심스러울 뿐만 아니라 쾌락에만 주목하면 사람들이 현실로 가지고 있는 기대를 완전히 무시하는 것으로 될 수도 있다.

쾌락설적 공리주의의 이와 같은 결함에 비추어 보아, 현대의 공리주의자는 사람들의 선호(preference)의 실현의 최대화라는 견지에서 공리의 원리를 재해석하고 있다. 그러나, 이 경우에도 단지 선호의 순위뿐만 아니라 동일 개인에 있어서의 복수의 선호의 강도의 비교측정의 문제나 선호강도의 서로 다른 개인 사이의 비교의 문제라는 쉽지 않은 문제가 있다. 이러한 문제의 곤란은 공리주의에 대한 방법론적 회의를 많은 사람들에게 가지게 하였으며, 경제학에 있어서는 1930년대에 그러한 문제가 해결불가능하다는 판단하에 공리주의를 포기하여 파레토의 최적의 기준에 입각하는 신후생경제학이 탄생하였다. 그러나 그 후 램시(F. Ramsey)나 게임이론의 창시자인 노이만(J. von. Neumann)과 모르겐스턴(O. Morgenstern)에 의해 이루어진 같은 작업에 의해 기수효용개념이 복권하면서, 위와 같은 문제를 해결하여 공리주의의 기초를 재확립하려는 시도가 다시 행해질 수 있게 되었다.[36] 그러나 서로 다른 개인 사이의 비교의 문제는 타인의 입장에 선 가설적 선택에 관한 상상력의 문제나 평등산입공준의 기저에 있는 인격적 평등의 요청의 해석문제 등 기술적 처리만으로는 해결할 수 없는 철학적 문제를 내포하고 있다는 것이 지적되고 있다.

둘째로 우리의 지식의 한계의 문제이다. 공리주의의 시도를 완전히 실현하

36) J. C. Harsanyi, *Essays on Ethics, Social Behavior, and Scientific Method* (D. Reidel Publishing Co., 1976), pp.1-85; Ph. Petit, *Judging Justice* (Routridge & Kegan Paul, 1980), pp.118-128.

는 것은 모든 사람들의 끊임없이 변화하는 욕구나 모든 인간행동의 모든 귀결을 알 수 있다는 것이 전제로 되나, 이것은 인간에게는 불가능하다. 따라서 실현가능한 형태의 공리주의는 이미 알고 있는 사실에 기하여 최대한으로 실현하는 조치를 제창하는 것으로 되나, 이러한 조치는 오히려 복잡한 사회 체계의 원활한 작용을 저해할 수도 있다. 공리주의는 의식되고 있는 욕구에 있어서의 효용을 명시할 수 없거나, 혹은 때때로 그것과 모순되는 준칙을 부정하는 것에 의해 이러한 준칙에 의존하는 알려지지 않은 체계를 붕괴시켜, 이러한 체계 내에서 조정되어 활성화되어 있는 개인의 자유도 붕괴하는 것은 아닌가 하는 의문이 여전히 남는다.[37)]

벤담은 개인의 목적과 그 달성에 관한 지식 및 그 목적의 추구에 대한 동기를 가장 많이 가지고 있는 것은 개인이라는 것으로부터, 개인의 행복증진의 최선의 방법은 자유를 가능한 한 존중하는 것이라는 것을 자각하였다.[38)] 그러나, 모든 개인 사이에 흩어져 있는 정보의 총체를 아는 사람이 아무도 없다고 하는 조건이 사회 전체의 행복의 증진을 지향하는 원리에 대하여 가지는 의의를 밝혀내는 것은 아닌가. 이 무지의 조건에 적합하도록 공리주의를 재편성하는 것이 가능한가, 가능하다면 어떻게 가능한가, 이것은 모든 공리주의자에 과해진 문제이다.

셋째로, 공리주의가 많은 사람들의 정의감각에 반하여 공리주의자 자신도 망설이지 않을 수 없는 귀결을 가질 수 있다는 것이다. 예컨대, 어떤 정치운동의 지도자를 무고죄로 처벌하는 것이 내란을 회피하여 다수의 인명을 구하는 것에 필요한 경우나, 사람의 1할을 다른 9할의 사람들의 노예로 하는 것이 노예가 존재하지 않는 때보다도 사회 전체의 욕구충족도가 높아지는 경우 등, 공리주의는 개인을 전체의, 소수자를 다수자의 희생으로 하는 것을 정당화한다. 공리주의자는 이러한 경우도 잘 분석하면 이러한 조치가 사회의 장기적 이익에 반한다는 것이 판명된다고 반론할지도 모르나, 그것은 정확하지 않다. 이러한 반론을 불가능하게 하는 형태로 가설적 상황을 설정하는 것은 항상 가능하며, 공리주의자가 많은 사람들에게 부정하다고 느껴지는 귀결을 가지는 상황이 존재하는 것이 문제

37) F. A. Hayek, *Law, Legislation and Liberty* (University of Chicago Press, 1973-79), vol.I, pp.55-71, vol.II, pp.17-23.

38) J. Bentham, *An Introduction to the Principles of Morals and Legislation* (Kessinger Publishing, 2005), pp.266f.

이기 때문이다.

공리주의가 우리의 정의감각에 반하는 귀결을 가지는 것이 극히 특수한 예외적 상황에 한하는 것이라면, 이것은 공리주의에 있어서 치명적인 결함이라고는 말할 수 없을 것이다. 그러나, 이것은 특히 공리주의가 개인적 선호, 즉 선호주체 자신에 대한 재화·기회 등의 분배에 관한 선호뿐만 아니라, 드워킨(R. M. Dworkin)이 외적 선호(external preferance)라고 불렀던 것, 즉 타인에 대한 재화·기회 등의 분배에 관한 선호를 포섭하지 않을 수 없다고 하는 사정에 기인하고 있다.[39)]

이 귀결을 피하기 위해서는, 공리주의는 외적 선호를 고려의 대상으로부터 배제하지 않으면 안 된다. 그러나 외적 선호도 그것이 실현되면 개인적 선호와 마찬가지로 선호 주체에 만족을 가져온다. 또한 개인의 욕구·원망을 충족하는 것은 충족되는 욕구·원망이 무엇인가에 관계되는 것이 아니라, 그것 자체로서 선하다고 하는 것이 공리주의의 근본전제이기 때문에 외적 선호의 배제는 공리주의의 일관성을 해친다. 그뿐만 아니라, 드워킨이 주장한 바와 같이 외적 선호는 개인적 선호와 불가분적으로 결합하여 상호 의존하고 있기 때문에, 순수한 개인적 선호만을 고려할 수 있다고 하는 형태로 양자를 식별하는 것은 불가능하다.[40)]

공리주의는 이와 같이 그 이론적 통일성에 기한 지적 매력에도 불구하고 다양한 곤란을 내포하고 있다. 특히 마지막으로 거론한 문제는 철저한 공리주의적 입장의 수용을 사람들에게 주저하게 하는 가장 큰 요인이다. 그곳에서 보이는 각 개인의 별개 독립성에 대한 배려의 결여는 공리주의에 한하지 않으며, 집합적 목표의 실현의 최대화를 지향하는 모든 목적론적 도덕이론·정치이론에 공통되어 있으나, 공리주의에 있어서 전형적인 표현이라고 말할 수 있을 것이다.

이상과 같은 비판은 배분적 정의의 원리에 의하여 보정되어 있지 않은 공리주의, 요컨대 결과주의, 행복주의, 총량주의, 최대화주의의 특징을 가진 공리주의에 대하여 향해진 비판이다. 현대인권론에 의하면, 공리주의의 이러한 측면은 실천적으로도 사악한 작용을 수행해 왔던 것이다. 공리주의는 개인을 효율적 관

39) R. M. Dworkin, *Taking Rights Seriously* (Havard Univ. Press, 1977), pp.234-238, 275-277.

40) 위의 책.

리의 객체로 한다는 의미에서 전체주의적이라는 롤즈(J. Rawls)의 비판도 이와 같은 맥락인 것이다.

2. 현대인권론의 인권의 정당화

이에 영미의 윤리학계, 철학계에서는 공리주의를 비판하고, 권리를 중핵에 놓는 새로운 도덕이론이 전개되고 있다. 이러한 이론적 동향을 현대인권론 또는 철학적 인권론이라고 부를 수 있을 것이다. 이러한 현대인권론은 공리주의에 대해서 개인의 독자성, 이질성의 도덕적 중요성의 무시라는 측면을 비판하고 있다.[41]

그러면 현대인권론은 공리주의의 이러한 측면을 어떻게 극복하려고 하는가? 현대인권론은 공리주의가 무시한 개인의 독자성, 이질성을 중시하여, 개인을 다양한 능력·목표·욕구를 가진 것으로서 파악한다. 그리고 개인의 자율적·자립적인 활동에서 불가결한 기본적인 자유·필요·이익을 (모든 사회의 전체적 목표에 대하여) 우선시키고, 그것들을 권리로서 모든 개인에게 평등하게 분배하려고 한다. 즉 사회적·경제적 이익의 증대라는 전체의 효용의 관점이 아니라 개인의 권리를 기초에 두는 이론을 전개하려고 한다.

개인의 독립성을 존중하는 입장에서 공리주의의 목적론적 인권론 또는 정의론을 비판하는 현대인권론이 의거하는 것은 개인권(individual rights)의 관념이다. 그들은 정의의 핵심을 개인의 권리의 존중에서 구한다.

그러나 개인의 권리를 존중하는 현대인권론이라고 해도 개인이 어떤 권리를 가지는가에 관해서는 입장이 다양하게 나뉜다. 그러나 이 인권론을 수용하는 사람들은 개인의 별개 독립성의 존중을 근본적 전제로 하고 있는 한, 개인권의 구체적 내용에 관해서는 견해를 달리하여도, 다음과 같은 구조를 가진 인권개념을 서로 공유하고 있다. 즉, 어떤 개인이 어떤 것에 대한 권리를 가진다고 말하기 위해서는, 그 개인의 권리행사에 대한 사회의 관습이, 만약 그것이 사회의 일반적 복지 등 어떤 집합적 목표의 달성을 촉진한다고 하여도 특별한 이유가 없는 한,

---

41) H. L. A. Hart, "Utilitarianism and Natural Rights," *Tulane Law Review*, vol.53, no.3 (Tulane Univ., 1979), pp.675-678; "Between Utility and Rights," *Columbia Law Review*, vol.79, no.5(Columbia Univ. School of Law, 1979), pp.829-831.

금지되지 않으면 안 된다.[42] 바꾸어 말하면, 개인권은 사회가 집합적으로 추구하는 목표의 하나가 아니라, 오히려 이러한 목표추구에 대한 횡으로부터의 제약(side constraints)이며, 이러한 목표와의 비교형량이 원칙적으로 허용되지 않는다.[43]

이러한 개인권을 개인에게 귀속시키는 현대인권론은 집합적 목표추구를 위한 희생요구에 대한 일정한 거부권을 개인에게 부여하는 것이다. 그 의미에서 이 입장은 어떤 개인도 타인의 수단으로서가 아닌 목적 자체로서 취급되어야 한다고 하는 칸트적 이념을 체현하는 것이라고 말할 수 있다. 개인의 별개 독립성의 존중이라는 것은 개인의 자기목적성의 승인과 다름이 없기 때문이다.

개인의 자기목적성과 결합한 인권 개념은 위에서 기술한 바와 같은 비목적론적 혹은 반목적론적인 방법으로밖에 규정될 수 없다. 개인이 어떤 집합적 목표의 달성을 촉진하는 한에서만 권리를 가질 수 있다면, 그 개인은 그 집합적 목표를 위한 단순한 수단으로서 취급되는 것으로 되기 때문이다. 따라서 개인의 권리실현의 총화의 최대화 혹은 그 침해의 총화의 최대화를 집합적 목표로서 설정하고, 이 목표를 항상 개인의 권리에 우선시키는 입장도 이 개인권 개념의 아래에서는 허용되지 않는다. 이것은 노직(R. Nozick)이 권리공리주의(utilitarianism of rights)라고 불렀던 입장이나,[44] 이 입장도 또한, 사회에 있어서의 권리실현 일반의 실효화를 위해 특정 개인의 권리를 침해하는 것을 정당화하는 점에서, 개인을 타인 혹은 사회 일반을 위한 단순한 수단으로서 취급하기 때문이다.

현대인권론이 개인에게 귀속시킨 반목적적인 인권은 개인에 있어서 극히 강력한 도덕적 무기이다. 그것은 개인을 전체를 위한 희생으로 하는 것을 억지하는 반면, 어떤 경우에는 사회의 일반적 이익을 개인을 위한 희생으로 한다. 예컨대, 사람들이 자가용 승용차를 구입하여 사용하는 권리를 가지고 있으나, 만약 자가용차의 사용을 전면적으로 금지하면 매년 교통사고로 잃는 다수의 인명이 상당 부분이 구해지고, 대기오염 등의 환경에 대한 악영향도 현저히 감소하며, 에너지의 절약에도 많은 공헌을 하는 등 극히 많은 사회적 이익이 초래된다는 것이 확실하고, 그 위에 그것이 자가용차 사용금지에 의하여 잃는 사회적 이익을 상회한

42) R. M. Dworkin, 위의 책(주 39), pp.90-94, 169-173, 188-193.

43) R. Nozick, *Anarchy, State, and Utopia* (Basic Books, 1974), pp.28-33.

44) 위의 책.

다는 것이 증명될 수 있다고 하여도, 특별한 이유가 없는 한 자가용 승용차의 사용금지는 허용되지 않는다.

인권이 이와 같이 강력한 수단이라는 것만으로 현대인권론을 채용한 사람들은 인권의 내용과 근거, 그리고 한계가 있다면 그 한계를 분명하게 하지 않으면 안 된다. 그 한계는, 「특별한 이유가 없는 한」이라는 한정이 시사하고 있는 바와 같이, 반목적론적 개인권은 이론적으로는 반드시 절대적일 필요는 없다. 반목적론적 성격을 가지기 위해서는, 개인권은 집합적 목표달성을 적어도 어떤 정도는 희생해서라도 보호되는 것이라면 좋다. 어느 정도 이러한 희생을 요구할 수 있는가가 그 권리의 강도를 결정한다.[45] 물론, 집합적 목표달성에 대한 일정한 한계치를 넘은 저해효과 이외에도 권리의 제한효과는 고려될 수 있다.

그러면 개인권의 내용확정과 정당화를 위한 근거는 무엇인가, 혹은 도대체 존재하는가, 이것은 극히 곤란한, 그러나 중요한 문제이다. 권리개념은 비교적 이해하기 쉬운 목적론적 의논을 정지시키는 수단이기 때문에, 이 문제가 해명되지 않는 한, 비합리 혹은 무의미하다는 비판이 항상 이루어진다. 또한, 개인권의 기초지움은 「각인의 권리에 따라서」라는 정의기준에 구체화되어 있는 보편주의적 요청의 근거의 해명에도 연결되어 있다.

노직은 로크(J. Locke)의 자연권사상, 즉 어떤 사람도 자기의 동의 없이 그 생명·신체·재산·자유 등을 손상당하지 않으며, 침해자에 대하여는 보상을 청구하고 처벌하는 권리를 가진다는 입장에서 출발한다. 그리고 이러한 전제 하에서 정당화할 수 있는 국가형태는 최소한의 국가(the Minimal State), 즉 국가의 기능을 시민적 권리의 보호에 한정시킨 야경국가이며, 그것 이상의 기능을 가진 사회주의국가나 현대의 복지국가 등의 확대국가는 개인의 도덕적 권리를 침해하는 것으로서 정당성이 부인된다.

이 입장에서는, 정의의 이름으로 우리가 국가로부터 무엇인가를 요구할 수 있는 것은 계약의 실행이나 권리침해에 대한 처벌·보상 등에 관한 시정적 정의의 영역에 한정된다. 부의 사회적 분배의 결과가 어떤 모델[응분의 가치(desert)에 따른 분배, 완전평등분배 등]에 합치해야 한다는 것을 요구하는 「정형화된(patterned)」 분배적 정의의 관념은 배척되며, 대신에 부의 원시적 취득·승계·회

45) R. M. Dworkin, 위의 책(주 39), p.169f.

복에 관한 절차적 규칙에 따라 특정의 재화를 획득한 자가 그 재화에 대한 「권원(entitlement)」을 가진다고 하는 권원이론이 제창된다. 따라서 사회적 분배의 정·부정을 결정하는 것은 분배결과가 전체로서 가지는 「정형」이 아니라, 개개의 재산이 가지는 생산·이전의 「역사」이다. 현대국가에서 대규모적인 소득재분배를 실천하려고 하는 복지국가사상은 정형화된 분배적 정의관념과 결합하고 있으나, 노직에 의하면 이러한 사상과 그 실천은 개개의 재산에 역사적으로 부착해 있는 개인의 권원을 무시하는 것이므로 도덕적으로 부당하다. 그에게 있어서 사회적 약자의 구제는 국가의 강제적 조치가 아니라 사람들의 자발적 자애에 위임되어야 하는 것이다.[46)]

노직의 이러한 이론은 18세기적 개인주의와 19세기적 자유방임주의를 부활시킨 것으로서 현재의 미국의 보수화경향에 편승한 시대영합적 이론이라는 비판이 있으나, 이것은 지적인 의미에 있어서 도전적임과 동시에 인권에 관한 우리의 규범적 사고를 깊게 한다는 점에서 가치가 있다.

다만 노직은, 그의 권리론에서 개인이 로크적 자연권을 가진다는 것을 이론의 전제로 하면서도 그 도덕적 기초는 문제 삼지 않고, 인간이 자기의 삶을 전반적 계획에 따라서 형성하는 것에 의해 자기의 삶에 의미를 부여하는 능력을 가지는 것이 그의 권리의 도덕적 기초와 관계있다는 것을 시사하는 것에 그친다. 또한 그는 최소한의 국가의 기능을 넘는 정책은 모두 공리주의와 같이 개인의 별개독립성의 부인으로 귀결된다고 한다.[47)]

확실히 로크적 자연권사상은 적지 않은 사람들이 수용하고 있으며, 그의 정치철학적 귀결을 추구하는 것은 그것 자체로서 중요한 일이다. 그렇다고 하여도 전제한 자연권의 도덕적 근거를 보여주고 있지 않다는 것이 그의 이론이 틀렸다고 하는 이유가 될 수는 없을 것이다.[48)]

---

46) 분배적 정의관념에 대하여 같은 비판을 하이에크(Hayek)도 전개하고 있다. 다만, 그의 경우는 도덕적 관점뿐만 아니라 사회시스템의 기능분석의 관점이나 구성주의에 대한 인식론적 비판의 관점으로부터도 이 문제가 의논되고 있으며, 또한 시장에 개입하지 않는 형태에서의 국가에 의한 최저생활보장(assured minimum income)이 승인되고 있다[Cf, F. A. Hayek, 위의 책(주 37), vol.II, pp.17-23].

47) R. Nozick, 위의 책(주 43), pp.48-51.

48) 하트는 노직의 이러한 이론을 노직의 개인권의 기초지움의 시도로 해석하여 이것을 비판하고 있다[H. L. A. Hart, 위의 글(주 41, "Between Utility and Rights"), pp.831- 836]. 그러

그러나 로크적 자연권의 이론적 귀결에 관한 노직의 설명이 옳다고 하여도, 만약 우리가 로크적 자연권뿐만 아니라 생존권과 같은 사회적 자연권도 함께 가진다면 현대복지국가의 재분배기능을 정당화하여야 하는 것은 아닌가 하는 문제가 남는다. 따라서 이러한 문제에 답하기 위해서 우리가 어떤 권리를 가지는가라는 문제에 답하지 않으면 안 되며, 그것을 위해서는 개인권의 도덕적 기초를 해명할 필요가 있다.

드워킨은 권리를 「정부가 개인에 대하여 그것을 거부하는 것이 전체적 복지에 플러스가 될 수 있는 것이라고 하여도 그와 같이 거부하는 것이 잘못된 것이라는 요구(claim)」라고 정의하고,[49] 권리의 특징을 그 보유자가 개인이라는 의미에서 개별화된 정치목적인 것으로 본다. 또한 권리는 권리보유자들에 대하여 권리의 대상인 기회·자원·자유를 동등하게 배분할 것을 요구하는 것이다. 그리고 권리는 비중(weight)이 보다 큰 다른 권리와 긴급한 정책에는 종속하지만 전체적 목표 일반에는 종속하지 않는다. 즉 권리는 전체적 목표에 의하여 간단히 부정되는 것이 아니라, 오히려 그 추구를 억제하는 기능을 가지는 것이다. 이러한 권리개념은 그것이 통상의 정책적 논의를 거절하기 때문에 분명히 반공리주의적이다.

그리고 드워킨은 「동등한 배려와 존중에 대한 권리(a right to equal respect and concern)」[50]라는 기본적 원리를 채용하여, 공리주의의 평등산입공준을 이 원리의 구체화로 해석하고, 이 원리의 관철을 저해하는 공리주의의 난점의 보정수단으로서 보다 구체적인 권리를 도출하며, 개개의 원리를 그것으로부터 파생하는 것이라고 이해하고 있다. 그것은 직관, 확신이라고도 불리는 자기의 도덕적 신념 전체를 소재로 하여 그것들을 정합하는, 스스로 수미일관한 도덕적 원리를 도출하려고 하는 방법이다.

이러한 드워킨의 도덕적 권리론은, 개인이 대국가적 및 대사인적인 도덕적 권리를 가지고 있다는 것, 즉 국가의 입법에 앞서는 도덕적 권리를 가지고 있다

나 사회의 집합적 이익을 희생해서라도 개인의 별개독립성이 존중되어야 하는가라는 핵심의 문제는 이 의논의 밖에 있기 때문에, 이것으로써 노직의 개인권의 기초지움의 시도로 해석할 수는 없을 것이다.

49) R. M. Dworkin, 위의 책(주 39), p.269.

50) 위의 책(주 39), p.180.

는 것을 기초로 한다. 이것은 근대헌법의 원류에 있는 18세기 자연권론의 사상적 계보를 잇는 것이며, 따라서 공리주의자이자 법실증주의자로서의 벤담 이전의 사상에 그 뿌리를 두는 것이다.

벤담이나 그 사상적 영향을 받고 있는 법실증주의자들은 권리(및 의무)를 사회적 규칙(social rule) ―입법, 사법적 결정, 관습이라는 사회적 규칙― 에 기초하는 것으로서 파악하지만, 드워킨은 권리를 규범적 규칙(normative rule) ―정치적 이론(political theory)에 의해 정당화되는 규칙― 에 기초하는 것으로 파악한다.[51] 따라서 법실증주의자들이 법적 권리를 사회적 규칙으로서의 실정법적 규범에 기초하는 것으로서만 파악하고 있는 것에 대하여, 드워킨은 법적 권리를 그것보다 더 광범위한 것으로 파악하고 있다. 더 나아가 드워킨은 배경적 권리와 제도적 권리를 구별하여 제도적 권리의 하나로서 법적 권리를 이해하고, 이러한 권리를 기술하는 명제를 원리(principle)라고 한다.[52] 이 권리는 사회(내지 다수자)가 아니라 (법인도 포함하여) 개인에게 주어지는 것이며, 권리보유자인 개인에게 기회·자유·이익을 동등하게 배분하는 것을 요구한다. 그렇기 때문에 권리는 다른 권리나 긴급한 정책에는 종속하지만 일반적으로 목표에 대항하는 일정한 비중을 가지는 것이다.

이와 같이 드워킨은 벤담에 의해 제기되었던 도덕적 인권론에 대한 비판[53]을 자연권론에 입각한 도덕적 권리론으로 극복하려고 하였다. 물론 드워킨의 이론은 다음과 같은 점에서 18세기의 자연권론과 구별된다. 첫째로 도덕적 권리는 자연법이나 신법에 의해서 주어진 형이상학적인 것이 아니라 실정법에 구체화되어 있으며, 따라서 그들을 통하여, 또 그것을 가장 잘 정당화하는 정치적 이론을 매개로 하여 추측될 수 있는 것이다. 둘째로 그것은 절대적이고 불변적인 권리가 아니라 시대나 상황에 따라서 그 범위·한계·우선순위가 조금씩 한정된다는 점이다.

---

51) 「생명을 빼앗는 것은 잘못」이라는 근본적 도덕률 때문에 우리는 동물을 죽일 권리를 가지고 있지 않다고 하는 채식주의자의 규칙이 규범적 규칙의 예이다.

52) 드워킨은 권리와 목표(goal)를 구별하여, 전자를 기술하는 명제를 원리(principle), 후자를 기술하는 명제를 정책(policy)으로서 구분한다. 권리와 목표, 원리와 정책의 구별에 관해서는, 위의 책(주 39), pp.91-92 참조.

53) 주) 17 참조.

그러나 이러한 드워킨의 시도가 충분한 성공을 거두었는가에 대해서는 의문이 있다. 그것은 그의 이론에 있어서 도덕적 권리를 식별하는 공통의 기준의 문제, 그리고 도덕적 권리의 범위·한계·우선순위를 한정하는 방법의 문제가 충분히 해명되고 있다고는 할 수 없기 때문이다. 그럼에도 불구하고 헌법학과 도덕이론과의 융합을 설명하는 그의 이론은 법실증주의적(legalistic) 사고가 빠질 수 있는 문제를 극복하거나 현대헌법학이 직면하고 있는 난문을 해결하려고 하는 점에서 의의를 가지고 있다.

이것에 대하여 롤즈는 로크, 루소, 칸트 등의 사회계약설의 구조적 특징을 분석철학적 수법이나 게임이론 등을 사용하여 현대적으로 재구성함으로써 벤담이나 밀 이래 지배적이었던 공리주의적 정의론을 대신할 체계적인 실질적 정의론을 전개한다.

롤즈는, 사람들이 만약 원초상태(the original position)에서의 무지의 베일(the veil of ignorance) 아래에서 사회의 기본선의 분배를 선택하여야 한다면, 사람들은 각인에게는 일정한 기본적 권리가 주어져야만 한다고 만장일치로 결정할 것이라는 사회계약론적 방법에 의하여 정의의 두 원리(평등한 자유의 원리와 격차의 원리)를 도출한다. 제1원리는 모든 시민에게 여러 가지의 기본적 자유를 평등하게 부여할 것을 요구하는 것이며, 제2원리는 사회경제적 불평등은 가장 불리한 상황에 있는 사람들의 이익의 최대화를 위해 행해지도록 배열되어야 한다고 하는 것이다. 그리고 제1원리는 자유는 자유를 위해서만 제한되며, 전체로서의 사회경제적 복지의 증진을 위해 희생되어서는 안 된다는 자유의 우선원칙을 수반한다.[54] 롤즈는 이것을 통해 전체로서의 사회경제적 복지의 증진 혹은 다수자의 기본적 자유의 확보·확대를 위해 개인, 특히 소수자의 기본적 자유를 희생하는 것을 이론적으로 정당화할 수 있는 공리주의 정의론의 치명적 결함을 극복하려고 하는 것이다.

최대 다수의 최대 행복을 신조로 하는 고전적 공리주의는 개인의 합리적인 욕구만족의 합계의 최대화만을 지향하고 그 만족의 총화가 개인 간에 어떻게 분배되는가를 문제로 하지 않기 때문에, 우리의 일상적인 정의감각에 합치하지 않으며 그 치명적 결함이 된다. 따라서 롤즈는 정의론의 기본적인 목표를 사회의

54) J. Rawls, *A Theory of Justice* (Harvard Univ. Press, 1971).

기초적 제도에서의 권리·의무의 할당이나 사회적 협동활동의 이익·부담의 분배의 결정에 대하여 출신·재능 등의 사회적·자연적 우연이 미치는 영향력을 될 수 있는 한 적게 하는 것 및 개인의 다양성과 독자성에 진지한 배려를 하여 개인적 자유·권리의 요구를 전체로서의 사회 경제적 이익의 증진을 위하여 희생하는 것을 허용하지 않는다는 것으로 삼는다.

롤즈는, 어떤 사람에게 있어서 선이라는 것은 「합리적인 인생계획을 성공적으로 수행하는 것」이라고 도덕적으로 중립적이고 순형식적으로 규정하여, 각인의 선에 대한 견해, 요컨대 인생관이나 가치관의 다양성 그 자체를 선한 것으로서 승인하면서도 선에 대하여 정의가 우선한다는 것, 따라서 정의원리가 이러한 개인의 선에 대한 견해에 미리 제약을 가한다는 것을 강조한다. 이렇게 함으로써 공리주의가 먼저 선을 정의와 독립하여 규정하고 그런 후에 선을 최대화하는 것을 정의로 규정하는 것으로부터 발생하는 결함을 극복하기 위한 이론적 기초가 부여되는 것이다.

또한 이러한 정의원리의 기초지움은 개인의 인생관·가치관의 다양성과 독자성에 적절한 위치를 부여하면서도, 가치상대주의자들에게서 보이는 바와 같이 이것으로부터 직접적으로 실질적 정의원리의 상대성·주관성을 단락적으로 도출하지 않고, 각인의 인생관·가치관의 상대성·주관성과는 다른 보다 기본적인 공공적 차원에서 객관적인 정의원리를 구상하여 의논하기 위한 공통기반을 설정하려는 것이다.

이러한 롤즈의 정의론에 대해서는, 사회계약적 방법이나 실천적 추론에 관한 그의 기본적 입장을 보여주는 반성적 평형(reflective equilibrium)의 개념, 사회적 기본선과 개인적 선의 이상과의 구별 등에 관한 방법론적 문제와 정당화절차와 추론의 타당성에 관한 문제, 정의의 두 원리와 우선규칙의 실질적 적합성의 문제, 경제학·정치학 등 사회과학과의 관계의 문제, 실천적 문제에 대한 응용가능성의 문제 등 다양한 문제제기와 비판적 음미가 이루어지고 있다.[55)]

그러나 롤즈의 정의론은 공리주의를 개인의 별개독립성에 대한 배려를 흠결한 것으로서 배척하는 한편, 노직과 같이 시민적 개인권을 절대화하는 입장도 취

55) H. G. Blocker and E. H. Smith (ed.), *J. Rawls' Theory of Social Justice: An Introduction* (Ohio Univ. Press, 1980).

하지 않으며, 개인의 자유를 존중하면서도 사회적 약자의 지위의 최선화라는 평등주의적인 집합적 목표를 추구하려고 한다. 그것은 공리주의에 병행하는 하나의 목적론적 정의관과 권리지향적 정의관과의 종합의 시도이다. 물론 이러한 시도에 그가 성공하고 있는가 하는 문제에는 의문이 있으나, 공정이라는 강한 직관적 호소를 가진 관념에 의해 정의기준의 도출과 정당화를 이루려는 그의 접근은 자유와 평등의 조정, 사회 경제적 약자의 복지증진 등 사회적 정의를 둘러싼 현대적 과제에 몰두하여 그 후의 의논의 진전에 큰 자극과 유력한 방향설정을 부여하고 있다는 점에서 많은 탐구와 음미할 가치가 있다고 생각한다.

한편, 게워스는 사회를 다양한 능력·욕구·목표를 가진 복수의 인간으로 이루어진 것으로 파악하고, 그러한 인간이 자유롭게 인생과 생활설계를 세워 자기의 능력을 최대한으로 발휘할 수 있는 체계로서 인권, 즉 자유와 안녕(wellbeing)에 대한 권리의 존재를 논증하고 있다. 그는 특히 인간의 특성을 행동작용(agency), 행동능력으로 보고, 현재 내지 장래의 목표지향적인 인간에게 있어서 행동이 가능하다는 것은 행동에 있어서 필요한 조건, 즉 자유와 안녕이 확보되어 있는 경우라고 한다. 그리고 인권의 목적은 모든 인간에게 이러한 필요한 조건을 확보 내지 공급하는 것에 있으며, 국가는 이러한 인권을 확보하기 위해 존재한다. 또한 국가의 권력행사도 인권의 확보·보장에 한정되지 않으면 안 된다. 게워스는 이 논의를 국내뿐만 아니라 국제적 문제로도 확대하여, 개발도상국의 사람들도 부유한 국가의 사람들의 원조를 받아야 할 권리를 가지고 있다고 주장한다. 게워스는 이러한 인권을 「변증법적으로 필연적인 논증」이라는 방법에 의해 기초지우고 있다.[56]

이성적 존재로서의 행위자는 자신의 목표를 성취하기 위한 행위에 있어서 절박하게 필요한 조건을 필연적인 선으로 간주한다. 그리고 그것을 거부하는 것은 자기모순에 빠지는 것이기 때문에, 이러한 필요한 조건에 대한 권리를 필연적으로 요구하지 않으면 안 된다. 이렇게 도출된 일반적 권리(generic rights)가 다른 모든 행위자에게도 보편화되어, 「너 자신의 일반적 권리와 합치할 뿐만 아니라 상대방의 일반적 권리와도 합치하도록 행위하라」[57]는 최고의 도덕원리가 도출

56) A. Gewirth, *Reason and Morality* (Univ. of Chicago Press, 1978), pp.42-47.
57) 위의 책, p.135.

된다. 게위스는 인권의 구체적 내용, 상호적 관련과 충돌의 문제도 이 원리에 의하여 해명되어야 하는 것이라고 한다. 게위스는 인권론에 불리한 상황을 타개하기 위한 방법으로서 자연과학의 실험에 대비되는 행위를 도덕의 세계에 도입하여 변증법적으로 필연적인 논증을 사용함으로써 가치상대주의와 공리주의의 인권론을 극복하려는 것이다.

이러한 게위스의 인권론에 대해서는 다음과 같은 비판이 있다.

게위스는 인권을 「모든 인간이 단지 인간이라고 하는 것만으로 가지고 있는 권리」라고 정의하고,[58] 인권은 자기모순을 범하지 않는 한 누구라도 그 존재를 부정할 수 없다고 한다. 그러나 거기에는 논리모순을 악이라고 피하려고 하는 이성능력과 목적과 수단을 선택하고 성공을 향하여 행위를 조정하는 행위능력을 갖춘 인간이 인권주체의 전제가 되고 있다. 따라서 태아, 미성년자, 정신박약자 등은 행위능력을 결하기 때문에 보장받는 인권의 범위 혹은 종류가 한정되어,[59] 그 결과 단지 인간이라는 것만을 조건으로 하지 않는 인권에 대한 차별적 이론이라는 비판이다.[60]

또한 게위스는, 인간은 자발적으로 목적을 가진 행위를 하는 것이라는 인간본성론에 입각하여 자유와 복지에 대한 인권의 존재를 변증법적으로 필연적인 방법에 의해서 누구나 자기모순을 범하지 않는 한 논리적으로 승인하지 않으면 안 되도록 논의를 구성하고 있다. 그러나 이러한 그의 입론에 대해서는, 자유와 복지가 만일 행위의 필연적 조건이라 하더라도 그 필연성만을 이유로 어째서 자유와 복지에 대한 권리를 주장하지 않으면 안 되는 것인가, 게위스가 논증하고 있는 것은 권리를 주장하지 않으면 자기모순이 된다고 할 뿐이고 다른 근거(예를 들면, 개인적 진가나 공적 등 선례에서의 제한적인 속성)에 기초하여 권리를 주장하는 것까지도 자기모순이라고는 논증하고 있지 않은 것은 아닌가 라는 비판이 있다.[61]

---

58) A. Gewirth, *Human Rights: Essays on Justification and Applications* (Univ. of Chicago Press, 1982), p.41.

59) 위의 책, pp.54-55.

60) A. A. Morris, "A Differential of Human Rights," in *Nomos*, vol.XXIII(1981), p.158.

61) R. B. Friedman, "The Basis of Human Rights: A Criticism of Gewirth's Theory," in *Nomos*, vol.XXIII(1981), pp.148-157.

그러나 게워스는 행위를 위한 필연적 조건이라는 것을 이유로 자유권도 복지에 대한 사회적 경제적 권리도 다 같이 인권이라고 주장한다. 전자가 인권이라는 것을 부정하는 논의는 적지만, 후자에 관해서는 그 보편성과 실행가능성을 근거로 하여 그 권리성을 부정하는 학자는 노직을 비롯하여 비교적 많다. 게워스는 누구나 자발적으로 목적을 가진 행위자로서 필요한 상태에 빠졌을 때에는 언제라도 구조될 권리를 가지고, 그러한 능력이 있고 조건이 충족될 때에는 구조할 의무를 지고 있다고 하는 점에서 보편성이 있으며, 모든 국가가 높은 수준의 복지를 실현하는 것은 불가능하다고 하더라도 복지의 보다 평등한 분배는 경제적으로 열악한 국가에 있어서도 그 나름대로 실행가능하다고 하여 양자에 구별이 없다는 것을 강조한다. 특히 대부분의 빈곤국가에서는 정치적·시민적 자유보다 사회적·경제적 권리에 대한 관심과 필요성이 더 높다고 하는 의견에 대하여, 오히려 정부가 자유와 동의라는 정치과정에 복종해야 비로소 식량·의료 등의 정당한 배분이 가능하다고 하는 게워스의 논의에는 설득력이 있다.

V. 결 론

인권론이 개인의 기본적인 자유·이익·필요를 모든 인간에게 평등하게 배분하려고 하는 배분적 원리를 중핵으로 하고 있는 것에 대하여, 공리주의는 전체의 효용을 최대화하려고 하는 최대화원리를 특징으로 하고 있는 이상, 양자는 기본적으로 양립할 수 없는 것처럼 생각된다. 그러나 현실적으로는 공리주의의 다양한 수정형태가 전개되고 있기 때문에 양자의 구분은 그 정도로 단순하지 않으며, 따라서 현대인권론이라고 하여도 공리주의와의 거리는 각각 다른 것처럼 생각된다.

그러나 오늘날에는 국내법·국제법상 도덕적 권리로서의 인권에 관한 폭 넓은 합의(Konsensus)가 이루어져 있으며, 또한 도덕적 권리로서의 인권이 전체적 복지의 고려를 거부하는 특수개념이라는 것도 승인되고 있다. 그리고 그러한 도덕적 권리로서의 인권을 철학적으로 기초지우는 이론이 모색되고 있는 것이다. 이러한 경향은 공리주의와 같은 목적론적 이론이 아니라 의무론적 이론에 속하는 것이며, 가치주관주의·가치상대주의라는 방법이원론을 극복하려고 하는 새로운 방법론에 기하고 있는 것이다.

이러한 시도가 아직 많은 문제를 해결하지 못하고 있는 것도 사실이다. 예를 들어, 현대인권론이 개인에게 있어서 기본적인 자유·이익·필요를 우위에 두고 그것을 권리로서 중시한다고 하여도, 어떤 방법, 어떤 범위, 어떤 내용의 것에 관해서인가라는 문제에 관해서는 의견이 일치하고 있는 것은 아니다. 그리고 권리의 한계, 충돌, 우선순위의 문제나 그것들을 해결하는 방법에 관해서도 또한 같다.[62] 권리를 진지하게 파악하는 것은 중요하지만, 그러한 권리에도 다양한 계층이 있으며, 한계와 충돌이 있기 때문이다.

그러나 현대인권론이 오랜 기간 영미 윤리학계를 지배했던 공리주의에 대신할 새로운 이론을 전개하고 있다는 점에서 그 현대적 의의는 대단히 크다고 할 것이다. 따라서 이후 이러한 문제의 해결을 위해서 권리와 의무, 권리와 효용, 권리와 다른 가치와의 관계 등에 관하여 앞으로 엄밀한 검토를 계속하고자 한다.

---

62) H. L. A. Hart, Rawls on Liberty and its Priority, *Univ. of Chicago Law Review* (1973), pp.534-555.

현대 인권론에서 '정체성'의 의미

— 차이, 정체성, 인권 —

고 봉 진*

정체성과 인권 모두 꽤나 복잡한 개념이다. 따라서 정체성은 인권의 관점에서만 기술할 수 있는 것이 아니며, 반대로 인권 또한 정체성의 관점에서만 바라볼 수 있는 것도 아니다. 양자는 최대공약수처럼 어느 정도 겹치지만 엄연히 다른 개념이다.[1] 그럼에도 필자는 이 논문에서 "정체성은 인권과 관련해서 어떤 의미를 갖는가?"라는 질문을 던지며, 양자의 최대공약수를 찾으려고 시도하려 한다. 이 시도를 가능한 것으로 만들기 위해 필자는 먼저 미드(George Herbert Mead)의 이론을 통해 정체성이 형성되는 과정을 살펴보려고 한다(논문의 I 부분). 미드는 객체로서의 자아(me)와 주체로서의 자아(I)로 나누고 양자 간의 관련성을 살핌으로써 정체성이 형성되는 과정을 생동감 있게 묘사하고 있다. 미드에 따르면, 객체로서의 자아(me) → 객체로서의 자아(me)에 반응하는 주체로서의 자아(I) → "다른" 객체로서의 자아(me)를 불러일으키는 주체로서의 자아(I)로 자아가

* 제주대학교 법학전문대학원 교수.

1) 정체성은 관점에 따라 전혀 새로운 것을 뜻하기도 한다. 인권의 관점에서 정체성을 보는 것과는 달리, 통합의 관점에서 정체성을 살펴보면 정체성의 공유는 통합에서 매우 중요한 요소가 된다. 예컨대 유러피언 드림은 자신의 문화적 정체성을 보존하고 다문화 세계를 수용하는 데 그 기반을 두고 있으나, 넓고 깊이 있는 상호의존성을 포용하기 위해서 국가 경계선을 초월한 정체성과 소속의식을 추구하게 된다[이에 대해서는 Jeremy Rifkin(이원기 역), 『유러피언 드림』(민음사, 2005), 25, 37, 38면]. '통합'과 '정체성'은 함께 가기도 하지만, 반면에 한 국가 내의 소수 민족의 경우처럼 한 국가로의 동화(asimilation)의 의미에서 '통합(integration)'과 소수 민족의 '정체성(identity)'이 서로 반하는 경우도 있다.

발전하면서 형성된다.

미드의 이론을 통해 정체성이 형성되는 과정을 살펴본 후에는, 호네트(Axel Honneth)의 승인이론(인정이론)을 통해 새로운 인권이 만들어지는 과정을 살펴보려고 한다(논문의 II부분). 소수자는 I-identity에 기반하여 자신의 me- identity가 제대로 인정받지 못하다고 느낄 때 '새로운' me-identity를 위한 투쟁에 나서게 되며, 이는 새로운 인권이 탄생하는 중요한 계기가 된다. 새로운 인권을 위해서는 '인정의 병리학'이 필요하며, 이는 상호승인에 기초한 정체성(미드의 용어에 따르면 '새로운' '객체로서의 정체성(me-identity)')을 목표로 한 투쟁을 낳는다. 호네트에 따르면 상호승인적 정체성에 토대를 둔 인정투쟁은 인류 역사형성의 동력이었고, 개인과 사회의 도덕적 발전을 설명할 수 있는 이론적 기초가 되지만, 필자의 견해에 따르면 구체적인 인권 형성의 동력으로도 설명이 가능하다.

논문의 마지막 부분(논문의 III부분)에서는 한국사회의 대표적인 소수자인 '장애인'을 예로 들어, 한국사회의 장애인들은 어떠한 정체성을 규범적인 것(인권법으로 보장되어야 할 것)으로 주장하는지를 살펴본 후에, 이러한 장애인들의 규범적 정체성 주장이 어느 정도나 사법(司法)에서 수용되는지를 살필 것이다.

Ⅰ. 정체성 형성의 과정

인권이 생성되는 과정을 '정체성(identity)'의 관점에서 다루기 위해, 필자는 개인의 정체성이든, 집단의 정체성이든 '정체성'은 본질적으로 사회적 산물임을 주장할 것이다. 자기 정체성은 주어진 것이 아니며, 사회가 존재하기 이전에는 형성되지도 않는다.[2] 물론 '정체성 형성'에 사회뿐만 아니라 개인적인 요소 또한 중요한 역할을 수행하지만, 인권론에서 정체성이 차지하는 의미를 탐구함에 있어서는 '정체성'은 사회적 산물로 그려진다(개인적인 요소 또한 사회의 영향을 받는다). 그렇지 않으면 '정체성'이 인권에서 가지는 의미를 도출해내기가 어렵기 때

---

2) "우리는 사회에 존재하기 이전에 자기 정체성(identity)을 가지지 않는다: 이것은 우리가 마치 다른 곳으로부터 온 존재와 같은 것이 아니라, 오히려 우리가 이 사회적 위치 속에서 이 사회에서 성장하는 우리 자신을 발견한다는 것이다." Rawls(장동진 역), 『정치적 자유주의』(동명사, 2009), 51면.

문이다. 정체성을 사회적 산물로 보는 미드(George Herbert Mead)의 이론은 객체로서의 정체성(me-identity)과 주체로서의 정체성(I-identity)의 구성을 통해 정체성은 주어지는(given) 것이 아니라 만들어지는(made) 것임을 알게 한다.

1. 사회적 산물로서 자아

미드는 정신이나 의식을 독자적으로 존재하는 것으로 생각하지 않고, 사회적 행위를 통해 설명하고자 했다. 정신과 의식은 사회 속에서 다른 사람들과 상호작용하면서 형성되기 때문에, 바로 이러한 상호과정에서 정신과 의식의 본질을 이해할 수 있게 된다.[3] "의식이 사회적 행위의 전제조건이 아니라, 사회적 행위가 의식의 전제조건이다. 그 행위 안에 분리된 요소로서 의식의 개념을 끌어들이지 않고도 사회적 행위의 메커니즘을 추적할 수 있다. 따라서 사회적 행위는 의식의 형태 없이 또는 그와 별개로, 더 기초적 단계 또는 형태로 존재할 수 있다."[4]

미드는 더 나아가 정신이나 의식뿐만 아니라 자아도 사회적 산물이며, 자아는 다른 자아들과의 분명한 관련 속에서만 존재할 수 있다고 설명한다. 우리 자신의 자아와 타인들의 자아 사이에 확고한 선이 그어질 수 없는데, 이는 다른 사람들의 자아가 존재해 우리 경험 속으로 들어올 때만 우리 자신의 자아가 존재하기 때문이다.[5] 자아를 다소 격리되고 독립된 요소로, 스스로 존재할 수 있다고 가정하는 일종의 실체로 다루는 것이 심리학의 경향임에 반하여, 미드에 따르면, 자아는 이미 존재하는 독립된 실체가 아니라 다른 사람들과의 상호작용을 통해 형성되는 사회적 산물인 것이다. "자아는 발달 과정을 지니는 것이다. 자아는 태어나자마자 처음부터 이미 존재하는 것이 아니라, 사회적 경험과 활동 과정에서 등장하는 것이다. 즉, 자아는 사회적 과정 전체에서, 그리고 사회적 과정 속에서 다른 개인들과 이루어가는 관계의 결과로, 특정 개인 안에서 발달해 가는 것이다."[6] 미드에 따르면, 사회적 과정이 자기의식적인 개인보다 시간적·논리적으

---

3) George Herbert Mead(나은영 역), 『정신·자아·사회』(한길사, 2010), 9면.
4) George Herbert Mead(나은영 역), 위의 책(주3), 93면.
5) George Herbert Mead(나은영 역), 위의 책(주3), 254면.
6) George Herbert Mead(나은영 역), 위의 책(주3), 223면.

로 더 앞서 존재하며, 자기의식적 개인이 사회적 과정 안에서 발생하는 것이다.[7]

정신, 의식, 자아를 미드에 따라 사회적 산물로 보게 되면, 이로부터 필연적으로 나오는 결과는 심리학이 정적인 형태에서 역동적인 형태로 옮기게 된다는 점이다.[8] 미드의 심리학은 명상의 패턴도 아니고, 감상의 패턴도 아닌 행동의 패턴인 것이다.[9] 이는 객체로서의 자아(me) → 객체로서의 자아(me)에 반응하는 주체로서의 자아(I) → "다른" 객체로서의 자아(me)를 불러일으키는 주체로서의 자아(I)로 자아가 발전하면서 형성되는 것을 통해 확인할 수 있다.

2. '객체로서의 자아(me)에 반응하는 주체로서의 자아(I)'와 '"다른" 객체로서의 자아(me)를 불러일으키는 주체로서의 자아(I)'

'사회적 산물로서 자아'가 형성되는 과정에서 중요한 것은 '의미'이다. 왜냐하면 의미의 본질은 사회적 행위의 구조 안에 내재되어 있으며,[10] 의미를 창출하는 사회적 행위를 통해 사회적 산물로서 자아가 형성되기 때문이다. 의미의 본질은 사회적 행위의 구조 안에 내재해 있다는 사실은 구체적으로 의미는 3종의 기본적인 개개 요소들 사이의 관계 안에 내재되어 있다는 것인데, 즉 한 개체의 제스처, 그 제스처에 대한 두 번째 개체의 반응, 그리고 첫 번째 개체의 제스처에 의해 시작된 해당 사회적 행위의 완성이 3종의 기본 요소이다.[11] 즉 한 사람의

7) George Herbert Mead(나은영 역), 위의 책(주3), 280면.
8) George Herbert Mead(나은영 역), 위의 책(주3), 96, 97면, 100면.
9) George Herbert Mead(나은영 역), 위의 책(주3), 102면. "심리학은 의식을 다루는 것이 아니다. 심리학은 개인의 경험을 그 경험이 진행되는 조건들과 관련시키는 것을 다룬다. 그 조건들이 사회적인 것일 때 사회심리학이 된다. 경험에 접근할 때 행동을 통해 접근하면 행동주의적인 것이다."(116면).
10) George Herbert Mead(나은영 역), 위의 책(주3), 162면.
11) George Herbert Mead(나은영 역), 위의 책(주3), 162면. "'의미'라고 부르는 것에 속하는 두 가지 특성이 있는데, 하나는 참여이고 다른 하나는 의사소통 가능성이다. 의미는 한 개체가 스스로 내부 안에서 발생하는 것과 똑같은 행위를 다른 개체 안에서 불러일으키는 단계가 있어야만 발생한다. 항상 이 정도에 이르기까지 참여가 있다. 그리고 이 참여의 결과가 의사소통 가능성인데, 이는 개체가 스스로에게 자기가 타자에게 의미했던 것을 그대로 의미함을 뜻한다. 개체의 제스처가 스스로의 반응과 같은 반응을 다른 개체에게서 끌어내지 않는 경우에는 의미가 없는 커뮤니케이션이 일어난다." (162면)

인간 유기체와 이 유기체가 뒤이어 다른 인간 유기체에게 보이는 행동의 관계 안에서 의미가 발생하며 그 안에 의미가 놓인다. 의미는 사회적 행위의 어떤 단계들끼리의 관계로 발달하는 것이다.[12] "이 제스처의 대화가 개인의 행위 속에 반영되어 다른 유기체의 태도가 그 유기체에 영향을 주고, 그 유기체가 대응하는 제스처로 응답할 수 있을 때, 자아가 발생한다."[13]

미드는 '사회적 산물로서 자아'의 존재를 논증하는 핵심에 '의미'를 둘 뿐 아니라, 그 '의미'를 '객체로서의 자아'(me)와 '주체로서의 자아'(I)로 이분된[14] 자아의 상호작용으로 설명한다. 미드의 정의에 따르면 객체로서의 자아(me)는 '타인의 태도의 조직화된 세트'[15]이며, 본질적으로는 어느 사회적 집단의 일원으로 그 집단의 가치, 그 집단이 가능하게 된 종류의 경험을 표상하고 있다.[16]

주체로서의 자아(I)는 '타인의 태도에 대한 유기체의 반응'[17]으로 객체로서의 자아(me)에 반응한다. I는 me에 대한 것이다.[18] I는 타인의 태도를 받아들임으로써 생겨나는 자아(me)에 대응하며 반응한다. 타인의 태도를 받아들이며 me가 등장하며 그 me에 대해 우리는 I로 반응한다.[19]

'객체로서의 자아(me)에 반응하는 주체로서의 자아(I)'는 동시에 '다른 객체로서의 자아(me)를 불러일으키는 주체로서의 자아(I)'이기도 하여서 다른 객체로서의 자아(me)를 불러일으킨다. I는 me에 반응하기도 하고, me를 불러일으키기도 한다.[20] 미래에 대한 운동은 '객체로서의 자아(me)에 반응하는 주체로서의 자아(I)의 걸음이며, 이것은 객체로서의 자아(me)에는 부여되지 않는다.[21] "타인의

---

12) George Herbert Mead(나은영 역), 위의 책(주3), 156면.

13) George Herbert Mead(나은영 역), 위의 책(주3), 257면.

14) "'I'와 'me'의 분리는 허구가 아니다. 양자는 동일하지 않다. 'I'는 완전하게는 계산할 수 없기 때문이다. 우리가 행위 속에 부여되는 의무에 응하는 한 me는 어떤 종류의 I를 요구하는 반면, I는 그 상황이 요구하는 것과는 언제나 어떤 부분인가는 서로 다르다. I와 me 사이에는 언제나 그와 같은 구분이 존재한다."[George Herbert Mead(나은영 역), 위의 책(주3), 270면].

15) George Herbert Mead(나은영 역), 위의 책(주3), 266면.

16) George Herbert Mead(나은영 역), 위의 책(주3), 312면.

17) George Herbert Mead(나은영 역), 위의 책(주3), 293면.

18) George Herbert Mead(나은영 역), 위의 책(주3), 291면.

19) George Herbert Mead(나은영 역), 위의 책(주3), 266면.

20) George Herbert Mead(나은영 역), 위의 책(주3), 270면.

태도를 채용하는 것이 자신의 반응을 수정하여 또 다른 것으로 만드는 것, 그리고 다음으로는 자신의 반응이 새로운 변화를 일으킬 차례가 되는 것을 발견한다. 기본적인 태도는 단지 점차적으로 조금씩 변하는 태도라고 생각된다. 그리고 어떠한 개인이라고 해도 혼자서 사회 전체를 재구조화할 수는 없다. 그러나 개인은 자기 자신의 태도에서 끊임없이 사회에 영향을 미치게 된다. 왜냐하면 그는 그 자신에 대한 집단의 태도를 수용하고 그에 반응하여 그 반응을 통해 집단의 태도를 변화시키기 때문이다."[22]

II. 인정의 병리학

'현대 인권론에서 정체성의 의미'를 알아보기 위해서는 '정체성이 형성되는 과정'을 알아보는 것에 그쳐서는 안 된다. me-identity와 I-identity 간의 격차로 인해 자아는 새로운 me-identity를 (특히 인권이라는 이름으로) '인정'받기 위한 투쟁을 전개하며, '인권'으로 상호승인되기를 원한다. 새로운 인권이 탄생하기 위해서는 '인정의 병리학'이 필요하며, 이는 상호승인에 기초한 정체성(새로운 me-identity)을 목표로 한다.

1. 무시의 사회적 동학

자아는 자신들을 도덕적 인격체로 인정하고 또 자신들의 사회적 기여의 몫을 인정하는 상호적 기대의 지평 속에서 서로를 만난다. 하지만 자신의 기대와는 달리 자신들이 정당하게 받을 만하다고 여기는 인정을 거부당할 때에는 도덕적 불의의 감정을 갖게 되며, 이를 호네트(Axel Honneth)는 '사회적 무시의 감정'이라고 규정한다.[23]

자아는 사회가 자신을 바라보는 me-identity와 자신이 자기 자신에게 가지는 I-identity, 그리고 자신이 사회에 대해 바라는 새로운 me-identity 사이에서

21) George Herbert Mead(나은영 역), 위의 책(주3), 269면.
22) George Herbert Mead(나은영 역), 위의 책(주3), 272면.
23) Axel Honneth(문성훈, 이현재, 장은주, 하주영 역), 『정의의 타자』(나남, 2009), 123면.

갈등을 겪으며, (정체성의 혼란에 그칠 수도 있지만) me-identity를 바꾸려는 '정체성 투쟁'으로 나아가게 된다. 이 때 '정체성 투쟁(인정투쟁)'의 가장 큰 동력은 '사회적 무시'이다. 사회적 인정의 경험은 인간이 정체성을 발전시키는 데 결정적으로 필요한 조건이기 때문에, 그러한 인정의 거부, 곧 무시는 필연적으로 인격의 상실을 가져올 수도 있다는 위협의 느낌을 수반한다.[24] "다시 말해 도덕적으로 부당한 것을 경험할 때 항상 해당 당사자는 심리적 충격을 받게 된다. 왜냐하면 그는 자기 자신의 정체성의 조건이 되는 어떤 기대가 충족되지 못하고 좌절된 데 대해 실망을 느끼기 때문이다."[25]

인권이라는 텍스트는 '고통사'라는 콘텍스트와 함께 읽어야 한다. 인권은 자연법이라는 추상적 차원이 아니라 '고통'이라는 구체적 차원에서, 고정불변한 차원이 아니라 역사적 차원에서 전개되는 것이다. 이 때 '고통'은 '무시'의 다른 이름이라고 할 수 있다. 약자(소수자)의 정체성 운동이 펼쳐지기 위해서는 그들의 정체성과 관련된 요구들이 무시되는 것과 같은 강력한 '부정'이 필요하다. 강력한 정체성 운동은 강력한 부정의 반작용으로 나오는 것이다. '무시의 사회적 동학'은 바로 이를 말한다. 스스로 정체성을 확립할 수 있는 사람들과는 달리[26], 약자(소수자)는 스스로 동력을 얻기보다는 강력한 '무시'나 '고통'이라는 부정적 경험이 정체성운동의 동력으로 작용하는 것이다. 사회적 배제는 지배계급(사상)의 정체성에서 비롯되며,[27] 약자(소수자)의 정체성은 지배계급(사상)의 사회적 배제에서 비롯된다.

2. 정체성 투쟁

개인의 정체성은 주체들 상호 간의 인정에서 비롯된다는 헤겔(Hegel)의 승인이론[28]은 미드에 의해 발전된다. 특히 호네트(Axel Honneth)는 예나 시절의 헤

---

24) Axel Honneth(문성훈, 이현재, 장은주, 하주영 역), 위의 책(주23), 124면.

25) Axel Honneth(문성훈, 이현재, 장은주, 하주영 역), 위의 책(주23), 228면.

26) 이 경우에도 다른 사람의 무시나 모욕이 자신을 개발하는 계기가 된다는 점을 우리는 알고 있다.

27) 조효제, 『인권의 문법』(후마니타스, 2007), 243면.

28) 헤겔의 인정(승인)이론에 대해서는 Axel Honneth(문성훈, 이현재 역), 『인정투쟁 — 사회적 갈등의 도덕적 형식론』(동녘, 1997), 40면 이하; Sandra Fredman(조효제 역), 『인권의

겔이 '실재 철학(Realphilosophie)'에서 드러냈던 인정투쟁의 사변적인 관념론을 미드의 탈형이상학적 언어로 탈바꿈하려고 시도한다.[29] (앞에서 살핀 바처럼) 인간주체는 자신의 정체성(identity)을 상호주관적 승인이라는 경험 속에서 형성한다는 미드의 이론[30]은 '주체로서의 자아(I)'와 '객체로서의 자아(me)'의 구별과 그 사이의 긴장을 기초로 한다. '객체로서의 자아(me)'는 타인이 가지고 있는 나에 대한 상이며, '주체로서의 자아(I)'는 '객체로서의 자아(me)'속에 의식된 행위 표현들을 사후에 새롭게 해석하는 관계를 맺는다.[31] '주체로서의 자아'와 '객체로서의 자아'의 작용을 통해 정체성은 고정된 것이 아니라 인간의 상호작용 속에서 형성되는 것이다. 미드는 '주체로서의 자아'와 '객체로서의 자아' 사이의 갈등을 통해 승인투쟁을 설명하며, 더 나아가 이를 통해 사회의 도덕적 발전을 해명한다. "미드는 '주격 나'와 '목적격 나' 사이의 내적 마찰을 개인과 사회의 도덕적 발전을 설명할 수 있는 기본적인 갈등형태로 보았다. '목적격 나'는 자신의 공동체를 대신하여 규약적인 규범을 구체화한다. 또한 주체는 항상 '주격 나'의 충동성과 창조성에 사회적인 표현을 제공하기 위하여 이러한 규약적인 규범을 스스로 확장하려고 할 수밖에 없다."[32]

대전환』(교양인, 2008), 93면; 나종석, 『차이와 연대 — 현대세계와 헤겔의 사회·정치철학』(길, 2007), 342면 이하, 356면, 561면 이하. 헤겔의 인정이론에 영향을 미친 것은 피히테(Johann Gottlieb Fichte)의 인정이론인데, 헤겔은 피히테의 자아이론을 갈등론적으로 역동화시켰다. 이에 대해서는 Axel Honneth(문성훈, 이현재 역), 앞의 책(주28), 48면 이하. 피히테는 다음과 같이 말한다. "우리는 자기 자신을 의식하는 자기의 자아를 함께 사유하지 않고서는 그 어떤 것도 전혀 사유할 수 없다." "사유 속에서(사유하면서) 나는 항상, 이미 자아로서의 나를 덧붙여 사유한다." "우리는 결코 우리의 자아의식으로부터 추상될 수 없다." "나는 내가 산출하고자 하는 상(像)의 윤곽을 그리지 않고는 나를 행위하는 자로 발견할 수 없다." Lothar Eley(백승훈 역), 『피히테, 쉘링, 헤겔』(인간사랑, 2008), 62, 63, 76면.

29) Axel Honneth(문성훈, 이현재 역), 위의 책(주28), 123면 이하; 호네트는 미드의 저작들이 청년 헤겔의 상호주관성 이론의 직관들을 탈형이상학적 이론 속에서 재구성할 수 있는 최적의 수단을 지니고 있다고 평가한다.

30) Axel Honneth(문성훈, 이현재 역), 위의 책(주28), 130면.

31) Axel Honneth(문성훈, 이현재 역), 위의 책(주28), 136면.

32) Axel Honneth(문성훈, 이현재 역), 위의 책(주28), 148면. 호네트(Axel Honneth)는 의사소송 패러다임이 더 이상 합리적 상호이해에 초점을 둔 기획이 아니라 인정의 조건들에 초점을 둔 기획이어야 한다고 주장한다. "의사소통 패러다임이 더 이상 합리적 상호이해에 초점을 둔 기획으로서가 아니라 인정의 조건들에 초점을 둔 기획으로 이해되면, 비판적 시대진단도 더 이상 합리성 이론의 좁은 틀 안에 축소되어서는 안 된다. 왜냐하면 이제 사회적

호네트에 따르면 상호승인적 정체성에 토대를 둔 인정투쟁은 인류 역사형성의 동력이었고, 개인과 사회의 도덕적 발전을 설명할 수 있는 이론적 기초가 되지만, 필자의 견해에 따르면 인권형성의 동력으로도 가능하다.[33] 인정이론은 상호성의 조건을 분명하게 제시하며,[34] 인정의 대상이 되는 것이 인권침해에 해당하는 정도의 강력한 부정에 해당한다면, 인정이론으로 인권형성의 동력을 설명할 수 있다. 자신의 정체성을 미리 규정하고 이를 다른 자아에게 인식시킬 수 있는 강자와는 달리, 약자(소수자)는 강자가 규정하는 대로 규정된 정체성을 지니게 된다. 정체성의 훼손과 정의감의 훼손을 경험한 약자(소수자)는 자신의 정체성을 타인에게 확인받고자 투쟁에 나서게 된다. 정체성은 자아가 스스로 갖는 것이 아니라 사람들 사이의 상호승인에 본질적으로 기반을 두고 있다는 점이 약자(소수자)가 정체성투쟁(인정투쟁)으로 나갈 수밖에 없는 다른 이유가 되는 것이다.

3. 저항하는 정체성

'저항하는 정체성'은 인권에서 중요한 정체성 개념이다. '저항하는 정체성'의 극점에는 '순응하는 정체성'이 있다. '순응하는 정체성'은 한 사회의 지배적인 가치나 규범이 규정하는 대로 '나(우리)의 정체성'을 수동적으로 형성하는 경우를 말한다. 자신의 정체성을 적극적으로 형성하려는 시도를 포기한 채 묵묵히 지배

삶의 "장애" 또는 잘못된 발전이라 할 수 있는 것을 재는 기준은 더 이상 지배로부터 자유로운 상호이해의 합리적 조건들이 아니라 인간의 정체성이 발전하기 위해 필요한 상호주관적 전제들 전체가 되어야 할 것이기 때문이다. 그러한 전제들은 한 개인이 성장하면서 사회적 정체성을 획득하고 결국에는 한 사회의 평등하면서도 고유한 구성원으로 스스로를 이해할 수 있도록 해주는 사회적 의사소통의 형식들 안에 있다."[Axel Honneth(문성훈, 이현재, 장은주, 하주영 역), 위의 책(주23), 127면]. "그 관점의 중심에는 더 이상 체계와 생활세계 사이의 긴장이 아니라 인정의 조건들을 체계적으로 훼손하는 데 책임이 있는 사회적 원인이 서있어야 한다. 우리는 시대진단적 분석에서 그 주안점을 체계의 자립화로부터 사회적 인정관계의 왜곡과 훼손으로 옮겨야 한다(125면)."

33) 뿐만 아니라 정체성과 인권을 연결시키면 '인간의 존엄'이라는 관점에서 해석하는 것이 가능하게 된다. 왜냐하면 주체로서의 자아(I)가 정체성에 기초한 투쟁으로 나아가는 시점은 인간의 존엄이 침해되는 순간이기 때문이다.

34) 이현재, 『여성의 정체성 — 어떤 여성이 될 것인가』(책세상, 2007), 9면.

적인 가치나 규범에 순응하는 사람의 대부분은 그 개인이나 집단의 정체성이 주어진 것이라고 믿는다. 현대에도 정체성은 주어진 것이라고 믿는 사람들은 여전히 많다. 대표적인 예로 카르마(업)의 논리에 세뇌되어 살아가는 인도의 불가촉천민(달리트)을 들 수 있다. 그들 중의 대부분은 '전생에 내가 저지른 잘못의 대가를 치르고 있다'는 전생의 악업을 믿으며 '주어진' 정체성에 도전하지 않고 이를 그대로 받아들인다.[35] 반면에 '저항하는 정체성'은 지배적인 가치나 규범이 지시하는 대로의 정체성을 부정하고, 자신의 정체성을 새롭게 규정하려고 저항한다. 인도 불가촉천민의 예에서도 소수의 불가촉천민은 상층 카스트 힌두교도들이 떠받들고, 대부분의 불가촉천민(달리트)이 숙명으로 받아들이는 마누법전에 대해 저항하는데, 이들이 '저항하는 정체성'의 한 예이다. 마누법전의 부당함에 저항하는 불가촉천민은 '주어진' 정체성이 아니라 '새롭게 만든' 정체성을 가질 수 있게 된다. 저항의 중심에는 저항하는 정체성 형성이 자리 잡고 있다. 구해근 교수에 따르면, 한국 노동계급 형성 연구에서 중요한 질문은 어떻게 공장 노동자들이 공순이·공돌이처럼 노동자를 경멸하는 문화적인 이미지와 국가가 강제한 산업전사라는 타의적 정체성을 극복하고 노동자로서 자신들의 집단적인 정체성을 발전시키게 되었느냐이다.[36]

놀라운 점은 많은 경우 타의적 정체성을 규정하는 도구로 (법)규범이 사용된다는 점이다. 인도의 불가촉천민이 주어진 정체성을 인정하고 순응하는 중심에는 1500년 전에 쓰여졌다는 '마누법전'이 자리 잡고 있다. 마누법전은 현대에도 여전히 힌두교도들의 율법과 일상생활을 지배하고 있는데, 여기에는 베다를 듣거나 읽는 불가촉천민의 귀에 납물을 부어야 한다고 규정되어 있어 불가촉천민을 천민으로 대하는 것을 정당화한다.[37] 법규범이 되었든, 종교규범이 되었든, 규범이 '정체성'을 규정하는 예는 우리나라에서도 찾기가 어렵지 않다. 조선시대의 신분제도가 그 한 예이다. 하지만 규범이 정체성을 규정하는 것에 대해 저항하기도 하였는데, 이는 실패하기도 하였고 성공하기도 하였다. 실패한 예로는 태종 13년에 시행된 '적서차별법'을 들 수 있는데, 적서차별법에 대해 조선시대의 여러 서자들은 순응하기도 하고 저항하기도 했지만, 대부분의 경우에는 좌절하

35) Narendra Jadhav(강수정 역), 『신도 버린 사람들』(김영사, 2010), 14면.
36) 구해근(신광영 역), 『한국 노동계급의 형성』(창작과 비평사, 2002), 36면.
37) Narendra Jadhav(강수정 역), 위의 책(주35), 56면.

고 방황하는 정체성을 형성하였다. 성공한 예는 호주제 폐지[38]가 있는데, 이는 무엇보다도 호주제에 의해 피해를 본 여성들이 호주제에 의해 자신들의 정체성이 규정되는 것을 반대하고 저항했기 때문이다.

Ⅲ. 소수자의 정체성과 인권

1. 정체성의 시대

근대적 정체성은 중심과 주변의 공식에 따라 정체성을 분류한다. 이 중 중심이 되는 정체성은 주변의 정체성과의 대비 속에서 구체화되며, 주변의 정체성은 중심의 정체성에 의해 '타자'로 규정된다. 이러한 중심과 주변을 나누는 구분에는 권력적 효과가 내재하고 있다. 예컨대 사이드(Edward W. Said)는 서양적 정체성이 동양에 대한 특정한 시선을 통해 구성되었음을 그의 유명한 책 '오리엔탈리즘'에서 밝히고 있다. 즉 오리엔탈리즘이란 서양이 동양에 관계하는 방식으로서, 유럽 서양인의 경험 속에 동양이 차지하는 특별한 지위에 근거하는 것이며, 동양과 서양 사이에서 만들어지는 존재론적이자 인식론적인 구별에 근거한 사고방식이다.[39] 유럽은 오리엔탈리즘을 통해 동양과의 경계설정을 통해 스스로를 소외시킴으로써 자신의 힘과 정체성을 얻게 된다.[40] 반면에 동양은 스스로 정체성을

38) 구 민법 제781조(子의 父家 입적)와 제826조(妻의 夫家 입적)를 근간으로 하는 호주제에 대해 2005년 헌법재판소[2005. 2. 3. 2001헌가9·10·11·12·13·14·15, 2004헌가5(병합) 판결]는 양성평등위반[성역할에 따른 고정관념에 기초한 차별, 호주승계 순위의 차별, 혼인시 신분관계 형성의 차별, 자녀의 신분관계형성의 차별(부가입적의 문제, 부모가 이혼한 경우의 문제, 인수입적의 문제, 미혼모의 경우의 문제)], 개인의 존엄 위반, 변화된 사회환경과 가족상을 근거로 헌법불합치결정을 내렸다. 헌법재판소는 판결문에서 "호주제는 당사자의 의사나 복리와 무관하게 남계혈통 중심의 가의 유지와 계승이라는 관념에 뿌리박은 특정한 가족형태를 일방적으로 규정·강요함으로써 개인을 가족 내에서 존엄한 인격체로 존중하는 것이 아니라 가의 유지와 계승을 위한 도구적 존재로 취급하고 있는데, 이는 혼인·가족생활을 어떻게 꾸려나갈 것인지에 관한 개인과 가족의 자율적 결정권을 존중하라는 헌법 제36조 제1항에 부합하지 않는다"라고 판시하고 있다.

39) Edward W. Said(박홍규 역), 『오리엔탈리즘』[교보문고(25주년 기념판), 2007], 15, 16. 51면.

획득하지 못하고 서양이 오리엔탈리즘을 통해 정체성을 부여하게 되며, 동양의 정체성은 서양의 다양한 표상기술에 직접 의존하여 기술된다. 오리엔탈리즘은 동양에 가까운 것이 아니라 동양에 멀리 떨어진 곳에 위치한다.[41] 즉 "그들은 스스로 자신을 대변할 수 없고, 다른 누군가에 의해 대변되어야 한다."[42] 서양과 동양의 관계뿐만 아니라 조선시대 우리나라 안에서도 이러한 근대적 정체성을 살펴볼 수 있는데, 양반제도가 그러하다. 즉 조선시대 양반의 정체성 또한 평민과 노비의 정체성과의 대비를 통해 형성되었다고도 볼 수 있다. 총체성(동일성)을 기초로 한 보편주의는 많은 경우 폭력을 수반하며, 이는 '차이'에 대한 승인과 보존에 대한 투쟁을 낳았다. 지배적인 정체성에 호소하는 것은 다른 이에게는 잔인한 폭행이 될 수 있다.[43]

반면에 현대적 정체성은 근대적 정체성이 가지는 총체성(totality)을 부정하고, 근대적 이분법 논리에 도전하면서, 차이와 특유함을 강조한다. 현대적 정체성은 각자가 중심에 놓이게 되며, '타자'로서 중앙의 정체성에 의해 규정되지 않는다. 근대적 정체성은 중심이 되는 정체성만이 규정할 수 있으나, 현대적 정체성은 각자가 자기 자신을 규정할 수 있게 된다. 남자, 자국민, 이성애자를 중심으로 정체성을 구성하고, 이를 토대로 여자, 외국인, 동성애자의 정체성을 규정해 버리는 억압적 관계를 탈피하여, 현대적 정체성은 중심에서 배제된 타자의 지위를 회복시킨다. 현대에 이르러 '정체성 정치'의 시대가 열렸고, 이는 지역적이고 특수하고 독특한 것에 대한 존중으로 보편주의의 균형을 잡아주려 한다.[44] 총체성의 보편세계에서 차이는 동일성에 융해되고 특수는 보편에 굴복하지만(총체성을 띠는 근대적 정체성은 통합시키는 만큼 분열시킨다[45]), 새로운 정체성의 시대는

---

40) Edward W. Said(박홍규 역), 위의 책(주39), 19면.

41) Edward W. Said(박홍규 역), 위의 책(주39), 52면.

42) Karl Marx, 루이 보나파르트의 브뤼메르 18일. "동물의 세계를 지배하는 규칙은 먹느냐 먹히느냐이다. 인간의 세계를 지배하는 규칙은 누가 규정하고 누가 규정당하느냐이다."(Thomas Szasz).

43) Amartya Sen(이상환 · 김지현 역), 『정체성과 폭력』(바이북스, 2010), 20, 53, 137, 164면.

44) Jonathan Sacks(임재서 역), 『차이의 존중』(말글빛냄, 2010), 47면; 필자는 총체성(동일성)에 기초한 보편주의 자체는 거부하지만, 차이에 기초한 새로운 보편주의는 가능하지 않을까 생각된다. 이에 대해 예컨대 찰스 테일러(Charles Tayler)는 "우리들 각자에 특수한 것을 승인함으로써 우리는 보편적으로 존재한다"는 새로운 보편적 준거를 주장한다[고병권, 『니체, 천개의 눈 천개의 길』(소명출판, 2009), 101, 102면].

차이를 진지하게 받아들이고 차이에 대해 관용하며 차이가 존엄하다는 점을 인정한다.[46] 새로운 상황은 새로운 언어를 요구한다.[47] 집단적 사회운동이 퇴조하고 새로운 '정체성'의 시대를 맞아 흑인, 여성주의자, 라티노(중남미계 미국인), 동성애자들이 운동의 주체로 등장하게 되었다.[48] 이들의 소수자 운동은 소수자들이 자신의 주변적인 정체성을 자각하고 그것을 바꾸려는, 미드의 언어에 따르면 me-identity를 자각하고 I-identity에 기반해 새로운 me-identity를 만들어 나가는 운동이다.[49]

2. 어떠한 정체성을 규범적 정체성으로 주장할 것인가?

소수자의 정체성은 그 정체성을 형성하는 기초에 따라 '동일성(같음)에 기초한 정체성'과 '차이에 기초한 정체성'으로 구별할 수 있다. 예컨대 여성의 정체성은 '동일성(같음)에 기초한 정체성'과 '차이에 기초한 정체성'에 따라 추구하는 바가 달라진다. 이현재 교수에 따르면, 여성주의 1세대의 모토는 "남성과 같은 인간이고 싶다는 것"이고, 여성주의 2세대의 모토는 "남성과 다른 여성이고 싶다는 것"이다. 반면에 여성주의 3세대의 모토는 양자를 결합하여 "동일성과 차이를 공존시키는 것"이다.[50] 여성주의 1세대는 여성을 남성화되고 여성성이 철저히 배제됨에 반해[51], 여성주의 2세대는 여성과 남성의 차이에 관심을 기울이고 여성적인 것을 토대로 하는 새로운 규범적 정체성을 정립하고자 한다.[52] 2세대 여성중심주의는 여성적인 것의 긍정적 가치를 재발견하는 쾌거를 거둔다. 그러나 그들은 여성적 감성과 타자 연관성을 강조하는 과정에서 자율적이고 통일적인 행

45) Jonathan Sacks(임재서 역), 위의 책(주44), 47면.

46) Jonathan Sacks(임재서 역), 위의 책(주44), 48, 109, 110면.

47) 조효제, 『인권의 풍경』(교양인, 2008), 191면.

48) Micheline Ishay(조효제 역), 『세계인권사상사』(도서출판 길, 2005), 418면.

49) 박경태, 『소수자와 한국사회』(후마니타스, 2008), 116, 117면; 공익소송 또한 마찬가지일 것이다. 공익소송은 현재의 소송법체계에서 제대로 보장되지 못하고 있는 상황에서 진행되며, 이는 새로운 me-identity를 아직 권리화되지 않은 인권을 통해 수립하려는 것이다. 이에 대해서는 이상돈, 『공익소송론』(세창출판사, 2006), 11, 12면.

50) 이현재, 위의 책(주34), 32, 35, 41면.

51) 이현재, 위의 책(주34), 34, 35면.

52) 이현재, 위의 책(주34), 35면.

위 주체를 설명하는 데 어려움을 안게 된다. 그뿐 아니라 여성 간의 차이를 급진화하는 과정에서 여성 혹은 여성주의자 간의 연대 가능성에 심각한 타격을 준다.[53] 반면에 3세대 여성주의는 동일성이나 차이, 주체성이나 타자성 중 어떤 것도 희생양으로 삼지 않는 방향으로 나아간다. 즉 여성주의 안에 동일성과 타자를 공존시켜야 한다는 것이다. 3세대 여성주의의 핵심은 배제되지 않음 즉 배제의 논리를 극복하는 데 있다. 3세대 여성주의의 정체성은 '여성성의 배제'나 '남성성의 배제'를 통해서가 아니라 '배제되지 않음'의 정신 속에서 구현된다. 더욱 놀라운 것은 여기서 '배제의 배제'라는 소극적 개념을 넘어 '병존'이라는 적극적 개념을 사용하고 있다는 점이다. 이제 3세대 여성주의는 대립적 이원론의 도식을 넘어서 양자의 공존을 위한 토대를 마련해야 한다는 것이다.[54]

장애인의 정체성 또한 '동일성(같음)에 기초한 정체성'과 '차이에 기초한 정체성'이 공존한다. 기존의 장애인 복지가 국가나 비장애인들의 도움에 의존했던 것이라면, 예컨대 최근의 장애인들의 이동권 투쟁은 장애인이 스스로 자기결정권을 가지고 인권을 쟁취하려고 노력한다.[55] 2001년 1월 22일 개통한 지 6개월이 안 된 오이도역 장애인 수직형 리프트에서 추락하여 박소엽씨(71, 여, 지체3급)가 사망한 이후, 2001년 4월 20일 '장애인 이동권 쟁취를 위한 연대회의'가 출범하였다. '장애인과 함께 지하철을 탑시다' '장애인과 함께 버스를 탑시다' 행사가 연이어 개최되었고, '장애인 이동권 확보를 위한 100만인 서명운동'도 전개되었다.[56] 장애인의 인권은 더 이상 보살핌이나 배려의 차원이 아닌, 장애인의 권리임이 부각될 수 있었던 것은, 한국사회라는 텍스트에서 '자기정체성'을 형성해야 하는 장애인들이 자신의 다름(차이)을 차별로 느껴 행동에 나섰기 때문이다. "그

53) 이현재, 위의 책(주34), 41면.

54) 이현재, 위의 책(주34), 42면. 여성주의 3세대는 남성과 같은 동일성과 남성과 다른 차이를 공존시키는 '여성의 정체성'을 규범적 정체성으로 제안한다. 이러한 주장의 근간에는 인정이론이 자리잡고 있다. "인정이론은 타인과의 공존 없이는 개인의 정체성이 실현될 수 없다는 것을 체계적으로 설명해준다. 인정 이론에 따르면 개별자의 정체성은 타자의 인정을 통해서 비로소 형성되고 실현될 수 있다. 개별자의 정체성을 실현하기 위해서는 타자와의 연관이 필요하며, 차이의 실현을 위해서는 차이를 공존시킬 수 있는 최소한의 동일성이 필요하다는 것을 보여주는 것이 바로 인정 이론이다."(43면).

55) 박경태, 위의 책(주49), 114면.

56) '장애인 이동권'의 구체적인 투쟁일지는 '장애인 이동권 쟁취를 위한 연대회의' 홈페이지(http://access.jinbo.net/menu01.htm)에서 확인할 수 있다.

들은 사회로부터 이동권의 제약과 박탈을 지하철과 버스와 같은 대중교통을 점거하는 형태로 나타냄으로써 그들 당사자가 얼마나 차별받고 감금되어져 왔는가를 주장하고 있다. 스스로 '장애인'임을 자각하고 장애인으로서의 자아 정체성을 갖고 있으면서 자신이 경험하는 구체적인 '차별을 인격적인 정체성으로 인식하느냐' 하는 것에 따른 근본적인 변화인 것이다. 그러한 당사자들의 변화는 자신의 '장애'로 경험한 여러 상대적 불이익에 대해 그것을 '차별'로 인식한다는 것을 의미한다."[57] 이러한 장애인의 이동권 투쟁은 소수자 운동에서 최근 제기되기 시작한 '당사자주의'와 같은 맥락에 있는 개념으로, 장애인의 주체적인 의지를 표현하는 것이다.[58] 사견에 따르면 한국사회에서 장애인의 정체성 투쟁은 모두 인간으로서의 인권을 보장해달라는 측면보다는, 장애인이 다수자인 일반 사람들과는 다르다는 '차이'를 인정해달라는 정체성투쟁의 모습을 띠고 있다. 장애인은 인권과 관련하여 '인간'이라는 동일성에 기초해서, 장애인은 비장애인인 다수자와는 '다른' 규범적 정체성을 주장하며, 이러한 차이를 인권법에서 실효성 있게 보장할 것을 주장한다.

3. 어떠한 정체성을 규범적 정체성으로 수용할 것인가?

이하에서는 우리나라 헌법재판소의 판결이 소수자의 규범적 정체성 주장을 어느 정도 수용하고 있는지 저상버스 도입의무 불이행 사건(2002. 12. 18. 2002헌마52)과 시각장애인 안마사 사건[2008. 10. 30. 2006헌마1098 · 1116 · 1117(병합)]의 예를 통해 살펴보려고 한다.

(소견에 따르면) 시각장애인 안마사 사건에 대한 헌법재판소 2008. 10. 30. 2006헌마1098·1116 · 1117(병합) 판결에는 당사자인 시각장애인 안마사의 정체성이 잘 드러나지는 않지만, 헌법재판관들은 이를 충분히 고려하였다. 이 판결은 비시각장애인의 '직업선택의 자유'를 '비맹제외기준'으로 제한하는 것이 정당한지를 묻는 '자유권적 기본권'에 대한 판결인 동시에, 신체장애자 보호에 대한 헌법 제34조 제5항의 헌법적 요청에 바탕을 둔 '사회권적 기본권'에 대한 판결이다. 즉 자유권적 기본권과 사

57) 김형수, "되풀이되는 차별과 소외의 역사, 그 치밀함의 이중성," 최협 · 김성국 · 정근식 · 유명기 엮음, 『한국의 소수자, 실태와 전망』(2004), 77면.

58) 박경태, 위의 책(주49), 114면.

회권적 기본권의 충돌의 문제이다. 이 판결에서 필자가 중요하게 보는 점은 피해의 최소성 판단에서 시각장애인은 역사적으로 교육, 고용 등 일상생활에서 차별을 받아온 소수자로서 실질적인 평등을 구현하기 위해서 이들을 우대하는 조치를 취할 필요가 있다는 점을 헌법재판소가 인정하고 있다는 점이다. 또한 필자가 주목하는 것은 헌법재판소가 2006. 5. 25. 2003헌마715, 2006헌마368(병합) 판결이 '안마사에 관한 규칙'의 '비맹제외기준'(시각장애인에 한해 안마사의 자격을 인정하는 것)이 위헌임을 선언했음에도 불구하고 '의료법'에 '비맹제외기준'이 입법화되었다는 점과 헌법재판소가 '비맹제외기준'을 2008. 10. 30. 2006헌마1098·1116·1117(병합) 판결에서 다시 심리하였다는 점이다. 이는 헌법재판소가 (헌법재판관 다수가 바뀐 이유도 있기는 하지만) 시각장애인 안마사의 단체행동에 민감하게 반응하였기 때문이라고 판단된다. 의료법 제61조 제1항의 위헌여부가 문제된 2008년 헌법재판소 판결은 안마사에 관한 규칙 제3조 제1항 제1호 등의 위헌여부가 문제된 2006년 헌법재판소 판결에 대한 시각장애인 안마사의 격렬한 투쟁을 고려하지 않을 수 없었다.

2006년 판결은 기본권 제항에 관한 사항을 법률에 규정하지 않고 하위법규인 '안마사에 관한 규칙'으로 정한 것이 법률유보원칙에 위배되며, 시각장애인에 대해서만 안마사자격을 인정하는 것이 비시각장애인의 직업선택의 자유를 침해하여 과잉금지원칙에 반한다고 판시하였다. 2006년 판결이 '비맹제외기준'이 기본권 제한의 방식에서 법률유보원칙에 위배되고 그 제한의 정도 또한 과잉금지원칙에 위배한다고 판시하였음에도 불구하고, 헌법재판소 2008년 판결은 2006년 판결에서 '안마사에 관한 규칙'이 '법률유보원칙'에 반할 뿐, '과잉금지원칙'에는 반하지 않았다는 견해를 밝힌다. 즉 비맹제외기준이 과잉금지원칙에 위반한다는 점과 관련해서 재판관 5인 만이 찬성하였을 뿐이기 때문에 과잉금지원칙에 대하여 기속력을 인정할 수 없다고 판시하였다. 2006년 판결에서 헌법재판관의 견해를 살펴보면, '비맹제외기준'이 법률유보원칙과 과잉금지원칙 모두 위반이라고 본 3인(전효숙, 이공현, 조대현), 과잉금지원칙에 반한다고 본 2인(주선회, 송인준) 외에도(이렇게 해서 5인이다), 법률유보원칙에 반한다고 본 2인(윤영철, 권성)의 견해는 '안마사에 관한 규칙'이 모법인 의료법 규정과 더불어 법률유보원칙을 위배하고 있어서 그 자체로서 위헌임을 면키 어려우므로 기본권제한의 정도가 과도한 것인지 여부를 떠나서 헌법에 위반된다고 견해를 밝히고 있다. 법률유보원칙에 반한다고 본 2인(윤영철, 권성)의 견해는 과잉금지원칙 위반 여부를 유보한 것이지 과잉금지원칙에 반하지 않는다고 판시하지 않았다. (필자의 견해에 따르면) 안마사에 관한 규칙이 과잉금지원칙에 위반했는지 여부에 대해 헌법재판소가 혼선을 빚어가면서까지 2008년에 의료법의 '비맹제외기준'에 대해 새로운 판결을 내릴 수밖에 없었던 이유는 바로 시각장애인의 격렬한 투쟁에 있다고 보여진다. 그리고 (필자가 보기에는) '과잉금지원칙의 위반'으로 본 재판관만 5인인 것이 아니라, '법률유보원칙의 위반'으로 본 재판관도 5인에 지나지 않아 보인다.

2008년 판결에서 6인(김희옥, 김종대, 민형기, 이동흡, 목영준, 송두환)의 다수의견은 이 사건 법률조항이 시각장애인에게 삶의 보람을 얻게 하고 인간다운 생활을 할 권리를 실현시키는 데에 그 목적이 있으므로 입법목적이 정당하고, 다른 직종에 비해 공간이동과 기동성을 거의 요구하지 않을 뿐더러 촉각이 발달한 시각장애인이 영위하기에 용이한 안마업의 특성 등에 비추어 시각장애인에게 안마업을 독점시킴으로써 그들의 생계를 지원하고 직업활동에 참여할 수 있는 기회를 제공하는 이 사건 법률조항이 이러한 입법목적을 달성하는 데 적절한 수단임을 인정하고 있다. 나아가 시각장애인에 대한 복지정책이 미흡한 현실에서 안마사가 시각장애인이 선택할 수 있는 거의 유일한 직업이라는 점, 안마사 직역을 비시각장애인에게 허용할 경우 시각장애인의 생계를 보장하기 위한 다른 대안이 충분하지 않다는 점, *시각장애인은 역사적으로 교육, 고용 등 일상생활에서 차별을 받아온 "소수자"로서 실질적인 평등을 구현하기 위해서 이들을 우대하는 조치를 취할 필요가 있다는 점*(필자 강조) 등에 비추어 최소침해성원칙에 반하지 않고, 이 사건 법률조항으로 인해 얻게 되는 시각장애인의 생존권 등 공익과 그로 인해 잃게 되는 일반국민의 직업선택의 자유 등 사익과 비교해 법익 불균형이 발생한다고 단정할 수 없다고 판시하였다. 입법목적의 정당성, 수단의 적절성, 피해의 최소성, 법익의 균형성 조건을 모두 충족함으로써, 시각장애인에게만 안마사 자격인정을 받을 수 있도록 하는 비맹제외기준을 설정한 구 의료법 제61조가 헌법 제37조에서 정한 기본권제한입법의 한계를 벗어나서 비시각장애인의 직업선택의 자유를 침해하거나 평등권을 침해한다고 볼 수 없다고 판시하였다.[59] "정

59) 반면에 3인(이강국, 이공현, 조대현)의 반대의견은 중증 시각장애인의 약17%인 6~7000만

부가 시각장애인에게 경제적 지원만 하는 것이야말로 공동체의 일원으로서 신체장애자를 보호하도록 규정하고 있는 헌법 제10조 및 제34조 제5항의 기본정신을 저버리는 것이다. 시각장애인이 원하는 바도 단지 경제적 지원이 아니라 정당한 직업에 종사하는 것이다. 사회통합의 관점에서 보나, 기본권 보장의 관점에서 보나 장애인에 대하여 국가는 특별한 보호를 해야 하고, 이는 결코 국가의 은전이나 혜택이 아니라 헌법상의 권리(필자 강조)인 것이다."

반면에 저상버스 도입의무 불이행 사건에 대한 헌법재판소의 2002년 12월 18일 판결(2002. 12. 18. 2002헌마52)에는 소수자인 장애인의 정체성이 드러나지 않는다. 헌법재판소는 헌법 제34조 제5항의 '신체장애자'에 대한 국가보호의무의 헌법적 의미를 밝힌 후, 장애인을 위한 저상버스를 도입해야 할 국가의 구체적 의무가 헌법으로부터 도출되는지 여부에 대해 판단하였다. 헌법재판소는 사회적 기본권에 규정된 국가의 의무가 그렇지 못한 국가의 의무에 대하여 입법과정이나 정책결정과정에서, 무엇보다도 예산책정과정에서 반드시 우선적 이행을 요구할 수 없음을 밝힌다. 그 대신 입법자는 사회·경제정책을 시행하는 데 있어서 서로 경쟁하고 충돌하는 여러 국가목표를 균형있게 고려하여 서로 조화시키려고 시도하고, 매 사안마다 그에 적합한 실현의 우선순위를 부여하게 된다.

저상버스의 도입과 관련하여, 헌법에서 유래하는 행정청의 작위의무가 존재하는지 여부에 대해, 헌법재판소는 헌법의 규범으로부터 '장애인을 위한 저상버스의 도입'과 같은 구체적인 국가의 행위의무를 도출할 수 없다고 보았다. 국가에게 헌법 제34조에 의하여 장애인의 복지를 위하여 노력을 해야 할 의무가 있다는 것은, 장애인도 인간다운 생활을 누릴 수 있는 정의로운 사회질서를 형성해야 할 국가의 일반적인 의무를 뜻하는 것이지, 장애인을 위하여 저상버스를 도입해야 한다는 구체적 내용의 의무가 헌법으로부터 나오는 것은 아니라고 밝힌다. 또한 버스운송사업자가 국가나 지방자치단체가 운영하는 공기업이 아니라 순수한 사기업인 이상, 이들에 대한 국가의 지원대책이 마련되지 않고서는 저상버스의 도입은 불가능함을 언급하고 있다. 청구인이 요구하는 저상버스를 대중버스노선에 도입하기 위해서는 버스운송사업자에 대한 재정지원이 필수적인 전제조건이

이 안마사로 등록되어 활동하는 점에 비추어 이 사건 법률조항의 생계보장효과가 의심스럽다는 점, 시각장애인의 안마사 직역 독점 외에 시각장애인의 생계보장 및 직업활동 참여기회 제공을 달성할 다른 수단이 없는 것도 아니라는 점 등을 들어 위헌의견을 낸다.

기 때문에, 국가가 저상버스의 도입을 추진하는 문제는 재원확보의 문제이지 '구체적 권리'의 문제가 아니라는 것이다.[60)]

헌법재판소에 따르면 사회적 기본권은 약자(소수자)를 포함한 모든 국민이 가지는 기본권이 아니라, 국가의 현실적인 재정·경제능력의 범위 내에서 다른 국가과정와의 조화와 우선순위결정을 통해 제한적으로 주어지는 것이다. 필자가 의문을 제기하는 점은 헌법재판소가 이 판결에서 국가의 현실적인 재정·경제능력은 그리도 중요하게 생각하면서, 장애인의 정체성투쟁에서 드러난 아픔과 고통, 장애인의 정체성투쟁이 야기하는 국민의 인식변화에는 왜 방점을 찍지 않는가 하는 점이다. 저상버스의 전면적인 도입이 재정적인 이유로 불가능하더라도 국가예산이 가능한 한도에서 공공버스를 점차적으로 도입하라고 판결문에 적을 수는 없는가 하는 의문이다. '장애인 이동권'은 인권과 복지의 차이를 극명하게 보여주는 예인데, '장애인 이동권'이 인권의 영역에 속하는 것인지, 복지의 영역에 속하는지에 따라 '장애인 이동권'의 인정 여부와 그 내용이 확연히 달라진다. 이는 헌법재판소 판결 내용과 청구인인 '장애인 이동권 생취를 위한 연대회의'의 주장 내용의 차이를 통해 알 수 있다. 필자는 청구인의 주장 내용이 옳다고 생각한다. 생각건대 기본권인 '사회적 기본권'으로부터 이를 최적화하여 실현해야 할 국가의 의무가 생긴다. 이에 따르면 설령 활용가능자원이 명백히 부족하다 하더라도 그 권리를 현재의 상황이 허용하는 한도에서 전력을 다해 보장해주어야 하는 것이다. 재원이 부족하다는 이유로 사회적 기본권을 보장하는 구체적인 프로그램을 강구해야 할 의무가 도외시되어서는 안 될 것이다.[61)]

(필자의 관점에서 볼 때) 불행히도 이 판례는 약자(소수자)의 정체성을 제대로 드러내지 못한 아쉬움을 남긴다. 특히 약자(소수자)와 관련된 '사회적 기본권'에 대한 우리 헌법재판소의 해석은 이러한 면을 그대로 드러낸다. 약자(소수자)의 문제를 다루는 판결은 me-identity뿐만 아니라 I-identity 또한 드러낸 가운데 내

60) 본질적으로 구체적 권리가 아닌 사회권을 구체적 권리로 인식해서 헌법소송으로 구제받으려는 시도는 문제가 있다는 견해로는 김종보, "사회적 기본권의 구체적 권리성 여부," 『부산대학교 법학연구』 제49권 제1호, 2008, 75면 이하. 이에 따르면 사회권 보장은 헌법규정으로 될 문제가 아니라 국민의 정치적 의사형성, 국가의 재정확충, '정책 입안자'의 사회권 보장에 대한 인식의 전환 등이 전제가 되어야 비로소 일정 수준의 보장이 가능한 문제이다.

61) 경제적·사회적 권리를 충족시킬 의무에 대한 상세한 논증은 Sandra Fredman(조효제 역), 앞의 책(주28), 208면 이하.

려져야 할 것이다. 필자가 생각하기에 사회적 기본권에 대한 헌법재판소의 '좁은' 이해는 소수자들의 정체성을 담기에는 여전히 부족한 면이 있다. 한국에서의 사회권 논의와 실무는 사회적 기본권을 프로그램적인 권리로 취급해버린다. 소수자들은 노동자들처럼 사회·경제적 지위 때문에 온전한 시민권에서 배제된 것이 아니라 문화적·심리적·신체적 정체성 때문에 차별을 받았는데[62], 지금까지 사회권은 다양한 소수자들의 소외와 배제를 해결하는 방안이 되지 못하였다.[63] 생각건대 우리 헌법은 소수자를 약자로서 보호할 대상으로 파악하여 '약자'의 기본권 문제로 사회적 기본권을 다루고 있으며, 그렇기에 판례에 나타난 사회적 기본권에는 '소수자'의 정체성이 잘 드러나지 않는다. 생각건대 소수자를 약자로서 보호할 대상으로서가 아니라 자기 목소리를 낼 수 있는 정체성의 주체로서 인정할 때 '사회적 기본권'은 제대로 된 기본권으로서의 역할을 감당할 수 있을 것이다. "인권 관련 소송에서 법원이 가장 약한 집단의 목소리도 잘 들릴 수 있도록 보장해주고, 모든 사람들에게 똑같은 수준의 설득력을 보장해 줄 때만 법원은 정당한 민주적 역할을 수행한다고 할 수 있다. 따라서 프랭크 미켈만(Frank I. Michelman)은 헌법재판소가 "그전까지 배제되었던, 새로운 자의식을 지닌 사회집단들의 목소리를 심의 과정에 포함시키기 위해 노력해야 한다"라고 주장한다."[64] 생각건대 '정체성'의 관점에서 본 인권은 현존하는 법에 대한 비판적 관점을 제공하고 더 나은 법을 제시하는 기능을 수행할 뿐 아니라,[65] 판례에 소수자의 목소리를 담음으로써 역동적인 규범을 그려낼 수 있다.

---

62) 최현, 『인권』(책세상, 2008). 105면.

63) 최현, 위의 책(주62), 104면 이하.

64) Sandra Fredman(조효제 역), 앞의 책(주28), 270면 이하.

65) 인권 개념의 가장 중요한 기능 가운데 하나가 현존하는 법에 대한 비판적 관점을 제공하는 역할임은 분명하다. 이에 대해서는 JaWilliam J. Talbott(은우근 역), 『인권의 발견』(한길사, 2011), 35면.

인간이 없는 인권이론?
— 루만의 체계이론과 인권 —

홍 성 수*

Ⅰ. 들어가며

세계화 시대의 도래와 함께 인권문제는 새로운 양상을 띠게 되었고, 인권이론 역시 새로운 도전에 직면하게 되었다. 대표적인 것이 바로 국가가 아닌 사적 행위자들에 의한 인권침해이다. 문제는 국가와 개인의 대립을 전제하는 근대자연법론이나 헌법이론으로는 이 문제에 접근하기가 쉽지 않다는 점이다. 그래서 주관적 공권으로서의 기본권의 효력 범위를 사적 영역으로 확대하는 기본권의 대사인적 효력이론이 제시되기도 하고, 국제법상 권리와 의무를 갖는 주체를 국가로 한정하지 않고 비국가행위자로 확대하는 이론구성이 시도되기도 한다. 하지만 이러한 이론구성은 국가/개인, 국가/국가의 대립항을 벗어나지 못한다는 점에서 새로운 문제에 전면적으로 대처하기에 미흡한 면이 있다. UN에서는 이미 1970년대부터 초국적 기업의 인권책임에 대한 행동강령이나 규범을 제정하는 등의 노력을 해왔지만, 공식적인 국제규약 하나 제정하지 못하고 있는 저간의 사정에는 기업의 강력한 반대도 있었지만, 이론의 빈곤도 또 하나의 원인이었다고 추론해볼 수 있다.

그런 점에서 루만(Niklas Luhmann)의 체계이론적 인권이론은 특별한 의미를 가지고 있다. 루만의 체계이론은 인간이나 인간집단, 인간의 행위나 의식을 이론

* 숙명여자대학교 법과대학 교수.

적 분석단위로 삼지 않는 '인간이 없는 사회이론'이다. 역사의 주역이었던 인간은 사회의 환경으로 밀려나고, 국가/개인의 대립항은 체계/환경의 차이로 전환된다. 하지만 그렇다고 해서 인간이 무시되거나 인권이 무의미해지는 것은 결코 아니며, 오히려 체계이론에 의해 인권은 지금까지와는 전혀 다른 새로운 방식으로 이해된다. 이 논문에서는 주로 다루고자 하는 것은 바로 체계이론의 시각에서 '인권'이 어떻게 새롭게 이해될 수 있는가 하는 점이다. 특히, 비규범적인 성격을 가지고 있는 체계이론이 가장 규범적인 영역인 인권을 어떻게 이해하고 있는지를 집중적으로 살펴볼 것이다.

이를 위해 아래에서는 먼저 루만 체계이론의 전반적인 개요를 인간이 없는 사회이론이라는 점에서 요약하고(II), 체계이론이 현대사회의 기능적 분화와 관련하여 인권을 어떻게 이해하고 있는지를 자세히 살펴보게 될 것이다(III). 이어서 루만의 체계이론의 영향을 받아 발전한 토이브너의 논의를 통해 체계이론적 인권이론을 더욱 풍부하게 설명해볼 것이며(IV), 마지막으로는 이러한 체계이론적 인권이론이 기존의 인권이론과 어떤 차별성을 가지고 있고, 어떤 새로운 함의를 가지고 있는지 살펴볼 것이다(V).

II. 인간이 없는 사회이론: 루만의 체계이론

1. 사회이론의 분석단위로서의 소통체계

루만의 체계이론은 오늘날 가장 유력한 사회이론 중 하나이다.[1)] 특히 루만의 이론은 거대이론이 종말을 고하고, 미시적·해체적 분석이 유행하고 있는 지금, 여전히 사회를 총체적으로 분석하고 이해하려는 시도라는 점에서 더욱 관심을 끈다. 체계이론은 현대사회를 분석하는 새로운 "개념의 어휘"를 발전시킴으로써, 복잡하고 다원적인 현대사회를 설명하는 새로운 방법을 제시한다.[2)] 이러한

1) 루만에 대한 간략한 전기와 이론개요에 대해서는 노진철, "루만의 자기준거적 체계이론과 성찰적 현실진단,"『과학사상』, 제35호 (2000) 참조.

2) S. Holmes, and C. Larmore, "Translator's Introduction," in N. Luhmann, *The Differentiation of Society* (New York: Columbia University Press, 1982), xiii쪽; 그런 점에

시도가 사회과학의 영역에서 토마스 쿤(Thomas Kuhn)의 과학 혁명에 필적하는 "패러다임 전환"을 이뤄냈다는 평가를 받기도 한다.[3)]

그 중요한 출발점은 인간을 사회이론의 기본적 분석대상에서 배제하는 것이다. 루만의 사회이론은 인간이나 인간의 집단, 인간의 의식, 인간 사이의 관계 등에서 출발하는 전통적 사회이론과는 달리, '소통'(Kommunikation)을 사회분석의 기본단위로 상정한다.[4)] 소통은 인간의 육체나 의식의 외부에 있다. 의식은 소통에 영향을 미치지만, 소통과 의식은 인과관계로 연결되어 있지 않고, 의식과 독립적으로 작동한다.[5)] 소통과 의식은 서로에게 불투명하고, 서로 조종하지 못하며, 서로에게 오로지 잡음(noise)이나 교란(disturbance, perturbation)으로서만 작동한다.[6)] 이들은 어떤 상위의 슈퍼체계(supersystem)에 의해 통합되거나 조정되는 것도 아니며, 서로 구조적으로 연결되어 있다.[7)]

서 스스로의 이론을 "개념의 혁명"(conceptual revolution)이라고 부르기도 한다; N. Luhmann, "The Autopoiesis of Social Systems," in F. Geyer and J. van der Zouwen (eds), *Sociocybernetic Paradoxes: Observation, Control and Evolution of Self-steering Systems* (London: Sage, 1986), 178쪽.

3) N. Luhmann, *A Sociological Theory of Law*, trans. E. King and M. Albrow, ed. M. Albrow (London: Routledge and Kegan Paul, 1985), xii쪽; J. Bjarup, "Niklas Luhmann's Paradigm and his Theory of Law," *Rechtstheorie*, 23 (1992), 320-326쪽; M. King and C. Thornhill, "Introduction," in M. King and C. Thornhill (eds), *Luhmann on Law and Politics: Critical Appraisal and Application* (Oxford: Hart Publishing, 2006), 8쪽 참조.

4) Luhmann, 위의 글(주2), 177쪽. 루만의 소통은 인간의 의사와 독립적으로 작동한다는 점에서, 화자와 청자의 '의사'가 상호이해에 도달하는 과정을 뜻하는 하버마스(Habermas)의 커뮤니케이션과는 다른 개념이다. 따라서 의사소통보다는 "소통"이라고 번역하거나 (G. Kneer and A. Nassehi, 정성훈 역, 『니클라스 루만으로의 초대』[갈무리, 2008], 105쪽 주 16 참조; 하지만 정성훈 교수는 최근 한 토론회에서 "커뮤니케이션"으로 학계의 용어를 통일할 것을 제안한 바 있다), "커뮤니케이션"이라고 음역할 수 있을 것이다 (예컨대, 이남복, "'말'과 '글'의 커뮤니케이션을 넘어: 사회체계로서 커뮤니케이션," 『사회이론』, 2004 봄·여름호, 85-116쪽; 이철, "루만의 자기생산 체계 개념과 그 사회이론사적 의의," 『담론 201』, 13-3 (2010), 93쪽; 김성재, 『체계이론과 커뮤니케이션』[커뮤니케이션북스, 2005]). 아래에서는 일단 '소통'으로 번역어를 통일했다.

5) N. Luhmann, "How can the Mind Participate in Communication?," in H. U. Gumbrecht and K. L. Pfeiffer (eds), *Materialities of Communication* (Stanford: Stanford University Press, 1994), 380쪽.

6) Luhmann, "What is Communication?," *Communication Theory*, 2-3 (1992), 257쪽.

7) Luhmann, 위의 글(주5), 382쪽.

루만의 사회이론에서 관찰할 수 있는 것은 인간의 의식이 아니라 소통이다. 예컨대, 예술적 소통을 관찰한다는 것은 예술작품의 저자의 의식을 들여다보는 것이 아니라, 예술적 소통 그 자체를 보는 것이다. 의식은 관찰될 수 없을 뿐만 아니라, 그 의식(저자의 의도)은 소통과 직접 연결되어 있지 않다. 화가의 의식이 뇌를 거쳐 화가의 손에 명령을 내리지만, 화가의 의식은 그림으로 완벽하게 이전될 수 없다. 심지어 저자 자신도 자신의 의도를 정확하게 이해할 수 없다. 따라서 이미 그려진 그림에 대한 소통은 저자의 의도와는 독립적일 수밖에 없다. 마찬가지로 그림을 보는 사람들의 의식도 소통에 직접 연결되어 있지 않다. 여기서 루만의 체계이론은 화가나 그림을 보는 사람들의 의식 대신, 예술적 소통 그 자체를 사회분석의 대상으로 삼는 것이다.

따라서 루만은 소통의 귀속주체에 대한 관심을 접고, 대신 소통 그 자체만이 실제로 일어나는 것이며, 그것만 관찰 가능한 것이라고 전제한다. 인간은 소통을 직접 통제할 수 없으며, 소통체계는 그 작동이 닫혀 있다. 즉, 루만의 사회이론의 대상인 사회적 체계는 "소통을 기반으로 하는 작동적, 폐쇄적 사회체계"이다.[8)] 여기서 "자기생산성"(autopoiesis)의 개념이 등장한다. 자기생산성이란 스스로의 구성요소를 스스로 생산해낸다는 뜻이다. 소통은 외부의 환경(예컨대 인간)에 의해 자극을 받고 교란을 받기도 하지만, 자신의 구성요소를 스스로 생산해내며, 환경의 자극에 단순히 순응하지 않는다. 인간이 의식의 명령에 의해 육체의 목숨을 끊으면(자살), 의식체계와 생명체계는 자기재생산을 멈추게 되지만, 소통은 멈추지 않는다.[9)] 소통은 스스로의 작동을 중단하는 시도 자체가 불가능하다.[10)] 이렇게 소통은 소통이 소통을 낳는 자기지시적, 자율적 과정 속에서 재생산되며, 여기서 인간은 사회의 '환경'에 불과하며, 인간의 의도나 결정은 사회현실과 직접 관련되어 있지 않다.[11)] 소통이 작동하려면 인간이 필요하지만, 인간은 소통에 필

8) Luhmann, *Die Gesellschaft der Gesellschaft* (Frankfurt: Suhrkamp, 1997), 205쪽 (이하에서는 *Die Gesellschaft der Gesellschaft*로 인용).

9) N. Luhmann, "The Individuality of the Individual: Historical Meanings and Contemporary Problems," in T. Heller, M. Sosna and D. E. Wellbery (eds), *Restructuring Individualism Autonomy, Individuality and the Self in Western Thought* (Stanford: Stanford University Press, 1986), 325쪽.

10) 이것은 오히려 현실적이다. 공자나 칸트가 현대사회에서 여전히 소통되고, 유훈통치 같은 것이 가능한 것은 루만의 체계이론에서는 매우 자연스러운 일이다.

요한 "외부조건"일 뿐 "소통과 사회의 필수 요소"가 아니다.[12] 루만은 소통의 자기생산성을 이렇게 요약한다: "인간은 소통할 수 없다; 심지어 그들의 뇌도 소통할 수 없다. 그들의 의식도 소통할 수 없다. 오로지 소통만이 소통할 수 있다."[13]

루만은 소통이 정보(Information), 통지(Mitteilung), 이해(Verstehen)의 3가지 요소의 선택으로 작동한다고 설명한다.[14] 소통되기 위해 정보가 선택되고, 정보를 통지하기 위해 전달 방법이 선택되고, 이것은 여러 방법으로 이해된다. 이러한 정보, 통지, 이해의 종합을 통해 소통에 참여하는 사람들의 '의식'으로 환원될 수 없는 "창발적 사건"(emergentes Geschehen)이 성립한다.[15] 이러한 과정이 지속적으로 작동되면서, 소통체계는 인간의 의식 등 환경과의 경계를 설정하고, 자율적인 질서를 형성한다.[16] 요컨대, 루만에게 인간이나 인간의 행위가 아니라 '소통'만이 진정한 "사회적 사건"(social occurrence)일 수 있으며,[17] 루만 사회이론의 분석대상은 바로 "인간이나 행위 아니라, 소통으로 구성되는" 사회적 체계들이다.[18]

2. 소통체계와 인간

인간의 의식과 육체로부터 분리된 소통체계가 상정되면서, 인간은 '생명체계', '의식체계, 그리고 '사회적 체계'(soziale Systeme)로 동시에, 즉 삼차원적으로

11) N. Luhmann, *Soziale Systeme: Grundriß einer allgemeinen Theorie* (Frankfurt/ M: Suhrkamp, 1984), 288쪽 (이하에서는 *Soziale Systeme*으로 인용). M. King and A. Schütz, "The Ambitious Modesty of Niklas Luhmann," *Journal of Law and Society*, 21-3 (1994), 266-267쪽 참조.

12) H. Moeller, *Luhmann Explained: From Souls to Systems* (Illinois: Open Court, 2006), 8쪽.

13) Luhmann, 위의 글(주5), 371쪽; 또한 N. Luhmann, "On the Scientific Context of the Concept of Communication," *Social Science Information*, 35-2 (1996), 265쪽 참조.

14) Luhmann, *Soziale Systeme*, 4장; Kneer and Nassehi, 위의 책(주4), 114쪽 이하 참조.

15) Luhmann, *Soziale Systeme*, 196쪽; 정성훈, "루만과 하버마스의 대립구도에 대한 하나의 이해,"『진보평론』40호 (2009), 243-244쪽.

16) Kneer and Nassehi, 위의 책(주4), 100쪽.

17) Luhmann, 위의 글(주13), 263쪽.

18) N. Luhmann, *Ökologische Kommunikation* (Opladen: Westdeutcher Verlag, 1996), 269쪽.

존재한다고 말할 수 있게 된다.[19] 인간은 육체를 가지고 태어나 생명을 부여받으며 의식체계를 발전시켜서 사회적 체계의 소통에 참여한다. 이 세 체계들은 각자 자기재생산을 하고 있는 자율적인 체계이고 서로에 닫혀 있다. 예컨대, 의식은 소통을 결정할 수 없고, 소통이 육체(감각기관)를 통해 의식으로 전달되는 과정에는 인과관계가 없다. 이들은 서로 독립적이고 평등하며, 어느 것이 본질적이라거나 중심이라고 할 수 없다.

그렇다면 인간은 어디에 위치하는가? 인간은 단일한 자기생산체계가 아니라 육체로서, 정신으로서, 사회로서 존재한다.[20] 생명체계, 의식체계, 사회적 체계는 각각 독립적인 자기생산체계이지만, 어느 한 체계도 인간을 완벽하게 표현해 내지 못하고, 인간은 어느 한 곳에 완전히 귀속되지 않는다. 인간은 사회의 구성요소가 아니기 때문에, 인간을 보기 위해서는 3개의 체계를 각각 작동단위로 해서 관찰해야 한다.[21] 루만의 사회적 체계이론은 이 중 사회적 체계를 그 대상으로 삼는 이론이다.[22]

3. 인간이 없는 사회이론

사회이론에는 여러 가지 조류가 있지만, 대개 '인간'을 중심으로 한다는 점에서 공통점이 있다. 예컨대, 인간다움(humaneness)의 쇠퇴를 우려하는 '비관주의'나 인간사회의 밝은 전망에 대한 '낙관주의'는 정반대의 전망을 보여주고 있지만, 인간을 중심에 놓고 사유한다는 점에서는 다를 바가 없다. 하지만 루만은 인간을 중심에 놓는 이론은 세상을 적절하게 이해할 수 없을 것이라고 비판한다.[23] 그의 체계이론에서는 인간을 총체적으로 포함하는 "자기생산적 단일체(unity)"는 없으며,[24] '인간' 그 자체는 체계이론에서 특별한 이론적 위치를 가지고 있지 않다.[25]

---

19) Moeller, 위의 책(주12), 80쪽.

20) Luhmann, 위의 글(주9), 323쪽; Kneer and Nassehi, 위의 책(주4), 199쪽.

21) 정성훈, "인간적 사회와의 작별: 니클라스 루만의 사회관을 통한 새로운 사회비판의 출발점 모색," 『시대와 철학』, 18-2 (2007), 90쪽.

22) 마찬가지로 생명체계이론은 생명체계를, 의식체계이론은 의식체계를 그 대상으로 삼는다.

23) Moeller, 위의 책(주12), 3쪽 이하, 79쪽 이하 참조.

24) Luhmann, 위의 글(주9), 323쪽.

25) Moeller, 위의 책(주12), 10쪽.

자연스럽게 루만은 인간의 진보나 계몽에도 관심이 없으며, 그의 이론은 "완성(perfection)에 대한 이론도 인류의 완성가능성(perfectibility)에 대한 이론도 아니다."[26] 이러한 접근은 전통적인 '인간중심주의'의 전통을 넘어선다는 점에서, 철학사적, 사회이론사적 관점에서 중요한 의미가 있다.[27]

하지만 이러한 시도가 인간이나 주체성 등의 개념을 해체하려고 하거나,[28] 인간의 중요성을 부정하고 인간을 무의미한 것으로 폄하하려는 것은 아니다. 루만에 따르면, 체계이론의 패러다임 전환은 전통적인 인간주의에 비해 인간을 덜 중요하게 생각하는 것이 아니며, 오히려 인간을 더 진지하게 생각하는 것일 수 있다고 주장한다.[29] 인간을 배제한 이론이 인간을 오히려 더 보호하고 존중할 수 있다는 이 역설은, 다음에서 살펴볼 '인권'에 대한 체계이론의 이해를 통해 자세하게 설명될 것이다.

---

26) Luhmann, 위의 글(주9), 325쪽.

27) 정성훈, 위의 글(주21), 81-116쪽; 이철, 위의 글(주4), 81-106쪽; 이것은 한편으로 데카르트(Descartes)로 대표되는 주체철학의 전통과의 단절을 이야기하는 것이고, 반이성주의, 반주체적 사고를 특징으로 하는 니체(Nietzsche), 데리다(Derrida), 보드리야르(Baudrillard), 리오타르(Lyotard) 등의 해체주의 내지 포스트모더니즘과 연결되기도 한다. 리오타르와 루만에 대해서는 W. Rasch, *Niklas Luhmann's Modernity: The Paradoxes of Differentiation* (Stanford: Stanford University Press, 2000), 84-123쪽; 홍사현, "니체의 비극 이론과 루만의 관찰 개념 비교; 주체의 문제를 중심으로,"『니체연구』 제7집 (2005); 41-70쪽; 서규환, "니클라스 루만의 시스템 이론에서의 패러다임 전환에 대하여,"『정책분석평가회보』 제11권 제2호 (2001), 11-13쪽 참조. 반면, 루만의 체계/환경 구분이 인식주체/세계의 구분을 전제로 하는 주체철학의 유산을 답습하고 있다는 하버마스의 비판도 있다; J. Habermas, 이진우 역, 『현대성의 철학적 담론』(문예출판사, 1994), 424-442쪽 참조.

28) R. Laermans and G. Verschraegen, "Modernity and Individuality: A Sociological Analysis form the Point of View of Systems Theory," in A. van Harskamp and A. W. Musschenga (eds), *The Many Faces of Individualism* (Leuven: Peeters, 2001), 121쪽.

29) Luhmann, *Soziale Systeme*, 288쪽; N. Luhmann, "Operational Closure and Structural Coupling: The Differentiation of the Legal System," *Cardozo Law Review*, 13 (1992), 1422쪽.

Ⅲ. 현대사회의 기능적 분화와 인권의 기능

1. 사회 분화의 유형들2

앞서 살펴보았듯이 루만은 인간의 육체 및 의식과 분리된 사회적 체계(soziale Systeme)를 사회분석의 기본단위로 삼는다. 사회적 체계는 소통체계로서의 특징을 가지며 상호작용체계, 조직체계, 사회체계(Gesellschaft)로 구성된다.[30] 상호작용체계는 개별 인격들이 서로의 인지에 기초하여 소통하는 체계이고, 조직체계는 구성원의 자격과 가입조건에 근거하는 체계이고, 이를 모두 포괄하는 사회적 체계가 바로 사회체계이다. 루만은 사회체계가 분화형태에 따라 발전한다고 하면서 다양한 역사적 분화형태들을 제시한다.[31] 루만은 근대 사회 이전에는 '분절적(segmentär) 분화'와 '계층적(stratifikatorisch) 분화'가 지배적이었다고 본다. 분절적 분화는 하부체계가 평등하게 분배되어 있는 분화형태이며, 계층적 분화는 하부체계가 불평등하게 분배되어 있는 분화형태이다. 그리고 17·18세기의 근대유럽사회에서는 '기능적 분화'가 지배하는 새로운 시대가 열린다. 사회(체계)는 경제, 과학, 정치, 예술, 그리고 법 등 각각의 체계로 해당 체계가 부담하고 있는 '사회적 기능'에 따라 분화된다. 각각의 부분체계들은 각자가 맡고 있는 전문화된 사회적 기능에 따라 분화되며, 각각 체계 고유의 합리성을 발전시킨다. 이 기능체계들은 서로 위계가 없이 평등하며, 서로를 자극하면서 구조적으로 연결되어 있으나 서로의 기능을 대체할 수는 없다.[32] 모든 체계를 통제하거나 지

30) 이에 대한 설명으로 Kneer and Nassehi, 위의 책(주4), 71쪽 이하 참조.

31) 사회진화와 사회분화에 대한 자세한 것은 N. Luhmann, *The Differentiation of Society*, trans. S. Holmes and C. Larmore, (Columbia University Press, 1982); Luhmann, *Soziale Systeme*, 5장, 10장; Luhmann, *Die Gesellschaft der Gesellschaft*, 4장; 김종길, "니클라스 루만: 중심없는 사회," 『현대사회의 구조와 변동』(사회비평사, 1996), 75쪽 이하; Kneer and Nassehi, 위의 책(주4), 150쪽 이하 참조.

32) Luhmann, 위의 책(주18), 97쪽. 루만은 후기저작에서 법, 경제, 정치, 과학, 종교, 교육, 예술 등 다양한 기능체계에 대한 이론적 해명을 시도한다. 예컨대, 법에서는 N. Luhmann, *Das Recht der Gesellshaft* (Frankfurt/M: Suhrkamp, 1993) (이하에서는 *Das Recht der Gesellshaft*로 인용), 예술에서는 N. Luhmann, *Die Kunst der Gesellschaft* (Frankfurt/M: Suhrkamp, 1995) 참조.

휘하는 단일한 체계도 없으며, 사회통합은 어떤 중심 조직에 의해서 달성되지 않는다. 이런 관점에서 루만은 현대사회를 "초질서적 심급(übergeordnete Instanaz)"이나 "정점"(Spitze)이 없는 "중심없는 사회"라고 설명한다.[33]

2. 근대사회와 제도로서의 인권

계층적 분화가 지배했던 전근대사회의 기본적인 구조원리는 사회적 '지위'이다. 인간은 태어나자마자, 신분이나 가족 등을 통해 각각 지위와 직분을 부여받고 그에 따라 인격을 얻는다. 인간은 어떤 집단(예컨대, 부족, 가족, 국가 등)에 전적으로 포함되어 있었고, 이를 통해 그들의 특정한 사회적 지위를 보장받았다.[34] 이렇게 인간은 각각의 집단에 완전히 포함되어 그 지위가 변하지 않고, 두 개 이상의 집단에 동시에 소속될 수 없기 때문에, 소속에 따라 부여되는 사회적 지위가 한 인간의 인격(personality)의 가장 안정된 특징이 된다.[35] 다시 말해, 인간은 사회에 '직접 포함' 또는 '완선한 포함'(total inclusion or full i clusion)에 의해서 그 인격이 표상되는 것이다.[36] 사회적 지위에 따라 소통의 기회도 불평등하게 주어진다.[37] 인간은 자신이 속한 지위에 따라 그에 합당한 소통에만 참여할 수 있다. 예컨대, 농노의 지위를 부여받아 태어난 사람은 정치적 소통에 참여할 수 있는 권리가 제한된다.

하지만, 근대사회의 기능적 분화와 함께 인간은 어느 특정 체계에 소속되지 않게 되었고, 이에 따라 인간의 지위는 극도로 취약해졌다.[38] 근대사회에서 인간은 사회적 지위의 속박에서 벗어나게 되었지만, 동시에 그로 인해 누렸던 보호를

33) Luhmann, 위의 책(주18), 222쪽; N. Luhmann, 김종길 역, 『복지국가의 정치이론』(일신사, 2001), 29-30쪽; 김종길, 위의 글(주31), 79-85쪽 참조.

34) Luhmann, 위의 글(주9), 318쪽.

35) Luhmann, 위의 글(주9), 318쪽.

36) Moeller, 위의 책(주12), 87쪽.

37) Luhmann, 위의 책(주31), 234쪽.

38) 이에 대한 개요는 Luhmann, *Gesellschaftsstruktur und Semantik: Studien zur Wissenssoziologie der modernen Gesellschaft,* Bd. 3 (Frankfurt: Suhrkamp, 1989), 149쪽 이하; Luhmann, 위의 글(주9), 313-325쪽; Laermans and Verschraegen, 위의 글(주28), 121쪽 이하 참조.

상실하게 된 것이다. 인간이 그들의 인격을 보호하기 위한 특별한 장치인 주관적 권리를 필요로 하게 된 것은 이 때문이다. 즉, 인권은 전근대사회에서의 "모든 확실한 지위들의 상실에 대한 보상"으로 인간에게 주어진 것이다.[39] 따라서, 루만의 사회이론에서 인권[40]은 근대사회에서 특별한 기능을 갖는 제도이다.[41] 즉, 인권은 초역사적인 보편적 규범이거나 "신비로운 기원을 가진 초실정적 규범"이 아니라, 근대사회의 기능적 필요에 따라 탄생한 역사적 산물인 것이다.[42] 같은 맥락에서 루만은 인권의 제도화를 "근대사회의 구조적 명령"이라고 말한다.[43]

이것은 인권을 근대적 자연법론에서처럼 철학적으로 정당화하려고 하거나 규범적으로 이해하는 것도 아니고, 법실증주의에서처럼 인권을 단순히 실정법의 산물이라는 차원에서 접근하고 있지도 않다. 이러한 자연법적 접근과 법실증주의적 접근 대신 루만은 "사실적 사건"(ein faktisches Geschehen)으로서의 인권의 사회적 기능에 주목한다.[44] 즉, 루만에게 인권은 윤리나 법에 의해 설명되는 것이 아니라 "어떤 특별한 기능을 가지고 있는 사회적 제도"로서 이해되는 것이다.[45]

---

39) Luhmann, *Das Recht der Gesellschaft*, 487-488쪽. 체계이론의 인권이론이 사회진화에 따른 구조에 근거한다는 점에서 '사회진화론적 정초'이고, 이 구조의 문제를 해결하는 기능의 관점에 근거한다는 점에서 '기능적 정초'라고 설명하는 정성훈, "형이상학 이후의 인권이론 모색: 루만과 하버마스로부터," 『고려법학』 제58호 (2010), 131-133쪽 참조.

40) 루만은 1965년 '제도로서의 기본권'이라는 단행본을 발표한 이후, 이후의 저작에서는 '인권' 또는 '주관적 권리'라는 용어가 더욱 빈번히 사용된다. 루만이 제시한 인권과 기본권의 '기능'에 주목하는 본 논문에서 이 두 용어의 구분은 특별한 의미를 가지지 않는다. 예컨대, 현실에서 인권도 기본권도 체계분화를 유지하는 기능을 수행한다. 따라서 아래에서도 구분 없이 사용하지만, 인권과 기본권의 구분이 루만의 사회이론에서 아무런 의미가 없다는 의미는 아니다. 예컨대, 헌법적 기본권을 인권의 탈역설화의 한 형식으로 이해하는 정성훈, 위의 글(주39), 135-138쪽 참조.

41) 루만의 인권과 기본권에 대한 이해는 N. Luhmann, *Grundrechte als Institution: Ein Beitrag zur politischen Soziologie* (Berlin: Ducker und Humbolt, 1965), 12쪽. (이하에서는 *Grundrechte als Institution*로 인용); N. Luhmann, "Zur Funktion der 'subjektiven Rechte'," in N. Luhmann, *Ausdifferenzierung des Rechts: Beiträge zur Rechtssoziologie und Rechtstheorie* (Frankfurt/M: Suhrkamp, 1999), 360-373쪽; Luhmann, *Das Recht der Gesellschaft*, 115-117, 481-490, 571-586쪽 참조.

42) N. Luhmann, *Grundrechte als Institution*, 12쪽; Philippopoulos-Mihalopoulos, *Niklas Luhmann: Law, Justice, Society* (London: Routlege, 2009), 154쪽.

43) Luhmann, *Das Recht der Gesellschaft*, 115쪽.

44) Luhmann, *Grundrechte als Institution*, 13쪽.

3. 근대사회에서 인권의 기능

(1) 체계에 접근하게 해주는 인권

앞서 설명한 바대로, 태어나면서부터 어떤 지위를 부여받았던 전근대사회에서는 인간에게 인권이 불필요했다. 인간을 속박했던 것도 지위와 집단이었지만, 인간을 보호해주었던 것도 지위와 집단이었다. 하지만, 이와 달리 근대사회에서는 인간은 어느 특정체계에 소속될 수 없고, 그에 따라 인간의 지위는 불안해졌다. 이러한 불안한 지위를 보호하기 위해 인간에게 주어진 것이 바로 '인권'이다. 근대사회에서 인간은 봉건적 속박에서 풀려난다. 이렇게 사회의 속박에서 벗어난 인간은 이제 어떤 체계에 전적으로 속하지 않으며, 인간은 어떤 특정한 체계에 속하지 않고, 대신 여러 체계들의 상호의존에 의존한다.[46] 인간은 여러 기능체계로 분배될 수 있고, 경제, 사법, 정치, 교육, 예술 어느 체계에도 자유롭고 평등하게 참여할 수 있다.[47] 인간은 사회적 지위와 무관하게, 상점에서 물건을 살 때는 경제적 소통에, 학교에서 공부할 때는 교육적 소통에, 정치에 관여할 때는 정치적 소통에 참여할 수 있다.[48] 어느 한 체계에 완전히 포함되어 있었던 전근대사회에서와 달리, 근대사회의 모든 인간은 모든 기능체계에 대해 모두 보편적으로, 그리고 부분적으로 참여할 수 있다는 점에서 "다기능적 포함"(multi-functional inclusion)이 실현된다.[49] 인간은 원칙적으로 모든 체계에 대한 평등한 참여의 기회를 보장받는다. 부와 권력에 상관없이 어느 부분체계에도 참여할 수

---

45) G. Verschraegen, "Human Rights and Modern Society: A Sociological Analysis from the Perspective of Systems Theory," *Journal of Law and Society*, 29-2 (2002), 262쪽 참조.

46) Luhmann, 위의 글(주9), 319쪽.

47) Luhmann, 위의 책(주38), 158-159쪽; Luhmann, *Die Gesellschaft der Gesellschaft*, 744쪽, 1066쪽; Luhmann, 위의 글(주9), 318쪽; 인간은 복수의 소통에 동시에 참여할 수 있다. 예컨대, 마을회관에서 열린 토론에 참여하면서, 앞에 놓인 컴퓨터로는 인터넷쇼핑몰에서 상품을 구매하고 있는 사람은 정치적 소통과 경제적 소통에 동시에 참여하고 있는 것이다.

48) 뒤에서 살펴보겠지만, 이것은 각 소통체계에 참여할 가능성이 생겼다는 뜻이지 실제로 참여할 수 있게 되었다는 것은 아니다. 예컨대, 예전처럼 신분에 의해 상점 출입이 제한된 것은 아니지만, 화폐가 없다면 현실적으로 상점에서 물건을 구입할 수 없다.

49) Verschraegen, 위의 글(주45), 266쪽; A. Braeckman, "Niklas Luhmann's Systems Theoretical Redescription of the Inclusion/Exclusion Debate," *Philosophy & Social Criticism*, 32-1 (2006), 70쪽; Moeller, 위의 책(주12), 60쪽.

있다. 재산이 없다고 해서 투표를 못하는 것도 아니고, 신분이 낮다고 해서 어떤 상점에 출입할 수 없는 것도 아니다. 이러한 평등이 모든 사람이 모든 체계에 똑같은 정도로 참여한다는 의미는 아니다. 어떤 사람은 특정 체계의 소통에 더 많이 참여할 수 있다. 법조인은 당연히 다른 사람들에 비해 법적 소통에 많이 참여한다. 하지만 그들도 상점에 가면 경제적 소통을 하고, 선거가 있으면 투표를 통해 정치적 소통을 한다.

루만은 이러한 (전근대 '사회'로부터의) '배제'와 (근대'사회'에의) '포함'이 "'개인과 사회'의 새로운 종류의 (탈-자연법적) 극적 긴장(Dramatik)에 대한 구조적 기초"라고 본다.[50] 사회에서 배제된 인간이 자유롭고 평등하게 어떠한 기능체계에도 참여할 수 있는 자유와 권리를 보장하게 해주는 것이 바로 현대사회의 인권의 기능이다. 즉, 자유, 평등, 인권은 "보편적 포함"의 상징이다.[51] 비유적으로 얘기하자면, 인권은 한편으로 체계분화를 유지시켜주는 "모눈판"(grid)의 역할을 하면서, 다른 한편, 인간이 어느 한 체계에 고정되지 않은 채 여러 체계에 내렸다 탔다를 반복하게 해주는 "탈 것"(vehicle)의 기능도 한다.[52]

근대 헌법에 규정된 기본권의 목록들은 이러한 소통체계에 참여하기 위한 제도적 조건을 마련한다. 생명과 신체의 완전성과 거주·이전의 자유는 인간이 소통체계에 참여하기 위한 가장 기본적인 전제이다.[53] 또한 인간은 법에 의하지 않고서는 구금되지 않아야 하며, 고문을 받거나 잔인한 대우를 받아서도 안 된다. 자유롭게 생각하고 말하고 다른 사람과 의견을 교환할 권리도 부여되어야 하고, 이를 언론, 집회, 결사, 정당 등을 통해서도 표현할 수도 있어야 한다. 평등이나 차별받지 않을 권리 역시 모든 인간이 평등하게 소통체계에 참여할 수 있는 권리를 보장한다.[54] 이러한 자유권들은 인간이 소통체계에 참여하기 위한 기본적인 전제를 보장하는 기능을 한다. 사회권 역시 같은 맥락에서 이해될 수 있다. 인간다운 생활을 할 수 있는 최소한 권리가 보장되지 않는다면, 기능체계에 대한

50) Luhmann, 위의 책(주38), 158쪽.

51) Braeckman, 위의 글(주49), 72쪽.

52) Philippopoulos-Mihalopoulos, 위의 책(주42), 156쪽.

53) G. Verschraegen, "Systems Theory and the Paradox of Human Rights," in M. King and C. Thornhill, *Niklas Luhmann's Theory of Politics and Law* (Hampshire; New York: Palgrave Macmillan, 2003), 115쪽.

54) Verschraegen, 위의 글(주53), 117-119쪽.

참여는 사실상 불가능하다. 최저생계비에 미치지 못하는 임금을 받고 살아가는 사람에게 정치나 문화적 소통에 참여할 수 있는 권리는 현실적으로 제약된다. 여기서 사회권은 기능체계에 대한 참여를 실질적으로 보장하기 위한 사회적 제도로 기능한다.

(2) 체계분화를 유지하게 해주는 인권

기능적으로 분화된 현대사회를 다시 탈분화[55]시키는 가장 큰 위협은 바로 정치체계의 확장이다. 기능적 분화에 따라 정치체계는 구속력 있는 결정을 내리는 나름대로의 기능을 수행하게 되었지만, 정치는 자신의 경계를 넘어 다른 체계를 정치로 통합하는 경향, 즉 탈분화로 나아가는 경향을 보인다.[56] 여기서 인권은 "정치체계에 의한 (다른 체계의) 포섭(Korrumpierung)"[57]을 제한하는 사회적 제도로 기능한다. 예컨대, 종교의 자유의 제도화를 통해 종교에 대한 정치 개입이 제어될 수 있고, 언론·출판의 자유의 보장을 통해 언론에 대한 국가의 통제가, 예술의 자유의 보장에 의해 예술에 대한 경제의 개입이 제한될 수 있다. 즉, 인권(과 이를 기본권으로 제도화한 헌법)은 정치의 탈분화 경향에 맞서 "정치체계의 자기-제한"을 제도화하는 "사회적 대항-제도(counter- institution)"라고 할 수 있다.[58] 여기서 인권은 인간이 보유하고 있는 권리가 아니라, 각 부분체계가 서로의 경계를 넘지 못하도록 하는 제도로서 기능한다.

자신의 경계 영역을 넘어서 확장하려는 경향은 정치뿐만 아니라 다른 기능체계에서도 동일하다.[59] 정치뿐만 아니라 모든 소통체계가 탈분화의 경향을 갖는다. 언론은 정치나 법의 소통을 언론이 만든 프레임에 가두려고 하고, 종교는 정치나 경제를 종교적 소통으로 환원하려고 한다. 여기서 인권은 다양한 사회적

---

55) '탈분화'는 Entdifferenzierung(dedifferentation)의 번역어로서 '분화'(Ausdiffer-enzierung)의 반대말이다. 근대사회에서 기능적으로 분화된 체계들의 경계가 무너지고 다시 하나의 체계로 통합되는 것, 즉 '재통합'을 의미한다.

56) Luhmann, *Grundrechte als Institution*, 97쪽.

57) Luhmann, *Grundrechte als Institution*, 37쪽.

58) Luhmann, *Die Gesellschaft der Gesellschaft*, 856쪽; Verschraegen, 위의 글(주45), 271-272쪽; 강희원, "루만의 체제이론과 현대법의 이해," 한국법철학연구회, 『현대법철학의 흐름』(법문사, 1996), 383-384쪽 참조.

59) Verschraegen, 앞의 글(주53), 112쪽.

체계들의 기능적 분화를 유지하는데 기여한다.[60] 예컨대, 예술의 자유가 권리로서 제도화되면, 예술에 경제나 정치가 개입할 가능성이 제한된다. 학문의 자유가 권리로서 제도화되면, 학문에 정치, 종교, 경제 등이 직접 영향을 미치기 어려워진다. 그러니까, 자유와 인권의 제도화는 정치의 확장을 막는 것뿐만 아니라, 기능적 하부체계의 분화를 유지시켜줌으로써 "탈분화의 위험"을 막고, "근대사회의 분화된 구조"를 보호하는 데 기여하는 것이다.[61]

4. 포함과 배제

전근대사회에서의 속박에서 풀려난 근대의 인간은 인권이라는 제도를 통해 모든 기능체계에 참여할 수 있는 자유를 누리게 되었다. 하지만 현실에서 이러한 자유가 실현되고 있는지는 별개의 문제이다. 루만은 이 문제를 '포함과 배제'의 문제로 다룬다.[62] 근대사회에서의 포함은 배제 없이는 불가능하다.[63] 즉, 인간이 자유를 누리기 위해서는 사회로부터의 풀려나야(배제) 하지만, 역설적으로 인간은 자신의 생존을 위해서 다시 기능체계에 속해야 한다. 근대사회에서 기능체계들은 인간들의 "모든 체계에의 포함"(all-inclusion)을 목표로 한다.[64] 원칙적으로 기능체계는 모든 사람에게 동등하게 개방되어 있다. 종교, 성별, 인종 때문에 기능체계에의 참여가 배제되는 일은 없다. 요컨대, 전근대사회에서의 완전한 포

60) Luhmann, *Grundrechte als Institution*, 71-72쪽; 강희원, 위의 글(주58), 383쪽 참조.

61) Luhmann, *Grundrechte als Institution*, 24, 71-72, 135쪽.

62) 루만은 포함과 배제의 차이가 "다음 세기의 지배적 차이"가 될 것이라고 말하기도 했지만 (N. Luhmann, "Beyond Barbarism," in Moeller, *Luhmann Explained: From Souls to Systems* [Illinois: Open Court, 2006], 270쪽 — 이 글은 루만의 1997년 저작 "사회의 사회"에서 발췌한 것이다), 1998년 루만의 사망으로 인해 더 이상 발전하지 못했다. 포함과 배제의 문제에 대해서는 Luhmann, *Die Gesellschaft der Gesellschaft*, 618-634쪽; N. Luhmann, *Soziologische Aufklärung 6: Die Soziologie und der Mensch* (Opladen: Westdeutscher Verlag, 1995), 237-264쪽; Philippopoulos- Mihalopoulos, 위의 책(주42), 121쪽 이하; 윤재왕, "'포섭/배제' — 새로운 법개념?: 아감벤 읽기 I,"『고려법학』제56호 (2010), 265-270쪽; 정성훈, "루만의 다차원적 체계이론과 현대 사회 진단에 과한 연구," 서울대학교 대학원 박사학위논문 (2009), 215쪽 이하; 정성훈, "법의 침식과 현대성의 위기,"『법철학연구』제12권 제2호 (2009), 346쪽 이하 참조.

63) Philippopoulos-Mihalopoulos, 위의 책(주42), 121쪽.

64) Moeller, 위의 책(주12), 60, 93쪽.

함은 근대사회에서 “독특한 형태의 배제를 통한 모순적인 포함”으로 대체된다.[65)]

하지만 기능적으로 분화된 사회에서 모든 사람이 실제로 평등한 것은 아니다. 근대사회에서 평등한 것은 사회적 체계들일 뿐, 인간들 사이에서는 여전히 부자와 빈자의 차이 등 불평등이 존재한다. 물론 그것은 더 이상 계급이나 신분과 같은 태어나면서부터 부여받는 지위에 의한 불평등은 아니다. 근대 사회에서의 불평등은 좀 더 교묘하다. 모든 사회체계들에 사람들은 평등하게 참여할 수 있지만, 실제로는 어떤 조건을 갖추지 못하면 사실상 참여가 불가능하다. 이것이 바로 “2차적 배제형태”(a second form of exclusion)이다.[66)] 이는 전근대사회의 속박에서 벗어났음에도 불구하고, 체계 참여권을 보장받지 못해 다시 배제된 것을 말한다. 기능체계가 모든 인간에게 열려 있다는 것은 현실에서 인간의 실질적 체계 참여를 보장해주지 못한다. 재산의 유무에 따라 정치참여가 법적으로 제한되지는 않지만, 하루 벌어 하루 먹고 사는 자에게는 정치적 소통에 참여할 기회는 말할 것도 없고, 잠깐 시간을 내서 투표를 할 여유조차 없다. 법적 소통에도 누구나 제한 없이 참여할 수 있고 이것은 ‘법 앞의 평등’이라는 헌법적 원리로 보장되어 있지만, 법률서비스에 대한 접근이 어려운 오지나 변호사를 고용하기 힘든 경제적 여건에 처해 있는 사람들은 현실적으로 법적 소통에 참여할 권리가 박탈되어 있다. 그렇다고 기능체계로부터 벗어나서 고립된 삶을 사는 것도 사실상 불가능하다.[67)] 산간오지에서 외부와의 접촉을 끊고 전기나 상수도도 없이 자급자족하면서 살지 않는 한, 현대의 모든 인간은 기능체계에 어떤 식으로든 참여하며 살아갈 수밖에 없다.

또한 2차적 배제는 현실에서 악화일로를 겪게 된다. 권위주의 국가나 독재체제에서는 정치적 참여만 어려운 것이 아니라, 모든 체계에 대한 참여에 어려움을 겪는다. 예컨대, 극도의 빈곤은 교육, 정치, 사법에의 참여를 어렵게 만든다. 그래서 루만은 포함의 긍정적 통합력은 약하고, 배제의 부정적 통합력은 강하다

---

65) Moeller, 위의 책(주12), 87쪽.

66) Verschraegen, 위의 글(주53), 120-122쪽. 루만이 배제의 현실에 대해 주목하게 된 것은 1990년대 브라질의 빈민촌 favelas를 방문한 이후라고 알려져 있다. Philippopoulos-Mihalopoulos, 위의 책(주42), 122쪽; 윤재왕, 위의 글(주62), 267쪽 참조.

67) 정성훈, 위의 글(주21), 111-112쪽.

고 말한다.[68] 즉, 한 체계로의 포함은 다른 체계로의 포함을 보장하지 못하지만, 하나의 사회체계로부터의 배제는 다른 체계에서 반복을 통해 배제가 강화되는 "증폭 효과" 또는 "도미노 효과"를 가지고 있다는 것이다.[69]

이것은 세계화의 그늘이기도 하다. 기능체계는 국가적 경계에 의해 제한되지 않는다는 점에서 기능체계로 구성된 사회는 그 자체로 '세계사회'이다.[70] 세계시민은 원칙적으로 누구나 글로벌화된 기능체계에 평등하게 참여할 수 있다. 하지만, 이렇게 세계화된 소통이 모든 인간을 평등하게 만든 것은 아니다. 기능체계의 발전 정도는 세계적으로 균등하지 않고, 실제로 세계화에서 배제된 사람들은 기능체계에 참여할 수 없다. 제3세계의 사람들은 세계적 소통에 참여할 기회가 실질적으로 박탈되어 있다. 극도의 빈곤에 신음하는 아프리카의 빈민들과 분쟁지역에서 고통 받는 난민들에게 기능체계에의 참여는 사실상 보장되지 않는다. 문제의 해결도 쉽지 않다. 어느 한 체계에서의 배제는 다른 체계의 배제로 쉽게 연결되지만, 어느 한 체계에의 참여는 다른 체계로의 참여로 쉽게 확장되지 않기 때문이다. 예컨대, 경제체계에서의 배제는 정치, 예술, 과학에서의 배제로 이어지지만, 정치체계에의 참여가 보장된다고 해도 경제, 예술, 과학체계로의 참여로 쉽게 연결되지 않는다.

요컨대, 기능적 분화는 한편으로 원리상 전부 포함을 전제했지만, 실제로는 "거대한 배제"(mass exclusion)를 동시에 낳았다.[71] 루만은 근대사회의 기능적 분화가 완전-포함이라는 가정을 현실화할 수 없다고 말한다.[72] 여기서 인권이라는

---

68) Luhmann, 위의 글(주62), 270쪽; Luhmann, *Die Gesellschaft der Gesellschaft*, 631쪽; *Das Recht der Gesellschaft*, 584쪽.

69) Luhmann, 위의 글(주62), 270쪽; Luhmann, *Die Gesellschaft der Gesellschaft*, 630쪽 이하; Braeckman, 위의 글(주49), 76쪽.

70) N. Luhmann, "The World Society as a Social System," in his *Essays on Self-Reference* (New York: Columbia University Press, 1990), 175-190쪽; N. Luhmann, "Globalization of World Society: How to Conceive of Modern Society," *International Review of Sociology*, 7-1 (1997), 67-79쪽 참조.

71) Luhmann, 위의 글(주62), 269쪽 이하; Moeller, 위의 책(주12), 61-62쪽 참조. 경험적 차원에서, 주변부 국가에서 사회의 분화는 제한적이며, 따라서 주변부 국가의 체계의 '자기생산'(autopoiesis)은 현실은 아니며 (other라는 뜻의 그리스어 allos를 앞에 붙여) '타자생산'(allospoiesis)의 현실이 작동하고 있음을 지적하는 M. Neves, "From the Autopoiesis to the Allopoiesis of Law," *Journal of Law and Society*, 28-2 (2001), 242-264쪽.

제도는 인간은 배제 없이 모든 기능체계에 참여할 수 있게 하는 보편적 포함의 "환상"을 구축할 뿐이다.[73] 배제는 포함으로 연결되지 못했고, 또 다른 2차 배제를 낳는 것이 현실이라면, 제도로서의 인권의 기능은 근대의 환상에 불과한 것이다. 결국 이제 긴급한 문제는 배제가 아니라 포함의 가능성과 한계이다.[74]

IV. 토이브너의 인권이론

체계이론적 인권이론의 이론적 의의를 본격적으로 살펴보기에 앞서, 토이브너(Gunther Teubner)의 인권이론을 참고해볼 필요가 있다.[75] 토이브너는 루만의 체계이론적 시각에서 인권의 의미를 분석하면서도 좀 더 구체적이고 현실감 있는 기본권개념을 제시하고 있어서 논의를 풍부하게 만드는데 참고가 될 수 있다.

1. 세계화와 인권

토이브너가 인권문제에 주목하게 된 것은 현대사회의 새로운 인권침해 양상과 밀접하게 연관되어 있다. 본래 근대적 인권개념은 주로 시민과 국가와의 대립 속에서 형성되어 왔지만, 오늘날에는 사적 영역의 비국가 행위자들(non- state actors)도 잠재적 인권침해자로 등장하게 되었다.[76] 비국가행위자들의 인권침해 문제는 먼저 국가의 의무의 차원에서 다뤄졌다. 즉, 비국가행위자들의 인권침해를 국가적 차원에서 통제하는 것이었다. 예를 들어, 기업이 아동노동을 시키고 있다면, 국가가 근로기준을 법으로 만들어서 그러한 행위를 금지하고 그 기업을 처벌하는 것이었다. 하지만 세계화가 가속화되면서 그런 국가중심모델은 한계에 봉착했다. 초국적 기업(transnational corporations)[77]의 영향이 점점 커지게 되면

72) Luhmann, 위의 글(주62), 270쪽.

73) Philippopoulos-Mihalopoulos, 위의 책(주42), 156쪽.

74) Braeckman, 위의 글(주49), 72쪽.

75) 토이브너에 대해서는 양천수, "1980년대 이후 전개된 독일 법사회학의 현황: 토이브너의 이론을 중심으로 하여," 『법과 사회』, 30 (2006), 123쪽 이하 참조.

76) 조효제, 『인권의 문법』(후마니타스, 2007), 184-186쪽.

77) 비슷한 뜻으로 다국적 기업(multinational corporations 또는 multinational enterprises)이

서, 심지어 국가주권이 사실상 초국적 기업에 넘어갔다는 지적도 나오고 있을 정도지만,[78] 이를 국내법이나 국제법으로 효과적으로 규제하는 것은 쉽지 않다. 먼저, 세계를 자유롭게 이동하며 활동하는 초국적 기업에 대해 어떠한 특정 국가의 관할권이 작동하기 힘들다. 국제법적 차원의 규율 역시 간단하지 않다. 전통적으로 국가 간의 관계를 규율하는 국제법에서 초국적 기업이 국제(인권)법의 주체가 될 수 있는지 여부가 문제가 되기 때문이다.[79] 물론 사적 개인이나 사적 기관들도 국제인권법상 인권의무의 영역에 있다. 실제로 초국적 기업의 인권책임은 세계인권선언이나 기업과 인권에 관한 UN 문서들, ILO 삼자원칙, OECD 다국적 기업 가이드라인 등의 국제적 규범들에 의해 근거지어 진다. 하지만, 기업이 국제법상 권리/의무의 주체라는 점이 인정되어도, 이것이 기업에 의무와 책임을 직접 부과할 수 있는지는 또 다른 문제이다. 이것은 기업이 개인의 인권을 침해했을 경우, 그 기업의 인권침해에 대해서 국제법적인 책임을 '직접' 물을 수 있는 것이냐의 문제로서, 흔히 국제법의 제3자효 또는 수평적 효과에 관한 문제로 다뤄진다.[80]

라는 용어도 사용되지만, 초국적 기업이 보다 포괄적인 개념이다. P. Muchlinski, *Multinational Enterprises & the Law* (2nd ed., Oxford: Oxford University Press, 2007), 5-8쪽 참조.

78) M. K. Addo, "Human Rights and Transnational Corporations: An Introduction," in M. K. Addo (ed), *Human Rights Standards and the Responsibility of Trans- national Corporations* (The Hague; London; Boston: Kluwer Law International, 1999); F. van Hoof, "International Human Rights Obligations for Companies and Domestic Court: An Unlikely Combination?," in M. Castermans-Holleman et al. (eds), *The Role of the Nation-State in the 21st Century: Human Rights, International Organisations and Foreign Policy Essay in Honour of Peter Baehr* (The Hage; Boston; London: Kluwer Law International, 1999), 47-59쪽 참조. 세계화와 인권문제 전반에 대해서는 M. Freeman, 김철효 역, 『인권: 이론과 실천』(아르케, 2005), 205-214쪽 참조.

79) 다국적 기업의 국제법상 지위에 대한 논의로 정경수, "다국적기업의 인권의무 확립을 위한 국제법적 모색: 국제인권법의 수평적 효과를 중심으로," 『민주법학』 제22호 (2002), 216-221쪽; 박미경, "인권을 침해하는 다국적 기업에 관한 규율방안," 『법학논총(한양대)』, 26-1(2009), 430-433쪽; Hoof, 위의 글(주78), 52-54쪽; N. Jägers, "The Legal Status of the Multilateral Corporation Under International Law," in M. K. Addo (ed.), *Human Rights Standards and the Responsibility of Transnational Corporations* (Hague: Kluwer Law International, 1999), 261-267쪽 참조.

80) Hoof, 위의 글(주78), 54-57쪽.

2. 인권이론의 재구성

(1) '행위자'에서 '소통절차'로

토이브너의 인권이론은 위에서 간단히 설명한 세계화시대의 인권문제에 대한 이론적 응답이라고 할 수 있다. 먼저 그는 인권침해의 문제를 '개별 행위자들 사이의 충돌'에서 '익명의 소통절차와 개인의 충돌' 문제로 전환한다.[81] 루만의 체계이론에서 살펴보았듯이, 인간은 소통의 외부에 있고, 소통은 인간의 의식과는 독립적으로 작동한다. 그런데 현대사회에서 이 소통체계는 고도의 독자성을 가지고 팽창하면서, 인간을 위협하고 있다. 체계이론에서 '실재'하는 이 자기생산적 소통체계는 인간이 통제할 수도 없고, 인간에게 그 책임을 돌릴 수도 없다. 근대사회는 인간으로부터 절단되어진 사회적 체계의 연합이며, 사회적 체계의 작동은 인간의 의지와 무관하다.[82]

여기서 토이브너는 인권침해의 주체를 단순히 국가에서 사적 행위자로 확대한 것이 아니다. 이것은 초국적 기업이라는 사적 '주체'도 국가와 마찬가지로 인권침해의 또 다른 주체가 될 수 있다고 말하는 것이 아니라, 문제 자체를 체계이론의 관점에서 체계의 문제로 재구성하는 것이다. 토이브너는 초국적 제약기업의 가격정책이 AIDS환자의 생명권을 침해한 것인지에 대한 사례를 통해 이러한 재구성을 시도한다.[83] 여기서 중요한 것은 초국적 기업이라는 사적 행위자의 '행위'가 아니라, '소통연관' 그 자체이다. 그러니까 개인이나 개인의 집단으로 인격화되지 않는 "익명의 매트릭스," 즉 "집단으로 인격화되지 않는 자립화된 소통절차"(제도, 기능체계, 네트워크)에서 기인하는 위험을 포착해 내는 것이다.[84] 예컨

81) G. Teubner, "Die anonyme Matrix: Zu Menschenrechtsverletzungen durch 'private' transnationale Akteure," *Der Statt: Zeitschrift für Staatslehre und Verfassungs- geschichte, deutsches und europäisches öffentliches Recht*, 44 (2006), 165쪽 (이하에서는 "Die anonyme Matrix"로 인용); 이 논문은 영역본으로도 거의 동시에 출판되었다: "The Anonymous Matrix: Human Rights Violations by 'Private' Trans- national Actors," *Modern Law Review*, 69-3 (2006), 327-346쪽; 한국어 번역으로는 홍성수 역, "익명의 매트릭스: '사적' 초국적 행위자에 의한 인권침해,"『인권이론과 실천』제6호(2009), 45-70쪽.

82) 서도식, "시스템과 인간,"『대동철학』제17집 (2002), 14쪽.

83) Teubner, "Die anonyme Matrix," 161-162쪽.

84) Teubner, "Die anonyme Matrix," 179쪽.

대 명령계통을 통한 살해, 익명의 시장의 힘이 낳은 착취 공장, 종교적 소통이 낳은 종교적 박해 등에 대하여 이를 어떤 특정한 행위자의 '작품'이라고 보기 보다는 자기생산하는 소통체계가 초래한 것으로 보는 것이다. 나치의 생체실험 역시 단순히 국가에 의한 과학의 예속이 아니라, 오히려 과학의 팽창주의적 경향이 국제 경쟁의 압력과 결부된 결과로 간주된다.[85] 초국적 제약기업이 높은 가격을 책정한 것이 AIDS 환자의 권리를 침해한 것인지를 다룰 때 역시, 그 기업의 '행위'에 초점을 맞추는 것이 아니라 제약산업의 국제적 경제체계 그 자체가 구조적으로 환자의 권리를 침해하는 것으로 이해된다.

(2) '분할적 기본권개념'에서 '생태적 기본권개념'으로

토이브너는 이러한 관점의 전환을 "분할적 기본권개념"(divisionale Grundrechtskonzepte)에서 "생태적 기본권개념"(ökologische Grundrechtskonzepte)으로의 이행이라고 부른다.[86] 분할적 기본권개념이란 사회를 개별적 주체로 '분할'해 놓고 이들의 균형을 찾는 방법으로 기본권개념을 전개하는 것을 말한다. 예컨대, '국가'는 전체 사회를 대표하고, 그 국가에 '부분(주체)'들이 속해 있고, 인권은 바로 이 주체들의 권리인 것이다. 국가가 사적 주체들의 권리를 침해하건 사적 주체들 상호간에 인권침해가 일어나건 분할과 균형의 원리에 의해서 문제가 해결된다. 국가와 개인의 대립을 전제하는 전통적 기본권이론은 물론이고, 기본권의 효력을 사적행위자로 확대하는 이른바 '대사인적 효력론'은 모두 이러한 구도 하에서 이론이 전개된다.

반면 생태적 기본권개념이란 '체계-환경'의 차이라는 루만 체계이론의 기본적인 사회분석틀을 토대로 하여 기본권이론을 재구성하는 것이다. 여기서 문제는 체계들과 그들의 환경 사이의 경계를 어떻게 정당하게 설정할 것인가로 문제가 전환된다. 체계이론에서 인간은 소통으로부터 분리되며, 인간은 소통체계의 환경이다. 소통체계는 자신의 경계를 넘어 자신의 고유 영역을 확대하려는 경향이 있다. 인간이 통제할 수 없는 이 소통이 인간의 통합성을 위협하는 것이 새로운 인권문제로 등장한다.

---

85) Teubner, "Die anonyme Matrix," 176쪽.

86) Teubner, "Die anonyme Matrix," 165-173쪽.

여기서 기본권은 (앞서 살펴본 루만의 제도로서의 기본권이론과 마찬가지로) 소통체계의 경계를 구획하고 제한하는 제도로 이해된다. 여기서 인권문제를 인권을 침해하는 주체와 인권이 침해되는 대상으로 이분화하여 이해하는 고전적인 접근은 철저히 배제된다. 인권은 기능적 분화된 체계의 경계를 유지시켜주는 사회적 기능을 수행하는 사회적 제도이고, 현실의 인간은 결과적으로 이러한 제도의 혜택을 받는 수혜자일 뿐이다.

(3) 사회체계들의 통합적 경향과 인권침해의 위협

분화된 체계에 대한 가장 큰 위협은 정치체계이다. 정치는 다른 자율적 영역들을 정치로 통합시키려고 하고, 인간의 의식과 육체를 통제하려는 시도를 감행한다.[87] 하지만, 현대사회에서 인간에 대한 위협은 정치로 한정되지 않으며, 세계화된 경제, 언론, 종교, 기술, 과학 같이 현대사회에서 새롭게 나타난 사회체계들이 새로운 잠재적 위협으로 등장한다.[88] 실제로 이들의 경제적, 사회적 권력은 점점 커지고 인간에게 (심지어 국가보다 더 큰) 위협으로 작용하고 있다. 헌법상의 기본권은 국가의 간섭으로부터 경제적 자유를 보호하려는 목적으로 고안된 것이지만, 지금은 거꾸로 경제체계가 정치의 자율성에 잠재적 위협이 되고 있다.[89] 그런 관점에서 토이브너는 고유한 합리성을 발전시킨 모든 사회적 영역들이 다른 영역에까지 그 영향을 뻗치려고 하는 경향, 즉 “사회의 부분적 합리성의 통합화 경향”[90]을 지적한다.

이전의 인권문제가 주로 국가행위자들의 자의적 활동을 제한하기 위한 것이었다면, 새로운 인권의 문제는 “사회적 소통의 소극적 한계”[91]를 정하는 문제가

87) Teubner, “Die anonyme Matrix,” 173-175쪽.

88) C. B. Graber and G. Teubner, “Art and Money: Constitutional Rights in the Private Sphere?,” *Oxford Journal of Legal Studies*, 18-1 (1998), 70쪽; G. Teubner and A. Fischer-Lescano “Cannibalizing Epistemes: Will Modern Law Protect Traditional Cultural Expressions?,” in C. B. Graber and M. Burri-Nenova (eds), *Intellectual Property and Traditional Cultural Expressions in a Digital Environment* (Chelteham; Northampton, MA: Edward Elgar, 2008), 28쪽; P. T. Muchlinski, “Human Rights and Multinationals: Is there a Problem,” *International Affairs*, 77-1 (2001), 31-47쪽; Verschraegen, 위의 글(주45), 273쪽; Verschraegen, 위의 글(주53), 112쪽 참조.

89) Graber and Teubner, 위의 글(주88), 70쪽.

90) Teubner, “Die anonyme Matrix,” 177쪽.

된다. 그렇다면, 인권은 국가에 대한 개인의 권리가 아니라, 정치를 포함한 다양한 "사회체계들의 확대경향에 대한 사회적 법적 대항제도들(Gegeninstitutionene)"이라고 할 수 있다.[92] 루만이 이야기했던 것처럼 인권은 체계가 자기 경계를 넘어서 확대되지 않도록 하여 체계분화를 유지하는 것이다. 그렇다면, 주관적 권리는 사적 개인들의 상호적 위협에 관한 것이 아니라, "제도, 인격, 개인의 통합성을 위한 익명의 소통 매트릭스(제도, 담론, 체계)에 의한 위해"에 관한 것으로 재해석되며,[93] 여기서 인권의 기능과 역할은 "사회적 영역을 침탈하려는 경향에 맞서 사회적 영역들의 자율성을 보장"[94]하는 것에서 찾을 수 있다.

토이브너의 인권이해에서는 국가와 인간의 대립이 아니라 서로 독립적이고 서로 평등한 소통체계의 경계문제가 전면에 부각된다. 더 이상 기본권이론은 두 사적 행위자들 사이의 평형을 전제하지 않는다. 이를 대신하는 것은 "자립화된 소통 매체의 익명의 매트릭스"의 경계 문제이다.[95] 예를 들어, 어떤 지역의 문화적 지식이 사적 기업에 의해 상업화되는 것을 생각해 보자. 이 경우 근대법이 상정하는 개인의 권리는 전통적 지식이 가지고 있는 집단적, 상호적 성격을 이해하는 데 도움이 되지 못한다.[96] 여기서 기본권은 개인뿐만 아니라 "익명의 소통과정"에 귀속되며, 이 경우 권리의 수익자는 어떤 집단도 개인도 아닌 전통 지식 그 차제라고 보는 것이 합당하다.[97] 이 때 개인이나 집단의 권리 대신, 그 지역 고유의 '문화권' 자체가 "권리의 세 번째 '하이브리드' 형태"로 등장한다.[98] 여기서 기업이라는 행위자와 원주민 개인(또는 집단)의 권리 충돌은 '전통지식'이라는 소통체계와 이를 자본화하려는 세계화된 '경제적 소통체계'의 경계 문제로 전환된다. 물론 이 경계가 적절하게 구획되면, 결과적으로 그 지역의 원주민들 개인 또는

91) Teubner, "Die anonyme Matrix," 181쪽.

92) Teubner, "Die anonyme Matrix," 178쪽; Teubner and Fischer-Lescano, 위의 글(주88), 27쪽 참조.

93) Teubner, "Die anonyme Matrix," 178쪽.

94) Teubner and Fischer-Lescano, 위의 글(주88), 27-28쪽.

95) Teubner, "Die anonyme Matrix," 180쪽.

96) Teubner and Fischer-Lescano, 위의 글(주88), 32쪽.

97) Teubner and Fischer-Lescano, 위의 글(주88), 41쪽 이하 참조. 여기서 토이브너와 피셔-레스카노는 이러한 문화적 지식을 공동체, 연합, 조합, 가족, 혈통 등 공동체나 집단의 권리로 해석하려는 기존의 시도를 비판한다.

98) Teubner and Fischer-Lescano, 위의 글(주88), 32쪽.

그 집단은 자신들의 문화적 지식에 대한 권리를 보장받을 수 있게 된다.

요컨대, 체계이론에서 인권은 개개인이 가지고 있는 권리가 아니라 체계분화를 유지하게 하는 기능을 수행하는 제도이다. 이것은 국가-개인의 대립에서 출발하는 전통적인 인권개념을 배제하는 것이며, 대신 체계-환경의 문제, 체계-체계의 경계 문제로 인권의 문제를 전환하는 것이다. 체계이론에서 독자적인 이론적 지위를 갖지 못하고 체계의 환경에 머물러 있는 머물러 있는 인간은 이러한 인권의 기능에 의해 결과적으로 수혜를 얻게 될 뿐이다.

Ⅴ. 체계이론적 인권이론의 유용성?

지금 통용되고 있는 보편적 인권규범은 2차 세계대전의 참상을 경험한 후 이후 인간의 '보다 나은 상태'를 위해 발전해 왔다. 이러한 관점에서 '쓸모 있는' 인권이론이라고 한다면, 인권의 소송가능성을 높여서 법원이 이를 수용할 수 있게 하거나 인권의 실질적인 이행가능성을 높이는 이론을 말하는 것이다. 그런 의미로 이론의 유용성을 이해한다면, 루만의 체계이론은 '쓸모없는' 이론일지도 모른다. 실제로 체계이론적 인권이해는 매우 추상적 수준에서 전개되며, 인권의 보편성과 상대성, 이주자의 인권 등의 구체적인 인권문제를 직접 다루고 있는 것도 아니고, 인권의 효율적이고 효과적인 이행을 위한 실천적 지침을 제공하는 것도 아니다.[99)]

사실 이 문제는 인권뿐만 아니라 체계이론의 유용성에 대해 일반적으로 제기되는 문제이다. 루만은 스스로 자신의 체계이론이 "건강한 상태에 대한 이론"(a theory of healthy states)은 아니라고 말한다.[100)] 그는 기능적으로 분화된 현대사회에서 세상을 바꾸기 위한 어떤 이념적 목표를 설정하고 이를 실현하려고 하는 이론이나 행동주의에도 회의적이다.[101)] 실제로 루만의 체계이론은 실천적

---

99) Verschraegen, 위의 글(주45), 281쪽.

100) Luhmann, 위의 글(주9), 325쪽.

101) Moeller, 위의 책(주12), 99-101쪽. 그럼에도 불구하고, 루만의 체계이론에는 "탈분화의 위험"을 경고하는 "어떤 유사-규범성"이 있다고 지적되기도 한다(Philippopoulos- Mihalopoulos, 위의 책[주42], 146쪽; W. T. Murphy "Modernising Justice Inside 'UK PLC': Mimesis, De-

함의가 있는 어떤 목표나 대안을 제공하지 않는다. 하지만, 루만의 체계이론은 문제의 해결책을 제시하기 보다는 문제의 본질을 파악하기 위한 강력한 분석틀을 제공한다는 자체는 중요한 공헌이다.[102] 또한 보다 나은 사회를 위한 청사진을 제공하려고 하거나 세상을 바꾸려는 시도가 과장된 것임을 밝혀준다는 점에서 역설적으로 유용한 이론이라는 시각도 있다.[103]

그렇다면 이러한 체계이론의 유용성이 인권이론의 차원에서는 어떠한 함의를 주는 것일까? 루만에게서 인권은 규범적 척도가 아니라, 기능적 분화를 유지시켜주는 사회적 제도일 뿐이다. 따라서 루만에게 "인권의 기준으로 세상을 바꾸자"[104]와 같은 구호는 성립되기 어렵다. 루만의 인권이해는 현대사회에서의 인권의 기능을 있는 그대로 냉정하게 관찰하려고 하는 사회학적 관찰이다. 이러한 루만의 관찰은 현재의 인권논의에 중요한 함의를 제공한다. 기존의 인권에 대한 논의는 그 철학적 정당화나 (국제)법적 이행을 강화하는 메커니즘을 마련하는데 주로 초점이 맞춰져 왔다.[105] 하지만 "인권의 인플레"(human rights inflation)[106]

---

differentiation and Colonisation," in J. Priban and D. Nelken (eds), *Law's New Boundaries: The Consequences of Legal Autopoiesis* [Aldershort: Ashgate/Dartmouth, 2001], 219쪽 참조). 실제로 루만은 한 인터뷰에서, 기능적 분화가 '긍정적 가치'를 내포하고 있는 것이냐는 질문에 대해 즉답을 피하면서도, 우리가 분절적 또는 위계적 분화로 회귀하는 것은 파국이라고 말하기도 한다; "Answering the Question: What is Modernity? An Interview with Niklas Luhmann" in W. Rasch, *Niklas Luhmann's Modernity: The Paradoxes of Differentiation* (Stanford: Stanford University Press, 2000), 203쪽 이하 참조.

102) W. T. Murphy, "From Subject to System: Some Unsystematic Systems- Theoretic Thoughts on Race Equality and Human Rights," in M. King and C. Thornhill (eds) *Luhmann on Law and Politics: Critical Appraisal and Application* (Oxford; Portland, Oregon: Hart Publishing, 2006), 56-58쪽; W. T. Murphy, *The Oldest Social Science: Configurations of Law and Modernity*, Oxford: Clarendon Press, 1997), 163쪽 참조.

103) M. King and C. Thornhill, *Niklas Luhmann's Theory of Politics and Law* (Hampshire; New York: Palgrave Macmillan, 2003), 51-52쪽.

104) 한국의 인권단체 "인권연대"의 캐치프레이즈.

105) 예컨대, 인권의 사상사적 기원을 밝히거나 인권의 보편적 정초가능성을 탐구하는 것은 인권학의 오랜 과제였다. 인권의 기원에 대한 논쟁은 M. Ishay, 조효제 역, 『세계인권사상사』(길, 2005), 41쪽 이하, 1장, 2장 참조

106) B. Orend, *Human Rights: Concept and Context* (Broadview Press, 2002), 109쪽 이하; A. Fagan, *Human Rights: Confronting Myths and Misunderstandings* (Edward Elgar Pub, 2009), 6쪽 이하 참조.

를 우려하거나, 인권담론의 진보성에 대한 회의적인 입장[107]의 대두는 인권의 강한 규범성을 논증하고 인권개념에 너무 많은 것을 포함시키는 것만이 능사가 아니라는 점을 잘 보여준다. 같은 맥락에서 현대사회에서는 너무 많은 문제를 인권문제로 포괄함으로써 오히려 인권의 가치가 떨어지고, 인권의 규범성도 힘을 잃는다는 비판도 제기된다. 이러한 상황에서 인권의 강한 규범성을 주장하고, 그 강력한 집행을 추구하는 방향으로 인권이론을 발전시키는 것이 적절한지에 대해서는 재고가 필요하다. 반면, 인권을 그 자체로 이해하려는 시도는 상대적으로 매우 빈곤하다.[108] 그런 점에서 현대사회가 인간에게 인권을 부여하게 된 역사적 사실 자체에 천착하는 체계이론의 접근방법[109]은 나름의 의미를 가지고 있다.

또한 루만이 인간의 진보를 위한 인권운동 같은 행동주의에 회의적이라고 해서, 이것이 인권운동이 무의미하다고 말하거나 그것에 반대하는 것이라고 볼 수는 없다. 루만에게 인권운동은 기능체계로의 '전부 포함'을 목표로 하는, 즉 (혁명적이 아니라) 기능체계의 분화에 순응하는 보수적인 운동으로 재해석된다.[110] 예컨대, 이주노동자의 권리를 옹호하는 인권운동은 세계화의 과정에서 배제된 자들의 체계참여권을 옹호하는 것이고, 재소자의 권리를 옹호하는 인권운동은 교도소 내에 있더라도 최소한의 체계참여권을 보장받게 하고, 출소 후에도 사회에서 배제된 자로 남지 않게 하지 않으려는 운동으로 이해된다.

한편 체계이론적 인권이론은 새롭게 제기되는 인권문제를 이해하는 데 오히려 적실하기도 하다. 현대의 사회문제는 구체적 행위자의 책임이라기보다는 어떤 구조적 요인에서 기인한다고 보는 것이 더 설득력 있는 경우가 많다. 삼풍백

---

107) *New Left Review* 234호 (1999 March/April)에 실린 "특집: 인권의 제국주의"; S. Žižek, "Against Human Rights," *New Left Review* 34 (July/Aug 2005); A. Supiot, "The Labyrinth of Human Rights: Credo or Common Resource?," *New Left Review* 21 (May-June 2003); C. Douzinas, *Human Rights and. Empire: The Political Philosophy of Cosmopolitan*ism (London: Routledge-Cavendish, 2007); E. Balibar, A. Badiou and S. Žižek 외, 강수영 역, 『법은 아무것도 모른다』(인간사랑, 2008) 참조.

108) 같은 맥락에서 인권에 대한 사회학적 접근의 필요성을 강조하는 A. Woodiwiss, *Human Rights* (London: Routledge, 2005) 참조.

109) 정성훈, 위의 글(주39), 130쪽.

110) Moeller, 위의 책(주12), 106-108쪽.

화점이나 성수대교의 붕괴와 같은 구조적 참사는 물론이고, 대구지하철 방화사건이나 사이코패스에 의한 연쇄살인 사건에서도 그 책임을 특정 개인에게 돌리는 것은 부당할 뿐만 아니라 비과학적이기도 하다. 입법에 의한 인권침해는 그 법안을 추진한 국회의원이 아니라 정치 그 자체의 문제라고 보거나, 제3세계에서 자행되는 아동착취는 초국적 기업이라는 구체적 행위자가 아니라 국제경쟁체제의 구조적 압력을 문제의 원인으로 보는 것은 오히려 설득력 있는 설명이다. 이를 '익명의 소통체계'라고 개념화하는 체계이론적 인권이론의 접근방법은 문제를 오히려 현실을 있는 그대로 적절하게 이해하는 기초를 제공한다. 같은 맥락에서 정치와 경제의 영역 확장에 따른 다양한 인권문제 역시 이를 '인간-정치'나 '인간-기업'의 대립항 대신 '체계-환경의 경계', '체계간 경계' 문제로 이해할 때, 문제의 구도가 더욱 드라마틱하게 드러난다. 문제의 구도가 드러나면서, 새로운 인권개념 구축의 가능성도 엿보인다. 예컨대, 자유권과 사회권 등으로 나뉘어졌던 고전적인 인권목록의 구분은 각 기능체계에 따라 구분될 수 있다.[111] 과학체계에 대해서는 과학권, 예술체계에 대해서는 예술권이 인간을 주체로 하는 주관적 권리 대신 등장한다. 과학권(예술권)은 과학적(예술적) 소통이 다른 경계로 침범하거나 다른 소통체계가 과학적(예술적) 소통을 침해하는 것을 막음으로써 분화된 체계의 경계를 유지시켜주는 '기능'을 하는 사회적 제도로 이해된다.

VI. 나가며

지금까지 체계이론의 인권 이해를 살펴보았다. 체계이론적 인권이론은 한마디로 비인간적이고 비규범적이다. 인간에서 출발하지 않고, 인간을 분석단위로 삼지 않는다는 점에서 비인간적이고, 규범적으로 인권을 정당화하려는 시도를 배제한다는 점에서 비규범적인 인권 이해라고 할 수 있다. 체계이론은 기존의 인권이론과는 달리 인권규범의 철학적 정당화를 시도하거나 인권의 이행을 위한 제도를 설계하려고 하지 않는다. 대신 인권이 현대사회에서 어떻게 기능하고 있는지에 대한 사회학적 관찰을 시도한다. 루만에 따르면, 인권은 한편으로 사회에

111) 정성훈, 위의 글(주39), 145쪽.

서 배제된 인간을 보호하고, 배제된 인간이 다시 사회에 참여하기 위한 근대의 사회적 메커니즘이었다. 토이브너는 이를 발전시켜, 개인이나 집단으로 인격화되지 않는 익명의 소통 매트릭스의 경계문제를 통해 인권문제를 새롭게 이해하고 나름의 이론적 재구성을 시도한다.

이러한 체계이론의 인권이론이 '인간'을 분석단위로 삼지 않고, 인권에 대한 규범적 정당화를 시도하고 있지 않지만, 그렇다고 '인간'의 보호를 방기하거나 인간과 인권의 권리를 무가치하게 하는 것은 아니다. 오히려 인권문제를 '국가-개인', '개인-개인'이라는 구도에서, '체계 사이의 경계문제'로 전환하는 것은 현대사회의 익명적 인권침해의 현상을 설명하는데 유리하다. 물론, 이러한 이론의 재구성이 고전적인 의미의 실천성을 담보하고 있다고 할 수는 없으며, 체계이론은 스스로 그런 의미에서의 실천성을 목표로 삼고 있는지조차 불분명하다.[112] 하지만 기존의 인간중심적 인권이론이 가지고 있는 한계를 지적하면서, 새로운 인권문제의 양상을 설득력 있게 파악하고, 새로운 인권이론의 발전가능성을 제시했다는 것만으로도 그 충분한 의의가 있다.

112) 예컨대, 체계이론적 인권 이해가 소송가능성(Justiziabilität)을 제도화하는 이론구성으로 직접 연결되는 것은 아니다. 초국적 기업의 인권침해문제를 체계이론의 방식으로 접근하는 것은 설득력이 있지만, 어떤 법적 관할에 의해서 어떤 방식으로 법적 규제가 가능한 것인지에 대한 문제는 여전히 불분명하게 남아 있다; Teubner, "Die anonyme Matrix," 181-183쪽 참조. 토이브너는 여러 가지 가능성을 시론적으로 보여주면서, 부분적 합리성들의 충돌에 반응하는 초국적 분쟁해결기구들의 다원적 성장에서 가능성을 찾고 있다; 이에 대해서는 G. Teubenr and A. Fischer-Lescano, "Regime-Collisions: The Vain Search for Legal Unity in the Fragmentation of Global Law," *Michigan Journal of International Law*, 25 (2004), 999-1045쪽; G. Teubner, "Altera Pars Audiatur: Law in the Collision of Discourses," in R. Rawlings (ed), *Law, Society and Economy* (Oxford: Clarendon, 1997) 참조.

자유지상주의의 인권과 정의에 대한 시론

김 대 근*

Ⅰ. 자유지상주의의 테제와 의의

1. 자유지상주의의 의의

정치철학에서 '자유지상주의(libertarianism)'는 개인의 자유 혹은 권리를 강조하면서 상대적으로 국가나 정부의 개입을 반대하거나 최소화할 것을 주장하는 입장을 망라한다. 때문에 자유지상주의는 개인의 자유와 권리 —특히 재산권—를 강조하고 국가의 개입에 반대하면서 시장의 자유를 지지한다는 점에서 '신자유주의(neoliberalism)'와 동일시되기도 한다. 신자유주의 또한 "우선 보기에는 사적 소유권, 자유 시장, 자유 무역의 특징을 갖는 제도적 틀 내에서 개인의 열정적 자유 및 기능을 해방시킴으로써 인간 복지가 가장 잘 개선될 수 있다는 점을 제안하는 정치적·경제적 실행에 관한 이론으로 보인다"[1]는 점에서 자유지상주의와 같은 입장을 보인다. 다만 자유지상주의가 정치철학의 지평에서 개인의 자유를 강조하고 이에 따라 개인적 권리의 우선성을 강하게 내세운다는 점, 그리고 개인에 대한 안티테제로서 국가의 정당화 문제 즉 국가의 성립과 기능에 대한 이

* 한국형사정책연구원 전문연구원.

1) David Harvey(최병두 역), *A Brief History of Neoliberalism*(신자유주의: 간략한 역사), 한울, 2007, 15면.

론화에 관심을 더 기울인다면, 신자유주의는 경제나 금융의 지평에서 국가의 개입 없는 시장에서의 자유로운 교환과 경제활동을 강조한다는 점에서 특히 개인의 효용과 경제적 효율성에 보다 초점을 맞춘다는 차이가 있을 뿐이다.[2)]

한편 자유지상주의 혹은 신자유주의는 고전적 자유주의(classical liberalism)와도 차이를 보인다. '자유주의'라는 개념이 동일하게 사용되는데서 추측할 수 있듯이 자유지상주의와 고전적 자유주의는 그 시대적 배경을 달리하지만 개인의 자유를 강조하면서 상대적으로 국가의 역할과 기능에 대해서는 소극적이라는 기본 입장은 동일하다고 할 수 있다. 고전적 자유주의가 근대 초기 절대국가의 부국강병책인 중상주의에 대한 반발에서 탄생했고, 자유방임주의(laissez-faire)를 내세웠다는 점 및 오늘날 자유지상주의 혹은 신자유주의자들이 고전적 자유주의로의 회귀를 주장한다는 사실을 상기해보면 알 수 있다. 다만 오늘날의 자유지상주의 혹은 신자유주의는 사회정의를 위한 국가의 정책이나 복지 정책 등에 반발하면서 특히 산업 자본주의와 금융자본주의라는 물적 토대를 배경으로 하기 때문에 자본의 원활한 흐름을 강조하는 맥락에서 규제철폐, 균형재정, 엄격한 통화관리, 공기업 민영화, 노동시장 유연화 등을 주장하게 된다.[3)]

2. 논의의 순서와 방법

물론 자유지상주의도 그 내부적으로는 다양한 지평이 펼쳐져 있고, 대표적인 학자들 사이에서도 강조하는 점과 내용이 사뭇 다를 수 밖에 없다. 의무론적 자유지상주의와 공리주의적 자유지상주의의 분류에서 확인할 수 있는 것처럼, 자유지상주의의 내부에서도 다양하고 차별적인 지평들이 존재하는 것이다. 또한 하이에크나 노직 등 자유지상주의를 주장하는 학자들 사이에서도 강조하는 점과 내용이 사뭇 다를 수밖에 없다는 점 또한 분명하다. 다만 이 글의 목적이 자유지상주의에서 인권과 정의 개념이 갖는 역사적 실천성을 논증하는 것이기 때문에, 자유지상주의의 개별 내용들을 섬세히 고찰하는 작업은 지양하도록 할 것이다.

---

2) 자유지상주의와 신자유주의는 결국 개인의 '자유'(권리)와 '국가 개입의 최소화'를 주장한다는 점에서 맥락을 같이하기 때문에 이하에서는 양자를 굳이 구별해서 논의하지는 않을 것이다.

3) 이근식, 『신자유주의: 하이에크 · 프리드먼 · 뷰캐넌』(기파랑, 2009), 28면.

그리고 자유지상주의가 갖는 핵심주장들이 갖는 역사적인 발전의 모습과 논리적 정합성을 분석하여, 그러한 테제들이 갖는 문제점과 한계 그리고 실천성을 소박하게 제시하려고 한다.

이처럼 자유지상주의를 논의를 단순화한다면, 그 핵심 주장을 확인하는 것은 어렵지 않다. '자유지상주의의 정의와 인권'이라는 주제를 위해 이 글에서는 자유지상주의의 핵심주장을 '개인적 권리의 절대성'과 '국가의 정당화'라는 테제로 좁혀서 다루도록 하겠다.

이에 따라 파생되는 것은 개인의 권리는 절대적인가라는 문제와 국가의 성립은 어떻게 정당화되고 그 기능의 한계를 어디까지인가라는 문제로 압축되게 된다(II). 동시에 그러한 자유지상주의적 문제의식들이 인권과 정의라는 담론에서 어떤 실천성을 갖는지(III)를 검토하는 것이 필요하다. 마지막으로 오늘날 인권과 정의의 담론은 자유지상주의적 주장을 통해 어떻게 변증되면서 발전할 수 있는지를 특히 센(Sen)의 정의론에 기대어 검토해 보도록 한다(IV).

II. 자유지상주의에서 개인과 국가의 관계 문제

1. 서 설

인권과 정의의 문제를 다루기 위해 자유지상주의의 핵심 쟁점을 거칠게 요약해 보면 개인의 권리가 절대적인지와 또한 국가는 어떻게 정당화되는지의 두 가지 테제로 압축될 수 있다. 이 두 가지 테제는 서로 긴밀한 관련을 맺고 있다. 즉 개인의 권리가 절대적인가의 문제는 필연적으로 국가가 개인의 자유를 왜 제한할 수 있는 권위를 갖게 되었는지의 문제에 닿아있다. 국가의 성립에 합의하지 않은 누군가가 있다는 것은 바로 그 사람의 자유와 권리가 국가의 존재에 의해서 침해될 수 있는 가능성을 있음을 뜻하기 때문이다. 뿐만 아니라 국가에게 일정한 기능과 역할을 부여하면, 그 기능과 역할을 수행하기 위해서 국가는 재화의 재분배 문제를 적극적으로 고려할 수 밖에 없기 때문이다. 동시에 국가가 개인의 자유를 제한할 수 있는 권위나 정당성이 있다면 어느 정도까지 가능할 것인지도 문제가 될 것이다. 그러나 이에 앞서 다루어져야 할 주제는 (개인의) 자유가 무엇인지에 대한 논의이다.

2. 자유의 개념

(1) 근대적 개념으로서 자유

자유지상주의가 개인의 권리를 절대적인 것으로 전제하면서 국가의 역할에 대해서 소극적이다는 점은 앞서 설명한 바 있다. 당연하게도, 여기서 과연 개인의 권리가 절대적인 것인지를 검토하는 작업이 필요하다. 그러나 또한 문제는 개인적 권리의 성격을 논하기 위해서는 먼저 자유의 개념을 이해하는 것이 필요하다는 점이다. 왜냐하면 권리라는 것은 개인의 자유가 구체화되어서 다른 사람이나 사물에게 주장하여 관철할 수 있는 것이어야 하기 때문이다.

자유가 무엇인지에 대해서는 많은 논의가 있지만, 근대적인 개념으로서 자유는 개인이 실천적 행위 주체로서 의지를 발현하는 것으로 이해된다. 특히 헤겔은 법철학에서 자유의 개념을 첫째 내면적인 자유, 둘째 자신의 욕망을 실현하는 행동적인 자유, 셋째 다른 인간과의 공동생활 속에서 자신의 본래의 존재방식을 발견하는 사회적인 자유라는 세 가지 측면으로 분석하고 있다.[4] 이는 개인적인 것으로부터 출발하여 보편적인 것으로 발전하는 정신의 운동과도 그 궤를 같이 한다. 자유의 개념도 지극히 개인적인 차원에서 점차 사회적인 차원으로의 도약을 통해서 좀 더 발전된 모습이 되는 것이다.

(2) 자유의 두 개념에 대한 고찰

논의의 편의를 위해서 이미 고전적인 위치에 있는 벌린(Berlin)의 자유의 두 개념—소극적 자유와 적극적 자유—의 틀에서 자유와 권리의 문제를 고찰해보자.[5] 경우를 나누어 검토해보자. 만약 자유의 성격이 적극적이라면, 그러한 자유는 마찬가지로 적극적 자유를 가진 타인과의 충돌하기 쉽다. 우리가 사는 세상은

---

4) Hegel(임석진 역), *Grundlinien der Philosophie des Rechts, oder Naturrecht und Staatswissenschaft im Grundrisse*(법철학), 한길사, 2008 참조; 이 부분에 대한 직접적 인용은 加藤尙武 외 엮음(이신철 역), *ヘーゲル事典*(헤겔 사전)(도서출판b , 2009), 345면.

5) Isaiah Berlin, *Four Essays on Liberty*(Oxford University Press, 1969) 참조. 우리나라 번역본으로는 박동천 역, 『이사야 벌린의 자유론』(아카넷, 2006) 참조.

재화가 한정되어 있기 때문에 한정된 재화에 대한 주장은 필연적으로 같은 욕망을 가지는 다른 사람의 주장과 갈등 및 충돌을 가져오기 마련이다. 한정된 것은 재화만이 아니다. 시간과 공간도 한정(제약)적이기는 마찬가지이다. 특정한 공간과 시간에 대한 배타적인 주장은 다른 사람의 공간과 시간에 대한 접근과 수요를 제한할 수밖에 없다. 이처럼 개인의 자유가 적극적이라면 필연적으로 세 가지 문제를 야기한다. 개인 간 자유의 충돌을 해결할 존재와 매커니즘이 필요하다는 점, 그리고 그 존재와 매커니즘에게 갈등 해결의 힘과 권위를 부여해야 한다는 점 그리고 개인에게 적극적인 의무를 부과해야 한다는 점이 그러하다. 적극적 자유의 개념하에서는 이러한 개인의 갈등을 해결하는 유일한 존재로서 국가를 자리매김할 수 있다는 점에서 국가의 정당성을 인정할 여지가 크다. 동시에 국가는 갈등 해결의 매커니즘으로서 법과 같은 제도에 강제력과 권위를 부여하려는 작업을 끊임없이 하게 된다. 이러한 과정 속에서 개인은 자신의 것이 아닌 부분에 대하여 부담(의무)을 지게 되는 데 이러한 부담은 바로 개인적 자유에 대한 침해가 될 수 있다.

반면 자유의 성격이 소극적이라면, 개인 간 자유의 충돌 문제는 적극적인 자유 개념하에서 보다는 발생하기 어렵다. 타인에 의한 침해가 있을 경우에만 비로소 자유의 충돌문제가 발생하기 때문이다. 여기서 자유는 이미 선재하는 개인의 것이다. 선재해서 귀속해 있는 개인의 인격과 재산과 그 발현이 자유의 영역이기 때문에, 이에 대한 침해가 있을 때 자유가 충돌하는 것이다. 그리고 이러한 경우, 자유의 충돌은 빈번하지 않거나 예외적이기 때문에, 충돌의 해결을 위한 존재나 매커니즘에 의존할 필요성이 크지 않다. 따라서 자유의 충돌을 해결하기 위한 존재나 매커니즘의 정당성은 소극적 자유 개념하에서는 상대적으로 덜하게 된다. 또한 소극적 자유는 타인에게 소극적 의무를 부담지우게 된다. 이는 특정한 행위에 대한 금지의 형태이기 때문에, 단지 금지에 따라 행위하지 않는 것으로 규범적 요청을 충족시킬 수 있다. 적극적 의무와 같이 그 대상과 내용이 불분명하고 광범위한 형태의 부담에 비해 소극적 의무는 일반적으로 이행하기 훨씬 수월하기도 하다.[6] 다시 말해 개인에게 강제되는 여지가 줄어드는 것이다.

---

6) 같은 취지로 John C.W. Touchie, *Hayek and Human Rights: Foundations for a Minimalist Approcah to Law*(Edward Elgar, 2005), pp.149-150.

(3) 강제의 최소화로서 자유

자유지상주의자들이 강조하는 자유는 바로 소극적 자유 개념이다. 그리고 여기서 자유는 '특정한 장애 ―다른 이의 강제― 가 없는 것'을 말한다.[7] 예를 들어 하이에크(Hayek)가 이론화하는 자유는 강제의 최소화로 정의된다.[8] 이와 같은 소극적 자유 개념에서 강제가 최소화되어야 할 개인의 영역은 오성적 인식으로 파악하더라도 쉽게 확인할 수 있는 것처럼 매우 분명하게 자리매김하고 있다. 개인의 영역이 아닌 부분에서는 다른 개인들과의 다툼이 충분히 예상될 수 있지만, 개인의 본질적인 영역이라고 인식이 가능한 부분에서는 다툼의 여지가 많지 않다. 그리고 특정한 개인의 것이라는 인식이 분명하면 할수록, 그것에 대한 배타성과 독점성이 강해지게 된다. 이러한 배타성과 독점성이야 말로 자유의 절대성이 오성적 인식을 통해 쉽게 인식되고 정당화되는 본질적 특성이라고 할 수 있다.

한편 신체에 대한 불가침의, 박탈할 수 없는 권리를 가지고 있다는 관념에서 출발하여, 노직은 우리가 타인의 동일한 권리를 침해하지 않는 한, 우리는 스스로의 신체를 가지고 원하는 것을 할 수 있다는 점에서, 이를 총체적 자유(total liberty)로 확장시킨다. 즉 노직에 따르면 우리는 우리의 신체를 가지고 무엇을 생산할 것인가에 대한 권리를 가지고 있으며 어느 누구도 이러한 권리를 동의 없이 가져갈 수 없다는 것이다. 더 나아가 공동선을 위한 것도 반드시 개인의 동의하에 이루어져야 하며, 이때 동의는 선의로 또는 사익에 의해 이루어져야지, 결코 의무여서는 안 된다.[9]

3. 개인적 권리는 절대적인가

(1) 자유와 권리의 관계

자유를 소극적으로 이해하는 것, 다시 말해 외부의 강제로부터 벗어나는 것이라는 의미로 자유를 이해하는 것은 개인의 영역에 대한 배타성과 독점성을 강하게 부여하게 되고, 이에 따라 개인적 자유의 절대성이 강화되기 쉽다는 사실은

7) F. A. Hayek, *The Constitution of Liberty*(Routledge and Kegan Paul, 1960), p.19.

8) F. A. Hayek, *The Constitution of Liberty*(Routledge and Kegan Paul, 1960), p.11.

9) Tom Campbell, *Rights: A Critical Introduction*(Routledge, 2006), p.70.

분명하다. 자유지상주의가 자유를 소극적인 것으로 바라봄으로서 개인의 자유의 영역이 분명해지고 또 거기에 강한 절대성을 부여하는 것은 바로 이러한 논리적 필연성 때문이다.

그렇다면 자유와 권리는 어떤 관계에 있는가? 혹은 자유를 권리와 동일시할 수 있는가는 문제가 자연스럽게 제기된다. 이에 대한 설명을 하기 전에 권리에 대한 설명이 전제되어야 할 것 같다. 여기서 권리론에 대한 거대 담론을 상세하게 소개할 필요는 없지만 자유와 권리의 관계를 이해하는데 필요한 정도의 논증은 필요할 것이기 때문이다. 필자는 권리를 관계적인(성격을 갖는 것)으로 이해하는데,[10] 그 이유는 권리가 공동체 내에서 타인과의 관계 속에서 비로소 구체화되고 실존적 의미를 부여할 수 있기 때문이다. 권리가 관계적이라는 테제는 크게 세 가지 측면에서 설명되어진다.

> 첫째, 권리는 타인과의 관계 속에서 그 구체적인 내용을 갖는다(권리의 내용적 측면).
>
> 둘째, 권리의 주장은 타인을 통해서 관철되어야 한다(권리의 대상적 측면).
>
> 셋째, 권리는 사회적으로 승인되고 보호되어야 효력을 갖는다(권리의 실효적 측면).

(2) 권리의 측면에 대한 검토

이를 설명하기 위해서는 그 순서를 역(逆)으로 검토하면서 논의하는 것이 수월할 것 같다. 먼저 권리의 실효적 측면은 권리는 사회적으로 인정되고 보호되어야 비로소 실효성을 갖는다는 사실이다. 누군가 내가 실현하려는 자유를 침해할 수 있다면 권리로서 실효적이지 않은 것이다. 혹은 누군가 내가 실현하려는 자유를 침해하고서도 아무런 제재를 받지 않는다면 이 또한 실효적인 권리의 행사라고 할 수 없다. 그리고 권리의 대상적 측면은 그러한 조건에서 권리가 타인에게 내 자유를 관철시키는 것이어야 한다는 사실이다. 만일 특정한 자유의 행사 내지 실현이 개인의 내면에서만 머물러야 한다면 이는 권리라고 할 수 없다. 타인을

10) 특히 재산권(property rights)은 사물들에 관련된 여러 주체들 간의 관계이다. 법학자인 호펠트(Hohfeld)와 경제학자인 코즈(Coase)의 논의를 통해 법학과 경제학적 권리가 관계적 측면이 있음을 보여주는 문헌으로는 김대근, 권리에 대한 법경제학적 분석의 의의와 한계, 고려대학교 대학원 박사학위논문, 2010, 134면 이하 참조.

매개로 해서 내 자유를 행사하거나 실현해야 비로소 권리가 자유와 구별되는 실천성을 갖는 것이다. 물론 권리를 대인적 권리와 대물적 권리로 나누어 이해하는 오랜 로마법적 전통이 오늘날까지도 지배적인 권리에 대한 소박한 분류방식임은 사실이다. 그러나 그러한 분류에 있어서 대인적 권리의 경우는 말할 나위가 없겠지만, 대물적 권리의 경우에도 다른 사람에 대한 매개성을 필요로 하는 점에 있어서는 대인적 권리의 경우와 다르지 않다. 왜냐하면 대물적 권리, 즉 사물에 대한 지배력이라 할지라도 그러한 지배력이 타인의 영향력을 배제하거나 제한하는 방식으로 존재해야 가능하기 때문이다. 이와 같은 사정을 고려한다면, 결국 권리라는 것은 다른 사람을 통해서(매개로) 존재하는 것일 수밖에 없음이 분명하다.[11] 한편 권리가 타인에게 관철할 수 있는 자유가 되기 위해서는 그 행사가 사회적인 보호를 받아 이루어져야 하겠지만, 그러기 위해서는 또한 그 내용이 사회공동체가 승인하는 정당성을 갖고 있어야 한다. 동시에 사회적으로 승인되지 못하는 자유는 보호받지도 못하고(따라서 침해하더라도 제재를 가할 수 없으며) 타인에게 관철시킬 수도 없다는 점에서 첫 번째 조건과 두 번째 및 세 번째 조건은 서로를 근거지워주는 관계이기도 하다.

(3) 개인적 자유의 차원에서 권리의 차원으로

개인의 자유가 그저 내면적으로만 존재하는 식으로 철저하게 개인의 고유한 영역에서만 발현되는 것이라면 아무 문제가 되지 않을 것이다. 그러나 언급한 것

---

11) 켈젠(Kelsen) 또한 재산권을 대인권과 대물권으로 나누는 전통적인 방식을 비판한다. "고대 로마법학의 영향을 받아 우리는 흔히 물건에 대한 권리(jus in rem) 와 인격에 대한 권리(jus in personam)를 구별하곤 한다. 하지만 이러한 구별은 잘못된 것이다. 물건에 대한 권리는 적어도 인격에 대한 권리이기도 하다. 이른바 물권의 경우에도 일정한 타인에 대해 일정한 행위를 해야 할 의무를 그 본질로 하는 인간 상호간의 관계가 일차적인 의미를 지니기 때문이다 …(중략)… 재산권 역시 법적으로는 단지 일방 인간의 타방 인간에 대한 일정한 관계, 즉 일정한 물건에 대한 그의 처분을 방해하지 않거나 기타의 방법으로 그러한 처분을 침해하지 말아야 할 타인의 의무를 그 본질로 한다. 그럼에도 불구하고 재산권을 물건에 대한 개인의 배타적인 지배권으로 정의하는 전통적 견해를 견지하고 이 경우 법적인 관점에서 보아 본질적이라고 할 수 있는 관계를 무시하고 있다면, 이는 재산권을 인간과 물건 사이의 관계로 규정함으로써 사회경제적인 관점에서 재산권이 갖는 결정적인 기능을 은폐하고 있기 때문임이 분명하다." Hans Kelsen(변종필 · 최희수 역), *Reine Rechtslehre: mit einem Anhang, Das Problem der Gerechtigkeit*(순수법학)(길안사, 1999), 218-221면.

처럼 자유지상주의에서 자유는 개인의 절대적인 것이라는 점, 그리고 자유는 배타적이고 독점적인 성격을 갖는다는 점을 상기할 필요가 있다. 권리가 사회적인 보호를 받아야 하고 타인에게 관철할 수 있는 것이기 위해서는 그 행사하려는 자유 —권리가 되기 이전의 개념— 의 내용이 이러한 조건을 충족시키는 내용을 가진 것이어야 한다. 물론 그 내용이 개인의 고유하고 본질적인 영역의 것이라면 누구도 그 내용의 배타적이고 독점적인 사용을 부정하기 어려울 것이다. 자유지상주의에서 개인의 권리가 절대적인 성격을 갖는 것으로 이해되는 근거는 바로 이와 같은 자유의 절대성으로 통해 그 내용이 도출되기 때문이다.

4. 국가의 정당성 문제

(1) 자유지상주의적 권리와 국가의 존재

자유지상주의는 국가의 존재를 매우 회의적으로 바라보며, 특히 국가가 사회정의라는 명분으로 수행하는 일체의 정책들을 통해 개인의 삶을 통제하고 감독하려는 시도에 대해 거세게 반발한다. 동시에 자유지상주의는 사회적 목표를 위해서는 개인을 억압할 수 있다는 '집산주의적'(collectivist) 사고를 거부한다. 이는 자유지상주의에서 개인의 권리가 절대적인 것으로 간주되기 때문이다. 문제는 이와 같은 자유지상주의의 논리는 필연적으로 모순일 수밖에 없다는 점이다. 즉 국가의 역할에 대해서는 회의적이면서 동시에 개인적 권리의 절대성을 강조하는 논리는 동시에 성립하기 어려운 점이 있는 것이다.

(2) 모순의 증명

자유지상주의적 주장의 내적 모순은 두 가지 측면에서 논증이 가능하다. 개인적 권리의 절대성이라는 명제의 논리적 토대가 허약하다는 점을 보여주거나 (i), 그게 아니라 개인적 권리가 정말 절대적이라면 그 권리의 보호는 일정부분 국가에 의존할 수밖에 없음을 보이는 것이 그 방법이 될 것이다(ii).

(i) 우선 개인의 권리가 절대적인가? 그렇다면 절대적인 개인의 권리의 내용은 무엇인가? 개인의 권리가 절대적이라면, 그러한 권리라는 것은 절대적으로 보호받아야 실질적 의미를 갖게 된다. 개인의 권리가 절대적으로 보호받아야 한다는 점은 앞

에서 다룬 권리의 세 가지 측면에서 검토할 때도 타당하게 성립되어야 한다. 먼저 개인의 권리가 절대적으로 보호받는다는 것은 개인적 권리가 '보호되는 절대적인 영역'을 상정해야한다(권리의 내용적 측면). 또한 개인의 권리가 절대적이기 위해서는 타인에게도 절대적으로 관철될 수 있어야 함을 의미한다(권리의 대상적 측면). 마지막으로 개인적 권리의 절대성을 주장하려면 사회적으로 인정되고 보호되는 효력 또한 절대적이어야 한다(권리의 실효적 측면).

먼저 절대적으로 보호되는 개인의 영역이 무엇일까? 전통적으로 자유지상주의에서 강조하는 개인의 절대적인 것은 생명과 재산 그리고 자유이다. 자유는 이미 검토했듯이 소극적인 것이기 때문에 결국 내용이 아니라 형식적인 관념으로 축소된다. 결국 절대적으로 보호되는 나머지 영역은 생명과 재산이다.

먼저 생명이 개인의 고유한 것으로서 절대적인 보호를 받아야 할 것이라는 점은 직관적으로 명확해 보인다. 그러나 우리의 역사적 경험에 따르면 개인의 생명 또한 종종 제한되거나 상대적인 보호를 받아왔다. 여기서 그러한 역사적 경험(사실)으로부터 생명의 가치가 상대적이라는 명제(당위)를 도출하려는 것은 아니다. 다만 그러한 역사적 경험을 통해 개인의 생명도 상대적 가치로서 여겨져 온 경험적 사실이 역사적으로 존재해왔다는 점에서 생명의 절대성을 회의하는데 있어서 논리적 인과관계는 없더라도 적어도 최소한의 사실적 인과관계는 있는 것 같다.

그렇다면 재산은 절대적인 것인가?[12] 누구도 개인의 재산이 절대적이라고 쉽게 동의하기는 더욱 어려울 것이다. 이는 다음과 같은 세 가지 이유 때문이다. 첫째 사적 재산의 절대성을 정당화화기 위해서는 그 재산의 취득(형성과 성립)이 정당해야 한다. 여기에는 고전적인 다양한 이론들－선점설, 노동 기원설 등－이 존재하고 또 재산 취득의 일정한 측면들을 설명해준다.[13] 그러나 상속과 같은 재산의 취득이나

12) 하이에크는 많은 경우에서 '재산'이라는 용어를 육체적 위해(harm)로부터의 보호라는 관념을 포괄하는 광의의 의미로 사용한다. 즉 하이에크는 '재산'을 '물질적인 것뿐만 아니라, 삶, 자유 그리고 모든 개인의 동산'을 포함한다고 한다. F. A. Hayek, *Law, Legislation, and Liberty: A New Statement of the Liberal Principles of Justice and Political Economy*(The University of Chicago Press, 1976) v. 2. The mirage of social justice, p.76. 그러면서 하이에크는 로크 식의 '재산이 모든 것에 대한 권리라는 관념'을 받아들이면서, 후에는 '재산의 추상적 규칙'(abstract rules of property)과 '법의 지배'(rules of law)를 같은 것으로 보기도 한다. F. A. Hayek, *The Fatal Conceit: the Errors of Socialism*(Routledge and Kegan Paul, 1988), p.34.

잉여가치, 이자와 같은 자본의 일정한 부분들은 논리적으로 설명하는 데는 한계가 있는 것 또한 사실이다. 예를 들어, 맑스가 말하는 '착취'라는 개념은 잉여가치가 결국 정당한 개인의 재산이 아니라 생산수단을 소유한 유한계급의 폭력적 지배의 산물이라는 인식을 잘 보여준다. 둘째, 재산은 많은 경우 희소성을 갖는다. 희소한 재화들이 이미 선점한 기득권자들에 의해 독점된다면 사회적 갈등이 증폭되고 사회경제적 발전도 불가능해지게 될 것이다. 희소한 재화의 대표적인 것이 토지인데, 토지와 같은 희소한 재화를 이미 선점한 자들에 의해 영구히 귀속시킨다면 더 이상의 생산과 분배는 발생하기 어렵거나, 혹은 발생하더라도 소수에게 귀속되어 그 소수가 권력화 될 것임이 분명하고 이는 결국 자본주의의 가장 큰 모순인 계급 구조의 공고화와 계급갈등의 격화를 낳게 될 것이다. 셋째, 재산은 사회적 맥락에서 형성된다. 한국인들이 반찬으로 선호하는 '김'은 서구의 나라들에서는 그저 바다에서 나는 잡초(sea weed)에 불과하다. 김은 한국인에게 가치가 있는(먹을 수 있는, 더 나아가 먹고 싶은 욕망을 갖게 하는) 재산이지만, 다름 사람들에게는 아무런 의미가 없는 자연의 일부이거나 심지어 귀찮은 쓰레기일 수 있는 것이다. 이처럼 생명과 재산 모두 절대적인 개인의 것이라는 관념에 회의를 갖기 시작한 이상, 절대적인 개인의 (권리) 영역은 누구나 동의할 수 있는 완전한 토대를 갖고 있지 못하다는 결론을 내릴 수밖에 없다.

(ii) 그럼에도 불구하고 개인의 권리가 절대적이라고 가정해보자. 개인의 권리를 절대적으로 보호하기 위해서는 그런 보호가 가능한 권력적 존재나 매커니즘이 필요하다. 다시 말해 특정한 권력적 존재나 매커니즘이 개인의 권리를 실효적으로 보호하지 못하면 개인의 권리는 절대적이라고 말할 수 없는 것이다. 그렇다면 그러한 존재나 매커니즘에는 무엇이 있을까? 경험적으로 우리는 국가를 떠올려보지 않을 수 없다. 개인과 같은 당사자가 아니면서 힘과 강제를 통해 나름의 중립적인 입장을 관철할 수 있는 존재로는 국가를 상정할 수밖에 없기 때문이다. 물론 국가가 어떻게 힘과 강제라는 권위를 독점적인 권력으로서 갖게 되었는지는 별도의 논의가 필요하겠지만 말이다.

---

13) 이에 대한 자세한 논의로는 김대근, "권리에 대한 법경제학적 분석의 의의와 한계," 고려대학교 대학원 박사학위논문, 2010, 제4장 제도화된 재산권의 의의. II. 권리로서 재산권의 의의 3. 재산권의 정당화 논의 참조.

(3) 최소국가의 기능과 한계

결국 자유지상주의에서처럼 개인적 권리의 절대성을 강조하다보면 국가라는 존재를 인정하지 않을 수 없다. 이러한 이유에서 하이에크도 일반적으로 국가에 의한 조세의 징수가 유용하고 필요하다고 인정하면서도, 다만 정당화될 수 없는 차별과 특권에 대한 도구로 쓰일 때에 비판의 초점을 두는 것이다.[14] 때문에 자유지상주의의 맥락에서는 다시 국가의 역할(기능)의 범위가 문제된다. 주지하다시피 자유지상주의 하에서 개인의 자유는 소극적이고, 또한 절대적으로 보호받아야 한다면, 국가의 역할도 개인의 소극적 자유를 절대적으로 보호하는 정도까지 주어져야 한다. 여기서 등장하는 자유지상주의적 국가 관념이 이른바 '최소국가'(minimal state) 또는 '야경국가'(nightwatchman state)이다. 여기서 법은 최소주의적 규범 체계(minimalist normative systems)이다. 하이에크는 최소주의적 규범의 자기조직적 체계의 특성으로 추상성(abstractness)과 소극성(negativity) 두 가지를 든다. 추상성과 소극성은 점차 복잡해지고 전문화되어가는 세상에서 복잡성을 감소시키는 전략일 수 있기 때문이다. 법체계가 추상성과 소극성을 가질수록 개인의 자율성과 개인적 자유의 보호의 가능성이 높아진다는 것이다.[15]

여기서 합법적인 국가는 오로지 개인의 권리를 지키고, 강제나 절도 혹은 사기 등으로부터 개인의 생명과 재산을 보호하는 것을 목적으로만 존재한다. 그러기 때문에 국가는 재산의 재분배에 대해 관여할 어떠한 권위를 갖고 있지 않는다. 자유지상주의에서 재산의 재분배에 관여하는 국가의 행위는 스스로에 대해서나 재산에 대해서 하고 싶은 대로 할 수 있는 개인의 자유를 침해하는 불법적인 것으로 평가된다. 궁극적으로 국가의 역할과 그 범위는 "서로 다른 개인들의 자유가 저촉되는 것을 어떻게 해소하느냐"에 따라 규정되어질 것이다.[16]

---

14) F. A. Hayek, *The Constitution of Liberty*(Routledge and Kegan Paul, 1960), pp. 306-323.

15) John C.W. Touchie, *Hayek and Human Rights: Foundations for a Minimalist Approcah to Law*(Edward Elgar, 2005), p.10.

16) Milton Friedman(심준보 · 변동열 역), *Capitalism and Freedom*(자본주의와 자유)(청어람미디어, 2007), 63면.

Ⅲ. 자유지상주의적 인권과 정의 개념의 실천성

1. 인권과 정의의 관계

일반적으로 인권과 정의의 관계를 규정하기는 어렵지만, 둘 다 당위적인 가치를 수반하고 있다는 점에서는 공통적이라고 할 수 있다. 다만 어떠한 점에서 당위적인지, 혹은 인권과 정의가 각각 서로의 개념을 형성하는데 어느 정도 기여하는 지를 세심하게 고찰하는 것이 보다 실천적인 효용을 갖게 된다.

(1) 인권의 지평

논의를 위해서 인권의 가장 기본적인 의미에서부터 출발해 보자. 인권을 단순하게 풀어서 말한다면 다름아닌 인간의 권리라고 할 수 있을 것이다. 이는 인간이 보유하는 권리라는 일차적 의미를 지니지만, 동시에 인간으로서 실존하기 위한 최소한의 개인적 권리라는 의미 또한 지니고 있다. 인간으로서 실존하기 위한 개인적 권리라는 개념은 '인간으로서 실존하기 위한 조건'에 대한 이해를 필요로 하지만, 그보다 선행하는 문제는 그러한 개념이 논의되는 맥락은 '특정한 개인이 그러한(인간으로서 실존할 수 있는) 조건에 처해있지 않은 상황'을 전제로 하고 있는 인식론적인 것이다. 다시 말해 우리가 인권을 말하는 것은 그 특정한 개인이 사회 공동체 내에서 인간으로서 실존하기 어려운 상태를 전제로 하는 것이다.[17] 문제가 이러하다면 결국 인권의 지평에서 요구되는 실천적인 과제는 특정한 개인이 사회공동체에서 인간으로서 실존하기 위한 가능성과 조건을 갖게 하는 것임을 알 수 있다. 물론 여기에는 인간으로서 실존하기 위한 가능성과 조건이 무엇인지에 대한 문제와 그러한 가능성과 조건을 위해 무엇을 할 수 있는가라는 별개의 문제를 남겨 놓는다.

17) 물론 인권이 말하여지더라도 그 내용의 타당성에 대한 비판은 언제나 열려있어야 할 것이다. 때문에 "인권을 말하는 사람은 자신이 말하는 내용이 타당한 것임을 근거지워야 하고, 사람들이 그 타당성을 널리 인정할 때 비로소 인권으로 승인"된다고 할 수 있다. 이상돈, 『기초법학』(법문사, 2010), 191면.

(2) 정의의 지평

한편 정의라는 관념을 고민해 보면 인식과 실천의 문제가 인권의 경우와 크게 다르지 않음을 알 수 있다. 정의 개념에 대한 역사적 전개과정에서 나타난 바와 같이 정의의 가장 좁은 의미는 '각자에게 그의 것을'(jedem das Seine)과 '각자에게 같은 것을'(jedem das Gleiche)이라고 하는 평등의 명령이다.[18] 특히 평등은 '같은 것은 같게 다른 것은 다르게' 취급하는 것을 말한다. 만약 어떤 대상들이 본질적으로 같다면 그 취급 또한 같아야 하고, 어떤 대상들이 본질적인 차이를 갖는다면 다르게 취급해야 한다는 원리인 것이다. 따라서 본질적으로 같은 대상을 다르게 취급하면 불평등하기 때문에 정의롭지 않다는 평가를 받아야 할 것이고, 또한 본질적으로 다른 대상을 일률적으로 같이 취급하더라고 다른 대상에 대한 응분의 보상과 처벌이 주어지지 않았다는 점에서 정의롭지 않은 것이다. 물론 여기에서도 대상들 사이에서 어떤 경우를 같다고 인식해야 하고 또 어떤 경우를 다르게 취급해야 할지에 대한 논의는 별개의 것이다.[19] 이러한 점에서, '같은 것은 같게, 다른 것은 다르게'라는 평등의 개념은 지극히 형식적인 것일 수밖에 없다.

---

18) Kurt Seelmann(윤재왕 역), *Rechtsphilosophie*(법철학)(세창출판사, 2010), 175면. 정의가 무엇인지에 대해 가장 오래되고 역사적인 개념은 이를테면 '각자에게 그의 것을 주는 것'이라는 표현일 것이다. 이러한 고대의 정의 개념은 개인에게 주어져야 할 그의 것이 무엇인지에 대한 옛사람들의 오래된 고민을 매우 잘 보여준다. 또한 이 표현에서는 그 무엇인가가 반드시 특정한 개인에게 귀속되어야 할 것이라는 점을 분명하게 보여준다. 예를 들어, 어떤 사람이 잘한 일이 있다면 그 잘한 일에 대한 칭찬(사회적 승인)과 보상(재화의 분배)을 통해서 평가를 받게 된다. 혹은 누군가가 잘못을 했다면 사회적 비난이나 재화의 박탈을 통해 그 행위를 평가하는 것이다. 플라톤이 정의를 "잡다한 다른 것들이 아니라, 바로 자기 몫을 행하는 것"이라고 하거나(Platon, *Politeia* IV, 433a, dt. Übers., S.321) 아리스토텔레스가 "모든 사람이 각자 자기의 것을 갖게 된다"는 것을 정의라고 했을 때(Aristotles, *Rhetorik*, Buch a, Kap.9,, 1366b, dt. Übers., S47f.)이라고 했을 때 여기서 각 개인의 '자기의 것'은 공동체 내의 구체적인 지위(신분)에 따라 결정된다고 한다. 자세한 내용은 같은 책 174면 참조.

19) "그것은 무엇이 같은 것 내지는 같지 않은 것인가(이 문제는 법률상의 구성요건들을 구성하는 데 대해 중요하다)에 대해 그리고 어떻게 같은 것 내지는 같지 않은 것이 다루어져야 하는가(이 문제는 특히 법률효과를 부여하는 것과 관련이 있다)에 대해서는 말해주지 않는다. 그런데 이러한 관점에서 볼 때, 세계에는 다른 것과 전적으로 같거나 같지 않은 것이 아니라, 언제나 비교점[예컨대 "법의 목적"(ratio iuris)]에 따라 다소간 유사하고 유사하지 않을 뿐이다(따라서 유추 대신 항상 논리적으로 역추론도 가능하다). 동일성은 비동일성으로부터의 추상화이며, 다시 이 비동일성은 동일성으로부터의 추상화이다." Arthur Kaufmann(김영환 역), *Rechtsphilosophie*(법철학)(나남, 2007), 339면.

이러한 점에서 평등은 정의의 형식이라고 할 수 있다.[20]

오늘날 정치철학에서 다루어지는 정의론은 바로 이 지점, 즉 같은 취급과 다른 취급의 구별과 정당성에 대한 이론적 모색이라고 할 수 있다. 현대 정의론에서 가장 치밀하고 설득력 있는 논리를 전개하는 롤스의 정의론에서 정의의 두 원칙 중 특히 차등 원칙(difference principle)을 통해 최소수혜자에게 가장 많은 이익을 분배하는 문제를 집중적으로 다루고 있다는 점에서 이와 같은 고민을 다시 한번 확인할 수 있다.[21]

(3) 인간의 실존에 대한 모색

다시 인권과 정의의 문제로 돌아가보자. 앞에서 인권의 실천적인 과제가 특정한 개인이 사회공동체에서 인간으로서 실존하기 위한 가능성과 조건을 갖는 것이라고 했을 때, 정의론에서 특히 롤스가 최소수혜자에게 가장 많은 이익을 분배하는 것이 정의의 요청이라고 했을 때, 양자는 인간다운 실존의 조건에 놓여 있지 않은 개인들이 공동체의 다른 인간들과 동등하게 실존할 수 있는 가능성을 고민한다는 점에서 맥락을 같이 한다는 것을 확인할 수 있다. 공동체 내의 실존의 가능성을 노직은 개인적 권리의 우선성,[22] 롤스는 사회적 기본재(primary goods)의 분배, 드워킨은 자원의 평등(equality of resources)[23]으로 바라보는 점

---

20) 같은 견해로 Neil MacCormick, *Legal Reasoning and Legal Theory*(Oxford University Press, 1978), pp.73-75. "형식적 정의의 요구조건은 우리가 각 사안을 같게 대우하고, 서로 다른 사안을 다르게 다루며, 모두에게 그의 몫을 주는 것이다. … 사안을 같게 대우한다는 말은, 과거의 유사한 사안에 따라서 현재의 결정이 내려진 것처럼 내가 오늘 당장의 사안을 미래의 비슷한 사안에도 적용할 수 있는 근거에 따라 결정해야 한다는 것을 의미한다. 이러한 점은 형식적 정의의 원칙을 고수해야 한다는 것을 의미한다; 그리고 누가 뭐라고 하든 간에 법관들은 형식적 정의의 원칙을 고수해야 한다."

21) 정의의 두 원칙, 특히 차등 원칙은 최소수혜자에게 가장 혜택이 주어질 때에만 정당화될 수 있다. 차등원칙이 매우 제한된 조건에서만 최소극대화 원칙(maxmin principle)이 최적의 결과를 가져다 줄 수 있다는 점을 고려한다면, 결국 롤스의 정의의 원칙이 사회적 기본재의 기계적이고 형식적인 분배를 통해서만이 비로소 정당성을 얻게 된다는 한계를 내재함을 확인할 수 있게 된다. Arrow, "Some Ordinalist-Utilitarian Notes on Rawls's Theory of Justice," *Journal of Philosophy*, 70(May), pp.245-263 참조.

22) Nozick, *Anarchy, State, and Utopia*(Blackwell, 1975) 참조. 이 책에 대한 번역본으로는 남경직 역, 『아나키에서 유토피아로: 自由主義 國家의 철학적 기초』(문학과 지성사, 1997) 참조.

23) Dworkin, *Sovereign Virtue: The Theory and Practice of Equality*(Harvard University

에서 차이를 보이는 것이다.[24)]

2. 자유지상주의에서 인권과 정의 개념

(1) 사회정의에 대한 반발

자유지상주의에서 정의에 대한 논의는 적극적으로 다루어지는 편은 아니다. 예를 들어 하이에크는 법의 이념이 추구해야 할 것으로 일반성과 평등성을 들지만 (실질적인) 정의의 가치에 대해서는 회의적이다. "법의 지배에서 법은 일반적이고 평등할 뿐만 아니라, 정의로워야 한다고 종종 말해진다. 그러나 효과적이기 위해서는, 대부분의 사람들에게 정의롭다고 받아들여져야 한다는 데에는 반론의 여지가 없으나, 우리가 일반성(generality)과 평등성(equality) 외에 다른 형식적으로 정의의 기준이 있을지에 대해서는 의문이다."[25)]라는 식의 견해가 일반적이라고 할 수 있다. 심지어 자유지상주의에서는 일반적 의미에서의 사회정의(social justicc)라는 개념을 거부하기도 한다. 다시 하이에크를 원용하면, 그는 부의 권력을 제한하려는 고전적 자유주의의 기획이 실패했다고 하면서, 그 이유를 "'사회 정의'라는 미신(cult)"을 추구했기 때문이라고 한다.[26)] '사회 정의'는 많은 이들이 '준-종교적 믿음'[27)]으로 가지고 있는데, 하이에크가 보기에는 '완전히 공허하고 의미 없는', '뭐가 되었건 내용은 없는' 용어였던 것이다.[28)] 게다가 사회

Press, 2002) 특히 chapter. 2 참조. 번역본으로는 염수균 역, 『자유주의적 평등』(한길사, 2005) 참조.

24) 후술하겠지만, 센(Sen)은 이를 서로 다른 공간(space)에서의 평등 추구로 바라본다, 학자들마다 추구하는 가치의 우위에 대한 논증은 결국 다양한 공간들 가운데 어느 하나의 공간을 선택하여 그 공간이 다른 공간에 비해 왜 중요한지를 논증하는 형식을 취하게 된다.

25) F. A. Hayek, *The Constitution of Liberty*(Routledge and Kegan Paul, 1960), p.210

26) F. A. Hayek, *Law, Legislation, and Liberty: A New Statement of the Liberal Principles of Justice and Political Economy*(The University of Chicago Press, 1976) v. 2. The mirage of social justice, p.99

27) F. A. Hayek, *Law, Legislation, and Liberty: A New Statement of the Liberal Principles of Justice and Political Economy*(The University of Chicago Press, 1976) v. 2. The mirage of social justice, xi.

28) F. A. Hayek, Law, *Legislation, and Liberty: A New Statement of the Liberal Principles of Justice and Political Economy*(The University of Chicago Press, 1976) v. 2. The mirage of social justice, xi-xii.

정의라는 개념은 궁극적으로는 부를 재분배하는 결과를 가져온다. 사실 자유지상주의가 반대하는 것은 부의 재분배인데, 이에 대해 강하게 반발하는 이유는 다음과 같은 가능성들 때문이다. 첫째로는 재분배가 개인의 자유, 특히 재산에 대한 권리를 근본적으로 침해하기 때문이고 둘째, 이를 위해서 국가나 정부의 역할이 확대되어야 하기 때문이다. 셋째로는 공공선택이론(public choice theory)에서 밝히는 것처럼, 사회정의라는 명분으로 행해지는 대부분의 정책들은 특정 관료의 이익이나 특정 집단의 이익을 위한 목적을 은폐하고 있기 때문이다.[29] 넷째, 정부에 의한 재분배 정책은 인센티브와 가격체계를 왜곡하면서 시장의 효율적인 운영을 방해한다. 이는 경제적 비효율을 초래하기 때문에 대다수의 효용과 복리를 침해하게 된다. 같은 맥락에서 마지막으로, 정부의 재분배 정책은 반생산적일 수 있다. 사회적 약자에게 혜택을 주려는 정부의 개입은, 시장 매커니즘을 고려하지 않는다면 대개 그 의도를 달성하는데 실패하거나 의도하지 못하는 부작용을 가져올 수가 있기 때문이다. 이른바 '조종의 트릴레마'(regulatorisches Trilemma)[30] 또는 '규제의 역설'(paradoxes of the regulatory state)[31]은 이러한 문제를 잘 보여준다.

---

29) 공공선택론에서는 현실적인 관점에서 정부가 공익의 극대화를 위해 체계적으로 관여하지도 않으며, 관료들은 저신의 이익을 극대화하고자 한다는 생각을 한다. 보다 구체적인 설명으로는 Gordon Tullock, "제1부 공공선택론의 이론," *Goverment: Whose Obedient Servant?*(공공선택론: 정부실패)(대영문화사, 2005) 25-41면 참조.

30) 이상돈 교수는 사회국가적 법모델에서 법과 정치의 상호무관심해지고 법에 의한 사회적 통합의 와해되어 결국 사회에 의한 법적 통합이 와해되는 현상을 '조종의 트릴레마'라고 한다. 이상돈, 『기초법학(제2판)』(법문사, 2010), 500면; 『헌법재판과 형법정책』(고려대학교 출판부, 2005) "제2장 민주적 법치국가에서 헌법과 형법의 관계" 참조.

31) Cass Sunstain, "Paradoxes of the Regulatory State", *University of Chicago Law Review* 57, 1990, pp.407~441 참조; 한편 이에 대한 실증적 분석의 예로는 Peltzman S., "The Effects of Automobile Safety Regulation," *Journal of Political Economy*, August, 1975 참조 펠츠만(Peltzman) 은 미국에서 1966년 입법되어 1968년에 발효된 자동차교통안전법(National Traffic and Motor Vehicle Safety Act)에 의한 자동차 안전규제가 본래의 의도처럼 교통사고로 인한 사망, 부상 그리고 재산손실을 감소시켰는지를 실증적으로 연구하였다. 이 법은 입법 당시 자동차 사고자수가 모든 사고로 인한 사망자수의 1/3 - 1/2을 차지하고 있고, 계속 감소추세에 있던 자동차 사망자의 수가 1960년대 초반에 증가추세로 반등함에 따라 자동차 설계 개선을 통하여 사고자수를 줄이고자 하는 것이었다. 즉 자동차 안전규제는, 만일 안전규제가 없다면 1972년에 일어날 수 있는 자동차 승객 사고율을 10-20퍼센트를 감소시킬 수 있다는 전망 하에서 입법된 것이다. 그러나 결론적으로 이와 같은 법제화는 첫째, 자동차 안전규제가 사망률을 감소시키지 않았다는 점이다. 이는, 안전규제는 사고시 운

(2) 인권과 정의의 가능성

그렇다고 자유지상주의에서 인권이나 사회정의 가능성을 아주 외면하는 것은 아니다. 일단 자유지상주의는 개인의 권리를 강조한다. 이러한 권리는 선재되어 있는 것으로 간주되기 때문에 이미 개인이 보유하고 있는 권리를 보호하는데 더 주안점을 두는 것은 사실이다. 그러나 개인이 스스로를 통제하고 자유를 행사할 수 있는 기본적인 권리를 강조하는 것은 인권의 가능성을 부정하는 것만은 아니라는 추축을 하게 한다. 만일 어떤 개인이 자신의 권리를 행사할 수 없는 사회적 조건 하에 놓여 있다면 이를 해결해야 한다는 문제의식을 자유지상주의자도 가질 수 있는 것이다.

그러나 여기서 자유지상주의의 해법은 일반적인 정치철학적 입장과는 다르다. 개인의 권리를 절대적으로 보호하기 위해서는 그런 보호를 할 수 있는 존재나 매커니즘을 필요로 하지만, 이를 국가의 개입을 통해서가 아니라 시장이나 보험을 통해서 해결하고자 하고, 그것도 여의치 않을 때는 부득이하게 개인의 자비심에 의존해야 한다는 것이다.

물론 시장 매커니즘에 의한 해결은 개인의 합리적 이기심에 의해서 작동하기 때문에 대개의 경우 효율적인 결과를 가져오고, 또한 자생적인 질서(spontaneous order)의 측면이 있는 것은 사실이다.[32] 그러나 시장 매커니즘은 대등하고 자유로운 개인을 상정하고 있다는 점에서 사회적 약자나 완전한 권리를 갖지 못한 개인의 구제라는 문제의식을 근본적으로 수용하지 않는다. 또한 보험에 의한 해법

전자와 승객의 사망률을 줄여주지만, 운전자들의 더 위험한 운전으로 사망률 감소효과가 상쇄되기 때문이다. 따라서 위험은 운전자나 승객으로부터 보행자, 자전거나 오토바이 이용자들에게 이동된다. 둘째, 규제는 장기적으로 사고율을 감소시켜 왔던 시장의 힘을 재확인해 주었을 뿐이다. 그러나 이를 가능하게 했던 것은 사고 시 사망의 감소가 아니라, 사고 확률의 감소로 인한 것이다. 따라서 안전규제에 대해 보인 운전자들의 유일한 반응은, 점점 더 적은 횟수의 사고를 내는 것이었던 반면에, 사고의 정도에 있어서는 더 심각한 사고를 당하는 운전행태를 보인 것이었다.

32) 하이에크는 질서(order)를 두 가지로 나누어 고찰한다. 자생적(grown) 질서와 인위적(made) 질서가 그것인데, 특히 전자의 것을 자생적 질서(spontaneous order)라고도 한다. 자생적 질서는 인간의 인위적인 개입이나 의도 없이 자연계에서 나타나는 질서이다. 자세한 내용은 F. A. Hayek, *Law, Legislation, and Liberty: A New Statement of the Liberal Principles of Justice and Political Economy*(The University of Chicago Press, 1973) v. 1. Rules and order, pp.35-54 참조.

도 그것이 사(私)보험일 경우라면 결국 시장에 의한 해결의 다른 변주에 불과한 것이 되고, 사회보험과 같은 공(公)보험이라면 결국 자유지상주의가 거부하는 국가에 의한 재분배라는 결과를 가져오기 때문에 자가당착에 빠질 수밖에 없다.

3. 자유지상주의적 개념의 실천성

위에서 살펴본 것처럼 자유지상주의가 인권과 정의의 문제에 소극적인 것은 사실이다. 그러나 자유지상주의적인 인권 담론(사실은 권리 담론)과 정의 담론은 역사적으로 그리고 인식론적으로 실천적인 성격을 갖고 있다. 그리고 사회공학에 기여하는 측면이 있는 것 또한 사실이다. 이하에서는 자유지상주의적 담론의 실천성을 개별적으로 검토해 보기로 하자.

(1) 역사적 실천성

자유주의적 인권과 정의 담론은 역사적으로 개인이 봉건사회의 암흑으로부터 계몽되고 해방되는 계기를 마련해 주었다는 평가를 할 수 있다.[33] 보다 정확히는 자유지상주의의 업적이 아니라 고전적 자유주의 업적이겠으나 그 입장이 자유지상주의와 크게 다르지 않다는 점을 고려한다면, 개인의 성장과 발전의 계기를 마련했다는 평가에 인색할 필요는 없다고 생각한다. 특히 국가(기능)의 거대화에 따른 개인의 자율성 침해의 가능성에 대해 민감하게 반응하면서 개인적 자유의 우선성을 내세우는 자유지상주의의 이론적 장점은 근대 개인의 성장과 발달에 상당한 기여를 한 것으로 높이 평가할 수 있다. 기본권의 역사에서도 확인할 수 있듯이 개인의 인권과 기본권은 대국가적인 성격에서 비롯되었으며, 특

---

33) 경제적 합리성에 기반한 근대적인 자본주의는 경제(체계)의 전문화를 가져왔고, 경제(체계)의 전문화는 덜 고정적이며 덜 동질적인 사회구조, 덜 절대적이고 더 민주주의적인 정치체계와 맞물려 개인에게 선택의 자유를 놀라운 정도로 확장시켰다. Ian Watt(강유나 · 고경하 역), *The Rise of the Novel: Studies in Defoe, Richardson, and Fielding*(소설의 발생: 디포우, 리처드슨, 필딩 연구)(강, 2009), 90면 이하 참조, 이러한 새로운 경제 질서 속에서, 사회제도가 기반을 둔 사실상의 실체는 이제 더 이상 가족이나 교회, 국가 등 집단적인 구성단위가 아닌, 개인이 된다. 그야말로 개인(individual)이라는 단어가 더 이상 쪼개질(divide) 수 없는 사회적 실체의 최소의 단위가 된 것이다. 김대근, 권리에 대한 법경제학적 분석의 의의와 한계, 고려대학교 대학원 박사학위논문, 2010, 19면.

히 국가나 행정부의 비대화에 대한 반작용 혹은 견제라는 의미를 갖기 때문이다. 개인의 자율성과 시장의 효율성이 국가의 거대화에 의해 끊임없이 침해될 수 있는 개연성은 늘 있다는 점을 고려한다면, 자유지상주의적 담론은 여전히 역사적이면서 동시에 미래적인 의미를 갖는다고 할 것이다.

(2) 인식론적 실천성

자유지상주의의 담론은 인권론 혹은 정의론으로서도 충분히 실천적이다. 이는 두 가지 차원에서 설명될 수 있다. 먼저 개인의 권리를 강조한다는 점에서 자유지상주의적 담론은 이론적 명확성을 갖는다. 개인적 자유의 중요성에 대한 논의들은 어떠한 개인일지라도 수긍할 만한 이론적 근거와 도덕적 정당성을 갖고 있다. 내가 내 삶을 통제하고 스스로의 권리를 행사하는데 어떠한 제약도 있어서는 안 된다는 이론적 선명성은 자유지상주의에 내재된 많은 모순에도 불구하고 이 담론들이 끊임없이 재생산되는 이유를 어느 정도 설명해 준다. 이러한 이론적 선명성은 국가의 부당한 침해에 대해서 누구라도 원용할 만한 보편화 가능한 논거라는 점에서 도덕적 정당성을 부여하기에 충분하다.[34)]

또한 자유지상주의적 담론은 공허하고 추상적인 이념이 가질 수 있는 이데올로기적 허구성을 드러내주는 역할을 한다. 정의의 개념이 협의로는 '같은 것은 같게, 다른 것은 다르게'라는 형식적인 것임을 이미 설명한 바 있지만, 바로 이러한 형식성 때문에 그 내용이 사실은 특정한 집단만을 위한 정책으로 변질될 수 있음을 지적한 것은 자유지상주의적 논리의 인식론적 장점이라고 할 수 있다. 사회정의라는 이름으로 행하여지는 재분배 정책에서 그러한 재분배의 결과가 파레

---

34) 특히 자기재산권이란 측면에서의 권리는, 인간의 가장 근원적인 권리로서 매우 강력하고 폭넓은 다른 권리들의 근거가 된다. 헤겔은 "재산 속에는 인격으로서의 내 의지가, 따라서 개별의지로서의 내 의지가 대상화되어 있기 때문에 재산은 사유재산의 성격을 띤다"고 한다. Hegel(임석진 역), *Grundlinien der Philosophie des Rechts, oder Naturrecht und Staatswissenschaft im Grundrisse*(법철학), 한길사, 2008, 137면. 개인들은 자기 소유의 권리에 입각하여 자신의 몸에 지닌 모든 자연적 자산들에 대한 권리를 갖게 된다. 사유 재산권 및 소득과 부에 대한 권리는 개인들이 자신의 자산을 자유롭게 사용할 수 있는 권리로부터 발생하며, 따라서 (사유)재산권은 절대적인 권리로 간주될 수밖에 없다. 김비환, 『자유지상주의자들 자유주의자들 그리고 민주주의자들-기본권을 통해본 시장과 민주주의』(성균관대학교 출판부, 2004), 36-37면 참조.

토 효율성을 가져오지 못함은 분명하고, 정책의 의도와 다른 부작용과 비효율을 가져올 수 있다는 지적은 다른 이론적 지평에서는 쉽게 드러나기 힘든 통찰임에는 틀림이 없다.

(3) 사회공학적 실천성

본래 국가의 개입 없는 개인의 자유로운 권리의 교환은 그 자체가 자유로운 개인의 권리보장의 측면이 있다. 그러나 개인의 자율성을 강조하는 자유지상주의는 시장주의에서 가장 많이 원용된다. 그 이유는 개인의 자유로운 교환을 통해 가장 효율적인 결과를 가져올 수 있다는 믿음에서 비롯된 것이다. 실제로 시장에서는 다양한 개인의 암묵적 지식(implicit knowledge)이 보이지 않는 손에 의해서 가격에 반영된다. 개개인의 수요와 공급이 균형을 이루어서 가격을 형성하고, 이러한 (시장) 가격에 의해 재화가 분배되면, 특정 재화의 가치를 가장 높이 평가하는 개인이 그 특정 재화를 소유한다는 점에서 가장 효율적인 결과를 가져다 주는 것이다. 재화의 차별적인 평가는 사람들의 다른 선호를 기반으로 한다.[35] 거래는 관련된 두 당사자가 이익을 얻을 수 있는 한 발생하게 된다. 따라서 다른 사람의 상태를 더 나쁘게 하지 않으면서 누군가가의 처지가 개선되는 한 사회적 효용은 증가한다.(파레토 우위) 여기서 사회적 효용은 효율적 소비(efficient consumption)가 달성될 때까지 거래(교환)를 통해 증가된다는 점이다.[36]

IV. 인권과 정의의 변증법

1. 변증의 방법에 대한 추론

(1) 변증의 논리

앞에서는 자유지상주의적 인권과 정의 담론이 역사적 실천성을 가진다는 점

---

35) Mathis, *Efficiency Instead of Justice? — Searching for the Philosophical Foundations of the Economic Analysis of Law*(Springer, 2009), p.138

36) George P. Fletcher, *Basic Concepts of Legal Thought*(Oxford University Press, 1996), p. 157.

을 보여주었다. 즉 자유지상주의의 담론들은 국가의 끊임없는 개입으로부터 개인적 권리의 우선성을 내세우며 개인의 자율성을 강조하는 역사적인 역할을 해왔고 또 앞으로도 그러하리라고 기대할 수 있다는 것이다. 이러한 추론은 "학문에서는 개념이 그 자체로부터 스스로 전개되어 오직 내재적인 진행 속에서 자신을 산출하는 방법"에 의해 가능한데,[37] 이와 같은 방법 ―변증법― 은 인권과 정의라는 개념이 전개되고 발전하는 모습에서도 나타나기 때문이다. 즉 개인의 자유(자율성)가 일정하게 성장을 하게 되면 그 과정에서 필연적으로 내적 모순에 부딪히게 되면서 이를 부정하려는 운동이 생기게 되고, 이러한 부정을 다시 부정하게 되면서 원래의 모습에서 더욱 발전된 동일성을 회복한다는 점에서 역사적 변증법의 모습을 띠는 것을 확인할 수 있는 것이다.

(2) 법체계의 패러다임

물론 이와 같은 고찰은 하버마스(Habermas)나 이상돈 교수가 법체계의 모델을 통해 거시적으로 논증한 부분이기도 하다.[38] 법체계의 모델에 따르면 자유주의적인 법모델에서 법은 형식성을 띠며 소극적으로 개인에게 권리와 의무를 분배하는 역할을 한다. 그러나 자유주의적 법 모델은 인식론적인 문제와 함께 계급의 분화에 의한 실질적 자유의 보장에 실패함으로 인해 내적 모순에 부딪히게 된다. 이러한 모순은 사회국가적 법모델의 탄생을 가져오는데, 그러나 도덕 원칙을 확대하여 재화를 재분배하려는 사회국가적 기획은 개인과 시장의 자율성을 침해하고, 조종의 트릴레마와 같은 문제를 낳으면서 또다시 일정한 한계(모순)에 부딪히게 된다. 여기서 절차주의적 법모델이 발생하는데, 절차주의적 법모델은 개인을 직접 조종하지 않으면서 절차와 조직 및 조종권한을 분배함으로써 개인의

---

37) Hegel(임석진 역), *Grundlinien der Philosophie des Rechts, oder Naturrecht und Staatswissenschaft im Grundrisse*(법철학), 한길사, 2008, 109면. 임석진은 주해에서 "차원 높은 개념의 변증법이란 규정을 단지 제한이나 반대물로 산출하는 데 그치지 않고 오히려 규정에서 긍정적인 내용과 결과를 산출하여 이를 파악하는 것으로, 오직 이렇게 함으로써만 규정은 전개되고 내재적인 전진도 이루게 된다"고 한다. 같은 책, 110면.

38) 이상돈, 『기초법학(제2판)』(법문사, 2010), 502면; Jurgen Habermas, *Faktizitat und Geltung: Beitrage zur Diskurstheorie des Rechts und des demokratischen Rechtsstaats*(사실성과 타당성: 담론적 법이론과 민주적 법치국가 이론)(나남, 2007) 제9장 법의 패러다임 참조.

자율성을 보장할 수 있다고 한다.[39)]

(3) 변증의 기획

법체계의 모델은 법의 패러다임이 어떻게 변화·발전하는지를 잘 보여준다. 이는 인권과 정의의 담론에서도 마찬가지 패턴을 보여주리라고 기대할 수 있다. 다만 그 변증의 과정에서 인권과 정의의 담론의 모습과 형태는 법체계의 모델과는 다를 수 있을 것이다. 이하에서는 운동의 직접적 계기로서 자유지상주의적 인권과 담론이 내적 모순을 극복하는 모습을 통해 자유지상주의적인 권리도 다양한 평등 이론의 한 형태임을 보이면서(매개하면서), 인권과 정의이론이 개인의 진정한 자유로 발전하는(직접성을 회복하는) 필연성을 서술하려고 한다. 그리고 그러한 자기동일성의 회복으로 가능한 인권과 정의의 모습을 특히 센(Sen)이 제시한 역량(capability)라는 개념을 통해 재정립하고자 한다.

변증의 일반적 구조는 〈시원(Anfang)－진전(Fortgang)－종결(Ende)〉, 〈첫번째 것－첫번째 것의 부정－두번째 부정〉, 〈직접성－매개성－직접성의 회복〉, 〈즉자－대자－즉자대자〉, 〈보편－특수－개별〉 등의 다양한 양상을 띠지만,[40)] 대개 첫 번째 것이 내적 모순을 통해 분열을 하게 되면 두 번째 것이 첫 번째 것을 부정함과 동시에 세 번째 것으로 매개하는 역할을 하면서, 세 번째 것은 첫 번째의 것이 한층 더 높은 차원으로 복귀하는 형태를 갖는다는 점에서는 동일한 구조를 갖는다. 이하의 인권과 정의의 담론이 변증하는 과정을 잘 보여줄 수 있는 〈직접성－매개성－직접성의 회복〉의 구조를 통해 논의를 하고자 한다.

2. 직접성의 대상(즉자적 인식)으로서 자유지상주의적 인권과 정의 담론

(1) 직접성의 대상으로서 소극적 자유

논의의 시작은 가장 낮은 단계의 인식과 현상으로부터 시작할 필요가 있다. 다시 말해 "가장 낮고 가장 외적인 수준, 즉 시간과 공간에 펼쳐져 있는 물질로부터 출발"[41)]하면서 보다 높은 단계의 것으로 발전해가는 일반적인 운동의 모습을

39) 자세한 내용으로는 이상돈, 『기초법학(제2판)』(법문사, 2010), 485-507면

40) 加藤尚武 외 엮음(이신철 역), *ヘーゲル事典*(헤겔 사전)(도서출판b, 2009), 152면

41) Charles Taylor(박찬국 역), *Hegel and Modern Society*(헤겔철학과 현대의 위기)(서광사,

통해 인권과 정의의 모습을 모색해 보는 것이다.

주체로서 개인이 성장하게 되면서 개인의 실존을 구체화하는 기획이 필요한 것은 시대적 요청이면서 막 태동한 개인주의적 요청이었다고 할 수 있다. 여기서 개인의 실존에 필요한 가장 기본적인 필요조건들인 자유와 재산에 대한 법제화 및 정당화가 필요해진다. 왜냐하면 자유와 재산이야 말로 근대적인 개인이 실존하기 위해서 제일 먼저 획득하거나 지켜야 하는 조건들이기 때문이다. 사실 자유와 재산이야말로 개인이 근대사회에서 정치적 주체와 경제적 주체로 거듭날 수 있는 계기를 제공해주었다고 할 수 있다. 이는 특히 정치적으로는 시민혁명을 통해 발달한 근대적 이성의 가능성으로서 자유 개념이 필요로 했고, 경제적으로는 산업혁명과 같은 구조적 변화를 통해 근대적 부르주아가 자신의 정체성을 강화하기 위한 수단으로서 사유 재산을 축적하면서 더욱 가속화된다. 노직(Nozik)같은 자유지상주의 철학자는 개인의 이러한 자유와 재산을 자연권으로서 자리매김하려는 시도를 하게 된다.[42]

그러나 이러한 자유는 소극적인 자유 개념의 지평에 머무른다. 즉 외부의 강제로부터 벗어나는 것, 즉 역사적으로는 절대국가나 군주로부터의 억압과 강제로부터 벗어나는 것을 자유로 인식하고 있었기 때문이다. 권력에 의해 강제당하지 않은 상태에서 자유롭게 시장에서 활동할 수 있는 개인의 권리야 말로 초기 인권의 시작이었고, 또한 이러한 개인의 권리(인권)를 보호하는 정도로 최소한의 국가가 개입을 하는 것이 바람직한 것이었다. 따라서 '정의'는 개인의 자유로운 거래가 가능하도록 교환적 정의의 형태를 띠거나, 그러한 거래의 질서를 침해하는 행위를 제재하는 교정적 정의의 모습을 띠었다고 할 수 있다.

(2) 소극적 자유의 모순

그러나 이와 같은 인권과 정의 개념은 사회 특히 시장에서 발생하는 실질적

1990), 96면.

42) 홉스와 로크의 자연권적 전통의 계승을 강조하는 자유지상주의는 인간은 양도할 수 없는(inalienable) 권리를 갖고 태어난다고 한다. 양도할 수 없고, 결코 침해할 수 없는 권리라는 개념은, 특히 노직에 의하여 강조된다. 노직에 따르면, "개인들은 권리를 가지고 있으며 어떤 사람이나 집단도 권리를 침해할 수 없다(그들의 권리를 침해하는 경우를 제외하고)"고 주장한다. Nozick, *Anarchy, State, and Utopia*(Blackwell, 1975) p.132.

인 불평등에 무기력할 수밖에 없다. 시장에 참여하는 주체들이 자신의 욕망을 충족시키기 위해서 최선을 다하는 동안 시장 매커니즘 특히 경쟁에서 도태된 개인들에 대한 보호가 없다는 점과 시장 질서에서 구조화된 법과 제도들이 재화의 불균등한 분배를 정당화하거나 심화시키는 문제가 발생하기 때문이다. 이는 개인의 자유를 보장한다는 자유(지상)주의적 기획이 자기 모순에 빠지게 됨을 의미한다. 이러한 모순이 심화되면서 자유 및 인권과 정의 개념은 자기 분열적 양상을 띠게 된다. 그리고 이러한 분열의 매개로서 국가의 적절한 개입과 규제가 요청되는 단계에 이른다.

3. 매개성의 대상으로서 인간의 다양성 고찰

(1) 자유의 또 다른 가능성

이와 같이 소극적 자유의 측면에서 자유지상주의는 개인의 자유를 강조하면서도 부분적으로 자유의 중요한 맥락들을 놓칠 수밖에 없다. 즉 노직과 같은 자유지상주의는 권리의 절대성을 강조하면서 선택할 수 있는 자유, 즉 자유의 과정에만 집착하게 되는 것이다. 자유의 과정에 주목하는 과정지향적 자유는 선택의 절차 자체에 초점을 두면서 선택할 수 있는 자유를 강조한다. 그러나 가치 있다고 생각하는 것을 성취할 수 있는 실질적 '기회'에 주목하면서 '성취할 수 있는 자유(freedom to achieve)'를 강조해야 할 필요가 발생한다. 바로 이 지점에서 자유를 기회(opportunity)의 측면과 과정(process)의 측면으로 구별하는 센(Sen)의 논의가 의의를 갖는다.[43]

(2) 정의와 평등의 관계

센에 따르면, 정의라는 개념은 평등을 전제로 할 수밖에 없다고 한다. 그 이유는 정의는 일종의 추정적 평등(presumptive equality)으로서 관련된 서로 다른 개인들의 서로 다른 이익을 정당화하기 위한 보편화 가능한 원칙이 동등하게 적용되어야 하기 때문이다.[44] 이는 자유지상주의적 기획, 즉 개인의 자유를 권리화

---

43) 자세한 내용은 Amartya Sen(박우희 역), *Development as Freedom*(자유로서의 발전)(세종연구원, 2001), 38면. 제1장 자유의 관점 참조.

44) Amartya Sen, *Inequality Re-examined. Occasional Paper No. 2*(New Haven, CT: Yale

하여 절대적으로 보호하려는 태도의 경우에도 다르지 않다. 이러한 태도는 개인적 권리라는 공간(space)에서의 평등을 강조하는 것이기 때문이다. 개인의 권리를 절대적으로 보장하는 것은 결과적으로는 분배의 불평등을 가져올 수 있지만, 적어도 권리가 모든 개인에게 평등하게 분배되어야 함을 보여주는 것이라고 한다.[45]

(3) 인간 다양성에 대한 인식의 계기

이러한 관점에서 '왜 평등이 중요한가(why equality)'라는 문제의식보다는 '무엇에 대한 평등인가'(equality of what)라는 문제의식이 인권과 정의론의 구조를 이해하는데 보다 적절하다다. 이러한 문제의식은 더 나아가 "실제로 좀 더 중요한 공간의 평등이 다른 공간에서 조건부로 불평등을 요구하는데 기여하는 것으로 여겨질 수도 있"음을 인정하게 되고[46], 이처럼 한 공간에서의 평등이 다른 공간에서의 불평등과 공존한다는 사실을 통해 인간 다양성의 측면들을 통찰할 수 있는 것이다. 인간의 다양성에 대한 통찰을 계기로 자유라는 가치가 모든 개인에 동일한 의미를 갖지 않음을 이해할 수 있다. 여기서 개인의 다양성을 전제로 하면서 실질적으로 개인의 자유를 보장하는 인권과 정의의 담론을 모색할 필요가 생긴다.

3. 직접성의 회복으로서 역량 개념

(1) 역량을 통한 자유 성취

인간이 다양하다는 사실을 이해하게 되면, 또한 사람들마다 주어진 자원을 자신의 복리(wellbeing)를 위해 활용하는데 있어서 실질적인 (역량의) 차이가 있는 현실을 직시할 수 있다. 즉 인간이 다양하다는 사실은 개별적 인간이 동일한 재화가 주어지더라도 동일한 기능을 실현하지는 못한다는 점을 보여주는 것이

Universlty, The Economic Growth Center, 1989), 15면.

45) 김대근, "Amartya Sen의 정의론의 방법과 구조", 법철학연구 제14권 제1호, 2011 참조. 이하에서 전개되는 센의 자유와 정의에 대한 논의는 같은 글에서 인용하여 정리한 것이다.

46) Sen, *The Idea of Justice*(Belknap Press of Harvard University Press, 2009), 295면: Sen (이상호, 이덕재 역), *Inequality Reexamined*(불평등의 재검토)(한울, 1992), 47면.

다.[47] 예를 들어 신체적으로 건강한 사람과 장애를 가지고 있는 사람은 비록 동일한 재화를 가지고 있다고 하더라도, 가치 있는 삶을 위해 그것을 활용하는 역량에 있어서는 다를 수밖에 없다. 그러나 롤스는 사회적 기본재를 평등하게 분배한다면 된다고 생각하고, 사람들이 더 좋은 삶을 만들기 위해 주어진 기본재를 '전환'(conversion)하는 역량에 대해서는 무관심하다.[48] 따라서 센은 기본재를 가치 있는 삶을 위해 전환하는 개인의 역량(capability)이야 말로 정의론의 중심이 되어야 한다고 강조한다. 그리고 이러한 전환의 역량 혹은 실제로 가치를 다양하게 사용할 수 있는 역량은 실질적으로 기회를 이용할 수 있는 '자유'를 의미한다.

(2) 실질적 자유의 두 측면

센은 자유가 기회(opportunity)의 측면과 과정(process)의 측면을 갖는다고 한다.[49] 첫째, 기회의 측면에서 자유가 보다 많을수록 가치 있다고 여기는 목적을 추구할 보다 많은 기회가 주어진다. 이러한 자유의 측면은 우리가 가치 있게 여기는 것을 성취하는 우리의 능력과 관련이 있다. 둘째, 과정의 측면이 있는데, 선택의 과정 그 자체에 중요성이 있기 때문이다. 기회지향적 자유는 가치있게 여기는 것을 성취할 수 있는 실질적 '기회' 혹은 성취할 수 있는 '역량'에 주목한다는 점에서 '성취할 수 있는 자유(freedom to achieve)'를 강조하지만, 과정지향적 자

---

47) 인간의 다양성의 요인들은 무엇인가? 센에 따르면 여기에는 적어도 다섯 가지의 요인이 있다고 한다. ① 개인의 이질성, ② 환경의 다양성, ③ 사회적 환경의 차이, ④ 상대적 관점의 차이, ⑤ 가족 내에서의 분배.Sen(박우희 역), *Development as Freedom*(자유로서의 발전)(세종연구원, 2001), 99-100면; 이러한 다섯 가지 요소들은 개인적 측면(개인적 차이), 제도적 측면(사회적 환경에서의 다양성), 제도 외적 측면(관계적 측면에서의 차이와 가족 내에서의 분배), 그리고 자연 환경 측면(환경의 다양성)으로 구분될 수 있다. 이러한 네 측면들은 각 개인이 재화를 역량으로 전환시키는 차이를 각 영역별로 구체화하여 인간의 다양성을 설명할 뿐만 아니라, 역량을 평가하고 강화하는 토대를 마련한다. 목광수, "역량 중심 접근법과 인정의 문제- 개발 윤리와의 관련 하에서 고찰"[철학 제104집(한국철학회), 2010], 221면.

48) Sen, *The Idea of Justice*(Belknap Press of Harvard University Press, 2009), 65-66면. 롤스가 공리주의를 반대하면서도 사회적 기본재에 사로잡혀 재화의 차원을 벗어나지 못하는 것에 대해 센은 물신주의(fetishism)라고 비판한다. 시오노야 유이치(鹽野谷祐一, 박영일 역), *經濟と倫理 : 福祉國家の哲學*(경제와 윤리: 복지국가의 철학)(필맥, 2006), 137면에서 재인용.

49) Sen, *The Idea of Justice*(Belknap Press of Harvard University Press, 2009), 228면.

유는 선택의 절차 자체에 초점을 두면서 선택할 수 있는 자유를 강조한게 된다.[50] 따라서 권리의 절대성을 강조하면서 오직 선택할 수 있는 자유 즉 자유의 과정에만 집착하기 때문에 자유가 갖는 성취의 측면을 간과한다는 비판을 자유지상주의에 대해서 할 수 있을 것이다.[51]

이처럼 센은 선택할 수 있는 자유의 중요성에 대해서도 고려하면서, 보다 적극적으로 성취할 수 있는 자유의 측면을 보다 강조한다. 성취할 수 있는 자유는 결과적으로는 실질적인 자유를 지향하기 때문에 결국은 실제적인 기회들 −혹은 적극적 자유(positive freedom)라고 불릴 수 있는− 을 포함한 자유를 추구하는 셈이 된다.

물론 센이 소극적 자유(negative freedom)를 배제하는 것은 아니기 때문에 특히 벌린을 인용하면서[52] 실질적 자유를 증진시키는 것은 외부적 제약이 없는 소극적 자유와 내부적 제약이 없는 적극적 자유를 (동시적으로) 확보하는 것이라고 한다.[53] 이처럼 실질적 자유의 증진이 발전의 중요한 목적이자 수단이 된다는 것은 '존재로서의 인격'으로 간주되는 '인간'을 발전의 목적으로 구성한다는 것을 의미한다. 또한 자유가 발전의 수단이 된다는 것은 인간의 존재가 경제의 우위에 서고 경제발전의 가장 중요한 원천(수단)이 되는 것을 말한다.[54]

(3) 자유의 수단으로서 역량의 강화

사람마다 다양하기 때문에 자유의 정도는 각자마다 다를 수 밖에 없다. 때문

---

50) 임의영, "사회적 형평성의 정의론적 기초 — A. Sen의 능력이론을 중심으로"(한국행정학회 2010년도 공동학술대회, 2010), 25면.

51) 라즈(Raz)도 자유지상주의적인 자유 특히 하이에크가 강조하는 자유가 도구적(instrumental) 가치만을 지닌다고 비판하고 있다. Joseph Raz, *The Morality of Freedom*(Oxford University Press, 1986), p.7.

52) 다만 센은, 자유의 두 개념이 사람들이 가치 있게 여길 만한 것을 할 수 있는 개인적 능력에 대한 내적이고 외적인 제약의 차이에 있다는 벌린의 '자유의 두 개념(two concepts of liberty)'과 후생 경제학에서 사용하는 '적극적·소극적 자유'의 개념 혹은 구별이 다소 다르다고 한다. 자세한 내용은 Isaiah Berlin, *Four Essays on Liberty*(Oxford University Press, 1969) 참조.

53) Sen, *The Idea of Justice*(Belknap Press of Harvard University Press, 2009), 282면

54) 고원, "대안적 발전론에서 '인간중심' 담론에 대한 정치철학적 검토"[민주주의와 인권(전남대학교 5. 18연구소) 제10권 1호, 2010], 236면.

에 우리는 '역량'(capability)이라는 개념에 주목할 필요가 있다.[55] 역량이란 재화가 갖고 있는 기능을 추구하고 선택할 수 있는 가능성이다. 인간의 삶에서 중심적인 기능들을 정치적으로 추구하는 입장이라는 것은, 능력에 기초한 접근의 입장에서 묻자면, "그 사람이 이 일을 할 수 있는가, 없는가"이다.[56] 따라서 인간의 자유를 실질적으로 증진하기 위해 재화가 갖고 있는 특성 및 기능을 평가하고 향유할 수 있는 역량을 높이는 것이야 말로 실천철학의 과제가 될 필요가 있다.[57] 예를 들어 자전거라는 재화(commodity)의 특징(character- istic)은 이동수단이라는 점에 있다. 만약 A와 B 두 사람이 자전거를 타고 달린다고 했을 때, 경제학의 한계효용이론에서는 두 사람 모두가 소비재를 구입하여 재화의 효용이 실현되었기 때문에 인간의 욕구는 충족된 것으로 간주하지만, A가 자전거를 통근용으로 사용한 데 반해 B는 통근, 운동, 여유라는 목적으로 사용하였다면 이는 재화의 기능의 면에서 선택할 수 있는 집합이 많으며 언제든지 생활의 내용도 고를 수 있는 자유가 더 많다고 할 수 있는 것이다. 즉 이동할 수 있는 역량(capability)이 커지면서 선택할 수 있는 자유가 많아지고, 그에 따라 이동의 즐거움이라는 효용(utility) 또한 증가하게 되는 것이다.

Ⅴ. 결 론

이처럼 역량에 관심을 갖는 것은 궁극적으로 인간의 실질적 자유를 확보하

55) 센의 역량중심의 접근법에 대해 아리스토텔레스의 이론을 가지고 철학적 토대를 강화한 사람은 누스바움이다. 한편, 센의 capability 개념에 대해서는 이미 다양한 번역예가 있다. 능력, 가능성, 생활역량, 존재실현력, 잠재능력 등의 개념이 그러하다. 그러나 센에게서 capability는 할 수 있다는 가능성의 잠재된 능력뿐만 아니라 실질적인 능력이라는 의미도 갖고 있으며, 객관성 또한 담보해야 한다는 의미에서 역량(力量)이라는 표현이 타당하다고 생각한다. 목광수, "역량 중심 접근법과 인정의 문제- 개발 윤리와의 관련 하에서 고찰"[철학 제104집(한국철학회), 2010], 217면. 각주 3) 참조. 같은 논문에서 역량이라는 단어가 "충분한 역량이 있음에도 불구하고 하지 않는다"라는 표현에서처럼 우리의 일상적인 언어생활에서 행위자의 능동적 선택 능력에 주안점을 준다고도 한다.

56) Nussbaum, "Capabilities and Social Justice," *International Relations and the New Inequality* (Summer, 2002)(Vol. 4, No. 2), 129면.

57) Sen, *Commodity and Capability*(Elsvier Science Publishers, 1985) 참조.

는 것이며, 이는 또한 개인들이 자신의 의도한 삶을 살 수 있는 기회를 제공한다는 점에서 자유가 한층 성숙한 단계로 나아갈 수 있는 가능성을 제공해 준다. 더 나아가 역량 개념은 자유지상주의적 담론에서 우려하는 것과 같이 개인의 자율성(자유)를 침해하는 것이 아니라 오히려 개인이 스스로 실존할 수 있는 계기를 마련해 준다는 점에서 더욱 발전된 형태의 자유 개념이기도 한다. 이로써 자유지상주의적인 소극적 자유가 내적 모순을 통해 스스로를 부정하면서 더 높은 차원의 자유를 향해 발전해 가는 운동을 다시 한번 확인해 볼 수 있다.

오늘날 자유지상주의적 인권과 정의의 담론을 맹목적으로 따르는 입장은 많지 않은 듯하다. 특히 최근에는 글로벌 금융위기와 전세계적인 경제침체의 원인을 지난 수십년 동안의 신자유주의적 정책에서 찾는 경향이 커지면서, 신자유주의가 내세우는 시장의 자율성과 국가 개입의 최소화에 대한 요구도 점차 줄어들고 있는 것 또한 사실이다. 물론 이러한 진단과 인식이 틀린 것은 아니다. 시장의 자율성을 강조하게 되면 개인이나 기업의 (경제적) 자유, 즉 이윤추구를 위한 다양한 권리와 욕망을 강조해야 하는데, 그러한 권리와 욕망은 끝없이 파생되고 추구되는 경향이 있기 때문에,[58] 결국은 국가의 적절한 개입이나 조정이 필요해지게 되는 것이다.

그럼에도 불구하고 자유와 권리가 갖는 본원적 성격과 실천성을 부정해서는 안 된다. 즉 개인의 자유와 권리가 오늘날과 같은 지위를 갖게 된 역사적 맥락을 간과해서는 안 되기 때문이다. 그리고 이와 같은 역사적 맥락을 가능하게 했던 이념적 기반이 바로 자유지상주의의 테제들이라는 점 또한 간과할 수는 없을 것이다. 더구나 자본주의가 더욱 발전하고 이에 따라 국가와 사회의 역할과 기능이 더욱 분화·발전됨에 따라 미래의 어느 순간에는 또다시 개인의 자유와 권리의 절대성과 국가의 정당성과 같은 문제의식들이 대두될 수 있다는 점을 고찰해본다면 자유지상주의적 테제가 갖는 현재성을 부정하기란 어렵다고 할 수 있다. 이

58) 2008년 봄, 서브프라임 모기지 사태로 촉발된 글로벌한 일련의 금융위기들은 글로벌 불균형과 금융주도 성장체계의 근본적 모순, 그리고 각국의 불균형적인 거시경제정책 수행이라는 틀을 통해서 이해할 수 있을 것이다. 주지하다시피 "서브프라임 모기지와 일부 프라임 모기지의 부실은 월스트리트의 탐욕이 빚어낸 다단계 증권화와 유동화과정을 거치면서" 미국경제와 세계 경제 전반에 확산되었다. 김인준, 『대한민국, 경제학에게 길을 묻다』,(중앙북스 2009), 34면. 이에 대한 자세한 분석으로는 김대근, 권리에 대한 법경제학적 분석의 의의와 한계, 고려대학교 대학원 박사학위논문, 2010, 153면 이하 참조.

글에서 자유지상주의가 갖는 역사적 실천성, 인식론적 실천성, 사회공학적 실천성을 적극적으로 이해하려고 했던 취지도 그 테제가 지닌 가능성을 무시할 수 없다는 문제의식을 갖고 있었기 때문이었다. 따라서 자유지상주의적 테제들은 여전히 개인의 자유와 권리, 더 나아가 인권과 사회정의를 둘러싼 중요한 담론의 한 축을 담당하게 될 것이고, 사회의 변화에 따라 새롭게 재해석되어 변증될 것이다. 역사는 늘 반복되고, 다만 그 속에서 발전의 가능성이 부정되거나 새롭게 재해석되어 더욱 발전된 계기를 마련해주는 것처럼 말이다. 마치 변증법적 운동의 속성이 그러한 것처럼, 거시적으로는 역사발전의 틀에서도 개인의 자유와 권리 그리고 인권과 정의에 대한 이해는 끊임없는 변화의 운동 속에서 더욱 고양되고 발전하게 될 것이다.

제4부 | 권리와 인권의 구체적 적용

뇌사와 인권

— 죽음 개념의 의사소통이론적 재구성 —

이 상 돈*

Ⅰ. 뇌사와 인권개념

1. 근대적 인권 개념의 한계

인권에 대한 전통적 이해는 나의 생각으로는 두 가지 전제에 묶여 있는 것으로 보인다. 즉, ① 인권이란 어떤 '고정된 크기(또는 실체)의 이익'이며, ② 인권은 주로 '국가권력과 개인(시민) 사이의 관계'라는 콘텍스트 속에서 말하여진다는 것이다. 이러한 인권 개념을 근대적 인권개념으로 부를 수 있을 것이다. 물론 이러한 근대적 인권개념의 기획은 개인의 인격적 자율성을 실현하는 데 있을 것이다. 그러나 이러한 인권개념은 오늘날과 같은 과학기술사회의 사람들이 살아가는 생활세계, 즉 과학기술에 의해 관리되는 일상영역에서는 그 개념의 기획을 더 이상 효과적으로 추진할 수 없는 실천적 한계를 경험한다. 뇌사상태에 빠진 사람의 인권(생명권이나 자기결정권)이 뇌사라는 과학·기술적 전문언어의 옷을 입은 채 장기이식의 도구적 유용성을 위하여 점차 죽음의 상태에 빠져들고 있는 현상은 그 대표적인 예라고 할 수 있다.

만일 이러한 현상에서 인권의 침해가 확인된다면 — 이 글은 바로 (아래 II에서) 이러한 현상을 분명하게 밝혀줄 것이다 — 근대적인 인권 개념의 한계는 단

---

* 고려대학교 법학전문대학원 교수.

지 인권이 말해지는 콘텍스트가 국가권력과 개인 사이의 권력적 관계영역으로부터 개인들이 살아가는 생활세계로 넓혀갔다는 점에서 비롯되는 것이 아님을 쉽게 추측할 수 있다. 왜냐하면 국가의 법이 뇌사상태에 빠진 사람을 죽은 사람으로 규정하고, 국가기관이나 그의 집행대리인이 그런 사람의 장기를 적출하는 행위를 관리하는 경우에도 만일 "뇌사자는 죽은 사람이다"라는 의학적 계몽의 물결에 맞설 수 있는 과학기술적이면서도 실천적인 논리가 시민들에게 제공되지 않는다면, 시민들은 그와 같은 국가의 활동에 의해 인권(생명권)이 침해됨을 주장할 수 없음은 물론이고 침해될 인권의 존재조차 인지하지 못할 것이기 때문이다. 그러므로 공법학자들이 전개하는 이른바 '기본권의 대사인적 효력'이론처럼 인권의 효력범위를 확장한다고 해도 인권 개념을 단지 어떤 고정된 크기의 이익으로 바라보는 한, 과학기술적 일상영역에서 그 실천적 힘을 발휘하는 데에는 마찬가지로 한계에 부딪힐 수밖에 없을 것이다.

2. 뇌사문제에 대한 성찰의 빈곤

이러한 근대적 인권 개념의 실천적 한계는 아마도 뇌사의 일반적인 죽음 개념화에 대하여 다음과 같은 비판적 성찰이 빈곤할 수밖에 없는 척박한 토양이 되고 있다고 볼 수 있을 것이다. 즉, 뇌사의 죽음 개념화는 죽음의 결정을 단지 장기이식의 유용성이나 치료중단시점의 선택과 같은 공리적 관점으로 환원시키는 것은 아닌가? 뇌사개념이 인간존재의 의미를 너무 의식중심적으로 파악하는[1] 서양적 전통에 서있는 것은 아닌가? 또한 그런 관점의 환원을 통하여 삶의 가치를 삶의 '길이'나 삶의 '경제성'으로 편중시키는 것은 아닌가? 뇌사 개념의 법적 성취가 한정된 인적·물적 의료자원을 장기이식학과 장기이식술의 발전에 편중시킴으로써 의료자원배분의 합리성을 깨뜨리는 것은 아닌가? 그리고 그러한 편중발전은 높은 부가가치를 창출하는 장기거래의 시장 위에서 비로소 가능한 것은 아닌지, 더 나아가 그런 시장을 확대하는 데 이바지하는 것은 아닌가?

---

1) 예를 들면 최우찬, "안락사와 존엄사", 고시계, 1989. 2, 38면; 이재상, 형법총론, 1996, 16면.

3. 의사소통적 참여

뇌사문제에 관한 이와 같은 비판적 성찰을 수행할 수 있게 하는 인권 개념으로 나는 어떤 고정된 크기의 이익, 즉 실체적인 개념이 아니라 절차적인 개념의 인권을 말하고자 한다. 즉, 뇌사현상과 관련하여 인권이란 인간의 죽음을 규정짓는 (정치적 결정의 성격을 수반하게 되는) 과학기술적 결정과정에 자유롭고 기회균등하게 그리고 비판적으로 참여할 수 있는 기회로 해석되어야 한다는 것이다. 왜냐하면 인권 개념이 실체적인 개념으로 머물러 있는 한 인권개념은 사람임을 전제로 그 개인의 생명이나 자기결정의 효력만을 주장할 수 있게 할 뿐, 뇌사자가 그러한 권리의 주체, 즉 (산) '사람'에 해당하는지 여부에 대하여 아무런 말도 해줄 수 없으며, 이와 같이 인권개념이 '무엇인가 말해줄 수 없는 영역'에서의 과학기술적 결정은 암암리에 모종의 독점적인 정치적 결정을 수행하게 될 것이기 때문이다. 그러니까 인권은 일종의 의사소통적 참여권으로 해석될 수 있다. 이 논문에서 다루는 뇌사현상과 관련해서는 특히 다음과 같은 세 가지 요청을 의사소통적 참여의 전제조건으로 제시할 수 있다.

- 첫째, 뇌사와 같은 과학기술적 현실에서 인권은 무엇보다도 죽음 개념의 과학기술적 규정지음이 죽음을 일상적인 의사소통적 교류의 세계, 즉 생활세계로부터 유리시키는 것을 경계해야 한다.
- 둘째, 뇌사 개념이 (전문가들 사이에 펼쳐지는) 과학기술적 의사소통적 교류의 지평을 가지고 있다면 그러한 교류도 합리적 형태로 통제될 수 있어야 한다.
- 셋째, 과학기술적 의사소통적 교류는 폐쇄된 상호이해가 아니라 일반시민, 특히 뇌사자의 가족 등에게 개방되어 있어야 한다.

II. 죽음 개념의 전문화와 기능화

1. 죽음 개념의 독점

뇌사 개념은 의학자들에게는 이미 자명한 것으로 인식된다. 그러나 뇌사를 법적인 죽음 개념으로 인정하는 경우에도 뇌사 개념을 법적으로 어떻게 구성할 것인지는 여전히 문제로 남는다.

(1) 뇌사 개념

뇌사는 일반적으로 '(모든) 뇌의 기능이 더 이상 되돌릴 수 없게 정지된 상태'라고 정의된다.[2] 즉, 뇌사는 대뇌, 소뇌 및 뇌간의 전체기능이 종국적으로 소멸한 것을 가리킨다.[3] 따라서 뇌사는 대뇌의 기능장애는 있으나 뇌간의 기능이 살아 있어, 뇌간이 관장하는 호흡·순환·대사기능·체온조절 등 생명유지에 필수적인 식물적 기능이 살아 있는 식물인간상태와 구별된다. 그러면 언제 뇌의 기능이 종국적으로 소멸했다고 볼 것인지가 문제된다. 각국의 뇌사 판정기준안[4]을 비교분석해 보면 뇌사의 기준으로는 ① 무반응성 혼수, ② 자가호흡의 소실, ③ 뇌간의 신경학적 반사소실 등이 공통적이라 할 수 있고, ④ 무호흡검사와 ⑤ 뇌파검사의 필요유무 그리고 ⑥ 뇌사판정 시간 간격 등의 검사절차적 조건에서는 약간의 차이가 있음이 확인된다.

(2) 신경(과) 전문의의 죽음 개념결정권

많은 신경과나 신경외과 전문의의 관점에서 보면 뇌사란 사실상 '뇌간반사가 완전소실되었음이 임상에서 진단된 것'을 의미하는 것으로 보인다. 다시 말해 뇌간기능의 완전소실은 이미 죽음의 필요충분조건이 되는 셈이다.[5] 그러므로 뇌간기능의 완전소실이 임상에서 진단된 환자는 '이미' 죽은 자이며, 그 이후에 행하는 각종 검사절차(앞에서 ④⑤⑥) [6]는 사실은 불필요한 것이나 단지 환자보호

---

2) 그러나 뇌사 개념은 의학적으로도 아직 합의된 내용이 없다고 보는 견해도 있다. 문국진, "죽음의 선고", 대한의학협회지, 제31권 9호, 1988, 953면; 이용수, "뇌사에 관한 세미나", 세종의학, 제 5 권 1호, 1988, 129면.

3) 독일 장기이식법(Transplantationsgesetz)도 이러한 뇌사 개념을 채택하고 있다(동법 제 3 조 1항).

4) 이에 관한 자세한 소개는 이영균·이한교·김동림, 뇌사, 1993; 신현호, 의료소송총론, 1997, 517면 이하 참조.

5) 필자는 1998. 6. 19. 대한의협이 개최한 뇌사판정·뇌사자장기이식 기준개발 및 인준의료기관 신임평가 워크숍에서 서울대 의대 이상복 교수를 비롯한 여러 신경과전문의와 뇌사개념을 토론하면서 이러한 임상뇌사개념의 실체적 개념성을 확인할 수 있었다.

6) 하버드기준으로는 특히 ⑤⑥.

자 등에게 뇌사라는 죽음을 '설명'하기 위한 방편으로 이해된다. 이렇게 이해된 뇌사 개념은 뇌사검사의 절차에 뇌사를 구성하는 의미를 부여하지 않는다는 점에서 뇌사의 '실체적인' 개념정의라고 부를 수 있을 것이다. 물론 이런 임상뇌사의 개념은 뇌의 비가역적인 병변에 대한 진단을 전제로 한다. 따라서 원인불명의 혼수상태에 있는 환자는 뇌사자가 될 수 없다.[7] 그러나 실체적인 뇌사 개념은 뇌사의 결정권을 오로지 신경(외)과 전문의의 머릿속에 귀속시키고 만다. 왜냐하면 뇌사의 임상적 현상(위의 ①②③)은 일반인이 죽음의 현상으로 인지하기는 매우 어려운 것이며, 신경계통의 전문지식과 경험을 가진 의사만이 권위를 갖고 진단할 수 있는 것이기 때문이다.

2. 죽음 개념의 전문화

그러나 이와 같은 뇌사 개념이 일반적인 죽음 개념이 된다면 죽음은 이제 더 이상 단순한 사실의 문제로 남지 않고, 의사의 해석의 문제로 등장한다. 왜냐하면 뇌사의 확인은 검사방법의 선택과 검사결과의 해석이론에 따라 좌우될 수 있기 때문이다.

(1) 방법의존성

현재 뇌사를 확증하는 검사방법으로 임상에서 중요한 것은 ⓐ 무호흡검사, ⓑ 뇌파검사(EEG), 그리고 ⓒ 뇌혈류검사가 있다.[8] 그러나 어느 한 방법도 모든 증례에서 완벽하게 뇌사여부를 확증해줄 수는 없다. 첫째, 무호흡검사는 검사 도중 혈압의 급강하와 같은 활력상태(vital sign)의 변화가 발생하여 심장사에 대한 염려 때문에 중단할 수밖에 없는 경우가 있다.[9] 둘째, 뇌파검사도 한계가 있기는

---

7) 손영수, 생명의 시간과 인간의 존엄, 한국외국어대 대학원 석사학위논문, 40면.

8) 이 밖에도 유발전위중 뇌간기능을 간접적으로 확인하는 검사인 뇌유발전위 검사법(Evoked Potentials)이 있으나 실효성에 의문이 들어 많은 국가에서 점차 사용을 꺼려하고 있다: 이인수, "뇌사와 식물상태", 대한의학협회지, 제30권, 1987, 170-179면 참조.

9) 강남성모병원에서 1993년 3월부터 1997년 7월까지 행해진 뇌사판정의 임상결과를 보면 이 기간중 총 45명에 대한 무호흡검사에서 10명(22%)이 혈압급강하로 검사를 중지함으로 인해 무호흡검사에 의해 뇌사확인을 하지 못한 바 있다고 한다. 이에 대해서는 이광수, 뇌사판정기준안(의협이 1998. 6. 19. 개최한 뇌사판정·뇌사자장기이식 기준개발 및 인준의료기

마찬가지이다. 특히 임상에서는 뇌사로 진단되는데도 평탄뇌파의 확인이 어려운 경우가 적지 않다고 한다. 이는 무엇보다도 중환자실에서 뇌파검사를 할 때 교류파의 전파차단이 안되어 있고, 신경외과수술을 받은 환자의 경우에는 두부에 철사봉합 등 여러 장치기구로 인한 잡파(Artefact)의 발생 때문이라고 한다.[10] 셋째, 뇌혈류검사는 예를 들어 뇌혈류가 흐르는데도 초음파검사로는 기술적으로 추적되지 않는 경우가 있으며, 뇌광단자방출단층촬영도 뇌혈류량은 측정할 수 있으나 뇌세포의 산소소비량은 측정 못할 뿐만 아니라 — 운반용 SPECT가 개발되지 않은 현재로서는 — 환자를 인공호흡기를 단 채 의사가 호흡관리를 하면서까지 검사기가 있는 곳으로 이동시켜야 하고 검사비용이 대단히 많이 든다[11]는 검사장애요소를 지니고 있다. 그러므로 임상에서 의사는 사실상 위 검사 방법 가운데 환자의 상태와 그 밖의 상황에 따라 어떤 검사방법을 선택하여 뇌사확인을 하게 된다.

여기서 뇌사의 확인은 어떤 검사방법을 선택·사용하느냐에 달라지게 되는 것임을 알 수 있다. 이를 테면 위 세 가지 모든 방법(ⓐ∩ⓑ∩ⓒ)에 의해 뇌사가 확인될 것을 요구하느냐, 아니면 어느 한 방법(ⓐ∪ⓑ∪ⓒ) 또는 두 방법([ⓐ∩ⓑ]∪[ⓑ∩ⓒ]∪[ⓐ∩ⓒ])에 의해서 뇌사가 확인되면 뇌사판정을 내릴 수 있는 것인지에 따라 뇌사자로 판정되는 환자의 범위는 달라지게 됨을 알 수 있다. 그러므로 뇌사는 검사방법에 중립적인 현상이 아니라 '방법에 의존적인' 현상이라고 볼 수 있다.

(2) 해석이론의존성

또한 각 검사방법을 적용한 결과의 의미를 이해함에 있어 전문의료인 사이에는 견해의 차이가 있을 수 있다. 첫째, 무호흡검사에서 뇌사를 인정하는 기준이 되는 동맥혈탄산가스($PaCO_2$)의 분압은 어느 정도이어야 하는지 또한 기준치에 약간 미달할 경우에 뇌사를 인정해도 좋은지 등에 관하여 이론적 판단이 다를 수 있다. 현재 대한의협의 뇌사판정기준에는 탄산가스의 분압이 50mmHg 이상

관 신임평가 워크숍 발표문), 15면 참조.

10) 이광수, 앞의 발표문, 16면.

11) 현재 우리나라 종합병원 가운데 뇌광단자방출단층촬영기를 보유한 병원은 그리 많지 않은 형편이다.

일 것을 요구한다.[12] 그러나 40mmHg 이상으로도 충분하다고 보거나,[13] 오히려 60mmHg 이상이어야 한다고 보는[14] 견해도 있을 수 있다. 따라서 어느 이론에 따르느냐에 따라 무호흡검사에 의한 뇌사의 확인은 달라지게 된다. 둘째, 뇌파검사에서도 파고의 높이가 어느 정도 낮을 때 뇌사의 기준이 되는 평탄뇌파(flat EEG)라고 볼 것인지는 이론과 기술에 따라 달라질 수 있다. 예를 들어 현재 대한의협의 뇌파기록술에 대한 지침(1990)에 따르면 전극간의 거리가 10cm 이상이고 전극간의 저항이 10~20KOhm보다 적고 10Ohm보다는 큰 상태에서 2uV (microvoltage) 이상의 뇌파가 기록되지 않는 경우에 뇌사를 인정한다.[15] 그러나 뇌파검사기의 기술적 발전에 따라 더 낮은 파고의 뇌파를 뇌사판정의 기준으로 설정할 수 있을 뿐만 아니라 같은 기술적 조건 아래에서도 검사방법에 관하여[16] 또는 파고높이의 최고치에 관하여[17] 견해의 차이가 있을 수 있다. 셋째, 뇌혈류검사에 의해 측정된 뇌혈류량의 일정한 수치를 놓고도 — 일정한 한계영역에서는 — 뇌사를 인정할 것인가에 관하여 견해의 차이가 있을 수 있다. 비록 매우 드문 일이긴 하겠지만 혈류량의 정도에 따라 뇌사상태에 대한 진단이 다를 수 있다.

그러므로 뇌사는 검사결과가 '객관적으로' 말해주는 현상이 아니라 그것에 대한 해석의 결과이며, 이 때 해석은 이론적 가설에 따라 좌우된다고 볼 수 있다. 이런 점에서 뇌사는 '이론의존적인 현상'이라고 볼 수 있다.

---

12) 스위스 의학아카데미가 1969. 1. 25.에 만든 죽음의 정의와 판정에 관한 가이드라인(Richtlinien für die Definition und die Diagnose des Todes)도 PaCO2의 분압은 50mmHg 이상을 기준으로 하고 있다.

13) 예를 들어 대만 행정원 위생서가 1987. 9. 17.에 공고한 뇌사판정조례와 일본 후생성 뇌사연구반이 1985년에 작성한 뇌사의 고려방법 및 뇌사판정절차에서는 PaCO2의 분압은 40mmHg 이상으로 충분한 것으로 보고 있다.

14) 미국신경학회의 뇌사판정기준은 원칙적으로 PaCO2의 분압이 60mmHg 이상이거나 기본수치보다 검사 후 약 20mmHg 이상이 증가된 경우일 것을 요구한다.

15) 참고로 정상인의 경우 뇌파는 대략 50uV 정도의 파고를 보인다.

16) 예를 들면 전극간 거리를 10cm가 아니라 8cm로 하는 방법을 사용하자는 견해가 있을 수 있다. 아르헨티나에서 1977년에 입법된 장기의 공여와 이식에 관한 법률이 그 대표적인 예이다. 이에 관하여는 이영균(역), 죽음의 정의, 고려의학, 1992, 175면 이하 참조.

17) 예를 들면 2uV 미만을 요구하지 않고 3uV 미만을 요구하는 견해.

(3) 전문언어화와 결정권의 독점

이상에서 살핀 뇌사 개념의 전문성, 뇌사의 검사방법의존성 및 검사결과해석의 이론의존성을 고려해 볼 때, 뇌사를 일반적인 죽음 개념으로 인정한다는 것은 삶의 끝과 죽음의 시작에 대한 인식권한이 오직 특정 전문의 집단에 의해 독점된다는 것을 의미한다. 왜냐하면 회복이 가능한 의식불명의 환자와 더 이상 회복이 불가능한 뇌사자를 구별하는 일은 — 두 환자 모두 심장이 뛰고 있는 한 — 일상지식으로는 불가능하고, 신경학, 신경외과학, 진단방사선학 등의 전문지식과 고도의 의료기술장비에 의해서만 가능하기 때문이다. 다시 말해 뇌사를 일반적인 죽음 개념으로 삼을 경우, 죽음의 판단은 일반시민들이 살아가는 삶의 세계에서 전문인들의 과학기술세계로 이전하게 된다. 이럴 경우 죽음은 더 이상 일상언어적 개념이 아니라 특정 전문의들이 관리하는 전문언어가 된다. '파고', '혈류량의 임계치', '동맥혈탄산가스', '뇌세포의 산소소비량' 등은 죽음 개념을 전문언어로 전환시키는 과학기술적 의미소들이다. 여기서 뇌사를 일반적인 죽음 개념으로 인정한다면, '죽음' 개념에 대해서도 이른바 '언어적 분업'(sprachliche Arbeitsteilung)[18]을 말할 수 있음을 알 수 있다.

3. 죽음 개념의 기능화

(1) 과학기술적 편의주의

이처럼 뇌사 개념에 의해 죽음 개념이 과학기술화되고, 전문의료인에 의해 그 결정권한이 독점된다면, 죽음 개념은 이전에는 전혀 경험하지 못했던 위험, 즉 '기능화'의 위험 아래 빠져들 수 있게 된다. 예를 들어 무호흡검사로 인해 환자가 심장사할 위험이 발생하면 '심장의 보존을 위하여' 검사를 중지해야 한다든지, 뇌파검사에서 뇌사판정을 얻지 못하는 경우에도 장기이식을 위하여 뇌파검사를 생략할 수 있도록 해야 한다[19]는 식의 주장이다.

물론 이러한 주장은 뇌사확인 검사절차가 뇌사 개념의 '구성적' 요소가 아니

18) 이 개념에 관해서는 Putnam, Die Bedeutung von "Bedeutung", Ffm. 1979, 37면 이하 참조.

19) 이 주장은 박기일 대한이식학회회장이 "뇌사판정·뇌사자장기이식 기준개발 및 인준의료기관 신임평가 워크숍"(1998. 6. 19.)에서 피력한 내용이다.

라 단지 (사후적인) '설명적' 요소에 불과한 것이라는 전제에서만 가능하다. 그렇기 때문에 현재 임의적 검사인 뇌혈류검사뿐만 아니라 현재는 필수적 검사로 되어 있는 무호흡검사와 뇌파검사를 임의적(optional) 검사로 전환할 수 있다고 보기도 하는 것이다. 그러니까 이런 주장은 뇌사 개념의 절차적 요소를 제거하고, 뇌사의 임상진단만으로 환자는 이미 죽은 자라는 확신 아래서, 뇌사검사방법은 단지 죽음의 사실을 '설명'하기 위한 과학기술적 방편으로서 편의적으로 선택·사용할 수 있다는 논리라고 할 수 있다.

(2) 목적에 의해 규정되는 기능개념

그러나 뇌사확인 검사절차는 앞에서 살핀 바와 같이 뇌사 개념의 '설명적' 요소가 아니라 '구성적' 요소라고 보아야 한다. 이러한 전제에서 보면 무호흡검사와 뇌파검사를 임의적·선택적 검사로 전환하자는 주장은 단지 뇌사검사의 임상적 애로를 제거하기 위한 것이라는 표면상의 목적과는 전혀 다른 목적 아래 놓이게 될 수 있다. 즉 그런 검사의 임의적 생략은 실천적으로는 분명 뇌사판정을 용이하게 해주는 것이며, 이는 다시금 — 물론 환자 및 그 보호자의 동의를 전제로 하지만 — 이식수술을 위한 장기를 더 많이 확보해줄 수 있는 가능성으로 연결된다. 이렇게 되면 뇌사 개념은 사실적인 '존재 개념'이 아니라 '목적규정적인(zweckbestimmt) 개념', 즉 공리적 목적에 의해 그 내용이 규정되는 개념으로 전락하게 된다. 또한 위와 같은 주장을 뒷받침하는 과학, 즉 신경학이나 이식학이 장기공급을 매개하는 다른 사회기구나 법제도와 함께 하나의 '사회적 하부체계'로서 '장기공급체계'를 형성한다면, 위 주장이 초래하는 뇌사 개념은 그런 체계의 기능적 유용성에 맞추어 그 내용이 변화되는 '기능적 개념'이 되고 만다.

(3) 기능화된 죽음 개념의 위험성

이처럼 기능화된 죽음 개념이 갖는 위험성은 너무나 자명하다. 뇌사 개념의 기능화는 곧 뇌사의 절차적 구성과정이 위축되거나 상당부분 생략됨을 의미한다. 이처럼 뇌사의 절차적 구성과정이 위축·생략될수록 임상진단의 오류가능성에 대한 통제기회는 약화되는 반면, 장기이식의 활성화라는 공리적 목적은 뇌사인정과정에서 더욱 강하게 작용할 수 있게 된다. 이것은 — 마치 오판에 의해 선량한 시민에게 사형을 선고·집행하는 경우만큼 또는 그보다도 훨씬 드문 일이겠지만 — 극단적으로는 뇌가 죽은 사람뿐만 아니라 '산' 사람까지도 더 이상 치료를 하지 않거나 치료를 소홀히[20] 하게 만들 위험성을 가져올 수 있다. 물론 이러한 위험은 현실적인 것이 아니라 단지 사유적인 것일지도 모른다. 그러나 그 경우에도 이런 위험성에 대한 우려만큼은 일반시민들이 뇌사 개념을 관리하는 전문의료인집단의 자율적 자기통제에 힘입지 않고는 독자적으로 불식시킬 수 없다는 점이 여전히 문제로 남는다.

Ⅲ. 죽음과 의사소통

이와 같은 문제점들은 근본적으로는 뇌사 개념에 의해 죽음에 대한 인지구조가 일반시민들의 살아가는 세계, 즉 생활세계로부터 떨어져 나와 의료체계나 장기공급체계의 기능적 요소로 편입된 데서 비롯되는 것이라 할 수 있다.

1. 죽음과 생활세계

(1) 문화적 정서와 과학적 인식의 괴리

뇌사 개념에 의해 죽음이라는 언어가 분업관계 아래 놓이고, 또한 그 분업이 아무런 마찰도 없이 성공적으로 수행된다고 할지라도, 뇌사 개념은 치아에 땜질재료로 박아 넣은 아말감과 같이 일반시민들의 죽음에 대한 인지과정에서는 매우 생경한 것일 뿐만 아니라 앞으로도 계속 이물질적인 것으로 남을 수밖에 없다. 왜냐하면 뇌사 개념은 환자보호자로 하여금, 그가 사랑하는 가족환자의 심장이 아직 뛰고 있으므로 살아있거나 (시민들이 뇌사 개념을 일반적인 과학적 인식으로 수용한 이후에는) 혹은 살아있을지도 모른다고 '느끼면서도', 그의 죽음을 객관적 사실로 '인식'해야만 하도록 만들기 때문이다. 이와 같은 자연스러운 (정서적) 느낌과 강요된 (사실적) 인식 사이의 괴리는 오늘날과 같은 과학기술시대에서도 결코 과학기술적인 방법으로는 메워질 수 없다. 여기서 그렇게 메워질 수 없는

20) 뇌사자 장기이식을 염두에 두고 뇌사 될 개연성이 있는 환자에 대한 치료가 소홀해질 위험에 대한 지적으로 이윤성, "뇌사에 대한 법의학적 고찰", 대한법의학회지 제20권 제 2 호, 85-86면 참조.

이유를 단지 아직 충분히 과학화되지 않은 삶의 문화 탓으로만 돌릴 수는 없다. 왜냐하면 그런 괴리는 죽음의 과학기술적 독점을 의미하고, 이는 다시금 일반시민들로서는 자신이 그토록 사랑하는 가족이 죽어가는 과정을 지켜보면서도 그가 언제 자기 곁을 떠났는지를 도대체 알 수가 없다는 것을 의미하기 때문이다. 일반시민은 오직 전문의료인이 죽음을 선언할 때에 비로소 사랑하는 가족의 죽음을 인식할 수 있게 된다. 좀 비유적으로 표현한다면 애도의 뜻은 전문의료인의 지휘 아래서만 시작할 수 있게 되는 것이다.

(2) 생활세계적 죽음 개념

그러나 태어나고, 늙고, 병들고 그리고 죽는 것은 가장 기초적인 삶의 범주들이다. 사람들이 애 밴 여자의 배가 한껏 불러오고, 호흡이 가빠지며, 진통이 시작할 때 점점 고조되는 흥분과 기대, 불안과 두려움 속에서 그 누구의 태어남을 인지하듯이, 죽음에 대한 경험도 그처럼 자연스러우면서도 생생한 것이어야 한다. 죽음은 곧 이별의 순간이며, 그 순간은 죽는 자와 삶을 함께 살아 온 사람들이 그와 함께 했던 삶의 역사가 응집된 형태로 회고되면서, 수많은 감정이 걷잡을 수 없이 자연스럽게 교류되는 순간으로 남을 수 있어야 한다. 왜냐하면 그것은 바로 우리의 삶이며, 또한 인간이 숨쉬는 문화이기 때문이다. 다시 말해 태어남처럼 죽음의 일상성은 과학기술적 합리성으로 대체될 수 없는 문화적 가치이다.[21] 그러므로 죽음은 태어남처럼 적어도 보통의 사람들이 그들의 생활세계 속에서 자연스럽게 의사소통할 수 있는 개념으로 남아 있어야 한다. 그러기 위해서 죽음의 순간, 이별의 순간을 보통의 시민들이 직접 인지할 수 있어야 한다. 이는 바로 숨이 멈추고, 맥박이 더 이상 뛰지 않는 현상이 죽음의 순간과 함께 할 때 비로소 가능하다. 법은 뇌사가 심폐사보다 선행하는 죽음의 과정에서도 바로 그와 같은 의사소통적 교류의 공간을 뇌사라는 과학기술적, 기능적 개념에 의해 메워버려서는 안 된다. 달리 말해 법은 뇌사를 일반적인 죽음의 개념으로 제도화해서는 안 된다.

21) 뇌사의 법적 죽음 개념화는 인정하되 가족들의 감성을 배려해야 한다는 견해로 이윤성, 앞의 글, 84면 이하.

(3) 뇌사의 생활세계적 개념화

그러나 이것은 과학기술적이며 기능적인 뇌사 개념을 언제나 죽음으로 받아들일 수 없음을 의미하지는 않는다. 예를 들어 뇌사자가 자신이 '비가역적인' 뇌사상태에 빠지게 되면 다른 장기가 채 죽기 전에 다른 이에게 장기를 이식시켜 그의 생명을 살리겠다는 의사를 이미 표현한 경우에 뇌사를 인정하는 것은 인간의 죽음을 기능화하는 것이 아니며, 오히려 그 사람은 죽음의 과정에서 과학과 기술, 사회체계와 기능을 자신의 윤리적 실천을 위한 도구로 이용하는 셈이라 할 수 있다. 이 때 뇌사자와 그의 가족 그리고 그와 사회적 관계를 맺은 사람은 그의 뇌사상태를 무엇보다도 윤리적 실천이라는 맥락이 강조된 상황 속에서 '그 개인의' 죽음으로 받아들이는 의사소통을 전개할 수 있다. 이런 경우에 뇌사 개념은 과학기술시대에서도 여전히 생활세계 속에 머무른다고 할 수 있다. 여기서 뇌사는 일반적인 죽음 개념이 아니라 장기이식을 위하여 예외적으로만 죽음 개념으로 인정되어야 함을 알 수 있다. 이처럼 뇌사를 예외적인 죽음 개념으로 인정하는 경우에도 뇌사는 앞에서 설명한 바와 같이 전문의료인들만이 독단적으로 결정하는 것이 아니라 환자보호자와 함께, 다시 말해 환자보호자와 환자의 뇌사상태에 대한 상호이해를 도모하는 방식으로 결정되어야 한다. 물론 이 상호이해는 의사의 개인적인 진단의 정확성이 아니라 과학기술적 검사장치에 의해 매개됨으로써 의사 개인의 인적 지배영역을 넘어선 상황에서 이루어져야 한다. 여기서 특히 간과해서는 안되는 점은 일반 시민이 뇌사상태를 이해하기 가장 쉬운 방법인 뇌파검사가 그 기술적 낙후성에도 불구하고 의사소통적 관점에서 볼 때 여전히 중요한 절차라는 점이다.

2. 죽음과 의사소통

요컨대 죽음 개념이 생활세계 속에 남아 있기 위해서는 적어도 뇌사를 임상진단한 의사와 환자가족 사이에 환자의 의학적 죽음에 대하여 충분한 '상호이해'가 전제되어야만 한다. 이른바 뇌사검사절차는 의사의 입장에서는 자신의 임상진단을 기술적 장치에 의해 확인하는 의미만을 가지지만, 환자가족의 입장에서는 환자의 뇌사를 비로소 '실감나게' 받아들이는 의사소통적 과정이라고 할 수 있다. 다시 말해 뇌사판정의 검사절차는 뇌사를 임상진단한 의사의 개인적 인식이 죽음에 대한 사회적 인식으로 전환되는 최소한의 의사소통적 과정인 것이다. 이런 의미에서 뇌사검사절차는 – 뇌사가 적어도 사회적인 의미의 죽음이 되고자 하는 한 – 단지 뇌사를 설명하는 방편이 아니라 뇌사를 '구성하는 요소'라고 보아야 한다. 따라서 뇌사검사절차는 생략될 수 없을 뿐만 아니라 죽음의 현상 밖에 존재하는 어떤 실용적 목적(예: 이식용 장기의 확보)에 의해 간소화되어서는 안 된다. 왜냐하면 그런 생략과 간소화는 뇌사를 사회적으로 인지하는 의사소통적 교류의 생략과 간소화를 의미하며, 그런 생략과 간소화는 뇌사를 사회적 죽음으로 전환시키는 것을 그만큼 더 어렵게 만들기 때문이다.

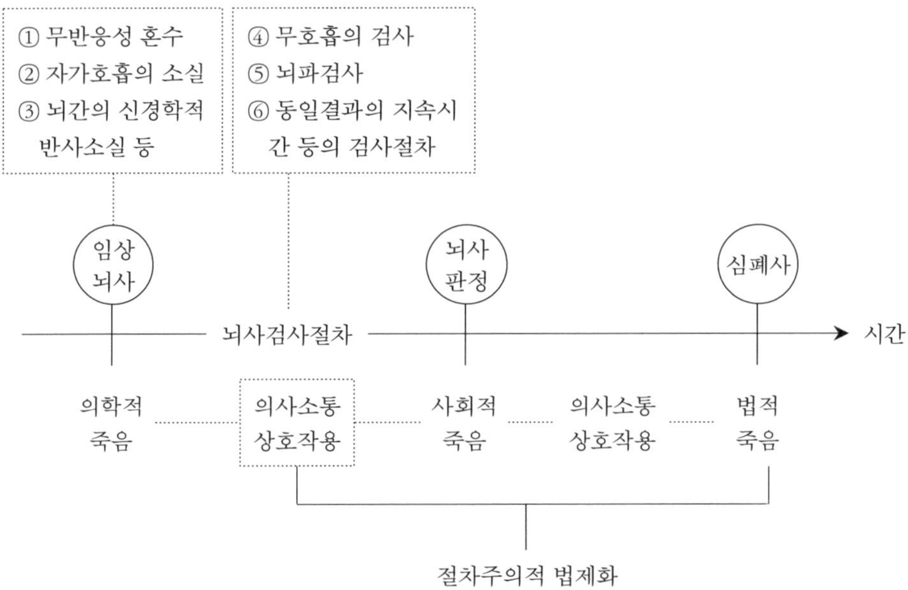

이처럼 뇌사를 임상진단한 의사와 환자가족 사이에 환자의 죽음을 과학적으로 인지하는 의사소통적 과정에 의해 환자의 죽음이 '사회화'되었다고 해서 그것이 곧 법적인 의미의 죽음이 되는 것은 아니다. 왜냐하면 여기서 말하는 뇌사 개념의 사회화는 환자가족이나 환자의 교류집단과 같은 매우 작은 집단 내에서 펼쳐지는 의사소통적 교류의 결과일 뿐이기 때문이다. 따라서 그러한 최소한의 의사소통적 교류가능성을 근거로 전체 법공동체에 효력이 있는 일반적인 법적 죽음을 인정할 것인지는 또 다른 실천적·법정책적 과제라고 볼 수 있다.

IV. 뇌사 개념의 실천적 과제

의사와 환자가족 사이에 펼쳐지는 뇌사에 대한 최소한의 의사소통적 교류를 토대로 뇌사를 예외적인 법적 죽음으로 인정해야 할 실천적 필요성은 무엇보다도 다음 두 가지를 들 수 있다: 치료중단의 합법화(아래 1)와 장기이식의 합법화(아래 2).

1. 치료중단의 합법화

의사들이 뇌사를 의학적으로뿐만 아니라 법적으로도 죽음으로 인정해야 한다고 주장하는 것은 뇌사자에 대한 치료가 무의미한 치료임에도 불구하고 뇌사자에 대한 치료를 합법적으로 중단할 수 없기 때문이라 한다.[22] 즉, 법적인 죽음으로 승인된 뇌사 개념은 합법적으로 치료를 중단할 수 있는 시점을 정해준다는 것이다. 왜냐하면 죽은 사람에 대해 의사는 더 이상 아무런 치료의무도 부담하지 않게 되기 때문이다. 그러나 이러한 실천적 목표를 달성하기 위해서라면 굳이 뇌사를 법적인 죽음 개념으로 인정할 필요는 없다. 왜냐하면 뇌사자를 아직 산 사람이라고 보는 경우 뇌사자에 대한 (고의적인) 치료중단은 형식논리적으로는 살인의 구성요건에 해당하기는 하지만, 이미 '소극적 안락사'(passive Euthanasie)라는 개념에 의해[23] 또는 뇌사자에 대한 의사의 생명유지의무를 배제하는 방식으로[24] 합법화될 수 있기 때문이다. 물론 뇌사자에 대한 치료중단을 두고 '안락사'라고 표현하는 것은 의사들에게는 낯선 언어사용이 될 것이다. 그러나 법적 용어의 낯섦이 생활세계적인 죽음 개념을 희생시켜서라도 의사들에게 부담시켜서는 안 될 일은 아닐 것이다.

---

22) 이상복, "인간 죽음의 확정문제. 뇌사를 중심으로", 진단과 치료 제13권 제 7 호, 830면.

23) 이상돈, "안락사와 의사의 생명유지의무", 대한법의학회지 제20권 제 2 호, 105면 이하 참조.

24) 비슷한 취지로 허일태, "안락사에 대한 연구", 형사정책연구 1993, 겨울호, 64-65면.

2. 장기이식의 합법화

그러므로 뇌사를 죽음 개념으로 인정하는 실제적인 유일한 목표는 뇌사자의 장기를 다른 사람에게 합법적으로 이식시킬 수 있게 하는 것이라 할 수 있다. 뇌사자는 일반적으로 아직 죽은 사람은 아니지만 반드시 곧 죽을 예정인 사람이므로 어차피 기능이 소멸할 자신의 장기를 다른 환자에게 이식함으로써 그를 살리고자 한다면, 그것은 윤리적 실천이라고 할 수 있다. 법은 그런 실천을 '강요'해서도 안 되지만 반면에 그런 실천을 '방해'해서도 안 된다. 그러나 이와 같은 법의 윤리적 중립성은 법적 허무주의를 뜻하는 것은 아니다. 그러한 윤리적 실천이 왜곡된 의사소통적 구조 속에서, 그러니까 폭력과 돈의 힘이 지배하는 의사소통적 교류로 점철될 가능성이 있다면, 법은 그러한 왜곡을 차단하고 자율적인 윤리적 실천이 펼쳐질 수 있게 하는 — 때로는 그러한 실천을 유도하는 — '의사소통'과 '상호작용'의 통로를 만들어 줄 필요가 있다. 이러한 통로를 마련하는 법제화의 방향은 대략 다음과 같은 틀을 유지해야 한다고 본다.

(1) 판정주체

뇌사판정의 주체는 협의체 형태의 기구가 맡아야 하고, 뇌사판정기구는 신경(외)과 전문의와 같은 관계전문의를 반드시 포함하고 있어야 하나 특정 전문의 집단에 한정되어서는 안되며, 뇌사검사는 관계전문의 다수(예: 2인 이상)가 서로 독립하여 판정업무를 수행하여야 하며, 장기이식을 행하는 의사와 뇌사를 판정하는 의사는 엄격하게 분리되어 있어야 한다.

(2) 판정방법

뇌사를 판정하는 방법은 다원적인 의사소통적 구조, 즉 의협이 제안하고 관계전문의와 법률가, 종교인 및 일반시민 등이 참여하는 기구의 심의결정에 따라 정하도록 한다.

(3) 뇌사구성적 의사소통

뇌사판정주체는 환자가족에게 뇌사검사결과를 설명함으로써 환자의 죽음에 대한 이해(동의)를 얻어내야 한다(뇌사구성적 의사소통).

(4) 환자의 자기결정과 가족 간의 의사소통

뇌사자의 장기적출에서 윤리적 실천의 주체인 뇌사자의 자기결정권(Selbstbestimmungsrecht)은 절대적으로 존중되어야 한다. 다만 뇌사자의 장기기증이라는 의사결정의 사회적 의미에 대한 의사소통적 교류의 과정에서 가족은 다른 사람들보다 특별한 지위, 예를 들면 장기적출에 대한 거부권(Vetorecht)을 부여할 필요가 있다. 그러나 가족이 장기기증의사를 생전에 표현하지 않은 환자 본인의 의사를 대신할 수 있게 하는 것을 허용해서는 안 된다. 왜냐하면 그것은 환자 본인과의 '상호이해' 또는 의사소통적 '교류'(Kommunikation)라기보다는 '독단적 결정'일 가능성이 상당히 높기 때문이다.

(5) 윤리적 의사소통

뇌사자의 장기기증은 뇌사자의 윤리적 실천에 대한 상호이해의 궤도에서 벗어나서는 안 된다. 따라서 장기기증이 상업화(Kommernzialisierung)되어서는 안 되며 기증된 장기의 분배 역시 윤리적 원칙에 따라 행하여져야 한다.

(6) 사적 자치

이처럼 장기분배의 업무는 윤리적 원칙을 형성·실행하는 일이라는 점에서 그리고 현재로서는 장기분배의 윤리적 원칙이 의학적 규칙에 환원될 수밖에 없다는 점에서 의협, 병원협회, 의료보험협회 및 각종 시민단체 등이 공동으로 하나의 장기관리본부를 설립하고, 계약의 형태로 그 업무사항을 규율하는 것이 바람직하다. 또한 장기분배의 업무와 장기이식을 위한 정보관리업무는 업무의 효율성을 위하여 장기관리업무와 통합운영되는 것이 바람직하다.

(7) 개인정보보호

뇌사자의 장기적출에 관련된 개인정보를 특별하게 보호함으로써 윤리적 실천의 궤도 밖에서 — 때로는 범죄적 폭력과 상업적인 자본에 의해 — 장기적출이 이루어지는 것을 예방하여야 한다.

(8) 기록의무와 논증의무

장기기증에 관련한 윤리적 의사소통교류의 전제조건으로서 뇌사판정에서 장기분배 및 장기이식에 이르는 과정이 기록에 남겨지고, 각 행위의 근거가 그 기록에 의해 제시되도록 하여야 한다. 이러한 기록 및 논증의무의 이행이 없다면 뇌사자 장기이식을 두고 환자 자신과 그 가족은 물론이고 일반 시민들까지 윤리적 실천의 의미를 상호이해할 가능성이 확보될 수 없기 때문이다.

(9) 형법에 의한 절차엄호

뇌사의 판정에서 장기이식에 이르는 일련의 과정이 윤리적 실천의 의사소통적 교류라는 궤도에서 벗어나게 만드는 일탈행위(예: 고의 또는 중과실에 의한 뇌사판정기준위반, 장기매매, 장기이식관련 개인정보의 침해 등)는 형법에 의해 통제되어야 한다.

V. 절차주의적 법제화와 인권

이상과 같은 대강의 윤곽을 띤 의사소통과 상호작용의 통로를 거친 뇌사만이 예외적으로 법적인 죽음으로 취급될 수 있다면 다음과 같은 두 가지 결론을 이끌어 낼 수 있다.

첫째, 뇌사자의 인권이란 누구나 자신이 뇌사상태에 빠질 경우 자신의 장기를 기증하는 윤리적 실천을 할 수 있는 권리이며, 이 권리는 뇌사판정과 장기적출 및 이식의 과정이 바로 위와 같은 대강의 윤곽을 띤 의사소통과 상호작용을 통하지 않고는 결코 적절하게 실현될 수가 없다. 위와 같은 윤곽의 의사소통과 상호작용의 통로에서 벗어난 뇌사판정, 장기적출 및 이식은 범죄적 폭력과 상업적 자본에 얼룩질 위험성이 매우 높기 때문이다. 여기서 뇌사자의 인권은 모든 시민이 (잠재적인 뇌사자로서) 위와 같은 의사소통과 상호작용에 참여할 수 있는 기회라고 재해석될 수 있다.

둘째, 여기서 제시된 의사소통과 상호작용의 통로를 제도화하는 법은 '절차주의적 모델의 법'이라고 말할 수 있다. 법이 윤리적 실천의 각 단계마다 실체적인 기준을 제시하는 것이 아니라 단지 그러한 실천이 이루어지는 절차, 조직, 조종권한의 분배만을 맡기 때문이다. 다시 말해 뇌사를 예외적으로 법적인 죽음으로 전환시키는 법은 어떤 실체적인 윤리적 규범들을 제시하는 것이 아니라 자율적인 윤리적 실천이 시민들 사이에 자유롭고 평화롭게 펼쳐지는 의사소통적 교류의 '테두리조건'을 보호한다. 이러한 법의 역할은 탈윤리화되고, 과학·기술에 의해 합리화된 미래 사회에서도 여전히 법의 정당한 임무로 남을 수 있을 것이다.[25)]

25) 이러한 법모델에 관한 설명으로 이상돈, 법학입문, 1997, 69면.

이성, 민주주의, 기본권

이 준 일*

I. 시작하는 말 : 대화

이성과 민주주의와 기본권(또는 인권)이란 말은 전혀 관계없는 낱말들의 열거라고 볼 수는 없지만 언뜻 그것들의 관련성을 설명하는 것 또한 쉽지 않아 보인다. 이 세 가지 낱말을 연결시키는 고리로써 우리는 '대화'(Diskurs; discourse)[1]를 사용하고자 한다.

대화는 누군가 무언가를 주장하고(assert), 그 주장에 대해서 다른 사람이 의문을 제기하면(ask), 주장을 한 처음의 그 사람이 의문을 제기한 질문자에게 그 근거를 제시하는(answer) 과정으로 이루어진다. 이런 생각의 근저에는 하버마스의 언어행위이론, 즉 일정한 주장(언어행위)을 하는 사람은 동시에 그 주장의 효력(타당성)을 주장하는 또 하나의 주장, 즉 '효력주장'을 한다는 이론이 깔려 있다.[2] 따라서 어떤 주장을 하는 사람은 반드시 동시에 자신의 주장이 옳다(정당

* 고려대학교 법학전문대학원 교수.

1) 'Diskurs'의 번역으로는 '담론'이라는 말이 가장 흔하게 사용되고, '대화'라고 번역하는 예로는 이상돈, 형법의 근대성과 대화이론, 홍문사(1994)를 들 수 있다. 물론 '대화'라는 용어는 일상적으로 흔히 이해되는 것처럼 우리의 일상적인 의사소통행위 전체를 의미하지 않고, 아래에서 정의하게 될 의미에서의 언어행위를 뜻한다.

2) J. Habermas, "Wahrheitstheorien", Vorstudien und Ergänzung zur Theorie der kommunikativen Handels, Frankfurt/M.(1984), 138면 이하 참조.

성) 또는 참이다(진리성)는 효력주장을 하게 되므로 주장을 하면서 그 주장이 옳지 않다 또는 참이 아니다는 내용을 담게 되면 '수행적 모순'[3]을 범하게 되는 것이다. 좀더 자세히 고찰하면 어떤 주장을 할 때 효력주장을 동시에 하게 되고, 또한 효력주장을 하는 사람은 동시에 그 효력주장을 근거지을 수(논증할 수) 있다는 '논증가능성의 주장'을 하게 된다는 사실도 쉽게 알 수 있다.[4] 물론 논증가능성의 주장을 하지 않으면서 주장을 하는 경우도 있을 수 있지만 이 경우 그런 주장을 하는 사람의 '진지성'은 의심을 받게 된다. 어쨌든 대화에서는 진지한 주장을 전제로 하고 최소한의 진지성을 갖춘 사람이라면 자신의 주장을 방어하기 위해 자신의 주장이 자명하다거나 또는 권위에 근거한다는 따위의 논거라도 전제하고 있을 것이다. 논증가능성의 주장은 잠정적인 것으로 머물러 있다가 그 대상인 주장에 대해서 '왜'라는 의문이 제기되면 '왜냐하면'이라는 근거제시로 확정적인 것으로 나타난다.[5] 이 경우 처음 주장을 한 사람은 '논증의무'를 지게 된다.[6] 이러한 주장 · 효력주장 · 논증가능성주장, 의문제기, 논증의무, 근거제시의 과정이 대화의 기본적인 양식이다. 중요한 것은 그렇다면 '왜 하필이면 대화인가'라는 물음이다.

이 물음에 대답하기 위해서는 대화를 얘기하면서 전제되어야 할 두 가지 '필수성'을 고찰하는 것이 필요하다. 첫째로, 대화는 '인간 삶의 가장 보편적인 양식'이라는 점이다.[7] 즉 단 한 번이라고 할지라도 대화과정에 참여하지 않는 사람,

---

3) 수행적 모순이란 어떤 주장을 하면서 그 주장에 반드시 전제되어야 할 것에 반하는 내용을 주장에 담는 것을 말한다.

4) 효력주장 뒤에 전제되어야 할 또 하나의 주장, 즉 '논증가능성의 주장'이 제기된다는 데 대해서는 R. Alexy, "Diskurstheorie und Menschenrechte", Recht, Vernunft, Diskurs, Frankfurt/M. 1995(127-164면), 136면 이하 참조.

5) 실제로 일상적인 대화과정에서는 어떤 주장에 대해서 '왜'라는 의문이 제기되지 않는 경우가 많다. 주장을 듣는 사람이 그 주장에 대해서 충분히 수긍했기 때문일 수도 있고, 관심이 없거나 질문을 할 만한 시간이 없을 수도 있기 때문이다. 그러나 어쨌든 '왜'라는 의문이 제기되면 주장을 한 사람은 대답을 해야 된다.

6) R. Alexy, "Eine diskurstheoretische Konzeption der praktischen Vernunft", ARSP Beiheft 51(1993), 21면; "Diskurstheorie und Menschenrechte"(주4) 137면 참조.

7) R. Alexy, "Eine diskurstheoretische Konzeption der praktischen Vernunft", 21면 이하; "Diskurstheorie und Menschenrechte", 140면 이하; "Grundgesetz und Diskurs- theorie", Winfried Brugger편, Legitimation des Grundgesetzes aus Sicht von Rechtsphilosophie und Gesellschaftstheorie, Baden-Baden 1996(343-360면), 349면 이하 참조.

다시 말해 단 한 번의 주장도 하지 않는 사람, 따라서 단 한 번의 논증도 하지 않는 사람은 없다. 무언가를 주장하고, 묻고, 대답하는 인간의 능력이 비록 여러 가지 원인 때문에 방해받을 수 있을지라도 완전히 사라질 수는 없다. 대화는 필수적으로 대화능력을 전제로 하는 것이다. 대화 및 대화능력의 필수성은 '경험적으로' 확인되어야 할 보편적 필수성이다. 둘째로, 대화에는 필수적으로 전제되어야 할 조건이 있다는 점이다. 즉 대화를 대화로 정의하는 규칙으로서 필수적으로 전제되어야 할 조건이 있는 것이다. 그 조건들은 '공정한' 대화가 이루어지기 위해서 대화에 참여하는 사람들의 관계에서 요구되는 규칙들이다. 이것은 '선험적으로'[8] 확인되는 필수성이다. 물론 이렇게 선험적으로 논증된 이성적 대화의 규칙을 실제로 모든 사람이, 모든 경우에, 그리고 완벽하게 준수하지는 않는다.[9] 그럼에도 불구하고 이성적 대화의 규칙은 '규율적 이념'으로서의 가치를 가지며 대화가 합리적으로 진행되기 위해서는 어떤 규칙이 효력을 가져야 하는지를 분명하게 보여준다. 이렇게 두 가지 논증방식을 통해서 전제된 두 가지 필수성이 우리가 앞으로 진행해야 할 논의의 출발점을 이룬다.

II. 실천이성

실천이성(또는 실천적 합리성)이란 존재하는가? 다시 말해 실천이란 영역에서 제기되는 물음에 대하여 이성적(합리적) 답변이 가능한가? 이 물음에 대해서

---

8) 물론 '선험적'이란 말은 칸트의 말처럼 모든 경험을 초월한 어떤 것을 의미하지 않고, 경험이전에 존재하지만 경험적으로 인식될 수 있는 어떤 것을 말한다. "Das Wort transscendental …… bedeutet nicht etwas, das über alle Erfahrung hinausgeht, sondern was vor ihr (a priori) zwar vorhergeht, aber doch zu nichts mehrerem bestimmt ist, als lediglich Erfahrungserkenntniß möglich zu machen." Kant, Prolegomena, Kant's gesammelte Schriften, 왕립프로이센과학아카데미 편, 제 4 권, 373면(R. Alexy, Begriff und Geltung des Rechts, 175면 주38에서 재인용) 참조.

9) 우리는 여기서 '이상적 대화'와 '현실적 대화'를 구분할 필요가 있다. 즉 이상적 대화란 대화에 필수적인 규칙들을 모든 사람이, 모든 경우에, 완벽하게 준수하는 대화일 것이고, 현실적 대화란 그렇지 못한 대화를 뜻하게 된다. 이렇게 현실적 대화까지를 포함한 의미의 대화는 가장 넓은 의미의 대화를 뜻하게 되고, 이런 의미에서의 대화는 일상적인 의미에서의 모든 대화과정을 의미하게 된다.

대화이론은 '존재한다. 가능하다'고 대답한다. 물론 대화이론에서 말하는 실천이성은 대화이론적으로 재구성된 실천이성이다. 즉 '실천적 물음에 대한 합리적 답변은 대화라는 절차를 통해서 가능한 대화참여자들의 합의다'라는 뜻이다.[10] 이런 의미에서 대화이론은 절차이론이며 합의이론이다.[11]

첫째로, 대화이론은 복수의 참여자를 전제로 하는 '대화'에 의해서 진리에 접근한다. 따라서 진리는 독백일 수 없다.[12] 왜냐하면 인간은 공통의 관심(전체적 관심)뿐만 아니라 서로 다른 개별적 관심(개인적 관심)을 갖고 있고, 실천적 논증에서 중요한 것은 그러한 개별적 관심(이해)들을 올바로(또는 정의롭게) 조정하는 것이기 때문이다.[13] 참여자들이 갖고 있는 서로 다른 관심과 이해는 참여자들 스스로 논증의 과정을 통해서 조정해야 한다. 자신의 관심과 이해가 중요한 만큼 상대방의 관심과 이해도 중요하고, 따라서 상대방의 관심과 이해에 대한 청취는 필수적이다. 이 때 어떤 일방의 관심과 이해가 절대적 우위를 차지할 수 없다. 결국 그때 그때의 상황을 올바로 고려하는 규범적인 평가의 과정(형량)이 있어야

---

10) 여기서 제기되는 의문은 실천이성이란 개인적 능력과 관련된 개념이 아닌지 하는 점이다. 물론 실천이성이란 무엇보다 개인의 능력과 관련되어 있고, 우리가 '대화이론적으로 재구성된 실천이성'이라는 수식어를 부가할 때 실천이성이 개인의 능력과 관련되어 있음을 부인하는 것이 아니라, 오히려 우리는 합리적 개인의 능력(실천이성)을 이미 '전제'하고 있는 것이다. 중요한 것은 대화이론(또는 절차이론, 또는 합의이론)의 입장에서 실천이성을 재구성한다고 했을 때 이성(합리성)은 개인적(또는 주관적) 차원의 문제가 아니라 실천적 문제를 둘러싼 대화의 절차에 참여한 주체들의 '상호주관적' 차원에서만 이해될 수 있다는 점이다. 그러한 상호주관적 차원에서 합리성은 개인의 능력이 아니라 개인들이 참여하고 있는 절차를 합리적인 것이라고 정의할 만한 절차의 조건(규칙)들이 결정한다. 이런 맥락에서 대화이론적 입장을 견지하는 우리는 아래에서 실천이성이라 하면 개인의 능력으로가 아니라 다수의 개인들이 실천적 문제에 대한 합리적인 답변을 찾아가는 '과정'(절차)과 그 '조건'(규칙)으로 이해할 것이다.

11) 따라서 대화이론에 쏟아지는 비판은 '대화' 그 자체와 '합의', 그리고 '절차'라는 말에 집중된다. 즉 왜 대화에 의해서만 진리에 접근할 수 있는가? 왜 합의가 진리인가? 왜 진리란 실체가 아니라 절차인가?

12) 진리란 대화가 아니라 혼자서(독백적으로)도 가능하다는 비판으로 E. Tugendhat, "Zur Entwicklung von moralischen Begründungsstrukturen im modernen Recht", ARSP Beiheft 14(1980), 6면 참조.

13) R. Alexy, "Probleme der Diskurstheorie", Zeitschrift für philosophische Forschung 43(1989), 86면 이하 (Recht, Vernunft, Diskurs, 109-126면 재수록); "Eine diskurs- theoretische Konzeption der praktischen Vernunft"(주6), 17면; "Grundgesetz und Diskurstheorie"(주7), 346면 참조.

하고, 이 과정은 각각의 주장에 대해 논거를 주고 받는 '논증'의 과정이어야 한다.[14] 게다가 이런 논증절차에서 주고 받는 논거의 질에 있어서 불완전성은 대화에 의한 진리추구의 필수성을 확인해준다. 즉 논증절차의 참여자로서 어떤 사람도 전지전능할 수 없기 때문에 논거 자체는 불완전한 것이며 따라서 대화를 통해 진리에 접근하는 것은 필수적인 것으로 보인다. 둘째로, 합의이론으로서 대화이론은 진리란 참여자의 합의 또는 동의라고 말한다.[15] 따라서 진리란 대상(사물 또는 사태)과 언어(진술 또는 주장)의 대응(일치)여부를 가지고 판단할 수 없으며 대상에 대해 언어로 표현된 주장들의 토론과 합의다. 셋째로, 절차이론으로서 대화이론은 진리(정의를 포함한 넓은 의미에서의 진리)란 절차의 결과라고 말한다.[16] 따라서 진리란 처음부터 절차와는 무관하게 획득될 수 있는 어떤 객관적 실체가 아니다.[17]

대화이론에서 말하는 절차는 대화의 절차 또는 논증의 절차다.[18] 이러한 대

---

14) 여기서 서로의 관심과 이해들을 스스로 논증의 과정을 통해서 조정해 나가기 위해서는 대화참여자들이 합리적인 존재로서 더 나은 논거와 덜 나은 논거를 구별할 수 있는 '합리적 판단능력'을 가지고 있다는 전제가 깔려 있다. 즉 합리적 대화가 가능하기 위해서 대화참여자의 합리적 판단능력이 당위적으로 '요청'되는 것이 아니라 오히려 합리적 대화는 대화참여자의 합리적 판단능력을 '전제'하고 있는 것이다.

15) 이에 대한 비판으로 '합의'가 '대중최면'이나 '주입식 세뇌'에 의해서도 달성될 수 있다는 주장에 대해서는 O. Weinberger, "Logische Analyse als Basis der juristischen Argumentation", W. Krawietz/R. Alexy 편, Metatheorie juristischer Argumen- tation(1983), 188면 이하 참조. 그러나 대화이론은 합의 그 자체보다 합의에 도달하는 절차, 더 정확히 말해서 그 절차를 정의하는 규칙이 더 본질적이며 그러한 합의의 전제조건은 대중최면이나 주입식 세뇌와는 정반대의 상황이라는 점에 대해서는 더 이상 설명이 불필요할 것이다.

16) R. Alexy, "Die Idee einer prozeduralen Theorie der juristischen Argumentaion", Rechtstheorie, Beiheft 2(1981), 178면 이하(Recht, Vernunft, Diskurs, 94-108면 재수록); "Probleme der diskurstheorie"(주13), 81면 이하 참조.

17) 물론 그렇다고 절차의 결과물인 어떤 실체를 부인하는 것은 아니다. 실체를 결정하는 것은 대화에 참여한 사람들의 현실적인 이해와 관심이다.

18) '논증'의 절차로서 대화의 절차는 '타협'의 절차와 구별된다. 타협의 절차에서 개인은 자신의 이익을 최대화하는 데만 관심이 있는 이기적 개인이다. 이러한 절차에서 문제가 되는 것은 합리적 판단이 아니라 합리적 '결단'이다. 알렉시는 이러한 생각에 기초한 이론을 대화이론과 구별하여 '계약이론'이라 부르고, 그 사상적 선구자의 이름을 따 실천이성에 대한 '홉스적' 입장으로 부른다. 이에 관해서는 R. Alexy, "Die Idee einer prozeduralen Theorie juristischen Argumentation"(주16), 178면 이하; "Grundgesetz und Diskurstheorie"(주7), 343면 이하 참조. 한편 알렉시는 대화이론을 실천이성에 대한 '칸트적' 입장으로 부르고, 위

화 또는 논증의 절차는 일정한 규칙에 의해 정의되는 절차다.[19] 대화를 정의하는 규칙들은 논증의 일반적인 규칙들[20]과 대화라는 논증절차에 특수한 규칙들이 있다. 대화이론에서 중요한 것은 대화라는 논증절차에 특수한 규칙들이다. 알렉시는 '이성규칙'이란 이름으로 그것들을 다음과 같이 정리했다.[21]

(1) 말할 수 있는 사람은 누구나 대화에 참여할 수 있다.

(2) ① 누구든지 무슨 주장이라도 할 수 있다.

② 누구든지 어떤 주장에 대해서도 의문을 제기할 수 있다.

③ 누구든지 자기의 생각, 희망, 욕구를 표현할 수 있다.

(3) 누구든지 강제에 의해서 위의 두 가지 권리를 행사하는 데 방해받지 않는다.

이런 조건이 만족될 때 다음과 같은 규범의 보편화가능성에 대한 명제가 만족된다.

보편화명제(U): "규범을 모든 사람이 준수함으로써 각자 자신의 이해에 미치는 결

의 홉스적 입장과 대화이론의 칸트적 입장 이외에도 실천이성에 대한 '헤겔적'(또는 아리스토텔레스적) 입장과 '니체적' 입장을 구분한다. R. Alexy, "Eine diskurstheoretische Konzeption der praktischen Vernunft"(주6), 12면 이하 참조. 헤겔적 입장은 합리적인 실천적 대답을 공동체적 가치에서 찾는 입장이다. 니체적 입장은 이성적 해답에 대한 극단적인 부정의 이해를 대변한다. 어쨌든 실천이성에 대한 입장을 이렇게 구분한다면 '보편성'과 '자율'을 표지로 하여 실천이성을 대화이론적으로 재구성하는 칸트적 입장은 위의 나머지 세 가지 진영의 비판에 직면하게 된다. 대표적인 홉스적 입장으로는 J. M. Buchanan, The Limit of Liberty(1975); D. Gauthier, Morals by Agreement(1986), 헤겔적 입장으로는 A. MacIntyre, After Virtue(1981, 제 2 판 1985, 독일어판 Der Verlust der Tugend, 1987); M. J. Sandle, Liberalism and the Limits of Justice(1982); M. Walzer, Spheres of Justice(1983, 독일어판 Sphären der Gerechtigkeit, 1992); Ch. Taylor, Human Agency and Language(1985), 그리고 Philosophy and the Human Society(1985); A. Gutmann, Communitarian Critics of Liberalism(1985), 니체적 입장으로는 M. Foucault, L'ordre du discours(1971)[독일어판 Die Ordnung des Diskurses(1977); 한국어판 담론의 질서(1993)] 참조.

19) 대화를 정의하는 규칙들에 관해서는 R. Alexy, Theorie der juristischen Argumen- tation, 제 2 판, Frankfurt/M. 1991(초판: 1978), 234면 이하 참조.

20) 예를 들어 무모순성, 개념적 명확성, 정합성, 합리적 형량 등이 있다.

21) 이성규칙에 관해서는 R. Alexy, Theorie der juristischen Argumentation, 238면 이하 참조.

과를 모든 사람이 인정할 수 있을 때에만 규범은 보편적 동의를 얻을 수 있다. 즉 보편적으로 타당하다."

결론적으로 이성규칙이라는 대화에 특수한 규칙은 대화참여자가 '평등하게' '자유로운' '인격으로' 존중받는 '강제없는' 대화를 내용으로 하고 있다.[22] 서두에서 언급한 것처럼 주장·효력주장·논증가능성주장을 하는 하나의 참여주체가 그 주장에 대해서 의문을 제기하는 다른 참여주체에 대해서 논증의무를 지고 그 주장의 근거를 제시하는 과정에는 대화를 대화로 정의하기 위해 반드시 필요한 것으로 참여주체 상호간의 관계에 관한 규칙이 있다. 첫째로, 누구나 대화에 참여하여 주장(따라서 그와 함께 효력주장과 논증가능성의 주장)을 할 수 있어야 한다. 즉 대화의 참여는 모든 사람에게 '평등하게' 보장된다. 그리고 둘째로, 대화에 참여한 사람은 무슨 주장이든 '자유롭게' 할 수 있어야 한다. 즉 대화의 참여는 모든 사람에게 '자유롭게' 보장된다. 셋째로, 이러한 평등하게 자유로운 대화참여는 대화참여자를 인격으로 존중할 것을 전제로 한다. 즉 대화참여의 전제는 '인격'이라는 단순한 사실에 기초할 뿐, 인격에 대한 평가를 배제한다. 따라서 성별, 인종, 재산 등에 관계없이 모든 인격은 존중된다. 마지막으로 어떠한 '강제'에 의해서도 대화참여자들이 평등하게 자유로운 인격이라는 사실을 확인하고 실제로 행동하는 데 제약을 받아서는 안 된다. 이성규칙으로서 이러한 '평등하게 자유로운 인격'이라는 조건은 대화를 (합리적) 대화로서 정의하는 필수적 요청이다.

실천이성, 즉 실천적 문제에 대한 답변을 합리적으로 찾는 과정(대화절차)은 여러 가지 요소에 의해 방해받을 수 있다. 예를 들어 터부(관습적 금기, taboo)나 전통(tradition) 또는 폭력(terror) 등에 의해서 방해받는다. 게다가 이기적 관심으로 실천이성을 악용하는 자가 있을 수 있다. 겉으로는 대화에 참여하는 모습을 취하지만, 즉 자신의 주장을 정당화하려는 노력을 보이기는 하지만 오로지 자신의 이익을 극대화하려는 데만 관심을 가지고, 또 그것을 위해서만 정당화노력을 하는 전제자(또는 독재자)가 있을 수 있다. 이것은 실천이성의 '내면적 동기화'라는 문제로 얘기된다.[23] 여기서 실천이성이 외부적으로 방해되는 것을 막기 위해

22) 이 규칙들은 결국 하버마스가 제안한 '이상적 대화상황'과 일치한다. 이상적 대화상황에 대해서는 J. Habermas, "Wahrheitstheorien"(주2), 255면 이하 참조.

23) 여기서 내면적 동기화는 정당화하는 주체가 단순히 이기적 관심을 충족시키기 위해서 외

실천이성을 제도화할 필요성이 제기된다. 즉 법제도가 실천이성에 대한 '계몽'의 과제를 수행해야 한다는 점이 지적된다. 한편으로 실천이성에 대한 이기적 관심으로만 가득 찬 자들에 대해서는 '장기적으로'는 실천이성만이 자신의 이익에 부합하리라는 확신을 주는 것이 필요하다.[24] 이것은 궁극적으로 한 공동체에 실천이성에 대한 관심을 가진 자들이 다수를 차지하고 있다는 사실을 확인하는 것으로 가능하다.[25] 물론 실천이성에 대한 관심을 가진 사람들이 세상에 더 많을 것이라는 우리의 견해는 상당히 '낙관주의적으로' 보일 수도 있다. 그러나 실천이성에 대한 관심이 있는 사람이 전혀 없다거나 적어도 극히 드물 뿐이라는 비관주의적 견해는 우리의 입장에서 더욱 견지하기 어려워 보인다. 물론 실천이성에 대한 (자율적인) 내면적 동기화가 문제해결을 위한 훨씬 더 본질적인 수단이 될 수는 있다. 그러나 그것은 매우 긴 시간을 필요로 한다. 게다가 한편으로 실천적 합리성을 위한 필수적 조건은 주관적 내면화와는 관계없이 '객관적으로' 요구되는 요청이다. 따라서 실천이성이 현실이란 조건에서는 여러 가지 이유 때문에 제대로 실현될 수 없다는 사실을 고려한다면 법의 형식, 즉 제도화는 피할 수 없는 현실인 것으로 보인다. 어쨌든 이로써 법제도가 실천이성에 대한 계몽의 과제를 수행해야 하는 이유가 분명해졌다.

부적으로만 정당화노력을 하는 것이 아니라 정당화의 가치에 대한 주관적 확신에 기초하여 정당화 노력를 하도록 내면적으로 동기부여된 상태를 뜻한다. 이런 내면적 동기화는 자율적으로 가능할 뿐만 아니라 타율적으로도 가능하다. 물론 법과 제도에 의한 내면적 동기화는 타율적이란 의미에서 진정한 의미의 내면적 동기화라고 할 수 없을 것이다. 하지만 여기서 중요한 것은 자율적이든 타율적이든 그 원인과 관계없이 결과적으로 내면화에 이른 상태를 의미한다.

24) R. Alexy, "Eine diskurstheoretische Konzeption der praktischen Vernunft"(주6), 22면 이하; "Diskurstheorie und Menschenrechte"(주4), 142면 이하; "Grundgesetz und Diskurstheorie"(주7), 349면 이하 참조.

25) 이러한 사실은 불법국가의 극단적 불법을 적용하려는 법관들에게는 일종의 위험부담이 될 수 있다. 알렉시는 이것을 법의 개념과 관련하여 '위험효과'(Risikoeffekt)라고 부른다. 즉 법개념에 정당성의 요소를 포함시키는 '비실증주의적 입장'을 견지하면서 압도적으로 또는 일반적으로 많은 사람들이 그런 법개념을 인정하고 있을 때 극단적 불법에 동참하려는 법관들에게는 상당한 위험부담으로 작용하리라는 것이다. R. Alexy, Begriff und Geltung des Rechts, Freiburg/München 1992, 86면 이하 참조.

III. 민주주의

민주주의란 말만큼 그 의미폭이 넓은 개념도 드물다. 대화이론이 이해하는 민주주의는 '논증하는'(argumentative) 민주주의 또는 '함께 생각하는'(deliberative) 민주주의다.[26] 논증하고, 함께 생각하는 민주주의란 대화하고 토론하는 민주주의다. 이러한 민주주의는 개인들의 현실적 주장들이 다양하다는 사실에서 출발하여, 그런 주장들이 서로 논쟁하는 가운데, 상대적으로 올바른 결과를 모색하는 과정으로 이해된다.[27] 누구도 절대적 진리를 주장할 수 없다. 왜냐하면 각각의 주장은 자신의 현실적 관심과 이해를 담고 있기 때문이다. 따라서 다른 사람의 주장(그에 담긴 관심과 이해)에도 귀기울일 수 있어야 한다. 그 다음에는 그런 현실적 주장들이 논쟁을 벌여야 한다. 그러나 그렇게 도달한 결론도 '상대적'으로 정당하고, '잠정적'인 진리일 수밖에 없다. 이런 의미에서 자기 생각의 상대성을 인정하고, 다른 사람의 문제제기에 대답하는 것, 그리고 다른 사람의 생각에 귀기울이며 그 사람의 생각이 옳다고 생각될 때 자신의 생각을 변경할 수 있는 것이 필요하다. 이것은 자신뿐만 아니라 다른 사람도 '인격적 존재로 승인'하는 것을 전제로 한다. 자신만이 절대적으로 옳다고 주장하는 자에게 상대방에 대한 관용이나 인격적 승인이 있을 수 없다. 서로의 주장을 관용하는 가운데 각각의 주장에 대한 논거를 주고 받으며 주장에 담겨 있는 관심과 이해를 서로 합리적으로 조정해 나가야 한다. 함께 생각하는 민주주의의 핵심은 이렇게 자유롭고 평등한 대화와 토론을 통해서 진리(또는 정의)에 접근하는 것이다. 이런 맥락에서 민주주의는 대화절차와 일치한다. 따라서 대화절차를 통한 합리적 대답(실천이성의 대화

---

26) '함께 생각하는 민주주의'에 대해서는 R. Alexy, "Grundgesetz und Diskurstheorie", 352면 이하 참조.

27) 이러한 민주주의에 대한 견해를 뒷받침하는 독일 연방헌법재판소의 판례를 하나 인용하면 다음과 같다. "자유민주주의의 기본이해는 다음과 같다. 즉 서로 대립하는 사회적 세력과 이해들, 정치적 이념과 그것을 대변하는 정당들이 **끊임없이 정신적 논쟁**을 하는 가운데 국가의사형성을 위한 길을 마련하는 것이다. 그 길은 시행착오의 과정이기 때문에 자유민주주의가 항상 객관적으로 올바른 결론을 제공한다는 뜻이 아니다. 그 길은 끊임없는 정신적 통제와 비판을 통해서 국가내에서 작용하고 있는 정치적 세력들이 서로 결합과 조정함으로써 **상대적으로 올바른** 정치적 노선에 대한 가장 훌륭한 담보가 된다는 뜻이다"[독일연방헌법재판소 판례집 BVerfGE 5, 85(135)].

이론적 재구성)이 가능하다면 민주적 절차를 통한 합리적 대답도 가능하다. 그렇다면 거꾸로 민주적 절차를 통해 합리적 대답을 찾는 것은 대화를 통한 합리적 대답을 모색하는 통로가 된다. 결국 대화를 통해 실천이성을 재구성하려고 하는 우리는 대화와 실천이성에 있어서 그랬듯이 민주주의의 현실적 실효성을 담보하기 위해 민주주의적 절차를 제도화함으로써 우리의 목적에 도달할 수 있을 것이다.

민주주의에서 특별히 의사표현의 자유가 강조되고, 그러한 의사표현의 통로로서 언론매체과 정당이 중요한 역할을 한다는 점은 민주주의를 대화와 토론의 과정으로 이해하는 우리의 입장에서는 자명하게 보인다. 따라서 자유롭고 평등한 의사소통을 방해하는 자본과 권력으로부터의 독립이 언론매체와 정당에 요구되는 까닭은 민주주의 본질이 대화와 토론의 절차에 있기 때문이다. 특히 소유주와 광고주로부터 자유로운 언론매체, 국가권력과 후원자(대기업)로부터 자유로운 정당이야말로 민주주의의 핵심적 제도로 요구된다.

IV. 기본권

대화는 다음과 같은 세 가지 한계에 직면한다. 즉 인식의 한계, 실천의 한계, 조직의 한계가 그것이다.[28] '인식의 한계'(또는 내용의 한계)란 대화가 동일하게 반복해서 진행된다고 하더라도 똑같은 확정적 답변을 제공하지 못한다는 뜻이다. 대화의 절차가 대화의 내용(결과)을 결정하지 못하는 것이다. 대화가 확정적인 답변을 제공하지 못하는 이유는 대화참여자가 다양한 이해와 규범적 확신에서 출발하는 현실적 존재라는 데 있다. 그리고 대화의 규칙이 완벽하게 실현되지 못한다는 데도 있다. 두 번째로 대화에서 결과가 확정된다고 하더라도 그것이 반드시 실천 또는 관철되리라는 보장이 없다. 이것이 '실천의 한계'(또는 관철의 한계)다. 대화에서 얻은 결과를 관철하기 위해서는 법이라는 강제적인 형식이 필요하다. 세 번째는 대화에서 얻어진 결과들과 그 실천은 조직적이고 체계적이지 못

---

28) 대화의 세 가지 한계에 대해서는 R. Alexy, "Probleme der Diskurstheorie"(주13), 83면 이하; "Eine diskurstheoretische Konzeption der praktischen Vernunft"(주6), 24면 이하; "Diskurstheorie und Menschenrechte"(주4), 144면 이하; "Grundgesetz und Diskurstheorie"(주7), 351면 이하 참조.

하다. 이것이 '조직의 한계'다. 이러한 대화의 한계를 극복하기 위해서 법이라는 체계화된 형식이 필요하다.[29] 이렇게 법형식의 요청은 대화 그 자체에서, 즉 도덕(또는 이성법)적으로 논증된다. 대화의 한계라는 측면에서 법을 정의하면 '확정된 결과와 강제적인 실천, 그리고 조직적이고 체계적인 실천을 보장하는 형식'이라고 부를 수 있다. 이런 법의 형식은 법적 안정성에 기여한다. 법은 정형화된 행위양식을 제공함으로써 공동체 구성원들에게 예측가능성을 담보하고, 법에 대한 그들의 신뢰와 기대를 보호한다. 이것이 '형식적 법치국가'의 요청이다. 이미 말한 것처럼 이러한 형식적 법치국가는 대화의 절차가 가지는 내재적 한계에 근거해서 도덕적으로 논증되는 요청이다. 우리가 흔히 라드브루흐(G. Radbruch)[30]를 인용하여 법의 세 가지 이념(목적) 가운데 하나로 지적하는 '법적 안정성'은 '형식적 법치국가'에서 표현되듯이 현실적 세력(권력)관계를 승인하는 기능을 한다. 왜냐하면 법적 안정성이란 그런 세력관계에서 '제정되고 실효성을 가진' 법률을 승인하는 것이기 때문이다. 하지만 중요한 것은 그러한 세력관계에 기초하여 제정되고, 현실에서 실효성을 갖고 있다는 '사실'이 법개념을 정의하는 데 빠질 수 없는 요소라는 점이다. 이것은 법의 현실적 필수성에서 도출되는 패러독스한 측면이다.[31] 물론 법이 대화의 한계를 극복하는 기능을 완벽하게 실현하기 위해서는 법언어가 명확해야 하거나 적어도 법언어를 해석해내는 규칙이 명확한 해석내용을 제시해야 하고, 법규범이 서로 충돌하지 않아야 하며, 법규범에 흠결이 있어서는 안 된다. 또한 정의의 기준을 충족하는 법규범이어야 한다.

대화는 그 내재적 한계 때문에 법이라는 형식을 필요로 한다. 하지만 대화가 법의 형식에 담겨질 때 포기할 수 없는 조건이 있다. 그것이 바로 대화에 필수적인 이성규칙이다. 이러한 이성규칙은 원칙규범(Prinzip)[32]이란 형식으로 법체계

29) 대화와 법에 대한 이러한 구분은 칸트가 행한 '자연상태'(비법적 상태)와 '시민상태'(법상태 또는 국가상태)의 구분에 상당부분 일치한다. 칸트의 이러한 구분에 대해서는 I. Kant, Metaphysik der Sitten, §41-44 참조.

30) G. Radbruch, Rechtsphilosophie, 제 8 판(1973), 164면 이하 참조.

31) 이런 패러독스한 측면 때문에 라드브루흐는 모든 불법한 법률의 효력을 부인하지 않고, 견딜 수 없을 정도의 불법, 즉 극단적으로 불법인 법률의 효력만이 부인된다고 주장한다. G. Radbruch, "Gesetzliches Unrecht und übergesetzliches Recht", Rechtsphilosophie, 제 8 판(1973), 345면 참조.

32) 규범을 규칙(Regel)과 원칙(Prinzip)으로 구분하는 모델에 관해서는 R. Dworkin,

안으로 들어온다. "최소한도로 발전된 법체계에는 원칙규범이 체화되어 있다." 이것을 '체화명제'라고 부른다.[33] 대표적인 원칙규범으로는 근대 이성법의 기본원리인 인간존엄, 자유, 평등의 기본권원리와 민주주의, 법치국가, 사회국가의 국가목적원리 또는 국가구조원리를 들 수 있다. 기본권을 포함한 위의 원칙규범들은 법체계의 정당성을 판단할 수 있게 하는 '최소한의 도덕적 요청'이다. 이러한 도덕적 요청이 법체계에 체화되어 있다는 생각은 실증주의[34]에 대항하는 매우 강력한 무기다. 위에서 지적했듯이 법의 이념은 법적 안정성과 함께 '정의'를 요구하고, 이러한 정의요청은 법개념을 정의하는 데 있어서 제정성과 실효성과 함께 정당성의 요소를 함께 고려해야 하는 근거가 된다.[35] 기본권이란 한 법체계의 정당성을 확인하는 대표적인 원칙규범 형태의 도덕적 요청인 것이다.

이렇게 그 필수성이 논증된 체화명제는 경험적으로도 확인가능하다. 위에서 언급했듯이 대화의 한계를 극복하기 위해 법형식이 필요했지만 그 전제조건이 완벽하게 만족될 수는 없다. 다시 말해 법규범의 언어는 모호할 수 있고(법해석의 규칙들이 명확한 해석내용을 제시할 수 없거나 각각의 해석규칙이 제시하는 해석내용이 서로 다를 수 있고), 법규범은 서로 충돌할 수 있으며, 또한 법규범은 흠결될 수 있고, 그리고 정의의 기준을 충족하지 못할 수 있다. 이것은 피할 수 없는 경험적 사실이다. 법규범에는 '열려진 영역'(Offenheitsbereich),[36] 즉 빈틈이 있을 수밖에 없는 것이다. 이러한 열려진 빈틈에서 법관은 '형량'(Abwägung)을 해야 한다. 왜냐하면 사안을 해결할 수 있는 어떠한 규준적인 기준도 존재하지 않기 때문이다. 이렇게 규준적 기준이 존재하지 않을 때 기준이 되는 것은 원칙규범이다. 원칙규범이란 그 자체로는 확정된 결과를 제공하지 못하고 서로 충돌하는 규

Bürgerrechte ernstgenommen, Frankfurt/M. 1984, 58면 이하; R. Alexy, Theorie der Grundrechte, 제2판, Frankfurt/M. 1994(초판: 1985, 신판: 1986), 76면 이하; J.-R. Sieckmann, Regelmodelle und Prinzipienmodelle des Rechtssystems, Baden- Baden 1994 참조.

33) 체화명제에 대해서는 R. Dreier, Rechtsbegriff und Rechtsidee(1986), 28면 이하; R. Alexy, Begriff und Geltung des Rechts(주25), 117면 이하(특히 121면 이하) 참조.

34) 여기서 말하는 실증주의는 법개념을 정의하는 요소에서 정당성을 제외하고 제정성과 실효성만을 고려하려고 하는 입장을 말한다. 이에 관해서는 R. Alexy, Begriff und Geltung des Rechts, 29면 이하 참조.

35) 법개념의 요소를 '제정성', '실효성', '정당성'으로 구분하는 데 대해서는 R. Alexy, Begriff und Geltung des Rechts, 29면 이하 참조.

36) R. Alexy, Begriff und Geltung des Rechts, 118면.

범적 근거를 함께 고려해서만 실현될 수 있는 규범유형이기 때문이다. 법관이 규준적인 사안해결의 기준을 찾지 못할 때 원칙규범을 인용하여 근거로 삼을 수밖에 없다. "형량이 있는 곳에 원칙규범이 있고, 원칙규범이 있는 곳에 형량이 있다."

기본권을 포함한 원칙규범들이 포기할 수 없는 도덕요청으로 법체계에 내재하고 있다는 사실은 법과 도덕이 필수적으로 결합될 수밖에 없는 까닭이기도 하다. 법체계 안에 도덕적 요청이 녹아 있다면 법과 도덕은 필수적으로 결합된다. 이것을 '결합명제'라고 부른다.[37] 이러한 생각 역시 체화명제와 함께 실증주의에 반대하는 강력한 논거가 된다. 모든 법체계는 정당성의 효력주장을 한다. 이러한 효력주장을 실현하기 위해서는 법적 사안에서 문제되는 모든 규범적 관점들을 고려해야만 한다. 물론 거기에는 기본권을 포함한 원칙규범도 포함된다. 이러한 원칙규범들이 도덕적 요청이라고 하더라도 문제가 되고 있는 절차는 법적 절차이기 때문에 법적 절차에서 고려되는 모든 규범적 근거들은 법적 근거가 된다. 법체계는 이렇게 규범체계인 동시에 절차체계이기도 하다. 이런 맥락에서 기본권을 인권이라고도 부를 수 있는 이유가 이해된다. 우리는 흔히 기본권이라 하면 실정(헌)법적으로 규정된 의미를 강조할 때, 그리고 인권이라 하면 초실정법적 성격, 또는 도덕적 유래를 강조할 때 사용한다. 우리의 논증에서 밝혀졌듯이 기본권 또는 인권은 도덕적 내용(유래)을 가지지만 원칙규범이라는 법형식을 가진(따라서 법적 논증절차에서 근거로 인용되어야만 하는) 규범이기도 하기 때문이다. 이러한 '이중적 성격'[38]을 올바로 이해할 때 인권은 기본권의 형식으로 법체계 안에 체화되어 있음을 확인할 수 있다.

대화라는 상대적으로 열려진 절차(또는 '이상'에 지향된 절차)는 그 한계 때문에 법이라는 상대적으로 닫혀진 절차(또는 '현실'에 지향된 절차)를 필요로 한다. 한편 법이라는 상대적으로 닫혀진 절차는 그 빈틈 때문에 대화라는 상대적으로 열려진 절차를 필요로 한다. 이러한 열림과 닫힘의 역동적 과정을 거치면서 법체계는 만들어져 간다.[39] 그러한 열림과 닫힘의 중요한 매개물은 원칙규범의 형식

37) 결합명제와 그에 대응하는 분리명제의 구분에 관해서는 R. Alexy, Begriff und Geltung des Rechts, 39면 이하 참조.

38) R. Alexy, Begriff und Geltung des Rechts, 129면.

39) 일반적 실천적 대화와 법적 대화의 연관성에 관해서는 R. Alexy, Theorie der juristischen Argumentation(주19), 349면 이하 참조.

으로 법체계에 녹아 있는 도덕적 요청들(그리고 그와 함께 그 요청들의 구조적 특성으로 인한 절차체계)이다. 무엇보다 중요한 것은 내용적 요청으로서 요구되는 기본권이다. 기본권은 '원칙규범의 형태로, 법체계에 녹아 있는, 열림과 닫힘의 매개물'인 것이다.

문제는 무엇이 기본권인지 하는 것이다. 기본권이란 "매우 중대한 사항으로 그 보장여부를 입법자의 처분에 맡길 수 없는 것"을 말한다.[40] 민주적으로 정당화된 입법자가 마음대로 처분할 수 없는 영역의 울타리를 치는 것이 기본권인 것이다. 그렇다면 여기서 우리는 기본권과 민주주의의 긴장·갈등·충돌관계를 말할 수 있게 된다. 헌법은 어디까지를 기본권으로 규정하여 입법자의 처분으로부터 자유롭게 하고, 또 어디까지를 민주적 입법자의 자유로운 처분에 맡기고 있는가? 민주적 절차에 대한 이상론자들은 가능하면 민주적 입법자가 자유롭게 처분할 수 있는 영역(이른바 '형성의 자유'의 영역)을 확대하려고 할 것이고, 민주적 절차에 대한 회의론자들은 가능하면 민주적 입법자의 자유로운 처분영역을 축소하여 기본권에 구속되는 영역을 확대하려 할 것이다. 이 문제는 결국 모든 인간이 보편적으로 갖는 기본권(인권)이라고 하는 것이 존재하는지 하는 매우 근본적인 물음과도 연결될 수 있다.[41] 기본권이란 앞에서 논의했듯이 인간의 가장 보편적인 삶의 양식으로서 대화에 필수적으로 전제되어야 할 이성조건으로부터 논증된다. 그리고 무엇보다도 실정법적으로 보더라도 기본권은 모든 국가권력을 구속하는 법으로서 헌법에 규정되어 있다. 이런 명백한 사실과 위에서 언급한 긴장관계를 고려한다면 기본권과 민주주의를 합리적으로 조화시킬 수 있는 길을 모색하는 것은 매우 중요하고 현실적인 법적 문제라고 할 수 있다.

---

40) R. Alexy, Theorie der Grundrechte, 406면 이하와 465면 이하; "Grundrechte im demokratischen Verfassungsstaat", Aulis Aarnio/Robert Alexy/Gunnar Bergholz편, Justice, Morality and Society, Aleksander Peczenik 화갑(1997. 11. 16) 기념논문집(27-42면), 34면 참조.

41) 이러한 논쟁은 대화이론의 기초가 되는 '보편주의'와 이에 반대하는 '공동체주의'(Kommunitarismus) 사이에서 벌어진다. 보편주의적 입장에서 모든 인간에게 보편적으로 승인되어야 할 기본권(인권)이 존재한다는 견해를 갖는 반면에 공동체주의적 입장에서 보편적 인권이란 존재할 수 없다. 예를 들어 공동체주의적 입장에서 맥킨타이어(MacIntyre)는 보편적 인권이 존재한다고 믿는 것은 '마녀'나 '유니콘'을 믿는 것과 다름 없다고 한다. MacIntyre, Verlust der Tugend, 98면 참조.

V. 맺는 말 : 민주적 헌법국가

우리가 이해하는 실천이성은 대화이론적으로 재구성된 실천이성이다. 실천적 문제에 대한 합리적 해결은 대화절차를 통해서 획득된 참여자들의 합의인 것이다. 그리고 민주주의적 절차란 대화절차에 다름 아니다. 민주주의란 대화와 토론을 통해서 합의에 도달하는 공동체 의사형성의 절차인 것이다. 따라서 이렇게 대화를 매개로 실천이성(또는 실천적 합리성)은 민주주의적 절차를 거쳐서 비로소 가능한 것이 된다.

실천이성과 대화와 민주주의는 법적 형식 또는 제도화를 필요로 한다. 그것은 대화를 통한 실천이성을 방해하는 외부적 요인들 때문이기도 하고, 민주주의는 제도화를 통해서 현실적으로 가능한 것이 되는 까닭이다. 게다가 실천적 합리성에 도달하는 통로이며 민주주의적 절차에 다름 아닌 대화가 본질적으로 그 열린 구조를 지향함으로써 갖는 불확정성의 한계들 때문에 법적 형식 또는 제도화가 요구된다. 열린 구조의 불확정성은 그 자체가 확정적 결과를 제공하는 닫힌 구조를 요구한다. 닫힌 구조를 지향하는 '형식적 법치국가'의 요청은 대화 그 자체가 요구하는 도덕적 요청인 것이다. 한편으로 닫힌 구조를 지향하는 형식적 법치국가는 열린 구조를 지향하는 절차에서 정당화되어야 한다. 형식적 법치국가는 민주적인 절차에 따라 정당화되어야 하는 것이다. 이런 방식으로 형식적 법치국가는 '민주적 법치국가'가 된다. 열린 구조와 닫힌 구조는 단순한 결합이 아니라 양자를 매개하는 요소에 의해 역동적으로 결합된다. 내용적으로 열려 있으면서(도덕적 내용을 갖고 있으면서) 동시에 닫힌 형식을 가진(법적 형식을 갖는) 기본권이 그런 역할을 한다(정확히 말하자면 원칙으로서 기본권이 갖는 구조적 특성 때문에 그렇다). 이러한 매개물을 통해서 민주적 법치국가는 '민주적 헌법국가'가 된다. 즉 형식적 법치국가는 절차적으로 정당할 뿐만 아니라 내용적으로도 정당한 법치국가가 되는 것이다.[42] 게다가 자유의 실질적(물질적, 경제적) 조건까지 충족된다면 민주적 법치국가는 '민주적·사회적 헌법국가'가 된다.

---

42) 따라서 법개념에 있어서 '정당성'의 요소라고 하면 절차적 정당성의 요소와 내용적 정당성의 요소를 모두 포함한다.

기본권 조항과 사법심사제도의 법적 의미 재론(再論)

안 준 홍*

Ⅰ. 序

모든 국민이 인간으로서 존엄하고 평등하며, 자유롭고, 사람답게 살 권리가 있다고 하는 헌법은 언제 보아도 감동적이다. 하지만 그런 헌법은 우리 사회가 민주화되기 전에는 법학도들이 무력감(無力感)을 느끼고 스스로를 비웃을 원인이기도 하였다. 그것은 사회의 현실과 동떨어져 있었고, 거기에 기대어 그런 현실을 바꿀 수 없었기 때문이다. 이제 민주화가 되었고, 한국인의 기본권 의식은 한껏 신장되고 있으며, 헌법재판이 활발하게 이루어지고 있다. 그렇다면 이제 우리는 안심하고 '모든 국민이 인간으로서 평등하게 존중받고, 자유롭고 사람답게 사는' 헌법시대를 구가하여도 될 것인가?

안타깝게도 이미 우리는 기본권 조항과 사법심사제도에 대하여 전과 다른 차원의 의문을 가지게 되었다. 기본권이란 저마다의 사사로운 욕심이나 다를 수 있는 생각을 담아서 이런저런 주장을 할 수 있는 그릇에 불과하지는 않은지, 사법심사는 재판이 아니라 정치가 아닌지 하는 의심을 흔히 만나게 되었기 때문이다. 여기서 우리는 기본권 조항과 사법심사의 법적인 의미를 근원적으로 다시 성찰할 필요를 느낀다.

예를 들어, 어떤 사람이 헌법재판소의 결정에 대하여, 어떨 때는 '당연하다'

* 가천대학교 법과대학 교수.

고 생각하고, 어떨 때는 '이런 법이 어디 있나' 하고 생각한다면 그 두 가지 반응의 차이는 어디서 비롯하는가? 뒤쪽의 경우, 그 사람이 헌법을 잘못 이해하고 있거나, 헌법재판소가 헌법을 그릇되게 해석하고 적용한 것인가? 아니면, 헌법재판이란 원래 서로 다르게 생각할 수 있는 내용 중의 하나를 권위적으로 채택하는 것일 뿐이고, 구체적인 결정에 따라 어떤 사람은 거기에 공감하고, 다른 어떤 사람은 수긍하지 못 하는 것이 당연한가? 그렇다면 기본권 조항들을 법이라고 할 수 있으며, 헌법재판을 재판이라 할 수 있겠는가?

더 구체적인 예를 들어 보자. 이런 결정이 있었고, 그 시민은 헌법재판소가 그렇게 결정한 것이 '당연하다'고 생각하였다[1]:

> [주문] 청구인들이 2000.6.18. 09:00경부터 같은 달 20. 02:00경까지 X 경찰서 유치장에 수용되어 있는 동안 차폐시설이 불충분하여 사용과정에서 신체부위가 다른 유치인들 및 경찰관들에게 관찰될 수 있고 냄새가 유출되는 실내화장실을 사용하도록 강제한 피청구인의 행위는 헌법 제10조에 의하여 보장되는 청구인들의 인격권을 침해한 것으로 위헌임을 확인한다.
>
> [이유] … 미결수용자들은 격리된 시설에서 강제적 공동생활을 하므로 구금목적의 달성 즉 도주·증거인멸의 방지와 규율 및 안전유지를 위한 통제의 결과 헌법이 보장하는 신체의 자유 등 기본권에 대한 제한을 받는 것이 불가피하다. 그러나 이러한 기본권의 제한은 헌법 제37조 제2항에서 규정한 국가안전보장·질서유지 또는 공공복리를 위하여 필요한 경우에 한하여 법률로써 할 수 있으며, 제한하는 경우에도 자유와 권리의 본질적인 내용을 침해할 수 없다.
>
> … 헌법 제10조에서는 "모든 국민은 인간으로서의 존엄과 가치를 가지며, 행복을 추구할 권리를 가진다"라고 하여 모든 기본권의 종국적 목적이자 기본이념이라 할 수 있는 인간의 존엄과 가치를 규정하고 있는바, 이는 인간의 본질적이고도 고유한 가치로서 모든 경우에 최대한 존중되어야 한다.
>
> 그런데 앞에서 본 사실관계에 비추어 보면, 보통의 평범한 성인인 청구인들로서는 내밀한 신체부위가 노출될 수 있고 역겨운 냄새, 소리 등이 흘러나오는 가운데

1) 헌재 2001.7.19, 2000헌마546.

용변을 보지 않을 수 없는 상황에 있었으므로 그때마다 수치심과 당혹감, 굴욕감을 느꼈을 것이고 나아가 생리적 욕구까지도 억제해야만 했을 것임을 어렵지 않게 알 수 있다. 나아가 함께 수용되어 있던 다른 유치인들로서도 누군가가 용변을 볼 때마다 불쾌감과 역겨움을 감내하고 이를 지켜보면서 마찬가지의 감정을 느꼈을 것이다.

그렇다면, 이 사건 청구인들로 하여금 유치기간 동안 위와 같은 구조의 화장실을 사용하도록 강제한 피청구인의 행위는 인간으로서의 기본적 품위를 유지할 수 없도록 하는 것으로서, 수인하기 어려운 정도라고 보여지므로 전체적으로 볼 때 비인도적 · 굴욕적일 뿐만 아니라 동시에 비록 건강을 침해할 정도는 아니라고 할지라도 헌법 제10조의 인간의 존엄과 가치로부터 유래하는 인격권을 침해하는 정도에 이르렀다고 판단된다.

그런데, 같은 시민이 다음과 같은 헌법재판소 결정을 접하였을 때 드는 생각은 딴판이었다[2]:

[주문] 구 국가보안법(1980.12.31. 법률 제3318호로 전문개정되고 1991.5.31. 법률 제4373호로 개정되기 전의 것) 제10조는 헌법에 위반되지 아니한다.[3]

[이유] 청구인은 그 차남인 A가 … 간첩활동을 하고 있다는 정을 알면서도 이를 수사기관 또는 정보기관에 고지하지 아니하였다는 등의 범죄사실로 국가보안법상의 불고지죄 등으로 기소되었던바, 위 법원은 … 청구인에게 구 국가보안법 제10조 등을 적용하여 징역 1년 6월에 집행유예 3년 및 자격정지 2년의 형을 선고하였다 … 청구인은 … 구 국가보안법 제10조가 헌법에 위반된다고 주장하면서 위헌제청

---

2) 헌재 1998.7.16, 96헌바35.

3) 문제의 조항은 '불고지(不告知)'의 죄로, "(동법) 제3조 내지 제9조의 죄를 범한 자라는 정을 알면서 수사기관 또는 정보기관에 고지하지 아니한 자는 5년 이하의 징역 또는 200만원 이하의 벌금에 처한다. 다만, 본범과 친족관계가 있는 때에는 그 형을 감경 또는 면제할 수 있다"고 규정되어 있었다. 현행 국가보안법에서는 "(동법) 제3조, 제4조, 제5조 제1항 · 제3항(제1항의 미수범에 한한다) · 제4항의 죄를 범한 자라는 정을 알면서 수사기관 또는 정보기관에 고지하지 아니한 자는 5년 이하의 징역 또는 200만원 이하의 벌금에 처한다. 다만, 본범과 친족관계가 있는 때에는 그 형을 감경 또는 면제한다"고 규정되어 있다. 밑줄친 부분만큼 개정되었다. 이 글에서는 동 조항들의 단서, 즉, 친족이라 할지라도 형을 부과할 수 있도록 된 부분을 문제삼는다.

> 신청을 하였으나 위 법원은 … 위 위헌제청신청을 기각하였고, 이에 청구인은 다시 헌법재판소법 제68조 제2항에 의한 이 사건 헌법소원심판을 청구하기에 이르렀다.
>
> … 이 사건 심판대상 법률조항이 규정한 불고지죄는 국가의 존립과 안전에 저해가 되는 타인의 범행에 관한 객관적 사실을 고지할 의무를 부과할 뿐이고 개인의 세계관 · 인생관 · 주의 · 신조 등이나 내심에 있어서의 윤리적 판단을 그 고지의 대상으로 하는 것은 아니므로 양심의 자유 특히 침묵의 자유를 직접적으로 침해하는 것이라고 볼 수 없을 뿐만 아니라 국가의 존립 · 안전에 저해가 되는 죄를 범한 자라는 사실을 알고서도 그것이 본인의 양심이나 사상에 비추어 범죄가 되지 아니한다거나 이를 수사기관 또는 정보기관에 고지하는 것이 양심이나 사상에 어긋난다는 등의 이유로 고지하지 아니하는 것은 결국 부작위에 의한 양심실현, 즉 내심의 의사를 외부에 표현하거나 실현하는 행위가 되는 것이고 이는 이미 순수한 내심의 영역을 벗어난 것이므로 이에 대하여는 필요한 경우 법률에 의한 제한이 가능하다 할 것이다. 그리고 여러 가지 국내외 정세의 변화에도 불구하고 남 · 북한의 정치 · 군사적 대결이나 긴장관계가 여전히 존재하고 있는 우리의 현실, 불고지죄가 보호하고자 하는 국가의 존립 · 안전이라는 법익의 중요성, 범인의 친족에 대한 형사처벌에 있어서의 특례설정 등 제반사정에 비추어 볼 때 이 사건 심판대상 법률조항이 양심의 자유를 제한하고 있다 하더라도 그것이 헌법 제37조 제2항이 정한 과잉금지의 원칙이나 기본권의 본질적 내용에 대한 침해금지의 원칙에 위반된 것이라고 볼 수 없다.
>
> 그러므로 이 사건 심판대상 법률조항은 양심의 자유를 침해한 것이라고 할 수 없다.

이 결정을 접한 그 시민에게 떠오른 생각은 '세상에 이런 법이 어디 있나? 자식의 죄를 신고하지 않은 부모를 처벌한다고?' 하는 것이었다. 앞에서 제시된 일반적인 문제들, 즉, 기본권 조항을 법규범이라 할 수 있는지, 헌법재판은 재판인지 아니면 입법인지를 이런 사례들을 염두에 두고 살펴보자.

II. 기본권 조항의 규범적 속성

법적 권리는 '법규범에 의하여 인정된 권리'이므로,[4] 법규범의 다른 표현으로 이해할 수 있다. 그렇다면, 헌법이 정하는 기본권의 법적 성격은 기본권 조항의 규범적 속성을 해명함으로써 밝힐 수도 있을 것이다.

많은 사람들이 법(the law)이란 이런저런 개별적인 법(a law)이나 법규범들이 아무렇게나 쌓여있는 더미가 아니라, 일정한 법들이 서로 일정한 연관을 가지면서 모여 있는 집합, 그러니까 특수한 규범체계라고 생각한다.[5] 그렇다면, 기본권 조항들은 그런 법체계에서 어떤 양상을 가지며, 다른 법규범들과는 어떻게 연관되고 상호작용을 할까?

흔히 법규범의 양상(樣相)으로는 규범 일반과 마찬가지로 명령, 금지, 허용, 권한부여 등이 거론된다. 그렇다면, 기본권 조항의 규범양상은 어떠한가? 인간의 평등한 존엄과 가치, 자유, 사람답게 살 권리 등을 규정한 규범들은 그 수범자들에게 그런 가치들을 실현할 것을 명령하고, 침해하지 말 것을 명령하는데, 이는 다시 어떤 행위를 명령, 금지, 허용하거나 일정한 권한을 부여함으로써 구현될 수 있다. 즉, 구체적인 경우에 수범자가 누구인지에 따라 다를 수 있겠지만, 일단 그 자체로서는 아주 복합적인 양상을 가진다고 이해할 수 있다.

이럴 때, 법규범을 그 기능적인 양상의 차이가 아니라 작동과정의 성질 차이에 따라서 '법규칙'과 '법원리'로 나누고, 기본권 조항과 같은 규범들을 법원리로 분류하는 방법이 매력적으로 보인다. 이를 좀더 살펴보자.

1. 법규칙과 법원리를 질적으로 구별할 수 있다고 하는 주장

흔히 다른 법규범에 비하여 일반성, 추상성의 정도가 높거나, 내용적 중요성이 큰 법규범을 법원리 또는 법원칙이라고 부른다.[6] 하지만, 드워킨(Dworkin, R.)이 법규칙과는 '논리적으로 구별되는' 법원리를 하트(Hart, H.L.A.)의 실증주의적 법이론을 비판하는 기초로 삼은 이래 법규칙과 법원리에 대한 이런 구별이 세계적인 주목을 받게 되었고, 알렉시(Alexy, R.)를 비롯한 여러 법이론가들의 호응

4) 김도균, 『권리의 문법-도덕적 권리 · 인권 · 법적 권리』(박영사, 2008), 195-196면 참조.

5) 이에 대하여는 졸고, "비실증주의 법원리론 비판," 서울대학교 박사학위논문(2008), 5-7면 참조.

6) 이런 사정에 대하여는 로베르트 알렉시(이준일 역), 『기본권이론』(한길사, 2007), 112-116면; J. Raz, *Practical Reason and Norms* (Princeton University Press, 1990), 49면 참조.

을 받고 있다.

(1) 드워킨의 구별

드워킨은 (ⅰ) 유효하다면, 요건사실이 발생하였을 때 효과가 확정적으로 발생하고, (ⅱ) 다른 법규칙과 충돌할 때 그 중 하나는 무효로 선언될 수밖에 없는 법규범을 법규칙으로 분류하였다. 그는 법규범 중에는 그와 달리 (ⅰ) 유효한 경우라도, 요건이 충족될 때 법적 효과가 자동으로 발생하는 것이 아니라, 어느 한쪽의 방향으로 결정할 것을 주장하는 근거를 제시할 뿐이고, 구체적인 결정은 다른 원리나 정책까지 고려하여서 하게 되며, (ⅱ) 서로 충돌할 때에는 각각의 상대적 비중을 고려하여 해결하며, 구체적인 결정에서 밀려난 것이라도 효력을 종국적으로 상실하지는 않는다고 하는 특징을 가지는 법원리도 있다고 주장하였다. 그가 꼽은 법원리의 대표적인 예로 '누구도 자신의 부정한 행위로부터 이익을 얻을 수 없다(No man may profit from his own wrong)'는 것이 있다. 그 규범은 할아버지를 살해한 손자에게 유언장에 따른 상속을 부정하는 근거로 원용되기도 하였지만, 취득시효제도를 인정하는 것을 보면, 모든 경우에 확정적으로 관철되지는 않지만 구체적인 사안에 따라서 언제라도 한 쪽으로의 결정을 촉구하는 근거로 원용될 수가 있다는 것이다.[7]

(2) 알렉시의 구별

알렉시는 위와 같은 드워킨의 법원리론을 비판적으로 수용하여, 규칙은 '확정적 명령(definitive Gebote)'이고 법원리는 '최적화명령(Optimierungsgebote)'이라고 개념규정하였다. 규칙은 실현이 되든지 아니면 안 되든지 하는 둘 중 하나의 양상을 보이는 규범들로서, 사실적, 법적 가능성의 영역 안에서 '고정점(fixed point)'을 형성하는 데 비하여, 원리들은 주어진 사실적, 법적 가능성 아래서 무엇인가를 최대로 실현할 것을 요구하는 규범이기 때문이다. 또, 당위되는 것이 전적으로 사실상, 법률상 가능할 것을 전제하는 것이 아니라, 가능한 최대로 포괄적이거나 근사(近似)한 실현을 요구하는 당위를 '이념적 당위(ideales Sollen)', 실

7) 이상 R. Dworkin, *Taking Rights Seriously* (Harvard University Press, 1977), 23면 이하 참조.

현되거나 안 되거나만 할 수 있는 규정들의 명령 성격을 '현실적 당위(reales Sollen)'라 할 때, 원리는 이념적 당위이고, 규칙은 현실적 당위라고 할 수 있다고 설명하였다.[8)]

2. 위의 주장에 대한 검토

모든 법규범을 이처럼 법규칙과 법원리라고 하는 서로 성질을 달리하는 규범들로 구별할 수 있다고 하는 주장에 대하여는 (ⅰ) 과연 모든 법규범을 그렇게 논리적으로 구별할 수 있는지, (ⅱ) 법원리와 법이념(法理念)의 관계는 어떠한지, (ⅲ) 법원리를 '최대실현명령'이라고 할 때, 의무를 부여하는 통상의 법규범처럼 그 수범자의 규범위반에 대하여 제재를 부여하거나 침해에 대한 구제책이 법적으로 부여되는지 등이 문제된다.

(1) 모든 법규범을 법규칙 아니면 법원리로 구별할 수 있는가[9)]

문제점들을 나열하여 보자:

(ⅰ) 위의 주장('질적 구별론'이라 부르자)에 따르면, 모든 법규범은 '이념적 당위' 또는 '가치 자체'인 법원리와 '확정적 규범내용'을 가지는 법규칙으로 나뉜다고 하는데, 과연 아무런 확정적인 규범내용이 없는 규범이 있을 수 있으며, 일정한 목적이나 가치의 구현태(具現態)일 법규칙에 가치가 담기지 않을 수 있는가?

(ⅱ) 법규칙 역시 일정한 목적이나 가치의 구현태로서 가치의 차원을 가지며, 따라서 비중의 차원을 가지고 최대실현을 요구한다면, 규범 적용방식으로서 '포섭(包攝)'과 '형량(衡量)'을 준별하기는 불가능하지 않은가? 예컨대, 도로교통의 안전을 실현하기 위하여 자동차 운행 속도를 '시속 60km'로 정하였다면, '시속 60km' 제한은 그 자체로 내용적 규범력을 가지며, 따라서 '응급환자 수송'의 경우

---

8) 이상 R. Alexy, *Recht, Vernunft, Diskurs* (Suhrkamp, 1995), 202-205, 216-217면; R. Alexy(trans. by Julian Rives), *A Theory of Constitutional Rights* (Oxford University Press, 2002), 47-48면; R. Alexy, "Zur Struktur der Rechtsprinzipien," in: B. Schilcher/P. Koller/B. C. Funk(Hg.), *Regeln, Prinzipien und Elemente im System des Rechts* (Verlag Österreich, 2000), 32면 참조.

9) 이에 대하여 자세히는 졸고, "법규칙과 법원리를 질적으로 구별할 가능성에 대한 비판적 고찰," 『법철학연구』 제11권 제2호, 427-450면 중 443-7면 참조.

배경적 근거로 작동하는 '인명보호'와 같은 법원리와 충돌할 수 있고, 이때 '시속 60km' 제한규정에 예외가 인정된다면, 이는 법원리 충돌과 마찬가지로 '물러섬'으로 인정될 수 있는 것 아닌가?

(iii) 질적 구별론에 따르면, 법원리는 형량의 근거로 작동한다는 점에서 법규칙과 질적인 차이를 보며, 형량(衡量)은 '사실적, 규범적 가능성'을 고려하여 이루어진다고 한다. 하지만 이는 결국 '모든 것을 고려하라(Consider all things)'는 요청이고, 단일한 근본규범 ―만약 그런 것이 있다면― 을 제하고는, 모든 것을 고려하였을 때 기각될 수 없는 규범은 없으므로, 형량근거성으로는 규범을 질적으로 구별할 수 없는 것 아닌가?

(iv) 상이한 해석의 가능성은 모든 법규범에 대하여 열려 있고, 해석의 결과로 보다 구체적인 규범을 확보하는 것이라면, 법원리-법규칙의 관계는 법규범들 사이의 숱한 중층적(重層的) 관계 전반에 대하여 인정될 수 있는 것이고, 따라서 모든 법규범들은 획일적으로 법원리나 법규칙이라고 구별할 수 없는 것 아닌가?

(v) 어떤 법체계에 속하는 모든 법규범들이 물론해석, 반대해석, 유추해석 등의 경로로 다른 법규범의 존재, 해석, 적용에 영향을 미칠 수 있으므로, 법규칙이라 하더라도 다른 법규범의 존재, 해석, 적용의 배경적 근거로 작동할 수 있고, 따라서, 법원리와 규범구조적 차이가 없는 것 아닌가?

(vi) 어떤 법규칙의 배경적 가치가 규범화된 것이 법원리라고 한다면, 법원리들 사이에 다시 배경적 근거가 되는 것들과 그 구체화인 것들이 있을 수 있고, 결국 그런 소급 끝에는 단일한 하나의 규범이나 더 이상 환원할 수 없는 복수의 규범들이 있게 된다. 이리하여 최종적 근거가 되는 단일한 규범 또는 환원불가능한 최종적 차원의 규범들만을 법원리로 보게 된다면, 결국 '법이념'과 '법규범'의 대비로 환원되게 되는 것이지 '법규범들 사이의 구별' 문제가 아니지 않은가?

이런 문제점들을 보면, 법규칙과 법원리의 구별은 질적 구별론이 주장하듯이 논리적이기보다는 규범 적용과정에서 보이는 경향성에 따른 것이 아닐까 싶다. 다만, 여기서 '법이념'과 '법규범'의 구별 문제를 따로 짚어 볼 필요가 있다. 질적 구별론이 주장하듯, 헌법의 기본권 규정들은 '가치' 또는 '이념' 자체로 볼 가능성이 충분히 있고, 그렇다면 법과 법이념을 구별할 필요가 그런 규정들을 법규범으로 이해할 필요와 상관있기 때문이다.

(2) 법과 법이념을 구별할 필요와 법원리의 위치

많은 사람들이 현실의 법질서가 지향해야 할 '정당화(正當化)된 목적' 또는 '이상(理想)'을 법이념(法理念)으로 생각하고 논하여 왔다. 또, 그런 법이념들로 정의, 법적 안정성(법적 평화), 합목적성 등을 흔히 꼽고 있다.

법은 사람들이 만들어서 영위하는 제도적 규범체계이고, 인간의 활동은 그 목적을 도외시하고는 이해할 수 없으므로, 무엇이 법인지에 대한 이해 역시 법의 목적으로 생각되는 여러 가지 이념들을 고려하지 않고서는 온전할 수 없다는 주장은 충분히 호소력 있다.[10] 더욱이, 법적 안정성은 '실증성(實證性)'을 요청하는 법내재적(法內在的) 이념이기도 하며, 오늘날 많은 법질서는 구체적인 법이념만이 아니라 아주 추상적이고 포괄적인 법이념까지도 구현할 것을 스스로의 과제로 선언하고 있다.[11] 그러나, 법이념은 기본적으로 법이 본질필연적으로 '지향'하여야 할 것, 그래서 법을 평가하는 것, 따라서 법에 초월적인 것이지 내재적인 것은 아니므로, 법과 법이념을 동일시하기 어렵다는 주장 역시 강한 설득력을 가진다.[12]

그런데, 법규칙과 법원리를 질적으로 구별하는 입장에서 법규범의 일종으로 제시하는 법원리는 형량의 대상이 아닌 형량의 근거가 되는 가치나 목적이다. 따라서, 법이념과 동일한 규범적 구조를 가진다. 그렇다면 그들은 법규범인 법원리와 법 자체에 대한 '규제적 원리(規制的 原理, regulatives Prinzip)'인 법이념을 구별하지 않는지, 그리고 그런 입장이 타당한지가 문제된다.

(3) 법원리의 규범양상

법규칙/법원리 질적 구별론은 모든 법규범을 법규칙이나 법원리로 나눌 수 있다고 주장한다. 이런 분류는 '명령, 금지, 허용, 권한부여'라고 하는 법규범들의 형식적인 기능적 양상들과는 어떤 관계가 있는가? 법원리를 '최대실현명령'으로 이해한다면, 법원리는 명령인 법규범들 중 특수한 범주인가?[13] 법원리와 여타의

10) "이념을 회피하는 자는 결국 개념도 파악할 수 없다."-괴테-[구스타브 라드브루흐/최종고 역, 『법철학』(삼영사, 2007), 62면에서 재인용].

11) 심헌섭, "法理念論을 위한 序章—法理念의 意義와 機能—," 『노동법과 현대법의 제문제—남관 심태식 박사 화갑기념—』(법문사, 1983, 159-173면), 172면.

12) 심헌섭, 위의 글, 173면 참조.

명령, 금지, 허용, 권한부여를 나타내는 법규범들 사이의 형식적 관계는 어떠한가? 법당국이 시민들에 부과하는 통상적인 명령규범처럼, 위반시에 제재를 부여하는 법을 수반하는가?[14] 법원리의 수범자는 누구인가?

우선 보기에, 거기서 제시되는 법원리는 '최대실현'을 요구할 뿐이고, 위반에 따른 제재를 부여하거나 침해를 구제할 절차를 정하는 법을 꼭 수반하지는 않는다. 그렇다면, 그러한 법원리는 시민에게는 일정한 주장을 제기할 근거를 제공하고 당국의 선택을 향도할 뿐이지, 그러니까, 실질적으로는 당국의 입법권한 행사에 영향을 미치는 제도적인 도덕일 뿐이지 법규범은 아니라고 볼 여지가 있다.

3. 정 리

이렇게 보면, 기본권조항의 경우 과연 그것이 법규범인지 아니면 입법을 향도하는 제도화된 법이념인지가 문제된다는 것을 알 수 있다. 즉, 당국이 기본권을 침해함으로써 기본권조항이 명령하는 바를 어겼을 때, 그에 따른 제재나 구제절차가 법제화되어 있다면, 그래서 기본권조항이 그저 당국의 입법을 향도할 뿐 아니라, 법체계의 여타 법규범들의 존재나 내용 또는 작동에 상관을 한다면 법규범으로 볼 수 있고, 그렇지가 않다면 단지 제도화된 법이념일 뿐이라고 보는 것이 타당하지 않을까? 만약 기본권조항이 '입법청원'의 근거가 될 뿐이라면 후자로 이해하여야 할 것이다. 그런데, 대한민국 헌법에는 입법부가 제정한 법률이 기본권을 침해한 경우 헌법에 반하여 효력이 없다고 하는 사실을 확인할 수 있는 절차를 두고 있다. 그렇다면, 한국의 법체계에서 기본권조항들이 표현하는 가치들은 단지 제도화된 법이념에 그치지 않고, 법규칙/법원리 질적 구별론에서 제시하는 '법규범인 법원리'로서 법체계 안에 자리하는가? 이는 그러한 사법심사제도의 실질을 살펴서 답하여야 할 문제이다. 헌법재판이 실질적으로 재량의 행사일 뿐이라면, 헌법재판소는 또 하나의 입법부이고, 헌법재판청구는 '입법청원'과 다

---

13) 라즈는 드워킨이 제시하는 법원리들을 의무부여규범의 일종으로 파악한다. J. Raz, "Legal Principles and the Limitis of Law," *The Yale Law Journal*, vol.81(1972), 835-836면 참조.

14) 예컨대 "남의 물건을 훔치지 말라"고만 하고, 위반시 제재를 부여하는 법이 없는 법체계를 생각하기는 어렵다. 전형적인 법규범이 'p이면 q이다'고 하는 가언규범의 형태를 가지는 까닭이기도 하다.

를 바가 없겠기 때문이다.

Ⅲ. 위헌법률심판의 의의

헌법재판소의 위헌법률심판은 과연 재판인가? 그러니까, 사전에 정하여진 준칙에 따라서, 거기에 구속되어서 이루어지는 판단작용인가? 아니면, 실질적으로 재량의 행사여서, 재판이 아니라 입법작용인가? 이는 법규칙/법원리 질적 구별론에 따를 때 기본권 조항들이 법원리라고 한다면, 법원리의 작동을 살펴보아서 답할 일이다. 기본적으로는, 법원리들이 있어서 일의적인 판단이 이루어질 수 있다면 재판이라 할 것이고, 그렇지 않고 선택의 가능성이 열려 있다면 입법이라고 할 수 있겠다.

법원리의 작동에 대하여 생각해 볼 수 있는 모델들 중 몇 가지를 글머리에서 제시한 '국가보안법 제10조 단서의 위헌 여부'를 염두에 두고 간단히 살펴보자.

1. 원리정합성

법원리의 작동과 관련하여 먼저 떠오르는 생각은 역시 원리들 사이의 정합성(coherence)과 원리들을 형량(衡量, Abwägung)하기이다. 먼저 법원리들의 정합성을 독자적인 법이념으로 제시한 드워킨의 원리일관성 법이론(law as integrity)을 다음과 같이 줄여서 제시할 수 있겠다.

드워킨은『법의 제국』에서 정부는 모든 시민들을 원리일관되고 정합적인 태도로 대하여야 한다는 원리일관성(Integrity)을 정의(正義), 공정(公正), 적정절차 등과 구별되는 독자적인 정치이념으로 제시하였다. 이로부터 그는 하나의 법에 대하여 여러 가지 해석들이 경합할 때에는, 구체적인 데서부터 시작해서 차츰 범위를 넓혀서, 결국 그 공동체의 정치적인 구조와 결정들이라는 거대한 망(網) 전체를 정당화하는 정합적인 이론의 일부가 될 수 있는지, 모든 것을 고려할 때 어떤 해석이 그 사회의 법적 기록을 정치도덕적 관점에서 최선으로 만드는지를 물음으로써 그 정당성을 검토하여야 한다고 하는, 총체적인 정합성을 판단기준으로 제시하였다.[15]

이런 기준에 비추어 보면, 일정한 범죄행위를 당국에 신고하지 않은 경우에 친족이라 할지라도 형을 부과할 수 있도록 정하고 있는, 문제의 국가보안법 제10조 단서의 정당성은 어떻게 평가될까?

드워킨은 원리일관성에 기초한 법적 판단은 법의 개별 영역의 정합성에 일단 우선순위를 부여한다고 한다(local priority).[16] 그렇다면, 동 조항 단서를 정당하지 않은 것으로, 그래서 위헌으로 판단할 가능성이 크다. 친족이나 동거 가족이 범인이나 증인을 은닉 또는 도피하게 하거나 증거를 인멸, 은닉, 위조, 변조한 경우 등에 벌하지 않으며(형법 제151조 2항, 155조 4항), 친족에게 형사증언거부권을 인정하고(형사소송법 제148조 1호), 자기나 배우자의 직계존속을 고소하거나 고발하지 못하게 한(동법 제224조, 235조) 한국의 형사법체계에서 이질적인, 그러니까, 정합적이지 않은 조항이기 때문이다. 하지만, 드워킨은 이런 '분야의 우위'가 원리일관성 판단에 절대적인 것은 아니라고 한다.[17] 위에서 보았듯, 결국 '그 공동체의 정치적인 구조와 결정들이라는 거대한 망(網) 전체를 정당화하는 정합적인 이론의 일부가 될 수 있는지, 모든 것을 고려할 때 어떤 해석이 그 사회의 법적 기록을 정치도덕적 관점에서 최선으로 만드는지'가 관건이기 때문이다.

그래서, '국가의 안전보장'을 원리일관성 판단에서 고려하면 어떻게 될까?[18] 과연 그런 '총체적인 정합성(total coherence)' 고려에서 다툼 없는 답이 도출될 수 있을까? 과연 드워킨이 주장하듯, 원리들은 서로 경쟁할 수는 있지만 모순되지는 않으며, 상충하는 원리들 사이에서 정합성의 요청에 따라 그들의 우선순위나 비중 또는 조정에 대한, 정치도덕의 보다 깊은 차원에 자리한 원리들 각각의 원천

15) 로널드 드워킨(장영민 역), 『법의 제국』(아카넷, 2004), 240-244, 347-354면 참조.

16) 로널드 드워킨, 위의 책, 354면 참조.

17) 로널드 드워킨, 위의 책, 354면 이하 참조.

18) 드워킨은 법규칙과 대비되는 법규범 일반을 법원리로 분류할 때도 있고, 이를 다시 원리와 정책(policy)으로 나누어 설명하기도 한다. 그에 따르면, 원리와 정책을 나누어 볼 때, 개인의 권리는 정책이 아니라 원리에 의하여 근거지워진다고 한다. 여기서는 정책을 포함하는 넓은 의미의 원리를 전제로 하여서 원리일관성에 따른 판단을 모색하여 보고 있다. 원리와 정책의 구별에 대한 드워킨의 설명은 R. Dworkin, 앞(주 7)의 책, 22-3, 82-3, 90-100면; 로널드 드워킨, 위(주 15)의 책, 316-319, 344-347, 436-439, 474-477, 532면 등 참조. 드워킨의 이런 구별에 대한 비판으로는 로베르트 알렉시, 앞(주 6)의 책, 144-6면; J. R. Sieckmann, *Regelmodelle und Prinzipien- modelle des Rechtssystems* (Nomos Verlaggesellschaft, 1990), 226-9면 참조.

을 반영하는, 자의적이지 않은 사고들이 있을 수 있을까?19)

도덕적으로 정당하지 않은 법원리도 있을 수 있고, 정합성이 법질서의 최고 가치인 것은 아니며, 원리정합적인 사고의 끝에라도 가치들 사이에서의 선택이 불가피하다면, 그러한 물음들에 긍정적으로 답하기는 어렵겠다.

2. 형 량(衡量)

상충하는 법원리들의 비중을 형량하여 법규칙을 도출하는 방법을 천착하여 온 알렉시와 김도균 교수의 설명을 살펴보자.

알렉시에 따르면 원리들 사이의 경쟁은 당해 사안의 상황에 비추어 보아서 원리들 사이의 조건적인 우선관계(conditional relation of precedence)를 창설함으로써 이루어진다. 그 우선관계가 조건적인 이유는, 그 사안의 맥락에 따라서, 원리들 중 하나가 우선하게 되는 '조건들'이 부여되기 때문이다. 조건이 바뀌게 되면, 우선순위가 바뀔 수 있다.20) P라는 기호를 우선관계를 나타내는 데 쓰기로 하고, 하나의 원리가 다른 원리에 우선하게 되는 조건들을 C로 나타내면, 경쟁적인 원리들의 문제를 해소하여 사안을 해결하는 데는 다음의 네 가지 방법이 있다.21)

(1) P1PP2
(2) P2PP1
(3) (P1PP2)C
(4) (P2PP1)C

(1)과 (2)는 무조건적인 우선관계이며, 또한, 추상적인 혹은 절대적인 우선관계라고 부를 수도 있다. 알렉시는 헌법상 경쟁적인 원리들 사이에 이런 관계는 일반적으로 인정되지 않으며, (3)과 (4)의 조건적인, 혹은, 구체적이거나 상대적

---

19) 로널드 드워킨, 위(주 15)의 책, 379면 참조.

20) Robert Alexy(trans. by Julian Rives), *A Theory of Cpnstitutional Rights* (Oxford University Press, 2002), 51-52면 참조.

21) R. Alexy, 같은 책, 52면.

인 우선관계만이 가능하다고 설명한다. 따라서, 핵심적인 문제는 어떠한 조건에서 어느 원리가 우선하는가이다. 알렉시의 형량공식은 날로 복잡하여져서 급기야 다음과 같은 공식이 제시되었다.

$$WPi\text{~}m, j\text{~}nC = \{(IPiC \times WPiA \times RPiC) + \cdots + \{PmC \times WPmA \times RPmC\} \div \{(SPjC \times WPjA \times RPjC) + \cdots + (SPnC \times WPnA \times RPmC)\}$$ [22]

김도균 교수는 비례성 원칙으로 이해될 수 있는 이같은 형량원칙에 (ⅰ) 이익형량에서 중요하게 고려되어야 할 사항들, 이해당사자들의 욕구·관점·주장들을 가능한 한 최대한 산입하여 형량할 것, (ⅱ) 이익형량과정에 이해당사자들이 가능한 한 최대한 참여하는 의사소통구조를 제도화할 것이라고 하는 두 가지 대화이론적 요청을 추가할 것을 제안하였다.[23]

이런 형량공식에 문제의 조항을 대입하면 어떤 결과가 나올까? 과연 그 상황에서 시민의 자유가 국가안보보다 중요하다는 결론을 명확하게 도출할 수 있을까? 아무리 정교하게 가공하여도 형량공식은 실천적 판단의 형식적인 틀일뿐이고, 각 항목에 대한 비중부여는 바깥에서, 그러니까 실질적인 도덕판단에서 제공을 받아야 한다. 따라서, 완전한 형량은 양적인 것이 아니라 '질적(質的)'일 때 인정받을 수 있다.[24]

그렇다면, 완전한 가치이론이 가능하지 않은 다음에는, 상충하는 가치들을 형량하여 하나의 답을 명확하게 제시하지 못할 때가 많겠다.

3. 직 관(直觀)

합당한 실천적 판단을 할 기초로 직관(直觀)이 흔히 거론된다. 그렇다면, 이런 문제에 대하여 '직관의 달인(達人)'들인 동양의 선현들이 어떻게 생각하였든지

22) R. Alexy, 같은 책, 419면(주 97); 김도균, 앞(주 4)의 책, 279면 참조. 여기서 W는 원리 Pi의 중요도, C는 구체적인 상황, WPiA는 Pi의 추상적인 무게, I는 침해강도, R은 그 상황에서 당해 조치에 의하여 Pi가 실현되지 않고 Pj가 실현될 것이라는 데 대한 경험적 전제들의 신뢰가능성, S는 원리를 충족시킬 중요성을 가리킨다.

23) 김도균, 위의 책, 252면 참조.

24) 김도균, 같은 책, 292면 이하 참조.

도 참고할 만하겠다.

논어(論語)에 이런 대목이 있다:

> 섭공이 공자에게 말하기를 "우리 고을에 몸을 정직하게 행하는 사람이 있으니, 그 아버지가 羊을 훔쳤는데 아들이 그것을 입증해 주었습니다"라고 하였다. 공자는 말씀하시기를 "우리 고을의 정직한 것은 이와 다릅니다. 아버지는 자식을 위해 숨기고, 자식은 아버지를 위해 숨겨주니, 정직함이 그 속에 있는 것입니다"라고 하셨다.[25]

맹자도 이런 이야기를 남기고 있다:

> 도응이 여쭈었다. "순께서 천자로 계실 때 고요(皐陶)가 사(士)가 되었는데, 고수(瞽瞍)가 사람을 죽였다면 어떻게 하였을까요?" 맹자께서 답하셨다. "그를 체포할 따름이다." "그렇다면 순께서 이것을 못 하게끔 하지 않았을까요?" "순께서 어떻게 그것을 금할 수 있겠는가? 이어받은 법도가 엄연히 있다." "그렇다면 순께서는 어떻게 하시었을까요?" "순께서는 천하를 버리는 것을 헌신짝처럼 보시어 남모르게 아버지를 등에 업고 도망쳐 바닷가에 사시면서 몸이 죽을 때까지 즐거워하시며 천하를 잊으실 것이다."[26]

사람을 살해한 아버지를 고발하고 오는 사람을 만난 소크라테스가 '과연 올바른 것이 무언지'를 집요하게 캐물었을 뿐, 답을 제시하지 않았던 것과 대비된다.[27]

하지만, 직관에 의한 판단은 설명하기가 어려우므로, 일단 그 판단자의 선택으로 볼 필요가 있겠고, 이런 사정은 공맹(孔孟)의 도(道)를 국가 체제의 기본 이

---

25) 葉公語孔子曰：吾黨有直躬者, 基父攘羊, 而子證之. 孔子曰：吾黨之直者異於是. 父爲子隱, 子爲父隱, 直在其中矣(論語 子路 篇). 論語(金都鍊 譯註), 玄音社, 2003, 400-401면.

26) 桃應問曰 舜爲天子 皐陶爲士 瞽瞍殺人則如之何 孟子曰 執之而已矣 然則舜不禁與 曰 夫舜惡得而禁之 夫有所受之也 然則舜如之何 曰 舜視棄天下 猶棄敝蹝也 竊負而逃 遵海濱而處終身訢然樂而忘天下(孟子 盡心章句 上). 『孟子』(이기석 · 한용우 역해, 홍신문화사, 1993), 489-490면.

27) 에우튀프론(Euthyphro)과의 대화에 나온다. John M. Cooper(ed.), *Plato-Complete Works-* (Hacket Publishing Company, 1997), 1-16면 참조.

념으로 삼았던 조선에서도 오늘날 내란이나 외환의 죄에 해당하는 범죄와 관련하여서는 친족이라 할지라도 죄인을 숨겨주거나 도망하게 한 경우에 처벌을 면제하여 주지 않았던 것을 보면 더 분명해진다고 볼 수도 있겠다.[28)]

4. 법의 내재적 도덕성

인간의 존엄이나 양심의 자유와 같은 실체적 원리가 아니라 '법은 불가능한 일을 명령할 수 없다'고 하는, 풀러가 법의 내적 도덕성에 따른 요청의 하나로 꼽았던 형식적 또는 절차적 원리에 기대어서 보면 어떤가? '부모가 자식을 신고'하는 일이 가능한가?

하지만 풀러 스스로 인정하듯이 '아주 어려운 것(extreme difficulty)'과 '불가능한 것' 사이를 명확히 가르기는 어렵고,[29)] 심헌섭 교수가 지적하듯이 '당위'로서의 법은 수범자의 능력을 전제하지만, 규범의 효력은 경험적인 확률의 문제인 실효성과 구별되는 것이고 보면,[30)] 이런 원리로 문제된 조항의 법적 효력을 분명하게 판정하기는 어렵겠다.

5. 정　리

기본권조항들을 법규칙/법원리 질적 구별론에 따른 법원리로 이해하고 위와 같이 법원리의 작동을 살펴보았지만, 법원리를 둘러싸고 합리적인 사람들 사이에 다툼이 있을 때 하나의 답을 분명하게 찾을 가능성은 별로 없다는 사정을 인정하여야 하겠다.

그렇다면, 위헌법률심판은 재판이 아니라 실질적인 입법인가? 따라서, 기본권 조항들은 법체계를 구성하는 법규범이 아니라, 그와 구별하여 보아야 할 제도화된 법이념이고, 위헌법률심판제청은 확인의 소(訴)를 제기하는 것이 아니라 입법청원에 불과한가? 이는 '법이 무엇인지, 무엇이 법인지' 하는 문제로 이어진다.

---

28)《經國大典》〈刑典〉用律條, 用大明律;《大明律》名例律 卷第一 제2조[十惡], 제31조[親屬相爲容隱] 참조.

29) Lon L. Fuller, *The Morality of Law-Revised Edition-* (Yale University Press, 1969), 79면.

30) 심헌섭,『법철학 I』(법문사, 1989), 216-217면 참조.

IV. 법이란 무엇인가

법과 법이념을 구별할 필요를 인정한다면, 그리고 이념 또는 가치 자체인 법원리에 의거하여서 구체적인 문제들에 대하여 일의적인 결론을 도출할 수 없는 경우가 많다면, 기본권 조항들은 제도적인 법이념이지 법체계를 구성하는 법규범들은 아닌가? 그래서, 인간의 존엄과 가치, 자유, 사람답게 살 권리는 도덕적 권리이지 법적 권리는 아닌가?

1. 배제적 법실증주의

법의 존재와 내용은 제정법, 관습법, 법관법과 같이 역사적인 사회적 사실로 확인할 수 있는 연원에 의하여서만 확인될 수 있지, 도덕원리에 의하여 확인할 수 없다고 주장한다.[31] 이 입장에서는 헌법이 인간의 평등한 존엄, 자유, 사람답게 살 권리 등의 도덕원리들을 법률의 효력을 근거지우거나 부정하는 원천으로 정하고 있다고 하더라도, 그런 도덕원리들이 법규범이 되는 것은 아니라고 한다. 하나의 법체계를 이루는 법규범들은 입법자가 정하였거나, 관습법으로 확인되거나, 판례에서 발견될 수 있지, 도덕원리에 따라 법규범의 존재와 내용이 확인될 수 있다고 하는 것은 법과 도덕의 경계를 부정하는 일이 되어 받아들일 수 없다는 입장이다. 따라서, 어떤 법률이 기본권을 침해하더라도 그 법률은 '부도덕'한 것일 뿐 '위법'한 것은 아니다. 기본권 조항들은 입법을, 그리고 실질적으로는 입법인 사법심사를 향도하고 근거지우는 제도화된 도덕, 즉 제도화된 법이념으로서, 법체계를 구성하는 법규범들과 구별된다고 한다.

2. 해석주의

그와 반대로, 법이란 도덕과 구별되는 객관적인 규범의 체계가 아니라 입법과 재판 등 과거의 정치적인 결정들을 정치도덕적 원리들에 비추어 최선으로 해

31) 배제적 법실증주의에 대하여는 앞(주 5)의 졸고, 86-97면 참조.

석한 결과라고 하는 입장이다.[32] 이렇게 보면, 입법과 재판을 향도하고 근거지우는 도덕원리들은 따로 성문의 법전에 수용이 되지 않더라도 그러한 해석과정의 기초로서 법의 일부가 되며, 따라서 법과 법이념의 구별은 지양(止揚)된다.

3. 포용적 법실증주의와 켈젠의 딜레마

'무엇이 법인지'에 대한 사회적 규칙의 내용은 역사적인 사회적 사실로 확인할 수 있는 것들만에 국한되지 않는다. 따라서, 사회구성원들, 특히 법관들 사이의 법인식규칙으로 통용되는 것에 '도덕적 원리에 따라 법규범의 존재와 내용을 확인한다'고 하는 내용이 들어 있을 수도 있으며, 법체계는 그렇게 도덕을 법으로 '수용'할 수 있다고 본다. 따라서, 기본권 조항들은 정치도덕적 원리일 뿐 아니라 우리 법질서에 수용됨으로써 법규범이 되었다고 본다.[33]

우리가 아는 가장 강한 법실증주의자 중 한 사람인 켈젠은 뜻밖에도, 도덕규범이나 정치원리, 법학이론, 법률가들의 견해라 할지라도 어떤 법질서 또는 법규범이 그런 것들을 법의 연원(Rechtsquelle)으로 인정하면 법규범이 된다고 하였다.[34]

하지만 그는 어떤 유효한 법률이 "위헌"이라고 말하는 것은 법률의 효력근거가 헌법일 뿐이기 때문에 그 자체로 모순이며, 그런 주장은 글자 그대로 이해될 수가 없고 다만 문제의 법률이 헌법에 정하여진 특별한 절차에 따라서 폐지될 수 있다는 뜻으로 이해할 수밖에 없다고 하였다. 즉, 폐지될 때까지 그 법률은 유효한 것으로 여겨져야 하고, 유효한 동안 그 법률은 위헌일 수가 없다는 것이다.[35]

"(i) 도덕원리가 법률의 가능한 내용을 제한한다고 헌법에 규정되어 있다면, 그 원리는 법규범이고, 그에 위반된 법률은 '위헌'이다. 즉, 법의 단계적인 구조를 전제로 할 때, 상위규범에 위반된 하위규범으로서 효력이 없다. (ii) 하지만

---

32) 드워킨의 법이론이 대표적이며, 이에 대하여는 위의 졸고, 67-78면 참조.

33) 포용적 법실증주의에 대하여는 위의 졸고, 97-105면 참조.

34) Hans Kelsen, *General Theory of Law and State* (Harvard University Press, 1946), 132면; Hans Kelsen, *Reine Rechtslehre-Zeite Auflage-* (Verlag Franz Deuticke, 1960), 239면.

35) H. Kelsen, *Reine Rechtslehre-Zeite Auflage-*, 275면 참조.

당국이 그런 사실을 확인하여 그 법률을 폐지할 때까지는 유효하고, 따라서 '위헌법률'은 있을 수 없다"고 하는 설명은 모순이 아닌가? '위헌상태의 존재 및 인식'과 '위헌상태의 공적인 확인' 사이를 이렇게 절연시키는 것이 가능한가? 이를 '켈젠의 딜레마'라고 한다면, 그것은 어떻게 극복될 수 있을까?

Ⅴ. 結 — 열정과 냉정 사이?

열정적인 해석주의에는 해석의 피할 수 없는 주관성이 심각한 문제로 제기된다. 당국에 의한 강제적 실현을 도외시하고, 법을 그저 해석의 교환으로 이해할 수는 없기 때문이다. 내 해석과 당국의 해석이 다를 수 있다. 그리고, 당국을 믿지 말라고 하는 것이 법실증주의의 기본적인 전언(傳言) 중 하나라고 한다면, 그것은 '도덕을 법체계에 수용'함으로써 법에 대한 '참여자들의 해석활동'이 고무되는 오늘날의 입헌민주국가에서도 여전히 유효하다.

하지만, 기본권 조항들에 대하여 다툼 없이 인정되는 내용도 있고, 그런 권리에 기초하여 법률의 위헌을 다투어 성공할 가능성도 있다면, 아무리 그 내용을 둘러싼 다툼이 심하고 그럴 때 일의적인 해답을 찾을 수 없다고 하더라도, 다른 법규범들의 효력과 내용을 판단하는 데 그것들이 미치는 영향을 얼마간 인정하여야 하지 않을까? 그래서, '불완전'하나마 법규범이라고 인정할 수 있지 않을까?

여기서 우리는 법질서의 효력, 즉 규범적 구속력의 근거를 생각해 볼 필요를 발견한다. 법질서의 효력의 기초를 그 법질서가 추구하는 '이념'에 대한 국민 주도층의 승인에서 찾는다면, 법규범들의 효력은 궁극적으로 그러한 이념에 부합하는지 여부에 달리게 되어서, 법질서의 이념이 당국의 법제정에 따라 확보되는 질서와 평화만이 아닌 이상에는 당국이 제정하거나 인정한 법규범들의 효력을 그러한 이념에 의하여 부정할 여지가 있게 되고, 그래서 법개념은 불가피하게 '둘레에 술을 달게(gerändert)' 된다.[36]

그렇다면 우리 헌법의 기본권 조항과 위헌법률심판제도는 법에 원래 딸리기가 십상인 '둘레의 술'을 제도화한 것, 즉, 법이념을 제도적으로 받아들인 것으로

36) 심헌섭, 위(주 30)의 책, 96-99면 참조.

이해할 수 있다. 그래서, 기본권 조항들은 '불완전한 법규범이자 제도적 법이념'이라고 할 수 있겠다.

그렇다면, 이제 한국의 법질서에서 법과 법이념의 구별은 그만큼은 지양(止揚)되었다고 하겠다. 하지만 법질서가 추구하는 법이념의 내용은 체제에 따라 다를 수 있고, 그러한 이념들이 '정당한 법이념'과 언제라도 다를 수 있다는 점을 유념할 필요가 있다. 인간의 평등한 존엄을 법이념으로 삼지 않았던 정치체제도 많았고, 어쩌면 인간의 존엄과 가치가 아니라 생명 일반의 존엄과 가치가 법의 '정당한 이념'일지도 모르기 때문이다.

자유주의적 저작권 담론의 성과와 한계에 대한 고찰

신 동 룡*

Ⅰ. 서 론

최초의 저작권법이었던 1710년 영국의 앤여왕법(The Statute of Anne)[1] 이후 지금까지 저작권 보호기간 제한과 공정사용의 법리 등, 저작권 제한의 원리들이 형성되어 왔다. 그러나 그와 동시에 저작권의 배타적 성격이 강화되어 왔음은 부정할 수 없다. 예를 들어 앤여왕법의 경우 저작권의 보호기간은 최장 28년이었지만 현재 미국의 경우 저작권 보호기간 연장법(CTEA)에 의해 95년으로 증가하였다.[2] 또한 앤여왕법의 경우 작가와 그의 양수인에게 인쇄·출판권만을 인정하였으나 지금은 미국의 경우 저작권법 제101조에 따라 번역권, 개작권 등의 2차적 저작물 작성권을 작가에게 포괄적으로 부여하고 있으며, 최근 디지털기술의 발전과 더불어 기술적 보호조치와 관련된 일련의 권리를 부여하고 있다.[3] 이러한

* 강원대학교 법학전문대학원 교수.

1) 앤여왕법의 제정배경 및 내용에 대해서는 Mark Rose, *Authors and Owners: The Invention of Copyright* (Harvard University Press, 1993), 31-48면; Lyman Ray Patterson, *Copyright in Historical Perspective* (Vanderbilt University Press, 1968) 143-150면을 참조.

2) Sony Bono Copyright Terms Extention Act of 1998, Pub. L. No. 105-298, 102(b) and (d) (1998), 112 Stat. 2827- 2828.

3) 이에 대해서는 신동룡, "사이버스페이스에서의 저작권 보호에 관한 비판적 고찰: 기술적 보호조치 무력화 금지를 중심으로,"「법학연구」 제11권 제2호, 연세대학교 법학연구소 (2001. 6)을 참조.

배타적 저작권의 증대는 작가의 창작활동에 보상을 함으로써 작가에게 창작의 동기를 부여해주고 문화발전에 기여한다는 점에서 나름대로의 성과를 가지고 있다. 그러나 배타적 저작권의 증대현상은 사회공동체 구성원들이 저작물을 자유롭게 이용할 수 있는 가능성을 제한하여 문화발전에 역기능을 초래할 수 있는 위험성을 지니고 있다.[4)]

본 논문은 18세기 이래로 진행되어 온 배타적 저작권의 증대현상이 도대체 어떠한 이론적 근거에 의해 이루어지고 있으며, 그것이 가지는 문제점은 무엇인가를 구체적으로 살펴봄과 동시에 그러한 문제점은 어떠한 이론적 원인에 의해 나타나고 있는가를 분석하고자 한다. 이를 위해 II에서는 현재 점점 더 강화되고 있는 배타적 저작권이 자유주의적 관점과 밀접한 관련성이 있음을 살펴볼 것이며, 그에 입각하여 III에서는 배타적 저작권 증대에 대한 자유주의적 정당화 담론인 로크적 정당화 논거와 낭만주의적 정당화 논거의 구체적 내용과 성과에 대해 분석할 것이다. IV에서는 문화적 의사소통에 대한 자유주의적 저작권 담론의 입장을 고찰한 후, "왜 자유주의적 저작권 담론은 강력한 배타적 저작권이 자유로운 의사소통과 모순되지 않으며 오히려 문화발전에 기여할 수 있는 것으로 여기는가?"에 대해 살펴볼 것이다. 마지막으로 V에서는 구체적 삶 속에서 이루어지는 문화적 의사소통의 실제적 구조를 고찰하고, 그에 의할 때 배타적 저작권 증대가 가지는 한계를 구체적으로 살펴보도록 하겠다.

II. 자유주의와 배타적 저작권 증대의 상응성

17, 18세기 이래로 근대 서구사회의 핵심적 사상으로 자리잡고 있는 자유주의는 개인의 생명, 자유, 재산에 대한 권리를 절대적으로 보장해야 한다는 이념에 기초하고 있다. 맥퍼슨은 이러한 자유주의적 인간관이 '소유적 개인주의'(possessive individualism)에 토대를 두고 있으며, 이는 17, 18세기의 홉스와 로크로부터 비롯되어 19세기에 벤담과 밀에 계승되고 오늘날에 이르고 있으며, 자유

4) 이에 대해서는 Yochai Benkler, "Free As the Air to Common Use: First Amendment Constraints on Enclosure of the Public Domain," 74 *N.Y.U. L. Rev.* 354 (1999) 참조.

주의의 가장 핵심적인 모습이라고 설명한다.[5] 여기서 소유적 개인주의는 모든 개인에게 있어 자기 자신의 신체와 재능은 자기 욕구와 행복을 자유롭게 극대화 시킬 수 있는 가장 기본적이 토대이기 때문에 각각은 자신의 신체, 재능에 대한 고유한 소유자이어야 한다는 관점을 갖는다. 또한 자기 신체와 재능을 통해 만들어낸 것들은 자기 욕구를 극대화하기 위한 것이기 때문에 각 개인은 그에 대한 배타적 재산권을 갖아야 한다. 이러한 이유로 자유주의에 의할 때, 배타적 소유권이란 불가침의 자연권이자 자유의 핵심적 요소가 된다.

앤여왕법 이래로 지속된 배타적 저작권의 보호와 강화 현상은 이러한 소유적 개인주의의 관점과 밀접한 관련을 갖는다. 예를 들어 서구사회의 경우 앤여왕법이 제정되던 18세기 이전까지도 문학적 작품은 공동체의 문화적 유산일 뿐, 개인이 창작하거나 소유할 수 있다는 관념이 존재하지 않았다. 배타적 저작권을 인정하는 것은 이러한 이전의 모습과 정반대의 관점을 갖는다. 배타적 저작권은 기본적으로 자기 재능을 소유한 개인이 지적 능력을 발휘하여 문화적 산물을 만든 것이기 때문에 그것을 자기 자신이 소유할 수 있다는 전제에 기초하고 있다.[6] 또한 저작권 증대의 정당성은 사회구성원들이 자기 이익을 극대화하려 한다는 전제와 관련성을 갖는다. 즉 사회구성원들에게 창작행위에 대한 더 많은 배타적 권리를 법적으로 부여할 경우 자기 이익을 최대화하려는 사회구성원들은 창작의 동기를 더 많이 얻게 될 것이고, 그에 따라 보다 많은 창작이 이루어져 문화발전을 기대할 수 있다는 것이다. 이러한 점에서 배타적 저작권 인정과 확대 현상은 소유적 개인주의의 기본적 전제와 상응한다.

특히 이러한 상응성은 소유적 개인주의와 밀접한 관련을 가지는 로크의 자연권이론과 낭만주의적 작가관을 통해 배타적 저작권의 보호와 확대가 정당화되고 있다는 점에서 보다 명확하게 인식될 수 있다. 첫째, 로크의 자연권이론은 18세기 이래로 지적 대상에 대한 작가의 배타적 권리를 인정하기 위한 기본적인 근

5) C. B. 맥퍼슨 (이유동 역), 『소유적 개인주의의 정치이론』(인간사랑, 1991), 24면.

6) 아이젠슈타인은 18세기 이후 저작권법이 자리잡아가던 시기를 공유물(commons)의 종획운동(enclosure)과 같은 은유를 들어 설명한다. E. Eisenstein, *The Printing Press as an Agent of Change* (Cambridge University Press, 1979), 120-121면. 마찬가지로 제임스 보일은 최근 디지털 경제와 더불어 문화와 지식이 사유화 되는 현상을 제2의 종획운동라고 비유한다. James Boyle, "The Second Enclosure Movement and the Construction of the Public Domain," *Law & Contemp. Probs.* 66 (2003)을 참조.

거로 사용되어 왔다. 예를 들어 앤여왕법 제정 이후 저작권의 본질이 쟁점이 되었던 Millar v. Taylor에서[7] 애스톤(Richard Aston) 판사는 로크의 자연권이론을 토대로 저작권을 작가의 보통법상의 영구적인 배타적 재산권으로 명확히 한 바가 있다.[8] "사람은 자연법에 따라 자신의 신체, 생명, 명예, 노동에 대하여 재산권을 가진다는 이유로 작가는 자신의 노동을 통해 생산한 작품에 관하여 자연권적인 재산권을 가진다"는 애스톤 판사의 판시사항은 이에 대한 예이다.

둘째, 낭만주의적 작가관은 소유적 개인주의 및 배타적 저작권과 매우 밀접한 상응성을 보여주고 있다. 특히 낭만주의적 경향은 17세기의 언어에 대한 개인주의적 경향과 중요한 관계를 맺고 있다. 예를 들어 홉스는 『리바이어던』(Leviathan)에서 "인간들 가운데 몇몇은 그들이 재현하기 때문에 소유하게 되는 말과 행위를 갖고 있다. 따라서 이런 인간은 행위자며, 자신의 말과 행위를 소유하고 있어서 저자(author)라고 한다."[9]와 같이 언급하고 있는데, 이것은 말과 언어의 영역에서 이루어지는 소유적 개인주의적 경향을 상징적으로 보여주고 있다. 이러한 관점은 독창적 작품이란 작가의 천재적 기질에 의해 만들어진 것이며, 작가 개인에게 고유한 것이라는 낭만주의적 작가관과 상응한다. 또한 이는 오늘날의 판례 속에서도 뿌리 깊게 자리매김하고 있다. 예를 들어, Bleistein v. Donaldson Lithographing Co. 에서 법원은 "작품이 대상을 단순히 복사한 것일지라도 작품 속에는 작가가 그것을 창작함에 있어서 다른 것으로 환원시킬 수 없는 독특한 인격을 결합시켰기 때문에 독창성이 인정된다"[10]고 판시하였는데, 이러한 논거는 낭만주의적 작가관이 배타적 저작권과 깊은 관련이 있음을 보여준다.[11]

---

7) 4 Burr 2303, 98 ER 201 (1769), 본 사례에 대한 설명으로서는 Mark Rose, 위의 책(주 1), 78-83면; L. Ray Patterson, 위의 책(주 1), 168-172면을 참조.

8) Mark Rose, 위의 책(주 1), 79면.

9) 토마스 홉스 (한승조 역), 『리바이어던』(삼성출판사, 1997), 256면; 다만 본 번역은 알렉산더 네하마스, "작가·텍스트·작품·저자," 박인기 편역, 『작가란 무엇인가』(지식산업사, 1997), 267-269면을 따름.

10) 188 U.S. 239, 249-252 (1903).

11) 낭만주의적 작가관이 저작권법에 있어서 핵심적 역할을 하고 있다는 주장에 대해서는 Peter Jaszi, "Toward a Theory of Copyright: The Metamorphoses of 'Authorship'," *Duke L. J.* 19 (1991), 461-463면; James Boyle, *Shamans, Software, and Spleens* (Harvard University Press, 1996), 51-60면.

여기서 본 논문은 로크의 자연권이론과 낭만주의적 작가관 등을 통해 배타적 저작권을 입론화하는 주장 또는 이론들을 자유주의적 저작권 담론이라고 부르고자 한다. 또한 로크의 자연권이론을 통해 배타적 저작권을 정당화하는 논거를 로크적 정당화 논거라고 부르고자 하며, 그와 마찬가지로 낭만주의적 작가관의 경우 낭만주의적 정당화 논거라고 명명할 것이다. 아래에서는 자유주의적 저작권 담론의 논거들이 어떻게 배타적 저작권의 증대를 정당화할 수 있는가를 구체적으로 검토하도록 한다.

III. 자유주의적 저작권 담론의 내용

1. 로크적 정당화 논거

(1) 로크의 자연권이론의 개관

로크의 자연권이론은 "모든 사람은 공유상태에 있는 것에 자신의 노동을 혼합할 경우 그에 대한 배타적 소유권을 얻을 수 있다"는 것을 전제로 한다. 그러나 로크는 단순히 공유물에 사적인 노동을 가하였다는 이유로 사유재산이 정당화되는 것으로 보지 않았다. 로크는 공동체 성원들의 특별한 동의의 절차가 없을 지라도 소유권이 도덕적으로 정당화될 수 있는 근거로서 다음과 같은 것을 제시하였다.

첫째, 로크에게 있어 사유재산이 도덕적으로 정당한 이유는 노동을 통해 공유물을 개선하였고 그것을 생활에 있어 최대의 편익이 되도록 하였기 때문이다. 로크에 의하면 신이 인간에게 대지를 공유물로서 하사한 것은 그것이 "인간의 이익이 되도록 그리고 그것으로부터 최대의 편익을 이끌어낼 수 있도록" 하사한 것이었다.[12] 따라서 만약 내가 공유물에 나의 노동을 혼합하였으나 아무런 이익과 가치가 발생하지 않았다면 나는 그에 대한 재산권을 주장할 수 없다.

둘째, 노동을 한 자가 공유물의 가치를 증대시켰다고 할지라도 반드시 소유권이 인정되는 것은 아니다. 로크는 다른 사람들에게 충분하고 동일한 질로서의

12) 존 로크 (이극찬 역), 『통치론』(삼성출판사, 1992), 33면.

공유물을 남겨놓았을 때 재산권이 정당화된다고 주장한다. 이러한 조건은 소유권의 도덕적 정당화를 위해 필수적인데, 왜냐하면 자연상태에 있는 각 개인은 모두 자기 자신의 보존에 대한 권리(the right to their Preservation)를 가지고 있기 때문이다. 이러한 조건에 따른다면, 만약 나의 노동으로 인하여 공유물 전체를 사유화하여 타인이 자신의 편익을 위해 노동을 할 수 있는 공유물이 남아있지 않을 경우에는 나의 소유권이 제한된다. 이를 '충분성의 조건'(enough and as good condition)이라고 한다.[13)]

셋째, 로크의 자연권이론에 의하면 노동을 한 자가 공유물의 가치를 증대시켰다고 할지라도 필요 이상으로 수확을 하여 부패할 경우 배타적 재산권을 인정할 수 없게 된다. 예를 들어 로크는 "만일 그의 소유로 돌아간 것이 적절하게 사용되지 않고 썩어 없어지게 된다면, 그것은 뭇사람들에게 공통적인 자연법에 위배되는 일이 되며, 따라서 처벌을 받는다"라고 논하였다.[14)] 비록 그가 노동을 하였다고 할지라도 자기에게 필요한 것 이상을 공유물로부터 얻었을 경우에는 하나님이 하사하신 것을 무용하게 만드는 것이며 또한 타인이 그로부터 얻을 수 있는 이익을 박탈한 것이다. 이를 '비부패성의 조건'이라고 할 수 있다.

(2) 로크적 정당화 논거

1) 노동의 성과물로서의 작품

로크의 자연권이론을 저작권법제도에 적용하기 위해서는 지적 산물에 있어서 커먼스(공유물: commons)가 무엇이며, 작가의 노동행위가 충분성의 조건 및 비부패의 조건을 충족하였는가에 대한 논증이 요구된다. 로크의 자연권이론을 저작권에 적용하는 학자들은 지적 커먼스(intellectual commons)를 아이디어라고 주장한다.[15)] 아이디어는 물리적 대상과 달리 실질적으로 점유할 수 없으며, 경계

---

13) 존 로크, 위의 책(주 12), 54면. 로버트 노직은 충분성의 조건이 충족될 경우 일반적으로 타인의 상황을 악화시키지 않을 것이라고 믿을 수 있기 때문에, 충분성 조건을 비악화의 조건으로서 해석한다. 로버트 노직 (남경희 역), 『아나키에서 유토피아로: 자유주의 국가의 철학적 기초』(문학과 지성사, 1983), 222-225면.

14) 존 로크, 위의 책(주 12), 58면.

15) 이하에서는 주로 로크의 자연권이론을 이용하여 배타적 저작권을 정당화하는 저스틴 휴즈(Justine Hughes) 교수의 "The Philosophy of Intellectual Property," *Georgetown L. J.* 77 (1988) 논문을 통하여 로크적 정당화 논거를 살펴보도록 한다.

를 확정지울 수도 없기 때문에 그 자체 사적 소유가 불가능하다. 따라서 아이디어는 본질적으로 지적 커먼스에 해당할 수 있다.16) 만약 작가가 지적 커먼스에 지적 노동을 가하여 작품을 만든다면 그는 자신의 작품에 대한 배타적 저작권을 주장할 수 있다는 것이 로크적 정당화 논거의 내용이다.

특히 휴즈 교수는 실제적 창작 관행에 비추어 볼 때, 작가는 다음의 두 가지 지적 노동 과정을 거치면서 작품을 창작한다고 설명한다. 첫 번째 과정은 아이디어 구상의 단계로서 작가가 창작에 관한 아이디어나 개념들을 떠올리는 단계이다. 두 번째 과정은 실행의 단계로서 아이디어를 구체적으로 실행에 옮기는 과정이다. 아이디어 구상 단계의 경우 독창적인 아이디어를 얻기 위해서는 이전의 작품들을 연구, 분석하는 등 어느 정도 또는 상당한 정도의 시간과 노력이 투자되어야 하기 때문에 지적 노동이 개입된다. 실행 단계의 경우 추상적인 아이디어를 인식가능한 형태로 표현하기 위해서는 노동이 필수적으로 개입되어야 한다.17) 뿐만 아니라 구체적인 형태로 표현하는 행위 자체가 달갑지 않은 노동행위일 경우도 있는데, 그러한 노동행위에 대한 보상으로써 저작권을 부여하는 것은 윤리적으로 타당한 것이다.18) 휴즈 교수의 이러한 설명은 저작권법 담론에서 이마의 땀이론(the Sweat of the Brow Theory)을 설득력 있게 설명할 수 있다. 이마의 땀이론에 의하면 작품은 노동의 산물이기 때문에 그에 대한 대가로서 저작권이 부여되어야 한다는 것이다.

2) 문화발전에 대한 기여

로크는 노동을 통해 가치가 추가되었을 경우 소유권은 도덕적으로 정당화될 수 있다고 설명한다. 저작권법과 관련하여 가치의 추가는 문화발전을 의미한다. 휴즈 교수는 이것이 저작권법의 독창성의 원리와 상응한다고 설명한다.19) 저작권법에 있어서 작가의 저작권을 인정하기 위해서는 — 어느 정도의 독창성이 요구되는가는 논쟁의 대상이지만 — 작품이 단순히 노동의 성과물이라는 이유에 있지 않고 독창적 가치를 가지고 있어야 한다. 예를 들어 미국 법원이 Feist

16) Justin Hughes, 위의 논문(주 15), 315면.

17) Justin Hughes, 위의 논문(주 15), 310-312면.

18) Justin Hughes, 위의 논문(주 15), 312-314면. Lawrence C. Becker, “Deserving To Own Intellectual Property,” *Chi.-Kent L. Rev.* 68 (1993), 655면.

19) Justin Hughes, 위의 논문(주 15), 305-308면.

Publ'ns Inc. v. Rural Tel. Serv. Co.사건에서 저작권으로 보호받기 위해서는 "적어도 최소한의 창작성을 가지고 있어야 한다"라고[20] 판시하고 있는 것도 이와 같은 이유이다. 이처럼 저작권이 정당화되기 위해서는 가치의 추가적 창출이 요구되는데, 이것은 로크의 주장과 상응한다. 여기서 독창성은 차별성과 상응하고 유사성과 대립되기 때문에, 휴즈 교수는 만약에 후(後)작품이 선(先)작품에 비해 독특한 차이가 없다면, 후작가의 저작권을 인정할 수 없게 된다고 설명한다.[21]

3) 충분성의 조건과 비부패성의 조건

로크의 자연권이론에 의하면 노동의 성과물이 사유물로 인정되기 위해서는 타인이 노동하여 개간할 수 있는 충분한 양과 질의 공유물이 남아 있어야 한다. 휴즈 교수는 충분성의 조건이 물리적 대상보다 오히려 지적 대상에 더 잘 적용될 수 있다고 주장한다. 전술하였듯이 아이디어는 비배타적인 것이다. 따라서 작가가 아이디어를 통해 작품을 창작하였다고 할지라도 아이디어는 어떠한 사람이든지 동일하게 접근할 수 있는 것이며, 이러한 이유로 후(後)작가는 선(先)작가가 사용한 동일한 질과 양의 아이디어를 이용할 수 있는 것이다.[22] 또한 일단 새로운 아이디어가 표현되면 다른 사람들이 그것을 알게 되고, 접근할 수 있는 지적 커먼스를 증가시키게 되며, 다른 사람은 그러한 아이디어를 통해 새로운 저작물을 만들게 된다. 따라서 각각의 아이디어는 또 다른 아이디어가 창출될 수 있도록 자양분과 자극을 주면서 점점 더 풍성해 진다.[23]

나아가 휴즈 교수는 지적 창작행위의 경우 로크의 비부패성의 조건은 특별한 의미가 없다고 설명한다. 왜냐하면 물리적으로 실제하는 과일이나 고기의 경우 부패할 수 있지만, 작품의 경우 본질적으로 부패할 여지가 없는 것이다. 또한 작가가 지적 커먼스를 이용하여 아무리 많은 작품을 창작하였다고 할지라도 그

20) 499 U.S. 340 (1991).

21) Justin Hughes, 위의 논문(주 15), 318-319면.

22) Justin Hughes, 위의 논문(주 15), 316-323면. 그러나 고든 교수는 사회공동체 구성원들이 의사소통을 할 때 반드시 요구되는 문화적 산물들에 대해 배타적 저작권을 부여할 경우, 이용자들이 의사소통을 하기 위해 필요한 충분한 양과 질의 것들이 남아있지 않으며, 그러할 경우 작가의 재산권은 도덕적 정당성을 상실하게 때문에, 작가의 권리를 제한할 수 있다고 설명한다. Wendy J. Gordon, "A Property Right in Self-Expression: Equality and Individualism in the Natural Law of Intellectual Property," *Yale L. J.* 102 (1993)을 참조.

23) Justin Hughes, 위의 논문(주 15), 308-310면.

것을 과다한 것으로 여길 수는 없다. 따라서 필요 이상의 수확이라는 개념은 창작활동에 적용될 여지는 없다.[24]

4) 저작권의 내용

로크의 자연권이론에 의할 때, 도덕적으로 정당한 방법으로 재산을 취득한 자는 자신이 원하는 방식으로 자신의 재산을 전유할 수 있으며, 소비하고 이용할 수 있는 광범위한 특권과 자유를 가진다.[25] 또한 재산권자는 자기 재산에 대해 양도할 수 있는 권리를 가진다. 뿐만 아니라 소유자는 자신이 원하지 않는 방식으로 타인이 부당하게 간섭하거나 침해할 때 이를 배제할 수 있는 권리를 가진다. 로크는 어느 누구나 타인의 재산권을 부당하게 침해해서는 안 된다는 자연법적 규칙을 인정하고 있는 바, 이는 재산권자가 침해자를 배제할 수 있는 권리가 있음을 의미한다. 요컨대 노동을 통해 재산권을 취득한 자는 이용권, 양도권 및 방해배제권을 갖는다.[26]

이러한 로크적 자연권이론은 저작권법에 동일하게 적용될 수 있다. 예를 들어 로크적 정당화 논거에 의할 때 만약 작가가 타인의 저작권을 침해하지 않고 시간과 노력을 투자하여 문화발전에 이바지하는 독창적 작품을 창작하였다면, 그는 자기 작품에 대한 배타적 재산권으로서 사용권, 양도권 및 방해배제권을 가질 수 있다. 그러나 타인이 허가 없이 작가의 작품을 이용하였다면, 이것은 마치 사유지에 대한 불법침입과 같은 의미를 갖게 된다. 이것은 곧 표현을 위한 다른 합법적 방법이 남아 있음에도 타인이 정성껏 가꾸어 놓은 화단 위에서 표현함으로써 정당하게 노동한 작가의 화단을 짓밟는 행위와 같은 것임을 의미한다. 최근에도 저작권 침해행위를 "주거침입죄(burglary)"라고 비유하는데,[27] 이러한 비유적 관념도 로크적 정당화 논거와 관련된다고 볼 수 있다.

---

24) Justin Hughes, 위의 논문(주 15), 326-329면. 그러나 뎀스테트는 기술적 보호조치와 같은 것을 통하여 작가가 작품에 대한 완벽한 통제권을 행사하여 이용자들의 자유로운 접근이 제한될 경우, 유용한 아이디어가 마치 부패하는 것과 마찬가지의 결과를 낳기 때문에 공정사용의 법리가 필요하다고 설명한다. Benjamin G. Damstedt, "Limiting Locke: A Natural Law Justification for the Fair Use Doctrine," 112 *Yale L. J.* 1179 (2003)을 참조.

25) 존 로크, 위의 책(주 12), 64-65면.

26) Wendy Gordon, 위의 논문(주 22), 1550-1553면.

27) Pamela Samuelson, "Copyright and Freedom of Expression in Historical Respective," *J. Intell. Prop. L.* 10 (2003), 336-337면을 참조.

2. 낭만주의적 정당화 논거

(1) 로크적 정당화 논거의 한계와 낭만적 정당화 논거의 역할

18세기 이래로 낭만주의적 정당화 논거는 로크적 정당화 논거와 더불어 배타적 저작권을 입론화하는데 중요한 역할을 하였다. 특히 낭만주의적 정당화 논거는 "작가가 지적 노동을 가하여 만든 작품은 과연 배타적 재산권의 대상이 될 수 있는가?"라는 저작권의 존립근거에 관한 핵심적 문제와 밀접한 관련성을 갖는다.

전술하였듯이 로크적 정당화 논거는 지적 커먼스에 자신의 노동을 혼합할 경우 배타적 저작권이 발생한다고 설명한다. 그러나 공유물에 노동을 혼합하였다고 해서 그것만으로는 결코 배타적 저작권이 발생할 수는 없다.[28] 로버트 노직의 토마토 예에서도 볼 수 있듯이, 내가 나의 토마토쥬스를 바다에 섞었다고 할지라도 바다는 나의 것이 될 수 없다. 또한 내가 화성에 집을 지었다고 할지라도 화성 전체가 나의 것이 될 수 없는 것이다.[29] 이러한 사실은 비록 공유물에 나의 노동이 투여되었다고 할지라도 바다와 화성과 같이 내가 소유할 수 없거나 또는 소유물의 범위를 확정할 수 없을 경우 나의 배타적 재산권은 존재할 수 없음을 의미한다.

18세기 앤여왕법이 제정될 당시의 재산권 관념은 이러한 입장과 맥을 같이 한다. 당시에는 로마법상의 공유물(res communes) 법리가 재산권과 관련하여 적용되고 있었다. 이에 따른다면 만약 노동을 투여한 사람이 노동의 열매를 영구적으로 점유할 수 있다면 그에 대한 권리를 인정할 수 있지만, 바다, 공기 또는 빛과 같이 지속적인 점유가 불가능할 경우 노동자는 재산권을 얻는 것이 아니라 일시적인 이용권(usufructuary property)을 주장할 수밖에 없었다. 블랙스톤은 영국법 주해(Commentaries on the Laws of England)에서 다음과 같이 설명하고 있다.

> 어쩔 수 없이 공유물 속에 남아 있어야만 하는 것들이 극히 드물게나마 약간 있다. 그러한 것에 대해서는 오로지 용익권만이 가능할 따름이다. 따라서 점유자가 그

28) Peter Drahos, *A Philosophy of Intellectual Property* (Dartmouth, 1996), 47-53면을 참조.
29) 로버트 노직 (남경희 역), 『아나키에서 유토피아로: 자유주의 국가의 철학적 기초』(문학과 지성사, 1983), 221면.

> 것을 점유할 수 있는 시기 동안만 그에게 속하는 것일 뿐, 그 시기가 지나면 더 이상 그에게 속하지 않는다. 빛, 공기 및 물 등이 이러한 것에 해당한다.[30)]

예를 들어 공기는 소유할 수도 없고 소유의 경계를 확정지을 수도 없다. 따라서 인간은 자신의 폐 속에 공기를 넣기 위해 노동할 수 있지만, 그러한 노동을 통하여 공기를 일시적으로 사용할 수만 있을 뿐 일단 내쉬게 되면 공기는 다시 공유물이 된다.

문제는 18세기 당시 사람들의 관념에 의한다면, 첫째 작가가 노동을 가하여 만든 지적 산물은 아이디어의 집합에 불과한 것이고, 둘째 아이디어는 마치 공기와 같은 공유물이기 때문에 경계를 확정지을 수 없으며 소유할 수 없는 것으로 여겨졌다는 점이다. 예를 들어 당시의 사람들은 문학적 작품을 본질적으로 저술가(writer)들이 자신의 계획에 따라 아이디어를 조립하여 만든 "아이디어의 집합"으로 여겼다. 즉 비록 작가가 지적 커먼스인 아이디어에 노동을 가하였다고 할지라도, 지적 산물 자체도 본질적으로 아이디어에 불과한 지적 커먼스라는 것이다. 따라서 아이디어의 집합인 지적 산물은 마치 공기와 같아서 지속적인 점유가 불가능하며, 지적 산물에 대한 점유의 시기, 즉 작가의 머리 속에서 점유되어 있어 자신만이 알고 타인에게 표현하지 않았을 때까지만 작가의 것이 될 뿐이다. 일단 그가 아이디어의 집합체인 작품을 외부에 표현한 이상, 작품은 공유물로서 남아 있게 된다.

결국 이러한 관점에 의한다면 비록 로크적 정당화 논거에 의할지라도 작품에 대한 배타적 저작권은 불가능하게 된다. 특히 이러한 관점은 당시 두 가지 법적 효과를 발생시켰다.

첫째, 작품에 대한 복제행위 자체는 작가의 재산권을 침해한 것이 아니게 된다. 작품 자체가 아이디어의 집합체이고 작가가 일단 그것을 표현한 이상 누구나 자유롭게 이용할 수 있는 공유물이기 때문에 결국 그에 대한 복제는 작가의 권리를 침해한 것이 아니다. 이러한 관점은 1767년의 Millar v. Taylor 사례에서 이예츠 판사의 주장에서도 명백히 드러난다.

---

30) William Blackstone, *Commentaries on the Laws of England.* (Oxford, 1765-1769) 14면; 재인용, Alfred C. Yen, "Restoring the Natural Law: Copyright as Labor and Possession," *Ohio St. L. J.* 51 (1990), 523-524면.

> 아이디어는 경계도 표시도 없으며 볼 수도 없는 것이다. 이것은 관념적으로 인간의 정신 속에서만 존재하는 것이다. 누군가 획득하거나 침해할 수 있는 것도 아닌 그 자체 안전한 것이다. 따라서 어떠한 불법행위도 그것에 영향을 미칠 수 없으며, 사기와 폭력이 그것을 감소시킬 수도 없다. 그럼에도 불구하고 작가가 아이디어를 작가에게만 한정하고 그것을 누군가가 강탈하였다고 하는 것은 환상에 불과하다.[31)]

둘째, 영구적 점유가 가능하고 경계가 확정지어져야만 배타적 소유권이 가능하였기 때문에, 지적 산물과 관련하여 작가가 재산권을 주장할 수 있는 것은 추상적 작품(work)이 아니라 물질적 동산으로서의 原稿(manuscipt, copy)일 뿐이게 된다.[32)] 이러한 이유로 17세기의 경우 만약 작가가 출판가에게 자신의 재산인 原稿를 판매하였다면, 그것은 동산의 양도와 마찬가지로 原稿에 대한 소유권을 출판가에게 양도한 것으로 다루어졌다. 때문에 原稿를 양도받은 출판가는 그에 대한 배타적 재산권, 즉 그에 대한 사용, 수익, 처분권을 행사할 수 있었으며, 나아가 작가의 허가 없이도 원고의 내용을 수정할 수 있으며 작가의 의도와는 무관하게 임의적으로 原稿를 복제하거나 타인에게 양도할 수 있었다. 이러한 이유로 당시의 저작권(copyright)은 지금과 같은 작가의 작품(work)에 대한 복제권, 번역권, 2차적 저작물 작성권과 같은 일련의 권리를 의미하는 것이 아니라, 물질적 동산인 原稿(copy)를 가지고 있는 사람의 인쇄·출판권을 의미하였던 것이다.[33)]

이처럼 로크적 정당화 논거에 따를지라도 작가의 작품에 대한 배타적 권리가 만족스럽게 설명될 수 있는 것은 아니다. 이러한 문제점을 해결할 수 있는 이론적 근거로서 제시된 것이 낭만주의적 정당화 논거이다. 특히 낭만주의적 정당화 논거는 작가의 창작행위 및 작품의 본질에 대해 이전과 다른 독특한 내용으로

---

31) Mark Rose, 위의 책(주 1), 86-87면.

32) M. H. Abrams, *The Mirror and the Lamp* (Oxford University Press, 1953), 156-167면, 재인용 Mark Rose, 위의 책(주 1), 87면. 오늘날 'copy'는 '복제'라는 뜻하며 따라서 copyright는 복제권이라는 의미를 내포하는 경향이 강하지만, 17세기까지만 해도 copy는 原稿라는 의미가 강했으며 따라서 copyright는 原稿에 대한 권리를 의미했다.

33) Mark Rose, 위의 책(주 1), 12면.

설명하면서 배타적 저작권의 입론화를 가능하게 하였다.

(2) 낭만주의적 정당화 논거의 내용

1) 낭만주의적 작가관에 대한 개관

18세기 후반의 낭만주의 시기 이전까지 유럽 사람들은 작가의 창작행위를 신적 질서, 자연의 섭리와 진리, 또는 이전 작품들에 대한 모방행위로서 간주하였다. 예를 들어 플라톤은 작품을 자연의 이데아(idea)를 모방하는 것으로 생각하였으며,[34] 아리스토텔레스는 悲劇을 두려움과 동정심을 불러일으키는 사건에 대한 모방으로 인식하였다.[35] 중세 기독교 세계에서도 신이 세상을 창조하였기 때문에 진리의 추구와 아름다움에 대한 표현은 신적 세계를 모방하거나 발견하는 것으로 인식하였다. 또한 르네상스와 르네상스의 연장선에 있었던 고전주의(classicism)의 18세기 전반까지만 해도 작가는 자신의 창작에 대하여 개인적으로 책임을 지는 존재로 간주되지 않았다.[36] 우드맨스 교수에 의하면 당시 작가는 후원자(patron)들이 정해 놓은 목적을 달성하기 위해 미리 정의된 전략들을 능란하게 조작하는 장인이었으며, 신의 뜻을 전달하는 자이자 영감을 얻는 자로 여겨졌다. 따라서 비록 기발하고 탁월한 작품이라고 할지라도 그것은 작가 자신의 독창적인 행위가 아니라 좀 더 높은 외부의 행위자가 그에게 영감을 준 결과로 이해되었다.[37] 이러한 입론에 의할 때 성서를 비롯하여 과거의 위대한 시인과 저술가를 모방한다는 것은 신이 인간에게 준 지식을 제한 없이 전파시킨다는 것을 의미하며, 따라서 모방행위는 비윤리적인 표절(plagiarism)행위라기보다는 권장할 만한 것이었다.[38]

---

34) Plato, "Ion," Hazard Adams (ed.), *Critical Theory Since Plato* (Heinle & Heinle Pub, 1992), 15면.

35) Aristotle, "Poetics," Adams (ed.), 위의 책(주 34), 55면.

36) 고전주의는 '시는 자연의 모방이다'라고 한 아리스토텔레스의 명제를 이론적 배경으로 하면서, 자연을 보편성과 불변성으로 파악하여 자연의 모방을 강조하였다. 이에 대해서는 조신권, "고전주의," 이선영 엮음, 『문예사조사: 고전주의에서 포스트모더니즘까지』(민음사, 1997), 20-30면을 참조.

37) Martha Woodmansee, *The Author, Art, and the Market: Rereading the History of Aesthetics* (Columbia University Press, 1994), 36-37면.

38) Longinus, "On the Sublime," Adams (ed.), 위의 책(주 34), 85-86면.

이에 반해 낭만주의적 작가관은 장인적 작가와 모방적 창작행위라는 관념과 정반대로 설명한다. 먼저 낭만주의적 작가관에 의할 때, 작가는 자기에게 고유한 내적인 공간을 가지고 있는 자이며, 창작에 관한 천재적 기질을 소유하고 있는 자로서 여겨진다.[39] 작가는 그러한 자신의 재능을 통해 이전의 것을 모방하는 자가 아니라 "바다 거품으로부터 아프로디테를 창조하는 존재"와 같이 無로부터 무언가를 창작하는 존재이다.[40] 낭만주의자 키이츠는 이러한 낭만주의적 특성을 명확하게 표현하고 있다.

> '시의 재능'은 사람 속에서 스스로 구원자를 찾아내야 한다. 그것은 법이나 가르침이 아니라 전적으로 감각과 유의(留意)에 의해 육성될 수 있다. 창조적인 것은 스스로를 창조하는 것이다.[41]

특히 낭만주의적 작가관에 의할 때 작가의 '낭만적 상상력' 또는 '독창적 능력'은 예술작품과 작품 전체의 의미를 결정짓고 창조하는 원천으로서 간주된다.[42] 예를 들어, 영국의 낭만주의자인 에드워드 영(Edward Young)은 1759년, "독창적 작품에 대한 견해"(Conjectures on Original Composition)에서 독창적인 작품이란 "천재라고 하는 생기 넘치는 뿌리로부터 자연발생적으로 자라난다"고 주장하면서, '천재적 작가'와 '독창적 작품'을 '모방적 작가'와 '모방적 작품'과 구별하였다. 그에게 있어 천재의 정신이란

> 마치 비옥하고 유쾌한 땅과 같다. 그 땅에는 영원한 샘물이 솟고, 그 샘물에는 꽃

39) 문학사회학자인 레이먼드 윌리엄스의 낭만주의의 대두원인에 대한 분석으로서는, 레이먼드 윌리엄스 (나영균 역), 『문화와 사회: 1780-1950』(이화여대출판부, 1988), 62-82면을 참조. 낭만주의의 개념 및 발생배경에 대해서는 김은철 외, 『문예사조의 이해』(새문사, 2003), 49-72면 참조.

40) Ryan Littrell, 위의 논문(주 15), 209면.

41) Letters of John Keates; ed. Forman, Letter qo: p.223, 재인용, 레이먼드 윌리엄스, 위의 책(주 39), 77면.

42) 낭만주의가 명확히 정의되기 어려울 정도로 시기와 지역에 따라서 다양한 방식으로 전개되었음은 사실이다. 그럼에도 불구하고 '낭만적 상상력에 대한 신앙'은 모든 부류의 낭만주의를 하나로 묶을 수 있는 핵심이었다. 이에 대해서는 김종철, "낭만주의," 이선영 엮음, 위의 책(주 46), 124면.

> 들이 피어나는데 그들 중 가장 아름다운 꽃은 단연 독창성이라는 꽃이다. 모방이라는 꽃은 생장은 빠르나 만개했을 때의 아름다움은 독창성만 못하다. … 독창적 작가들은 문명의 나라를 확장하고 그 영토를 넓히는 데 기여한다. 그러나 모방자들은 우리가 이미 소유하고 있는 것의 복제품만을 제공해줄 뿐이다. 원본은 대개 복제품보다 훨씬 훌륭하므로 모방자들의 작업은 무의미하다.[43]

이처럼 작가의 창작활동이 자기 자신의 내적 성찰을 통해 무에서 유를 창조하는 과정이라는 낭만주의적 작가관은 문학작품을 자연의 모방이라고 보았던 고전주의적 관점과 명백히 구별된다.

2) 낭만주의적 작가관과 배타적 저작권

낭만주의적 작가관이 배타적 저작권의 정당화와 관계되는 것은 그것이 독창성의 발현형태로의 형식을 매우 중요시하였다는 점에 기초한다. 무엇보다 낭만주의적 천재는 '광적'이거나 '무법적인' 천재와는 거리가 멀었다. 낭만주의자들에게 있어서 "진정한 천재의 작품은 어떤 것이라도 적절한 형식을 결핍하고 있지 않으며, 또 그렇게 될 위험도 없다. 당연히 그러해야 하는 것과 같이 천재는 결코 무법적이지 않다. 왜냐하면 자생적인 법칙 밑에서 창조적으로 활동하는 힘 — 이것은 천재를 구성하는 요소의 하나이기 때문이다."[44] 독일의 낭만주의자이었던 피히테도 이와 같은 입장을 견지하였다.[45]

> 각자는 자기 자신의 사고과정, 자기 자신의 개념형성의 과정 및 그것들을 연결지

---

43) Edward Young, "Conjectures on Original Composition: in *a Letter to the Authors of Sir Charles Grandison* (1759)," James H. Smith and Edd W. Parks (ed.), *The Great Critics: An Anthology of Literary Criticism*, 3rd (W.W. Norton, 1967), 409-410면; 재인용, 이현석, "저작권, 독창성, 문학,"영미문학연구회, 「영미문학연구」 제2권 (1997), 107-108면.

44) Coleridges' Essays and Lectures on Shakespeare; Everyman; p.46. 재인용 레이먼드 윌리엄스, 위의 책(주 39), 78면. 다만 번역은 레이먼드 윌리엄스, "낭만주의 작가관," 김용직 외, 『문예사조』(문학과 지성사, 1977), 85면을 참조하였음.

45) 독일의 관념철학자인 칸트와 피히테의 이론이 낭만주의와 어떠한 관련성을 지니고 있는가에 대해서는 최유찬, 『문예사조의 이해: 그리스 고전문학에서 포스트모더니즘까지』(실천문학사, 1995), 114-119면.

> 우는 방식들을 가진다. … 그리고 자기 자신이 생각을 한 후, 새로운 생각들을 만들어낼 때에만 각자는 그것들을 자기 자신의 것으로 만들 수 있다. 만약 이와 같은 작업이 없다면, 그것들은 자기 자신의 정신과는 별개의 것으로 남을 뿐이다. 이 경우 각자의 정신은 어떤 것과도 연결되지 않으며, 어떤 것에도 영향을 미치지 않는다. … 작가는 자기 자신 이외에 다른 어떠한 것을 가지고 있지 않기 때문에 오로지 자신의 생각에 자기 자신의 특정한 형식을 부여해야만 한다.[46)]

작품의 표현형식에 대한 이러한 관점은 배타적 저작권을 입론화하는데 중요한 역할을 하였다. 예를 들어 18세기 후기 독일의 경우, 당시 작가들은 자신들의 작품을 통하여 경제적 자립을 얻어내어 후원체계로부터 벗어나려는 움직임이 있었다. 그러나 이러한 시도는 작품이란 아이디어의 집합체이며 그것은 커먼스에 불과하다고 주장하였던 출판가들의 무단 복제로 인하여 번번이 좌절되어야 했다.[47)] 이에 피히테는 다음과 같이 작품의 본질을 명확히 하고자 하였다. 우선 그는 책(book)의 물리적 측면(물질적 原稿 또는 인쇄된 종이)과 이념적 측면(책의 내용)을 구별하였다. 그런 다음에 그는 책의 이념적 측면을 다시 재료적 측면(책의 내용, 책이 표현하는 사상)과 이 사상의 형식(사상이 표현되는 구절과 단어의 조합방식)으로 나누었다. 그리고 책의 소유권을 세 가지 유형으로 각각 구별하였다. 첫째, 책이 팔렸을 때 '물리적' 대상의 소유권은 구매자에게 넘어간다. 둘째, '이념적-재료적' 측면인 책의 내용, 다시 말해 책이 표현하는 아이디어 역시 구매자에게 넘어간다. 독자가 지적 노력을 통해 이 사상들을 소화할 수 있는 한에서 이 사상들은 배타적인 소유물이 되기를 그치고 작가와 독자의 공유재산이 된다. 셋째, 그러나 이 사상들이 표현되는 '형식'은 작가의 소유물로 '영원히' 남는다.[48)] 다시 말해 작가의 권리 – 저작권의 대상은 단순히 물질적 原稿 또는 지적 커먼스인 아이디어가 아니라 독창적 표현형식 – 작품인 것이다.

---

46) Johann Gottlieb Fichte, 위의 논문(주 86), 227-228면, 재인용 Martha Woodmansee, 위의 책(주 37), 51-52면.

47) 당시의 상황에 대해서는 Martha Woodmansee, 위의 책(주 37), 47-48면.

48) Johann Gottlieb Fichte, "Beweis der Unrechtmässigkeit des Büchernachdruks. Ein Räsonnement und eine Parabe (1793)l," J. H. Fichte (ed.), *Sämtliche Werke*, Mayer and Müller, n.d., pt. III, vol. III, 225면; 재인용, Martha Woodmansee, 위의 책(주 37), 51면.

만약 작품의 본질이 독창적 표현형식이라고 한다면 배타적 재산권의 전제조건인 경계확정의 문제는 해결될 수 있다. 만약 甲이라는 작가와 乙이라는 작가가 상호간의 관계없이 독립적으로 각각 자기에게만 고유한 형식으로 표현할 경우, 甲과 乙은 각각 개별적이고 독립적인 주체이기 때문에 甲의 표현형식과 乙의 표현형식은 상이할 수밖에 없게 된다. 또한 이러한 피히테의 논리에 의한다면 전술하였던 작품의 본질은 아이디어의 집합체라는 관점에 기반하여 정당화되었던 것들, 즉 ① 저작권의 대상은 물질로서의 원고이기 때문에 원고를 일단 출판가에게 양도한 이상 작가는 더 이상 원고에 대한 권리를 행사할 수 없으며, ② 복제행위는 작가의 권리를 침해한 것이 아니라는 두 가지 법적 효과는 더 이상 지탱될 수 없게 된다. 첫째, 비록 출판가가 작가로부터 물질적 原稿를 양도받았다고 할지라도 출판가는 작가에게 고유한 작품의 독창적 표현형식을 임의적으로 변경, 수정할 수 있는 권리까지 양도받은 것은 아니게 된다.[49] 둘째, 복제행위는 아이디어의 복제가 아니라 작품의 독창적 표현형식에 대한 복제이기 때문에 작가의 허가 없는 복제는 작가의 권리를 침해하는 것이 된다.

피히테는 이러한 방식으로 다른 사람이 자기 것으로 만들 수 없으며, 작가 자신에게 고유한 '형식'이라는 개념을 통해 해적출판에 반대하고 작가가 자신의 작품에 대해 소유권을 주장할 수 있는 근거인 저작권을 확립하고자 하였다.[50] 피히테의 논리는 그 후 저작권법의 입법화에 영향을 미쳤는데, 예를 들어 바바리아 공국(the state of Bavaria)은 1813년, 루드비히 포이에르바흐(Ludwig Feurerbach)에 의해 작성된 형법전(Penal Code) 제397조에 피히테의 '형식'이라는 개념을 명문화하였다.

> §397: 창작자와 그의 상속인 또는 창작자의 권리를 얻은 다른 사람들의 허가 없이 과학 또는 예술 작품을, 독창적 형식(eigentümlicher Form)으로 그것을 재가공함이 없이 인쇄 또는 다른 방식으로서 그것을 재생산하여 출판하는 사람은 처벌된다.[51]

---

49) William Blackstone, *Commentaries on the Laws of England.* (Oxford, 1765-1769), Facsimile Rpt. (Univ. of Chicago Press, 1979), vol 2, 405-406면, 재인용 Mark Rose, 위의 책(주 1), 89-90면.

50) 김문환 외, 『19세기 문화의 상품화와 물신화』(서울대학교 출판부, 1998), 55면.

이러한 입장은 이미 영국에서도 동일하게 전개되었는데, 블랙스톤의 설명은 이에 대한 적절한 예이다. 블랙스톤은 작가의 보통법상의 영구적인 권리를 지지하면서, 문학적 재산으로서의 작품의 본질은 작가의 아이디어가 아닌 작가의 스타일과 감정이라고 명확히 설명한다.

> 스타일과 감정은 문학적 저작물의 본질이다. 이것들만이 유일하게 문학적 저작물의 정체성을 구성한다. 종이와 인쇄기는 스타일과 감정을 여러 사람에게 전달할 수 있는 수단에 불과하다. 문학적 텍스트(작품)를 아무리 많이 복제하더라도 만약 그것이 동일한 스타일과 감정을 가지고 있다면 모든 복제품들은 모두 작가의 발명과 노동에 의해 생산된 동일한 작품이다.[52)]

요컨대 낭만주의적 정당화 논거는 저작권의 대상이 단순히 동산으로서의 原稿가 아니라 독창적 표현형식에 있으며, 그것은 소유가능하며 경계를 확정지을 수 있다는 주장함으로써 로크적 정당화 논거와 더불어 배타적 저작권을 입론화하는 데 기여를 하였다.[53)]

3. 자유주의적 저작권 담론의 성과

자유주의적 저작권 담론은 작가에게 배타적 저작권을 인정함으로써 작가의 창작행위를 독려하고 그에 대해 보상을 하며, 그럼으로써 유용한 지식과 학문 및 예술적 작품들을 사회 속에 전파시킬 수 있는 계기를 마련하고 있다. 또한 자유주의적 저작권 담론은 작가에게 배타적 저작권을 부여함으로써 경제적 자립을 가능하게 하고 자율적 창작을 위한 토대를 제공할 수 있는 토대를 형성하고 있다.

---

51) Eisenlohr (ed.), *Sammlung der Gesetze und internationalern Verträge zum Schutze des literarisch-artistischen Eigenthums in Deutschland* (Bange une Schmitt, 1856), 122면; 재인용 Martha Woodmansee, 위의 책(주 37), 53면.

52) ER 96:189, 재인용 Mark Rose, 위의 책(주 1), 89면.

53) 로크의 자연권이론과 낭만주의적 정당화 논거가 결합되어 개인주의적 저작권법담론을 형성하고 있다는 설명으로서는 Peter Jaszi, 위의 논문(주 11), 466-471면.

이러한 점은 18세기 이전의 역사적 경험 속에서 입증된다. 당시에는 오늘날처럼 문화상품시장이 활성화되지 않았기 때문에 저술가와 예술가들은 국왕, 중세영주 및 교회의 후원체계를 통해 자신의 생계를 의존할 수밖에 없었다. 여기서 왕, 귀족 또는 교회이거나 간에 모든 후원가들은 지배계급으로서의 지위를 청중에게 각인시키기 위해 문학과 예술을 필요로 하였는데, 이러한 이유로 작가의 창작활동은 그들의 요구에 부응하는 것이어야만 했다. 만약 작가가 후원가들의 요구에 부응할 수 없을 경우 그들로부터 경제적 도움을 받을 수 없었으며 결국 창작을 위한 생활기반을 상실할 수밖에 없었다. 따라서 작가의 창작활동은 현존하는 지배질서와 상당할 정도로 밀접한 관련을 가지게 되었다.[54]

그러나 이러한 후원가들에 대한 의존은 당연히 표현적 자율을 침해하고, 생동감있고, 자유로운 사고를 요구하는 지식인들을 위협하였으며 결국 문화발전과 다양한 표현들에 반하는 것이었다.[55] 때문에 문화발전과 자유로운 창작활동을 위해서는 후원체계에 대한 경제적 의존에서 벗어나 경제적 자립이 무엇보다 요청되었다. 여기서 로크적 정당화 논거 및 낭만주의적 정당화 논거에 의해 입론화된 배타적 저작권은 출판가들의 불법적인 복제행위를 제한하고, 작가가 자신의 작품을 시장에 판매하여 창작활동을 위한 경제적 자립을 갖출 수 있도록 하였다는 점에서 중요한 의미를 지닌다.

나아가 배타적 저작권은 작품에 대한 국가의 검열과 타인의 부당한 이용으로부터 벗어나 자율적인 창작을 가능하게 할 수 있다. 이러한 관점은 자유주의적 저작권 담론의 자유주의적 속성과 관련된다. 특히 로크적 정당화 논거가 설명하고 있듯이 작가는 작품에 대해 자연권적인 배타적 권리를 가지고 있기 때문에 국가 또는 타인은 비록 작품의 표현형식과 의미내용이 국가권력 또는 지배권력에 반한다고 할지라도 출판 또는 양도를 금지하거나 작가의 표현을 마음대로 개작하거나 변형할 수 없다. 만약 작가의 동의 없이 이러한 행위를 하였을 경우 작가가 가지는 천부인권적 자연권을 침해하는 것이 된다. 요컨대 자유주의적 저작권

---

54) 이러한 이유로 레이먼드 윌리엄스는 후원가제도하에서 작가는 비록 후원가와 소속적 유대감을 가지기도 하였지만 그에게 의존적이고 때로는 예속적이었다고 설명하고 있다. 레이먼드 윌리엄스, 위의 책(주 39), 63면.

55) 이에 대해서는 Gary D. Stark, *Entrepreneurs of Ideology: Neoconservative Publishers in Germany, 1890-1933* (Univ. of North Carolina Press, 1981)을 참조.

담론의 핵심적 성과는 작가에게 배타적 저작권을 인정함으로써 작가의 자율적 창작행위를 활성화시키고 문화발전에 기여할 수 있는 토대를 제공하였다는 점에 있다.

Ⅳ. 자유주의적 저작권 담론과 문화적 의사소통의 구조

비록 자유주의적 저작권 담론이 위에서 언급한 역할을 할지라도, 작가의 권리를 매우 지나치게 보호하는 경향이 있다. 예를 들어 로크적 정당화 논거와 낭만주의적 정당화 논거가 설명하고 있듯이 작가의 권리는 자연법상 또는 보통법상의 영구적인 권리로서 간주된다.[56] 그러나 특정한 작가에게 배타적 저작권을 부여하는 것은 비록 그의 자율적 창작을 위한 경제적 토대일 수 있지만, 타인들이 그의 작품을 이용하기 위해서는 허가를 받아야 하기 때문에 문화적 의사소통과 새로운 작품의 창출 및 문화발전을 제한할 수 있는 위험성이 있다.

본장에서는 배타적 저작권의 증대가 자유로운 창작에 모순될 수 있음에도 불구하고 자유주의적 저작권 담론이 그것이 정당하다고 보는 이유에 대해 분석하도록 하겠다. 이를 위해 본장에서는 자유주의적 저작권 담론이 구체적 삶 속에서 이루어지는 문화적 의사소통의 실제적 구조를 어떻게 이해하고 있는가를 살펴보도록 하겠다. 사실상 작가에게 배타적인 재산권을 부여하는 것은 문화적 의사소통의 존재현실에 대한 당위적 규범화를 의미하는 것이다. 따라서 자유주의적 저작권 담론의 당위적 내용을 이해하기 위해서는 그것이 문화적 의사소통의 현실적 구조를 어떻게 바라보고 있는가를 파악할 필요가 있다. 이를 위해 본장에서는 자유주의적 저작권 담론이 '당해 작품과 관련된 작가-독자의 관계'와 '새로운 작품의 창작과 관련된 선작가-후작가와의 관계'를 어떻게 파악하고 있는지를 살펴보면서, 배타적 저작권의 증대가 후작가의 자유로운 창작과 문화발전에 모

---

56) 19세기 낭만주의 작가들은 그들의 논리에 따라 현실적으로 영구적인 작가의 권리를 옹호하였는데, 예를 들어 워즈워드와 바이런 등의 낭만주의자들이 주축이 되어 1838년 저작권 보호기간 연장을 위한 입법운동을 하였던 바, 저작권의 보호기간을 작가의 생애 더하기 7년, 출판 이후 42년으로 연장하였던 1840년 개정저작권법은 이 운동의 결과물이었다. Mark Rose, 위의 책 (주 1), 107-112쪽.

순되지 않는 것으로 보는 이유에 대해 분석하도록 하겠다.

1. 당해 작품과 관련된 작가 – 독자의 관계

당해 작품과 관련된 작가 – 독자의 관계는 "작가와 독자가 당해 작품의 의미와 관련하여 어떠한 역할을 하고, 양자는 어떠한 관계를 맺는가?"에 대한 문제이다. 로크적 정당화 논거에 의하면 작가는 이전의 아이디어로부터 인류에게 유익한 가치를 생산하여 전달하는 자이며 착상과정과 실행과정 속에서 자신의 지적노동을 가하여 작품을 만드는 존재이다. 반면 독자는 당해 작품을 구입하고 이용하기 위해 작가로부터 허가를 받아야 하는 존재이다. 이러한 점에서 작가는 당해 작품에 대한 권위자이며 독자는 그러한 권위를 인정해야 하는 자로서, 작가와 독자의 지위는 구별된다.

마찬가지로 낭만주의적 정당화 논거는 작가 개인의 천재적인 재능에 의해 작품의 의미와 가치가 산출되는 것으로 바라본다. 반면 독자는 당해 작품의 의미 창출과는 무관한 자이며, 단지 이해하는 자로서 파악된다. 예를 들어 "작품의 아이디어는 구매자에게 넘어가는 바, 독자가 지적 노력을 통해 이 아이디어를 이해할 수 있는 한 이 사상들은 배타적인 소유물이 되기를 그치고 작가와 독자의 공유재산이 된다"는 피히테의 설명은 독자를 당해 저작물의 의미를 이해하는 자로서 간주하는 것이다. 이러한 낭만주의적 정당화 논거는 작가-독자의 관계를 메시지가 흘러가는 일련의 의사소통의 과정에서, 한쪽에서는 메시지를 보내는 주체와 다른 쪽에서는 그것을 받는 주체라는 도식으로 바라보는 것이다.57)

2. 새로운 창작행위와 관련된 선작가 – 후작가와의 관계

새로운 창작행위와 관련된 선작가 – 후작가의 관계는 "만약 자유주의적 저작권 담론이 설명하듯, 독자가 당해 작품의 의미를 이해하고 수용하는 자라고 한다면, 그들이 어떻게 새로운 창작품(후작품)을 만들고, 새로운 작가(후작가)가 될 수 있는가?"의 문제이다. 이것은 결국 문화발전의 가능성과도 관련되는 문제

---

57) 김욱동, 『대화적 상상력』(문학과 지성사, 1994), 134면.

이다.

이에 대해 자유주의적 저작권 담론은 전술한 바와 같이 개인의 지적 노동과 천재적 재능에 의존하고 있다. 먼저 로크적 정당화 논거는 어느 누구나 '아이디어 구상의 단계'와 '실행 단계'에서 선작품들을 연구·분석하고 자신만의 독창적인 아이디어를 표현하는 노동 과정을 거친다면 선작품과 구별되는 새로운 작품을 만들 수 있다는 전제를 가지고 있다.[58] 이러한 관점은 낭만주의적 정당화 논거에서도 그대로 적용된다. 이현석 교수는 낭만주의적 작가관을 피력하였던 영의 주장을 다음과 같이 설명하고 있다.

> 전통적 모방이론에 의하면 신의 뜻은 자연에 깃들어 있고, 자연은 고전 대가들의 작품에서 완벽하게 모방되어 있으므로, 고전 대가들을 모방하는 것이 곧 신의 뜻에 따르는 것이다. 그러나 영은 모방을 애초에 인간의 '본성'에 반하는, '순리에 역행하는' 짓으로 매도한다. 신의 뜻은 오히려 개인과 개인을 '구별하는데' 있으니, 신의 뜻을 추앙하는 인간이라면 그 뜻을 받들어 자신을 타인과 구별하게 해주는 배타적 본성(독창성)을 충실히 발휘하여야 한다는 것이다. 인간 누구나가 타고나는 독창성을 발휘하는 데 별다른 기술이나 학식을 연마할 필요가 없을 것은 자명한 이치이다. 영은 말한다. "자신의 가슴 깊은 곳으로 들어가라." 그러면 인간의 "천재성이 마치 혼돈으로부터 태양이 떠오르는 것처럼 저절로 떠오를"것이다.[59]

결국 개인의 노동행위가 있을 경우 새로운 작품을 창출할 수 있다는 로크적 정당화 논거와 마찬가지로 낭만주의적 정당화 논거는 누구든지 자기 내면에 이미 잠재하고 있는 천재적 재능을 통하여 무에서 유를 창출하듯이 새로운 스타일 형식을 갖는 독창적 작품을 생성시킬 수 있다는 전제를 가지고 있다.

이러한 자유주의적 저작권 담론에 의할 때, 비록 선작품에 대한 선작가의 배타적 저작권이 존재한다고 할지라도 그것은 독자이자 후작가의 개인적 노동행위와 천재적 재능에 의해 극복될 수 있게 된다. 또한 자유주의적 저작권 담론은 작

58) 전자의 '구상 단계'는 선작품에 대한 독자로서의 지위를 뜻할 수 있으며, 후자의 '실행 단계'는 후작가로서의 지위를 의미한다.

59) 이현석, 위의 논문(주 43), 108-109면. 이현석 교수가 인용한 부분은 Edward Young, 위의 논문(주 43), 422면.

가란 자신의 천재적 능력과 노동행위를 통해 창작을 위한 내용적 소재와 형식적 소재를 자유롭게 이용하여 독창적 작품을 만들 수 있다는 관점을 전제하고 있다. 이를 상술하면 다음과 같다.

첫째, 작가의 창작행위 — 내용적 소재로서의 아이디어와의 관계이다. 로크적 정당화 논거에 의할 때 선작가가 당해 작품에 대한 배타적 저작권을 갖는다고 할지라도, 아이디어는 비배타적인 것이기 때문에 독자는 자신의 지적 노동과 천재적 능력을 통해 선작품의 아이디어를 알아내어 그것을 자신의 창작활동에 이용할 수 있다. 즉 선작품에 내재되어 있는 풍부한 아이디어는 새로운 창작을 위한 재료가 될 수 있다. 뿐만 아니라 그 이외에도 이미 후작가에게는 새로운 작품을 만들 수 있는 충분한 양과 질의 아이디어들이 지적 커먼스로서 남아 있다. 따라서 독자가 자신의 지적 노동을 지적 커먼스에 투자한다면 새로운 작품을 창작할 수 있게 된다. 결국 자유주의적 저작권 담론에 의할 때, 창작을 위한 내용적 소재로서의 아이디어는 작가의 창작행위에 의해 자유롭게 이용가능한 것이다.

둘째, 작가의 창작행위 — 형식적 소재로서의 '기호 및 기호체계'이다. 만약 후작가가 새로운 독창적 아이디어를 구상할 수 있을 지라도 기호를 자유롭게 사용할 수 없다면 새로운 창작은 불가능하게 된다는 점에서 창작의 형식적 소재는 중요한 의미를 갖는다. 자유주의적 저작권 담론은 누구나 자신의 잠재된 천재적 창조능력을 개발하여 노동을 투자한다면 자신의 아이디어를 새로운 스타일 형식을 만들 수 있다는 전제를 가지고 있다. 즉 작가의 외부에 놓여져 있는 기호 및 기호체계 등은 작가가 자신의 의도와 정체성을 표현하기 위해 자유롭게 선택하고 조작할 수 있는 매개체로서의 지위를 갖는다. 다만 작가가 기호를 얼마나 자유자재로 선택하고 독창적으로 조합할 수 있는 수 있는가는 그의 천재적 재능과 지적 노력 여하에 달려 있을 뿐이다. 이것은 우리가 외국어를 구사하는 것과 동일하다. 모든 사람이 외국어를 사용할 수 있을 지라도, 외국어를 얼마나 잘 구사할 수 있는가의 문제는 자신의 노력과 능력 여하에 따라 결정되는 것이다. 마찬가지로 창작을 위해 모든 사람들은 기호 사용 자체에 대해서는 제한을 받지 않지만 그것을 어떻게 잘 표현할 수 있는가에 있어서는 후작가 개인의 예술적 천재성과 노력 여하에 달려 있는 것이다. 이러한 이유로 작가에게 부여되는 배타적 저작권은 누구든지 자기 자신의 의사를 기호로써 자유롭게 사용하고 표현할 수 있지만, 특히 독창적이고 가치있는 스타일 형식으로 표현을 한 사람에게 보상적 의미로서 부여하는 권리라고 볼 수 있다.

이러한 자유주의적 저작권 담론에 의할 때 배타적 저작권 그 자체는 새로운 창작에 제약이 되지 않는다. 오히려 배타적 저작권을 강화할 경우 작가에게 창작의 동기를 더 많이 부여할 수 있고, 그에 따라 문화발전을 가속화시킬 수 있는 것이다.

Ⅴ. 자유주의적 저작권 담론의 한계

Ⅳ에서는 "왜 강력한 배타적 저작권은 자유로운 의사소통과 모순되지 않으며 오히려 문화발전에 기여할 수 있는가?"에 대한 자유주의적 저작권 담론의 입장을 살펴보았다. 본장에서는 "구체적 삶 속에서 이루어지는 문화적 의사소통이 과연 자유주의적 저작권 담론에서 설명하고 있는 것과 같은 방식으로 이루어지는가?"에 대해 검토하고자 한다. 나아가 만약 실제적 의사소통의 구조가 이와 다른 방식으로 이루어질 경우 배타적 저작권의 증대가 어떠한 문제점을 야기할 수 있는가를 고찰할 것이다.

1. 문화적 의사소통의 실제적 구조에 대한 분석

(1) 당해 작품과 관련된 작가 ― 독자의 관계에 대한 비판

실제적 의사소통의 과정을 볼 때, 비록 작가가 작품의 의미를 만들지라도, 자유주의적 저작권 담론이 전제하고 있듯이 독자는 작가가 부여한 작품의 의미를 그대로 이해하는 것이 아니라 자기 자신의 관점에 입각하여 다른 의미로 해석

〈그림1〉 리차드 프린스 「무제: 카우보이」

〈그림 2〉 그림 1을 확대한 그림

할 수 있으며, 선작품을 그대로 이용하거나 약간의 변형을 통해서도 새로운 의미를 표현할 수 있다. 리처드 프린스(Richard Prince)의 「무제: 카우보이」는 이에 대한 적절한 예이다.

프린스는 말보로사의 담배 광고 이미지에 관심을 두었는데, 이때 프린스는 당해 작품에 대한 독자로서의 지위를 갖는다. 그러나 독자로서의 프린스는 당해 작품에 대해 단순히 의미를 전달받고 수용하는 자에 머무르지 않고 있다. 우선 프린스는 말로로사가 소비자들에게 자신들의 담배에 대한 긍정적 이미지를 심어주기 위하여, 카우보이 이미지를 이용하고 있다고 생각하였다. 왜냐하면 일반적으로 카우보이 이미지는 사회적 속박에서 벗어나 자유롭게 행동하는 미국 남성미의 상징으로 간주되기 때문이다. 이에 프린스는 광고의 카우보이 이미지를 부분적으로 재현하는 작업을 하였다. 먼저 [그림 1]처럼[60] 담배 광고에 있는 글씨를 없애고, 카우보이의 원래 이미지의 일부만을 나타내면서 인쇄의 망점이 보일 만큼 그것들을 확대했다([그림 2 참조]). 그러자 멋있는 카우보이 이미지는 이상하고 비뚤어지고 열정이 없고 조야한 미국 남성으로 바뀌게 되었다. 프린스는 말보로맨이 가지는 이미지, 즉 사회적 속박에서 벗어난 미국 남성의 자유주의적 이미지, 또는 미국 카우보이의 신화적 이미지를 전도시켜, 개인주의와 미국중심주의적 사고방식은 단순히 환영일 뿐 비인간적이고 조작된 것이며 공허하기까지 하다는 메시지를 전달하고 있는 것이다.[61]

스튜어트 홀(Stuart Hall)의 문화이론은 이러한 의사소통의 모습이 단지 예술가에 의해서만 이루어지는 것이 아니라, 아주 일상적인 기호·텍스트와 관련하여 일반인에 의해서도 이루어진다고 설명한다. 예를 들어 홀은 텔레비전 프로그램이 반드시 단일한 의미만을 갖는 것이 아니라 상이한 사람들에 의해 상이한 방식으로 이해될 수 있는 열린 텍스트라고 주장한다. 그는 '제작자들이 텔레비전 프

---

60) 리처드 프린스, 「무제: 카우보이」(1989), 엑타컬러 프린트, 185.4×275cm.

61) 엘리너 하트니 (이태호 역) 『포스트모더니즘』(열화당, 2003), 39-40면. 사실상 프린스의 이러한 창작기법은 잘 알려졌듯이 앤디 워홀(Andy Warhol), 로이 리히텐슈타인(Roy Lichtenstein) 등으로 대표되는 포스트모더니스트들의 창작방식이다. 이들의 창작방식은 배타적 저작권과 충돌할 수밖에 없는데, 이에 대해서는 John Carlin, "Culture Vultures: Artistic Appropriation in Intellectual Property Law," *Coluum-V.L.A. J. L. & Arts* 13 (1993); Daniel J. Gifford, "Innovation and Creativity in the Fine Arts: The Relevance and Irrelevance of Copyright," Cardozo *Arts & Ent. L. J.* 18 (2000)을 참조.

로그램을 통하여 창출시키려는 의미'와 '상이한 맥락에 놓여 있는 시청자들이 그것을 통해 창출(해독)하는 의미' 사이에 일종의 긴장관계가 있다고 본다. 이러한 이유로 홀은 텔레비전 시청이 시청자와 텍스트 간의 일종의 협상(negotiation)과정이라고 설명한다. 여기서 협상이란 텔레비전 해독과정이 이미 구성된 의미를 공유하는 수동적인 의미 수용이 아니라 해독자가 텍스트로부터 의미를 만들어내는 능동적인 의미협상, 의미제조의 과정이라는 것을 의미한다.[62]

이러한 설명은 자유주의적 저작권 담론이 설명하듯이 작가만이 작품의 의미를 창조하고 독자는 그것을 그대로 해석하는 것이 아니라, 독자 또한 작품의 의미를 새롭게 구성할 수 있는 또 다른 주체라는 것을 의미한다. 요컨대 프린스의 예와 홀의 설명은 피히테가 설명하고 있듯이 독자가 당해 작품의 의미를 작가가 부여한 대로 이해하는 것이 아니라, 자기 자신의 관점에 입각하여 다른 의미로써 이해할 수 있음을 보여준다.

(2) 새로운 창작행위와 관련된 선작가 – 후작가와의 관계에 대한 비판

자유주의적 저작권 담론은 새로운 창작이 후작가 개인에게서 유래하는 창작적이고 자발적인 노동, 재능에 의해서 가능한 것으로 바라보고 있다. 물론 구체적인 의사소통의 과정을 통해 볼 때, 자유주의적 저작권 담론에서 주장하듯이 작가는 작품의 가치와 의미를 자신의 개인적이고 독창적 계기에 의해 창출한다는 사실에 대해서는 결코 부정할 수 없다. 그러나 문화적 의사소통의 실제적 과정을 볼 때 자유주의적 저작권 담론이 전제하고 있듯이 창작활동은 작가의 개인적 노동과 재능에 의해서만 비롯되는 것이 아니며, 작가는 창작을 위한 내용적 요소(아이디어)를 형식적 요소(기호 및 기호체계)를 통해 자유롭고 무제약적으로 표현할 수 있는 주체가 아니다.

첫째, 문화적 창작의 실제적 과정을 볼 때, 낭만주의적 작가관이 설명하고 있듯이 작가는 자기만의 스타일 형식을 완전히 무에서 유를 창조하거나 고립된 자기의 창조적 능력을 통해서만 창작하는 것은 아니다. 미국의 스토리(story) 판사의 판시사항은 이러한 점을 명확히 설명하고 있다.

---

62) Stuart Hall, "Encoding/Decoding," Stuart Hall et al (eds.), *Culture, Media, Language* (Hutchinson, 1980), 128-138면.

> 사실 문학이나 과학 혹은 예술분야에 있어서 엄격한 의미에서 완전히 새롭고 독창적인 사상이란 존재하기 어렵다. 모든 문학작품이나 과학, 예술은 필연적으로 이전부터 존재하고 알려져 있던 것들을 차용하기 마련이다. … 따라서 완전히 독창적인 작품에만 저작권을 부여한다면 현재의 모든 저작물들은 저작권의 보호를 받지 못하게 될 것이다. 베이컨도 당시의 저작물뿐만 아니라 그 이전의 저작물을 상당부분 차용하였다. 심지어 세익스피어와 밀턴 역시 풍부한 기존의 저작물들을 차용한 것으로 알려지고 있다.[63]

여기서 차용이라는 것은 선작품들의 표현형식을 자신의 창작을 위해 이용한다는 것을 의미한다. 사실상 모든 작가들이 예술적 공동체와 사회공동체 성원으로서 살아가고 있음을 상기한다면, 작가는 예술적 공동체와 사회공동체의 문화유산들, 가치들, 경험들, 아이디어들 뿐만 아니라 그것은 표현하고 있는 표현형식들을 의식적·무식적으로 흡수하고 변형하여 창작을 하는 것이다.[64]

둘째, 실제적 창작과정을 볼 때, 작가의 천재적 노동행위는 창작을 위한 모든 외적 제약조건들을 극복할 수 있을 정도로 무제약적일 수는 없다. 여기에 대해서는 독자의 이해지평과 그것이 구체적으로 구조화된 스타일 형태로서의 장르적 요소를 살펴볼 수 있다.

① 독자의 이해지평: 자유주의적 저작권 담론에 의하면 누구나 자신의 아이디어를 표현할 때, 기호를 자유롭게 선택하고 조작할 수 있는 자로서 여겨진다. 그러나 앞에서 언급하였듯이 독자가 작품의 의미를 작가와 달리 해석할 가능성이 있을 경우, 작가는 언제나 기호를 자유롭게 선택하고 조작하여 창작할 수 있

---

63) *Emerson v. Davies*, 8 F.Cas. 615, 619 (No. 4,436) (CCD Mass.1845); 번역은 오승종,『저작권법』(박영사, 2001), 98면에서 재인용. 또한 *Carey v. Kearsley*, 4 Esp. 168, 170, 170 Eng.Rep. 679, 681 (K.B.1803).

64) 리트만 교수는 이를 삼투의 원리(the Principle of Seepage)라고 설명한다. Jessica Litman, "The Public Domain," *Emory L. J.* 39 (1990), 1016-1017면. 하롤드 블룸(Harold Bloom)은 이를 '영향의 불안'이라는 용어로서 표현한다. Harold Bloom, *The Anxiety of Influence: A Theory of Poetry* (Oxford Univ. Press, 1973), 5-11, 94면을 참조. 블룸의 견해는 노스럽 프라이(Northrop Frye)의 견해와 연결된다. 프라이는 문학창작행위를 구성하고 있는 관습을 과소평가하는 사고방식은 이념적으로 개인이 사회보다 선행하는 것이라고 생각하는 낭만주의 시대부터 뚜렷해진 결과라고 설명한다. 이에 대해서는 로스럽 프라이 (임철규 역),『비평의 해부』(한길사, 2000), 203-207면.

는 주체일 수 없다. 오늘날 가장 유명한 만화주인공 캐릭터인 월트 디즈니(Walt Disney)의 미키마우스는 이에 대한 적절한 예를 제공한다. 원래 월트 디즈니는 자신이 기르던 생쥐에서 힌트를 얻어 미키마우스를 제작하였다. 그러나 그것은 자기 자신의 독립적 행위로서 이루어진 것은 아니었다. 오히려 월드 디즈니의 기호선택·조작행위는 일반인의 생쥐에 대한 이해지평, 문화적 관습 또는 현재적 이미지 등을 고려한 것이었다. 예를 들어 1928년 미키마우스가 처음 제작될 당시 천방지축 뛰어다니는 말썽꾼으로서의 이미지를 갖고 있었는데, 그것은 디즈니가 '모던 타임즈'의 찰리 채플린을 염두에 둔 캐릭터였기 때문이다.[65] 하지만 그 후 부모들이 아이들의 교육을 위해 천방지축의 미키마우스보다 착하고 얌전한 이미지를 선호하게 되자, 그 이후로 미키마우스 캐릭터는 성격도 유순해지고, 몸체도 보다 부드러운 느낌을 주는 쪽으로 바뀌었다.

이러한 사실은 디즈니가 미키마우스를 만들 때, "만약 생쥐의 전형적 형태를 그대로 이용하면 일반인들에게 인기가 있을까? 생쥐라는 이미지를 일반인들이 친숙하게 대하기 위해서는 어떻게 변형시켜야 하는가? 일반인들에게 있어 친숙하였던 다른 캐릭터들은 어떠한 형태를 가졌는가?" 등등 일반인들이 구체적 삶 속에서 미키마우스 이미지를 어떠한 의미로 받아들이고 선호할 것인가라는 해석과 이해지평을 전제로 창작하고 소통시킨 것이라고 봄이 보다 더 현실적이다. 이러한 사실은 낭만주의적 정당화 논거가 설명하듯이 작가는 자신의 낭만적 상상력을 통하여 작품을 창출하는 것이 아니라, 독자들이 자신의 작품을 어떻게 해석할 것인가를 상상하면서 그러한 독자들의 이해지평을 토대로 작품을 창작하고 있음을 보여준다.

② 장르(genre): 일반적으로 문화적 의사소통의 과정 속에는 일종의 장르적 기대지평이 존재하는데 작가의 창작은 이러한 장르적 기대지평과 관련되는 경향이 있다. 여기서 장르라고 함은 일종의 의사소통에 관한 특수한 스타일 형식의 기호체계를 의미하며, 우리가 의사소통을 함에 있어서 요구되고 기대되는 이해지평의 형식을 의미한다.[66] 예를 들어 어떤 사람이 영화 '배트맨'을 볼 것인지, '러브레터'를 볼 것인지에 대한 선택은 그가 액션장르 스타일을 기대하는가, 또는

65) 〈http://arcady.com.ne.kr/adieu/out/aa20.htm〉 (2005년 3월 1일 방문).

66) 박명진 편, 『비판의사소통과 문화이론: 기본개념과 용어』(나남, 1989), 259면.

애정장르 스타일을 기대하는가에 의해 결정될 수 있다. 특히 작품을 상품으로서 유통시킬 경우 이러한 일반인들의 장르적 기대지평은 작가에게 있어서도 중요한 의미를 갖는다. 왜냐하면 작가가 일반인들에게 작품을 판매하기 위해서는 이미 소비자의 상품 선택에 개입된 장르적 요소들을 고려할 수밖에 없기 때문이다. 예를 들어 생산자는 '배트맨'이라는 영화를 액션영화다운 스타일로 만들어야 하고, '러브레터'를 애정영화다운 스타일로 만들어야 한다. 만약 작가가 이러한 장르적인 스타일 형식과 완전히 괴리된 채 창작활동을 할 경우, 액션영화를 보려는 소비자(독자)들은 애정영화 스타일의 '배트맨'에 등을 돌리게 될 것이다. 이러한 것은 자유주의적 저작권 담론이 설명하듯이 작품의 독창적 표현형식이 작가 자신에게서만 유래하는 것이 아님을 의미한다. 만약 작가가 소비자가 기대하고 있는 장르적 스타일에 따라 작품을 만들어야 한다면, 그가 창작한 작품에는 작가 개인의 독창적인 표현형식뿐만 아니라 장르적인 표현형식이 공존하게 되는 것이다.

2. 자유주의 저작권 담론의 한계

만약 ① 독자가 자기 자신의 관점에 따라 기존의 작품을 달리 이해하고 해석할 수 있으며, ② 작가는 이전의 작품들을 참조하면서 창작할 뿐만 아니라, ③ 작가가 자신의 개인적 노동과 능력을 통해 표현한다고 할지라도 독자의 이해지평과 장르와 관계 맺고 이에 구속되는 경향이 있다면, 자유주의 저작권 담론처럼 작가에게 작품의 이용에 대한 배타적 통제권을 부여하는 것은 사회구성원들의 자유로운 창작을 지나치게 제한할 가능성이 있다. 예를 들어 예술적 공동체와 사회 공동체의 문화유산들, 가치들, 아이디어들을 표현하고 있는 이전의 작품 형식들이 작가의 창작과정에서 중요한 역할을 할 경우, 영구적인 (또는 점점 더 많이 보호되는) 저작권이 자유로운 창작 및 문화발전에 모순되지 않는다는 자유주의적 저작권 담론은 한계를 가질 수밖에 없다. 왜냐하면, 저작권을 영구적인 권리로 간주하는 것은 선작품들이 누구나 자유롭게 이용될 수 있는 문화영역(public domain)으로 편입되는 것을 제한하는 것인데, 이러할 경우 후작가의 자유로운 창작을 위해 필요한 요소들은 줄어들 수밖에 없게 되기 때문이다.

마찬가지로 자유주의적 저작권 담론은 작품 속에 작가의 개별적 계기로만으로 환원할 수 없는 부분, 즉 장르적 요소와 독자의 이해지평에 의해 개입되게 되는 부분들에 대해서도 배타적 저작권을 주장할 여지를 제공할 수 있다. 특히 후 작가의 새로운 창작행위에 독자의 이해지평과 장르적 요소들이 매우 깊이 관여할 경우, 선작품을 적극적으로 차용하거나 이용해야 하는 가능성이 존재하게 되는데 자유주의적 저작권 담론에 의하면 이러한 행위는 선작가의 배타적 저작권을 침해하는 것으로 여겨질 우려가 있다. 아래에서는 이러한 예를 구체적 판례들을 통해 살펴보도록 하겠다.

(1) 독자의 이해지평에 관한 사례

만약 작가가 독자의 이해지평을 고려한 후 작품을 창작한다면 작품의 표현형식은 독자의 이해지평에 따라 어느 정도 방향성과 범위가 주어지게 된다. *Gracen v. Bradford Exchange* 사례는 이에 대한 적절한 예를 제공한다.[67]

〈그림 3〉

〈그림 4〉

본 사례에서 문제가 된 작품은 1939년 MGM사의 저작물인 영화『오즈의 마법사』[주연: 주디 가랜드(Judy Garland, 도로시 역)]이다. 피고 브래드포드사는 1976년 MGM사와 캐릭터 사용에 대한 라이선스를 체결하였다. 그 후 브래드포드사는 캐릭터 개발을 위해 「주디·도로시 캐릭터 그림그리기 콘테스트」를 개최하였다. 브래드포드사는 참가자들에게 [그림 3]과 같이 영화 속의 주디 가랜드의 사진을 보여주면서 "우리는 이 이미지에 대한 당신의 해석을 원합니다. 그러나 당신의 해석은 모든 사람들이 영화와 배우를 통해 가졌던 따스한 느낌을 일깨워 주워야 합니다. 따라서 당신의 주디·도로시는 모든 사람들의 주디·도로시로서 인식

67) 698 F.2d 300 (7th Cir. 1983).

되어야 합니다"라는 주문을 하였다.

원고인 조리 그레이슨(Jorie Gracen)은 이 콘테스트에 참가한 자로서 [그림 4]와 같이 [그림 3]의 주디·도로시 캐릭터를 변형하였다. 브래드포드사는 출품작들을 쇼핑센타 벽면에 걸어두고 지나가는 사람들에게 평가를 의뢰하였는데, 여기서 그레이슨의 작품이 최우수상을 차지하였다. 특히 브래드포드사는 그레이슨의 그림을 평가하면서 "그녀는 진정한 천재다. 그녀의 그림은 영화 속의 주디 캐릭터가 지니는 것들을 그대로 전달하고 있다 … 이 그림은 모든 사람들이 '아! 저건 오즈의 마법사에 나오는 주디로구나!'라고 할 만한 그림이다"라고 평가하였다. 그러나 브래드포드사가 다른 참여자들에게 준 것과 동일한 상금을 그레이슨에게 주면서 작품의 이용계약을 체결하려고 하자, 그녀는 브래드포드사와 계약을 체결하지 않았다. 이에 브래드포드사는 콘테스트에 참여하지 않았던 자에게 그레이슨의 그림을 주면서 약간 보완하게 하였으며, 그로부터 완성된 그림을 판매하였다. 이에 그레이슨이 저작권 침해소송을 제기하였는데, 본 사례에서 쟁점은 과연 그레이슨의 그림이 단순한 모방·복제물이 아니라 2차적 저작물로 보호받을 수 있는가의 여부에 있었다.

이에 대해 법원은 미적인 관점에서 볼 때 작품이 아무리 독창적이라고 할지라도 법적인 관점에서 독창적이지 않을 수 있다고 전제하면서, 그레이슨의 그림은 법적 독창성 기준을 충족시키지 못하는 것이며 원작의 사소한 개변에 불과하다고 판시하였다. 여기서 법원은 법적 독창성이란 원작품과 2차적 작품 사이에 실질적 차이점이 있을 때 존재하는 것을 의미한다고 판시하였다. 예를 들어 화가 A가 퍼블릭 도메인(public domain)에 속해 있는 『모나리자』를 사소하게 개변하여 2차적 저작권을 얻었는데, 화가 B도 『모나리자』를 사소하게 개변하였다고 가정할 경우, A의 작품과 B의 작품 사이의 차이도 매우 사소하기 때문에, 이 경우 B가 과연 원작을 개변한 것인지, A의 작품을 개변한 것인지 도대체 알 수가 없다는 것이다. 법원은 이러한 소송상의 난점을 해결하고자 2차적 저작물에 실질적 유사성을 요구하였는데, 바로 이것이 미적 독창성과 구별되는 법적 독창성이라는 것이다.

그러나 이러한 설명에 대해 다음과 같은 반론을 제기할 수 있다. 첫째, 본 사례에서 쟁점이 되는 개변행위는 원작의 의미가 새로운 의사소통의 맥락 속에서도 동일하게 유지되도록 하는 것을 목표로 한다. 따라서 행위의 특성상 중요한 것은 사소한 개변인지, 실질적 개변인지의 여부가 아니라 성공한 개변이지 또는 실패한 개변인지의 여부가 핵심적 기준이 되어야 한다. 이것은 2차적 저작물 작성 행위의 일종인 번역 또는 축약과 동일한 행위유형이라고 볼 수 있다. 번역이란 상이한 언어를 사용하는 사람들을 대상으로 원작의 언어형태를 바꾸는 것이고, 축약이란 간결함을 요구하는 상황에 맞추어 원작의 분량을 요약하는 것이지만, 양자는 모두 원작이 전달하고자 하는 동일한 의미를 성공적으로 전달해야 하는 행위양식이다. 마찬가지로 본 사례의 개변행위는 비록 표현형태상의 변화가 있다고 할지라도 원작이 지니는 의미를 사회구성원들에게 성공적으로 전달해야 함을 목표로 한다.

둘째, 성공적 개변을 위한 실질적 개변은 사회구성원들의 이해지평의 범위 내에서 이루어질 수밖에 없다는 것이다. 예를 들어 본 사례에서 콘테스트 참여자들은 일반인들을 대상으로 하고 있기 때문에, 성공적 개변을 위해서는 일반인들의 주디·도르시에 대한 해석 및 이해지평과 불과분의 관계를 가질 수밖에 없다. 사실상 그레이슨의 개변행위에는 브래드포드사가 그녀에게 "당신의 해석은 모든 사람들이 영화와 배우를 통해 가졌던 따스한 느낌을 일깨워 주워야 합니다"와 같이 요구한 것처럼 전문적 미술가들의 미학적 이해지평이 아니라 일반인들의 이해지평 내에서 개변해야 함이 이미 전제되어 있었다. 따라서 그레이슨이 일반인을 상대로 하는 2차적 저작물을 작성하고자 하였다면, 개변의 최대한의 범위는 일반인의 정서적, 인지적, 감정적 이해지평에 부응할 수 있는 것이어야 한다.

이 사례에서 중요한 것은 『오즈의 마법사』라는 영화의 인기에 힘입어 주디·도로시 캐릭터 이미지가 상당할 정도로 일반대중들의 의식에 고정되어 있다는 사실이다. 이러한 이유로 실제 개변의 범위는 일반인의 제한된 정서적, 인지적, 감정적 이해지평에 의해 이미 어느 정도 주어져 있으며, 그에 따라 개변의 폭은 협소해 질 수밖에 없게 된다. 만약 개변의 정도가 사회구성원의 이해지평의 범위를 초과할 경우, 이러한 작품은 자신의 목적을 달성하지 못한 실패한 개변행위에 불과한 것이 되며 2차적 저작물이 될 수 없게 된다.

이러한 관점에서 보았을 때 그레이슨의 그림은 외적 표현형식만으로는 큰 차이가 없지만 결코 사소한 개변에 해당한다고는 볼 수 없다. 이것은 공식적으로 외부의 보통사람들 및 계약대상자가 "그녀는 진정한 천재이다. 그녀의 그림은 영화 속의 주디의 캐릭터가 지니는 것들을 그대로 전달하고 있다."라고 그레이슨의 작품에 대해 극찬을 아끼지 않았던 사실에서도 입증되고 있다. 따라서 그레이슨의 그림이 – 법적 독창성 기준의 관점에서 보듯이 – 사소한 개변에 불과할 지라도, 그것은 그의 개인적 능력이나 선택의 문제가 아니며 시간과 노력 및 천재성이 부족한 것도 아니다. 그럼에도 불구하고 이러한 일반인의 이해지평을 고려하지 않고, '법적 독창성' 기준에 따라 단순히 외적 표현형식만을 비교분석하여 저작권 침해 여부를 판단할 경우 후작가의 자유로운 창작은 제한될 수밖에 없으며 상이한 맥락 속에서 원작의 의미를 재활성화시키기 어렵게 된다.

(2) 장르에 관한 사례

만약 저작권 침해 여부를 판단함에 있어서 장르적인 것을 고려하지 않을 경우, 자유로운 창작이 부당하게 제한될 우려가 있다. Castle Rock Entertainment, Inc. v. Carol Publishing Group, Inc.사례는[68] 이에 대한 적절한 예를 제시한다. 본 사례에서 원고 캐슬락 회사는 '세인펠드(Seinfeld)'라는 텔레비젼 시스콤에 대한 저작자였다. 저작물인 세인펠드는 미국의 NBC채널에서 9년 동안 방송된 매우 인기 있는 프로그램이었다. 당시 캐슬락은 세인펠드와 관련하여 매우 제한적으로만 마케팅을 하였으며 그 결과 오로지 한 권의 책과 한 개의 CD-ROM만에 대해 라이선스를 체결한 상태였다. 그런데 당시 베스 골럽(Beth Golub)이라는 시청자가 수년 동안 세인펠드를 본 후에 저작자인 캐슬락 회사의 허가 없이 자기 스스로 세인펠드 이해능력 평가(SAT: Seinfeld Aptitude Test)라는 책을 저술하여 피고 캐롤출판사를 통하여 출간하였다. 예를 들어 SAT는 세일펠드 속에서 벌어지는 사건들과 등장인물들의 재담들을 시청자들이 얼마나 인지하고 있는가를 중심으로 5개의 난이도로 이루어진 643개의 문항과 답변으로 구성되어 있었다. 또한 베스 골럽은 방송된 84개의 에피소드를 대상으로 문항을 만들었으며 그 중에는 대사를 직접 인용하기도 하였다. 이에 원고 캐슬락 출판사는 저작권침해소송을 제기하였는데, 본 사례의 쟁점은 베스 골럽의 파생적 이용행위가 저작권침해에 해당하는가의 여부이다.

이에 대해 지방법원과 항소법원은 공정사용에 해당하지 않는다고 판시하였다.[69] 특히 법원은 SAT가 원작을 구성하는 643개의 요소를 이용하고 있는데, 이

68) 955 F. Supp. 260 (S.D.N.Y. 1997) aff'd, 150 F.3d 132, (2d Cir. 1998).

는 원작의 상당한 부분을 권한 없이 이용하는 것이며 또한 원작의 핵심적이고 본질적인 부분을 이용하고 있을 뿐만 아니라 그 내용 또한 비평적이거나 교훈적인 것이 아니라 오락적인 것에 불과하기 때문에 공정사용에 해당할 수 없다고 판시하였다.[70]

그러나 본 사례에서 문제시된 SAT는 일종의 퀴즈장르에 속하는 작품이라는 점에 주의해야 한다. 퀴즈장르는 원작의 내용에 입각하여 문제를 작성해야 하며, 정답은 원작의 내용을 정확히 서술해야 한다는 자기 고유의 스타일을 가지고 있는 표현형식이다. 따라서 퀴즈문답집은 원작의 내용에 전적으로 의존할 수밖에 없다는 속성을 지녔으며, 원작의 표현내용을 그대로 이용할 수밖에 없는 것이다. 또한 합리적인 문항이 되기 위해서는 원작의 핵심적 내용을 대상으로 해야 한다. 나아가 퀴즈장르는 그 자체 단순히 흥미와 오락을 위한 것 일뿐 그것이 교훈적이거나 비평적일 수는 없다. 이러한 것들은 퀴즈 장르가 가지는 본질적인 표현 스타일이며, 독자로서의 후작가는 이러한 퀴즈 장르의 규칙에 따라 문답집을 만드는 것이다. 그러나 만약 법원에서 판시하고 있듯이 SAT가 원작의 핵심적이고 본질적인 643개의 부분을 이용하고 있기 때문에 저작권 침해로서 볼 경우 사실상 퀴즈장르에 관한 창작행위 자체가 제한되게 될 위험성이 있다.

Castle Rock사례의 경우, 법원은 창작활동 속에 내재된 장르적인 요소를 고려하지 않고 단순히 외적 표현형식을 분석의 대상으로 삼고 있는데, 이러한 점에서 Castle Rock사례는 Gracen사례와 동일한 특징을 가지고 있다. 저작권 침해여부의 판단에 있어서 이러한 태도는 자유주의적 저작권 담론의 관점과 상응한다. 전술하였듯이 로크적 정당화 논거 및 낭만주의적 정당화 논거에 의하면 후작품은 선작품에 비해 표현형식이 차별적일 경우에만 법적으로 보호받을 수 있으며, 유사할 경우 보호받을 수 없다. 여기서 독창적이고 차별적인 작품을 만들어 내는가의 여부는 후작가 개인의 노동행위와 천재적 능력에 달려 있다. 자유주의적 저작권 담론에 의할 때, 모든 사람들은 자신의 능력과 노동을 투자한다면 새로운 작품을 만들 수 있음에도 불구하고, Gracen사례와 Castle Rock사례의 후작가들

69) 이와 같은 동일한 유형의 사례에 대해서는 *Twin Peaks Productions Inc. v. Publications International*, 996 F.2d 1366 (2d Cir. 1993); *Paramount Pictures Corp. v. Carol Publishing Group*, 1998 WL 357337.

70) 955 F.Supp. 260, 269 (1997).

은 원작을 그대로 이용하고 있기 때문에 정당한 이용행위로 간주될 수 없게 되는 것이다. 이러한 의미에서 '법적 독창성 기준'은 자유주의적 저작권 담론과 맥락을 같이 한다고 볼 수 있다. 그러나 이러한 자유주의적 저작권 담론은 구체적 삶의 과정에서 이루어지는 문화적 의사소통의 현실적 구조를 적절하게 설명하지 못함으로써 사회공동체구성원들의 자유로운 의사소통을 제한할 수 있는 한계를 가지고 있다.

VI. 결 론

Emerson v. Davies 사례에서 스토리 판사가 설명하고 있듯이 모든 작가들은 이후의 작가들이기 때문에, 창작행위를 활성화시킨다는 것은 곧 이후의 작가들이 새로운 창작을 할 수 있는 조건을 활성화시키는 것이라고 볼 수 있다. 따라서 새로운 작가의 창작행위가 어떻게 이루어지는가에 대한 관점 및 그에 대한 규범화는 저작권법제도를 틀지우는 중요한 토대가 될 수밖에 없다. 그러나 앞에서 살펴보았듯이 자유주의적 저작권 담론은 작가가 이전의 작품들 및 문화유산들과 어떠한 관계를 맺으며, 독자는 당해 작품을 어떻게 해석하는가, 그리고 작가가 작품을 창작함에 있어서 독자의 이해지평 및 그것의 구체화된 형태인 장르와 어떠한 관계를 맺는가에 대한 적절한 설명을 결여하고 있다. 즉 자유주의적 저작권 담론은 문화적 의사소통의 구체적 현실을 적절하게 반영하고 있지 않거나 또는 괴리되어 있다고 볼 수 있다. 이러한 이유로 자유주의적 저작권 담론은 한편으로 비록 자율적 창작을 위한 경제적 기반과 법률적 토대를 마련하였다는 성과를 가지고 있을 지라도, 다른 한편으로 사회구성원들의 자유로운 의사소통과 창작행위를 제한할 수 있는 한계를 가지고 있다.

저자 약력

_ 고봉진
독일 프랑크푸르트 대학교 법학박사
제주대학교 법학전문대학원 교수

_ 김대근
고려대학교 법학박사
한국형사정책연구원 전문연구원

_ 김도균
독일 킬 대학교 법학박사
서울대학교 법학전문대학원 교수

_ 김현철
서울대학교 법학박사
이화여자대학교 법학전문대학원 교수

_ 신동룡
연세대학교 법학박사
강원대학교 법학전문대학원 교수

_ 안준홍
서울대학교 법학박사
가천대학교 법과대학 교수

_ 양천수
독일 프랑크푸르트 대학교 법학박사
영남대학교 법학전문대학원 교수

_ 윤철홍
독일 프라이부르크 대학교 법학박사
숭실대학교 법과대학 교수

_ 이동희
단국대학교 법학박사
단국대학교 법과대학 초빙교수

_ 이상돈
독일 프랑크푸르트 대학교 법학박사
고려대학교 법학전문대학원 교수

_ 이재승
서울대학교 법학박사
건국대학교 법학전문대학원 교수

_ 이준일
독일 길 대학교 법학박사
고려대학교 법학전문대학원 교수

_ 임미원
독일 함부르크 대학교 법학박사
한양대학교 법학전문대학원 교수

_ 정태욱
서울대학교 법학박사
인하대학교 법학전문대학원 교수

_ 최봉철
미국 위스콘신 대학교 법학박사
성균관대학교 법학전문대학원 교수

_ 홍성수
영국 런던 정경대학교 법학박사
숙명여자대학교 법과대학 교수

권리와 인권의 법철학

2013년 7월 5일 초판 인쇄
2013년 7월 15일 초판 발행

편 자 한국법철학회 양천수
발행인 이 방 원
발행처 세창출판사
서울 서대문구 경기대로 88 냉천빌딩 4층
전화 723-8660 팩스 720-4579
E-mail: sc1992@empal.com
Homepage: www.sechangpub.co.kr
신고번호 제300-1990-63호

정가 27,000 원

ISBN 978-89-8411-419-7 93360